Agnostos Theos : Untersuchungen zur Formengeschichte religiöser Rede

Eduard Norden

Nabu Public Domain Reprints:

You are holding a reproduction of an original work published before 1923 that is in the public domain in the United States of America, and possibly other countries. You may freely copy and distribute this work as no entity (individual or corporate) has a copyright on the body of the work. This book may contain prior copyright references, and library stamps (as most of these works were scanned from library copies). These have been scanned and retained as part of the historical artifact.

This book may have occasional imperfections such as missing or blurred pages, poor pictures, errant marks, etc. that were either part of the original artifact, or were introduced by the scanning process. We believe this work is culturally important, and despite the imperfections, have elected to bring it back into print as part of our continuing commitment to the preservation of printed works worldwide. We appreciate your understanding of the imperfections in the preservation process, and hope you enjoy this valuable book.

AGNOSTOS THEOS

UNTERSUCHUNGEN ZUR FORMEN-GESCHICHTE RELIGIÖSER REDE

VON

EDUARD NORDEN

Τὸν μὲν οὖν ποιητὴν καὶ πατέρα
τοῦδε τοῦ παντὸς εὑρεῖν τε ἔργον καὶ
εὑρόντα εἰς πάντας ἀδύνατον λέγειν.
— Ἔστι δ' ἀνδρὶ φάμεν ἐοικὸς ἀμφὶ
δαιμόνων καλά· μείων γὰρ αἰτία.
PLATON —— PINDAROS

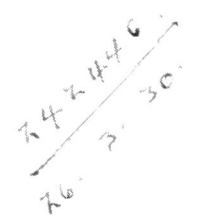

VERLAG B. G. TEUBNER · LEIPZIG · BERLIN 1913

Die Erklärung der Titelvignette findet sich auf S. 249, 1

ALLE RECHTE,
EINSCHLIESSLICH DES ÜBERSETZUNGSRECHTS, VORBEHALTEN

DEM ANDENKEN MEINES FREUNDES
FRANZ SKUTSCH

Κλῦθι, φίλοις πολύκλαυτ', αἰείμνηστ', ἄφθιτε, δαῖμον,
ὃς πατρὸς ἀενάου νῦν κράτος ὑμνολογεῖς —
εἴ τισι γὰρ λυγρῆς ποτ' Ἀνάγκης φύξιμον ἦμαρ,
σοί, φίλε, νῦν ἐτεῇ γνωστὸν ἔλαμψε φάος —
ἀγνώστου τοῖς τῇδε θεοῦ τάδε γράμματ' ἀπαρχὴν
δέχνυσο, τῆς θνητῆς δράγμ' ὀλιγοδρανίης.

VORREDE.

Dieses Buch verdankt seine Entstehung einem zufälligen Zusammentreffen zweier Umstände. Im Wintersemester 1910/11 wurden in unserer Graeca die Apostelakten gelesen; eine besonders lebhafte Debatte knüpfte sich, wie zu erwarten, an die Deutung des 17. Kapitels, da wir Philologen entschlossen waren, bei einer in Athen spielenden Szene uns nicht, wie sonst bei der Lektüre dieser Schrift, unseren theologischen „Mitgriechen" zu unterwerfen. In dem Chaos der Meinungen formulierte Diels das philologische und religionsgeschichtliche Problem schärfer, als es in den vorliegenden Kommentaren und Abhandlungen geschehen war, und schloß etwa mit den Worten: was dieser ἄγνωστος θεός bedeute, sei ἄγνωστον, also ζητητέον.

Aber ich hätte mich mit der Resignation des Servius trösten müssen, der von einem der 12 unlösbaren Vergilprobleme sagt, 'sciendum est locum hunc esse unum de XII Vergili sive per naturam obscuris sive insolubilibus sive emendandis sive sic relictis ut a nobis per historiae antiquae ignorantiam liquide non intellegantur', wenn ich nicht zufällig eben damals die Werke des Laurentius Lydus gelesen hätte, die ich bisher nur aus gelegentlicher Benutzung kannte. Ein erst im J. 1898 von Wünsch aus einer Handschrift des Eskorial hervorgezogenes Stück der Schrift περὶ μηνῶν, worin περὶ τοῦ ἀγνώστου θεοῦ gehandelt wird, führte mich auf die Spur des Richtigen. Aber während der Arbeit erkannte ich mehr und mehr, daß der eigenartige Stoff keine Isolierung dulde: die Analyse der Areopagrede führte mich auf Untersuchungen zur Formengeschichte der religiösen Rede überhaupt. Da Prosa und Poesie gerade auf diesem Gebiete in Wechselwirkung gestanden haben, verband ich mit den neuen Problemen ein Horatianum, das mich seit längerer Zeit beschäftigt hatte; auch hier führte mich eine an sich einfache Interpretation und Analyse in ferne Gedankenkreise. Diese berühren sich aber mit denen der ersten Abhandlung in so eigentümlicher Weise, daß ich hoffen darf, meine Leser werden darin mit mir übereinstimmen, hier liege ein wenigstens ideelles ἕν vor, welches διαφερόμενον ἑωυτῷ ὁμολογέει. Durch die Abtrennung mehrerer Anhänge habe ich den Text so weit lesbar zu machen versucht, wie es der stellenweise komplizierte Stoff gestattete. Um eine schön lesbare Darstellung geben zu können, dazu sind wir auf diesem Gebiete noch lange nicht weit genug vorgedrungen: im Gegenteil glaube ich sagen zu dürfen, daß wir in den allerersten Anfängen solcher Betrachtungsweise stehen. Hiermit ist aber zugleich gesagt, daß ich mit der Wahrscheinlichkeit von Irrtümern rechne; manches würde ich schon jetzt, wenn auch nicht dem Inhalte nach, so doch in der Form anders haben geben können: denn während und an der Arbeit, bei der ich nicht bloß mit dem Verstande tätig war, habe ich viel gelernt und mich innerlich gefördert. Aber ich wollte zum Abschlusse kommen. Wenn andere wenigstens den von mir beschrittenen Weg als den rechten erkennen und auf ihm weitergehen, werde ich zufrieden sein: ich selbst werde, da mich andere Forschungsgebiete locken, auf diesem mich schwerlich wieder betätigen.

Einzelnes habe ich mit meinen Fachkollegen Diels, Eduard Meyer und Wilamowitz durchgesprochen, deren Namen den Lesern öfters begegnen werden, nicht so oft wie das Gefühl des Dankes für Rat und Belehrung es meinem Innern diktiert. Bei einem nicht zu vermeidenden Exkurse ins alte romantische Land des Orients habe ich außer E. Meyers auch A. Ermans Führung mich anvertrauen dürfen. Mit besonderer Freude wird man im Anhang III einen Originalbeitrag von Cichorius lesen. Aber des philologischen und historischen Beirates war es nicht genug: denn da die Untersuchungen dieses Buches sich auf einem von Theologen und Philologen gemeinsam zu verwaltenden Gebiete bewegen, habe ich auch meiner theologischen Kollegen, Alt- wie Neutestamentler, Rat wiederholt erbeten und erhalten: sie hier zu nennen, darf ich unterlassen, da ich ihnen unter Anführung ihrer Namen gab, was ich dankbar empfing. Daß die zweite Auflage von Wendlands grundlegendem Buche über die hellenistisch-römische Kultur erst erschien als mein Manuskript abgeschlossen und, von den Anhängen abgesehen, in den Druck gegeben war, kann niemand mehr bedauern als ich selbst. Immerhin verdankte ich dem Umstande, daß der Verfasser mir schon vor dem Erscheinen die Einsichtnahme in seine Korrekturbogen gestattete, die Möglichkeit der Benutzung in den letzten Abschnitten dieses Buches; eine mir ganz besonders erfreuliche Kongruenz unserer Ansichten habe ich nur noch in den Nachträgen (zu Anfang) vermerken können. Endlich fühle ich das Bedürfnis,

Herrn Dr. A. Giesecke, dem Mitinhaber der Verlagsfirma, meinen Dank dafür auszusprechen, daß er, mir befreundet und philologisch interessiert, das Erscheinen dieses Buches mit seiner persönlichen Anteilnahme begleitet und den oft etwas anspruchsvollen Bitten und Wünschen des Autors stets Gehör gegeben hat.

Am Tage nachdem mir von der Druckerei die Aufforderung zugegangen war, ihr alles zum Titel gehörige Material zu senden, erreichte mich die Nachricht vom Tode meines Freundes Fr. Skutsch. Die Erschütterung der Philologenwelt übertrug sich auf mich mit besonderer Stärke, da ich durch siebenjähriges Zusammenarbeiten mit ihm in Breslau seines Wesens Eigenart unmittelbarer gespürt hatte als die meisten anderen. Noch bei seinem letzten Zusammensein mit mir, in den Osterferien dieses Jahres, hat er an meinen Untersuchungen, von denen ich ihm erzählte, mit der ihn auszeichnenden Gefühlswärme Anteil genommen. So glaubte ich, das eben erwähnte zeitliche Zusammentreffen als ein Symptom der συμπάθεια τῶν ὅλων deuten und dem Gedächtnisse des Freundes dieses Buch widmen zu sollen. An religionsgeschichtlichen Untersuchungen hat er, selbst eine religiöse Natur und mit feinem Empfinden für die Regungen der Volkspsyche ausgestattet, stets besonderen Anteil genommen. Eine seiner letzten Arbeiten galt der Analyse platonisierender Gebete des Firmicus (s. S. 233 ff.). In deren Geiste und in dem Stile von Versen des Platonikers Tiberianus 'de deo', auf die er mich brieflich hinwies (s. S. 78, 1), ist auch das Epikedeion gehalten, das der Idee nach an seinem offenen Grabe konzipiert worden ist und das ich nun der Widmung hinzugefügt habe.

BERLIN-LICHTERFELDE, Oktober 1912.

EDUARD NORDEN.

INHALTSVERZEICHNIS.

DIE AREOPAGREDE DER ACTA APOSTOLORUM.

	Seite
Einleitung	1
I. Die Areopagrede als Typus einer Missionspredigt	3
1. Das jüdisch-christliche Grundmotiv	3
2. Das stoische Begleitmotiv	13
II. Die Anknüpfung der Areopagrede an die Altaraufschrift ἀγνώστῳ θεῷ	31
1. Das Motiv der Altaraufschrift	31
2. Ἄγνωστος θεός	56
3. Lexikalische Untersuchungen	83
A. Ἄγνωστος θεός unhellenisch	83
B. Γιγνώσκειν θεόν, γνῶσις θεοῦ in hellenisch-römischer Literatur	87
C. Γιγνώσκειν θεόν, γνῶσις θεοῦ in den orientalischen und synkretistischen Religionen	95
4. Ἄγνωστοι θεοί und ἄγνωστος θεός	115
III. Die Areopagrede als Ganzes. Hellenische und jüdisch-christliche Missionspredigt	125

UNTERSUCHUNGEN ZUR STILGESCHICHTE DER GEBETS- UND PRÄDIKATIONSFORMELN.

I. Hellenica	143
1. Die Messallaode des Horatius und der „Du"-Stil der Prädikation	143
2. Der „Er"-Stil der Prädikation	163
3. Der Partizipialstil der Prädikation	166
4. Der Relativstil der Prädikation	168
II. Judaica	177
1. Formen der Anaklese und Prädikation: σὺ εἶ, ἐγώ εἰμι, οὗτός ἐστιν. — Ein soteriologischer Redetypus	177
2. Der Relativ- und Partizipialstil der Prädikation	201
3. Die Herkunft dieser Stilformen (Babyloniaca, Aegyptiaca)	207
4. Religionsgeschichtliche Folgerungen	220
5. Stilgeschichtliche Folgerungen	223
III. Christiana	240
1. Eine stoische Doxologie bei Paulus. Geschichte einer Allmachtsformel	240
2. Liturgisches im Paulinischen Schrifttum	250
A. Eine liturgische Stelle im Kolosserbriefe	250
B. Eine liturgische Stelle des 1. Timotheosbriefes. Hebräischer und hellenischer Satzparallelismus	254
3. Das apostolische Glaubensbekenntnis	263
Schlußbetrachtung. Das Logion ev. Matth. 11, 25—30	277

ANHÄNGE.

	Seite
I. Zur Komposition der Acta apostolorum (zu S. 34 f. 45, 1)	312
1. Das Proömium	312
2. Das Proömium und das literarische γένος der Grundschrift	313
3. Die Redaktion der Grundschrift	327
4. Der Schluß	332
II. Λέξεις Ἀττικαί in dem athenischen Kapitel der Acta (zu S. 54 f.)	333
III. Zu Apollonios von Tyana (zu S. 39 f.)	337
1. Die Briefe. Mit Beiträgen von Conrad Cichorius	337
2. Das Fragment aus der Schrift περὶ θυσιῶν. — Apollonios und Porphyrios	343
IV. Stilistisch-sprachliche Bemerkungen zu der Allmachtsformel ἐξ αὐτοῦ καὶ δι' αὐτοῦ καὶ εἰς αὐτὸν τὰ πάντα (zu S. 240 ff.)	347
1. Δι' αὐτόν oder δι' αὐτοῦ	347
2. Die Dreizahl der Begriffe. — Bemerkungen zu den Proömien des Johannesevangeliums und des Lucretius	348
V. Semitischer und hellenischer Satzparallelismus (zu S. 256 f.)	355
VI. Stellung des Verbums im neutestamentlichen Griechischen (zu S. 257 f.)	365
VII. Λέξις εἰρομένη. Der Mythos des Protagoras bei Platon und der Euhemerus des Ennius. — Das Argumentum einer fabula palliata	367
VIII. Formelhafter Partizipial- und Relativstil in den Schriften des Neuen Testaments (zu S. 256)	380
1. Partizipia	380
2 Relativa	383
3. Partizipia und Relativa	385
Berichtigungen und Nachträge	388
Register	401

DIE AREOPAGREDE DER ACTA APOSTOLORUM

> In unseres Busens Reine wogt ein Streben,
> Sich einem Höhern, Reinern, Unbekannten
> Aus Dankbarkeit freiwillig hinzugeben,
> Enträtselnd sich dem ewig Ungenannten;
> Wir heißen's: fromm sein!
> GOETHE: Trilogie der Leidenschaft, Elegie.

„Wie immer die Predigt Act. 17, 22—31 und der ganze Bericht über die Predigt des Paulus in Athen entstanden sein mag — er ist das wundervollste Stück der Apostelgeschichte und ist in höherem Sinn ..... voll Wahrheit": A. Harnack (Die Mission und Ausbreitung des Christentums in den ersten drei Jahrh.,² Leipz. 1906, 321, 1). „Der Kompilator der Acta bearbeitet diesen Stoff (den Reisebericht) bereits mit allen Künsten der gemeinen Historie, insbesondere erfindet er die großen Reden seiner Helden, Stephanus, Petrus, Paulus, die er natürlich seinen Lesern so wenig zumutete, für authentisch zu halten wie Tacitus und Josephus": U. v. Wilamowitz (Griech. Lit., in der Kultur d. Gegenwart I 8,² Leipz. 1907, 191). Wenn irgend etwas, so erfordert die Exegese einer auf athenischem Boden sich abspielenden Szene des großen weltgeschichtlichen Dramas die gemeinsame Arbeit des Theologen und des Philologen.

Der Philologe, der eine antike Rede analysiert, pflegt zu fragen: erstens, welches war das vom Verfasser übernommene Gedanken- und Formenmaterial, und zweitens, wie hat er dieses der bestimmten Situation angepaßt. Diese Gesichtspunkte lassen sich auch auf die Analyse der Areopagrede anwenden. Ihren Text schicke ich zur Bequemlichkeit der Leser voraus, und zwar nach der sog. α-Klasse, da die Abweichungen von β für die Analyse bedeutungslos sind.

(22) Σταθεὶς δὲ Παῦλος ἐν μέσῳ τοῦ Ἀρείου πάγου ἔφη· Ἄνδρες Ἀθηναῖοι, κατὰ πάντα ὡς δεισιδαιμονεστέρους ὑμᾶς θεωρῶ. (23) διερχόμενος γὰρ καὶ ἀναθεωρῶν τὰ σεβάσματα ὑμῶν εὗρον καὶ βωμὸν ἐν ᾧ ἐπεγέγραπτο· ἀγνώστῳ θεῷ. ὃ οὖν ἀγνοοῦντες εὐσεβεῖτε, τοῦτο ἐγὼ καταγγέλλω ὑμῖν. (24) ὁ θεὸς ὁ ποιήσας τὸν κόσμον καὶ πάντα τὰ ἐν αὐτῷ, οὗτος οὐρανοῦ καὶ γῆς ὑπάρχων κύριος οὐκ ἐν χειροποιήτοις ναοῖς κατοικεῖ, (25) οὐδὲ ὑπὸ χειρῶν ἀνθρωπίνων θεραπεύεται προσδεόμενός τινος, αὐτὸς διδοὺς πᾶσι ζωὴν καὶ πνοὴν καὶ τὰ πάντα· (26) ἐποίησέν τε ἐξ ἑνὸς πᾶν ἔθνος ἀνθρώπων κατοικεῖν ἐπὶ παντὸς προσώπου τῆς γῆς, ὁρίσας προστεταγμένους καιροὺς καὶ τὰς ὁροθεσίας τῆς κατοικίας αὐτῶν, (27) ζητεῖν τὸν θεόν,

εἰ ἄρα γε ψηλαφήσειαν αὐτὸν καὶ εὕροιεν, καί γε οὐ μακρὰν ἀπ[ὸ] ἑνὸς ἑκάστου ἡμῶν ὑπάρχοντα. (28) ἐν αὐτῷ γὰρ ζῶμεν καὶ κινού[μεθα καὶ ἐσμέν, ὡς καί τινες τῶν καθ᾿ ὑμᾶς ποιητῶν εἰρήκασιν 'τοῦ γὰρ καὶ γένος ἐσμέν.' (29) γένος οὖν ὑπάρχοντες τοῦ θεοῦ οὐκ ὀφείλομεν νομίζειν, χρυσῷ ἢ ἀργύρῳ ἢ λίθῳ, χαράγματι τέχνης κα[ὶ] ἐνθυμήσεως ἀνθρώπου, τὸ θεῖον εἶναι ὅμοιον. (30) τοὺς μὲν οὖ[ν] χρόνους τῆς ἀγνοίας ὑπεριδὼν ὁ θεὸς τὰ νῦν ἀπαγγέλλει τοῖς ἀν[θρώποις πάντας πανταχοῦ μετανοεῖν, (31) καθότι ἔστησεν ἡμέρα[ν] ἐν ᾗ μέλλει κρίνειν τὴν οἰκουμένην ἐν δικαιοσύνῃ, ἐν ἀνδρὶ ᾧ ὥρισεν, πίστιν παρασχὼν πᾶσιν ἀναστήσας αὐτὸν ἐκ νεκρῶν.

I. DIE AREOPAGREDE ALS TYPUS EINER MISSIONSPREDIGT.

1. DAS JÜDISCH-CHRISTLICHE GRUNDMOTIV.

'Gotteserkenntnis' war schon ein der prophetischen Religion bekannter Begriff gewesen, wurde dann aber in der christlichen ein zentraler; in dem Konkurrenzkampfe der hellenistischen Religionen, mit Einschluß der jüdisch-christlichen, war γνῶσις θεοῦ sozusagen die Parole, mit der die Missionare Propaganda trieben: wer die wahre γνῶσις brachte — und nur eine konnte die wahre sein —, garantierte den Gläubigen auch die wahre Gottesverehrung, denn γνῶσις und εὐσέβεια war in diesen Kreisen eins. Auf diese Tatsachen, die im allgemeinen bekannt sind, werden wir im Verlaufe dieser Untersuchung noch zurückkommen müssen, da Einzelheiten einer genaueren Begründung bedürfen; hier interessiert uns vorläufig nur die Anwendung, die der Areopagredner von diesem für eine Missionspredigt herkömmlichen τόπος gemacht hat. Das Prinzip, Reden der Acta so aufzufassen, habe ich von C. Weizsäcker, Das apostolische Zeitalter der chr. Kirche³ (Tübingen 1902) 27 ff. und besonders von A. Harnack a. a. O. 74 ff. u. 319 ff. gelernt; ein Versuch, über das Allgemeine hinauszukommen und feste Positionen für Einzelnes zu gewinnen, ist aber noch nicht unternommen worden.¹) [margin: Γνῶσις θεοῦ.]

Daß der Verfasser der Areopagrede sich an ein ihm überliefertes Schema anschloß, zeigen zunächst die Übereinstimmungen seiner Predigt mit Missionspredigten hermetischer Schriften (Poimand. 1, 27 f. 7, 1 f. Parth.), die als solche aufzufassen Reitzenstein in seinem für alle diese Fragen bahnbrechenden Werke gelehrt hat²), dann [margin: Schema der Missionspredigt.]

---

1) H. Gebhardt, Die an die Heiden gerichtete Missionsrede der Apostel und das Johannesevangelium, Z. f. nt. Wiss. VI (1905) 236 ff., verschließt sich die Erkenntnis der Zusammenhänge, da er nur die paar an ein hellenisches Publikum gerichteten Reden herausgreift.

2) Schon A. Dieterich, dessen Verdienste auch Reitzenstein wiederholt würdigt, war auf dem richtigen Wege zum Verständnis in seinem 'Abraxas' (Leipz. 1891); s. besonders S. 134, 2, wo er eine Stelle einer hermetischen Schrift mit einem Zitate aus den Homilien des Valentinos vergleicht.

mit einer der kürzlich gefundenen 'Oden Salomos', deren Entstehungszeit um die Wende des 1. und 2. Jahrhunderts fällt[1]), ferner mit Bruchstücken des Kerygma Petri (bei Clemens Alex.), einer Schrift ähnlichen Charakters, zwar erst aus dem zweiten Jahrhundert, aber von den Acta sichtlich unabhängig (ich zitiere sie nach der Fragmentsammlung in der Ausgabe von E. Klostermann, Apocrypha I, Bonn 1908), endlich mit der (fingierten) römischen Missionspredigt des Barnabas[2]) in den Κλημέντια (Clementina ed. P. de Lagarde, Leipzig 1865), einem Schriftenkomplexe, der nirgendswo sich von unserer Apostelgeschichte abhängig zeigt.[3]) Aus

---

[1]) Ihre religionsgeschichtliche Stellung hat H. Greßmann in der Internationalen Wochenschrift vom 22. Juli 1911 einleuchtend bestimmt: judaisierende Gnosis vor den christianisierenden Systembildungen des 2. Jahrh., spezifisch Christliches in den meisten Oden (so der gleich zu zitierenden) überhaupt nicht, in anderen wenigen wie ein dünner Firniß; das Original der uns erhaltenen syrischen Übersetzung griechisch, aber der Geist semitisch. Die Übersetzung gebe ich nach Greßmann. Mit dem Poimandrestraktate hat die Ode Reitzenstein sofort zusammengestellt (Gött. gel. Anz. 1911, 555).

[2]) In den Homilien wird nur gesagt (p. 15, 9) καὶ δή ποτέ τις ... ἐβόα λέγων· ἄνδρες Ῥωμαῖοι, den Barnabas trifft Clemens erst in Alexandreia, wohin er auf seiner Fahrt nach Judäa verschlagen wurde; dagegen nennen die Rekognitionen (I 7), die den unfreiwilligen Aufenthalt in Alexandreia übergehen, den Barnabas schon in Rom: *donec vir quidam ... proclamaret ad populum dicens: 'audite me, o cives Romani......' erat autem vir iste qui haec loquebatur ad populum ex orientis partibus, natione Hebraeus, nomine Barnabas.* Diese Fassung des von Rufinus übersetzten Originals ist unzweifelhaft die ursprünglichere, denn in den Homilien ist der Aufenthalt in Alexandreia nur notdürftig motiviert (p. 15, 37 ἀναχθεὶς ἀνέμων ἐχθραῖς ἀντὶ τοῦ εἰς Ἰουδαίαν· εἰς Ἀλεξάνδρειαν ἠνέχθην), und die Dublette des τίς in Rom und des Barnabas in Alexandreia ist daran kenntlich, daß die Alexandriner dem Clemens, als er sich auf die Worte des römischen Redners beruft, antworten (p. 16, 2 ff.) ὅτι τὸν μὲν ἐν Ῥώμῃ φανέντα οὐκ ἴσμεν, aber bei ihnen sei Barnabas, der authentische Kunde geben könne. Die Predigt des Barnabas stimmt in beiden Fassungen wörtlich überein, aber die Homilien haben ein Plus, das vom Übel ist (s. Anm. 2 auf S. 7). Daß überhaupt die Rekognitionen die ältere Fassung bieten, die in den Homilien zerdehnt ist, wird vermutlich eine umfassende Analyse ergeben, die anzustellen von großem Reize sein wird; aber die bisher vorliegenden Ausgaben der Rekognitionen sind dafür noch unzureichend.

[3]) Überhaupt muß jedem Leser der patristischen Literatur auffallen, daß die Acta zu den verhältnismäßig am seltensten zitierten Schriften des N. T. gehören. Johannes Chrysostomos sagt in der Einleitung zu seinen Homilien über die Acta: diese Schrift gehöre zu den am wenigsten bekannten, sie

1. Das jüdisch-christliche Grundmotiv.

einer Gegenüberstellung der entscheidenden Sätze und Gedanken wird sich die Kongruenz auf den ersten Blick ergeben: der Text steht der Raumverhältnisse wegen erst auf S. 6 und 7; die einzelnen τόποι bezeichne ich mit Buchstaben.

Zu der Annahme, daß der Hermetiker das Christliche benutzt hätte, würde man sich hier auch dann nicht entschließen können, wenn nicht Reitzenstein[1]) an einer Fülle von Beispielen gezeigt hätte, daß jeder Versuch, in den hermetischen Schriften — noch dazu in einer so alten wie der dem ersten Poimandrestraktate zugrunde liegenden[2]) — christliche Einflüsse anzunehmen, notwendigerweise in die Irre führt; die Ode steht, wie die Erscheinung der Lichtjungfrau beweist, sogar christlichem Denken fern, christliche Literatur ist in den Oden überhaupt nirgends benutzt (s. o. S. 4, 1). Es ist vielmehr klar, daß wir einen und denselben Typus in nichtchristlicher und in christianisierter Fassung vor uns haben: auf die religionsgeschichtlichen Konsequenzen dieses Ergebnisses werden wir im Verlaufe dieser Untersuchungen wiederholt zurückkommen müssen. Die Verfasser der Acta und des Kerygma führen den τόπος b)[3]) nach der negativen Seite hin aus (Verbot der Idololatrie), den τόπος d) ersetzen sie durch den Hinweis auf die Auferstehung Christi. Daß sie, obwohl das Schema darauf hinführte, aus dieser nicht die Garantie eines Lebens nach dem Tode ableiten, ist wichtig, denn daraus folgt, daß das Schema auf die christliche Missionspredigt schon übertragen worden war, bevor diese Garantie als Kern und Ziel des ganzen Auferstehungsdogmas aufgefaßt wurde (Paulus an die Kor. I 15, 12 ff.); der Verfasser der Klementia setzt dafür die ζωὴ αἰώνιος (und ἀίδιοι

---

enthalte aber so viel Erbauliches, daß er zu ihrer genaueren Lektüre anregen wolle.

[1]) Außer im 'Poimandres' auch Gött. gel. Anz. 1911, 550f. Hier (S. 555f.) hat Reitzenstein auch über das aus dem Diatribenstile stammende ποῖ φέρεσθε ὦ ἄνθρωποι das Nötige gesagt. Mit den Worten der hermetischen Schrift ὦ λαοί — νήψατε hat schon W. Kroll, De oraculis Chaldaicis (Bresl. phil. Abh. VII 1895) S. 15 das von Proklos zitierte Fragment eines Orakels verglichen: οὐδ' ὅτι πᾶς ἀγαθὸς θεὸς εἰδότες· ἃ ταλαεργοί, νήψατε.

[2]) Sicher vor dem Pastor Hermae. Gerade für einen der in unserer Untersuchung wesentlichen Begriffe, das μετανοεῖν, ist die Reitzensteinsche Entdeckung bestätigt worden durch Th. Zielinski, Arch. für Religionswiss. VIII (1905) 323, 1: auch der Pastor Hermae, der die Grundform des ersten Poimandrestraktes kannte und benutzte, spricht von einem ἄγγελος μετανοίας.

[3]) Er fehlt in der Ode: natürlich, denn sie wendet sich an Juden, für die ein Befehl, Gott anders als geistig zu verehren, nicht in Betracht kam.

γενόμενοι), was genau zur ἀθανασία des Hermetikers stimmt.

Die schematische Struktur der Areopagrede zeigt sich weiter darin, daß sie in Worten und Gedanken mit anderen Reden der Acta[1]) übereinstimmt.

---

[1]) Das Buch von Fr. Bethge, Die Paulinischen Reden der Apostelgesch., historisch-grammatisch und biblisch-theologisch ausgelegt, Götting. 1887 kommt für wissenschaftliche Untersuchungen nicht in Betracht. Von der Areopagrede sagt er, daß in ihr Paulus „die Perlen des Evangelii auf den Markt streute", denn Paulus habe in Athen gesucht „nach Lichtstrahlen, die den Morgen ankünden"; in ihr „liegt eine Lukanische Leistung ersten Ranges vor, deren Paulinischer Ursprung wohl fundiert ist" (er rechnet nämlich mit der Möglichkeit, daß sie dem Lukas zugetragen sei von — Dionysios dem Areopagiten). Von historisch-grammatischem Urteil habe ich keine Spur gefunden, wohl aber eine in anspruchsvollem Tone gehaltene Polemik gegen Männer, die von der Geschichte und der Sprache Tüchtiges verstanden, wie Baur, Weizsäcker, Overbeck, Hilgenfeld. Demnach werde ich die Leser meiner Untersuchungen mit der Kritik von Einzelheiten verschonen. — Kürzlich hat sich auch A. Bonhöffer in seinem umfangreichen Buche 'Epiktet und das Neue Testament' (Religionsgesch. Versuche und Vorarbeiten X, Gießen 1911) auf S. 180f. kurz über die Areopagrede geäußert; die Einzelheiten wird er vermutlich nicht mehr aufrecht erhalten wollen, aber in seiner allgemeinen Auffassung von dem unpaulinischen Charakter der Rede hat er sicher Recht. Der wahrhaft unerträglichen Diskussion, ob Epiktetos von den christlichen Schriften Kenntnis genommen habe, wird er durch seine ruhige und eindringende Beweisführung, die durch ihre sprachliche Analyse nicht geringen Wert hat, hoffentlich ein für allemal ein Ende gesetzt haben.

Acta

a) 17, 23 ὃ οὖν ἀγνοοῦντες εὐσεβεῖτε, τοῦτο ἐγὼ καταγγέλλω ὑμῖν.

b) 17, 24ff. Verehrung Gottes nicht im Bilde, sondern im Geiste.

c) 17, 30 τοὺς μὲν οὖν χρόνους τῆς ἀγνοίας ὑπεριδὼν ὁ θεὸς τὰ νῦν ἀπαγγέλλει τοῖς ἀνθρώποις, πάντας πανταχοῦ μετανοεῖν.

d) 17, 31 Auferstehung Christi von den Toten.

Poimandres

1, 27 f. ἤργμαι κηρύσσειν τοῖς ἀνθρώποις τὸ τῆς εὐσεβείας καὶ γνώσεως (a) κάλλος· Ὢ λαοί, ἄνδρες γηγενεῖς, οἱ μέθῃ καὶ ὕπνῳ ἑαυτοὺς ἐκδεδωκότες καὶ τῇ ἀγνωσίᾳ (a) τοῦ θεοῦ, νήψατε.... Οἱ δὲ ἀκούσαντες παρεγένοντο ὁμοθυμαδόν. ἐγὼ δέ φημι· Τί ἑαυτούς, ὦ ἄνδρες γηγενεῖς, εἰς θάνατον ἐκδεδώκατε ἔχοντες ἐξουσίαν τῆς ἀθανασίας (d) μεταλαβεῖν; μετανοήσατε (c) οἱ συνοδεύσαντες τῇ πλάνῃ καὶ συγκοινωνήσαντες τῇ ἀγνοίᾳ.

7, 1f. ποῖ φέρεσθε, ὦ ἄνθρωποι μεθύοντες, τὸν τῆς ἀγνωσίας (a) οἶνον ἐκπιόντες; ...... ζητήσατε χειραγωγὸν τὸν ὁδηγήσοντα ὑμᾶς ἐπὶ τὰς τῆς γνώσεως θύρας, ὅπου..... πάντες νήφουσιν, ἀφορῶντες τῇ καρδίᾳ εἰς τὸν ὁραθῆναι θέλοντα. οὐ γάρ ἐστιν ἀκουστὸς οὐδὲ λεκτὸς οὐδὲ ὁρατὸς ὀφθαλμοῖς, ἀλλὰ νῷ καὶ καρδίᾳ (b).

1. Das jüdisch-christliche Grundmotiv. 7

33. Ode Salomos

Doch die reine Jungfrau trat auf, die predigte, rief und sprach:
Ihr Menschensöhne, wendet euch um (c)
und ihr Menschentöchter, kommt her!
Verlaßt die Wege dieser Vernichtung
und naht euch mir! . . . .
Euch will ich weise machen in den Wegen der Wahrheit (a)[1]),
daß ihr nicht vernichtet oder verderbt werdet.
Hört auf mich und laßt euch erlösen!
denn Gottes Gnade verkünde ich unter euch (a).
Durch mich sollt ihr erlöst werden und selig sein! (d)
Ich bin euer Richter.
Die mich anziehen, werden keinen Schaden nehmen,
sondern die neue Welt gewinnen, die nicht vernichtet wird'" (d).

---

[1]) Gemeint war in dem vom Verf. reproduzierten Original sicher die γνῶσις; während er diesen Begriff in anderen Oden beibehält, hat er ihn hier durch 'weise machen' und 'Wege der Wahrheit' judaisiert (vgl. Greßmann p. 9).

[2]) Hier schließt die Predigt in der Fassung der Rekognitionen (I 7); der von Rufinus übersetzte Text muß wörtlich identisch gewesen sein mit dem der Homilien. Diese fahren dann aber so fort: ἐὰν δὲ ἀπειθήσητε, αἱ ψυχαὶ ὑμῶν μετὰ τὴν τοῦ σώματος λύσιν εἰς τὸν τόπον τοῦ πυρὸς βληθήσονται, ὅπου ἀϊδίως κολαζόμεναι ἀνωφελῆτα μετανοήσουσιν· ὁ γὰρ τῆς μετανοίας καιρὸς ἡ νῦν ἑκάστου ζωὴ τυγχάνει. Das ist nichts als eine Zerdehnung, wie sie für die Homilien charakteristisch ist.

Kerygma Petri p. 13 ff. γινώσκετε (a) οὖν ὅτι εἶς θεός ἐστιν ὃς ἀρχὴν πάντων ἐποίησεν, ὁ ἀόρατος (folgen weitere Prädikamente, darunter ἀνεπιδεής, was die Acta V. 25 paraphrasieren). τοῦτον τὸν θεὸν σέβεσθε μὴ κατὰ τοὺς Ἕλληνας, ὅτι ἀγνοίᾳ (a) φερόμενοι καὶ μὴ ἐπιστάμενοι τὸν θεόν.... ξύλα καὶ λίθους, χρυσὸν καὶ ἄργυρον . . . ἀναστήσαντες σέβονται (b) . . . . Ἐὰν μὲν οὖν τις θελήσῃ . . . μετανοῆσαι (c) διὰ τοῦ ὀνόματός μου πιστεύειν ἐπὶ τὸν θεόν, ἀφεθήσονται αὐτῷ αἱ ἁμαρτίαι.

p. 15 Auferstehung Christi von den Toten (d).

Predigt des Barnabas p. 15, 10 ff. ἄνδρες Ῥωμαῖοι, ἀκούσατε· ὁ τοῦ θεοῦ υἱὸς ἐν Ἰουδαίᾳ πάρεστιν, ἐπαγγελλόμενος πᾶσι τοῖς βουλομένοις ζωὴν αἰώνιον (d), ἐὰν τὰ κατὰ γνώμην τοῦ πέμψαντος αὐτὸν πατρὸς βιώσωσιν. διὸ μεταβάλλεσθε (c) τὸν τρόπον ἀπὸ τῶν χειρόνων ἐπὶ τὰ κρείττονα, ἀπὸ τῶν προσκαίρων ἐπὶ τὰ αἰώνια. γνῶτε (a) ἕνα θεὸν εἶναι τὸν ἐπουράνιον, οὗ τὸν κόσμον ἀδίκως οἰκεῖτε ἔμπροσθεν τῶν αὐτοῦ δικαίων ὀφθαλμῶν. ἀλλ' ἐὰν μεταβάλησθε (c) καὶ κατὰ τὴν αὐτοῦ βούλησιν βιώσητε, εἰς ἕτερον αἰῶνα ἐνεχθέντες καὶ ἀΐδιοι γινόμενοι (d) τῶν ἀπορρήτων αὐτοῦ ἀγαθῶν ἀπολαύσετε.[2])

I. Die Areopagrede als Typus einer Missionspredigt.

Typische Motive in den Reden der Acta.

Der Verf. beginnt die Ausdeutung der Altaraufschrift mit den Worten (24): ὁ θεὸς ὁ ποιήσας τὸν κόσμον καὶ τὰ ἐν αὐτῷ, οὗτος οὐρανοῦ καὶ γῆς ὑπάρχων κύριος: dieses ziemlich genaue Zitat aus Exod. 20, 11 war schon c. 4, 24 und 14, 15 verwertet worden, beidemal in Reden, an der ersten Stelle so, wie in der Areopagrede, zu Beginn der Rede. Dieser Gott, geht es weiter (24), οὐκ ἐν χειροποιήτοις ναοῖς κατοικεῖ: das war wieder fast genau so schon 7, 48 dagewesen: Σολομῶν δὲ οἰκοδόμησεν αὐτῷ οἶκον, ἀλλ' οὐχ ὁ ὕψιστος ἐν χειροποιήτοις κατοικεῖ: diese Worte der Stephanosrede, in der, wie die Exegeten bemerken, der salomonische Tempelbau nicht geradezu verurteilt, aber doch nur als Konzession der göttlichen Gnade an einen menschlichen Wunsch hingestellt wird, hat der Verf. in die Areopagrede herübergenommen. Vers 26 — Verbreitung des von Einem herstammenden Menschengeschlechts über die ganze Erde — ist eine freie Paraphrase von Deut. 32, 8 mit Einfügung einer Floskel aus einer früheren Stelle der Acta (ὁρίσας προστεταγμένους καιρούς[1]) ∼ 14, 17 διδοὺς καιροὺς καρποφόρους: richtig so H. Wendt in seinem Kommentar, Götting. 1899), und zwar aus derselben Stelle, die, wie bemerkt, schon in den ersten Worten der Areopagrede wiederholt worden war.

Solche Dubletten in den Reden der Acta erstrecken sich auch auf die Komposition im ganzen.

Die Rede des Petrus in Jerusalem nach Heilung des Lahmen (3, 12 ff.) hebt nach ein paar persönlichen Worten (12, eingeleitet durch ἄνδρες Ἰσραηλεῖται) feierlich an (13): ὁ θεὸς Ἀβραὰμ καὶ Ἰσαὰκ καὶ Ἰακώβ, ὁ θεὸς τῶν πατέρων ἡμῶν. Genau so die athenische Rede: Persönliches, eingeleitet durch ἄνδρες Ἀθηναῖοι (22 f.), dann feierlich beginnend (24): ὁ θεὸς ὁ ποιήσας τὸν κόσμον καὶ

---

1) Auf diese Worte folgt: καὶ τὰς ὁροθεσίας τῆς κατοικίας αὐτῶν. Das Wort ὁροθεσία kommt sonst nicht vor; Fr. Blaß (Acta apost., Götting. 1895) setzt seine Konjektur τὰ ὁροθέσια in den Text, ein Wort, das z. B. bei Galenos vorkommt. Aber das Femininum ist eine gute Bildung der κοινή-Sprache: *topothesiam quam postulas Miseni et Puteolorum includam orationi meae* schreibt Cicero an Atticus I 14,5 mit Worten, die auch sachlich für den Philologen von Interesse sind, und I 16,18 *velim ad me scribas cuius modi sit Ἀμαλθεῖον tuum, quo ornatu, qua τοποθεσία*; die Lexika belegen dies Wort auch aus Diodoros und dem Geographen Ptolemaios, es kommt noch hinzu Ignatios ad Trall. 5, 2 τὰς τοποθεσίας τὰς ἀγγελικάς, wofür der die Sprache glättende Überarbeiter (zweite Hälfte des 4. Jahrh.) der Ignatiosbriefe schrieb: τὰς ἀγγελικὰς τάξεις.

πάντα τὰ ἐν αὐτῷ: also nur die Epiklese Gottes ist, dem verschiedenen Zuhörerpublikum entsprechend, variiert; dagegen kehrt sie in der Ansprache des Barnabas und Paulus in Lystra fast wörtlich wieder (14, 15 ὃς ἐποίησεν τὸν οὐρανὸν καὶ τὴν γῆν καὶ τὴν θάλασσαν καὶ πάντα τὰ ἐν αὐτοῖς), und in beiden Reden folgt auf diese allgemeine Formel der Epiklese eine Aufzählung der Wohltaten Gottes für das Menschengeschlecht (14, 16f. ~ 17, 26f.). In der Petrusrede folgt auf die Prädikation der Vorwurf, daß sie dieses ihres Gottes Sohn getötet haben, aber (17ff.): οἶδα ὅτι κατὰ ἄγνοιαν ἐπράξατε .... μετανοήσατε οὖν: denn die Neuordnung aller Dinge, wie sie von den Propheten verkündet worden ist, steht bevor, und ihr werdet an dem Heil in erster Linie Anteil haben, denn für euch hat Gott seinen Sohn auferstehen lassen. Ganz analog in der athenischen Rede. Auf die Prädikation folgt hier der Vorwurf, daß sie sich an diesem allmächtigen Gotte durch Idololatrie versündigt haben, aber (30f.): τοὺς χρόνους τῆς ἀγνοίας ὑπεριδὼν ὁ θεὸς τὰ νῦν ἀπαγγέλλει τοῖς ἀνθρώποις πάντας πανταχοῦ μετανοεῖν: denn das Endgericht steht bevor durch einen Mann, den er hat auferstehen lassen. Beide Reden beginnen also mit einer Epiklese und Prädikation Gottes und schließen mit dem Auferstehungsmotiv; dieses steht am Schluß auch in der Pfingstrede des Petrus (2, 32ff.). Die athenische Rede des Paulus liest sich in ihrem Anfang und Schluß wie eine matte Paraphrase der eben analysierten jerusalemischen des Petrus; das erklärt sich daraus, daß an die Stelle der starken und wirkungsvollen Individualisierung vor dem jüdischen Publikum die farblose Verallgemeinerung vor dem hellenischen treten mußte; aber diesen Mangel hat der Verf. ausgeglichen durch den Hauptteil, die Polemik gegen die Idololatrie. Das Aratoszitat der athenischen Rede entspricht den zahlreichen Zitaten aus dem A. T. in den anderen Reden.

Wie haben wir uns diese Übereinstimmungen zu erklären? Zunächst ist unverkennbar die gestaltende Hand des Schriftstellers, der sein geringes Tatsachenmaterial immer wieder von neuem zur Komposition von Reden verwendet. Aber es wäre verkehrt, diese Bestandteile der Reden mit den freien Ausführungen des Bearbeiters in der Weise zu identifizieren, daß man eine tatsächliche Grundlage überhaupt in Abrede stellte; gerade eine Analyse wie die eben gegebene läßt diese äußerste Schlußfolgerung unrichtig erscheinen.[1]) Das Tat-

---

[1]) In diesem Sinne kann ich mir aneignen die Worte, mit denen Harnack (Die Apostelgeschichte, Leipz. 1908, 110) seine κρίσις der Reden der

sachenmaterial war dem Umfange nach geringfügig, aber der Art nach bedeutsam; wir dürfen es mit Sicherheit zum Inventare der apostolischen Missionspredigt rechnen. Die Missionare haben an den verschiedenen Stätten ihrer Wirksamkeit naturgemäß immer wieder dieselben, zwar wenigen, aber dafür kraftvollen Gedanken in gleiche oder ähnliche Worte kleiden müssen: Aufforderung zur Erkenntnis des wahren Gottes und zu der dadurch bedingten Sinnesänderung, Prädikation dieses Gottes, Hinweis auf das jüngste Gericht, Glaube an den Auferstandenen, das waren die festen Bestandteile; Paulus selbst faßt in Milet vor den dorthin berufenen Ältesten der ephesischen Gemeinde seine Tätigkeit in die Worte zusammen, er sei nicht müde geworden διαμαρτυρόμενος Ἰουδαίοις τε καὶ Ἕλλησιν τὴν εἰς θεὸν μετάνοιαν καὶ πίστιν εἰς τὸν κύριον ἡμῶν Ἰησοῦν (20, 21 innerhalb einer „Wir"stelle); die gewaltige Ausführung zu Beginn des Römerbriefs bestätigt das: die wahre γνῶσις θεοῦ fehlt Hellenen wie Barbaren, sie leben darin in ἄγνοια, aber es ist höchste Zeit zur μετάνοια (1, 18—2, 4 f.).

Dies also war der Typus religiöser Propagandarede in Worten, verbindlich für jeden, der als Missionsprediger auftrat. Die Geschichte dieses Typus in die vorchristliche Zeit hinein zu verfolgen schiebe ich an dieser Stelle noch auf, da eine Anzahl wichtiger Vorfragen zu beantworten bleibt. Nur so viel kann und muß schon hier gesagt werden. Zwar sind diese Missionspredigten die letzten Ausläufer althellenischer Prophetenreden, aber ihre besondere Ausprägung verdanken sie dem orientalisierten, speziell dem durch die jüdische Propaganda beeinflußten Hellenismus. Insbesondere wird zu zeigen sein, daß die zwei Begriffe, die in ihrem Mittelpunkte stehen, γνῶσις θεοῦ und μετάνοια, reinhellenischem Wesen fremd gewesen sind.

Individualisierung des Typischen. Ein oratorischer Typus wird individualisiert durch die Persönlichkeiten des Redners selbst und des Publikums, zu dem er spricht. So bedingte denn auch das Hinaustreten des Paulus aus den Grenzen

---

Acta beschließt: „Was die Rede zu Athen .... betrifft, so wird, wenn die Kritik einmal wieder Augenmaß und Geschmack gefunden haben wird, niemand mehr verkennen, daß die Genialität in der Auswahl der Gedanken hier ebenso groß ist wie die geschichtliche Treue, wenn es darauf ankam, in wenigen Worten das zusammenzufassen, was Paulus in den grundlegenden Missionspredigten den Heiden aller Wahrscheinlichkeit nach vorgeführt hat."

der Mission innerhalb des Judentums eine Anpassung des Typus an das Hellenentum, das so in einer Umprägung Werte zurückerhielt, die zu schaffen es selbst beigetragen hatte. Daß Paulus, der in seinen Briefen so individuelle Töne je nach der Wesensart der verschiedenen Gemeinden zu finden wußte, auch in seinen Missionsreden nicht nivelliert, sondern den auch für ihn verbindlichen Typus stark individualisiert hat, ist selbstverständlich. Es entspricht also den geschichtlichen Tatsachen, wenn der Verfasser der Acta innerhalb des Schemas der Missionsrede den Petrus in Jerusalem die jüdischen Farben stark auftragen läßt (ὁ θεὸς Ἀβραὰμ καὶ Ἰσαὰκ καὶ Ἰακώβ 3, 13), während er von der athenischen Rede des Paulus derartige ἰδιώματα fernhält.[1]) Ja auch in positiver Hinsicht hat er sich in einem wesentlichen Punkte dieser Rede an die Geschichte gehalten: er läßt Paulus an eine im Hellenentum selbst verbreitete Anschauung anknüpfen und ihn daraus die Verpflichtung ableiten, diesen Keim richtiger Erkenntnis zu entwickeln. Daß dies der wirklichen Praxis des Apostels entsprach, kann keinem Zweifel unterliegen, denn wir besitzen dafür ein Selbstzeugnis in der berühmten Stelle des Römerbriefs (2, 14 ff.) über das Gesetz, das den ἔθνη, obgleich sie es nicht haben, doch ins Herz geschrieben ist, kraft dessen sie φύσει τὰ τοῦ νόμου ποιοῦσι[2]) und den evangelischen Begriff der am Tage des Gerichts kommenden Vergeltung in ihrem Gewissen tragen. Man wird Weizsäcker beistimmen müssen, wenn er schreibt (Das apostol. Zeitalter der christl. Kirche³ S. 99): „So hat er gesprochen, so hat er den Heiden bei seinen eigenen sittlichen Begriffen, bei der gemeinmensch-

---

[1]) Hier ein weiteres Beispiel. A. Seeberg, Der Katechismus der Urchristenheit (Leipz. 1903) 215 bemerkt: „Fast allemal, wo Lukas die μετάνοια nennt, verbindet er damit die ἄφεσις ἁμαρτιῶν (Luk. 24, 47; Act. 2, 38, vgl. 3, 19 das umschreibende ἐξαλειφθῆναι τὰς ἁμαρτίας). Nur 17, 30 findet sich die μετάνοια allein." Letztere Stelle ist die der athenischen Rede: mit dem Begriffe der Sündenvergebung hätten die Ἕλληνες nichts anfangen können; sie ist nach Reitzenstein, Poimand. 180, 1 ein die christliche Religion von sämtlichen, auch orientalischen, unterscheidender Begriff.

[2]) Ich vermag nicht zu sagen, ob schon jemand daran erinnert hat, daß diese Worte des Apostels ganz verständlich sind nur auf der Grundlage der Vorstellung vom ἄγραφος νόμος der Hellenen. Aus R. Hirzels schöner Abhandlung darüber (Abh. d. Sächs. Ges. d. Wiss., phil.-hist. Kl. XX, 1900) kann man sehen, wie verbreitet diese Vorstellung war, und vor allem ist richtig, daß Philon mit ihr überaus oft operiert: also kannte sie auch Paulus aus dem hellenisierten Judentum.

lichen Gewissenserfahrung ergriffen." Wir haben also zu schließen, daß er, wie seine Ethik, so auch seine Theologie an die κοιναί ἔννοιαι (um es einmal in stoischer Terminologie auszudrücken) seines hellenischen Publikums angeknüpft hat, und daß der Verfasser der Areopagrede sich auch hierin auf den Boden einer ideellen Wirklichkeit gestellt hat.

Jüdisch-christliche Polemik. Endlich war ihm auch das folgende durch die Tradition geboten. Es war althergebrachte Sitte schon vorchristlicher Zeit, den Kampf gegen den Polytheismus mit einer Polemik gegen die Idolatrie zu verbinden und das Rüstzeug dazu von den hellenischen Philosophen selbst zu übernehmen, die seit den Zeiten des Xenophanes ihren durch Spekulation erschlossenen Gott den Volksgöttern entgegensetzten. Für die jüdisch-christliche Polemik empfahl sich besonders der Anschluß an die Stoa, da sich deren pantheistische Weltanschauung mit der monotheistischen in einen gewissen Zusammenhang bringen ließ. Prädikationen des alttestamentlichen Gottes brauchten nur leicht abgeändert zu werden, um in eine Art von Konkordanz mit Aussagen der Stoa über ihren Gott zu treten; das also war eine Grundlage, auf der sich mit Näherungswerten operieren ließ. Diese schon durch das hellenistische Judentum bewährte Praxis, die so bekannt ist, daß es keiner Beweisstellen bedarf, hat nun der Areopagredner mit Konsequenz zur Anwendung gebracht. Es läßt sich nämlich leicht zeigen, daß seine Anlehnung an Gedanken der Stoa sich keineswegs auf das Zitat aus dem Lehrgedichte dieser Schule beschränkt: vielmehr drückt dieses Zitat dem Ganzen sozusagen nur das urkundliche Siegel auf.[1]) Wir betrachten der Reihe nach die dem Zitate voraufgehenden Worte von V. 25 an.[2])

---

[1]) Natürlich ist diese oder jene Einzelheit in den Kommentaren richtig notiert worden, aber es fehlt zumeist der eigentliche Beweis, und daher ist es den Gegnern leicht gemacht worden, zu widersprechen. C. Clemen, Religionsgesch. Erklärung des Neuen Testaments (Gießen 1909) 43 f. faßt das Resultat kurz so zusammen, daß auf die Rede „vielfach, wenngleich wohl zumeist durch Vermittlung der jüdischen Apologetik, die Philosophie eingewirkt hat", speziell „der Stoizismus", wobei dem Philologen der bescheidene Wunsch gestattet sei, daß der gelehrte Verfasser in einer neuen Auflage dieses den philologischen Leser verletzende Wort, das sich durch sein ganzes Buch hindurchzieht, beseitigen möge: εἰ μὴ γὰρ ἦν Χρύσιππος, οὐκ ἂν ἦν στοά. — M. Krenkel, Josephus und Lukas (Leipz. 1894) 223 ff. behauptet, die Areopagrede sei abhängig von Joseph. ant. VIII 4, 2. adv. Ap. II 16 u. 22. Das aber ist nur eine der vielen willkürlichen Behauptungen in diesem hypothesenreichen, aber durch seine sprachlichen Untersuchungen

2. DAS STOISCHE BEGLEITMOTIV.

οὐδὲ ὑπὸ χειρῶν ἀνθρωπίνων θεραπεύεται προσδεόμενός τινος
(V. 25).

Hierzu hat Wilamowitz (Eurip. Herakl. II², Berl. 1895, S. 272) eine wichtige Parallele aufgezeigt: wie Euripides (Herc. 1346) δεῖται γὰρ ὁ θεός, εἴπερ ἔστ' ὀρθῶς θεός, οὐδενός[3]), so sagte der Sophist

immerhin wertvollen Buche. Die paar Anklänge erklären sich daraus, daß auch Josephus auf den Judengott einzelne Züge des stoischen Gottes übertragen hat (s. u. S. 19, 2).

2) Einige der im folgenden angeführten Belegstellen fand ich nachträglich in einem Werke, auf das ich durch gelegentliche Notizen daraus aufmerksam geworden bin: „Ἡ καινὴ διαθήκη. Novum Testamentum graecum ..... commentario pleniore ex scriptoribus veteribus Hebraicis, Graecis et Latinis historiam et vim verborum illustrante opera et studio Joannis Jacobi Wetstenii. Amstelaedami MDCCLII." Wettstein (latinisiert schrieb er sich Wetstenius mit einem t, was ich zunutzen derjenigen Philologen sage, die sich das Werk etwa auf einer Bibliothek bestellen und dabei nicht in Schwierigkeiten geraten wollen) war ein sehr namhafter Theologe des XVIII. Jahrh., der wegen seiner Bemühungen, einen kritischen Text des N. T. herzustellen — Bentley, mit dem er in persönliche Beziehungen trat, interessierte sich sehr dafür und vermittelte ihm die Kollation einer wichtigen Pariser Hs. —, aus seiner Schweizer Heimat verbannt wurde und seitdem in Amsterdam lebte; im zweiten Teile dieser Untersuchungen werden wir eine Stelle (ep. ad Tim. I 3, 16) kennen lernen, deren kritische Behandlung eine Amtsentsetzung als Pfarrer zur Folge hatte. Das genannte Werk ist von staunenswerter Gelehrsamkeit; man wird wohl sagen dürfen, daß die überwiegende Mehrzahl der sog. 'gelehrten' Zitate aus diesem Riesenwerke (in zwei Quartbänden von je fast 1000 Seiten) stammt; die antike Literatur ist in einem Umfange herangezogen, der auch dem Philologen imponieren muß. Freilich ist die Überlastung auch mit Heterogenstem maßlos stark. Ich werde es mir im Folgenden nicht nehmen lassen, besonders wichtige Zitate dieses Abschnitts ihrem Urheber wiederzugeben. — Drei Jahre nach dem Wettsteinschen Werke erschien ein anderes analoges: Georgii Davidis Kypke Observationes sacrae in novi foederis libros ex auctoribus potissimum graecis et antiquitatibus. Wratislaviae 1755 (in zwei Oktavbänden mäßigen Umfangs). Er sagt in der praefatio: 'Wetstenii N. T. sane usque adhuc nondum vidi, quum id e nostratibus, quod sciam, possideat nemo' (es ist auch jetzt noch selten genug). An Gelehrsamkeit ist es mit jenem nicht zu vergleichen und bietet wohl nur in seltenen Ausnahmefällen eine Ergänzung dazu. — Das unkritische Buch von E. Spieß, Logos spermatikos. Parallelstellen zum N. T. aus den Schriften der alten Griechen, Leipz. 1871 ist für Theologen und Philologen unbrauchbar.

3) Diesen Vers hat schon Clemens Al. strom. V 11, 75 mit der Stelle der Acta verglichen.

Antiphon in seiner *Ἀλήθεια* 98 Sauppe (= 10 Diels): die Gottheit οὐδενὸς δεῖται οὐδὲ προσδέχεται οὐδενός τι, ἀλλ' ἄπειρος καὶ ἀδέητος. Es läßt sich hinzufügen, daß Platon von der Welt als dem gewordenen Gotte sagt, sie sei ein Wesen αὔταρκες καὶ οὐδενὸς ἑτέρου προσδεόμενον (Tim. 33D. 34B.). Die Stoa, die sogar ihren Weisen als ἀπροσδεῆ und αὐτάρκη zu prädizieren liebte, sprach so erst recht von ihrem Gotte (vgl. Chrysippos bei Plut. de Stoic. rep. 39 p. 1052D; ἀπροσδεὴς ἁπλῶς ὁ θεός Plut. comp. Aristid. et Cat. 4). Gerade die Wahl des Kompositums προσδεῖσθαι war dabei üblich: ein Pythagoreer, der sog. Onatas, fährt, nachdem er Gott stoisch definiert hat, so fort (Stob. ecl. I 1, 39, vol. I 49, 20 W.): τοιαύτα δὲ φύσις οὐδενὸς προσδεῖται. Auch Plotinos wird nicht müde, die absolute Bedürfnislosigkeit des Urwesens zu betonen. In dem Kerygma Petri fanden wir (S. 7) mit nur leichter Variation das Epitheton ἀνεπιδεής an der analogen Stelle seiner Missionspredigt; ein ähnliches kam schon bei Xenophanes vor (Diels, Vorsokr. I² 41, 18. 53 C 1).

Gott hat es durch seine Vorsehung so eingerichtet, daß die Menschen imstande sind,

ζητεῖν τὸν θεόν, εἰ ἄρα γε ψηλαφήσειαν αὐτὸν καὶ εὕροιεν (V. 27ᵃ).

Die Vorstellung, daß der Mensch Gott 'suchen' soll und ihn 'findet', ist freilich auch dem A. T. ganz geläufig, z. B. Amos 5, 6 ἐκζητήσατε τὸν κύριον καὶ ζήσατε, Jesajas 55, 6 ζητήσατε τὸν κύριον καὶ ἐν τῷ εὑρίσκειν αὐτὸν ἐπικαλεῖσθε. Deuteron. 4, 29. Psalm 14, 2 κύριος ἐκ τοῦ οὐρανοῦ διέκυψεν ἐπὶ τοὺς υἱοὺς τῶν ἀνθρώπων, τοῦ ἰδεῖν εἰ ἔστι συνίων ἢ ἐκζητῶν τὸν θεόν (eine von Paulus im Römerbrief 3, 11 zitierte Stelle). Aber durch die Verbindung, die dieser Gedanke in den Acta mit seiner Umgebung eingeht, tritt er in eine eigentümliche Beleuchtung. In dem Wendtschen Kommentar heißt es freilich: „εἰ ἄρα γε ψηλαφήσειαν αὐτὸν καὶ εὕροιεν: 'ob sie ihn wahrnehmen und finden möchten'. Durch diese bildlichen Ausdrücke soll natürlich nicht die sinnliche Art, sondern die Unmittelbarkeit der möglichen Erkenntnis Gottes als des nicht entfernten, sondern allgegenwärtigen veranschaulicht werden." Das läßt sich nicht rechtfertigen: ψηλαφᾶν ist ein nach Ausweis der Lexica in den Septuaginta oft vorkommendes Wort und heißt dort[1])

---

1) Z. B. Gen. 27, 11f. ἔστιν Ἠσαῦ ὁ ἀδελφός μου ἀνὴρ δασύς, ἐγὼ δὲ ἀνὴρ λεῖος· μή ποτε ψηλαφήσῃ με ὁ πατήρ. Deuteron. 28, 29 ἔσῃ ψηλαφῶν μεσημβρίας, ὡς [...] ἐν τῷ σκότει. Die in den Lexicis angeführte Stelle

nie etwas anderes als 'betasten', 'greifen', in sinnlicher Bedeutung, die es auch im N. T. ausschließlich hat (ev. Luc. 24,39 ψηλαφήσατέ με καὶ ἴδετε, ep. Joh. I 1,1 ὃ αἱ χεῖρες ἡμῶν ἐψηλάφησαν, ep. ad Hebr. 12,18 οὐ γὰρ προσεληλύθατε ψηλαφωμένῳ ὄρει[1]) (*non enim accessistis ad tractabilem montem* Hieron.). Hieronymus übersetzte unsere Stelle also ganz korrekt: *quaerere deum, si forte attrectent eum aut inveniant*[2], und Luther blieb mit seiner zwar etwas veredelnden Übersetzung „ob sie doch ihn fühlen und finden möchten" dem Gedanken doch treu.[3] Diese materialistische Ausdrucksweise[4]

Zach. 3,9 ἐγὼ ὀρύσσω βόθρον, λέγει κύριος παντοκράτωρ, καὶ ψηλαφήσω πᾶσαν τὴν ἀδικίαν beruht, wie mir mein Kollege J. Barth mitteilt, auf einem Übersetzungsfehler: der Urtext hat eine von dem Verbum *mūš* 'beseitigen' abgeleitete Form, das die Übersetzer mit *māš* 'betasten' verwechselten. — Auf einen geistigen Vorgang übertragen steht das Wort bei Plat. Phaid. 99B ὃ δή μοι φαίνονται ψηλαφῶντες οἱ πολλοὶ ὥσπερ ἐν σκότῳ . . . ὡς αἴτιον αὐτὸ προσαγορεύειν (vgl. Aristoph. Fried. 698f. πρὸ τοῦ μὲν οὖν ἐψηλαφῶμεν ἐν σκότῳ τὰ πράγματα, Νυνὶ δ' ἅπαντα πρὸς λύχνον βουλεύσομεν). Polybios VIII 18,4 ὁ δὲ Βῶλις, ἅτε Κρὴς ὑπάρχων καὶ φύσει ποικίλος, πᾶν ἐβάσταξε πρᾶγμα καὶ πᾶσαν ἐπίνοιαν ἐψηλάφα: Schweighäuser im Lex. Polyb. ψηλαφᾶν πᾶσαν ἐπίνοιαν 'omnes consiliorum vias scrutari'. Eigentümlich Sext. Emp. adv. math. VIII 108 νῦν δ' ἐπὶ ποσὸν ψηλαφηθείσης τῆς ἐπὶ τῶν ἁπλῶν ἀξιωμάτων παρὰ τοῖς διαλεκτικοῖς νομοθεσίας 'tractata lege', wie Fabricius übersetzt, aber leicht mißverständlich (s. Anm. 2 dieser Seite); es liegt auch hier die Vorstellung zugrunde, einem dunkeln Gegenstand tastend auf die Spur zu kommen; der Sextuseditor, mein Kollege H. Mutschmann, weist mich darauf hin, daß nach S. (z. B. Hyp. I 13) alle δόγματα περὶ τῶν ἀδήλων ἀποφαίνουσιν. 'Wahrnehmen' heißt es nie und kann es nie heißen.

1) Daß das in jüngeren Hss. fehlende ὄρει in die alten aus den LXX interpoliert wurde, ist für uns gleichgültig; B. Weiß in seinem Kommentar übersetzt richtig 'irgend etwas Greifbares', gibt auch die Belege für sonstiges Vorkommen im N. T., nur nicht die Stelle der Acta, vermutlich weil er sich scheute, diese Bedeutung in ihr anzuerkennen.

2) Eine vorhieronymianische Übersetzung (Acta apost. ante H. latine translata ex codice latino-graeco Laudiano Oxoniensi denuo ed. S. Belsheim, Christiania 1893 in: Christiania Videnskabs-Selskabs Forhandlinger for 1893 Nr. 19) bietet: *quaerere dominum si forte tractarent eum aut invenirent*. Hieronymus hat das durch die Wahl des Kompositums verdeutlicht.

3) Holtzmann im Kommentar: „ob sie ihn sonach wenigstens wie im Dunkeln befühlen und finden würden", ohne weitere Erklärung, sprachlich richtig, aber nicht ganz scharf. Dasselbe gilt von Blaß' Bemerkung: „ψηλαφᾶν verbo egregie declaratur, et proximum esse Deum et oculis occultum. Cf. Rom. 1,19 sqq.;" die von ihm zitierte Stelle des Römerbriefs bietet nichts hierfür Zutreffendes; s. über sie unten S. 28.

4) In der Hss.-Klasse β sowie in Zitaten bei Clemens und Eirenaios lautet

ist nun aber der jüdisch-christlichen Vorstellung vom Wesen Gottes ebenso fremdartig[1]), wie sie der Stoa geläufig ist. Wenn Platon den höchsten Gott als den bloß intelligiblen von der Welt als dem gewordenen Gotte unterschied, dem als solchem auch das ἁπτόν zukomme (Tim. 28B. 31B), so war es nur folgerichtig, daß die Stoa, die statt der Transzendenz Gottes über der Welt seine Immanenz in ihr annahm, diese Unterscheidung aufhob. Manilius, der hier erwiesenermaßen Gedanken des Poseidonios paraphrasiert, preist im Epilog des IV. Buches seines stoischen Konkurrenzgedichtes zu dem epikureischen des Lucretius die Herrlichkeit des Menschen, der in die Geheimnisse der Natur einzudringen versuchte, weil Gott in seiner Brust wohnt; nicht genug damit, daß er sich die Natur unterwirft: kraft seiner Verwandtschaft mit Gott 'sucht' er Gott selbst und dieser läßt sich von ihm 'finden', ja Gott drängt sich selbst uns auf und bietet sich uns dar (*se ipsum inculcat et offert*), damit wir ihn leicht erkennen und begreifen. In diesen Worten zeigt sich die Realität stoischer Erkenntnislehre[2]); wir dürfen diese Vorstellung

---

der Text: ζητεῖν τί τὸ θεῖόν ἐστιν, εἰ ἄρα γε ψηλαφήσειαν αὐτό: darin liegt offenbar ein (auf Grund von τὸ θεῖον 29) unternommener Versuch, das Sinnliche zu vergeistigen; zumal bei Eirenaios, der hier nur in der lateinischen Übersetzung vorliegt (III 12, 9), lauten die Worte *quaerere illud quod est divinum, si quo modo tractare possint illud aut invenire* ganz farblos, obwohl der Übersetzer das ψηλαφᾶν genau widergibt.

1) In einem von Reitzenstein, Poimandr. 186, 4 aus einem codex Parisinus Graec. 2316 mitgeteilten jüdischen oder christlichen Zaubergebete wird Gott so angerufen: ἄφραντε, ἄφθαρτε, ἀμίαντε, ἀψηλάφητε, ἀχειροποίητε usw. Vgl. auch Ignatios ad Polycarp. 3, 2 τὸν ὑπὲρ καιρὸν προσδόκα, τὸν ἄχρονον, τὸν ἀόρατον, τὸν δι' ἡμᾶς ὁρατόν, τὸν ἀψηλάφητον, τὸν ἀπαθῆ. Nicht auf Gott, sondern den inkarnierten Gottmenschen beziehen sich die Worte des Auferstandenen ev. Luk. 24, 39 ψηλαφήσατέ με καὶ ἴδετε ὅτι πνεῦμα σάρκα καὶ ὀστέα ἔχει καθὼς ἐμὲ θεωρεῖτε ἔχοντα, vgl. ev. Joh. 20, 27 (auch Ignatios ep. ad Smyrn. 3, 2); aber der Verf. des ersten Johannesbriefes hat diese Realitäten in merkwürdiger Weise spiritualisiert: s. u. S. 17, 1.

2) Der Dichter nennt weiterhin den gestirnten Himmel als die sinnlichste Erscheinungsform Gottes. Wie eng er sich hier an seinen Gewährsmann Poseidonios angelehnt hat, zeigt seine Übereinstimmung mit einer schönen Stelle des Plotinos, bei dessen Lektüre man sich so oft an die schwungvolle Diktion des Poseidonios erinnert fühlt; für ihn ist freilich das Suchen des in der Natur sichtbaren Gottes nur eine Vorstufe für das des intelligiblen. II 8. 11 g. E.: „Wie derjenige, der zum Himmel emporblickte und den Glanz der Gestirne schaute, des Schöpfers inne wird und ihn sucht, so muß auch derjenige, die intelligible Welt schaute und in sich aufnahm und be-

2. Das stoische Begleitmotiv.

im Sinne des stoischen Materialismus so verallgemeinern und mit einem unserer Sprache gemäßen Wortspiel wiedergeben: was immer du mit Händen tastend greifest (und sei es ein Stein, aus dem das Feuer springt), überall 'begreifest' du Gott. Ob nun freilich die Stoa auch in der sprachlichen Ausprägung ihrer Lehre so weit gegangen ist, mag man bezweifeln: mir wenigstens ist nichts ganz Vergleichbares aus der nicht orientalisierten Stoa bekannt. Aber sicher ist, daß dieser stoische Pantheismus das philosophische Ferment abgegeben hat für eine pantheistische Mystik. In einem Traktate des Hermes Trismeg. (Poim. c. 5), der, wie wir noch sehen werden, von der Stoa beeinflußt ist, heißt es (§ 2) von dem höchsten Gotte: φαίνεται διὰ παντὸς τοῦ κόσμου· νόησιν λαβεῖν, ἰδεῖν καὶ ἅψασθαι αὐταῖς ταῖς χερσί[1]) δύνασαι καὶ τὴν εἰκόνα τοῦ θεοῦ θεάσασθαι: da haben wir also das ψηλαφᾶν in konkretem Sinne, und auch das Logion aus Oxyrhynchos (am bequemsten zu finden in: Apocrypha II ed. Klostermann in den Kl. Texten für theol. und philol. Vorles. Heft 8, Bonn 1910 S. 16), das Reitzenstein (Poimandres 234 ff.) in diesen Zusammenhang hineinbezogen hat, mag hier

wunderte, danach suchen, wer denn ihr Schöpfer sei, der sie in solcher Herrlichkeit sich unterstellt hat." — Über das ζητεῖν τὸν θεόν gibt Philon de monarch. I 4 ff. (II 216 ff. M. V 8 ff. W.-C.) eine lange und sehr schöne Ausführung, in der sich keine Spur von alttestamentlichen Vorstellungen findet, sondern Stoisches und Platonisches vermengt ist, aber so, daß der stoische Materialismus zugunsten der platonischen Ideenlehre beseitigt wird (Gott selbst beruft sich in seinem Dialog mit Moses auf Platon, c. 6 p. 219: ὀνομάζουσι δὲ αὐτὰς οὐκ ἀπὸ σκοποῦ τινες τῶν παρ᾽ ὑμῖν ἰδέας, s. darüber u. S. 86, 1).

[1]) Die Distanz von Empedokles ist bemerkenswert: fr. 133 Diels (vom θεῖον):
οὐκ ἔστιν πελάσασθαι ἐν ὀφθαλμοῖσιν ἐφικτόν
ἡμετέροις ἢ χερσὶ λαβεῖν, ᾗπέρ τε μεγίστη
πειθοῦς ἀνθρώποισιν ἀμαξιτὸς εἰς φρένα πίπτει.

Dagegen stimmt zu der in der hermetischen Stelle ausgesprochenen Vorstellung diejenige, mit der der erste johanneische Brief beginnt: ὃ ἦν ἀπ᾽ ἀρχῆς, ὃ ἀκηκόαμεν, ὃ ἑωράκαμεν τοῖς ὀφθαλμοῖς ἡμῶν, ὃ ἐθεασάμεθα καὶ αἱ χεῖρες ἡμῶν ἐψηλάφησαν, περὶ τοῦ λόγου τῆς ζωῆς ...... ἀπαγγέλλομεν καὶ ὑμῖν so genau, daß hier ebenso sicher ein Zusammenhang anzunehmen ist wie (nach Reitzensteins Nachweis) zwischen anderen hermetischen Stellen und dem Proömium des Johannesevangeliums (auf das der Briefschreiber anspielt: E. Schwartz, Nachr. d. Gött. Ges. 1907, 366): das konkrete körperliche Betasten des Auferstandenen (s. o. S. 16, 1) ist hier vergeistigt durch Übertragung auf den λόγος; mystische Theosophie des orientalisierten Hellenismus wollen wir das zunächst einmal nennen, ein Vorstellungskreis, der sich uns im Verlaufe dieser Untersuchungen deutlicher gestalten wird.

I. Die Areopagrede als Typus einer Missionspredigt.

Platz finden: [λέγ]ει ['Ιησοῦς· ὅπ]ου ἐὰν ὦσιν [δύο, οὐκ] ε[ἰσὶν ἄθεοι, καὶ [ὅ]που εἷς ἐστιν μόνος, [λέ]γω· ἐγώ εἰμι μετ' αὐτ[οῦ]. ἔγει[ρ]ον τὸν λίθον[1]), κἀκεῖ εὑρήσεις με· σχίσον τὸ ξύλον, κἀγὼ ἐκεῖ εἰμι.

Καί γε οὐ μακρὰν ἀπὸ ἑνὸς ἑκάστου ἡμῶν ὑπάρχοντα (V. 27ᵇ).

Durch diese Worte soll erklärt werden, wie leicht es ist, Gott zu finden: 'der ja doch[2]) nicht ferne ist von einem Jeden von uns'. Hierzu gibt es nun eine schon von Wettstein (s. o. S. 13,2) notierte überraschende Parallele in einer Rede des Dion von Prusa, die uns auch noch weiterhin beschäftigen wird. Nämlich in seinem *Ὀλυμπικὸς ἢ περὶ τῆς πρώτης τοῦ θεοῦ ἐννοίας* (12,28 = I p. 162 v. Arnim) sagt er: die Vorstellung eines göttlichen Wesens sei dem Menschengeschlechte infolge seiner Verwandtschaft mit Gott eingepflanzt:

---

1) Bei Philodemos περὶ εὐσεβείας p. 74 Gomperz: ἀλλὰ μὴν καὶ Χρύσ[ι]ππος . . . . . [ἐν μὲ]ν τῷ πρώ[τῳ περὶ θεῶ]ν (1076 v. Arnim) Δία φη[σὶν εἶναι τὸ]ν ἅπαντ[α διοικοῦ]ντα λόγον κ[αὶ τὴν] τοῦ ὅλου ψυχὴ[ν κα]ὶ τῇ τούτου μ[ετοχ]ῇ πάντα [ζῆν] . . . . . καὶ τοὺς λίθους, διὸ καὶ Ζῆνα καλε[ῖσ]θαι ist die Ergänzung an der entscheidenden Stelle noch nicht gefunden (für den Gedanken würde passen etwa καὶ μήν). Daß er die Steine nannte (natürlich wegen der in ihnen verborgenen σπέρματα πυρός, *semina flammae*, Verg. aen. VI 6 f.) ist immerhin charakteristisch: unten (S. 82, 1) werde ich αὐτόλιθος πέτρα als neuplatonische Prädikation Gottes zu erweisen suchen.

2) καί γε die Mehrzahl der Hss. (auch die Vorlage von cod. D, denn seine Schreibung καί τε ist bedeutungslos), einige καίτοι (so auch Clemens Al. in einem Zitate), der Sinaiticus, beides vereinigend, καίτοιγε. Aber καίτοι beruht auf einer Reminiszenz an die inhaltlich verwandte Stelle 14, 17. Die Herausgeber setzen mit Recht wohl allgemein καί γε in den Text; die Bemerkung von Blaß „καίτοι(γε) *quamvis* sententiae vix aptum; καί γε *quia etiam* 2, 18; hic magis *et quidem, atque revera*" erfordert aber, obwohl sie in der Hauptsache richtig ist, doch einen kleinen Zusatz. Nämlich καί γε ohne dazwischenstehendes Wort scheint im N. T. nur hier vorzukommen (ev. Luk. 19, 42 schwankt die Überlieferung sehr), sowie in einem Zitate ebenfalls in den Acta aus dem Propheten Joel: act. 2, 18 καίγε ἐπὶ τοὺς δούλους μου = Joel 3, 4, wo unsere Septuagintahss. zwischen καί und καί γε schwanken. In klassischer Sprache hätte es an unserer Stelle heißen müssen ἅτε, was an der im Text gleich zitierten Stelle des Dion steht; aber diese Partikel kommt im N.T. nicht mehr vor (Sept. nur Makk. III 1, 29). — Dieselbe Katachrese von γέ auch in dem vorhergehenden Verse: εἰ ἄρα γε ψηλαφήσειαν αὐτόν, in der Verbindung εἰ ἄρα γε nur hier, aber ἄρα (ἆρα) γε noch 8, 30. 11, 18 (hier nicht in allen Hss.) und zweimal im ev. Matth. (letzteres nach Blaß, Gramm. d. nt. Griech., Gött. 1896, 254. 267).

2. Das stoische Begleitmotiv.

τε γὰρ οὐ μακρὰν οὐδ' ἔξω τοῦ θείου διῳκισμένοι καθ' ἑαυτούς
... οὐκ ἐδύναντο μέχρι πλείονος ἀξύνετοι μένειν.¹) Die Übereinstimmung der Worte καί γε οὐ μακράν ~ ἅτε γὰρ οὐ μακράν schließt die Möglichkeit einer bloß zufälligen Berührung aus; der Unterschied, daß in den Acta die Worte von Gott aus orientiert sind, bei Dion von den Menschen aus, ist unwesentlich: die oben S. 16 aus Manilius angeführten Worte zeigen, daß die Formulierung in den Acta ganz im Sinne der Stoa ist; ja sie scheint sogar das Ursprünglichere zu sein.²)

ἐν αὐτῷ γὰρ ζῶμεν καὶ κινούμεθα καὶ ἐσμέν (V. 28).

'Deum rerum omnium causam immanentem statuo, omnia, inquam, in Deo esse et in Deo moveri cum Paulo affirmo' schrieb Spinoza (ep. 21); er hat also das Stoische herausgefühlt, mag auch die pantheistische Schlußfolgerung, die dem 'Paulus' sicher fern lag, seine eigene Zutat sein.³) Aber die Begriffstrias bedarf einer genauen Prüfung. Das κινεῖσθαι hat Luther mit so schönem Ethos übersetzt, daß sich uns, die wir diese Stelle in seiner Übersetzung von Kindheit an auswendig kennen (auch die katholischen Kinder lernen sie so), der bestimmte Begriff zu verflüchtigen droht; aber in einigen wissenschaftlichen Kommentaren wird doch der Ver-

---

1) Was Holtzmann, der (wie Wendt) die Stelle des Dion aus Wettstein wiederholt, damit meint, wenn er fortfährt: „vgl. aber auch J. Sir. 43, 27 bzw. 29. Sap. 7, 24" ist mir unerfindlich: an keiner dieser Stellen steht auch nur entfernt Vergleichbares.

2) Josephus (s. o. S. 12,1) ant. VIII 4, 2, § 108 läßt Salomo bei der Tempelweihe zu Gott beten: τοῦτον δέ σοι κατεσκεύασα τὸν ναὸν ἐπώνυμον, ὡς ἂν ἀπ' αὐτοῦ σοι τὰς εὐχὰς θύοντες καὶ καλλιεροῦντες ἀναπέμπωμεν εἰς τὸν ἀέρα, καὶ πεπεισμένοι διατελοίημεν ὅτι πάρει καὶ μακρὰν οὐκ ἀφέστηκας. Die Färbung der letzten Worte ist durch die Stoa beeinflußt. Es folgen auf sie die Worte: τῷ μὲν γὰρ πάντα τε ἐφορᾶν καὶ πάντα ἀκούειν οὐδὲ ... ἀπολείπεις τοῦ πᾶσιν ἔγγιστα εἶναι: es scheint noch nicht bemerkt zu sein, daß er Γ 277 (ἠέλιός θ') ὃς πάντ' ἐφορᾷς καὶ πάντ' ἐπακούεις zitiert (den Vers, wie es der gute Ton wollte, durch kleine Änderungen verschleiernd); da dieser Vers auch von dem Stoiker Herakleitos, quaest. Hom. 23 zitiert und exegesiert wird, kann ihn Josephus schon in stoischem Zusammenhang gefunden haben, in dem er, wie ich mich bestimmt zu erinnern glaube, auch sonst begegnet.

3) So richtig Deißmann S. 94 der unten S. 23 zitierten Schrift.

2*

such gemacht, ihn zu fixieren. In dem Wendtschen Kommentar[1]) wird die Erklärung eines namhaften Theologen, κινεῖσθαι bezeichne die seelischen Erregungen, zurückgewiesen, ohne daß eine andere gegeben würde, denn mit der Bemerkung: „Steigerung vom Spezielleren zum Allgemeinsten: Leben, Bewegung, Existenz" scheint mir nichts gewonnen zu sein, da nicht einzusehen ist, weshalb gerade der Begriff der Bewegung überhaupt genannt und an diese Stelle gerückt ist. Es liegt vielmehr in jener zurückgewiesenen Erklärung doch ein richtiger Kern, wie folgende Zeugnisse zeigen werden, die ich mir, gewiß nur wenige aus vielen, sammelte. Unter den stoischen Beweisen für das Dasein Gottes wird bei Sext. Emp. IX 75 f. auch dieser angeführt: Gott sei die sich selbst bewegende Kraft, diese δύναμις αὐτοκίνητος durchdringe die Welt wie die Seele uns Menschen, gestalte durch die Bewegung das All und sei Ursache für Werden und Veränderung. Die κινήσεις sind es, denen die Dinge, die an sich nur eine Eigenschaft (ἕξις) haben, ihre οὐσία verdanken (Zeugnisse hierfür bei Zeller, Die Philos. d. Gr. III 1³, S. 131, 3). Wenn also an unserer Stelle ζῆν, κινεῖσθαι, εἶναι nebeneinander gestellt sind, so ist darin die Stufenfolge des organischen Lebens ausgedrückt: das Leben an sich als bloße Eigenschaft wird erst durch die Bewegung zur Wesenheit, zum eigentlichen Sein. An dem somatischen Leben haben, wie es der Stoiker (Poseidonios) bei Cicero de deor. nat. II 33 f. etwas anders formuliert, auch die Pflanzen teil, bei den Tieren kommt das psychische Leben hinzu, das durch *sensus et motus* in die Erscheinung tritt, der Mensch hat außer dem somatischen und psychischen noch das noetische Sein (vgl. § 23. 31: τὸ δὲ εἶναι νῦν λέγω τὸ ἐν λόγῳ γενέσθαι καὶ μετέχειν ζωῆς νοερᾶς Hermes bei Stob. ecl. I 321, 5 W.). Die Bewegung, die der Mensch mit dem Tiere teilt, ist aber bei diesem andersartig als bei jenem 'die Bewegungen der Tiere sind, wie Philon (quod deus sit immutabilis 10, I 279 M. = II 66 f. Cohn-Wendl.) es in ganz stoischer Umgebung ausdrückt, unvorsätzlich und unfreiwillig, nur die Seele des Menschen erhielt von Gott die freiwillige Bewegungskraft und gleich

---

1) Unverständlich ist mir, wie Holtzmann ev. Luc. 20, 38 θεὸς δὲ οὐκ ἔστιν νεκρῶν ἀλλὰ ζώντων· πάντες γὰρ αὐτῷ ζῶσιν vergleichen und in seinem Kommentar zu dieser Stelle des Lukas behaupten kann, „sie verrate den Verfasser von act. 17, 28 und blicke zurück auf Röm. 14, 8 (ἐάν τε γὰρ ζῶμεν, τῷ κυρίῳ ζῶμεν)." Dieser Betrachtungsweise mag es ja freilich gleichgültig sein, ob jemand sagt: „wir leben dem Gotte" oder „wir leben in Gott"

2. Das stoische Begleitmotiv.

darin Gott selbst'.[1]) Mit besonderer Schärfe hat Lucanus diesen Glaubenssatz der Stoa von Cato so formulieren lassen (IX 580):

Iuppiter est quodcumque vides, quodcumque moveris[2]),

wie sich denn überhaupt sagen läßt, daß κινεῖσθαι im Sinne seelischen Erregungsvermögens in der stoischen Terminologie fest haftet.[3]) Es fehlt auch nicht ganz an Belegstellen für paarweise Gruppierung von je zweien jener drei Begriffe 'Leben', 'Bewegung' und 'Sein'. Schon Platon, auf dessen Timaios schließlich alle spätere Spekulation dieser Art zurückgeht, hatte von der Weltseele, der Schöpfung des höchsten Gottes, gesagt (37C): ὡς δὲ κινηθὲν καὶ ζῶν ἐνόησε τῶν ἀϊδίων θεῶν γεγονὸς ἄγαλμα ὁ γεννήσας πα-

---

1) An einer anderen Stelle (de Cherubim I 162 M. = I 200 § 128 C.-W.) formuliert es Philon so (das diesen Worten Vorausgehende wird uns späterhin noch beschäftigen: es geht wegen der Übereinstimmung mit Seneca wahrscheinlich auf Poseidonios zurück): ὄργανα γὰρ ἡμεῖς, δι' ὧν αἱ κατὰ μέρος ἐνέργειαι, τεχνίτης δὲ ὁ τὴν πλῆξιν ἐργαζόμενος τῶν σώματός τε καὶ ψυχῆς δυνάμεων, ὑφ' οὗ πάντα κινεῖται. Philostratos, vit. Apollon. III 35 p. 112, 12 (in stoischem Zusammenhang): χειρῶν τε καὶ ποδῶν ἔργον πεποίηται ἡ τοῦ ζῴου κίνησις καὶ ὁ ἐν αὐτῷ νοῦς, ὑφ' οὗ ὁρμᾷ. Varro gibt in den Menippeae (323 B.) dem Gedanken, wie gewöhnlich, eine drastische Nuance: „wie die Stangen, womit die Stelzengänger (*grallatores*) einherschreiten, von Natur unbewegliche Hölzer sind (*ligna φύσει ἀκίνητα*), die aber von dem auf ihnen stehenden Menschen bewegt werden, so sind unsere Beine und Füße unseres Geistes Stelzen: von Natur unbeweglich (φύσει ἀκίνητοι), aber sie werden vom Geiste bewegt."

2) Vgl. Servius zu Verg. buc. 3, 60 '*Iovis omnia plena*': Lucanus '*Iuppiter est quodcumque vides, quodcumque moveris*'; ipse alibi (Aen. VI 726): '*spiritus intus alit, totamque infusa per artus mens agitat molem*': ipse enim est spiritus, sine quo nihil movetur aut regitur.

3) Ich notierte mir beiläufig Marcus VI 16 und IX 12, wo als Postulat des λόγος hingestellt wird: τὸ κατὰ τὴν ἰδίαν κατασκευὴν κινεῖσθαι (viele Stellen für κινεῖσθαι, κίνησις im Index der Stichschen Ausgabe und der des Epiktetos von H. Schenkl). Athenagoras de resurr. 12 p. 61, 4 Schw. ὃ δὴ καὶ κοινότερον σκοποῦντες εὑρίσκομεν ὅτι πᾶς εὖ φρονῶν καὶ λογικῇ κρίσει πρὸς τὸ ποιεῖν τι κινούμενος οὐδὲν ὧν κατὰ πρόθεσιν ἐνεργεῖ ποιεῖ μάτην, ἀλλ'... ὁλκῇ τινι φυσικῇ καὶ στοργῇ πρὸς τὴν αὐτοῦ γένεσιν κινούμενος. ib. p. 63, 5 τοῦ δὲ σώματος κινουμένου κατὰ φύσιν πρὸς ἃ πέφυκεν. 21 p. 74, 18 τὰς μὲν ὀρέξεις καὶ τὰς ἡδονάς, ἔτι δὲ φόβους καὶ λύπας... ἀπὸ τοῦ σώματος ἔχειν τὴν κίνησιν. Manches andere dieser Art bei H. Diels, Doxographi, Index s. v. κινεῖν und κίνησις: aus diesen reichen Sammlungen kann man ersehen, daß es sich geradezu um einen philosophischen Zentralbegriff handelt, den die Stoa von älteren Systemen, besonders dem Peripatos, übernahm und dann weiterbildete.

τήρ. So stehen weiterhin 'Leben' und 'Bewegung' nebeneinander in schönen Worten Plutarchs de tranq. an. 20 p. 477 CD, die, da sie sicher einem Stoiker (Panaitios περὶ εὐθυμίας) entnommen sind und auch sonst inhaltliche Berührungen mit dem Abschnitt der Acta aufzeigen, hier in der Übersetzung von J. Bernays (Die heraklit. Briefe 33) mitgeteilt seien: „Das Weltall ist der heiligste und Gottes würdigste Tempel. In diesen wird der Mensch durch seine Geburt eingeführt und bekommt darin nicht unbewegliche, von Händen gemachte Bildsäulen zu schauen, sondern, nach Platons Ausdruck, solche Abbilder der Geisteswelt in der Sinnlichkeit, wie die göttliche Vernunft sie mit einwohnender Kraft des Lebens und der Bewegung (ζωῆς καὶ κινήσεως) begabt und an das Licht gebracht hat: die Sonne, den Mond, die Sterne, die stets frisches Wasser hinströmenden Flüsse, die den Pflanzen und Tieren Nahrung heraufsendende Erde." Leben und Bewegung sind eins: der Körper *quando finem habet motus, vivendi finem habeat necesse est* Cic. somn. Scip. 27 nach Poseidonios; τοῦτο γὰρ ὥσπερ ζωὴ καὶ ὥσπερ κίνησίς ἐστι τοῦ θεοῦ, κινεῖν τὰ πάντα καὶ ζωοποιεῖν Hermes, Poimand. 11, 17 in stoischer Umgebung. Die Begriffe 'Bewegung' und 'Sein' sind verbunden bei Chrysippos (Stob. ecl. I 106, 8 W. = Doxogr. gr. p. 461, 25): κατὰ τὸν χρόνον κινεῖσθαί τε ἕκαστα καὶ εἶναι, eine Verbindung, die H. Diels so charakteristisch erschien, daß er sie im Index der Doxographi eigens verzeichnete. Wenn wir endlich noch die bekannten stoischen Etymologien erwägen: Ζεὺς ἀπὸ τοῦ πᾶσι δεδωκέναι τὸ ζῆν (Chrysippos bei Stob. ecl. I 31, 12 W.), καλοῦμεν αὐτὸν καὶ Ζῆνα καὶ Δία ..., ὡς ἂν εἰ λέγοιμεν δι' ὃν ζῶμεν (Ps. Aristot. de mundo c. 7. 401 a 13), wo also die Übereinstimmung mit der Stelle der Acta sich bis auf die Verbalform selbst erstreckt[1]), so werden wir in ζῶμεν, κινούμεθα, ἐσμέν stoische Begriffe zu erkennen haben, die aber vielleicht erst der Verf. der Acta zu einer formelhaften, feierlich klingenden Trias verbunden hat (s. darüber Anhang IV 2).

---

[1]) Ähnlich vorher c. 6. 399 b 14 ἡ ψυχή, δι' ἣν ζῶμεν τε καὶ οἴκους καὶ πόλεις ἔχομεν. Dieselbe Verbalform hat auch Aristeides in seiner Zeuspredigt, die, wie wir noch sehen werden (in der zweiten Abhandlung), von der Stoa stark beeinflußt ist: or. 43, 29 (II 346, 29 Keil): Ζεὺς πάντων πατὴρ καὶ οὐρανοῦ καὶ γῆς καὶ θεῶν καὶ ἀνθρώπων ⟨καὶ ζῴων⟩ καὶ φυτῶν, καὶ διὰ τοῦτον ὁρῶμεν καὶ ἔχομεν ὁπόσα καὶ ἔχομεν: die Verben sind sichtlich eine banale Verallgemeinerung philosophischer Termini, die dem Rhetor zu speziell waren.

2. Das stoische Begleitmotiv.

Zwar das ἐν αὐτῷ mag manchem zunächst christlich klingen auf Grund von A. Deißmanns bekannten Sammlungen (Die nt. Formel ,in Christo Jesu', Marb. 1892, 93f., vgl. A. Dieterich, Mithrasliturgie, Leipz. 1903, 109f.); aber nicht das bloße Vorkommen von ἐν αὐτῷ in der Stelle der Acta ist das Entscheidende, sondern die Begriffssphäre, in die es durch die mit ihm verbundenen Verben[1]) tritt: dafür aber gibt es keine ganz entsprechende nt. Parallele[2]), wohl aber stoische. In dem soeben zitierten hermetischen Traktate des Poimandres wird nach den Worten, in denen Gott als die Leben und Bewegung spendende Kraft gepriesen war, so fortgefahren: πάντα ἐστὶν ἐν τῷ θεῷ, οὐχ ὡς ἐν τόπῳ κείμενα· ὁ μὲν γὰρ τόπος καὶ σῶμά ἐστι καὶ ἀκίνητον, καὶ τὰ κείμενα κίνησιν οὐκ ἔχει, wo die Worte πάντα ἐστὶν ἐν τῷ θεῷ denen bei Marcus IV 23 ἐν σοὶ (Φύσις = Gott) πάντα genau entsprechen. Aus der dionischen Rede περὶ τῆς πρώτης τοῦ θεοῦ ἐννοίας hatten wir o. S. 18 als Parallele zu den Worten der Acta καί γε οὐ μακρὰν ἀπὸ ἑνὸς ἑκάστου ἡμῶν ὑπάρχοντα (sc. θεόν) angeführt die Worte: ἅτε γὰρ οὐ μακρὰν οὐδ' ἔξω τοῦ θείου διῳκισμένοι καθ' αὐτούς. Wie nun in den Acta auf jene Worte folgen die jetzt von uns besprochenen ἐν αὐτῷ γὰρ usw., so bei Dion: ἀλλ' ἐν αὐτῷ[3]) μέσῳ πεφυκότες, μᾶλλον δὲ συμπεφυκότες ἐκείνῳ καὶ προσεχόμενοι πάντα τρόπον. Die Stellen des Poi-

1) Darunter ist ἔν τινι εἶναι (κεῖσθαι u. dgl.) sogar eine echt attische Verbindung zur Bezeichnung der unbedingten Abhängigkeit von einem Mächtigeren: ἐν σοὶ γὰρ ἐσμέν Soph. O. T. 314 („in dir liegt unser einzig Heil", Wilamowitz) vergleicht schon Wettstein; Soph. (?) O. C. 247 ἐν ὕμμι γὰρ ὡς θεῷ κείμεθα τλάμονες, wozu Rademacher weitere Belege gibt. Auch Deißmann gibt in der genannten Schrift S. 16ff. eine reiche, auch für den Philologen lehrreiche Sammlung aus der Profan-Gräzität (darunter die Stelle des Demosthenes in dem berühmten Abschnitte der Kranzrede 193 ἐν τῷ θεῷ τὸ τούτου τέλος ἦν, οὐκ ἐν ἐμοί, dies freilich etwas andersartig).

2) Am nächsten kommt noch (Deißmann S. 131) ep. Joh. I 5, 11 αὕτη ἡ ζωὴ (die αἰώνιος) ἐν τῷ υἱῷ αὐτοῦ ἐστιν 5, 20 ἐσμὲν ἐν τῷ ἀληθινῷ ἐν τῷ υἱῷ αὐτοῦ Ἰησοῦ Χριστῷ.

3) Deißmann (S. 94) weist darauf hin, daß es ein Unterschied sei, wenn bei Dion das Pronomen sich auf einen neutralen Begriff (τὸ θεῖον), in den Acta auf einen persönlichen (ὁ θεός) bezieht. Aber die im Texte aus Marcus und der hermetischen Schrift zitierten Stellen bieten persönliche Begriffe (ὁ θεός, ἡ Φύσις). Übrigens gebe ich die Möglichkeit zu, daß die persönliche Formulierung in den Acta auf Rechnung des christlichen Autors kommt, wie er ja sicherlich bei diesen Worten nicht an einen pantheistischen, sondern einen persönlichen Gott gedacht hat; die Tatsache der Herübernahme aus stoischem Gedankenkreise wird dadurch nicht berührt.

mandres und der dionischen Rede zeigen, daß der Verf. stoische Gedanken nicht etwa bloß als solche wiederholt, sondern sie auch in dem Zusammenhange belassen hat, in dem er sie fand: dies aber erscheint mir noch wichtiger als die Einzelheiten.

Gesamt-komposition. Nachdem wir stoische Elemente in der Rede erkannt haben, betrachten wir sie nunmehr in ihrer Gesamtkomposition von diesem Gesichtspunkte aus.

In den Kommentaren wird die Schwierigkeit der Gedankenfolge hervorgehoben, die die Beweisführung des Redners mit seiner propositio, der Weihung an den ἄγνωστος θεός, verknüpfe. Ob und inwieweit der Vorwurf einer Unklarheit der Gedankenfolge oder gar eines Mißverständnisses gerechtfertigt ist, läßt sich auf Grund predigtartiger Ausführungen der Stoa entscheiden, auf die ich auch um ihrer selbst willen etwas näher eingehe.

'Gott selbst zwar ist unsichtbar, aber wir erkennen ihn aus seinen Werken', das ist der Grundakkord, der sich durch sie hindurchzieht. Wie so oft haben die Stoiker auch hierin sich an die Sokratiker angelehnt. In einem bekannten Kapitel der xenophonteischen Memorabilien (IV 3), dem Gespräche des Sokrates mit Euthydemos, wird zunächst die Fürsorge Gottes gepriesen, die sich in der Schöpfung zeige; auf diesen Teil werden wir in der zweiten Abhandlung noch zurückkommen müssen. Dann wird auf die Zwischenbemerkung des Euthydemos (§ 12): „mit dir, Sokrates, scheinen sich die Götter noch freundschaftlicher zu stellen als mit den andern: zeigen sie dir doch sogar ungefragt im Voraus an, was du tun und was du lassen sollst" von Sokrates so fortgefahren:

„Daß ich die Wahrheit sage, wirst du erkennen, wenn du nicht wartest, bis du die Götter leibhaftig siehst, sondern es dir genügen lässest, sie auf Grund ihrer dir sichtbaren Werke anzubeten und zu verehren. Bedenke doch, daß die Götter es uns selbst so an die Hand geben. Denn wie die übrigen Götter uns ihre guten Gaben bescheren, ohne dabei in die Erscheinung zu treten, so auch der höchste Gott, der die ganze Welt ordnet und erhält; denn obwohl wir das in ihr enthaltene Schöne und Gute immerfort gebrauchen, erhält er es doch unbeschädigt, gesund und ewig jung und befähigt es, schneller als ein Gedanke ihm fehlerlos zu dienen; dieser Gott vollbringt also die größten Werke offensichtlich und bleibt dennoch in seiner Verwaltung des Alls unseren Blicken verborgen. Bedenke auch, daß die allen sichtbar scheinende Sonne den Menschen ihren genauen Anblick verwehrt und denjenigen, der sich unterfängt, sie ohne Scheu anzuschauen, des Augenlichts beraubt. Auch die Diener der Götter wirst du als unsichtbar erfinden: daß der Blitz von oben herabfährt und daß er alles, was ihm begegnet, zerschmettert, ist klar, aber man sieht weder, wenn er kommt noch wenn er einschlägt noch wenn er geht; auch die Winde selbst sind unsichtbar, aber sie offenbaren sich durch ihre Wirkungen und wir fühlen ihr Nahen. Ja auch die menschliche Seele, die so gewißlich wie nur irgend ein anderes menschliches Organ teil hat am Göttlichen, ist zwar durch die Herrschaft, die sie in uns ausübt, kenntlich, aber selbst nicht sichtbar. Dieses beherzigend sollte man nicht gering denken von dem Unsichtbaren, sondern aus den Geschehnissen seine Macht begreifen und die Gottheit verehren."[1]

Solche Gedanken sind dann von den Stoikern übernommen und ausgeführt worden, vor allem Panaitios und Poseidonios haben sie in schöne, von religiösem Enthusiasmus geadelte Worte gekleidet, die, wie wir in der zweiten Abhandlung noch sehen werden, bis tief hinein in die christliche Zeit nachklingen. Auch Cicero ist von diesem Schwunge der Gedanken ergriffen worden, die er oft reproduziert. Uns geht hier die Abhandlung aus dem ersten Buche der Tusculanen an, die von Corssen, Diels und Schmekel mit unwiderleglichen Gründen auf Poseidonios περὶ θεῶν zurückgeführt worden ist. Der Einwand, es sei unerklärlich, wie die Seele ohne den Körper existieren könne, wird § 53—70 durch einen Beweis widerlegt, dessen Inhalt Schmekel (Die Philosophie d. mittl. Stoa, S. 134) so zusammenfaßt: „Wie die Gottheit zwar nicht gesehen, jedoch aus ihren Werken und Wirkungen erkannt wird, ebenso wird auch die Seele nicht unmittelbar geschaut, aber aus ihren Äußerungen und Fähigkeiten erkannt." Die Worte über die Erkennbarkeit der unsichtbaren Gottheit aus ihren Werken lauten in einer nur die Hauptsachen heraushebenden Übersetzung so (§ 68—70):

„Wenn wir die Gestalt und den Glanz des Himmels betrachten; die unseren Sinnen unfaßbare Schnelligkeit seiner Umdrehung;

---

1) Philodemos περὶ εὐσεβείας p. 71 Gomperz: ἐν τοῖς Ξενοφῶ[ντος ἀπομνη]-μονε[ύμ]α[σιν οὐχ] ὁρᾶσθ[αί] φη[σιν τοῦ] θεοῦ [τὴ]ν [μορφὴν] ἀλλὰ τἄργα . . . . . ὅμως εἶναι. In der Lücke stand wohl ὁρατά (die Hiate sind nur solche fürs Auge).

26 I. Die Areopagrede als Typus einer Missionspredigt.

den Wechsel von Tag und Nacht; die vierfache Veränderung der Jahreszeiten, die so angemessen ist für das Reifen der Früchte und die rechte Beschaffenheit der Körper; die Sonne, all dieser Verhältnisse Ordnerin und Führerin; den Mond . . . . .; die Planeten . . . . .; den sterngeschmückten Himmel bei Nacht; den aus dem Meere emporragenden Erdball, festgeheftet im Mittelpunkte des Weltalls und in zwei sich entgegengesetzten Zonen bewohnbar . . . . .; die Menge von Tieren, dienlich teils zur Nahrung und zur Bestellung der Äcker, teils zum Fahren und zur Bekleidung des Körpers; endlich den Menschen selbst, gleichsam den Betrachter des Himmels und Verehrer der Götter, und des Menschen Nutzen dienstbar Land und Meer — wenn wir dies und unzähliges andre schauen, können wir da zweifeln, daß diesem gewaltigen Weltgebäude, falls es, wie Platon will, zeitlich geworden ist, ein Schöpfer, oder falls es, wie Aristoteles behauptet, von Anbeginn bestanden hat, ein Lenker vorstehe? Ebenso verhält es sich auch mit dem menschlichen Geiste: zwar siehst du ihn nicht, wie du Gott nicht siehst, aber wie du Gott erkennst aus seinen Werken, so sollst du aus der Gedächtniskraft, dem Erfindungsvermögen, der Bewegungschnelligkeit und der ganzen Herrlichkeit seiner Begabung die göttliche Kraft des Geistes erkennen."
Mit dieser Darstellung stimmt stellenweise wörtlich überein die in ihrer Art großartige Schilderung vom sichtbaren Wirken des unsichtbaren Gottes im Weltall, die wir in der Schrift $\pi\epsilon\varrho\grave{\iota}\ \varkappa\acute{o}\sigma\mu o\nu$ c. 6 lesen; insbesondere steht dort (399b. 14ff.) auch der Gedanke: wie unsere Seele $\dot{\alpha}\acute{o}\varrho\alpha\tau o\varsigma\ o\grave{v}\sigma\alpha\ \tau o\tilde{\iota}\varsigma\ \tilde{\epsilon}\varrho\gamma o\iota\varsigma\ \alpha\grave{v}\tau o\tilde{\iota}\varsigma\ \delta\varrho\tilde{\alpha}\tau\alpha\iota$, so gelte von Gott, dem absolut Vollkommenen, daß er $\pi\acute{\alpha}\sigma\eta\ \vartheta\nu\eta\tau\tilde{\eta}\ \varphi\acute{v}\sigma\epsilon\iota$ $\gamma\epsilon\nu\acute{o}\mu\epsilon\nu o\varsigma\ \dot{\alpha}\vartheta\epsilon\acute{\omega}\varrho\eta\tau o\varsigma\ \dot{\alpha}\pi'\ \alpha\grave{v}\tau\tilde{\omega}\nu\ \tau\tilde{\omega}\nu\ \tilde{\epsilon}\varrho\gamma\omega\nu\ \vartheta\epsilon\omega\varrho\epsilon\tilde{\iota}\tau\alpha\iota$. Poseidonios ist bei dieser Quellenübereinstimmung als Gewährsmann unbedingt gesichert. Dem Nachweise von P. Wendland, Philos Schrift über die Vorsehung (Berl. 1892) 10, 2 und W. Capelle (Die Schrift von der Welt, Neue Jhb. f. d. klass. Altert. XV 1905, 558, 7) läßt sich noch Folgendes hinzufügen. Von den hermetischen Traktaten des Poimandres behandelt der fünfte das Thema ὅτι ἀφανὴς ὁ θεὸς φανερώτατός ἐστι, die Beweisführung ist die uns bekannte: der unsichtbare Gott wird sichtbar in seinen Werken; bemerkenswert ist darin das Motiv § 5: εἴθε δυνατόν σοι ἦν πτηνῷ ἀναπτῆναι εἰς τὸν ἀέρα καὶ μέσον ἀρθέντα τῆς γῆς καὶ οὐρανοῦ ἰδεῖν γῆς μὲν τὸ στερεόν, θαλάσσης δὲ τὸ κεχυμένον, ποταμῶν δὲ τὰ ῥεύματα, ἀέρος τὸ

2. Das stoische Begleitmotiv. 27

ἀνειμένον, πυρὸς τὴν ὀξύτητα, ἄστρων τὸν δρόμον, οὐρανοῦ τὴν ταχυτάτην περὶ ταῦτα περίβασιν. ὦ θέας ἐκείνης, τέκνον, εὐτυχεστάτης usw. Hierbei erinnert sich jeder der Gleichheit von Situation und Ausführung in Ciceros Somnium Scipionis: auch der Ort, an den Scipio entrückt ist, um von da aus zu schauen, ist beidemal derselbe (Mitte zwischen Himmel und Erde), und grade auch auf die *caeli conversio concitatior* (οὐρανοῦ τὴν ταχυτάτην περίβασιν) wird er hingewiesen (vgl. noch das bei Cic. § 17 und im Poim. § 3 von der königlichen Stellung der Sonne im Planetensystem Gesagte); nur die pessimistische Betrachtung der irdischen Welt im Gegensatze zur himmlischen hat der Verfasser dieses Poimandrestraktates abgeändert zugunsten eines Lobpreises der Herrlichkeit auch der irdischen Natur; aber jener Pessimismus war vorweggenommen schon im vorhergehenden (vierten) Traktate (§ 5), der sicher von demselben Verfasser stammt. Dasselbe Motiv der apokalyptischen Schau der Erde von der Höhe herab wird wiederholt in dem elften Traktate § 6 ff. und dann am Schluß wieder das Motiv gebracht: ἀόρατος ὁ θεός; — εὐφήμησον. καὶ τίς αὐτοῦ φανερώτερος; δι' αὐτὸ τοῦτο πάντα ἐποίησεν, ἵνα διὰ πάντων αὐτὸν βλέπῃς. Daß nun Cicero dem Poseidonios folgte, ist allgemein zugestanden; ob für den Verfasser der hermetischen Traktate noch direkte Kenntnis dieser Schrift des Poseidonios anzunehmen sei, wird sich auf Grund des Gesagten noch nicht mit Sicherheit entscheiden lassen: wir kommen im Verlaufe dieser Untersuchung (S. 105 ff.) darauf zurück. Jedenfalls ist bemerkenswert, daß auch Philon, bei dem man wenigstens mit der Möglichkeit unmittelbarer Kenntnis des Poseidonios rechnen darf, jene Gedanken, freilich ohne ihre Einkleidung in das apokalyptische Situationsbild, ausführlich reproduziert hat (de monarch. I 4 ff. = vol. II 216 ff. M. = V 8 ff. C.-W.).[1]) Aber schon vor ihm hatte das hellenisierte Judentum jene Gedanken, die es sich leicht assimilieren konnte[2]), aufgegriffen. Denn sie finden sich in der

---

1) Über eine andere Stelle dieser philonischen Schrift s. o. S. 16, 2. Zwei andere Stellen Philons bei Lietzmann (unten S. 28, 2).

2) Vgl. Jesajas 40, 26. Psalm 8, 2 ff. 19, 2 ff., aber diese Stellen sind doch so beschaffen, daß keine Möglichkeit besteht, diejenigen der Sophia und des Paulus direkt aus ihnen abzuleiten. P. Menzel, Der griech. Einfluß auf Prediger u. Weisheit Salomos, Halle 1889 ist seiner Aufgabe, einer wissenschaftlichen Widerlegung von Pfleiderers Heraklitbuche (über das Diels, Arch. f. Philos. I 1888, 108 ff. das Nötige kurz gesagt hat), nicht gewachsen gewesen;

Sophia Sal. c. 13 und sind aus dieser Schrift zu Paulus gelangt[1]), Römerbrief 1, 20, wo es von der Offenbarung des Unsichtbaren in der sichtbaren Welt so heißt: Gott hat sich den Menschen geoffenbart, τὰ γὰρ ἀόρατα αὐτοῦ ἀπὸ κτίσεως κόσμου τοῖς ποιήμασι νοούμενα καθορᾶται, ἥ τε ἀΐδιος αὐτοῦ δύναμις καὶ θειότης.[2])

Auch der Verf. der Areopagrede kannte diese Gedankenführung. Um die Selbstoffenbarung Gottes in der Schöpfung der Welt und des Menschen zu erweisen, ersetzte er einige der stoischen Prädikationen durch alttestamentliche aus der Schöpfungsgeschichte: 'Gott schuf die Welt und alles in ihr, er ist der Herr des Himmels und der Erde'. 'Er gab allen Leben und Odem'. 'Er ließ von einem her das ganze Menschengeschlecht wohnen auf der gesamten Erdoberfläche'. 'Er hat vorausbestimmte Zeiten und die Grenzen des Wohnens für sie angeordnet'. Das alles sind wohlbekannte Zitate oder Paraphrasen von Stellen des A. T., die sich ohne weiteres für die entsprechenden stoischen Prädikationen von Gottes Allmacht und Vorsehung einsetzen ließen. Einzelne dieser stoischen Prädikationen hat der Verf. aber, wie gezeigt wurde, unverändert herübergenommen. Von besonderer Wichtigkeit ist aber, daß wir die für den Areopagredner entscheidende Prägung des Gedankens 'Gott hat die Menschen dadurch, daß er sich ihnen offenbarte, instand gesetzt, ihm ihre Verehrung zu erweisen', auch bei Xenophon fanden[3]); daß er in diesem Zusammenhange ganz wesentlich war, zeigt eine Stelle bei Marcus XII 28, die sich aufs engste mit Cicero und der Schrift περὶ κόσμου berührt, also in letzter Instanz ebenfalls auf Poseidonios zurückgeht.[4])

---

das zeigen gerade auch die oberflächlichen Bemerkungen S. 62 über das Kap. 13 der Sophia.

1) Der ganze Abschnitt der Sophia wird mit dem des Paulus am Schlusse dieser Abhandlung zusammengestellt und verglichen werden.

2) Wilamowitz, der in seinem Griech. Lesebuch aus der Schrift π. κόσμου auch c. 6 aufgenommen hat, zitiert die Paulusstelle zu S. 196, 3. H. Lietzmann in seinem Kommentar zum Römerbrief führt dazu einige der oben zitierten Stellen sowie einige anderen aus Philon an.

3) Vgl. den Schluß der o. S. 24 f. übersetzten Xenophonstelle: ἃ χρὴ κατανοοῦντα μὴ καταφρονεῖν τῶν ἀοράτων, ἀλλ' ἐκ τῶν γιγνομένων τὴν δύναμιν αὐτῶν καταμανθάνοντα τιμᾶν τὸ δαιμόνιον.

4) Πρὸς τοὺς ἐπιζητοῦντας· ποῦ γὰρ ἰδὼν τοὺς θεούς, ἢ πόθεν κατειληφώς, ὅτι εἰσίν, οὕτω σέβεις; Πρῶτον μὲν καὶ ὄψει ὁρατοί· ἔπειτα μέντοι οὐδὲ τὴν ἐμὴν ψυχὴν ἑώρακα, καὶ ὅμως τιμῶ. οὕτως οὖν καὶ τοὺς θεούς,

2. Das stoische Begleitmotiv. 29

Der Vorwurf einer nicht geschlossenen Gedankenfolge dieses Teils der Areopagrede ist hierdurch widerlegt. „Ihr Athener seid besonders fromm: habt ihr einen Altar doch sogar einem ἄγνωστος θεός geweiht. Diesen Gott, den ihr nicht kennt und doch verehrt, verkünde ich euch: es ist der Gott, der sich in der Schöpfung der Welt und des Menschen als seines Ebenbildes bekannt gegeben hat." Der philosophische Einschlag dieser Rede setzt sich zusammen aus Fäden, die aus dem Gewebe der stoischen Theologie losgelöst sind. Es wurde schon gesagt (S. 12), daß dieses Prinzip bereits in der Praxis des hellenisierten Judentums herkömmlich war. Wenn wir diese jüdische Polemik, die in großen und reichen Schriften verbreitet war, genauer kennen würden, so würden wir vermutlich den Nachweis erbringen können, daß der Areopagredner ihr nicht nur nur das Prinzip seiner Beweisführung, sondern auch deren Material entlehnt hat: daß das Aratoszitat schon von Aristobulos genau in demselben Sinne verwertet worden war[1]), gibt zu denken, und die zahlreichen Übereinstimmungen mit Philon führen zu derselben Annahme.

Der überlieferte Typus einer apostolischen Missonspredigt, dem Publikum entsprechend individualisiert durch Anlehnung an Leitsätze der stoischen Theologie: mit diesem Ergebnisse ist die Analyse der Rede nach der Seite ihres Gedankeninhalts beendet. Aber nun erwuchs dem Verfasser die Aufgabe, diese Rede in irgendeine Situation hineinzustellen, und hiermit kommen wir zu dem interessantesten Problem, das sie bietet. Die Umbiegung eines ihm überlieferten Motivs, die er der Situation zuliebe vornahm, führt uns zur präzisen Formulierung dieses Problems. Nämlich an keiner der angeführten Stellen war von einem 'unbekannten' Gotte die Rede, sondern von einem 'unsichtbaren', 'begrifflich nicht faßbaren' (θεὸς ἀόρατος, ἀθεώρητος, ἀφανής, ἀκατάληπτος: alle diese Benennungen finden sich in den angeführten Zitaten). Wie kam der Verfasser dazu, für diesen den ἄγνωστος an die Stelle zu setzen und in seiner

Allgemeine Problemstellung.

ἐξ ὧν τῆς δυνάμεως αὐτῶν ἑκάστοτε πειρῶμαι, ἐκ τούτων, ὅτι τε εἰσί, καταλαμβάνω, καὶ αἰδοῦμαι.

1) Aristobulos bei Euseb. pr. ev. XIII 12, 6f. nach dem Zitat der ersten neun Verse des Aratosproömiums: σαφῶς οἶμαι δεδεῖχθαι ὅτι διὰ πάντων ἐστὶν ἡ δύναμις τοῦ θεοῦ ... πᾶσι γὰρ τοῖς φιλοσόφοις ὁμολογεῖται ὅτι δεῖ περὶ θεοῦ διαλήψεις ὁσίας ἔχειν, ὃ μάλιστα παρακελεύεται καλῶς ἡ καθ' ἡμᾶς αἵρεσις.

Verehrung ein Zeichen besonderer Frömmigkeit der Athener zu sehen? Da er nun behauptet, diesen Gottesnamen in einer Altaraufschrift gelesen zu haben, so müssen wir, bevor wir an die Beantwortung jener Frage herantreten, die Vorfrage stellen: was veranlaßte den Verfasser, zum Ausgangspunkte seiner Darlegung die Interpretation einer Altaraufschrift zu wählen? War das seine eigene Erfindung, oder übertrug er nur ein verbreitetes Motiv auf die vorliegende Situation? Auf Grund der Vorstellung, die wir uns aus dem bisherigen Nachweise von seiner Unselbständigkeit machen mußten, werden wir von vornherein geneigt sein, dies feine und wirksame Motiv nicht seiner eigenen Erfindung zuzuschreiben.

II. DIE ANKNÜPFUNG
DER AREOPAGREDE AN DIE ALTARAUFSCHRIFT
ΑΓΝΩΣΤΩΙ ΘΕΩΙ.

1. DAS MOTIV DER ALTARAUFSCHRIFT.

Τόποι in religiösen διαλέξεις.

Wir besitzen eine Diatribe des Sophisten und Wanderredners Maximos von Tyros (nr. 2 Hobein = 8 Duebner), deren Thema der Titel anzeigt: *εἰ θεοῖς ἀγάλματα ἱδρυτέον*. Eben dieses Thema ist auch das wesentlichste der Areopagrede; der Unterschied in seiner Behandlung ist nur der, daß der judaisierende Christ die Idololatrie unbedingt verwirft, der hellenische Platoniker sie zwar im Prinzip ebenfalls mißbilligt, aber sie in Anlehnung an die menschliche Schwäche geduldet wissen will. Wie 'Paulus' von einer Altaraufschrift ausgeht, die er gesehen haben will und die er umdeutend auf eine Vorahnung des jüdisch-christlichen Monotheismus im Hellenentum bezieht, so erwähnt auch Maximos das Idol eines (semitischen) Gottes, das er gesehen haben will (c. 8): *Ἀράβιοι σέβουσι μέν, ὅντινα δὲ οὐκ οἶδα· τὸ δ' ἄγαλμα εἶδον· λίθος ἦν τετράγωνος.*[1]

Eine noch merkwürdigere Analogie bietet weiterhin der vierte pseudoheraklitische Brief, den J. Bernays als Fälschung eines hellenisierten Juden des ersten nachchristlichen Jahrhunderts erwiesen hat (Die heraklitischen Briefe, Berlin 1869, 26 ff.)[2]; dieser Brief

---

1) Wilamowitz, der diese Diatribe des Maximos in sein griechisches Lesebuch aufnahm, bemerkt zu dieser Stelle (S. 341, 21): „Araber und Paphier haben als Semiten einen heiligen Stein (βαιτύλιον, Bethel) als Götterbild." Über diesen Glauben lese ich soeben Lehrreiches bei Eduard Meyer, Der Papyrusfund von Elephantine (Leipz 1912) 60 ff.

2) Ich habe in meinen 'Beiträgen zur Gesch. d. griech. Philosophie' (Jahrb. f. Phil., Suppl. XIX 1892) 386 ff. diesen Nachweis von Bernays nur insofern modifiziert, als ich seine Annahme, der Jude habe einen ihm vorliegenden älteren Brief nur interpoliert, widerlegte zugunsten der Auffassung des ganzen Briefes als eines einheitlichen Elaborats. Meine Vermutung, daß der Verf. vielleicht nicht Jude, sondern Christ gewesen sei, kann ich aber nicht mehr vertreten, vor allem deshalb nicht, weil wir dann in der Datierung weiter heruntergehen müßten, als es eine Anspielung des Briefes er-

32 II. Anknüpfung der Areopagrede an die Altaraufschrift ἀγνώστῳ θεῷ.

hat völlig den Charakter einer 'Diatribe' (Anrede ὦ ἀμαθεῖς ἄνθρωποι und viel dergleichen), darf also für die Beurteilung der athenischen 'Predigt' in den Acta verwendet werden. In diesem Briefe steht eine Invektive gegen die Bilderdiener zugunsten der Verehrer des alleinigen Gottes, der nicht in Werken von Menschenhand angebetet werde; um die Ähnlichkeit der Gedanken und Worte zu ermessen, vergleiche man aus dem Briefe etwa die Stelle: ποῦ δ' ἐστὶν ὁ θεός; ἐν τοῖς ναοῖς ἀποκεκλεισμένος; .... ἀπείδευτοι, οὐκ ἴστε ὅτι οὐκ ἔστι θεὸς χειρόκμητος ..., ἀλλ' ὅλος ὁ κόσμος αὐτῷ ναός ἐστι ζῴοις καὶ φυτοῖς καὶ ἄστροις πεκοικιλμένος mit den entsprechenden Worten der Acta: ὁ θεὸς ὁ ποιήσας τὸν κόσμον καὶ πάντα τὰ ἐν αὐτῷ, οὗτος οὐρανοῦ καὶ γῆς ὑπάρχων κύριος οὐκ ἐν χειροποιήτοις ναοῖς κατοικεῖ οὐδὲ ὑπὸ χειρῶν ἀνθρωπίνων θεραπεύεται. Diese Ähnlichkeit könnte jedoch auf Verwertung traditionellen Gutes beruhen, das in der Stoa seit Zenons Zeiten kursierte und das hellenistische Juden schon der vorchristlichen Aera sich begierig angeeignet hatten. Aber eigentümlich ist, daß die Invektive des Briefs sich wie diejenige der Areopagrede an die Interpretation einer (angeblichen) Altaraufschrift (in Ephesos) anschließt. Das Einzelne dieser Aufschrift ist freilich ganz andersartig: der Verf. hat sie völlig frei und frech und albern erfunden; aber gerade ihre Absurdität zeigt, daß ihm das Motiv als solches, eine religiöse Diatribe an eine Altaraufschrift anzuknüpfen, überliefert gewesen sein muß. Eine Abhängigkeit der beiden Schriftsteller voneinander würde undiskutierbar sein, auch wenn nicht das, was nunmehr darzulegen sein wird, in eine andere Richtung wiese.

Nämlich nicht bloß der allgemeine Inhalt der Rede und ihr Ausgangspunkt waren traditionelles Gut, sondern auch die ganze Si-

---

laubt: denn aus den Worten, er, 'Herakleitos', werde nach 500 Jahren in der Erinnerung noch leben, wenn von seinen Widersachern keine Namensspur mehr vorhanden sein werde, hatte Bernays richtig geschlossen, daß der Epistolograph sich selbst dadurch auf etwa 500 Jahre nach H. datiere. Freilich kann man, da er natürlich eine runde Zahl geben wollte, genau genommen nur sagen, daß noch nicht ca. 550 Jahre vergangen waren, da er sonst die höhere Jahrhundertzahl 600 genannt haben würde, d. h. man hat, da die ἀκμή Heraklits um 500 v. Chr. angesetzt zu werden pflegte (Diog. L. IX 1), für die Datierung des Briefes etwa die ganze erste Hälfte des ersten Jahrhunderts unserer Zeitrechnung zur Verfügung. Dieses Spatium schließt aber, selbst wenn man noch einige Dezennien tiefer hinuntergeht, eine christliche Schrift dieser Art aus.

1. Das Motiv der Altaraufschrift. 33

tuation, aus der heraus der Redner spricht. Ἄνδρες Ἀθηναῖοι, κατὰ πάντα ὡς δεισιδαιμονεστέρους ὑμᾶς θεωρῶ. διερχόμενος γὰρ καὶ ἀναθεωρῶν τὰ σεβάσματα ὑμῶν εὗρον καὶ βωμόν, ἐν ᾧ ἐπεγέγραπτο· ἀγνώστῳ θεῷ. Paulus Athen durchwandernd und seine Heiligtümer einer genauen Betrachtung unterziehend: ob das zu dem Bilde stimmt, in dem er Paulus zu sehen gewohnt ist, möge jeder mit sich selbst ausmachen; innerhalb des Rahmens, in das es der Verfasser jenes Abschnitts der Acta hineingestellt hat, ist es jedenfalls nur literarisch. Denn das Motiv, religiöse Betrachtungen an eine Periegese anzuknüpfen, findet sich auch sonst. Minucius Felix schildert in der Einleitung seines Dialoges, wie er mit Caecilius und Octavius am Badestrande von Ostia spazieren geht und wie Caecilius einer Serapisstatue seine Reverenz erweist (c. 2,3 f.): diese Zeremonie wird zum Ausgangspunkt der Debatte über die wahre Religion genommen, wobei natürlich auch die Frage nach der Berechtigung des Bilderdienstes erörtert wird. Noch erheblich näher kommt eine Stelle bei Apuleius. *Ut ferme* — so beginnt eine seiner auf der Wanderung gehaltenen Reden (flor. 1) — *religiosis viantium moris est, cum aliqui lucus aut aliqui locus sanctus in via oblatus est, votum postulare, pomum adponere, paulisper adsidere: ita mihi ingresso sanctissimam istam civitatem, quamquam oppido festinem, praefanda venia et habenda oratio et inhibenda properatio est. neque enim iustius religiosam moram viatori obiecerit aut ara floribus redimita aut . . . . .* (es folgt eine Aufzählung anderer Kultobjekte). *parva haec quippe et quamquam paucis percontantibus adorata, tamen ignorantibus transcursa:* nach diesen einleitenden Worten bricht das Exzerpt ab, so daß die eigentliche Rede des Sophisten über eins der *religiosa*, die er erkundet hatte, verloren ist. Aber daß er sie anknüpfte an ein von ihm beim Besuche und bei der Durchwanderung dieser *sanctissima civitas* gesehenes Kultobjekt und daß 'Paulus' zum Ausgange der seinigen die Altaraufschrift in der von ihm besuchten und durchwanderten πόλις δεισιδαιμονεστέρα (Komparativ = Superlativ) macht, ist für diesen Punkt der Untersuchung das Wesentliche, denn die Ähnlichkeit der Situation ist einleuchtend; sogar die Einzelheit stimmt, daß beide die Stadt wegen ihrer Frömmigkeit loben: daß dies gerade für Athen ein locus communis war und speziell in den Proömien[1]), zeigt die Vorschrift des Rhetors Menandros rhet. gr.

---

[1]) Wem fällt bei dieser Stelle der Areopagrede nicht ein die auch in den Worten selbst anklingende, bei Soph. O. C. 260 εἰ τάς γ' Ἀθήνας φασὶ

34 II. Anküpfung der Areopagrede an die Altaraufschrift ἀγνώστῳ θεῷ.

III 394, 5 Sq.: εἰ ἐπ' Ἀθηνῶν λέγοις, μυστήρια, κηρύγματα, ἱερά (ähnlich S. 392, 15).[1])

Es kommt nun aber noch ein weiteres wichtiges Moment hinzu; um dieses würdigen zu können, ist eine literar- und stilgeschichtliche Vorbemerkung nötig.

Literarisches γένος des Reiseberichtes der Acta. Der Bericht über die Reisen des Paulus, also der inhaltlich wichtigste Teil der Acta, gehört zu einer in ihrer geschichtlichen Entwicklung noch wenig untersuchten Gattung, den Reisebeschreibungen; ihr Urbild ist, so paradox ein solches Zitat in diesem Zusammenhange manchen Theologen zunächst auch erscheinen mag[2]), die Schilderung des Odysseus von seinen Irrfahrten gewesen, der noch im 6. Jahrhundert in dem Epos Ἀριμάσπεια des Aristeas von Prokonnesos eine Reisebeschreibung zu den Hyperboreern an die Seite trat: ionische φιλιστορία, Land und Leute kennen zu lernen, sowie die Neigung und Fähigkeit, anderen davon zu berichten, hat an der Wiege dieser Literaturgattung sowie mancher anderen gestanden. Wie diese dann im 5. Jahrh. in Prosa umgesetzt wurde, teils in anspruchsloser hypomnematischer Form für sich bestehend als Reisememoiren — ernsthafte und fiktive —, teils in die hohe Geschichtschreibung hinübergeleitet als die auf Autopsie begründete Berichterstattung: dies und die weitere Entwicklung in Poesie und Prosa sowie in der aus beiden gemischten Form darzulegen wäre Aufgabe einer Monographie. Den Theologen, insoweit ihnen daran gelegen ist, eine ihnen liebgewordene neutestamentliche Schrift nicht zu isolieren, müssen am interessantesten sein solche

---

θεοσεβεστάτας εἶναι: auch da steht dies Lob im Anfange einer langen ῥῆσις, es war also schon damals ein τόπος, ja schon für Pindaros, dessen Pyth. 7 mit dem Preise gerade auch der Frömmigkeit Athens beginnt; das berühmte ὦ ταὶ λιπαραί κτλ. (fr. 76) stand um so gewisser am Anfange des Dithyrambos, als Ol. 14 ganz ähnlich mit dem Preise von Orchomenos anhebt.

1) Der Rhetor gibt an diesen Stellen spezielle Vorschriften für die λαλιά, d. h. die der eigentlichen Rede vorausgeschickte Causerie, worüber kürzlich A. Stock, De prolaliarum usu rhetorico, Diss. Königsb. 1911, gehandelt hat. Das Exzerpt aus Apuleius ist eine solche λαλιά, und daß der eine Stadt besuchende Redner, auch abgesehen gerade von dem Lobe der Frömmigkeit, gern eine für die Zuhörer schmeichelhafte Bemerkung über die besondere Eigenart ihrer Stadt machte, ist aus den sorgfältigen Sammlungen Stocks leicht zu ersehen (z. B. S. 90 u. 94 über die Weisheit der Athener).

2) Aber A. Deißmann urteilt (Paulus, Tübing. 1911) 17 zutreffend so: „Anderes, und zwar sein Bestes, stammt aus eigener Beobachtung, die er, ganz im Stile der antiken Seefahreraufzeichnung, in seinen 'Wir'-Worten erzählt."

1. Das Motiv der Altaraufschrift.

Reisememoiren, die zeitlich denen der Acta nicht allzu fern stehen. „Ich reiste einmal nach Thessalien.... Auch andere waren gerade auf der Reise nach Hypata, der thessalischen Stadt... Wir machten also den beschwerlichen Weg zusammen.... Als wir in die Nähe der Stadt gekommen waren, lag da ein Garten und ein leidliches Häuschen...": so beginnt eine Schrift des Lukianos (Λούκιος ἢ ὄνος) in dem lässigen, zu der Pose hoher Prosa wohltuend kontrastierenden Stile, den diese Gattung seit der alten ionischen Zeit sich immer erhalten hatte und den wir daher z. B. auch in der Reiseschilderung des Horatius wiederfinden; so erzählt der Held der lukianischen Erzählung weiter, teils, wenn er allein ist, in der „Ich"-, teils, wenn er Reisebegleiter hat, in der „Wir"-Form. Ganz analog ist es, bei völlig verschiedenem Inhalte, in den ἱεροὶ λόγοι des Aristeides (besonders gute Beispiele bietet der fünfte, II S. 252ff. Keil), wobei besonders auch der Stil zu beachten ist, der in seiner hypomnematisch schlichten Art von der sonstigen Manier des Rhetors absticht. Das sind also stilgeschichtliche Parallelen zum „Wir"-Berichte der Acta, denen zahlreiche andere zur Seite stehen; freilich war diese von dem Redaktor der Acta benutze wichtigste Quellenschrift kein reiner „Wir"-Bericht, sondern mit einem solchen war von Anfang an verbunden ein Referat in dritter Person (vgl. Anhang I 2), doch ist das für unsere Untersuchung nebensächlich. Eine besonders wichtige Rolle wird nun aber in der weiteren Untersuchung ein Werk spielen, das wir zunächst nur als stilistische Analogie zu prüfen haben: die Erzählung des Philostratos vom Leben und Wirken des Apollonios von Tyana, oder, um es mit den Worten des Schriftstellers selbst zu sagen, die Erzählung von dem, was jener εἶπεν ἢ ἔπραξεν (I 2, p. 3, 17 Kayser). Wenn Hierokles, der Christenfeind, dieses Werk des Philostratos mit den Evangelien, dessen Helden mit Christus verglich, so hatte er dem Eusebios die Widerlegung freilich leicht genug gemacht: denn da gab es literarische Zusammenhänge gar nicht[1]), sachliche Parallelen höchstens in dem

(Φιλοστράτου τὰ ἐς τὸν Τυανέα Ἀπολλώνιον.)

---

[1]) Eher hätte sich hören lassen, wenn Hierokles statt des Werkes des Philostratos dasjenige des Moiragenes über Apollonios verglichen hätte, das nach Origenes c. Cels. VI 41 im Titel die Bezeichnung ἀπομνημονεύματα trug, also dieselbe, die die christlichen Apologeten des 2. Jahrh. den Aufzeichnungen der Evangelisten zu geben pflegten (E. Schwartz, 'Apomnemoneumata', RE. II 171). Reitzenstein sagt in dem gleich im Text zu zitierenden Buche S. 53 wohl mit Recht: „Hätten wir des Moiragenes Werk, wir

Sinne, in dem F. Chr. Baur dergleichen aufzufassen liebte. Aber ganz anders liegt es, wenn man diese Schrift mit den Acta vergleicht, wie es R. Reitzenstein, Hellenistische Wundererzählungen (Leipz. 1906) 53 f. kurz und treffend getan hat.[1]) Die Grundschrift waren Reisememoiren in Form des „Wir"-Berichts: denn, um es mit den Worten des Philostratos zu sagen: „Damis, der bei Apollonios in die Lehre ging, hat dessen Reisen, an denen er, wie er selbst sagt, teilnahm, sowie dessen Aussprüche, Reden und alle seine Prophezeiungen aufgezeichnet" (τῷ Ἀπολλωνίῳ προσφιλοσοφήσας ἀποδημίας τε αὐτοῦ ἀναγέγραφεν, ὧν κοινωνῆσαι καὶ αὐτός φησι, καὶ γνώμας καὶ λόγους καὶ ὁπόσα ἐς πρόγνωσιν εἶπεν: I 3, p. 3, 28). Diese Memoiren waren, wie Philostratos weiter ausführt, als richtige ὑπομνήματα in schlichtem, nur der Deutlichkeit dienendem Stile abgefaßt; er selbst habe sie auf Befehl der Kaiserin Julia Domna in gute Prosa umgesetzt, nicht ohne seine Hauptquelle, den Bericht des Damis, noch durch Nebenquellen zu erweitern, zu Nutz und Frommen seiner Leser. Nun steht freilich fest, daß 'Damis' ein Pseudonym war und daß sein Buch, obwohl darin eine damals noch existierende zuverlässigere Apolloniosliteratur verarbeitet worden war, im ganzen doch zu den Falsifikaten gehörte, die in den Kreisen der Pythagoristen von jeher

---

würden wahrscheinlich zu beständigen Vergleichen mit den Evangelien, besonders dem vierten gedrängt" (nur daß es sich auch dann bloß um eine Analogie, nicht um eine Abhängigkeit handeln würde). Aber jenes Werk war durch das des Philostratos verdrängt, so daß Hierokles es nicht mehr benutzen konnte. Hier noch zwei Beispiele für ἀπομνημονεύματα als Titel in apokrypher Literatur: ἐν τοῖς Εὐήνου ἀπομνημονεύμασι Pap. mag. Leyd. Z. 27; ἄ. Titel einer manichäischen Originalurkunde bei O. Keßler, Mani S. 404.

1) Er hat natürlich auch die apokryphen Acta zum Vergleiche herangezogen. Ich möchte noch hinzufügen, daß demjenigen, der sich von der Identität der in der Apolloniosbiographie und den Acta repräsentierten Literaturgattung rasch überzeugen will, besonders zu empfehlen ist der Vergleich von Philostr. v. Apoll. VII 22 ff. (Apollonios im Gefängnisse zu Rom und während des Prozesses vor dem Kaiser) mit der Erzählung von den letzten Schicksalen des Paulus, wie wir sie in den apokryphen Acta lesen (die einzelnen Fassungen in den acta apost. apocrypha ed. Lipsius-Bonnet I, Leipz. 1891, mit P. Corssens wichtiger Analyse Ztschr. f. nt. Wiss. VI 1905, 317 ff.): die Erzählung ist bis zur Katastrophe, der sich Apollonios entzieht, während Paulus ihr erliegt, auch in Einzelheiten so nahverwandt, daß man sieht: beide folgen einem und demselben Erzählungstypus, dessen Geschichte sich auf Grund einer Analyse der uns erhaltenen 'Romane' (im weitesten Wortsinne, also die rhetorisierende Historiographie mit umfassend) schreiben lassen muß.

üblich waren.¹) Aber das kann uns hier, wo es sich um die stilistische Einkleidung jener Schrift handelt, gleichgültig sein: sie hatte die Form eines „Wir"-Berichtes, und wenn 'Damis' sie in diese kleidete, muß das eine auch sonst für dergleichen Schriften übliche Stilisierung gewesen sein. Wenn es bei Philostratos so und so oft heißt 'Damis sagt, er sei mit Apollonios da- und dahin gereist', so hieß das im Original: 'Wir reisten da- und dahin', und überhaupt entsprach dem 'sie' bei Philostratos ein 'wir' bei jenem Gewährsmanne.²) Aber zu der stilistischen Analogie kommen hier nun sachliche, die für die Lösung unseres Problems von entscheidender Bedeutung sind.

Daß der Bericht des 'Damis' vor dem Lebensende des Apollonios abbrach — was Philostratos VIII 28f. mit ausführlicher Begründung bemerkt —, sei nur nebenbei erwähnt, da es vielleicht geeignet ist, in der Diskussion über den Schluß der Acta als Analogie verwertet zu werden (s. Anhang I 3). Um so mehr interessiert uns Folgendes. Apollonios war, wie seine Biographen erzählen, auf seinen Reisen, die ihn der Legende nach³) vom Ganges bis nach Gades geführt haben, überall darauf bedacht, die Menschen, ὡς ἀμαθεῖς τῶν θείων ὄντας, zur wahren Götterverehrung anzuleiten: so zog er von einer Kultstätte zur andern, und wenn er in eine Stadt mit

Apollonios von Tyana als Wanderprediger in Athen.

---

1) An der Fälschung der Damismemoiren ist ebensowenig zu zweifeln wie an der Realität ihrer Existenz. Diejenigen, die behaupten, sie beruhen bloß auf einer Fiktion des Philostratos, können diesen nicht gelesen haben. Die richtige Auffassung vertritt außer Reitzenstein und den bei ihm Genannten auch H. v. Arnim in seinem kurzen Artikel über Damis RE. IV 2057. Es lohnt sich aber, auch die Worte A. v. Gutschmids zu zitieren (Kl. Schriften V, Leipz. 1894, 543, aus seinen Vorlesungen über die Gesch. der römischen Kaiserzeit): „Philostratos gibt v. Apoll. I 19 an, sein (des Damis) Buch nur bearbeitet zu haben. Daran zu zweifeln ist kein Grund; aus I 3 ergibt sich höchstens ein Verdacht späteren Ursprungs (es sei von der Familie des Damis der Julia übergeben worden), keiner dafür, daß es eine Fiktion des Philostratos sei."

2) Analog ist es, wenn Diodoros II 55 ff. den „Wir"-Bericht, den Iambulos (etwa 3. Jahrh. v. Chr.) von seiner und seines Begleiters Reise gab, in ein Referat umsetzt, wie er es ähnlich mit den Reiseromanen des Hekataios von Teos und des Euhemeros getan hat.

3) Für die Apollonioslegende ist nun noch hinzuzunehmen die im Catalogus codicum astrologorum Graecorum VII (Brüssel 1908 ff.) 174 ff. aus einer Berliner Hs. publizierte Schrift Βίβλος σοφίας καὶ συνέσεως ἀποτελεσμάτων Ἀπολλωνίου τοῦ Τυανέως mit den auch für Theologen wichtigen Vorbemerkungen des Herausgebers Fr. Boll.

38 II. Anknüpfung der Areopagrede an die Altaraufschrift ἀγνώστῳ θεῷ.

vielen ἱερά, wie Antiocheia oder Rom, kam, so besuchte er sie möglichst alle und ließ sich mit den Priestern in philosophische Gespräche über Kultus und Religion ein (I 16. IV 24. 40): das ist die werkheilige Neugier, die diesem Theurgen ebenso wohl ansteht wie seinem Geistesverwandten Apuleius, während mir, wie gesagt, Paulus διερχόμενος καὶ ἀναθεωρῶν τὰ σεβάσματα (Athens) fremdartig erscheint. Aber wir brauchen uns mit subjektiven Urteilen nicht aufzuhalten; denn wir besitzen über Apollonios' Aufenthalt in Athen eine merkwürdige Nachricht. Philostratos erzählt IV 18 von einem Konflikte des Apollonios mit dem eleusinischen Hierophanten, der sich weigerte, den Apollonios, ἄνθρωπον μὴ καθαρὸν τὰ δαιμόνια, in die Mysterien einzuweihen; nachdem er dann die Maßregelung berichtet hat, die Apollonios dem Hierophanten zuteil werden ließ, fährt er so fort (c. 19):

„Damis sagt, daß Apollonios sich sehr oft in Athen aufgehalten habe; er habe aber nur diejenigen Male aufgezeichnet, bei denen besonders wichtige Dinge zur Verhandlung gekommen seien. Die erste Disputation hatte, da er die Vorliebe der Athener für Opfer sah, den Kultus zum Gegenstand, vor allem Opfer- und Gebetriten für jeden einzelnen Gott; man kann darüber auch eine von Apollonios selbst verfaßte kleine Schrift lesen. Er sprach darüber in Athen, teils im Hinblick auf seine und der Athener Weisheit, teils um den Hierophanten zu kritisieren, der blasphemische und unkluge Äußerungen über die Gottheit getan hatte. Denn wer konnte nun noch glauben, daß von unreinen Dämonen besessen sei ein Philosoph, der über den Gottesdienst Vorschriften gab?"

Es war also eine religiöse διάλεξις von der Art derjenigen, wie wir sie oben kennen lernten; die Opferfreudigkeit der besonders frommen Stadt Athen und ein persönlicher Konflikt mit dem eleusinischen Hierophanten gaben ihm Veranlassung zu dieser Ansprache.[1])

---

1) Im allgemeinen war es üblich, in solchen Ansprachen eine Verbeugung gerade auch vor den Hierophanten Athens zu machen: der Rhetor Menandros an der zweiten der oben (S. 33 f.) genannten Stellen (392, 15): χρὴ δὲ μνημονεύειν αὐτῶν Ἀθηνῶν ..., καὶ ἱεροφαντῶν καὶ δᾳδούχων καὶ Παναθηναίων. Apollonios verwendete umgekehrt den ψόγος (vgl. Philostr. vit. Apoll. IV 21 ἐπιπλῆξαι δὲ λέγεται περὶ Διονυσίων Ἀθηναίοις ... 22 διωρθοῦτο δὲ κἀκεῖνο Ἀθήνησιν): daß auch dieser in solchen Ansprachen vor-

1. Das Motiv der Altaraufschrift. 39

Daß 'Damis' hier nicht geschwindelt hat, zeigt schon das erlesene Detail dieser Angaben. Aber vor allem wichtig ist dieses, daß wir aus der dem 'Damis'-Philostratos bekannten Schrift des Apollonios περὶ θυσιῶν, die dieser, ganz wie es die Sophisten der Kaiserzeit zu tun pflegten, publiziert hatte, noch ein längeres Zitat besitzen, das einzige authentische, das es von ihm außer den Zitaten aus seiner Pythagorasbiographie und einzelnen Briefen[1]) überhaupt gibt, bei Eusebios pr. ev. IV 13 aus Porphyrios[2]):

„So erst wird einer, meine ich, der Gottheit den ihr zukommenden Dienst erweisen und eben dadurch sich ihrer Gnade und ihres Segens teilhaftig machen, mehr als sonst irgend einer auf der Welt, wenn er dem Gotte, den wir den Ersten nannten, dem Einen, der von allem abgesondert ist[3]), nach dem aber auch die übrigen unbedingt Geltung behalten müssen[4]), überhaupt nichts

_{Die διάλεξις περὶ θυσιῶν des Apollonios.}

---

kam, lehren noch manche der uns erhaltenen λαλιαί, wie man aus den Sammlungen in der oben (S. 34, 1) zitierten Dissertation Stocks ersehen kann (die Schrift des Apollonios und was damit zusammenhängt ist ihm entgangen).

1) Vgl. über sie den Anhang III 1.
2) Den griechischen Text s. im Anhang III 2.
3) ἑνί τε ὄντι καὶ κεχωρισμένῳ πάντων: deutliche Reminiszenz an Herakleitos fr. 108 Diels: ὥστε γινώσκειν ὅτι σοφόν ἐστι πάντων κεχωρισμένον, vgl. 32 ἓν τὸ σοφόν. Über die Verbreitung dieser und ähnlicher Aussprüche in den Kreisen spätgriechischer Mystiker wird in der zweiten Abhandlung noch zu reden sein.
4) μεθ' ὃν γνωρίζεσθαι τοὺς λοιποὺς ἀναγκαῖον. Die Bedeutung dieser Worte ist mir lange zweifelhaft gewesen. Rudolf Meyer-Krämer, Apollonius von Tyana. Der Magus aus Osten (in den Monatsheften der Comenius-Gesellschaft XV, 1906, Heft I) S. 5 versteht sie so: „hinter dem die andern notwendig erst in zweiter Reihe Anerkennung finden", was sprachlich zulässig ist, denn limitierende Partikeln wie unser 'erst' sparen sich die alten Sprachen bekanntlich sehr oft (da sie diese Nuancen durch die Feinheiten ihrer freien Wortstellung zum Ausdruck bringen können); aber man wird zunächst doch versuchen müssen, ohne solche Restriktion auszukommen, und was hätte es auch für einen Zweck, zu sagen, daß nach dem Ersten die übrigen erst in zweiter Linie ständen? Nun hat schon Zeller, dessen instinktives Gefühl für das Richtige man nie genug bewundern kann, in seiner Philos. d. Gr. III 2³, S. 116, 2 diese Worte verglichen mit einer Stelle des sog. Onatas (also eines Gesinnungsgenossen des Apollonios) bei Stob. ecl. I 48 W. (Ὀνάτου ἐκ τοῦ περὶ θεοῦ καὶ θείου): δοκέει δέ μοι καὶ μὴ εἷς εἴμεν ὁ θεός, ἀλλ' εἷς μὲν ὁ μέγιστος καὶ καθυπέρτερος καὶ ὁ κρατέων τοῦ παντός, τοὶ δ' ἄλλοι πολλοὶ διαφέροντες κατὰ δύναμιν· βασιλεύειν δὲ πάντων αὐτῶν ὁ καὶ κράτει καὶ μεγέθει καὶ ἀρετᾷ μέζων. οὗτος δὲ κ' εἴη θεὸς ὁ περιέχων τὸν σύμπαντα κόσμον... (die anderen seien seine Trabanten). τοὶ δὲ

40 II. Anknüpfung der Areopagrede an die Altaraufschrift ἀγνώστῳ θεῷ.

opfern, noch ihm Feuer anzünden, noch ihm einen irgendwie der Sinnenwelt angehörigen Namen beilegen wird — denn er bedarf nichts, selbst nicht von Wesen, die mächtiger sind als wir Menschen; auch läßt weder Erde noch Luft eine Pflanze sprießen oder gedeihen, der nicht eine Befleckung anhaftet—, wenn er sich vielmehr immerdar zu ihm einzig und allein des edleren Logos, nämlich dessen, der nicht erst durch den Mund geht, bedienen und von dem Herrlichsten, was da ist, durch das Herrlichste, was in uns lebt, das Gute erbitten wird: das aber ist der Geist, der eines Werkzeuges nicht bedarf. Hiernach darf man unter keinen Umständen dem großen und über alles erhabenen Gotte opfern."

Die Kritik des Apollonios an dem Ritual des Opferdienstes beschränkte sich nun nicht auf diesen, sondern betraf den Kultus über-

---

λέγοντες ἕνα θεὸν εἶμεν, ἀλλὰ μὴ πολλῶς ἁμαρτάνοντι· τὸ γὰρ μέγιστον ἀξίωμα τᾶς θείας ὑπεροχᾶς οὐ συνθεωρεῦντι, λέγω δὴ τὸ ἄρχεν καὶ καθαγέεσθαι τῶν ὁμοίων καὶ καθυπέρτερον εἶμεν τῶν ἄλλων (Λ 784 ὑπείροχον ἔμμεναι ἄλλων + 786 ὑπέρτερος). Hier wird der Monotheismus, als eine μείωσις Gottes, zurückgewiesen, so daß nicht bezweifelt werden kann, daß auch Apollonios sagen will: es genüge nicht, bloß den πρῶτος anzuerkennen, sondern nach ihm müßten notwendigerweise auch die di minorum gentium Geltung behalten. Wer mögen nun jene λέγοντες ἕνα θεὸν εἶμεν sein? Hellenische Philosophen kommen nicht in Betracht, denn im Prinzip teilen sie sämtlich die hier bekämpfte Anschauung, selbst von Xenophanes gilt das: εἷς θεός, ἔν τε θεοῖσι καὶ ἀνθρώποισι μέγιστος (fr. 23). Also ist der semitische Monotheismus gemeint (εἷς θεός hat das alte Sibyllinum III 11 am Versanfang es formuliert, wohl eine Reminiszenz an den Anfang jenes Xenophanesverses, dessen Überlieferung wir den Christen verdanken): wie genau man auf hellenischer Seite über ihn orientiert war und daß man auch Stellung zu ihm nahm, ist bekannt, wird im Verlaufe dieser Untersuchung auch noch zur Sprache kommen. Das religionsgeschichtliche Interesse, das diese Stellen mir bei solcher Betrachtung zu gewinnen scheinen, wird nun noch erhöht durch Folgendes. Die Platoniker haben sich bekanntlich an die Pythagoreer eng angelehnt, und aus ihren Kreisen ist mir ein Zeugnis bekannt, in dem die prinzipielle Differenz des aufgeklärten hellenischen Polytheismus vom christlichen Monotheismus auf eine bündige Formel gebracht worden ist, die nichts andres ist als eine Wiederholung jener pythagoreischen Polemik, nur daß naturgemäß nun die Christen an die Stelle der Juden getreten sind. Plotinos sagt in seiner Polemik gegen die christlichen Gnostiker enn. II 9,9 χρὴ ... καὶ τοὺς νοητοὺς ὑμνεῖν θεούς, ἐφ' ἅπασι δὲ ἤδη τὸν μέγαν τῶν ἐκεῖ βασιλέα καὶ ἐν τῷ πλήθει μάλιστα τῶν θεῶν τὸ μέγα αὐτοῦ ἐνδεικνυμένους· οὐ γὰρ τὸ συστεῖλαι εἰς ἕν, ἀλλὰ τὸ δεῖξαι πολὺ τὸ θεῖον, ὅσον ἔδειξεν αὐτός, τοῦτό ἐστι δύναμιν θεοῦ εἰδότων, ὅταν μένων ὅς ἐστι πολλοὺς ποιῇ πάντας εἰς αὐτὸν ἀνηρτημένους καὶ δι' ἐκεῖνον καὶ παρ' ἐκεῖνον ὄντας.

1. Das Motiv der Altaranfschrift. 41

haupt, also auch den Bilderdienst; zwar verwarf er diesen in praxi keineswegs, so wenig wie die Opfer, im Gegenteil kehrte er seine Theurgie ostentativ hervor; aber er wußte doch, daß es ein Höheres gebe. Philostratos läßt ihn diesen Standpunkt besonders eingehend vertreten in seiner (angeblichen) Diskussion mit den 'äthiopischen Gymnosophisten', die er tadelte, weil sie die theriomorphe Idololatrie der Ägyptier zuließen (VI 19 p. 231, 29 ff.):

„Viel erhabener stände es um die ägyptischen Gottheiten, wenn ihnen kein Bildnis gesetzt würde, und ihr dann eure theologische Lehre weiser und geheimer gestalten würdet. Denn ihr könntet ihnen ja immerhin zwar Tempel erbauen, auch Bestimmungen über Altäre und über Opfer treffen, was geopfert werden dürfe und was nicht, sowie über die Zeiten und das Maß der Opfer und die dabei in Worten oder Handlungen zu vollziehenden Zeremonien; aber darum solltet ihr doch kein Götterbildnis einführen, sondern solltet denjenigen, die in die Heiligtümer hineintreten, überlassen, wie sie sich die Gestalten denken wollen: denn die Vorstellungen und Ideen, die man sich von ihrem Aussehen machen kann, sind erhabener als Menschenwerk; ihr aber habt es dahin gebracht, daß man sich weder vom Aussehen noch vom Wesen der Götter eine würdige Vorstellung machen kann."

Zwar beruht diese Diskussion des Apollonios mit den 'äthiopischen Gymnosophisten'[1]) auf freier Erfindung (oder genauer gesagt: das Motiv stammt aus der Alexander-Kalanos-Legende: Reitzenstein a. a. O. 42 ff.), aber die ihm hier in den Mund gelegte Empfehlung eines bildlosen Gottesdienstes und einer entsprechenden Regelung des Opferrituals war wenigstens für den höchsten Gott durch die erwähnte Schrift beglaubigt.

Entscheidend ist nun aber das Folgende. Schon daß die Biographen ihren Helden gerade auch von Aufschriften der Altäre und Statuenbasen Notiz nehmen lassen[2]), ist bemerkenswert; aber einmal lesen wir eine überraschende Geschichte. Sie hängt wieder zu-

Altaraufschrift ἀγνώστων θεῶν in der athenischen διάλεξις.

---

1) Äthiopische Gymnosophisten hat es nie gegeben, sie sind eine Fiktion des Damis: Reitzenstein S. 42, 1.
2) II 13 ἐγένοντο πρὸς τῷ Τφάσιδι, στάδια δὲ ἀπέχοντες τούτου τριάκοντα βωμοῖς τε ἐνέτυχον οἷς ἐπεγέγραπτο· ΠΑΤΡΙ ΑΜΜΩΝΙ (usw.). IV 13 οἱ μὲν δὴ ἐξεπήδων τῆς νεώς, ὁ δ' ἐνέτυχε τῷ τάφῳ καὶ τὸ ἄγαλμα κατορωρυγμένον πρὸς αὐτῷ εὗρεν. ἐπεγέγραπτο δὲ τῇ βάσει τοῦ ἀγάλματος· ΘΕΙΩΙ ΠΑΛΑΜΗΔΕΙ.

sammen mit dem angeblichen Besuche des Apollonios bei den 'äthiopischen Gymnosophisten', und zwar spielt sie auf der Grenze von Ägypten und Äthiopien; Philostratos gibt den Damis ausdrücklich als Quelle an (VI 3 p. 205,31). Apollonios trifft einen jungen Mann aus Naukratis, der wegen Verläumdungen seitens seiner Stiefmutter das väterliche Haus verlassen hat und nun Nilschiffahrt betreibt; sie kommen in ein Gespräch, im Verlaufe dessen Apollonios ihn fragt, ob er der Aphrodite opfere; über die bejahende Antwort erfreut, hält Apollonios eine Ansprache an seine Begleiter: dieser junge Mann verdiene viel eher einen Kranz als jener Hippolytos, der den Kult dieser Göttin vernachlässigt und sie geschmäht habe; er schließt seine Ansprache mit den Worten:

„Überhaupt erachte ich es nicht als Zeichen der Ehrbarkeit, gehässige Äußerungen gegen irgendwelchen Gott zu tun, wie Hippolytos gegen Aphrodite; ehrbarer ist es vielmehr, von allen Göttern fromm zu reden, zumal in Athen, wo sogar unbekannter Gottheiten Altäre errichtet worden sind." (καὶ αὐτὸ δὲ τὸ διαβεβλῆσθαι πρὸς ὁντιναδὴ τῶν θεῶν, ὥσπερ πρὸς τὴν Ἀφροδίτην ὁ Ἱππόλυτος, οὐκ ἀξιῶ σωφροσύνης· σωφρονέστερον γὰρ τὸ περὶ πάντων θεῶν εὖ λέγειν, καὶ ταῦτα Ἀθήνησιν, οὗ καὶ ἀγνώστων δαιμόνων βωμοὶ ἵδρυνται.)

Ich vermute, daß es allen Lesern dieser Worte so gehen wird wie mir: sie werden sich kopfschüttelnd fragen, wozu in aller Welt über athenische Frömmigkeit auf dem Nil geredet werde. Dieses Rätsel löst sich bei folgender Betrachtung. Wie die ganze Situation in Äthiopien, so beruht natürlich auch das spezielle Situationsmotiv, das Gespräch des Apollonios mit dem jungen Naukratiten, auf Erfindung, und zwar einer ganz besonders abgeschmackten; um so mehr hebt sich von dem konventionellen Gerede ab die überraschende Wendung der Schlußworte. Daß sie in diesen Zusammenhang hineingezerrt sind, sieht jeder: in Äthiopien (oder genauer auf der Grenze von Ägypten und Äthiopien) zu den Reisebegleitern gesprochen, ist der Appell auf Athen um so unpassender, als der junge Naukratite sich gar nicht an den Göttern vergangen hat, im Gegenteil wegen seiner Frömmigkeit belobigt worden ist. Aber das athenische Kultuskuriosum, auf das die ganze Geschichte angelegt ist, verlangte, um in die rechte Beleuchtung zu treten, einen Fall von Kultusvernachlässigung: so muß als Kontrastfigur zu dem biederen Naukratiten der blasphemische Hippolytos herhalten. Dies alles läßt nur eine Erklärung

u. Die entscheidenden Worte sind einem anderen Zusammenhange entnommen worden; nur in Athen hatte es Sinn, aus Anlaß einer auffälligen Vernachlässigung des Gottesdienstes zu sagen: 'Die und die Verletzung des Kultus ist hier vorgekommen, und das in einer Stadt, die so gottesfürchtig ist, daß in ihr sogar unbekannten Göttern Altäre errichtet worden sind.' Nun erinnern wir uns, daß Apollonios in Athen tatsächlich über den Kultus sprach, „um den Hierophanten zu kritisieren, der blasphemische und unkluge Äußerungen über die Gottheit getan hatte" (s. o. S. 38). Der Schluß, daß aus solchem Anlasse jene Worte von Apollonios in Athen gesprochen worden sind, daß sie mithin standen in der Schrift περὶ θυσιῶν, in der er, wie wir aus der vorhin angeführten Inhaltsangabe dieser Schrift wissen, aus Protest gegen die Blasphemie und Unklugheit des Hierophanten den Kultus 'jedes einzelnen' der in Athen verehrten Götter genau besprach, würde zwingend sein, auch wenn nicht folgendes Argument hinzukäme. Es kann nicht auf Zufall beruhen, daß wir vorhin auf die fiktive äthiopische Situation aus der realen athenischen bereits ein anderes Motiv, das der bildlosen Verehrung des höchsten Gottes, übertragen fanden: dieses Motiv ist für die athenische Rede durch das erhaltene Fragment aus der Schrift περὶ θυσιῶν bezeugt. Damis-Philostratos haben also, um auf die imaginären πράξεις ihres Helden bei den 'äthiopischen Gymnosophisten', für die es keine Überlieferung geben konnte, wenigstens einen Schimmer von Glaubhaftigkeit fallen zu lassen, bei der wirklichen Überlieferung, nämlich der athenischen Rede, Anleihe gemacht. Durch Übertragungen solcher Art war seit Jahrhunderten in Griechenland wie in Rom legendarische Geschichte gemacht worden; wenn wir also auch Damis-Philostratos so verfahren lassen, so ist das eine Kombination, zu der wir durch jenen allgemein geübten Brauch berechtigt sind. Aber es handelt sich in dem vorliegenden Falle nicht einmal um eine wenn auch noch so glaubhafte Kombination, sondern daß in ihm tatsächlich so verfahren worden ist, ergibt sich aus dem Folgenden. Bevor Apollonios von Ionien aus seine Reise in den Westen antrat, die ihn zweimal nach Athen führte, soll er Indien besucht haben. Über seine angebliche Begegnung mit dem Oberbrahmanen Iarchas stehen bei Philostratos III 41 folgende Worte: φησὶν ὁ Δάμις τὸν Ἀπολλώνιον ξυμφιλοσοφεῖν τῷ Ἰάρχᾳ καὶ ξυγγράψαι μὲν ἐκεῖθεν περὶ μαντείας βίβλους τέτταρας, ὧν καὶ Μοιραγένης ἐπεμνήσθη, ξυγγράψαι δὲ περὶ θυ-

44 II. Anknüpfung der Areopagrede an die Altaraufschrift ἀγνώστῳ θεῷ

σιῶν καὶ ὡς ἄν τις ἑκάστῳ θεῷ προσφόρως τε καὶ κεχαρισμένως θύοι. τὰ μὲν δὴ τῶν ἀστέρων καὶ τὴν τοιαύτην μαντικὴν πᾶσαν ὑπὲρ τὴν ἀνθρωπείαν ἡγοῦμαι φύσιν καὶ οὐδ' εἰ κέκτηταί τις οἶδα, τὸ δὲ περὶ θυσιῶν ἐν πολλοῖς μὲν ἱεροῖς εὗρον, ἐν πολλαῖς δὲ πόλεσι, πολλοῖς δὲ ἀνδρῶν σοφῶν οἴκοις, καὶ τί ἄν τις ἑρμηνεύοι αὐτὸ σεμνῶς ξυντεταγμένον καὶ κατὰ τὴν ἠχὼ τοῦ ἀνδρός; Das hier von der Schrift περὶ θυσιῶν Gesagte deckt sich mit der Charakteristik der athenischen Schrift (IV 19 ὡς ἄν τις ἐς τὸ ἑκάστῳ τῶν θεῶν οἰκεῖον ... ἢ θύοι ἢ σπένδοι ἢ εὔχοιτο, καὶ βιβλίῳ Ἀπολλωνίου προστυχεῖν ἐστιν, ἐν ᾧ ταῦτα τῇ ἑαυτοῦ φωνῇ ἐκδιδάσκει) so genau, daß die Übertragung von der realen auf die imaginäre Situation handgreiflich ist: es soll der Anschein erweckt werden, als habe Apollonios die späterhin in Athen vorgetragene Weisheit von den Indern erworben. Da haben wir also wieder genau dieselbe Verwendung von Realem für Fiktives: der Unterschied ist nur, daß es dort die 'äthiopischen Gymnosophisten', hier die Inder sind, auf die das aus der athenischen Rede bekannte Opfermotiv übertragen ist, aber auch dieser Unterschied ist nur scheinbar, da diese weisen 'Äthiopen' überhaupt nicht existierten, sondern anerkanntermaßen nur eine Fiktion nach dem Muster der Inder waren.

Aus alledem ergibt sich, daß wir nicht nur berechtigt, sondern verpflichtet sind, das in der fiktiven äthiopischen Situation verwertete Motiv einer kultischen Verehrung der ἄγνωστοι θεοί in Athen für die reale, eben in Athen spielende Situation, also für die Schrift περὶ θυσιῶν, in Anspruch zu nehmen. Das Motiv der Verehrung eines ἄγνωστος θεός zu Athen behauptet mithin in der athenischen Rede der Acta ebenso seinen richtigen Platz wie dasjenige der Verehrung von ἄγνωστοι θεοί zu Athen in der athenischen Rede des Apollonios, während es in die äthiopische Diskussion nur auf Grund einer absurden Übertragung hineingezerrt worden ist. Von besonderer Wichtigkeit sind innerhalb der allgemeinen Übereinstimmung beider Stellen noch folgende zwei besondere Kongruenzen. Erstens wird das Vorhandensein von Altären ἀγνώστων θεῶν in dem Ausspruche des Apollonios nicht etwa bloß an sich konstatiert, sondern die Übereinstimmung zwischen ihm und den Worten des Areopagredners erstreckt sich bis in die Nuance des Ausdruckes hinein: die Errichtung von Altären der ἄγνωστοι (eines ἄγνωστος) wird beidemal als Zeichen einer besonderen Frömmigkeit Athens hingestellt

1. Das Motiv der Altaraufschrift.

Apollonios: Frömmigkeit ist besonders am Platze Ἀθήνησιν, οὗ καὶ ἀγνώστων δαιμόνων βωμοὶ ἵδρυνται ~ Acta: κατὰ πάντα ὡς δεισιδαιμονεστέρους ὑμᾶς θεωρῶ ... εὗρον καὶ βωμὸν ἐν ᾧ ἐπεγέγραπτο· ἀγνώστῳ θεῷ). Zweitens wird das Lob einer über das übliche Maß hinausgehenden Frömmigkeit nicht etwa nur als solches ausgesprochen, sondern es ist beidemal in eine und dieselbe Situation hineingestellt: trotz solcher Frömmigkeit sei gerade in dieser Stadt eine Verletzung der Religiosität vorgekommen (Apollonios: ἀμαθία des Hierophanten ~ Acta: ἄγνοια hinsichtlich kultischer Verehrung des höchsten Gottes).

Apollonios ist unter Nerva im höchsten Greisenalter gestorben, die Abfassungszeit der Acta fällt nach dem Urteil der meisten Forscher in dieselbe Zeit (frühestens in die letzten Regierungsjahre Domitians, spätestens in die ersten Jahrzehnte des 2. Jahrh.: vgl. Wendt S. 40).[1]) Die Anwesenheit des Apollonios in Athen, sein dortiger Disput und die durch diesen hervorgerufene Abfassung der Schrift περὶ θυσιῶν muß jedenfalls Jahrzehnte früher fallen (chronologisch aufs Jahr bestimmbar ist nichts aus seinem Leben); daß die Wirksamkeit des wunderlichen Heiligen großes Aufsehen gemacht hat, ist unzweifelhaft: mag auch die Legende im 2. Jahrhundert viel hinzugetan haben, so wird doch das Interesse gerade der religiös veranlagten Gesellschaft verbürgt durch das Emporwuchern einer erstaunlich reichen, teils wahrhaftigen, teils apokryphen Literatur gleich nach seinem Tode, vielleicht noch zu seinen Lebzeiten. Was dieser Mann gewollt hat, ist, wenn wir das Legendarische abstreifen, noch völlig klar: auch er hat Propaganda machen wollen für die wahre Gottesverehrung durch die Predigt und das Beispiel seines Lebenswandels; die Menschen sind ἀμαθεῖς τοῦ θείου, er hat das wahre Wissen und will es jenen übermitteln. Das Ziel also, das er verfolgte, war ideell nicht verschieden von demjenigen der anderen hellenistischen Missionare mit Einschluß derjenigen der Synagoge und des als jüngstes Glied soeben in den Konkurrenzkampf

Die athenische διάλεξις des Apollonios und die Areopagrede der Acta.

---

1) Die bekannten Untersuchungen A. Harnacks über das Lukasevangelium und die Apostelgeschichte bieten durch ihre eindringenden sprachlichen Analysen auch dem Philologen eine Fülle der Belehrung. Diese behält er als bleibenden Besitz, auch wenn er das unsere bisherige Auffassung negierende Gesamt- und Endergebnis nicht annimmt. Wenigstens ist dies die Erfahrung, die ich an mir gemacht habe. In dem Anhang I werde ich auf einen Einzelpunkt der Hypothese eingehen.

eintretenden Christentums: die Mittel der Propaganda waren die gleichen, die Ausdrucksformen in der Predigt engverwandt, der Unterschied lag nur in dem Spezifikum der γνῶσις, die jeder als die wahre pries, und auch dieser Unterschied wurde durch Berührungspunkte bis zu einem gewissen Grade ausgeglichen. Daß diese Sendboten Gottes gegenseitig von sich Notiz genommen hätten, ist unerweislich; aber etwas anderes war es, wenn ein schon außerhalb der Bewegung stehender Schriftsteller diese in ihrer Besonderheit zu schildern unternahm. Die Möglichkeit, ja die hohe Wahrscheinlichkeit, daß der Redaktor der Acta, der die Tätigkeit des Paulus schilderte, die chronologisch und topographisch mit der des Apollonios teilweise zusammenfiel[1]), von der Wirksamkeit des Apollonios Kenntnis gehabt haben könnte, ist unbestreitbar. Aber es ist mehr als eine bloße Möglichkeit oder Wahrscheinlichkeit. Denn die Kongruenzen zwischen der διάλεξις des Apollonios in Athen und der Areopagrede der Acta können nach meiner Überzeugung gar nicht anders erklärt werden als durch die Annahme, daß der Redaktor der Acta entweder jene Schrift des Apollonios selbst[2]) oder ein Werk gekannt hat, in dem über sie genauer referiert war als es

---

1) Paulus begab sich von Athen nach Korinth (act. 18, 1). Die Dauer des korinthischen Aufenthalts ist auf Grund der neuen Gallio-Inschrift von Deissmann a. a. O. (S. 34, 2), Beilage 1 auf die ersten Monate des Jahres 50 bis Spätsommer 51 berechnet worden. Von Apollonios steht bei Suidas, daß seine ἀκμή unter Gaius, Claudius und Nero fiel μέχρι Νέρβα, unter dessen Regierung er starb. Das stimmt zu Philostratos' spärlichen Angaben I 14, 1. VIII 27. 29, aus denen es vielleicht nur abstrahiert ist, da die Philostratosvita in dem Artikel zitiert wird.

2) Nach den o. S. 44 zitierten Worten τὸ δὲ περὶ θυσιῶν ἐν πολλοῖς μὲν ἱεροῖς εὗρον, ἐν πολλαῖς δὲ πόλεσι, πολλοῖς δὲ ἀνδρῶν σοφῶν οἴκοις müßte die Verbreitung dieser Schrift eine überaus große gewesen sein. Aber einem Sophisten muß man auf die Finger sehen. Diese Worte stehen nicht bei der Charakteristik der athenischen Schrift, sondern des fiktiven Spiegelbildes dieser Schrift in der indischen Situation (s. ebenda). Während er daher bei der athenischen Schrift sich begnügt mit den bescheideneren Worten βιβλίῳ Ἀπολλωνίου προστυχεῖν ἐστιν, ἐν ᾧ ταῦτα τῇ ἑαυτοῦ φωνῇ ἐκδιδάσκει, nimmt er bei der indischen Situation, um einer aus dieser erwachsenen Schrift Glauben zu verschaffen, den Mund voller. Vielmehr scheint die Schrift nicht sehr verbreitet gewesen zu sein: wenigstens wir können, wenn wir von der philostratischen Vita und eventuell (s. S. 47 Anm. 1) den Acta absehen, ihre Kenntnis nur bei Porphyrios nachweisen; mit der Möglichkeit freilich, daß die unter der Maske des Apollonios schreibenden Epistolographen sie gekannt haben, wird ja gerechnet werden dürfen.

1. Das Motiv der Altaraufschrift. 47

…er seine Vorlage bloß flüchtig exzerpierende Philostratos getan
…at.¹) Denn wie anders als durch die Annahme unmittelbarer Ab-
…ängigkeit will man es erklären, wenn bei zwei Schriftstellern fol-
…ende Motive übereinstimmen:

Ein hellenischer Theurge aus …yana in Kappodokien²) durch…eht die Welt, um die Menschen, …ς ἀμαθεῖς τοῦ θείου ὄντας, für …ie von ihm gepredigte Religiosi…ät zu gewinnen. Er kommt etwa …m die Mitte des ersten Jahr…underts³) nach Athen, besich…gt dort, wie er es aller Orten …t, die Heiligtümer und findet …irgends so viele wie in dieser …tadt; ein Altar unbekannter	Ein christlicher Missionar aus Tarsos in Kilikien²) kommt auf seinen Reisen, deren Zweck es ist, die Hellenen von der ἄγνοια zur γνῶσις θεοῦ zu führen, im Jahre 50 nach Athen. Er besichtigt die Heiligtümer der Stadt und findet, daß sie κατείδωλος ist; er bemerkt sogar einen Altar eines unbekannten Gottes, was ihm als Zeichen besonderer δεισιδαιμονία dieser Stadt gilt. Er hält eine

1) Diese Alternative zu entscheiden finde ich kein sicheres Mittel. Daß
…ie Literatur über die πρᾶξις des Apollonios sofort nach seinem Tode, viel…icht noch zu seinen Lebzeiten eingesetzt hat, wurde schon gesagt. Die
…eiter unten (S. 52 ff.) anzustellenden Erwägungen sprechen in der Tat für
…ie Benutzung eines solchen Werkes.

2) Von Tarsos führte eine Straße über Pylae Ciliciae-Kybistra nach Tyana
…W. Ramsay, Historical Geography of Asia Minor, London 1890, 357). Daß
…er Lokalheilige von Tyana auch in dem nahen Tarsos eine Berühmtheit
…ar, zeigt Philostr. VI 34: die hier berichtete Geschichte (Intervention des
…pollonios zu Gunsten von Tarsos) soll sich aus Anlaß der Anwesenheit des
…aisers Titus in Tarsos abgespielt haben. Die I 7 stehende Nachricht γε…ονότα δὲ αὐτὸν (den Apollonios) ἔτη τεσσαρεσκαίδεκα ἄγει ἐς Ταρσοὺς ὁ
…ατὴρ παρ' Εὐθύδημον τὸν ἐκ Φοινίκης· ὁ δὲ Εὐθύδημος ῥήτωρ τε ἀγαθὸς
…ν καὶ ἐπαίδευε τοῦτον muß auf guter Überlieferung beruhen, da dieser
…uthydemos sonst unbekannt ist; nun heißt es weiterhin, Apollonios habe
…n dem üppigen und ausgelassenen Leben der Tarsenser keinen Gefallen
…efunden und sei mit seinem Lehrer übergesiedelt ἐς Αἰγὰς τὰς πλησίον, ἐν
…ις ἡσυχία τε πρόσφορος τῷ φιλοσοφήσαντι καὶ σπουδαὶ νεανικώτεραι καὶ ἱερὸν
…σκληπιοῦ, worauf eine ausführliche Schilderung seiner Erziehung in Aigai
…olgt; es würde daher sicher sein, daß dies alles auf die Schrift des Maxi…os aus Aigai über Apollonios (Philostr. I 3) zurückginge, auch wenn Philo…tratos nicht zum Schluß dieses Abschnittes (I 12) sagte: ταῦτα καὶ πολλὰ
…οιαῦτα Μαξίμῳ τῷ Αἰγιεῖ ξυγγέγραπται.

3) Vgl. die Anm. S. 45. 46,1. Als Apollonios nach Athen kam, ging ihm
…chon der Ruf des Magus aus dem Osten voran: das führt etwa in die Zeit
…es Claudius.

48 II. Anknüpfung der Areopagrede an die Altaraufschrift ἀγνώστῳ θεῷ.

Götter gilt ihm als Zeichen der besonderen Frömmigkeit dieser Stadt. Er hält eine διάλεξις, in der er aus solcher Frömmigkeit die Verpflichtung ableitet, einen vorgekommenen Verstoß gegen die εὐσέβεια zu sühnen. Er gibt in dieser διάλεξις zwar auch Vorschriften über den Kultus der Einzelgötter, aber, wie er nachdrücklich an zwei Stellen[1]) ausführt: der über diesen Einzelgöttern thronende Eine und höchste Gott sei ein Wesen rein geistiger Art und bedürfnislos, er dürfe daher nicht kultisch, sondern nur im Geiste verehrt werden.

Predigt, in der er aus solcher Frömmigkeit die Verpflichtung ableitet, sich zur wahren Gottesverehrung zu bekehren. Diese beruhe nicht auf der kultischen Verehrung von Göttern in Tempeln von Menschenhand: Gott, der Schöpfer aller Dinge, sei bedürfnislos und dürfe daher nicht im Bilde verehrt werden.

Von den Faktoren, aus denen sich die Summe dieser Gegenüberstellung ergibt, ist kein einziger durch Kombination gewonnen: nur die Überlieferung selbst ist zu Worte gekommen, ihre klare Sprache beweist, daß hier keine zufällige Übereinstimmung, sondern ein Abhängigkeitsverhältnis vorliegt. Absichtlich habe ich, um keinen Schritt über die Tradition hinauszugehen, unter die Positionen der linken Spalte betreffs des Altars nur die überlieferte Tatsache gestellt, daß er dem Apollonios als Zeichen besonderer Frömmigkeit Athens gegolten habe. Nun aber muß sofort ein weiteres hinzugefügt werden, das die Überlieferung als solche so nicht bietet, das aber durch eine, wie mir scheint, zwingende Beweisführung zu erschließen ist.

---

1) Θεῷ μὲν ὃν δὴ πρῶτον ἔφαμεν heißt es zu Anfang des bei Eusebios überlieferten Bruchstückes: er hatte also schon vorher davon gesprochen. Er hatte, wie es scheint, zunächst von der geistigen Verehrung des Höchsten gesprochen und war dann auf die kultische Verehrung der niederen Götter gekommen, denn er fährt nach den eben zitierten Worten fort: μεθ᾽ ὃν γνωρίζεσθαι τοὺς λοιποὺς ἀναγκαῖον, über deren Sinn o. S. 39,4 gehandelt wurde. Das von Eusebios zitierte Stück scheint mithin dem Schlußteil der Rede angehört zu haben, in der also wohl die kultischen Bestimmungen über das Ritual der Einzelgötter eingerahmt waren von Vorschriften über die geistige Verehrung des höchsten Gottes.

1. Das Motiv der Altaraufschrift.

Daß Apollonios diese Altaraufschrift in seiner Rede nicht etwa nur gelegentlich genannt, sondern sie zum Ausgangspunkte genommen hat, ist erstens zu erschließen aus dem Vorkommen des Motivs in dem anfangs besprochenen pseudoheraklitischen Briefe, einer jüdisch-hellenistischen Diatribe des ersten nachchristlichen Jahrhunderts.[1]) In Form einer Gegenüberstellung würde diese Kongruenz, wenn wir gleich die für Apollonios vermutete Position mit einsetzen, so aussehen:

| Apollonios knüpft an eine Altaraufschrift Ausführungen über die Verpflichtung, dem höchsten Gotte nur ein geistiges Opfer darzubringen; Götterbildnisse seien Menschenwerk und daher zu einer würdigen Vorstellung vom höchsten Wesen ungeeignet. | Der Areopagredner geht von einer Altaraufschrift aus, in der die Unkenntnis Wesen von des höchsten Gottes ausgesprochen sei: dieser wohne in der Tat nicht in Tempeln von Menschenhand und werde nicht von Menschenhänden bedient. | Der Verf. des pseudoheraklitischen Briefes geht von einer Altaraufschrift aus, um eine Invektive gegen den Bilderdienst daran zu knüpfen: der höchste Gott wohne nicht in Tempeln, und ihn im Bildnisse von Menschenhand darzustellen, sei eine Gottlosigkeit. |

Es fragt sich zweitens, wie eine Kongruenz dieser Art zu beurteilen ist. Dabei haben wir zu unterscheiden das allgemeine und das besondere Motiv. Unter dem allgemeinen verstehe ich die Anknüpfung irgendwelcher Reflexion an irgendwelche Inschrift, Gemälde oder sonstiges Kunstobjekt, unter dem besonderen die Anknüpfung einer religiösen Dialexis an eine Altaraufschrift. Wie verbreitet jenes allgemeine Motiv gewesen ist, vermögen wir noch nachzuweisen. Bei anderer Gelegenheit (in meinem Kommentar zum VI. Buche der Aeneis S. 120 f., vermehrt in der 'Einl. in die Alter-

---

[1]) Es ist bemerkenswert, daß auch in einem der auf Apollonios' Namen gefälschten Briefe (nr. 27) an die Autorität des Herakleitos appelliert wird, um für die wahre Gottesverehrung Propaganda zu machen: Τοῖς ἐν Δελφοῖς ἐρεῦσιν. Αἵματι βωμοὺς μιαίνουσιν ἱερεῖς, εἶτα θαυμάζουσί τινες, πόθεν αἱ πόλεις ἀτυχοῦσιν, ὅταν μεγάλα δυσθετήσωσιν. ὦ τῆς ἀμαθίας. Ἡράκλειτος ἦν σοφός, ἀλλ' οὐδὲ ἐκεῖνος Ἐφεσίους ἔπεισε μὴ πηλῷ πηλὸν καθαίρεσθαι (vgl. Herakl. fr. 5 Diels). Der polternde Ton dieses „Briefes" entspricht ganz demjenigen des pseudoheraklitischen (ὦ ἀμαθεῖς ἄνθρωποι). Anlehnung des echten Apollonios an den echten Herakleitos wurde o. S. 39, 3 notiert.

50 II. Anknüpfung der Areopagrede an die Altaraufschrift ἀγνώστῳ θεῷ

tumswiss.' I¹, 1910, 580 f.) habe ich nämlich gezeigt, daß das Motiv, eine Handlung dadurch in Gang zu bringen, daß man eine Person ein Gemälde (Statue od. dgl.) betrachten und von ihr selbst oder einer hinzutretenden Person Erklärungen daran knüpfen ließ, überaus beliebt gewesen ist, ja, wie man sagen darf, zum festen Typeninventar aller Arten der Erzählung, poetischer wie prosaischer, gehört hat. Die Beweisstellen hier zu wiederholen, darf ich mir sparen[1]; wohl aber muß ich hier zwei hinzufügen, die mir bisher entgangen waren und die doch gerade für die vorliegende Fragestellung wichtig sind. Unter den Briefen des Kynikers Diogenes, die wir gewohnt sind in den Anfang der Kaiserzeit zu setzen[2]), ist einer (nr. 36 in den Epistologr. graeci ed. Hercher, Paris 1873), der so anfängt: ἧκον εἰς Κύζικον καὶ διαπορευόμενος τὴν ὁδὸν ἐθεασάμην ἐπί τινος θύρας ἐπιγεγραμμένον 'ὁ τοῦ Διὸς παῖς καλλίνικος Ἡρακλῆς Ἐνθάδε κατοικεῖ, μηδὲν εἰσίτω κακόν.' ἐπιστὰς οὖν ἀνεγίγνωσκον καὶ παρερχόμενόν τινα ἠρόμην (das weitere, ein Gespräch des Diogenes mit diesem Kyzikener, geht uns nichts an). Das zweite Beispiel stammt aus der Apolloniosbiographie selbst (IV 13). Auf der Fahrt von Ilion nach Athen befiehlt er, bei Methymna auf Lesbos zu landen, um das dortige Grab des Palamedes[3]) zu besichtigen; er findet dort eine Bildsäule mit der Aufschrift 'dem göttlichen Palamedes', richtet sie auf, umgibt sie mit einem τέμενος und spricht ein Gebet.[4]) Die Ähnlichkeit der Situationen mit der

---

1) Auf die Bemerkungen von P. Friedländer, Johannes von Gaza und Paulus Silentiarius (Leipz. 1912) 18f. einzugehen, habe ich keine Veranlassung, da ihm die stilgeschichtlichen Zusammenhänge unbekannt und meine Ausführungen in der Einl. a. a. O. ihm entgangen sind.

2) Zuletzt ist diese Zeitbestimmung begründet worden von W. Capelle De Cynicorum epistulis, Diss. Götting. 1896, 17 ff. Den 36. Brief bespricht er S. 43 f.

3) Grab und ἄγαλμα dort werden von Philostratos auch im Heroikos 10, 11 erwähnt.

4) Nach der Landung οἱ μὲν (die Begleiter des Apollonios) δὴ ἐξεπήδων τῆς νεώς, ὁ δὲ ἐνέτυχε τῷ τάφῳ usw. und betet; Verg. Aen. VI 5ff. iuvenum manus springt aus den Schiffen an das Ufer, at pius Aeneas begibt sich in den Apollotempel und spricht dort (auf Geheiß der Sibylle) ein Gebet. Diese Situationsgleichheit kommt noch zu den von mir a. a. O. bemerkten. Der Wortlaut des Gebetes bei Philostratos gibt mir zu einer Bemerkung Anlaß: Παλάμηδες, ἐκλάθου τῆς μήνιδος, ἣν ἐν τοῖς Ἀχαιοῖς ποτε ἐμήνισας, καὶ δίδου γίγνεσθαι πολλούς τε καὶ σοφοὺς ἄνδρας· ναὶ Παλάμηδες, δι' ὃν λόγοι, δι' ὃν Μοῦσαι, δι' ὃν ἐγώ. Das sind sprachlich im Anfang durch

1. Das Motiv der Altaraufschrift. 51

uns hier beschäftigenden ist klar: ein Fremder (Diogenes—Apollonios—'Paulus') kommt in eine Stadt (Kyzikos—Methymna—Athen) und findet dort eine Inschrift, die ihm zu einer Betrachtung (oder einem Gebete) Anlaß gibt. Diesem allgemeinen Motiv muß nun einmal die Wendung gegeben worden sein, daß an eine Altaraufschrift eine religiöse Dialexis geknüpft wurde. Dieses besondere Motiv fanden wir (S. 31. 33), wenn auch teils etwas verblaßt, teils infolge lückenhafter Überlieferung nicht mehr recht greifbar, bei Wanderpredigern des 2. Jahrh.; dagegen liegt es klar zutage in der Areopagrede sowie dem pseudoheraklitischen Briefe (nur daß in diesem die Anwesenheit des Schreibers in einer fremden Stadt in Wegfall kommen mußte), und ist für Apollonios' athenische Rede mit Sicherheit zu erschließen: denn da von den vier Komponenten, aus denen das Motiv sich zusammensetzt — Besuch einer Stadt, Notiznahme von einer bemerkenswerten Altaraufschrift, religiöse Rede, Anknüpfung dieser Rede an die Altaraufschrift —, die ersten drei für die athenische Rede des Apollonios überliefert sind, so muß auch der vierte, als der aus dem zweiten und dritten notwendig resultierende für ihn angenommen werden. Wenn nun der Areopagredner seine

---

Iliasreminiszenzen aufgeputzte und rhythmisch gedrechselte Worte: der Schluß des ersten Teils (bis ἄνδρας), auch in den Worten an eine berühmte Stelle der Kranzrede (208) anklingend, ist κατὰ τὸν Δημοσθενικὸν ἦχον: erst _ ᴗ ᴗ _ _ (kret. + troch.), dann: _ ᴗ ᴗ _ ᴗ (adon.), ᴗ _ ᴗ _ (diiamb.), ᴗ _ _ ᴗ (antispast, mit dessen Gebrauch bei diesen Leuten wir unbedingt zu rechnen haben), ᴗ ᴗ ᴗ _ (kret. in der Form des 4. paion). Fast sträubt sich die Feder, neben diese geleckten Worte des Sophisten zu setzen die κυριακὴ προσευχή Matth 11, 25 f. (= Luk. 10, 21), aber die Wiederaufnahme des Vokativs mit ναί kann ich sonst nirgends so nachweisen: ἐξομολογοῦμαί σοι, πάτερ, κύριε τοῦ οὐρανοῦ καὶ τῆς γῆς, ὅτι ἔκρυψας ταῦτα ἀπὸ σοφῶν καὶ συνετῶν, καὶ ἀπεκάλυψας αὐτὰ νηπίοις· ναί, ὁ πατήρ, ὅτι οὕτως εὐδοκία ἐγένετο ἔμπροσθέν σου. (Sonst steht ναί vor dem Vokativ im N. T. noch bei Paulus im Philemonbriefe 20 und in der Apokal. Joh. 16, 7). Die Evangelienstelle gehört der sog. Q-Quelle, d. h. der Urgemeinde, an; sie wird uns noch wiederholt beschäftigen, und im Anhang IX wird versucht werden, die ganze Rede, von der die zitierten Worte nur den Anfang bilden, auf einen aus dem Orient stammenden, dann aber auch im hellenisierten Westen verbreiteten Urtypus soteriologischer Ansprachen in Gebetform zurückzuführen; aus dieser Verbreitung erklärt sich dann also eine formale Kongruenz des selbst im Gebete witzelnden und kokettierenden Sophisten mit einem der tiefsten und edelsten λόγια des Evangeliums. Dem sakralen Stile gehört bei Philostratos übrigens auch διά c. Acc. an: darüber wird in der zweiten Abhandlung ausführlicher gesprochen werden.

4*

Predigt an irgendeine von ihm gesehene Altaraufschrift angeknüpft hätte, so würden wir folgern müssen, daß er das besondere Motiv gekannt und von sich aus auf einen speziellen Fall angewendet hätte: dies war in der Tat das Verfahren jener Wanderprediger des zweiten Jahrhunderts, und auch jenes hellenisierten Juden, der auf Herakleitos' Namen eine Predigt an eine (fiktive) Altaraufschrift anknüpfte. Aber für den Areopagredner ist dieser Weg nicht gangbar. Die Altaraufschrift, die er zum Ausgangspunkte nimmt, ist nicht irgend eine beliebige, sondern die des unbekannten Gottes, d. h. dieselbe, von der auch Apollonios ausgegangen war, und noch nicht genug damit: er benutzt sie, wie Apollonios, zu einem Komplimente für die Athener, aber auch zu einer daraus sich ergebenden Verpflichtung. Das heißt also: das besondere Motiv ist auf einen identischen Fall angewendet, die Situationsgleichheit ist eine vollkommene. Hier gibt es kein Ausweichen: der Schluß der Abhängigkeit des einen vom anderen ist zwingend. Und zwar ist der Areopagredner der abhängige: von anderem abgesehen, folgt das notwendig aus der Umwandlung des Plurals in den Singular (s. u. S. 117 ff.). Die athenische Disputation des Apollonios hatte, wie Philostratos bezeugt, Aufsehen gemacht und es ist daher wohl begreiflich, daß ein in jüdischen Vorstellungen noch befangener christlicher Schriftsteller, der bei aller Wesensverschiedenheit (kultischer Polytheismus) vielfache Berührungspunkte (religionsphilosophischer Monotheismus) mit diesen stoisch stark beeinflußten Neupythagoreern finden mußte, ein Hauptmotiv der berühmten Schrift herübernahm. Genau datierbar ist weder die Schrift des Apollonios noch ihre Nachahmung, aber man kann soviel sagen, daß die Redaktion der Acta einige Jahrzehnte später als die Abfassungszeit der Schrift des Apollonios fiel (s. o. S. 45).

Auf dieser Grundlage dürfen wir noch einen Schritt weitergehen. Nach Philostratos folgte die Rede des Apollonios auf einen Konflikt mit dem Hierophanten: dem entspricht in den Acta, daß die Areopagrede sich an einen Konflikt des Paulus mit den athenischen Philosophen anschließt. Wir haben uns so daran gewöhnt, diesen ersten Zusammenstoß der beiden Geistesmächte als Präludium ihres weltgeschichtlichen Kampfes zu betrachten, daß es den meisten von uns schwer werden dürfte, ihm an Stelle einer objektiven Geschichtlichkeit nur ideelle Wahrheit zuzuerkennen: denn diese behält die Erzählung auch dann, wenn sie sich nur als ein Reflex aus der

1. Das Motiv der Altaraufschrift. 53

Apolloniosbiographie erweisen sollte. Es ist nämlich merkwürdig, daß wieder ganz wie bei der Rede selbst, nicht bloß die vorausgesetzte Situation sondern innerhalb dieser auch eine Einzelheit sich wiederholt. In den Acta heißt es V. 18: „Einige (der soeben genannten Philosophen)[1] sagten: 'was will denn dieser Zungendrescher[2] sagen', andere: 'er scheint ein Verkündiger fremder göttlicher Wesen zu sein'." Natürlich ist die Analogie der letzten Worte (ξένων δαιμονίων δοκεῖ καταγγελεὺς εἶναι) zu denen der Anklageschrift gegen Sokrates (ἀδικεῖ Σωκράτης οὓς μὲν ἡ πόλις νομίζει θεοὺς οὐ νομίζων, ἕτερα δὲ καινὰ δαιμόνια εἰσφέρων Xenoph. mem. I 1, 1) längst notiert worden.[3] Nun aber erwäge man folgendes. Der Hierophant verweigert dem Apollonios die Einweihung in die Mysterien mit der Begründung: er sei nicht καθαρὸς τὰ δαιμόνια (Philost. IV 18 p. 138, 15 Kayser), ein Ausdruck, der den Apollonios erbitterte und den er gerade durch seine Ansprache περὶ θυσιῶν widerlegte (19. p. 139, 8). Dieser Ausdruck gewinnt

---

[1] Merkwürdig genug: τινὲς τῶν Ἐπικουρείων καὶ Στωικῶν φιλοσόφων V. 18), also die beiden sich noch damals aufs heftigste befehdenden αἱρέσεις, sind sich einig in ihrem Angriffe auf Paulus. Ich bitte im Zusammenhang mit meinen Erörterungen im Texte zu erwägen, was Origenes c. Cels. VI 41 aus den ἀπομνημονεύματα des Moiragenes (s. o. S. 35, 1) mitteilt: der berühmte Stoiker Euphrates und Ἐπικούρειός τις (den Namen läßt Origenes weg) seien an Apollonios herangetreten mit dem Vorurteile, er sei ein γόης, sie seien dann aber bekehrt. Der Konflikt mit Euphrates zieht sich durch die ganze Schrift des 'Damis'-Philostratos hindurch, er beruhte auch auf tatsächlicher Überlieferung, wie Reitzenstein a. a. O. (S. 36) 45 f. zeigt.

[2] Über σπερμολόγος s. den Anhang II.

[3] Aus dem Material bei Wettstein kann man ersehen, daß gerade Schriftsteller der Kaiserzeit das xenophontische καινὰ δαιμόνια (vgl. Plat. Euthyphr. 3 B καινοὺς ποιοῦντα θεούς) in ξένα δαιμόνια verwandelt haben: darin liegt dieselbe Begriffsverengerung wie in di novensides — di peregrini. Für ξένος θεός kenne ich noch eine hübsche Stelle: martyrium Andreae c. 4 acta apost. apocr. ed. Lipsius-Bonnet II 1, Leipzig 1898, 48): Andreas kommt nach Patrai, um dort Christus zu verkünden; der Prokonsul bekehrt sich sofort und ruft seine Leibgarde, zu der er unter Tränen spricht: ἐλεήσατέ με· σπεύσατε, ἀναζητήσατε ἐν τῇ πόλει ξένον ἄνθρωπον ὀνόματι Ἀνδρέαν καλούμενον, ὃς κηρύττει ξένον θεόν, δι' οὗ δυνήσομαι ἐπιγνῶναι τὴν ἀλήθειαν. Den Andreas redet er dann an: ἄνθρωπε τοῦ θεοῦ, ξένε καὶ γνῶστα ξένου θεοῦ, und die Bekehrten rufen (c. 6 p. 49) μεγάλη ἡ δύναμις θεοῦ. In den acta Thomae c. 20. 42. 123 (ib. II 2, 1903, 130 f., 159. 232) heißt er ὁ θεὸς ὁ νέος, ebd. c. 72 (p. 187) Ἰησοῦ, οὗ ἡ φήμη ξένη ἐν τῇ πόλει ταύτῃ. In den acta Johannis c. 3 (ib. II 1, 152) ἔστι δὲ καινὸν καὶ ξένον ἔθνος ..., ξένον ὄνομα Χριστιανῶν.

nun dadurch eine besondere Beziehung, daß Philostratos den Apollonios sich wiederholt auf den Prozeß des Sokrates berufen läßt, der ebenso ungerecht verfolgt worden sei, wie er selbst es von seinen Gegnern werde; das xenophontische Zitat aus der Anklagerede wird fast wörtlich wiederholt VII 11 p. 261, 17 (ἡ μὲν Ἀνύτου καὶ Μελήτου γραφή „Σωκράτης" φησιν „ἀδικεῖ διαφθείρων τοὺς νέους καὶ δαιμόνια καινὰ εἰσάγων", ἡμᾶς δὲ οὑτωσὶ γράφονται· „ἀδικεῖ ὁ δεῖνα σοφὸς ὢν καὶ δίκαιος καὶ ξυνιεὶς θεῶν" κτλ.), vgl. VIII 7 p. 302, 3: er werde angeklagt, ὑπὲρ ὧν μηδὲ Σωκράτης ποτὲ Ἀθήνησιν, ὃν οἱ γραψάμενοι τὴν γραφὴν καινὸν μὲν τὰ δαιμόνια ἡγοῦντο, δαίμονα δὲ οὔτε ἐκάλουν οὔτε ᾤοντο. Auf das δαιμόνιον beruft er sich noch I 2 p. 3, 4. VIII 7 p. 313, 30. Diese wiederholten Berufungen dürfen als die αὐτοφωνία des Apollonios in Anspruch genommen werden, die er in seinen Konflikten und seinen Apologien gebrauchte: denn genau so beruft sich auch Apuleius, um sich von dem Verdachte der Magie zu rechtfertigen, auf das Daimonion des Sokrates (de mag. 27 p. 31, 25 Helm)[1]), dessen Wesen er ja auch in einer besonderen Deklamation behandelte. Der Appell des Apollonios an die Worte der Anklageschrift des Sokrates beruht also nicht auf einer Fiktion des Philostratos, sondern kam in den von ihm benutzten älteren Biographien tatsächlich vor[2]); es ist auch möglich, daß Apollonios gerade in der athenischen Rede, wo er auf die Injurie des Hierophanten replizierte, sich darauf bezogen hat (vgl. die Worte des Philostratos IV 19 διῆλθε δὲ ταῦτα Ἀθήνησιν.... ἐλέγχων τὸν ἱεροφάντην δι' ἃ βλασφήμως τε καὶ ἀμαθῶς εἶπε· τίς γὰρ ἔτι ᾠήθη τὰ δαιμόνια μὴ καθαρὸν εἶναι τὸν φιλοσοφοῦντα, ὅπως οἱ θεοὶ θεραπευτέοι). Eine Anzahl sprach-

---

1) An dieser Stelle nennt Apuleius auch andere Philosophen, die fälschlich in den Verdacht der Magie gekommen seien; die meisten dieser stehen in gleichem Zusammenhang bei Philostratos I 2. Es wird ein locus communis gewesen sein in ὑποθέσεις περὶ μάγων, wie sie damals nicht bloß in Deklamationen, sondern auch im Leben vorkamen (Philostr. v. soph. II 10, 6 p. 94, 7 ff.; 27, 5 p. 118, 32). Hippolytos ref. haer. VI 39 p. 298 nennt ein Buch seines Werks τὴν κατὰ μάγων βίβλον.

2) Unzweifelhaft hatte Moiragenes darauf Bezug genommen in seinem Werke, das er grade auch wegen der Ähnlichkeit seines Helden mit dem xenophontischen ἀπομνημονεύματα nannte (s. oben S. 35, 1). Die sokratische Parallele schimmert bei Philostratos auch sonst durch, z. B. III 43, wo Damis von seiner ersten Begegnung mit Apollonios erzählt: δαιμόνιόν τί μοι ἐγένετο, καὶ ξυγγενόμενος αὐτῷ σοφὸς μὲν ᾠήθην δόξειν ἐξ ἰδιώτου τε καὶ ἀσόφου.

1. Das Motiv der Altaraufschrift. 55

icher Besonderheiten der Areopagrede sollen im Anhang II besprochen werden: sie sind geeignet, das Resultat der vorstehenden Untersuchung zu bestätigen, daß dem Verfasser dieses Abschnitts der Acta eine in feinem Attisch geschriebene Apolloniosbiographie vorgelegen hat.

Allen diesen Übereinstimmungen steht nun aber eine Differenz gegenüber, die, so unwesentlich sie, äußerlich angesehen, auch scheinen könnte, doch eine genaue Betrachtung verlangt: der hellenische Wanderprediger sprach von einem Altar ἀγνώστων θεῶν, während nach dem christlichen der Altar einem ἀγνώστῳ θεῷ geweiht war: ἄνδρες Ἀθηναῖοι κατὰ πάντα ὡς δεισιδαιμονεστέρους ὑμᾶς θεωρῶ. διερχόμενος γὰρ καὶ ἀναθεωρῶν τὰ σεβάσματα ὑμῶν ὗρον καὶ βωμὸν ἐν ᾧ ἐπεγέγραπτο ἀγνώστῳ θεῷ. Aber den Plural at nicht bloß Apollonios, sondern er ist auch in sonstigen Nachrichten über Weihungen konstant: Pausanias I, 1, 4 (Phaleron) βωμοὶ θεῶν ὀνομαζομένων ἀγνώστων[1]) V 14, 8 (Olympia) ἀγνώστων

Ἄγνωστοι θεοί und *ἄγνωστος θεός*.

---

1) Die Stelle lautet vollständig: βωμοὶ θεῶν τε ὀνομαζομένων ἀγνώστων καὶ ἡρώων καὶ παίδων τῶν Θησέως καὶ Φαλήρου. Hitzig-Blümner, Pausan. I (Berl. 1896) 124 haben (nach dem Vorgang von Sibelis) gemeint, daß ἀγνώστων auch auf ἡρώων zu beziehen sei auf Grund einer Legende bei Pollux VIII 118 f., aber mir scheint das nicht richtig. Bei Pollux heißt es: τὸ ἐπὶ Παλλαδίῳ· ἐν τούτῳ λαγχάνεται περὶ τῶν ἀκουσίων φόνων· μετὰ γὰρ Τροίας ἅλωσιν Ἀργείων τινὰς τὸ Παλλάδιον ἔχοντας Φαληρῷ προσβαλεῖν, ἀγνοίᾳ δὲ ὑπὸ τῶν ἐγχωρίων ἀναιρεθέντας ἀπορριφῆναι. καὶ τῶν μὲν οὐδεὶς προσήπτετο ζῴων, Ἀκάμας δὲ ἐμήνυσεν ὅτι εἶεν Ἀργεῖοι τὸ Παλλάδιον ἔχοντες. καὶ οἱ μὲν ταφέντες ἀγνῶτες προσηγορεύθησαν τοῦ θεοῦ χρήσαντος, αὐτόθι δὲ ἱδρύθη τὸ Παλλάδιον, καὶ περὶ τῶν ἀκουσίων ἐν αὐτῷ δικάζουσιν. Suidas ἐπὶ Παλλαδίῳ zitiert dafür als Gewährsmann den Atthidographen Phanodemos (fr. 12); aus Eustathios zur Od. 1419,53 ergibt sich, daß Pausanias, der Verfasser des attizistischen Lexikons, den Späteren diese Gelehrsamkeit (die er seinerseits natürlich wieder Älteren, sagen wir einmal τοῖς περὶ Δίδυμον καὶ Πάμφιλον, verdankte) vermittelt hat. Die Tradition ist also gut und alt, aber daß Phanodemos eine Altaraufschrift ἀγνώστων ἡρώων bezeuge, kann ich nicht zugeben: er spricht nur von einem Orakel, in dem das Wort ἀγνῶτες als Bezeichnung vorkam. Der Wortlaut bei dem eriegten Pausanias läßt es vielmehr als wahrscheinlich erscheinen, daß der von ihm gesehene Altar, von dem auch Phanodemos sprach, nur die Aufschrift trug: Ἡρώων; das ist um so glaublicher, weil Pausanias unmittelbar nach den zitierten Worten so fortfährt: ἔστι δὲ καὶ Ἀνδρόγεω μὸς τοῦ Μίνω, καλεῖται δὲ Ἥρωος· Ἀνδρόγεω δὲ ὄντα ἴσασιν οἷς ἔστιν ἐπιμελὲς τὰ ἐγχώρια σαφέστερον ἄλλων ἐπίστασθαι, was also auch auf atthidographische Tradition zurückgeht; ferner X 33, 6 Χαραδραίοις δὲ Ἡρώων

θεῶν βωμός (neben dem des Olympischen Zeus).¹) Auf Grund dieses Materials vermutete Fr. Blaß in seiner Ausgabe der Acta (Göttingen 1895) eine Textverderbnis des überlieferten Singulars aus ἀγνώστων θεῶν, eine tollkühne Vermutung, die, von allem anderen abgesehen, schon deshalb abzulehnen ist, weil nur die singularische Fassung den weiteren Ausführungen des Redners angemessen ist, der eben dieser (angeblichen) Spur einer monotheistischen Ahnung im Hellenentum nachgeht. Anders urteilte H. Usener, Götternamen (Bonn 1896) 345, 35: „Dem Apostel Paulus, der in der Apostelgesch. 17, 23 von einem athenischen Altar mit der Aufschrift Ἀγνώστῳ θεῷ spricht, ist ein Gedächtnisfehler untergelaufen;" aber diese Annahme bedeutet einen Verzicht auf jede Lösung überhaupt.²)

2. ΑΓΝΩΣΤΟΣ ΘΕΟΣ.

Wenn wir nun die Frage so formulieren, ob uns die Weihung eines Altars an einen 'unbekannten Gott' überliefert ist, so muß die

---

καλουμένων εἰσὶν ἐν τῇ ἀγορᾷ βωμοί, καὶ αὐτοὺς οἱ μὲν Διοσκούρων, οἱ δὲ ἐπιχωρίων εἶναί φασιν ἡρώων: dieser Altar trug also sicher nur die Aufschrift Ἡρώων (vgl. E. Rhode, Psyche¹ 162, 3, der noch ein paar weitere Beispiele für Weihungen an 'Heroen' anführt).

1) Eine bei den Ausgrabungen in Pergamon Herbst 1909 im heiligen Bezirke der Demeter zum Vorschein gekommene Altaraufschrift, über die H. Hepding in der archäologischen Gesellschaft am 1. Februar 1910 berichtete, lautet:

θεοῖς ἀγ
Καπίτ[ων]
δᾳδοῦχο[ς].

Nach dem Γ der ersten Zeile ist noch der untere Teil einer Längshasta erhalten, so daß die von Hepding vorgeschlagene Ergänzung zu θεοῖς ἀγ[νώστοις] möglich ist; sie ist auch von A. Deissmann in der 2. Beilage seines 'Paulus' (Tübing. 1911) 178 ff. empfohlen worden. Aber die Ergänzung bleibt unsicher: Hepding selbst gibt jetzt in den Ath. Mitt. XXXV (1910) 456 die Unsicherheit der Ergänzung zu.

2) Der Artikel der Encyclop. Biblica IV (London 1903) 5229 ff. 'unknown god' kommt über die Zusammenstellung des seit Jahrhunderten tralatizischen Materials nicht hinaus. Viel gründlicher ist der Artikel Ἄγνωστοι θεοί von O. Jessen bei Pauly-Wissowa, Suppl. Heft 1 (1903) 28 f., aber auf das uns interessierende Problem näher einzugehen hatte der Verfasser keine Veranlassung.

Antwort verneinend lauten.[1]) Anders aber liegt es, wenn wir fragen, ob es innerhalb der Kreise, in denen der Verfasser der Areopag-

---

[1] Denn was seit alters in den Kommentaren über ἀνώνυμοι βωμοί aus Diog. Laert. I 110 angeführt wird, gehört höchstens als Analogie hierher; die anläßlich der Sühnung Athens von der Pest berichtete Legende lautet: λαβὼν (Ἐπιμενίδης) πρόβατα μέλανά τε καὶ λευκὰ ἤγαγε πρὸς τὸν Ἄρειον πάγον· κἀκεῖθεν εἴασεν ἰέναι οἷ βούλοιντο, προστάξας τοῖς ἀκολούθοις ἔνθα ἂν κατακλίνοι αὐτῶν ἕκαστον, θύειν τῷ προσήκοντι θεῷ· καὶ οὕτω λῆξαι τὸ κακόν. ὅθεν ἔτι καὶ νῦν ἔστιν εὑρεῖν κατὰ τοὺς δήμους τῶν Ἀθηναίων βωμοὺς ἀνωνύμους, ὑπόμνημα τῆς τότε γενομένης ἐξιλάσεως. Daß diese Altäre ohne Namensaufschrift mit einem solchen, der die Aufschrift 'dem unbekannten Gotte' getragen haben soll, keineswegs identifiziert werden dürfen, liegt auf der Hand; auch bliebe bei einer Gleichung von βωμοὶ θεῶν ἀγνώστων und βωμοὶ ἀνώνυμοι immer noch unerklärt das eigentlich Entscheidende: der singularische Begriff eines ἄγνωστος θεός, dem ein Altar geweiht wäre. Denn leicht mißverständlich ist es, wenn Deissmann a. a. O. (o. S. 56, 1) 178 schreibt: „Es muß im griechischen Altertum nicht ganz selten vorgekommen sein, daß man 'anonyme' Altäre

                Unbekannten Göttern
oder
                Dem betreffenden Gott

errichtete": das erweckt, in dieser Form gedruckt, den Anschein, als ob die Worte τῷ προσήκοντι θεῷ bei Diogenes als Altaraufschrift verstanden seien, während sie doch dem Berichte angehören: an jeder Stelle, wo sich eins der Tiere niederlegte, wurde dem Gotte, dem es zukam, geopfert. Obwohl das also genau genommen nicht hierher gehört, stelle ich hier doch das mir für 'namenlose' Götter bekannte Material zusammen. Ein 'namenloser' Gott wird einmal erwähnt bei Strabon III 164 (aus Poseidonios), wo es von den Kallaïken, einem keltischen Stamme in Spanien, heißt: „manche erklären die Kallaïken für 'götterlos' (ἀθέους), und erzählen, daß die Keltiberer und ihre nördlichen Grenznachbarn 'einem namenlosen Gotte' (ἀνωνύμῳ τινὶ θεῷ) des Nachts zur Vollmondzeit opfern und allsamt, Haus um Haus, eine Nachtfeier mit Reigentänzen begehen." H. Usener (Götternamen, S. 277), dem ich Zitat und Übersetzung entnehme, bemerkt dazu: „Die Götter aller dieser Stämme waren 'namenlos', weil sie nicht mit Eigennamen, sondern durch Eigenschaftsworte benannt wurden." In einer sehr bekannten Stelle bei Herodotos (II 52) heißt es: ἔθυον δὲ πάντα πρότερον οἱ Πελασγοὶ θεοῖσι ἐπευχόμενοι, ὡς ἐγὼ ἐν Δωδώνῃ οἶδα ἀκούσας, ἐπωνυμίην δὲ οὐδ' οὔνομα ἐποιεῦντο οὐδενὶ αὐτῶν· οὐ γὰρ ἀκηκόεσάν κω. Joh. Kirchner machte mich aufmerksam auf die inschriftlich oft bezeugte eleusinische Göttertrias Eubulos, ὁ θεός, ἡ θεά, worüber E. Rohde, Psyche I 210, 1 richtig so geurteilt habe: „Die unbestimmt bezeichneten θεός und θεά mit den Namen bestimmter chthonischer Gottheiten benennen zu wollen, ist ein fruchtloses Bemühen." Über Altarweihungen an (unbenannte) Heroen s. o. S. 55, 1. Bei Longos I 7 f. (worauf mich Diels hinwies) sehen Hirten

58 II. Anknüpfung der Areopagrede an die Altaraufschrift ἀγνώστῳ θεῷ.

rede lebte und dachte, eine Vorstellung gab, an die er glaubte anknüpfen zu dürfen. Es gibt nämlich mehrere Stellen, an denen uns, ganz unabhängig von der Erwähnung in den Acta, ein ἄγνωστος θεός in einwandfreiem Singularis begegnet. Wenn diese Stellen in der bisherigen umfangreichen Diskussion des Problems noch von niemandem herangezogen worden sind, so erklärt sich das daraus, daß einzelne dieser Stellen nicht zum festen Bestande des althergebrachten, in den Kommentaren von Hand zu Hand weitergegebenen Materials gehören, sondern erst in den letzten Dezennien des vorigen Jahrhunderts bekannt geworden sind, während andere zwar bei längst bekannten Autoren stehen, aber solchen, die der Heerstraße fernstehen und deren Sprachschatz sich auch in keinem Lexikon verzettelt findet.

Laurentios Lydos, Livius, Lucanus.

Ich beginne mit einem Zeugnisse, das für Theologen wie Philologen gleich merkwürdig ist. In seinem Exzerpte aus des Laurentios Lydos Schrift περὶ μηνῶν, das erst von R. Wünsch aus einer Hs. des Eskorial hervorgezogen wurde (IV 53, p. 109, 13 ff. seiner Leipz. 1898 erschienenen Ausgabe) und das auch abgesehen von

im Traume den Eros, aber sie kennen den Gott nicht: θύσαντες τῷ τὰ πτερὰ ἔχοντι παιδίῳ, τὸ γὰρ ὄνομα λέγειν οὐκ εἶχον: er ist ihnen also ein ἀνώνυμος θεός. Die bekannte lateinische Formel: *sive deus sive dea (sive mas sive femina)* u.ä., worüber G. Wissowa, Relig. u. Kultus der Römer (Münch. 1902) 33 alles Nötige gesagt hat, ist mit den ἄγνωστοι θεοί verglichen worden von C. Pascal, Il culto degli Dei ignoti a Roma im Bull. della commissione arch. comunale 1894. 188 ff. Auf Varros *incerti di* werden wir gleich im Texte zu sprechen kommen. — Auch die philosophische Spekulation hat sich der Vorstellung von der 'Namenlosigkeit' Gottes bemächtigt: ἀνώνυμος heißt er bei Maxim. Tyr. 2 (= 8 Dübn.) 10 und in einem Fragmente der hermetischen Schriften bei Lactant. div. inst. I 6, 4 (ὁ δὲ θεὸς εἷς, ὁ δὲ εἷς ὀνόματος οὐ προσδεῖται· ἔστι γὰρ ὁ ὢν ἀνώνυμος), ἀκατονόμαστος u. ä. oft bei Philon und christlichen, bes. gnostischen Autoren: ein paar Stellen bei R. Raabe und E. Hennecke in ihren Ausgaben der Apologie des Aristeides, Texte u. Unters. IV 3 (1893) 53. IX (1893) 65. — Endlich sei in diesem Zusammenhange noch an die Stelle der vita Alexandri Severi 43, 6 erinnert, wo an die beglaubigte Nachricht: *Christo templum facere voluit eumque inter deos recipere* folgende fabulöse angehängt ist: *quod et Hadrianus cogitasse fertur, qui templa in omnibus civitatibus sine simulacris iusserat fieri, quae hodieque idcirco, quia non habent numina, dicuntur Hadriani, quae ille ad hoc parasse dicebatur; sed prohibitus est ab iis qui consulentes sacra reppererant omnes Christianos futuros, si id fecisset, et templa reliqua deserenda.* — Entfernte folkloristische Analogien gibt J. Frazer, Pausanias' description of Greece II (London 1898) 34 f.

der uns hier angehenden Frage ungewöhnlich gehaltvoll ist, wird darüber gehandelt, ὅτι πολλὴ τοῖς θεολόγοις διαφωνὴ περὶ τοῦ παρ' Ἑβραίων τιμωμένου θεοῦ[1]) καὶ γέγονε καὶ ἔστιν. Nach Anführung anderer Deutungen[2]) fährt er fort:

Λίβιος δὲ ἐν τῇ καθόλου Ῥωμαϊκῇ ἱστορίᾳ ἄγνωστον τὸν ἐκεῖ τιμώμενόν φησι· τούτῳ δὲ ἀκολούθως ὁ Λουκανὸς ἀδήλου θεοῦ τὸν ἐν Ἱεροσολύμοις ναὸν εἶναι λέγει.

Lydos hat diese Angaben sicher einem Scholion zu Lucanus entnommen[3]), demselben, das auch wir noch in den commenta Bernen-

---

1) Auch Plutarchos quaest. conv. IV 6 p. 671 C ff. stellt eine solche Untersuchung an: das Kapitel, das am Schluß verstümmelt ist, trägt die Überschrift Τίς ὁ παρ' Ἰουδαίοις θεός.

2) Die erste: Αἰγύπτιοι καὶ πρῶτος Ἑρμῆς Ὄσιριν τὸν ὄντα θεολογοῦσιν αὐτόν stammt nach Reitzenstein, Poimandr. 184 aus einer hermetischen Schrift, einer Literaturgattung, deren Kenntnis Lydos auch sonst zeigt (ib. 195, 2).

3) C. Wittig, Quaestiones Lydianae, Diss. Königsb. 1910, 40 beruft sich dafür auf ein anderes Lucanuszitat des Lydos: de mag. III 46 p. 135, 15 W., hat aber übersehen, daß eine Seite weiterhin (p. 136, 10) ausdrücklich ein Kommentar zu Lucanus zitiert wird: ὡς ὁ Πολέμων ἐν πέμπτῃ ἐξηγήσεων τῆς κατὰ Λουκανὸν τὸν Ῥωμαῖον ἐμφυλίου συγγραφῆς ἀπεφήνατο. Wer dieser Polemon war, ist unbekannt. Daß Scholien eine Hauptquelle des Lydos waren, ist bekannt; das merkwürdigste Beispiel ist dieses, worüber ich etwas genauer glaube handeln zu können als Joh Fried. Schultze, Quaest. Lydianae (Diss. Greifswald 1862) 22. Er schreibt de mag. I 12 στολὴ δὲ τότε παντὶ τῷ Ῥωμαϊκῷ στρατεύματι μία· περικεφαλαία χαλκῆ καὶ θώραξ κρικωτὸς καὶ ξίφος πλατύ, κολοβόν, ἠωρημένον ἐπὶ τοῦ εὐωνύμου μηροῦ, καὶ ἀκόντια ἐπὶ τῆς δεξιᾶς δύο, γλωχῖνας πλατεῖς ἔχοντα, περικνημῖδές τε ὑφανταὶ μέλαιναι καὶ ὑποδήματα τοῖς ποσίν, ἅπερ Ἕλληνες μὲν ἀρβύλας, Ῥωμαῖοι δὲ γάρβουλα καὶ κρηπίδας ὀνομάζουσιν· οὐχ ἁπλῶς πως οὐδὲ ἀλόγως· ἐν γὰρ ταῖς εἰκόσι Τερέντιος ὁ ἐπίκλην Βάρρων.... Αἰνείαν οὕτως ἐσταλμένον εἰς Ἰταλίαν ἐλθεῖν ποτε ἀνεγράψατο, ἰδὼν αὐτοῦ τὴν εἰκόνα, ὡς εἶπεν, ἐκ λίθου λευκοῦ ἐξεσμένην ἐπὶ κρήνης ἐν τῇ Ἄλβῃ. καὶ πανάληθες μᾶλλόν ἐστι· καὶ γὰρ ὁ Ῥωμαίων ποιητὴς ἐν τῷ πρώτῳ τῆς Αἰνηίδος (Vers 312 f.) οὕτως ἐσταλμένον αὐτὸν καὶ πλανώμενον σὺν Ἀχάτῃ ἐν τῇ Λιβύῃ εἰσήγαγεν. Die Vergilverse lauten:

ipse (Aeneas) uno graditur comitatus Achate
bina manu lato crispans hastilia ferro.

Hieraus ergibt sich folgendes. 1. Lydos verdankt das wichtige Zitat aus Varros Imagines einem sehr gelehrten Vergilscholion (so richtig Schultze a. a. O.) von der Art, wie wir eins zu II 801 in dem erweiterten Servius lesen. 2. Varro hatte, wie das seine Gewohnheit war, die altlateinische Tracht mit der griechischen und diese wieder mit der trojanischen identifiziert (wir

sia besitzen und das uns zum Glück auch die Liviusstelle erhalten hat. Bei Lucanus II 531 ff. hält Pompeius eine Rede, in der er die von ihm unterworfenen Länder des Erdkreises aufzählt; gegen Ende (V. 592 f.) sagt er:

> *Cappadoces mea signa timent et dedita sacris*
> *incerti Iudaea dei mollisque Sophene.*

Hierzu bemerkt der Scholiast:

> *Livius de Iudaeis:* 'Hierosolymis fanum cuius deorum sit non nominant, neque ullum ibi simulacrum est, neque enim esse dei figuram putant'.

Wo Livius darüber sprach, läßt sich mit Sicherheit sagen (Usener notiert es in seiner Ausgabe der comm. Bern. in Lucanum, S. 85): denn nach der Periocha zu CII kam in diesem Buche vor: *Cn. Pompeius Iudaeos subegit; fanum eorum in Hierosolyma inviolatum ante id tempus cepit.*[1]

Hieraus ergibt sich Folgendes. Bei Gelegenheit seiner Erzählung von der Besetzung Jerusalems und der Eroberung des Tempelberges durch Pompeius hatte Livius über den Tempel und den in diesem bildlos verehrten Gott gehandelt, dessen Namen die Gläubigen nicht aussprechen. Lucanus nennt diesen Gott *incertum deum*, Lydos übersetzt den *incertum deum* des Lucanus genau mit ἄδηλον, während er das von ihm, wie bemerkt, im Lucanusscholion gefundene Liviuszitat in die Worte zusammendrängt: der dort verehrte Gott sei

---

drücken das wissenschaftlicher so aus: *crepida* ist ein uraltes Lehnwort, wie oft aus dem Akkusativ abgeleitet und ohne Rücksicht auf die Vokalisation gestaltet: κρηπῖδα = *crepida*); γάρβουλα ist Zusatz des Lydos, eine seiner vielen γλῶσσαι βαρβαρικαί. 3. Vergil hat unzweifelhaft eben die Stelle der varronischen Imagines vor Augen gehabt, die das Scholion zitierte, denn seine Angabe über die Tracht des Aeneas ist die genaue Reproduktion der aus Lydos Übersetzung zu erschließenden varronischen Worte.

1) Th. Reinach, Textes d'auteurs grecs et Romains relatifs au Judaisme, Paris 1895, konnte die Lydosstelle noch nicht kennen, aber die Lucanusverse nimmt er natürlich auf (während er das wichtige Scholion mit dem Liviuszitate übersah) und bemerkt dazu: „L'expression de Lucain fait penser à l'autel que saint Paul vit à Athènes avec l'épigraphe ἀγνώστῳ Θεῷ." Daß er noch ohne Kenntnis der Lydosstelle die Analogie konstatierte, ist beachtenswert. Wer so glücklich ist, E. Schürers Gesch. des jüdischen Volkes im Zeitalter Jesu Christi I[3,4] (Leipzig 1901) zu besitzen, kann sich die Livius- und Lydosstellen, die dort ebenfalls fehlen, unter den „Quellen griech. und röm. Schriftsteller" nachtragen.

ein ἄγνωστος θεός; am Schlusse seiner ganzen Darlegung (p. 111, 5 W.) kommt er noch einmal darauf zurück: πολλαὶ μὲν οὖν οὕτω περὶ αὐτοῦ δόξαι, κρείττους δὲ μᾶλλον οἱ ἄγνωστον αὐτὸν καὶ ἄδηλον θεολογοῦντες: hier bezieht sich ἄδηλον wieder auf den *incertum* des Lucanus, ἄγνωστον wieder auf die Worte des Livius. Daß nun Lydos die letztere Bezeichnung willkürlich in die Worte des Livius hineingelegt hat, ist klar: denn ἄγνωστος wäre *ignotus* oder *incognitus*, aber Livius sagt nicht, daß man diesen Gott nicht kenne, sondern nur, daß man ihn nicht nenne und ihn nicht im Bilde darstelle. Bevor wir nun untersuchen, wie Lydos zu diesem ungenauen Ausdrucke kam, wollen wir prüfen, was Lucanus veranlaßt haben mag, den Judengott als *incertus deus* zu bezeichnen, ein Ausdruck, den Lydos mit ἄδηλος θεός richtig übersetzt. Der Begriff der *di incerti* war in die theologische Terminologie von M. Varro, wie es scheint, eingeführt worden: er hatte unter diese Kategorie diejenigen Götter zusammengefaßt, über deren begriffliche Bedeutung er im Gegensatze zu derjenigen der *di certi* nichts Sicheres sagen konnte (R. Agahd, Jahrb. f. Phil., Suppl. XXIV 1898, 129). Den Judengott kann er aber in die Kategorie der *incerti* nicht einbezogen haben, denn von ihm hatte er eine bestimmte Vorstellung: Augustinus de consensu evangelistarum I 22, 31 (vol. 3 col. 1055 Migne = fr. 58ᵇ Agahd): *Varro ... deum Iudaeorum Iovem putavit nihil interesse censens quo nomine nuncupetur, dum eadem res intellegatur* und de civ. dei IV 31 (= fr. 59 Agahd): *dicit* (sc. *Varro*) *etiam antiquos Romanos plus annos centum et septuaginta deos sine simulacro coluisse; quod si adhuc, inquit, mansisset, castius dii observarentur, cuius sententiae suae testem adhibet inter cetera etiam gentem Iudaeam.* Ja, ihm war sogar der Name selbst bekannt: denn wieder Lydos berichtet an der Stelle, von der wir ausgingen, p. 110, 25, ὁ δὲ Ῥωμαῖος Βάρρων — das Zitat war vor Entdeckung des Lydosexzerpts unbekannt — περὶ αὐτοῦ (dem Gotte der Juden) διαλαβὼν φησι παρὰ Χαλδαίοις ἐν τοῖς μυστικοῖς αὐτὸν λέγεσθαι Ἰαω. Woher Varro diese genaue Kunde hatte, wird sich nicht mit Sicherheit sagen lassen: an mündliche Überlieferung etwa durch Pompeius, seinen Gönner und Freund, wird niemand glauben, der ihn in der Lydosstelle mit einem Zitate aus chaldäischer Geheimliteratur operieren sieht. Daß es aber für einen Schriftsteller jener Zeit Möglichkeiten gab, sich aus schriftlichen Quellen zu orientieren, zeigt das Beispiel des Alexander Polyhistor, der in seinem, nur wenige Jahre nach Varros divinae er-

62 II. Anknüpfung der Areopagrede an die Altaraufschrift ἀγνώστῳ θεῷ.

schienenen Werke περὶ Ἰουδαίων sibyllinische Prophezeiungen benutzte und Χαλδαϊκά verfaßte; und schon vor Varro hatte Poseidonios, der aller Orakelliteratur genau nachging und als Philosoph für die bildlose Gottesverehrung regstes Interesse haben mußte, über die jüdische Religion eingehend gehandelt.[1]) Aus Varro kann also Lucanus die Bezeichnung des Judengotts als *incertus deus* nicht genommen haben; er wird den Ausdruck auf Grund der ihm aus Livius oder sonstwie bekannten bildlosen Verehrung dieses Gottes gewählt haben, zumal ihm Vergil für eine verwandte Vorstellung einen ähnlichen Ausdruck an die Hand gab.[2])

Die Bezeichnung des Judengottes als ἄγνωστος bei Lydos ist, wie wir gesehen haben, durch die von ihm dafür zitierten Worte des Livius nicht gerechtfertigt; Lydos muß also den Ausdruck als solchen anderswoher gekannt und geglaubt haben, durch ihn die umständlichere Ausdrucksweise des Livius auf eine knappe Formel bringen zu dürfen. Es wird sich also darum handeln, die Frage zu beantworten, ob die Vorstellung eines ἄγνωστος θεός in Gedankenkreisen, die sich mit denen des Lydos berührten, nachweisbar ist.

Wenn die Frage so formuliert wird, so ist die Antwort darauf

---

1) Darüber hatte ich beabsichtigt in einem Anhange zu handeln; da die Frage sich aber nicht ganz kurz abtun läßt, hebe ich mir diese Untersuchung für eine andere Gelegenheit auf.

2) Verg. Aen. VIII 349 ff. (Periegese des Aeneas auf der Stätte des späteren Roms, hier speziell des Kapitols, wobei Euander den Exegeten macht):

iam tum religio pavidos terrebat agrestis
dira loci, iam tum silvam saxumque tremebant.
'hoc nemus, hunc' inquit 'frondoso vertice collem
quis deus incertum est, habitat deus; Arcades ipsum
credunt se vidisse Iovem, cum saepe nigrantem
aegida concuteret dextra nimbosque cieret.

Woher anders als aus Varros divinae konnte der Dichter das wissen? Für die Ausdrucksweise: Gellius II 28, 3 *eas ferias* (die wegen eines Erdbebens angesagten) *si quis polluisset piaculoque ob hanc rem opus esset, hostiam 'si deo si deae' immolabant idque ita ex decreto pontificum observatum esse M. Varro dicit, quoniam, et qua vi et per quem deorum dearumve terra tremeret, incertum esset;* daß Varro sich gern auf die unter König Euander eingewanderten Arkader berief, ist bekannt. (Übrigens hat G. Appel, De Romanorum precationibus, Religionsgesch. Vers. VII, 1909, S. 76, 1 mit dieser Stelle Varros die der Acta verglichen, ohne jedoch einen Schluß daraus zu ziehen, der ja auch nur falsch hätte werden können). Vgl. noch Apuleius de deo Socr. 15 *cum vero incertum est, quae cuique eorum sortitio evenerit, utrum Lar sit an Larva, nomine Manem deum nuncupant.*

für die Theologen sowie für diejenigen Philologen, die unter den christlichen Schriften gerade auch die der Häretiker als die ihnen mit den Theologen gemeinsam zu verwaltende Domäne ansehen, eigentlich schon gegeben. Auch wäre sie ohne Zweifel längst ausgesprochen worden, wenn es nicht ungewöhnlich erscheinen müßte, eine neutestamentliche Kontroverse mit Hilfe der verfemten ψευδώνυμος γνῶσις entscheiden zu wollen. Aber das Ungewöhnliche wird, wie ich glaube, bei rationeller Betrachtung schwinden.

Von der Gotteserkenntnis war in der prophetischen Religion oft die Rede: γνῶσις (auch ἐπίγνωσις) θεοῦ, γιγνώσκειν (auch ἐπιγιγνώσκειν θεόν) übersetzten es die LXX, z. B. Hosea 4, 6 'vertilgt worden ist mein Volk' ὡς οὐκ ἔχων γνῶσιν· ὅτι σὺ ἐπίγνωσιν ἀπώσω, κἀγὼ ἀπώσομαί σε. Jesajas stellt gleich an den Anfang die Worte (1, 3): ἔγνω βοῦς τὸν κτησάμενον καὶ ὄνος τὴν φάτνην τοῦ κυρίου αὐτοῦ· Ἰσραὴλ δέ με οὐκ ἔγνω.[1]) Auf das N. T. wird weiterhin zurückzukommen sein, daher genügt es hier, ein paar Stellen herauszugreifen. In der Quelle Q des Matthäus und Lukas stand ein Lo-

---

[1]) Aus den Hunderten von Stellen für diese Begriffe, die in der Septuaginta-Konkordanz von Hatch-Redpath I (Oxford 1897) angeführt werden, habe ich außer den im Texte zitierten noch einige ausgewählt, in denen sie mit θεός verbunden sind. Ps. 93, 10 ὁ διδάσκων ἄνθρωπον γνῶσιν 118 (119), 66 παιδείαν καὶ γνῶσιν δίδαξόν με. Prov. 16, 8 ὁ ζητῶν τὸν κύριον εὑρήσει γνῶσιν 27, 21 καρδία ἀνόμου ἐκζητεῖ κακά, καρδία δὲ εὐθὴς ζητεῖ γνῶσιν. Sap. Sal. 7, 17 αὐτὸς γάρ μοι ἔδωκεν τῶν ὄντων (das ist der Einschlag aus der hellenischen Weisheit) γνῶσιν ἀψευδῆ 14, 22 πλανᾶσθαι περὶ τὴν τοῦ θεοῦ γνῶσιν. Makk. IV 1, 16 γνῶσις θείων καὶ ἀνθρωπίνων πραγμάτων (hellenische Formulierung). — Jud. 2, 10 οἳ οὐκ ἔγνωσαν τὸν κύριον. Reg. I 2, 10 συνίειν καὶ γινώσκειν τὸν κύριον 3, 19 πρὶν γνῶσαι θεόν. Chron. I 28, 9 γνῶθι τὸν θεὸν τῶν πατέρων σου. Ps. 35 (36) 10 τοῖς γινώσκουσί σε 47 (48), 3 ὁ θεὸς γινώσκεται. Hosea 6, 2 ζησόμεθα ἐνώπιον αὐτοῦ καὶ γνωσόμεθα· διώξομεν τοῦ γνῶναι τὸν κύριον 8, 2 ἐμὲ κεκράξονται· Ὁ θεός, ἐγνώκαμέν σε. Jes. 11, 9 γνῶναι τὸν κύριον (ebenso 19, 21) Jer. 38, 34 γνῶθι τὸν κύριον. Dan. 11, 38 θεὸν ὃν οὐκ ἔγνωσαν οἱ πατέρες αὐτοῦ. Makk. III 7, 6 τὸν ἐπουράνιον θεὸν ἐγνωκότες. — Ps. 78 (79), 6 ἔκχεον τὴν ὀργήν σου ἐπὶ ἔθνη τὰ μὴ ἐπιγνωκότα σε (vgl. auch Jer. 10, 25). Sirach 33 (36), 5 καὶ ἐπιγνώτωσάν σε, καθάπερ καὶ ἡμεῖς ἐπέγνωμεν. Hosea 2, 20 (22) ἐπιγνώσῃ τὸν κύριον 5, 4 τὸν δὲ κύριον οὐκ ἐπέγνωσαν. Sehr oft auch statt θεός eine Paraphrase, z. B. Ps. 9, 10 οἱ γινώσκοντες τὸ ὄνομά σου. Sap. Sal. 2, 22 οὐκ ἔγνωσαν μυστήρια θεοῦ (vgl. die folg. Anm.) 9, 13 τίς γὰρ ἄνθρωπος γνώσεται βουλὴν θεοῦ. Jes. 40, 13 τίς ἔγνω νοῦν κυρίου. Jer. 5, 4 οὐκ ἔγνωσαν ὁδὸν κυρίου. Oder Periphrasen mit ὅτι wie Ps. 45 (46), 10 γνῶτε ὅτι ἐγώ εἰμι ὁ θεός. Jes. 45, 3 ἵνα γνῷς ὅτι ἐγὼ κύριος ὁ θεός.

64 II. Anknüpfung der Areopagrede an die Altaraufschrift ἀγνώστῳ θεῷ.

gion, das Matthäus 23, 13 so wiedergibt: οὐαὶ ὑμῖν..., ὅτι κλείετε τὴν βασιλείαν τῶν οὐρανῶν, während Lukas 11, 52 folgende Änderung daran vornimmt: οὐαὶ ὑμῖν... ὅτι ἤρατε τὴν κλεῖδα τῆς γνώσεως.[1]) Bei Marcus 4, 11 heißt es nur: ὑμῖν τὸ μυστήριον δέδοται τῆς βασιλείας τοῦ θεοῦ, aber bei Matth. 13, 14 = Luk. 8, 10 ὑμῖν δέδοται γνῶναι τὰ μυστήρια τῆς βασιλείας τῶν οὐρανῶν (τῆς β. τοῦ θεοῦ Luk.). Paulus schreibt an die Römer 1, 18 ff. die gewaltigen Worte, auf die wegen ihres hellenisierenden Gedankens schon oben (S. 28) hingewiesen wurde, von der Möglichkeit und daher der Pflicht der Gotteserkenntnis, und im ersten Korinthierbriefe 15, 34 warnt er vor dem Verkehr mit denen, die ἀγνωσίαν θεοῦ ἔχουσι[2]), und wie er in diesem Briefe schreibt, daß ἐν τῇ σοφίᾳ τοῦ θεοῦ οὐκ ἔγνω ὁ κόσμος διὰ τῆς σοφίας τὸν θεόν, so heißt es im vierten Evangelium 1, 10 ὁ κόσμος δὲ αὐτοῦ ἐγένετο καὶ ὁ κόσμος αὐτὸν οὐκ ἔγνω und 17, 3 αὕτη δέ ἐστιν ἡ αἰώνιος ζωή, ἵνα γινώσκωσιν σὲ τὸν μόνον ἀληθινὸν θεόν.[3]) In diesen reinen Akkord schlich sich ein Ton ein, den zwar die Großkirche bald als schrille Disharmonie empfinden sollte, der aber in das Ohr einzelner Sektierer als die einzig wahre Harmonie aus der höchsten Region herniederklang; von dieser Sphärenmusik sind nur vereinzelte Töne zu uns gedrungen: diese gilt es nun festzuhalten.

---

1) J. Wellhausen, Das Evangelium Lucae übersetzt und erklärt (Berl. 1904) 62: „An Stelle des Himmelreichs hat Lukas die γνῶσις gesetzt, d. h. die γνῶσις τῆς σωτηρίας (1, 77) oder τῆς ζωῆς... Daß die γνῶσις nicht das Ursprüngliche ist, geht aus dem folgenden εἰσέρχεσθαι hervor, welches jedenfalls viel besser zum Reiche Gottes paßt." In der Tat ist Matth. οὐαὶ ὑμῖν..., ὅτι κλείετε τὴν βασιλείαν τῶν οὐρανῶν ἔμπροσθεν τῶν ἀνθρώπων· ὑμεῖς γὰρ οὐκ εἰσέρχεσθε, οὐδὲ τοὺς εἰσερχομένους ἀφίετε εἰσελθεῖν durch die Änderung des Lukas οὐαὶ ὑμῖν..., ὅτι ἤρατε τὴν κλεῖδα τῆς γνώσεως· αὐτοὶ οὐκ εἰσήλθατε καὶ τοὺς εἰσερχομένους ἐκωλύσατε sichtlich umgestaltet worden; die Ratio der Änderung ergibt sich aus der nächsten, im Texte angeführten Schriftstelle, vgl. auch das im wesentlichen dem Lukastexte folgende Logion bei Grenfell and Hunt, New sayings of Jesus usw., Lond. 1904.

2) Daß ἀγνωσία θεοῦ für Paulus hier „ein positiver Begriff ist, in dem sich mit dem Fehlen höherer Erkenntnis Weltliebe und sündige Neigung verbinden", hat Reitzenstein, Die hellenistischen Mysterienreligionen (Leipz. 1910) 120 bemerkt: er findet sich genau so in den hermetischen Schriften, fast synonym mit ἀσέβεια, während γνῶσις = εὐσέβεια ist, vgl. besonders Poimandres Kap. 7; wir werden weiter unten darauf zurückkommen.

3) Über das γιγνώσκειν θεόν spricht ausführlich mit Heranziehung vieler Stellen des A. und N.T. Origenes im Komm. zum Johannesev. tom. XIX c. 1 (XIV 524 ff. Migne).

2. Ἄγνωστος θεός. 65

Wenn wir christliche Häretiker als 'Gnostiker' bezeichnen, so Gnostiker.
müssen wir uns darüber klar sein, daß dieser Wortgebrauch auf der
Verengerung eines ursprünglich viel umfassenderen Begriffs beruht.
„Die Existenz vorchristlicher gnostischer Gemeinden, d. h. Religions-
gemeinschaften, in denen die Gnosis Zentralbegriff war, wird nicht
bestritten werden können": so wird das Resultat, zu dem die gemeinsame Arbeit der Theologen und der Religionshistoriker geführt
hat, formuliert in einem Büchlein W. Köhlers, Die Gnosis (Tübingen
1911, S. 12), das neben und nach den großen grundlegenden Werken
Harnacks, Hilgenfelds, Boussets u. a. seinen selbständigen Wert hat,
weil die entscheidenden Faktoren, deren Summe wir in den großen
gnostischen Systembildungen erkennen, hier mit ungewöhnlicher,
auf diesem schwierigen Gebiete besonders dankenswerter Schärfe
herausgearbeitet und zu lebensvollen Gesamtbildern gestaltet worden
sind. Daß speziell die hermetischen Schriften reichste Materialien
für den Nachweis der Existenz einer vorchristlichen Gnosis bieten
und in ihrem Grundstocke älter sind als die christlichen gnostischen
Systembildungen des zweiten Jahrhunderts, kann durch Reitzensteins, gerade auch hierin von den Theologen anerkannte Forschungen als erwiesen betrachtet werden. Unbedingt hat dieses zu gelten
für den Schöpfungsmythus, der in eine hermetische Schrift mit dem
absonderlichen Titel *Κόρη κόσμου*[1]) eingelegt ist, aus der Stobaios
uns sehr lange Exzerpte überliefert hat. Mag diese Schrift selbst
auch zu den jüngeren ihrer Art gehört haben, so ist in ihr doch
älteres Material verwertet worden; der Schöpfungsmythus ist jedenfalls in der uns hier allein interessierenden Vorstellung vom *ἄγνωστος θεός* deshalb älter als die weiterhin von uns zu betrachtenden
Zeugnisse für diesen Begriff, weil die Spaltung, die die christlichen
Gnostiker zugunsten ihrer dualistischen Weltanschauung mit ihm
vornahmen, indem sie den *ἄγνωστος θεός* vom Weltschöpfer trennten,
hier noch nicht vollzogen worden ist. Die aus dieser Schrift erhaltene Kosmogonie (Stob. ecl. I 385 ff. W.) hat für Philologen auch
dadurch Interesse, daß sie, obwohl ihr sachlicher Inhalt aus ganz
anderen Quellen stammt, sich in der Form und überhaupt dem ganzen
schriftstellerischen Apparate besonders eng an den platonischen Timaios anschließt[2]), wie denn überhaupt der Verfasser dieser Schrift

---

[1]) Er ist von Zielinski in der gleich im Texte anzuführenden Abhandlung
(S. 358) einleuchtend gedeutet worden.

[2]) Dies Moment kommt in den glänzenden Analysen, denen Reitzenstein

66 II. Anknüpfung der Areopagrede an die Altaraufschrift ἀγνώστῳ θεῷ.

ähnlich hohe Aspirationen als Schriftsteller macht wie die großen christlichen Gnostiker des zweiten Jahrhunderts[1]), von denen wir und Zielinski diese Schrift unterzogen haben (s. S. 67), nicht zum Ausdruck. Auf die uns hier allein interessierende Vorstellung vom ἄγνωστος θεός einzugehen, hatten sie keine Veranlassung.

1) Das zeigt sich nicht nur in der pomphaften Sprache, sondern auch in der Rhythmisierung; diese fiel auch Zielinski auf (S. 361), aber ich beurteile sie etwas anders. Zwar ist die Vorliebe für die typischen Kolaschlüsse ($\smile\cup\perp\perp\cup$, $\smile\cup\perp\perp\cup\perp\cup$) unverkennbar, aber daneben findet sich auch das sog. Meyersche Gesetz beobachtet; vermutlich wird also diese Schrift wichtig werden, wenn die Untersuchungen über die Stiltechnik in dem von mir (Ant. Kunstprosa², Anhang zu S. 922) angedeuteten Sinne aufgenommen werden. Die dem Meyerschen Gesetze entsprechenden Kolaschlüsse bezeichne ich in einer kleinen Probe, der Rede des höchsten Gottes an die Seelen (Stob. ecl. I 397, 6—18 W.), mit einem *, die sehr wenigen ihm widersprechenden mit einem °. Ἔρως ὑμῶν, ψυχαί, *δεσπόσει καὶ Ἀνάγκη· οἶδε γὰρ μετ᾽ ἐμὲ πάντων *δεσπόται τε καὶ ταξίαρχοι ($\cup\perp\cup\perp\perp$). ψυχαὶ δὲ ὅσαι τὴν ἀγήρατον μου *σκηπτουχίαν θεραπεύετε, ἴστε ὡς ἕως μὲν *ἀναμάρτητοί ἐστε, τὰ τοῦ οὐρανοῦ *οἰκήσετε χωρία· εἰ δ᾽ ἄρα τις ὑμῶν τινος °ἐγγίσει μέμψις ($\smile\cup\perp\perp\cup$), θνητοῖς καὶ αὐταὶ προσμεμοιραμένον χῶρον σπλάγχνοις *καταδικασθεῖσαι ἐνοικήσετε. κἂν μὲν ᾖ ὑμῶν *μέτρια τὰ αἰτιάματα, τὸν ἐπίκηρον τῶν σαρκῶν *σύνδεσμον καταλιποῦσαι, πάλιν ἀστένακτοι τὸν ἑαυτῶν °οὐρανὸν ἀσπάσεσθε (Lesart nicht sicher). εἰ δ᾽ ἄρα τινῶν μειζόνων ἁμαρτημάτων *ἔσεσθε ποιητικαί ($\smile\cup\perp\perp\cup\perp$), οὐ μετὰ τέλους καθήκοντος τῶν *πλασμάτων ἀπελθοῦσαι ($\smile\cup\perp\perp$), οὐρανὸν μὲν *οὐκέτι οἰκήσετε, οὐδ᾽ αὖ *σώματ(α) ἀνθρώπων ($\smile\cup\perp\perp$), ζῷα δ᾽ ἄλογα μεταπλανώμεναι *λοιπὸν διατελέσετε. Die Beobachtung kann, wie ich mich überzeugt habe, wichtig werden auch für die Kritik des schweren (bei Wachsmuth fast 30 Seiten umfassenden) Stücks. — Auch die großen Gnostiker haben auf die Stilisierung bedeutendes Gewicht gelegt, z. B. muß Valentinos, wie die Fragmente noch zeigen, geradezu glänzend geschrieben haben. Den Brief des Valentinianers Ptolemaios an Flora habe ich Antike Kunstprosa 920 ff. auf die Klauseln analysiert und u. a. darauf hingewiesen, daß er an zwei von ihm zitierten Stellen des A. T. Änderungen dem Rhythmus zuliebe vornahm: Leviticus 20, 9 Sept. θανάτῳ θανατούσθω ⁓ Ptol. θανάτῳ τελευτάτω ($\smile\cup\perp\perp\cup$), Jesajas 29, 13 Sept. μάτην δὲ σέβονταί με διδάσκοντες ἐντάλματα ἀνθρώπων καὶ διδασκαλίας ⁓ Ptol. μάτην δὲ σέβονταί με διδάσκοντες διδασκαλίας, ἐντάλματ(α) ἀνθρώπων ($\smile\cup\perp\perp$). Clemens hat die Schriften der bedeutenden Gnostiker bekanntlich sehr eifrig gelesen (sich ja auch umfängliche, uns erhaltene Exzerpte daraus gemacht); daß er partienweise so schön, aber auch so schwer schreibt, verdankt er ihnen; als ich unlängst zum ersten Male die Stromata im Zusammenhange las, fiel mir die Häufigkeit der typischen Klauselformeln auf, und der Zusammenhang mit den Gnostikern zeigte sich mir auch darin. Übrigens sei in diesem Zusammenhange darauf hingewiesen, daß der Anfang der 'Naassenerpredigt' über den ersten Menschen (bei Hippol ref. V 7) so stark rhythmisiert ist, daß er erst von Wilamowitz (Hermes XXXVII 1902, 331 f.) als Prosa erkannt wurde,

aber leider nicht entfernt so lange zusammenhängende Stücke besitzen wie aus dieser Schrift. Das Referat daraus muß ich daher, dem Zwecke dieser Untersuchung entsprechend, etwas ausführlicher geben; die Unklarheiten der Komposition, die sich aus einer von Reitzenstein (Poimandr. 137 ff.) und Th. Zielinski (Arch. f. Religionswiss. VIII 1905, 359 ff.) erwiesenen Kontamination älterer Vorlagen erklären und die durch Benutzung platonischer Motive noch gesteigert ist, wird der Leser selbst merken. Die Form der Einkleidung ist die einer Apokalypse, die Isis dem Horus zuteil werden läßt. Im urweltlichen Chaos stöhnte die noch formlose Materie, als sie die himmlische Herrlichkeit sah, die über ihr lagerte: ἦν γὰρ ἄξιον θεωρίας ὁμοῦ καὶ ἀγωνίας ὁρᾶν οὐρανοῦ κάλλος θεῷ καταφανταζόμενον τῷ ἔτι ἀγνώστῳ..... καὶ ἕως ὁ τῶν συμπάντων οὐκ ἐβούλετο τεχνίτης, ἀγνωσία κατεῖχε τὰ ξύμπαντα.[1]) Dann beschließt der ἄγνωστος, sich zu offenbaren: er erleuchtet mit einem Lichtstrahle aus seiner Brust den Geist der Götter[2]), ἵνα πρῶτον μὲν ζητεῖν θελήσωσιν, εἶτα ἐπιθυμήσωσιν εὑρεῖν, εἶτα καὶ κατορθῶσαι δυνηθῶσιν. Nun wird ausgeführt, daß ὁ πάντα γνοὺς Ἑρμῆς bestimmt gewesen sei, diese Mysterien ihr, der Isis, zu offenbaren, Isis gibt sie dann an Horus weiter. Aus dem nun mitgeteilten ἱερὸς λόγος des Hermes gehen uns nur die folgenden Stellen an. Jener höchste unbekannte Gott — der im übrigen als ὁ πάντων βασιλεύς, προπάτωρ, δημιουργός, δεσπότης κόσμου, μόναρχος u. ä. bezeichnet und einmal (p. 403, 15) so angeredet wird: δέσποτα καὶ τοῦ καινοῦ τούτου κόσμου τεχνῖτα καὶ κρυπτὸν ἐν θεοῖς καὶ σεβαστὸν ὄνομα ἄχρι νῦν ἅπασιν ἀνθρώποις, ein anderes Mal (p. 404, 10) so: πάτερ καὶ θαυμαστὲ ποιητὰ πάντων, αὐτόγονε δαῖμον καὶ τῆς διά σε πάντα

---

1) Vgl. den valentinianischen Lehrbrief bei Epiphanios adv. haer. I 31, 5 (p. 168 B): ὅτε γὰρ ἐξ ἀρχῆς ὁ αὐτοπάτωρ αὐτὸς ἐν ἑαυτῷ περιεῖχε τὰ πάντα ὄντα ἐν ἑαυτῷ ἐν ἀγνωσίᾳ ...., da zerriß die in ihm ruhende Ἔννοια die Fesseln und brachte den Ἄνθρωπος zum Vorschein, dieses Gegenbild τοῦ προόντος ἀγεννήτου.

2) Wachsm. p. 386, 12 ὅτε δὲ ἔκρινεν αὐτὸν ὅστις *ἔστι δηλῶσαι (⌣⌣⌣⌣), ἔρωτας *ἐνεθουσίασε θεοῖς καὶ αὐγὴν ἣν *εἶχεν ἐν στέρνοις (⌣⌣⌣⌣), πλείονα (dies Wort gehört zum Folgenden) ταῖς τούτων *ἐχαρίσατο διανοίαις (⌣⌣⌣⌣), ἵνα πρῶτον μὲν °ζητεῖν θελήσωσιν (⌣⌣⌣⌣), εἶτα *ἐπιθυμήσωσιν εὑρεῖν (⌣⌣⌣), εἶτα καὶ *κατορθῶσαι δυνηθῶσι (⌣⌣⌣⌣). Die Einführung der θεοί niederen Ranges glaube ich auf denjenigen zurückführen zu sollen, der seine Vorlage nach dem Muster des platonischen Timaios umredigierte: vgl. das weiterhin im Text über diese θεοί Zitierte.

68　II. Anknüpfung der Areopagrede an die Altaraufschrift ἀγνώστῳ θεῷ.

γεννώσης ποιητὰ φύσεως, also mit Ausdrücken, die teils aus Platon, teils aber aus der Gnosis und den Zauberpapyri geläufig sind — beschließt, die in starrer Untätigkeit lagernde Welt in Bewegung zu setzen; zu dem Zwecke nimmt er etwas von seinem eigenen πνεῦμα und vermischt dieses mit νοερῷ πυρὶ und ἀγνώστοις τισὶν ἑτέραις ὕλαις (p. 389, 5ff.). Endlich beschließt er, auch die chaotische Materie zu gestalten; zu dem Zwecke beruft er eine Versammlung der Götter (besonders hier ist die Nachahmung Platons handgreiflich), die er so apostrophiert (p. 402, 4ff.; über die hier von mir markierten Kolaschlüsse s. S. 66 Anm. 1): 'θεοί' λέγων 'ὅσοι τῆς κορυφαίας, ὅσοι καὶ ἀφθάρτου *φύσεως τετεύχατε, οἳ τὸν μέγαν αἰῶνα διέπειν °ἐς ἀεὶ κεκλήρωσθε (⏑⏑⏓⏑), οἷς αὐτὰ ἑαυτοῖς ἀντιπαραδίδοντα οὐδέποτε *κοπιάσει τὰ σύμπαντα (⏑⏑⏓⏑), μέχρι πότε τῆς ἀνεπιγνώστου ταύτης *δεσπόσομεν ἡγεμονίας (⏑⏑⏓⏑⏑⏓⏑); μέχρι πότε ἀθεώρητα γενήσεται ταῦτα *ἡλίῳ καὶ σελήνῃ (⏑⏑⏓⏑⏑⏓); ἕκαστος ἡμῶν ἐφ' ἑαυτῷ γεννάτω...., ἔργων *ἅπτεσθε μεγάλων, ἐγὼ δ' αὐτὸς *ἄρξομαι πρῶτος (⏑⏑⏓⏑)'. Darauf beginnt die Erschaffung der Welt; dann wird fortgefahren (p. 402, 27): καὶ ἀγνωσία μὲν ἦν κατ' ἀρχὰς παντάπασι, der dann Gott auf die Bitte der στοιχεῖα ein Ende macht.

In diesem Schöpfungsmythus ist der ἄγνωστος θεός mit dem Demiurgen identisch. Die christlichen Gnostiker haben beide Gottesbegriffe übernommen, sie aber, dem Dualismus ihrer Weltanschauung entsprechend, einander als feindliche Prinzipien gegenübergestellt. Der gnostische ἄγνωστος ist entrückt den verwirrenden Erscheinungsformen alles Diesseitigen, ungeworden, unsichtbar, unfaßbar auch für den Weltschöpfer, den Demiurgen; aber er hat sich Christus zu erkennen gegeben und durch dessen Vermittlung auch denjenigen Menschen, die als Eingeweihte in die Mysterien der γνωστικοί die wahre γνῶσις von ihm und von Christus besitzen. In den modernen Rekonstruktionsversuchen der gnostischen Systeme, vor allem in dem grade auf die Aufklärung der gnostischen Mythologie und Theosophie gerichteten Buche von W. Bousset (Hauptprobleme der Gnosis, Göttingen 1907, dazu die knappe Zusammenfassung in seinen Artikeln 'Gnosis' und 'Gnostiker' in der R. E. von Pauly-Wissowa-Kroll), wird natürlich auch des ἄγνωστος gedacht, aber nur in Kürze: mit Recht, insofern dieser über alles Irdische erhöhte Gott gegenüber den in die Erscheinungswelt hinabgezogenen Mächten im Hintergrunde bleibt, ein deutliches Zeichen dafür, daß er von den Gnostikern nicht 'erfunden', sondern aus andern Systemen herübergenommen worden ist. Aber für die vorliegende Untersuchung rückt gerade er in den Mittelpunkt; ich muß daher das Material, soweit ich es aus den Quellen kenne (ich hoffe, daß mir nichts wesentliches von gnostischer Literatur entgangen ist), vorlegen, um dann meine Schlüsse daraus ziehen zu können.

Ich beginne mit Zitaten aus einer späten gnostischen Schrift, weil in dieser der Begriff besonders häufig begegnet. Wir besitzen ein aus griechischer Sprache in die koptische übersetztes gnostisches Buch, das sein Herausgeber C. Schmidt früher (Texte u. Unters. VIII 1892, 304) in die Zeit zwischen 170 und 200 ansetzte, während er in seiner neuen Ausgabe und Übersetzung (Koptisch-gnostische Schriften I, Leipz. 1905) S. XXVI sich für das dritte Jahrhundert entscheidet. In dieses Buch ist ein Hymnus auf den höchsten Gott eingelegt, dessen Epiklesen so beginnen[1]): S. 358, 15[2])

„*Du bist der allein Unendliche* (ἀπέραντος)
und du bist allein die Tiefe (βάθος),
und du bist allein der Unerkennbare,
und du bist's, nach dem ein jeder forscht,
und nicht haben sie dich gefunden,
und niemand kann dich gegen deinen Willen erkennen,
und niemand kann dich allein gegen deinen Willen preisen."

Hier ist das entscheidende Wort „der Unerkennbare" ein koptisches, aber es finden sich in dem Buche andere Stellen, an denen das griechische Wort beibehalten worden ist:

S. 289: „In dem Topos (τόπος) des Unteilbaren befinden sich zwölf Quellen (πηγαί) ... Und es befindet sich auf dem Kopfe des Unteilbaren ein Kranz, in welchem jede Art (γένος) Leben ist und jede Art (γένος) τριδύναμος und jede Art (γένος) ἀχώρητος und jede Art (γένος) σιγή und jede Art (γένος) ἄγνωστος ... und jede Art (γένος) ἀλήθεια, in welchem alles ist. Und dieser ists, in dem jede Art (γένος) und jede Erkenntnis (γνῶσις) sich befindet."

---

1) Die nicht eingeklammerten griechischen Worte hat der Kopte unverändert gelassen, die eingeklammerten hat er koptisch flektiert.

2) Die Seitenzahlen gebe ich nach Schmidts erster Ausgabe, da die 'Texte und Untersuchungen' den meisten Lesern, die die Stellen in ihrem Zusammenhange lesen wollen, bequemer zugänglich sein werden als die neue Ausgabe.

S 292: „In der zweiten (sc. Neunheit), es befindet sich ein Korb (κανοῦν) in ihrer Mitte, und drei Vaterschaften sind in ihr: ein ἀόρατος, ein ἀγέννητος und ein ἀσάλευτος. Auch in der dritten befindet sich ein Korb (κανοῦν); es sind drei Vaterschaften in ihr: ein ἤρεμος, ein ἄγνωστος und ein τριδύναμος."

Ebenda: „Bei dieser (sc. der unermeßlichen Tiefe) befinden sich zwölf Vaterschaften ... Die erste Vaterschaft ist ein ἀπέραντος-Gesicht, welches dreißig Kräfte (δυνάμεις) umgeben ... Die zweite Vaterschaft ist ein ἀόρατος-Gesicht, und dreißig Unsichtbare (ἀόρατοι) umgeben es ... (In analoger Weise von den Vaterschaften 3—6). Die siebente Vaterschaft ist ein ἄγνωστος-Gesicht, welches dreißig ἄγνωστοι Kräfte (δυνάμεις) umgeben."

S. 312: „Ich preise dich, o Gott-Licht, welches vor allen Göttern ist; ich preise dich, o γνῶσις, welches Licht in Bezug auf alle γνώσεις ist; ich preise dich, o ἄγνωστος-Licht, welches vor allen ἄγνωστοι ist."

Ähnlich noch S. 283. 307. 309. 310.

Dieses Werk zeigt die Gnosis schon in ihrer Verwilderung, aber auch in den einfacheren Systemen älterer Zeit hat der ἄγνωστος seine feste Position, ja er muß zum ältesten Bestande der Gnosis überhaupt gehört haben. Die Tradition über Simon den Magier, den angeblichen Archegeten der Haeresie, ist freilich nicht sicher genug[1]), um darauf zu bauen, daß in den Berichten über das simonianische 'System' sowohl die Bezeichnung θεὸς ἄγνωστος selbst (Clementina ed. Lagarde 3, 2. 17, 4. 18, 11. 18. Recognitiones ed. Gersdorf 2, 38. 47 ff.) als Umschreibungen von ihm (Eirenaios adv. haer. I 23) vorkommen. Ebensowenig ist darauf zu geben, daß es von dem 'διάδοχος' des Simon, Menandros, einem Samaritaner wie jener, heißt (bei Theodoretos haer. fab. I 2 aus Eirenaios, dessen lateinischer Text I 23, 5 steht): ἑαυτὸν δὲ οὐ τὴν πρώτην ὠνόμασε δύναμιν· ἄγνωστον γὰρ ἔφησε ταύτην ἀλλ' ὑπ' ἐκείνης ἀπεστάλθαι. Immerhin ist aus diesen Angaben soviel zu schließen, daß die

---

1) Über ihn und seinesgleichen sagt Reitzenstein, Poimandr. 224: „Schwerlich wird man sie alle kurzweg als Gaukler und Betrüger bezeichnen dürfen; ihr Selbstbewußtsein oder Gottesbewußtsein zu erklären hilft uns unsere Schrift" (die jüngere Poimandres-Schrift) und 233, 4: „An der Geschichtlichkeit der Person zu zweifeln ist gewiß kein Grund ..., die Echtheit der von Hippolyt benutzten Schrift zu behaupten wie zu verneinen gleich willkürlich [...] Harnack, Dogmengesch. I³ 233, 1.

späteren Gnostiker die Vorstellung von dem ἄγνωστος zum ältesten Bestande ihres Systems gerechnet haben. In der Tat fehlt er denn auch kaum bei irgend einem der namhaften Gnostiker[1]): Satornilos τῷ Μενάνδρῳ παραπλησίως ἕνα ἔφησεν εἶναι πατέρα παντάπασιν ἄγνωστον (Epiphanios adv. haer. I 23, 1 und Hippolytos ref. haer. VII 28 p. 380, 46 ed. Gott. aus Eirenaios c. 24, 1), Kerinthos (Hippol. VII 33 p. 404, 45 aus Eiren. I 26, 1): μετὰ τὸ βάπτισμα κατελθεῖν εἰς αὐτὸν (sc. Ἰησοῦν) ἐκ τῆς ὑπὲρ τὰ ὅλα αὐθεντίας τὸν Χριστὸν ἐν εἴδει περιστερᾶς, καὶ τότε κηρῦξαι τὸν ἄγνωστον πατέρα, Karpokrates (Epiphanios I 27, 2 z. T. nach Eiren. I 25, 1): ἄνω μὲν μίαν ἀρχὴν λέγει καὶ πατέρα τῶν ὅλων καὶ ἄγνωστον καὶ ἀκατονόμαστον ἴσα τοῖς ἄλλοις εἰσάγειν βούλεται· τὸν δὲ κόσμον καὶ τὰ ἐν τῷ κόσμῳ ὑπὸ ἀγγέλων γεγενῆσθαι, τῶν πολύ τι ὑπὸ τοῦ πατρὸς τοῦ ἀγνώστου ὑποβεβηκότων... Ἐπειδὴ δέ, φησίν, εὔτονον ἔσχε ψυχὴν (sc. Ἰησοῦς) παρὰ τοὺς ἄλλους ἀνθρώπους καὶ ἐμνημόνευε τὰ ὁραθέντα ὑπ' αὐτῆς ἄνω, ὅτε ἦν ἐν τῇ περιφορᾷ τοῦ ἀγνώστου πατρός, ἀπεστάλθαι ὑπὸ τοῦ αὐτοῦ πατρός, φησίν, εἰς τὴν αὐτοῦ ψυχὴν δυνάμεις... καὶ ὅπως ἐλευθερωθεῖσα ἡ αὐτὴ ψυχή, φησί, τοῦ Ἰησοῦ ἀνέλθῃ πρὸς τὸν αὐτὸν πατέρα τὸν ἄγνωστον... οὐ μὴν ἀλλὰ καὶ τὰς ὁμοίας αὐτῇ ψυχάς, τὰ ἴσα αὐτῇ ἀσπασαμένας, τὸν αὐτὸν τρόπον ἐλευθερωθείσας ἄνω πτῆναι πρὸς τὸν ἄγνωστον πατέρα, Kerdon (Eusebios h. e. IV 11 aus Eiren. I 27, 1): ἐδίδαξε τὸν ὑπὸ τοῦ νόμου καὶ προφητῶν κεκηρυγμένον θεὸν μὴ εἶναι πατέρα τοῦ κυρίου ἡμῶν Ἰησοῦ Χριστοῦ· τὸν μὲν γὰρ γνωρίζεσθαι τὸν δὲ ἀγνῶτα εἶναι, καὶ τὸν μὲν δίκαιον τὸν δὲ ἀγαθὸν ὑπάρχειν. Für Markion gibt Tertullianus adv. Marc. viel Material, besonders I 9ff. IV 25. Bei seiner Darstellung des valentinianischen Systems nennt Eirenaios (hier ist der Originalbericht vorhanden) wiederholt den ἄγνωστος πατήρ (oder θεός): I 19, 1. 2. 20, 1. 3. (nach ihm Tertull. adv. Val. 19) und für die Markosier überliefert er I 21, 3 den Wortlaut des Taufsakraments, das beginnt: εἰς ὄνομα ἀγνώστου πατρὸς τῶν ὅλων. Eine interessante Stelle über den ἄγνωστος ist erhalten in dem clementinischen Ex-

---

[1]) In der Pistis Sophia kommt er nicht vor, wohl aber seine Äquivalente προπάτωρ ἀόρατος, Ineffabilis u. dgl.; dasselbe gilt von den apokryphen Apostelgeschichten, sowohl den Fragmenten der rein gnostischen (acta Joh.) als den katholisierten (acta Thomae). Für den in der folgenden Liste fehlenden Basileides ist er durch eine weiter unten stehende Bemerkung des Eirenaios IV 6, 4 bezeugt (s. u. S 74)

zerpte ex Theodoto[1]) (valentinianische Gnosis) c. 7: ἄγνωστος οὖν ὁ πατὴρ ὢν ἠθέλησεν γνωσθῆναι τοῖς Αἰῶσι, καὶ διὰ τῆς ἐνθυμήσεως τῆς ἑαυτοῦ, ὡς ἂν ἑαυτὸν ἐγνωκώς, πνεῦμα γνώσεως οὔσης ἐν γνώσει προέβαλε τὸν μονογενῆ· γέγονεν οὖν καὶ ὁ ἀπὸ γνώσεως, τουτέστι τῆς πατρικῆς ἐνθυμήσεως, προελθὼν γνῶσις, τουτέστιν ὁ υἱός, ὅτι δι' υἱοῦ ὁ πατὴρ ἐγνώσθη. Diese Worte sind wichtig, weil sie uns die Vorstellung der oben (S. 65 ff.) analysierten hermetischen Kosmogonie ins Christliche umgesetzt bieten: der ἄγνωστος offenbart sich der Welt durch seinen einzigen Sohn; wir erkennen hier auch mit vollkommener Deutlichkeit, weshalb die Gnostiker meist vom ἄγνωστος πατήρ reden. Der Liebenswürdigkeit meines Kollegen Carl Schmidt verdanke ich endlich die Kenntnis einer Stelle aus dem noch unpublizierten koptischen Werke Σοφία Χριστοῦ, dessen griechisches Original Schmidt in die 2. Hälfte des II. Jahrh. setzt; er hat mir große Teile daraus vorübersetzt, die Prädikation des höchsten Gottes als ἄγνωστος kam nicht darin vor, wohl aber folgende Worte, die seine Paraphrase enthalten: „Es sprach zu ihm Matthäus: 'Christus, niemand wird finden können die Wahrheit, wenn nicht (εἰ μή τι) durch dich. Lehre uns nun die Wahrheit.' Es sprach der σωτήρ: 'Den Existierenden, den Unbeschreiblichen haben keine ἀρχαί erkannt, noch die ἐξουσίαι noch ὑποταγαί noch Kräfte noch φύσεις von der καταβολή des κόσμος bis jetzt, wenn nicht (εἰ μή τι) er allein und der, den er will, daß er ihn erkenne durch mich.'"

Höchst beachtenswert scheint mir nun, daß diese gnostische Vorstellung vom πρῶτος θεός als einem Unbekannten und dem δεύτερος θεός als dem Demiurgen von dem ja bekanntermaßen stark orientalisierenden Vorgänger der eigentlichen Platoniker Numenios aus Apameia übernommen worden ist (er war ein jüngerer Zeitgenosse des Valentinos). In den reichen und ungewöhnlich interessanten Exzerpten, die Eusebios pr. ev. XI 18 aus Numenios' umfangreichem Werke περὶ τἀγαθοῦ gibt, legt dieser die Unmöglichkeit dar, den höchsten Gott mit dem Weltschöpfer zu identifizieren; schließlich ist er verwegen genug, diese Lehre auf Platon zurückzuführen: § 22 f. ἐπειδὴ ᾔδει ὁ Πλάτων παρὰ τοῖς ἀνθρώποις τὸν μὲν δη-

---

1) Das Exzerpt gehört der valentinianischen Gnosis an: οἱ ἀπὸ Οὐαλεντίνου werden c. 6 zitiert. So urteilt auch O. Dibelius in seiner gehaltvollen Analyse dieser schwierigen Schrift: Studien zur Gesch. d. Valentinianer, Zt. f. nt. Wiss. IX (1908) 230 ff.

ιουργὸν γινωσκόμενον μόνον, τὸν μέντοι πρῶτον νοῦν, ὅστις καλεῖται αὐτὸ ὄν, παντάπασιν ἀγνοούμενον παρ' αὐτοῖς, διὰ τοῦτο οὕτως εἶπεν, ὥσπερ ἄν τις οὕτω λέγοι, „ὦ ἄνθρωποι, ὃν τοπάζετε ὑμεῖς νοῦν οὐκ ἔστι πρῶτος, ἀλλὰ ἕτερος πρὸ τούτου νοῦς πρεσβύτερος καὶ θειότερος." Platon ist es also, der den in Unkenntnis des höchsten Gottes dahinwandelnden Menschen dessen Erkenntnis vermittelt: Numenios hat auf Platon das Amt des christlichen Gottessohnes, eben diese Erkenntnis zu vermitteln, einfach übertragen, und ihm dabei eine ῥῆσις an die ἄνθρωποι in den Mund gelegt, die sich, wie in der zweiten Abhandlung bewiesen werden wird, anlehnt an soteriologische ῥήσεις orientalischer Wanderpropheten im Dienste einer Propaganda der wahren γνῶσις θεοῦ, und die uns gerade auch für die Gnostiker bezeugt ist.

Die Vorstellung vom ἄγνωστος ist also eine konstante gewesen in der gesamten Entwicklung der Gnosis von ihren Anfängen bis zu ihren Ausläufern. Dieser gnostische Gott ist nun, freilich mit einer entscheidenden Modifikation, von der katholischen Kirche übernommen worden, deren Entwicklung bei aller prinzipiellen Ablehnung dieser Häresie doch stark von ihr beeinflußt worden ist: die kluge Praxis, sich das Fremde zu amalgamieren, durch die sie groß und mächtig wurde und ihre Anpassungsfähigkeit an Zeiten und Völker in beispielloser Weise bewährte, hat sie zuerst im Kampfe mit einer Rivalin ausgeübt, der um so gefährlicher war, weil er im eignen Lager ausgefochten werden mußte. Jener ἄγνωστος war eine religiöse Vorstellung von solcher Tragweite, daß er nicht einfach ausgeschaltet werden konnte: so hielt er seinen Einzug auch in die Großkirche, wobei er sich aber seines haeretischen Gewandes entkleiden mußte: der Dualismus des ἄγνωστος und des δημιουργός wurde aufgehoben, d. h. die ursprüngliche Identität, die von den Gnostikern unter dem Zwange ihres Systems gelöst worden war, wurde nun wiederhergestellt. Gewiß ist, so lautete nun die Lehre, Gott an sich ἄγνωστος, aber er, der Unbekannte, hat sich uns Menschen bekannt gegeben, nicht etwa bloß euch, die ihr euch die wahre γνῶσις anmaßet, und nicht etwa erst durch Christus, sondern schon durch Moses und die Propheten: denn dieser ἄγνωστος θεός ist der Weltschöpfer des alten Testaments, nicht, wie ihr in eurer Verirrung wähnt, von diesem in hyperkosmischer Transzendenz gesondert und als allein Guter ihm als dem Bösen feindlich gegenüberstehend. Daß die Widerlegung des gnostischen Dualismus in dieser Weise erfolgte, ist aus dem Werke des Eirenaios vollkommen deutlich; ja man kann sagen, daß der Nachweis der Identität des ἄγνωστος mit dem alttestamentlichen Weltschöpfer, der auch der Gott des Christentums war, geradezu im Zentrum seines Werkes steht. Die Propositio des Themas gibt er I 19,2: „Zwar der Schöpfer, behaupten sie, sei von den Propheten gesehen worden; das Wort aber 'keiner wird Gott sehen und leben' sei gesagt von der unsichtbaren und allen unbekannten Größe (περὶ τοῦ ἀοράτου μεγέθους καὶ ἀγνώστου τοῖς πᾶσιν). Daß nun dieses Wort sich auf den unsichtbaren Vater und den Weltschöpfer bezieht, ist uns allen klar; daß es sich aber nicht auf den von ihnen ausgedachten Βυθός (das Urwesen), sondern eben auf den Demiurgen bezieht und daß dieser der unsichtbare Gott ist, wird im Verlaufe dieses Werkes bewiesen werden." Dieser Beweis beginnt mit dem zweiten Buche und nimmt neben der Widerlegung der gnostischen Christologie den größten Teil des Werkes überhaupt ein. Eine besonders wichtige Stelle ist IV 6. Er geht aus (§ 1) von dem Logion Matth. 11, 27 οὐδεὶς ἐπιγινώσκει τὸν υἱὸν εἰ μὴ ὁ πατήρ, οὐδὲ τὸν πατέρα τις ἐπιγινώσκει εἰ μὴ ὁ υἱὸς καὶ ᾧ ἐὰν βούληται ὁ υἱὸς ἀποκαλύψαι. „Sie aber, die klüger sein wollen als die Apostel, schreiben es so ab: οὐδεὶς ἐπέγνω τὸν πατέρα εἰ μὴ ὁ υἱός, οὐδὲ τὸν υἱὸν εἰ μὴ ὁ πατὴρ καὶ ᾧ ἐὰν βούληται ὁ υἱὸς ἀποκαλύψαι und deuten es so, als ob der wahre Gott von keinem erkannt worden sei vor der Ankunft unseres Herrn; und der von den Propheten verkündete Gott sei nicht der Vater Christi." Dann weiterhin § 4: „Dieser Gott (von dem das Logion spricht) ist aber der Schöpfer des Himmels und der Erde, wie aus seinen eigenen Worten hervorgeht (die Worte Gottes im A. T., in denen er sich den Weltschöpfer nennt, waren von dem Verfasser vorher genau behandelt worden), und nicht der falsche Vater, der von Markion, Valentinos, Basileides, Karpokrates, Simon und den übrigen fälschlich so genannten Gnostikern erfunden worden ist. Denn keiner von ihnen ist der Sohn Gottes gewesen[1]), sondern Jesus Christus, unser Herr, dem gegenüber sie eine verschiedene Lehre aufstellen, indem sie zu verkündigen wagen einen ἄγνωστον θεόν (incognitum deum: wir haben hier nur die wortgetreue Übersetzung, die ich hier und im Folgenden griechisch retrovertiere). So sollen sie denn wider sich selbst hören: Πῶς γὰρ

---

[1] Die Deutung dieser zunächst kaum verständlichen Worte werde ich in der zweiten Abhandlung geben.

ἄγνωστος, ὃς ὑπ' αὐτῶν ἐπιγινώσκεται; τὸ γὰρ καὶ ὑπ' ὀλίγων ἐπεγνωσμένον οὐκ ἔστιν ἄγνωστον (quemadmodum enim incognitus, qui ab ipsis cognoscitur? quodcumque enim vel a paucis cognoscitur, non est incognitum). Der Herr aber hat nicht gesagt, daß der Vater und der Sohn überhaupt nicht erkannt werden können: sonst wäre ja sein Kommen überflüssig gewesen. Denn wozu kam er dann hierher? Etwa um uns zu sagen: μὴ ζητεῖτε θεόν, ἄγνωστος γάρ ἐστιν, οὐδ' εὑρήσετε αὐτόν (nolite quaerere deum, incognitus est enim et non invenietis eum), Worte, wie sie Christus gegenüber den Äonen von den Valentinianern lügnerisch in den Mund gelegt werden? Aber dies ist absurd. Ἐδίδαξεν (hier ist ein Stückchen des Originals erhalten) ἡμᾶς ὁ κύριος, ὅτι θεὸν εἰδέναι οὐδεὶς δύναται μὴ οὐχὶ θεοῦ δοξάζοντος, τουτέστιν ἄνευ θεοῦ μὴ γινώσκεσθαι τὸν θεόν, αὐτὸ δὲ τὸ γινώσκεσθαι τὸν θεὸν θέλημα εἶναι τοῦ πατρός· γνώσονται γὰρ αὐτόν, οἷς ἂν ἀποκαλύψῃ ὁ υἱός. Abschließend c. 6 a. E. κενόσπουδοι οὖν εἰσιν οἱ διὰ τὸ εἰρημένον 'οὐδεὶς ἐπιγινώσκει τὸν πατέρα εἰ μὴ ὁ υἱός' ἕτερον παρεισάγοντες ἄγνωστον πατέρα (vani igitur sunt qui propter hoc quod dictum est 'nemo cognoscit patrem nisi filius' alterum introducunt incognitum patrem). Ähnlich IV 20, 4: Gott sei unbekannt freilich in seiner Größe, aber werde in seiner Güte erkannt durch den menschgewordenen Logos; ebd. 6: er sei zwar ἀόρατος καὶ ἀνεξήγητος (invisibilis et inerrabilis), aber keineswegs ἄγνωστος, denn er habe sich durch seinen Sohn bekannt gegeben.

Wer die Akten dieses Streites überblikt, dem muß auffallen, daß in dessen Mittelpunkte das Logion steht Matth. 11, 27 οὐδεὶς ἐπιγινώσκει τὸν υἱὸν εἰ μὴ ὁ πατήρ. οὐδὲ τὸν πατέρα τις ἐπιγινώσκει εἰ μὴ ὁ υἱὸς καὶ ᾧ ἐὰν βούληται ὁ υἱὸς ἀποκαλύψαι[1]): dieses Logion

---

1) Der Text gibt zu zwei kritischen Bemerkungen Anlaß. Οὐδεὶς ἔγνω τὸν πατέρα lasen in ihm schon Iustinos, Gnostiker bei Eirenaios in der o. S. 74 zitierten Stelle, Clemens Al., Origenes u. a.: A. Reisch, Agrapha (Texte u. Unters. V 4, Leipz. 1889) 19f.; aber daß schon Paulus es in dieser Form gekannt haben soll, läßt sich aus Kor. I 1, 21 ἐπειδὴ γὰρ ἐν τῇ σοφίᾳ τοῦ θεοῦ οὐκ ἔγνω ὁ κόσμος διὰ τῆς σοφίας τὸν θεόν keinesfalls folgern; vielmehr ist mir wahrscheinlich, daß ἔγνω das Resultat einer Angleichung an ev. Joh. 1, 10 ὁ κόσμος αὐτὸν οὐκ ἔγνω ist. Wichtiger ist, daß ebenfalls alte Zeugen (darunter wieder jene Gnostiker) die beiden ersten Satzglieder umkehren: οὐδεὶς ἐπιγινώσκει τὸν πατέρα εἰ μὴ ὁ υἱός, οὐδὲ τὸν υἱὸν εἰ μὴ ὁ πατὴρ καὶ ᾧ ἐὰν βούληται ὁ υἱὸς ἀποκαλύψαι: das ist so ja freilich sinnwidrig, da nur in der rezipierten Lesart das ἀποκαλύψαι seine richtige Beziehung hat (wem der Sohn das Wesen des Vaters offenbaren

76   II. Anknüpfung der Areopagrede an die Altaraufschrift ἀγνώστῳ θεῷ.

legten die Haeretiker ihrer Vorstellung vom ἄγνωστος θεός zugrunde[1]), den sie daher auch mit Vorliebe ἄγνωστος πατήρ benannten, und gegen diese Ausnutzung des Logion polemisierten die Vertreter der Großkirche mit stärkster Erbitterung. Diese Polemik steht außer bei Eirenaios auch bei Tertullianus adv. Marc. IV 25[2]) und als Teil der Disputationen des Simon mit Petrus in den Κλημέντια, und zwar ist die Beweisführung eine geschlossene in der Fassung der Rekognitionen 2, 47—57, auf verschiedene Stellen verteilt in den sog. Homilien (3, 2. 7. 38. 17, 4f., dann zusammenhängend 18, 1 ff.); man muß diese Abschnitte (sowie die entsprechenden bei Eirenaios I 20, 3. IV 2, 2. IV 6 u. 7) im Zusammenhange lesen, um zu erkennen, daß sich eigentlich alles um die Deutung jenes Logion dreht. Dann aber erkennt man noch ein Weiteres: die Polemik der Väter gegen die Haeretiker ist gerechtfertigt nur, insofern sie deren willkürliche Deutung trifft, daß aus dem Logion die Differenzierung

---

will: so richtig u. a. O. Feine, Theologie des N. T., Leipz. 1911, 117 f.), hat aber J. Wellhausen (Das Evang. Matthäi, übersetzt und erklärt, Berlin 1904, 57 f) zu folgender interessanten Anmerkung veranlaßt: „Der Vater und der Sohn findet sich in diesem absoluten Sinn schon Mc. 13, 32, vorzugsweise allerdings erst im vierten Evangelium. Der Satz 'und niemand kennt den Sohn als der Vater' halte ich für eine Interpolation. Er ist ein Corrolarium, darf also nicht an erster Stelle stehen und kann doch auch nicht an die zweite gesetzt werden, wo sehr alte patristische Zeugen ihn haben — das Schwanken ist schon an sich bedenklich." Diese Beweisführung hatte mich beim ersten Lesen überzeugt, aber ich glaube sie jetzt widerlegen zu können; da mich dieser Widerlegungsversuch zu einer Analyse der ganzen ῥῆσις, von der dieses Logion nur ein Teil ist, geführt hat, so habe ich ihn für einen besonderen Anhang (IX) zurückgestellt.

1) Von den direkten Zitaten abgesehen, zeigen die beiden, in meiner obigen Liste (S. 72) zuletzt angeführten Stellen, besonders die aus der unedierten Σοφία Χριστοῦ im Wortlaute Anklänge an das Logion; es ist also wohl Absicht, daß der Verfasser dieser Σοφία diese Worte gerade an Matthäus gerichtet sein läßt.

2) Er legt statt der Matthäusstelle die entsprechende des Lukas zugrunde, da er das auf dem lukanischen beruhende Evangelium des Markion zur Widerlegung von dessen System durchinterpretiert. 'nemo scit qui sit pater nisi filius, et qui sit filius, nisi pater, et cuicunque filius revelaverit' (ev. Luk. 10, 22). *atque ita Christus ignotum deum praedicavit. huic enim et alii haeretici fulciuntur, opponentes creatorem omnibus notum et Israeli secundum familiaritem et nationibus secundum naturam.* Aus den letzten Worten folgt, daß die Gnostiker ihren ἄγνωστος nicht bloß zu dem Judengotte, sondern auch zu den Göttern der ἔθνη, also insbesondere der Ἕλληνες, in Antithese gestellt hatten.

des ἄγνωστος von dem δημιουργός des Judentums folge, nicht gerechtfertigt dagegen, insofern sie bestreitet, daß in dem Logion die Vorstellung des ἄγνωστος überhaupt liege. Vielmehr beruht dieser Teil der Polemik auf sophistischer Argumentation, der gegenüber festzustellen ist, daß in jenem Logion in der Tat die Anschauung von der Unerkennbarkeit des Vaters im Prinzip ausgesprochen ist. Da es auch bei Lukas (10,22) steht[1]), so muß diese Anschauung für deren gemeinsame Quelle, d. h. also für die Zeit der jerusalemischen Gemeinde, in Anspruch genommen werden. Da nun der Inhalt dieses Logion auch so ausgedrückt werden kann: ὁ πατὴρ ἄγνωστός ἐστιν εἰ μὴ τῷ υἱῷ καὶ ᾧ ἐὰν βούληται ὁ υἱὸς ἀποκαλύψαι, so muß zugegeben werden, daß gegen die Tradition, wonach bereits bei Simon, dem Zeitgenossen der Urapostel, die Prädikation Gottes als ἄγνωστος vorkam, wenigstens vom Standpunkte der Chronologie aus nichts eingewendet werden kann. Aber auch wenn die Person Simons außer Betracht bleibt, wird als erwiesen betrachtet werden dürfen, was von vornherein viel für sich hat, daß eine Zentralvorstellung der Gnosis, wie es die des ἄγνωστος πατήρ ist, im spiritualisierten Judenchristentum ältester Zeit wurzelte.

Die Häresie der δόξα lag mithin nicht in der Vorstellung eines ἄγνωστος πατήρ als solcher, sondern die δόξα wurde haeretisch erst durch die Konsequenz, die die Gnostiker daraus zum Beweise ihrer dualistischen und judenfeindlichen Weltanschauung zogen. Hierdurch wurde der Begriff, der, wie wir sahen, bis in die Anfänge der evangelischen Überlieferung hinaufreicht, für die katholische Kirche derartig kompromittiert, daß keiner ihrer Schriftsteller diesen trotz aller Identifikationsversuche des ἄγνωστος mit dem jüdischen Demiurgen immer noch verdächtigen Gottesbegriff anders als polemisierend erwähnen konnte, so lange der Kampf der Kirche mit der gnostischen Haeresie noch dauerte. Aber als dieser

Platoniker

---

1) Mit einer geringen, für dessen griechisches Stilgefühl aber charakteristischen Abweichung: οὐδεὶς γινώσκει τίς ἐστιν ὁ υἱὸς εἰ μὴ ὁ πατήρ, καὶ τίς ἐστιν ὁ πατὴρ εἰ μὴ ὁ υἱὸς καὶ ᾧ ἐὰν βούληται ὁ υἱὸς ἀποκαλύψαι: die Akkusative γινώσκειν τὸν υἱόν und τὸν πατέρα sind durch Relativperiphrasen ersetzt, wie 23,60 οὐκ οἶδα ὃ λέγεις gegenüber Marc. 14,71 = Matth. 26,74 οὐκ οἶδα τὸν ἄνθρωπον und wie 13,25 οὐκ οἶδα ὑμᾶς πόθεν ἐστέ gegenüber Matth. 25,12 οὐκ οἶδα ὑμᾶς. — Übrigens heißt es von jenem Logion bei Eirenaios IV 6,1 freilich: *sic et Matthaeus posuit et Lucas similiter et Marcus idem ipsum, Ioannes enim praeteriit locum hunc*, aber von den Editoren des Eirenaios wird bemerkt, daß das hier von Marcus Gesagte unrichtig sei.

78 II. Anknüpfung der Areoparede an die Altaraufschrift ἀγνώστῳ θεῷ.

Kampf ausgetobt hatte oder doch nur mehr an der Peripherie und in Konventikeln weitergeführt wurde, da trat dieser Gottesbegriff wieder hervor in Kreisen, die jeden Zusammenhang mit der nunmehr überwundenen 'Schlange' entrüstet geleugnet haben würden. Wir finden ihn daher wieder zunächst — wenigstens unter der Voraussetzung, daß mir nichts entgangen ist — in einem Hymnus Gregorios des Theologen εἰς θεόν, der sich mit dem oben (S. 69) zitierten Hymnus des gnostischen Anonymus stellenweise so eng berührt, daß irgend eine Beziehung obgewaltet haben muß (wir kommen darauf im zweiten Teile der Untersuchungen zurück); seine Eingangsworte lauten (Text nach der Anth. graeca carm. Christianorum ed. Christ-Paranikas, Leipz. 1871, 24):

ὦ πάντων ἐπέκεινα· τί γὰρ θέμις ἄλλο σε μέλπειν;
πῶς λόγος ὑμνήσει σε; σὺ γὰρ λόγῳ οὐδενὶ ῥητός,
πῶς λόγος ἀθρήσει σε; σὺ γὰρ νόῳ οὐδενὶ ληπτός·
μοῦνος ἐὼν ἄφραστος, ἐπεὶ τέκες ὅσσα λαλεῖται,
μοῦνος ἐὼν ἄγνωστος, ἐπεὶ τέκες ὅσσα νοεῖται.

Dann ein Hymnus des Synesios 4, 226f.:

γόνε κύδιστε   πάτερ ἄγνωστε   πάτερ ἄρρητε,
ἄγνωστε νόῳ   ἄρρητε λόγῳ

mit dem lateinischen Korrelate eines dem Synesios etwa gleichzeitigen Autors: Martianus Capella beginnt seinen Hymnus auf den transzendenten Gott so (II 185):

ignoti vis celsa patris.[1]

---

[1] Bemerkenswert sind auch folgende Verse des Tiberianus (saec. IV), mag in ihnen auch der Begriff, dessen Geschichte wir verfolgen, mehr paraphrasiert als ausgesprochen sein. Die Verse (bei Baehrens, Poet. lat. min. III 267 f.), auf die mich F. Skutsch hingewiesen hat, tragen in einer Hs. (s. IX) die Überschrift: *versus Platonis de deo*, in zwei jüngeren: *versus Platonis a quodam Tiberiano de graeco in latinum translati*, und in der Tat platonisieren sie offensichtlich (ihr Verf. gehörte also zu den okzidentalischen Platonikern des 4. Jahrh., wird daher auch von dem platonisierenden Servius im Aeneiskommentar zitiert). Der Anfang lautet so:

omnipotens, annosa poli quem suspicit aetas,
quem sub millenis semper virtutibus unum
nec numero quisquam poterit pensare nec aevo,
nunc esto affatus, si quo te nomine dignum est,
5 *quo sacer ignoto gaudes, quod maxima tellus*
intremit et sistunt rapidos vaga sidera cursus.

Es folgen Prädikationen, die uns im zweiten Teile dieser Untersuchungen noch beschäftigen werden, und am Schluß eine Bitte um γνῶσις des Kosmos:

2. ἄγνωστος θεός.

Wer diese Hymnen im Zusammenhange liest, wird sofort erkennen, daß sie offensichtlich platonisieren (für Gregorios zeigen es ja auch gleich die ersten Worte: τὸ ἐπέκεινα πάντων ist die jedem Plotinleser bekannte Bezeichnung des transzendenten Gottes, z. B. enn. V 3, 13); bemerkenswert ist, daß bei Synesios und Martianus noch die spezifische Epiklese des ἄγνωστος als πατήρ erhalten ist, wie wir sie in den gnostischen Systemen seit alter Zeit finden. Zu einer Geschichte der religiösen Poesie nachchristlicher Zeit liegen kaum die Anfänge vor (den Weg hat Wilamowitz durch seine Analyse des Proklos und Synesios gewiesen, worauf später zurückzukommen sein wird); eine Vorlegung des gesamten Materials — soweit es nicht griechisch oder lateinisch ist, in zuverlässigen Übersetzungen — wird die erste Aufgabe sein. Aber schon jetzt wird sich wohl folgendes sagen lassen. Die durch den Zusammenbruch des alten Glaubens verschüttete oder doch in seine Erstarrung hineingezogene hellenische Hymnik erhielt durch die orientalischen Religionen, insbesondere die christianisierte Gnosis, einen mächtigen Impuls; seine Wirkungen übertrugen sich zunächst auf den mit der Gnosis um den Primat ringenden Platonismus, dann auch auf die, beide Gegner überwindende Großkirche, die auf die Dauer nicht mit den ihr allzu fremd gewordenen jüdischen ψαλμοί und ᾠδαί auskommen konnte und die daher, zunächst widerstrebend, dann aber durch die Konkurrenz dazu ge-

---

quem — precor aspires — qua sit ratione creatus,
quo genitus factusve modo, da nosse volenti;
da, pater, augustas ut possim noscere causas

usw. In dem Verse 5 ist *quod* in allen Hss. überliefert; es darf nicht geändert werden (*quo* Quicherat, *quom* Baehrens), da notwendig zum Ausdruck gebracht werden muß, daß die Erde vor diesem unbekannten Namen erbebt und die Flüsse stillstehen, denn auf einem Zauberpapyrus (hrg. von A. Dieterich, Jahrb. f. Phil., Suppl. XVI 1888) heißt es S. 808 ἐπάκουσόν μου κύριε, οὗ ἐστιν τὸ κρυπτὸν ὄνομα ἄρρητον, ὃ οἱ δαίμονες ἀκούσαντες πτοοῦνται ....., οὗ τὸ ὄνομα ἡ γῆ ἀκούουσα ἑλίσσεται, ... ποταμοὶ θάλασσα λίμναι πηγαὶ ἀκούουσαι πήγνυνται. Also hat Tiberianus *intremit* transitiv gebraucht, wozu ihm ein Recht gab Silius VIII 60 *qui ... intremuit regum eventus*, der das seinerseits wagte nach dem Vorgange augusteischer Dichter, die das Simplex sowie *contremiscere* (Horaz carm. II 12, 8) so brauchten. Das zweite Glied des Relativsatzes *sistunt* usw. ist dann in der besonders aus Vergil bekannten freien Art angefügt worden (Aen. X 703f. *una quem nocte Theano In lucem genitori Amyco dedit et face praegnans Cisseis regina Parim;* mehr Beispiele bei Ph. Wagner im Anh. zu Heynes Vergil IV⁴, Leipz. 1832, 555. und bei F. Leo, Ind. lect. Gött. 1896, 20f.).

80 II. Anknüpfung der Areopagrede an die Altaraufschrift ἀγνώστῳ θεῷ.

zwungen, das häretische und hellenische Gift destillierte zu einem Trunke, an dessen Glut und Süßigkeit in immer neuen Transformationen die Jahrtausende sich laben sollten. Auf diesem Wege also wird der gnostische ἄγνωστος in die platonisierenden Hymnen der Christen gelangt sein.

Der Platonismus ist es denn auch, der uns zu demjenigen Schriftsteller zurückführt, von dessen Zeugnisse über den ἄγνωστος wir in diesem Abschnitte ausgegangen sind (S. 58). Wo Lydos Philosophisches bringt, ist er, wie nicht anders zu erwarten, Platoniker: gerade in dem Exzerpte, das die Notiz über den ἄγνωστος enthält, zitiert er außer Platon selbst auch Numenios, Porphyrios, Iamblichos, Syrianos und Proklos. Letzterem, dem zitatenfrohen Autoritätsgläubigen, verdankt er wohl sicher seine Zitate aus den älteren Platonikern; denn Proklos wurde den Späteren nun seinerseits wieder eine Autorität: Lydos war durch seinen Lehrer Agapios, einen Schüler des Proklos, durch direkte διαδοχή mit ihm verbunden.[1]) Auch die Hymnen des Proklos kennt er: aus ihnen zitiert er de mens. II 6 p. 23, 12 einen Hexameter, der bezeichnenderweise den transzendenten Gott feiert: τὸν ἅπαξ ἐπέκεινα mit Plotins technischem Ausdruck für die Transzendenz, wie wir eben bei Gregorios von Nazianz ὦ πάντων ἐπέκεινα lasen.[2]) Hätten wir von den zahllosen Hymnen des Proklos mehr als ganz dürftige Reste, so würden wir in ihnen gewiß auch den ἄγνωστος gefeiert finden. Denn von der Unerkennbarkeit Gottes hat er wiederholt gesprochen: inst. theol. 122 πᾶν τὸ θεῖον αὐτὸ μὲν διὰ τὴν ὑπερούσιον ἕνωσιν ἄρρητόν ἐστι καὶ ἄγνωστον 162 ἄρρητον καθ᾽ ἑαυτὸ πᾶν τὸ θεῖον καὶ ἄγνωστον, theol. Plat. II 11 (vom Einen) πάσης σιγῆς ἀρρητότερον καὶ ἁπάσης πράξεως ἀγνωστότερον (also ἄγνωστος und ἄρρητος nebeneinander, wie in der angeführten Stelle des Synesios)[3]), und sein Schüler Damaskios, ein ungefährer Zeitgenosse des Lydos, bemüht sich in einer langen Darlegung seiner quaest. de prim. principiis (p. 14 ff. Kopp) zu zeigen, wieso es eine γνῶσις vom höchsten Wesen geben könne, wenn dieses

---

1) Darüber macht er eine interessante Bemerkung de mag. III 25 p. 113, 14 ff. mit einem Zitate aus dem Dichter Christodoros ἐν τῷ περὶ τῶν ἀκροατῶν τοῦ μεγάλου Πρόκλου μονοβίβλῳ.

2) Über ὁ ἅπαξ ἐπέκεινα in den platonisierenden 'chaldäischen' Orakeln handelt W. Kroll, Bresl. phil. Abh. VII 1895, 16.

3) Die Distanz von den älteren Platonikern ist sehr bemerkenswert: Albinos (Gaios' Schüler), εἰσαγωγή p. 165 (in: Plat. ed. C. F. Hermann VI): ἄρρητός ἐστι καὶ τῷ νῷ μόνῳ ληπτός, noch ganz in Platons Sinne.

ἄγνωστον sei (wie die katholische Kirche sich aus dem Dilemma zu befreien suchte, in das auch sie infolge der Entlehnung des Begriffs aus fremder Gedankensphäre geraten war, haben wir vorhin bei Eirenaios gelesen). Bei dieser Lage der Dinge, insbesondere auf Grund der bekannten Unselbständigkeit des Lydos und gerade auch dieses seines Exzerpts, werden wir daher sicher nicht fehlgehen in der Behauptung, daß er auch die Bezeichnung des Judengotts als ἄγνωστος eben bei Proklos gefunden hat, und zwar wahrscheinlich eben in einem Hymnus. Denn Marinos, der Biograph des Proklos, zählt c. 19 die obskursten orientalischen Götter auf, die von Proklos sämtlich in Hymnen gefeiert worden seien, und fügt hinzu: καὶ τοὺς ἄλλους ἅπαντας (sc. θεούς): der Gott der Juden, dem die Platoniker seit Numenios ihr ganz besonderes Interesse zugewandt hatten, war also bestimmt darunter. Ja es wurde oben (S. 72 f.) gezeigt, daß Numenios tatsächlich den gnostischen ἄγνωστος in seine Theologie übernahm. Dieser Gottesbegriff mußte den Platonikern durch seine jenseits aller Vernunfterkenntnis liegende Transzendenz eine willkommene Bestätigung der Lehre von der hyperintelligiblen Gottheit sein. Hatte doch von dieser Plotinos selbst (V 3, 12f.) gesagt, sie sei ὥσπερ ἐπέκεινα νοῦ, οὕτως καὶ ἐπέκεινα γνώσεως (denn jedes Erkennen, auch das seiner selbst, setze eine Bedürftigkeit voraus), und wenn wir sie erkennbar machen, so machen wir sie zu einem Vielfachen (πολὺ γὰρ αὐτὸ ποιοῦμεν γνωστόν), die doch das absolute Eins ist; daher sei sie auch in Wahrheit ἄρρητος: hier finden wir also wieder, wie bei den genannten Platonikern, das Nebeneinander von Unerkennbarkeit und Unnennbarkeit. Freilich steht bei Plotinos nicht gerade der Terminus ἄγνωστος, aber er setzt ihn voraus, wenn er vom höchsten Wesen sagt, daß es allem Intelligiblen und Vielen so entrückt sei, daß es nicht einmal sich selbst erkennbar sei.

Das Verfahren des Lydos können wir nun bis in seine Einzelheiten hinein analysieren und den Grund seiner Ungenauigkeit feststellen. Πολλὴ τοῖς θεολόγοις διαφωνὴ περὶ τοῦ παρ' Ἑβραίων τιμωμένου θεοῦ καὶ γέγονε καὶ ἔστιν: so beginnt er; diese θεολόγοι sind also die Platoniker; bei dem zeitlich spätesten unter ihnen, Proklos, fand er die δόξαι der älteren registriert, darunter auch die von Proklos anerkannte, daß dieser Gott der ἄγνωστος sei. Diesem Materiale fügte Lydos aber etwas Neues hinzu, das er seiner Kenntnis der lateinischen Sprache verdankte. In den Lucanusscholien,

82 II. Anknüpfung der Areopagrede an die Altaraufschrift ἀγνώστῳ θεῷ.

die, ganz wie die vergilischen, nach dem Muster der homerischen des Porphyrios, etwa seit dem vierten Jahrhundert allerlei Philosophisches, speziell auch aus der damals allein noch aktuellen platonischen Schule, in sich aufgenommen hatten und die daher für lateinisch verstehende Platoniker wie Lydos eine ertragreiche Lektüre bildeten, fand er ein Liviuszitat, aus dem sich die griechischen δόξαι über den Judengott ergänzen ließen. Zwar stand in diesem Zitate durchaus nichts von einem ἄγνωστος, sondern der Historiker sagte: *Hierosolymis fanum cuius deorum sit non nominant, neque ullum ibi simulacrum est, neque enim esse dei figuram putant;* aber aus diesen Worten las Lydos, dem der ἄγνωστος θεός eine geläufige Vorstellung war, eben die Unerkennbarkeit des Judengottes heraus, von seinem Standpunkte mit Recht, wie wir uns aus einem weiterhin anzuführenden merkwürdigen Scholion zu Statius noch überzeugen werden. Daher faßte er also den Inhalt des Lucanusscholions in die Worte zusammen: Λίβιος δὲ ἐν τῇ καθόλου ἱστορίᾳ ἄγνωστον τὸν ἐκεῖ τιμώμενόν φησι, und dann, nach Anführung abweichender Ansichten älterer Platoniker, abschließend: πολλαὶ μὲν οὖν οὕτω περὶ αὐτοῦ δόξαι, κρείττους δὲ μᾶλλον οἱ ἄγνωστον αὐτὸν καὶ ἄδηλον (das geht auf des Lucanus *incertum deum*) θεολογοῦντες.

Mit dem Lydosexzerpte, von dem ich ausging, würde ich die chronologische Liste der Zeugnisse für den ἄγνωστος θεός endigen, wenn ich nicht in der Lage wäre, dem Leser dieser ernsthaften Materie zum Schluß noch ein Lächeln zu erregen. Ein ungefährer Zeitgenosse des Lydos, der interessante Fälscher, der unter der Maske des von Paulus bekehrten Διονυσίου τοῦ Ἀρεοπαγείτου in den Orgien phantastischer Mystik schwelgt, redet in seinen Schriften, besonders derjenigen mit dem Titel περὶ θείων ὀνομάτων, besonders oft περὶ τοῦ ἀγνώστου, oder, da ihm dies noch nicht genügt, ὑπεραγνώστου θεοῦ: es fehlte nur noch, daß er sich auf die von ihm ja gehörte Areopagrede berufen hätte. Seine Präkonien herzuschreiben lohnt sich nicht, da sie den genannten Platonikern entnommen sind und da ferner der bei Migne abgedruckte Text doch schlechter ist als es der die antike Mystik mit der mittelalterlichen verknüpfende Epigone verdient.[1])

---

1) Vielleicht lassen sich bei ihm Spuren der Benutzung von Hymnen des Proklos (s. S. 81) nachweisen, deren Kenntnis bei ihm vorauszusetzen ist; in der Schrift περὶ θείων ὀνομάτων c. 1, 6 a. E. (Migne 3, 596) heißt es, daß οἱ θεόσοφοι τὸν θεὸν πολυωνύμως ἐκ πάντων τῶν αἰτιατῶν ὑμνοῦσι,

Dieses ist in großen Zügen die Geschichte des geheimnisvollen Unbekannten gewesen, soweit ich sie auf Grund der mir bekannten Überlieferung zu geben vermag. Nun aber möchten wir gern jenseits der Überlieferung vordringen und erfahren, woher er denn eigentlich stamme. Der Philologe war lange geneigt, ein griechisch geschriebenes Wort gleichzusetzen einer griechischen Gedankenkonzeption; noch immer gibt es unter uns solche, die durch Anwendung dieses πρῶτον ψεῦδος auf die orientalischen Religionsurkunden unsere Mitarbeit bei den Theologen diskreditieren. Aber unser Blick schärft sich teils an neuen Urkunden, teils an rationeller Deutung bekannter, und fast auf allen Gebieten der Altertumswissenschaft wird die Pflicht anerkannt, das Hellenische nicht zu isolieren; die Arbeiten von Boll, Cumont, Reitzenstein und Wendland, um nur sie zu nennen, haben sich gerade dadurch den Dank auch der Theologen verdient, daß sie bei der Behandlung des vielleicht wichtigsten religionsgeschichtlichen Problems, dem der Entstehung und Entwicklung der synkretistischen Religionen der Kaiserzeit, die einseitige Betrachtungsweise vom Standpunkte des Hellenischen aufgegeben haben zugunsten einer nachdrücklichen Betonung des Orientalischen. Auf Grund solcher Erkenntnisse werden wir auch das uns hier beschäftigende Problem seiner Lösung soweit entgegenführen können, wie es die Begrenztheit unseres (oder doch des mir bekannten) Materials zu gestatten scheint. Lexikalische Untersuchungen werden dabei die Grundlage bilden; ohne eine solche sind allgemeine Betrachtungen wertlos.

3. LEXIKALISCHE UNTERSUCHUNGEN.

A. ΑΓΝΩΣΤΟΣ ΘΕΟΣ UNHELLENISCH.

Das Wichtigste ist zunächst ein Negatives. Die Existenz einer Prädikation Gottes als ἄγνωστος ist in Urkunden, die einwandfrei

Hellenische Philosophen.

---

dann folgen die Prädikamente, die sich teilweise leicht in Hexameter bringen lassen, z. B. ἥλιον, ἀστέρα, πῦρ, ὕδωρ, πνεῦμα, δρόσον, νεφέλην, αὐτόλιθον καὶ πέτραν mit geringen Änderungen so:

ἥλιον ἀστέρα πῦρ, καὶ ὕδωρ καὶ πνεῦμα δρόσον τε
καὶ νεφέλην
αὐτόλιθον τε πέτραν.

Wie die Gottheit αὐτὸ μόνον πῦρ ist (π. ὕψους 35, 4), so auch αὐτόλιθος πέτρα, der leibhaftige, absolute Stein; über die Vorstellung, daß die Gottheit auch im Steine wohne, s. o. S. 18.

reinhellenisch sind, nicht nachweisbar; dieses testimonium ex silentio ist aber deshalb vielsagend, weil, wie wir sahen (o. S. 29), verwandte Prädikationen wie ἀόρατος, ἀθεώρητος, ἀκατάληπτος, ἀφανής, νοητός (auch νοῦ κρείσσων: Ps. Archyt. bei Stob. ecl. I 280 W.) bei philosophischen Schriftstellern seit Platon (ja schon Herakleitos) so häufig sind, daß das Fehlen von ἄγνωστος geradezu unbegreiflich wäre, wenn diese Prädikation existiert hätte.[1]) Aber sie hat auch gar nicht existieren können, denn sie wäre für hellenische Spekulation inkommensurabel gewesen: hätte sie doch einen Verzicht auf die Forschung überhaupt in sich geschlossen. *Quid Athenis et Hierosolymis? quid academiae et ecclesiae? nobis curiositate opus non est post Christum Iesum nec inquisitione post evangelium* ist das Manifest eines Philosophenfeindes (Tertull. de praescr. haer. 7); Platon dagegen hatte das Wort gesprochen: τὸν μὲν οὖν ποιητὴν καὶ πατέρα τοῦδε τοῦ παντὸς εὑρεῖν τε ἔργον καὶ εὑρόντα εἰς πάντας ἀδύνατον λέγειν (Tim. 28 C); er hatte von diesem Weltvater gesagt, sein Wesen sei νοήσει μετὰ λόγου περιληπτόν (28 A), und diese seine Schrift mit den Worten geschlossen, daß diese Welt sei εἰκὼν τοῦ νοητοῦ θεὸς αἰσθητός.[2]) Wer die Zitate und Reflexe dieser Worte Platons sammeln wollte, könnte viele

---

1) Nicht hierher gehört Philodemos περὶ εὐσεβείας p. 83 Gomperz: δεδοικὼς τοὺς οὐδ' ἐπιχειρ[η]θῆναι δυναμένους ἢ τοὺς ἐναργῶ[ς] ἀναισθήτους ἢ τοὺς ἄγνωστον [εἴ] τινές εἰσι θε[οὶ] λέγοντας ἢ ποῖοί τινές ε[ἰ]σιν ἢ τοὺς διαρρήδην ὅτι οὐκ ε[ἰ]σὶν ἀποφαινομένο[υ]ς. In der Kategorie mit ἄγνωστον usw. ist Protagoras verstanden περὶ μὲν τῶν θεῶν οὐχ ἔχω εἰδέναι usw.

2) Sehr charakteristisch ist, wie sich zwei christliche Schriftsteller in lateinischer Sprache zu diesen platonischen Ausführungen verhalten. Minucius Felix 19, 14 übersetzt die Stelle 28 C wörtlich: *Platoni itaque in Timaeo deus est...., quem et invenire difficile prae nimia et incredibili potestate et cum inveneris in publicum dicere inpossibile praefatur*. Dagegen hat Lactantius div. inst. I 8, 1 gerade die entscheidenden Worte in christlichem Sinne verfälscht, indem er Platon die vernunftmäßige Erkenntnismöglichkeit Gottes leugnen läßt: *cuius (dei) vim maiestatemque tantam esse dicit in Timaeo Plato, ut eam neque mente concipere neque verbis enarrare quisquam possit ob nimiam et inaestimabilem potestatem*. Da die letzten Worte *ob nimiam et inaestimabilem potestatem* bei Platon nichts Entsprechendes haben, so ist klar, daß Lactantius diesen überhaupt nicht nachgesehen, sondern das ganze Zitat aus Minucius (*prae nimia et incredibili potestate*) genommen (den er bald nachher — I 11, 55 — und dann wieder V 1, 21 zitiert) und an der wichtigsten Stelle einfach ins Gegenteil verdreht hat in maiorem gloriam des christlichen Gottes.

3. Lexikalische Untersuchungen. 85

Seiten damit füllen und wenn er, was sich wirklich der Mühe lohnte, die Nachwirkungen der Kosmologie des platonischen Timaios überhaupt verfolgen wollte, so könnte er mit einem solchen Buche einen Ausschnitt aus der Geschichte menschlicher Ewigkeitswerte geben.[1]) Mag nun in späterer Zeit infolge des fortschreitenden Verlustes der Diesseitsbejahung und naiven Lebensfreude die Distanz zwischen Gott und Mensch auch noch so sehr vergrößert und, parallel dazu, beim Erlahmen hellenischer Forscherkraft die Hoffnung, das höchste Wesen erkennen zu können, auch immer weiter hinausgerückt worden sein: die Möglichkeit seiner vernunftmäßigen Erkennbarkeit überhaupt ist von den Positivisten nie in Frage gestellt worden (Epikuros' unwissenschaftlicher Indifferentismus und die wissenschaftliche Negierung der Skeptiker gehen uns hier nichts an). Auch Apollonios der Theosoph, dessen Worte wir oben (S. 39 f.) kennen lernten, hat, so sehr er auch die Transzendenz des 'ersten' Gottes hervorhob, doch dessen Vernunfterkenntnis aufrecht erhalten (vgl. die Schlußworte des Exzerpts). Selbst Philon, bei dem man jene Prädikation *Philon und Josephus.* zu finden deshalb vielleicht erwarten könnte, weil er orientalische Religionssysteme, auch abgesehen vom jüdischen, notorisch kennt, scheint sie doch nicht zu haben, aber allerdings streift er näher an sie heran als die reinhellenischen Philosophen. In der Schrift περὶ μοναρχίας, wo er sehr ausführlich von den Modalitäten der Gotteserkenntnis handelt (I 4 ff. — II 216 ff. M. — V 8 ff. C.-W.), läßt er Gott dem Moses auf dessen Bitte, er möge sich ihm erkennen geben, antworten (§ 6 p. 218 — p. 11): die Erfüllung dieses Wunsches werde durch die Grenzen der menschlichen Fassungskraft unmöglich gemacht: τὴν δ' ἐμὴν κατάληψιν οὐχ οἷον ἀνθρώπου φύσις, ἀλλ' οὐδ' ὁ σύμπας οὐρανός τε καὶ κόσμος δυνήσεται χωρῆσαι. γνῶθι δὴ σεαυτόν (der sokratische Verzicht auf die Erforschung τῶν ὑπὲρ ἡμῶν), worauf Moses ihn bittet, er möge wenigstens seine δυνάμεις offenbaren, ὧν διαφεύγουσα ἡ κατάληψις ἄχρι τοῦ παρόντος οὐ μικρὸν ἐνεργάζεταί μοι πόθον τῆς διαγνώσεως. ὁ δὲ ἀμείβεται καὶ φησίν· ʽἃς ἐπιζητεῖς δυνάμεις εἰσὶν ἀόρατοι καὶ νοηταὶ πάντως, ἐμοῦ τοῦ ἀοράτου καὶ νοητοῦ......, ὀνομάζουσι δὲ αὐτὰς οὐκ ἀπὸ σκοποῦ

---

1) Plotinos enn. II 9, 6 sagt von der Kosmologie der von ihm bekämpften Gnostiker: ὅλως αὐτοῖς τὰ μὲν παρὰ τοῦ Πλάτωνος εἴληπται (er meint den Timaios, den er gleich darauf zitiert), τὰ δέ, ὅσα καινοτομοῦσιν, ἵνα ἰδίαν φιλοσοφίαν θῶνται, ταῦτα ἔξω τῆς ἀληθείας εὕρηται: das von ihm hier abgelehnte „Neue" ist das Christlich-Orientalische.

τινὲς τῶν παρ᾽ ὑμῖν ἰδέας'[1]), aber auch diese seien κατ᾽ οὐσίαν ἀκατάληπτοι, er möge sich mit dem Erreichbaren begnügen, der Offenbarung Gottes in der sichtbaren Welt. Man sieht: zwar der Ausdruck ἄγνωστος wird nicht gebraucht, vielmehr die üblichen ἀόρατος καὶ νοητός, aber da trotz des wiederholten Gebrauchs der letzteren Bezeichnung die Möglichkeit vernunftmäßiger Erkenntnis Gottes negiert wird, so stehen wir hier doch bereits mit einem Schritte jenseits der hellenischen Spekulation. Merkwürdig ist dann auch eine andere Stelle Philons. Er stellt in der Schrift περὶ τῶν μετονομαζομένων (de mutat. nom. 2 = I 579 M. = III 158 C.-W.) folgende Betrachtung an: wenn es heiße (Gen. 17, 1) ὤφθη κύριος τῷ Ἀβραάμ, so sei das nicht sinnlich zu verstehen, denn Gott (τὸ ὄν: das ist bei ihm die philosophische Bezeichnung des Gottesbegriffs) sei ein geistiges Wesen und mit Sinneswerkzeugen nicht wahrnehmbar: καὶ τί θαυμαστόν, εἰ τὸ ὂν ἀνθρώποις ἀκατάληπτον, ὁπότε καὶ ὁ ἐν ἑκάστῳ νοῦς ἄγνωστός ἐστιν; Das in diesen Worten vorliegende Enthymem ist aus den früheren Ausführungen (S. 24 ff.) bekannt: die Stoiker folgerten aus der Existenz der unsichtbaren Seele die Existenz des unsichtbaren Gottes; diesen Beweis bringt auch Philon, aber er setzt an die Stelle der Unsichtbarkeit die Unerkennbarkeit, freilich nur die der Seele, während er von Gott noch den alten philosophischen Terminus ἀκατάληπτος gebraucht: aber es ist klar, daß die beiden Begriffe ἄγνωστος und ἀκατάληπτος für ihn nahe zusammenrücken müssen, wenn sein Beweis noch stichhaltig sein soll: wie nahe sie sich in der Tat standen, zeigen folgende Worte der pseudoklementinischen Homilien II 38 καὶ ὁ Σίμων· ἐγώ, φησί, πολλοὺς μὲν εἶναι λέγω θεούς, ἕνα δὲ εἶναι ἀκατάληπτον καὶ ἄγνωστον ἅπασι θεόν. Ob es mehr derartige Stellen bei Philon gibt, lasse ich dahingestellt (als ich ihn vor Jahren las, habe ich noch nicht darauf geachtet); sie würden auch nicht beweisen, daß er die Prädikation ἄγνωστος kannte; wohl aber sehen wir aus den beiden angeführten zur Genüge, daß eine Transzendentalisierung Gottes, die über die platonische hinausging und die daher helleni-

---

[1] Also Gott zitiert Platon. Das Groteske dieses Gedankens mildert sich, wenn man den ganzen, wirklich merkwürdigen Dialog Gottes mit Moses liest: den hellenisch fühlenden Schriftsteller erinnert der Gott seiner Bibel, wenn er zu Menschen menschlich redet, an die Götterwelt seiner Schullektüre, die ihm auch im späteren Leben lieb geblieben war: daher koloriert er ὁμηρικῶς, ὣ δὲ ἐπιβραρίαι καὶ φησίν, und die Sprache der ἄνδρες).

chem Empfinden ebenso widersprach wie sie dem orientalischen äquat war, zu jenem Prädikate gewissermaßen hindrängte. Gleichfalls nicht attributivisch, aber der Prädikation doch nahekommend ist der Gebrauch des Wortes bei Josephus adv. Apionem II 16, 167, wo er, mit leichtem philosophischen Firniß (s. o. S. 19, 2), von dem durch Moses verkündeten Gotte sagt: αὐτὸν ἀπέφηνε καὶ ἀγέννητον καὶ πρὸς τὸν ἀΐδιον χρόνον ἀναλλοίωτον, πάσης ἰδέας θνητῆς κάλλει διαφέροντα, καὶ δυνάμει μὲν ἡμῖν γνώριμον, ὁποῖος δὲ κατ' οὐσίαν ἄγνωστον.

Das durch die lexikographische Untersuchung gewonnene negative Resultat für das Vorkommen von ἄγνωστος θεός in reinhellenischer Literatur bestätigt sich durch folgende allgemeine Erwägung. Das Gemeinsame aller oben (S. 65 ff.) aus gnostischer Literatur angeführten Zeugnisse für den ἄγνωστος θεός ist dies, daß dieser Gott, den die Menschen aus sich selbst heraus nicht zu erkennen vermögen, sich ihnen durch Offenbarung zu erkennen gab: diese Offenbarung ist sein Gnadenbeweis für die in ἀγνωσία dahinlebende Menschheit. Die γνῶσις θεοῦ kann also gar nicht eine Errungenschaft des Intellekts sein, sondern sie ist das Gnadengeschenk Gottes für ein seiner Sündhaftigkeit sich bewußtes und daher für diese Gnade Gottes empfängliches Gemüt. So werden wir von der Betrachtung des negativen Begriffs zu dem positiven hingeführt: der Begriff ἄγνωστος θεός setzt, wie wir bei Eirenaios lasen, die Möglichkeit der γνῶσις voraus.

Gnosis und Offenbarung.

B. ΓΙΓΝΩΣΚΕΙΝ ΘΕΟΝ, ΓΝΩΣΙΣ ΘΕΟΥ IN HELLENISCH-RÖMISCHER LITERATUR.

Das positive Korrelat zum ἄγνωστος θεός ist γιγνώσκειν (ἐπιγιγνώσκειν, γνωρίζειν) θεόν, γνῶσις (ἐπίγνωσις, διάγνωσις) θεοῦ. Nun würde es zwar zu weit gehen, wenn man das Vorkommen dieser Verbindungen in reinhellenischer Literatur gänzlich bestreiten wollte; aber es hat doch eine besondere Bewandtnis damit.

Was zunächst die verbale Ausdrucksweise betrifft, so ist sie, wenn überhaupt nachweisbar, mindestens sehr selten. Ich kenne sie nur aus einer Stelle, und diese ist besonderer Art: Herakleitos fr. 5 Diels τοῖς ἀγάλμασι δὲ τουτέοισιν εὔχονται ὁκοῖον εἴ τις δόμοισι λεσχηνεύοιτο οὔ τι γινώσκων θεοὺς οὐδ' ἥρωας οἵτινές εἰσι. Hier ist, wie jedem das Sprachgefühl sagt, der Relativsatz entscheidend: οὔτε τὴν τῶν θεῶν οὔτε τὴν τῶν ἡρώων οὐσίαν ist gemeint, aber

γιγνώσκειν u. ä.

88   II. Anknüpfung der Areopagrede an die Altaraufschrift ἀγνώστῳ θεῷ.

dieser abstrakte Begriff wurde, wie aus dem Index zu Diels Vorsokratikern ersichtlich ist, erst nach Herakleitos' Zeit sprachlich geprägt (Philolaos ist, in dem echten Fragmente 11, der älteste Zeuge), dieser mußte sich daher noch einer periphrastischen Ausdrucksweise bedienen, die er, wie oft, auch rhythmisch καθ' Ὅμηρον gibt[1]); abstrakte Begriffe dieser Art konnten aber natürlich jederzeit so verbunden werden[2]), wie denn Herakleitos selbst sagte (fr. 86) ἀπιστίῃ διαφυγγάνει μὴ γιγνώσκεσθαι (nämlich τῶν θείων τὰ πολλά, wie Plutarch, Coriol. 38 zitiert, den Ausdruck des Originals, den wir nicht kennen, paraphrasierend.) Sehen wir davon ab, so kann ich den verbalen Ausdruck, außer in jüdischen und christlichen Kreisen, erst in den Zeiten der Theokrasie nachweisen. Die Worte freilich des Apollonios von Tyana in dem Fragment seiner Schrift über die Opfer: μεθ' ὃν (nach dem πρῶτος θεός) γνωρίζεσθαι τοὺς λοιποὺς ἀναγκαῖον müssen, wie oben (S. 39,4) bewiesen wurde, anders gedeutet werden (γνωρίζειν 'anerkennen'); da aber Philostratos ihn in Reden, die den Eindruck einer wenigstens potentiellen Realität machen[3]), wiederholt τὸ θεοὺς γιγνώσκειν als Ziel der pythagoreischen Philosophie hinstellen läßt, so darf man mit der Möglichkeit rechnen, daß er in der Tat diesen Ausdruck selbst gebraucht hat. Dieser findet sich dann oft in den hermetischen Schriften,

---

1) θεοὺς οὐδ' ἥρωας οἵτινές εἰσι zweite Hälfte eines versus herous (ἥρωος ζ 303, ἥρωας ἀντιθέους Pindar. P. 1, 53 nach einem Epos, wiederholt P. 4, 58 ἥρωες ἀντίθεοι). Sprachlich vergleichbar Χ 9 f. οὐδέ νύ πώ με Ἔγνως ὡς θεός εἰμι.

2) Plat. Parm. 134 E οὐδὲ γιγνώσκομεν τοῦ θείου οὐδὲν τῇ ἡμετέρᾳ ἐπιστήμῃ: dies ist die einzige Stelle dieser Art, die Asts Lexikon für γιγνώσκειν bietet; γνωρίζειν steht so Phaidr. 262 B ὁ μὴ ἐγνωρικὼς ὃ ἔστιν ἕκαστον τῶν ὄντων. Letzteres ist bei Aristoteles nach Bonitz im Index völlig synonym mit γιγνώσκειν; von den dort angeführten Beispielen sei hier eins wiederholt: met. Z 10. 1036ᵃ 8 τὰ αἰσθητὰ λέγονται καὶ γνωρίζονται καθόλου λόγῳ, ἡ δ' ὕλη ἄγνωστος καθ' αὑτήν.

3) Philostr. vit. Apoll. IV 44 ὁ δὲ Ἀπολλώνιος πατρός τε ἐμέμνητο καὶ πατρίδος καὶ ἐφ' ὅ τι τῇ σοφίᾳ χρῷτο, ἔφασκέ τε αὐτῇ χρῆσθαι ἐπί τε τὸ θεοὺς γιγνώσκειν ἐπί τε τὸ ἀνθρώπων ξυνιέναι. VI 11 verspricht ihm die Φιλοσοφία des Pythagoras: καθαρῷ δὲ ὄντι σοι καὶ προγιγνώσκειν δώσω καὶ τοὺς ὀφθαλμοὺς οὕτω τι ἐμπλήσω ἀκτῖνος, ὡς διαγιγνώσκειν μὲν θεόν, γιγνώσκειν δὲ ἥρωα. Daß diese und ähnliche Aussprüche des Apollonios einen Anhalt in der Tradition gehabt zu haben scheinen, zeigt M. Wundt, A. von Tyana, Prophetie und Mythenbildung (in der Zeitschr. f. wiss. Theol. N. F. XIV 1906, 309 ff), durch eine Analyse einzelner Partien der philostratischen Vita, ohne aber gerade auf diesen Begriff näher einzugehen.

z. B. Poim. 4, 2 (p. 35, 3 Parth.) θεατὴς ἐγένετο τῶν ἔργων τοῦ θεοῦ ὁ ἄνθρωπος, καὶ ἐθαύμασε, καὶ ἐγνώρισε τὸν ποιήσαντα 14, 3 (p. 129, 17) ἄξιόν ἐστι νοῆσαι καὶ νοήσαντα θαυμάσαι καὶ θαυμάσαντα ἑαυτὸν μακαρίσαι τὸν γνήσιον πατέρα γνωρίσαντα. τί γὰρ γλυκύτερον πατρὸς γνησίου; τίς οὖν ἔστιν οὗτος καὶ πῶς αὐτὸν γνωρίσομεν; Aber auch noch in diesen späten Zeiten haben Schriftsteller, die hellenisch zu empfinden und bis zu einem gewissen Grade auch noch zu schreiben verstanden, den ihnen fremdartigen Ausdruck sichtlich gemieden[1]); wenn ihn der Christenbekämpfer Celsus, auf den dieses Lob zutrifft, wirklich gebraucht hat (Origenes c. Cels. VI 68 διόπερ ἐὰν ἔρηται ἡμᾶς Κέλσος, πῶς οἰόμεθα γνωρίζειν τὸν θεὸν καὶ πῶς πρὸς αὐτὸν σωθήσεσθαι, ἀποκρινούμεθα κτλ.) und Origenes nicht vielmehr dessen Worte frei wiedergibt, so ist klar, daß er den christlichen Begriff, wie er das gern tat, höhnisch auch in christlicher Formulierung gab.

Über den lateinischen Tatbestand läßt sich, da der Thesaurus für *agnoscere* und *cognoscere* vorliegt und das Material für *noscere* mir durch die Liebenswürdigkeit A. Gudemans (der den Artikel *deus* bearbeitet) zugänglich gemacht worden ist, mit Sicherheit urteilen.

agnoscere, cognoscere, noscere.

---

[1] Jedem aufmerksamen Leser der berühmten Polemik des Plotinos gegen die Gnostiker (enn. II 9) muß auffallen, daß er nicht bloß das Wort γνῶσις vermeidet (er hat es, wie C. Schmidt, Plotins Stellung zum Gnostizismus usw., Texte u. Unters. N. F. V 1901, 41, 1 bemerkt, nur an einer Stelle, § 13 τοὺς ἀπείρους λόγων καὶ πεπαιδευμένης ἀνηκόους καὶ ἐμμελοῦς γνώσεως, also von der wahren Gnosis, nicht der spezifisch so genannten), sondern vor allem, daß er die Phrase γιγνώσκειν (oder γνωρίζειν) θεόν konstant und absichtlich umgeht, obwohl seine Polemik sich gerade auch gegen die gnostische Anmaßung des Gotteserkennens richtet: was Clemens Al. strom. III 4, 31 von denjenigen Gnostikern, gegen die er polemisiert, sagt, θεὸν ἐγνωκέναι μόνοι λέγουσι, meint auch Plotinos (Schmidt a. a. O. 55, 2), aber er paraphrasiert es in immer neuen Wendungen: der Platoniker empfand das Fremdartige des Ausdrucks. Ja auch Clemens, der hellenisches Sprachempfinden besaß, gebraucht, wenn ich mich recht erinnere, in den Stromateis diese Wortverbindungen nie (den Protreptikos und Paidagogos habe ich zu lange nicht gelesen, um darüber urteilen zu können); dagegen steht γνωρίζειν in seinen Exzerpten aus dem Gnostiker Theodotos oft so, z. B. § 10 ὁ υἱός, δι' οὗ γνωρίζεται ὁ πατήρ: diese Beobachtung könnte also für die schwierige Analyse dieser Schrift — Sonderung des Referats von den eigenen Bemerkungen des Clemens (s. o. S. 72,1) — von einiger Bedeutung sein. Vielleicht ergibt sich daraus aber auch, daß Clemens die Verbindung nicht deshalb meidet, weil sie unhellenisch war, sondern weil sie, obwohl gut evangelisch, inzwischen zu einer Art von gnostischem Spezifikum geworden war.

90 II. Anknüpfung der Areopagrede an die Altaraufschrift ἀγνώστῳ θεῷ.

Von diesen Verbindungen findet sich *cognoscere deum* in außerchristlichen Kreisen nie, *agnoscere deum* zweimal bei Cicero nach stoischen Quellen: de leg. I 24[1]) *nullum est animal praeter hominem quod habeat notítiam àliquàm deì*[2]), *ipsisque in homínibus nulla gens est neque tam mansuéta nèque tám ferà, quae non etiamsi ignoret qualem habere deum déceat támen habèndúm sciàt. ex quo efficitur illud ut is agnoscat deum qui unde ortus sit quàsi recòrdétur | ét cognóscat.* Tusc. I 70[3]) *mentem hominis, quamvis eam non videas, út deùm nón vidès, tamen ut deum agnoscis ex operibus eius sic ex memoria rerum . . . . vim divinam méntis àgnóscitò . . . . illud modo videto, út deùm nóris, etsi eius ignores ét locum ét fáciem, sic animum tibi tuum notum ésse opòrtére, etiamsi ignores ét locum ét fòrmam.*[4]) In diesen Worten Ciceros stehen *agnoscere* und *nosse deum*[5]) nebeneinander; letzere Verbindung hat Seneca ein paar Male, darunter besonders bezeichnend und für die nachher zu ziehende Schlußfolgerung wichtig nat. quaest. I praef. 8ff.: wenn Jemand von einem überirdischen Standpunkte aus auf die Erde herabschauen könnte, so würde er, der Kleinheit des Irdischen und der Majestät des Himmlischen inne geworden, Gott erkennen: *illuc demum discit quód diù quaésiit, illic incipít deùm nósse. quid est deus? mens únivérsi. quid est*

---

1) Nach Schmekel, Phil. d. mittl. Stoa, S. 24 u. 63 aus Panaitios.

2) In den Stellen lateinischer Prosaiker markiere ich die von mir als gesetzmäßig erwiesenen Kolaschlüsse ⏑⏑⏔⏑⏑, ⏑⏑⏔⏑⏑⏒, ⏑⏑⏑⏑ (mit den Auflösungen der Längen); die Synaloephe von Vokalen wird überall vollzogen, aber bei dazwischentretendem -m kann die Silbe gezählt oder nicht gezählt werden (daß dies Ciceros Praxis gewesen ist, hat mich inzwischen die Erfahrung gelehrt), also gleich hier ⏑⏑⏑⏑ ⏑⏑⏑ ohne Synaloephe (-*am* wird leise gehört).

3) Wahrscheinlich nach Poseidonios: s. o. S. 25 f.

4) Andersartig Verg. aen XII 260 *accipio* (sc. *omen*) *adgnoscoque deos*: da stammt *adgnoscere* aus der Auguralsprache (wie ich in meinem Kommentar zu VI 193 *maternas adgnovit aves* bemerkte); IX 656 *adgnovere deum proceres* ist dieser Gebrauch dann erweitert.

5) *Noscere deum* kommt bei Cicero (nach Merguet) noch vor in den Worten des Epikureers de deor. nat. I 37 *ita fit ut deus ille quem mente noscimus atque in animi notione tamquam in vestigio volumus reponere, nusquam prórsus appàret;* da hier *animi notio* πρόληψις ist (vgl. § 43), so kann *mente noscimus* auch nur τῇ διανοίᾳ προλαμβάνομεν sein. Und wie in der Replik des Akademikers auf die Worte des Epikureers zu verstehen ist § 98 *deum nosse te dicis* zeigt § 81 *a parvis Iovem, Iunonem . . . . reliquosque deos ea facie novimus qua pictores fictorésque volúerunt*. Dies gehört also nicht in die vorliegende Untersuchung hinein.

3. Lexikalische Untersuchungen. 91

deus? quód vidès tótum et quod nón vidès tótum. sic demum magnitudo illi sua redditur qua nihil maius cógitári potèst, si sólus èst ómnià, si opus suum et intra et èxtrá tenèt. Hier ist Poseidonios als Gewährsmann unbedingt sicher: über das für ihn bezeugte Motiv der Herabschau auf die Erde und die daraus gefolgerte Erkenntnis des Göttlichen haben wir schon oben S. 26 f. kurz gehandelt und werden bald darauf zurückkommen; ich habe aber auch die auf die Worte *deum nosse* folgenden mit ausgeschrieben, weil auch sie uns in ihrer denkwürdigen Formulierung wiederholt werden beschäftigen müssen. Auf dasselbe Motiv wird angespielt de benef. VI 23, 6 *vide, quantum nóbis pèrmiserìt* (sc. *Natura*), *quam non intra homines humani impérii còndicio sìt; vide, in quantum corporibus vagari liceat quae non coercuit fíne tèrrárum sed in omnem partém sui misit; vide, ánimi quántum aúdeànt, quemadmodum soli aut noverint deos aut quaerant et mente in altum elata*[1]) *divina còmiténtur.* Ebenso gesichert ist Poseidonios als Gewährsmann in dem berühmten 90. Briefe (über die Kulturentwicklung), in dem er ihn zweimal zitiert[2]), das zweite Mal kurz vor folgenden Worten (§ 34): *quid sapiens investigaverit, quid in lucem protráxerit quaéris? primum verum naturamque quam non ut cetera animalia oculis secútus est tárdis | ad divina.*[3]) *deinde vitae legem quam ad univérsa dèréxit, nec nosse tantum sed sequi deós*[4]) *dócuit.* Eine weitere Stelle (ep. 95, 47), die durch ihre Übereinstimmung mit einer sicher auf Poseidonios zurückgehenden Ciceros bemerkenswert ist, wird unten zur Sprache kommen. Es bleibt noch ep. 31, 10 *dedit tibi illa* (sc. *Natura*) *quae si non deserueris pár deò súrges. parem autem te deo pecunia non faciét: deùs nihil habèt. praetexta non faciét: deùs núdus èst. fama non faciet nec ostentatio tui et in populos nominis dimissa nòtitia: némo nóvit deùm, multi de illo male existimánt et impúne*; hier erinnern die Worte *nemo novit deum* zufällig an die uns bekannten (o. S. 75, 1) des Evangeliums οὐδεὶς ἔγνω θεόν. — Die drei Belege des Lucanus sind dadurch

1) So M. Haupt (op. III 377) für *data*.

2) Daß er in Einzelheiten ihn bekämpft, macht die Totalbenutzung nur um so gewisser.

3) D. h. νωθροῖς οὖσι πρὸς τὰ θεῖα. Er hat vielmehr *sidereos oculos propiusque adspectat Olympum Inquiritque Iovem*, wie Manilius es an der berühmten, sicher auf Poseidonios zurückgehenden (s. o. S. 16) Stelle IV 907 f. ausdrückt (Poseidonios meinte die ἡλιοειδῆ ὄψιν nach Platon). Das bei Seneca vorausgehende *verum naturamque* war τὴν τῶν ὄντων φύσιν.

4) Anspielung auf ἕπου θεῷ.

bemerkenswert, daß er die Verbindung ausschließlich von Göttern der Fremde gebraucht; nimmt man hinzu seinen *incertus deus* Judäas, von dem oben (S. 60 f.) ausführlich gehandelt wurde, so ist klar, daß für ihn derartige Ausdrucksweise ein fremdartiges Kolorit gehabt hat. Die erste Stelle steht inmitten jener berühmten Schilderung (I 444 ff.) des keltischen Gottesdienstes, die sicher auf Poseidonios zurückgeht[1]): hier heißt es von den Druiden (452 f.): *solis nosse deos et caeli numina vobis Aut solis nescire datum est.* Dieser Stelle nächst verwandt ist III 399 ff., wo er einen uralten heiligen Hain bei Massilia schildert, den Cäsar zu fällen befahl; aus zahlreichen Übereinstimmungen mit der vorigen Stelle ist ganz deutlich, daß er auch hier die Druidenreligion meint[2]); hier heißt es nun mit Bezug auf den Baumkultus Vers 415 f.: *non volgatis sacrata figuris Numina sic metuunt: tantum terroribus addit, Quos timeant non nosse deos.* Die dritte Stelle ist I 640 f.: nachdem sehr ausführlich (584—638) eine Opferschau nach etruskischem Ritus geschildert ist, heißt es von Nigidius Figulus (dem *Pythagoricus et magus,* wie ihn Hieronymus nennt): *at Figulus, cui cura deos secretaque caeli Nosse fuit, quem non stellarum Aegyptia Memphis Aequaret visu numerisque moventibus astra, ... ait* usw.[3])

---

1) Poseidonios war als Gewährsmann letzter Instanz für die übereinstimmende Behandlung des Druidentums bei Lucanus, Strabon, Diodoros schon von Mommsen erkannt worden; der Nachweis ist dann genauer erbracht worden in zwei gleichzeitigen Diss. in Münster (1902) von N. Pinter und J. Baeumer: in einer sehr gehaltvollen Besprechung (Berl. phil. Woch. XXIII 1903, 808 ff.) hat J. Partsch zugestimmt.

2) M. Ihm hat in seinem Artikel 'Druiden' bei Pauly-Wissowa V 1730 ff. die Stelle heranzuziehen unterlassen, obwohl schon L. Paul, Das Druidentum (Jahrb. f. Phil. CXLV) 782 sie richtig verwertet hat (auch in Mannhardts Wald- und Feldkulten habe ich, allerdings bei nur rascher Durchsicht, die Stelle nicht gefunden). Ich bemerke, daß das poetische Ornament der Schilderung dieses Hains bei Massilia durch diejenige des Avernerhains in der Aeneis VI 179 ff. beeinflußt ist: das wird also von den positiven Angaben in Abzug zu bringen sein. Für mich wird dadurch die Vermutung, die ich lange hegte, ohne es zu wagen, sie mehr als andeutungsweise (in meinem Kommentar S 163) auszusprechen, zur Wahrscheinlichkeit, daß Vergil das aus griechischer und lateinischer Poesie unerklärbare Märchen vom goldnen Zweige (im Avernerhaine), das uns so nordisch anmutet, aus dem ihm ja gewiß nicht bloß aus Büchern vertrauten keltischen Vorstellungskreise genommen hat. In einer neuen Auflage des Kommentars, die ich vorbereite, werde ich Gelegenheit nehmen, darauf zurückzukommen.

3) Die übrigen, mir von Gudeman mitgeteilten Belege für die Verbindung

3. Lexikalische Untersuchungen. 93

Die substantivische Verbindung begegnet im Griechischen m. W. γνῶσις. zuerst[1]) bei Epikuros ep. ad Menoeceum p. 60,4 Usener θεοὶ μὲν γάρ εἰσίν· ἐναργὴς γὰρ αὐτῶν ἐστιν ἡ γνῶσις[2]), dann an einer

von *noscere deos* sind zu farblos, als daß sie in Betracht gezogen werden könnten; ich gebe aber der Vollständigkeit halber die Stellen an: Verg. georg. II 493 (auf diese Stelle komme ich, da sie aus einem andern Grunde interessant ist, weiter unten zu sprechen). Ovidius ex Ponto II 8, 61. Manilius I 430. II 434. Silius IV 126. Statius Theb. V 620.

1) Bei Platon kommt (nach Ast) die Verbindung nicht vor, aber Rep. VII 527B kommt einigermaßen nahe: τὸ δ' ἔστι που πᾶν τὸ μάθημα γνώσεως ἕνεκα ἐπιτηδευόμενον. Παντάπασι μὲν οὖν, ἔφη. Οὐκοῦν τοῦτο ἔτι διομολογητέον; Τὸ ποῖον; Ὡς τοῦ ἀεὶ ὄντος γνώσεως, ἀλλ' οὐ τοῦ ποτέ τι γιγνομένου καὶ ἀπολλυμένου. Εὐομολόγητον, ἔφη· τοῦ γὰρ ἀεὶ ὄντος ἡ γεωμετρικὴ γνῶσίς ἐστιν.

2) Ein paar Zeilen vorher (p. 59, 17) sagt er, völlig synonym, ἡ κοινὴ τοῦ θεοῦ νόησις. Nach der Mitteilung eines sodalis unseres Seminars, der sich einen Index verborum zu den Epicurea angelegt hat, kommt γνῶσις θεῶν nur an der im Texte zitierten Stelle vor. Ich benutze die Gelegenheit zu bemerken, daß diese Stelle ganz rhythmisch ist:

θεοὶ μὲν γάρ εἰσιν   ⏑ _ _   _ ⏑ _
ἐναργὴς γὰρ αὐτῶν   ⏑ _ _   ⏑ _ _
ἐστιν ἡ γνῶσις   _ ⏑ _   _ ⏑ _

1) 2 bakch. Dim. (die Bakchien maß er wohl päonisch, nicht iambisch) wie Aisch. Prom. 115 τίς ἀχώ, τίς ὀδμὰ προσέπτα μ' ἀφεγγής; ganz ähnlich p. 61,7 ὅταν δ' ὁ θάνατος παρῇ, τόθ' ἡμεῖς οὐκ ἐσμέν: ⏑ _ ⏑ ⏑ ⏑   _ _ | ⏑ _ _ _ ⏑: zwei Ioniker (der zweite in der Form eines Kretikus), zwei Bakchien. 2) Dann ἐστιν ἡ γνῶσις _ ⏑ _ _ ⏑, das typische Kolon: kret. + troch., das schon bei ihm eine Dominante ist. Das ist die κομματικὴ λέξις, die aus Hegesias geläufig ist, mit dem ihn eben wegen seiner rhythmischen Diktion Theon progymn. p. 71 Sp. zusammennennt (von Hegesias könnte man sagen: νέος ὢν Ἐπικούρῳ γέροντι συνήκμασεν). Eine rhythmische Analyse seiner Briefe könnte ich jetzt mit ganz anderen Mitteln geben als einst (Ant. Kunstpr. 124); z. B. gleich der Anfang dieses Briefes:

μήτε νέος τις ὢν   _ ⏑ ⏑ _ ⏑
μελλέτω φιλοσοφεῖν,   _ ⏑ _ ⏑ ⏑ ⏑ _
μήτε γέρων ὑπάρχων   _ ⏑ ⏑ _ ⏑ _ _
κοπιάτω φιλοσοφῶν   ⏑ ⏑ _ _ ⏑ ⏑ ⏑ _ ,

d. h.: dochm., zwei Kret. (sehr beliebt), chor. Dim., abschließend ein Ioniker mit dem μέτρον μείουρον, durch dessen Anwendung Lukianos im Liede der Podagristen den Eindruck des κεκλασμένον erzielt: κεκλασμένοι ῥυθμοί sind auch die angeführten des Epikuros, von dem man im Geiste der antiken Stilkritiker sagen könnte, daß seine hedonische ἀγωγὴ βίου sich auch in dieser Schreibart ausprägt (wie es Seneca von Maecenas gesagt hat). Leider darf ich das hier nicht weiter verfolgen, hoffe aber, daß ein anderer, der Gefühl für diese Dinge besitzt, dieser Anregung nachgeht; es dürfte sich

94 II. Anknüpfung der Areopagrede an die Altaraufschrift ἀγνώστῳ θεῷ.

Stelle, wo man sie nicht so leicht erwartet, aber in einem für diese Untersuchung wichtigen Zusammenhange: ein Satirentitel Varros lautet 'Pseudulus Apollo περὶ θεῶν διαγνώσεως'. Die Deutung F. Büchelers[1]) (Rh. Mus. XIV 1859, 430. 450) ist sicher: gemeint ist mit dem Gotte, der sich Apollons Namen zu Unrecht usurpierte, Sarapis, ein ξένον δαιμόνιον, dessen Kult in Rom damals um sich griff. Wer περὶ θεῶν διαγνώσεως handelt, zeigt durch die Wahl dieses Titels, daß er den Begriff γνῶσις kennt und imstande ist, die ἀληθής γνῶσις von der ψευδής zu differenzieren (διάγνωσις steht in der o. S 85 aus Philon angeführten Stelle fast synonym mit γνῶσις, wie διαγιγνώσκειν bei Philostratos o. S. 88,3). Der varronische Satirentitel führt uns mithin schon aus dem okzidentalischen Kreise hinaus, in dem ich die Verbindung, von der Epikurstelle abgesehen, überhaupt nicht zu belegen weiß: denn die Zeugnisse der Neuplatoniker haben so wenig Anspruch darauf, als reinhellenische bewertet zu werden, wie die der hermetischen oder christlichen Schriften. In einem Briefe des Apollonios von Tyana (nr. 52) wird in einer ermüdend langen Liste von Gewinnen, die man aus dem Verkehre mit einem ἀνδρὶ Πυθαγορείῳ ziehe, genannt γνῶσις θεῶν, οὐ δόξα; aber dieser (an den Stoiker Euphrates gerichtete) Brief ist sicher unecht, wenngleich die Möglichkeit, daß Apollonios den Ausdruck gebraucht habe, nach dem o. S. 88 über den von ihm vielleicht angewendeten Verbalbegriff Bemerkten offen bleiben kann.

cognitio. Das lateinische Material beschränkt sich für *cognitio dei*[2]) auf Cicero de deor. nat. I 32 *Speusippus ... evellere ex animis conatur cognitionem deorum* II 140 (aus Poseidonios) *quae (providentia) primum eos (homines) humo excitatos celsos et erectos constituit, ut deorum cognitionem caelum intuentes capere possent.* 153 (aus derselben Quelle) *quae (die Wunder der Natur) contuens animus accedit ad cognitionem deorum e qua oritur pietas.* Es ist mir aber zweifelhaft, ob wir anzunehmen haben, daß er hier überall γνῶσις in seinen Quellen fand: es kann auch ἔννοια gelautet haben, der technische Ausdruck (den er auch mit *notitia* wiedergibt), denn

---

auch deshalb lohnen, weil die Textkritik Useners, die hier nicht immer einwandfrei ist (was aber der großen Leistung nur wenig Abbruch tut), hierdurch eine gewisse Kontrolle finden könnte.

1) Er hat δια aus ΑΙΑ hergestellt.
2) Für *agnitio dei* gibt der Thesaurus zahlreiche Stellen, aber nur aus christlichen Autoren.

an der dritten der im Thesaurus angeführten Stellen I 36 *cum vero Hesiodi theogoniam ... interpretatur, tollit* (Zeno) *omnino usitatas perceptasque cognitiones deorum* gibt er sicher ἐννοίας wieder wie § 44 *intellegi necesse est esse deos, quoniam insitas eorum vel potius innatas cognitiones habemus.*

C. ΓΙΓΝΩΣΚΕΙΝ ΘΕΟΝ, ΓΝΩΣΙΣ ΘΕΟΥ IN DEN ORIENTALISCHEN UND SYNKRETISTISCHEN RELIGIONEN

Selbst unter Berücksichtigung der Tatsache, daß uns von der ungeheuren Masse philosophischer Literatur der hellenistischen Zeit nur armselige Trümmer in wörtlicher Fassung erhalten sind, und weiter unter der Voraussetzung, daß mir möglicherweise eine oder die andere Stelle entgangen sein sollte, bleibt doch die Tatsache bestehen, daß wir uns wie in eine andere Welt versetzt glauben, wenn wir auf das Material blicken, das mit hellenischem Wesen eigentlich nur die griechischen Buchstaben gemeinsam hat. Es wäre ja ganz zwecklos, die überaus zahlreichen Stellen der Septuaginta, der Sapientia Sal. und besonders des neuen Testaments zu zitieren, in denen sowohl die verbalen als die substantivischen Verbindungen vorkommen; ich darf mich dem umso eher entziehen, als wir einer Anzahl der alttestamentlichen Stellen schon oben (S. 63, 1) begegnet sind und einige neutestamentliche in den Zitaten des Eirenaios (o. S. 74 f.) gefunden haben; nur auf je eine sehr berühmte aus beiden Testamenten sei auch hier verwiesen: Jesajas läßt nach ein paar einleitenden Worten Gott so anheben zu sprechen (1, 3): ἔγνω βοῦς τὸν κτησάμενον καὶ ὄνος τὴν φάτνην τοῦ κυρίου αὐτοῦ· Ἰσραὴλ δέ με οὐκ ἔγνω, und durch die Stelle des Johannesevangeliums 10, 14 f. hallt das entscheidende Wort wie ein Posaunenton: ἐγώ εἰμι ὁ ποιμὴν ὁ καλός. καὶ γινώσκω τὰ ἐμὰ καὶ γινώσκουσί με τὰ ἐμά, καθὼς γινώσκει με ὁ πατὴρ κἀγὼ γινώσκω τὸν πατέρα.[1])

---

1) Hier noch ein paar Stellen aus dem ersten johanneischen Briefe: 2, 14 ἔγραψα ὑμῖν, παιδία, ὅτι ἐγνώκατε τὸν πατέρα· ἔγραψα ὑμῖν, πατέρες, ὅτι ἐγνώκατε τὸν ἀπ' ἀρχῆς. 3, 1 διὰ τοῦτο ὁ κόσμος οὐ γινώσκει ἡμᾶς, ὅτι οὐκ ἔγνω αὐτόν. 3, 6 πᾶς ὁ ἁμαρτάνων οὐχ ἑώρακεν αὐτὸν οὐδὲ ἔγνωκεν αὐτόν. 4, 6 f. ὁ γινώσκων τὸν θεὸν ἀκούει ἡμῶν ... πᾶς ὁ ἀγαπῶν ἐκ τοῦ θεοῦ γεγέννηται καὶ γινώσκει τὸν θεόν. ὁ μὴ ἀγαπῶν οὐκ ἔγνω τὸν θεόν, ὅτι ὁ θεὸς ἀγάπη ἐστίν. 5, 20 (Schluß des Briefes) οἴδαμεν ὅτι ὁ υἱὸς τοῦ θεοῦ ἥκει, καὶ δέδωκεν ἡμῖν διάνοιαν ἵνα γινώσκομεν τὸν ἀληθινόν (folgt noch eine kurze Warnung vor den εἴδωλα).

96 II. Anknüpfung der Areopagrede an die Altaraufschrift ἀγνώστῳ θεῷ.

Aber es läßt sich ganz allgemein sagen, daß γνῶσις θεοῦ (sowie die verbalen Verbindungen) ein Zentralbegriff war, um den sich die Religionen des Orients in konzentrischen Kreisen bewegten.[1]) Von Hellas dahin eine Verbindungslinie zu ziehen, liegt außer dem Bereiche der Möglichkeit; dagegen scheint der umgekehrte Weg — die Annahme nämlich, daß die schwachen Spuren dieser Vorstellungsform, die die hellenistische Religionsphilosophie bei Cicero zurückgelassen hat, als eine Folgeerscheinung von deren langsamem, aber stetigem Orientalisierungsprozesse aufzufassen seien — eher gangbar. Der eine der angeführten Sätze Ciceros (de deor. nat. II 153) *cognitio deorum, e qua oritur pietas, cui coniuncta iustitia est reliquaeque virtutes, e quibus vita beata exsistit par et similis deorum*, von Seneca ep. 95, 47 kurz zusammengedrängt in die Formel *deum colit qui novit*, findet seine genaue Entsprechung in den hermetischen Schriften, in denen die Frömmigkeit wiederholt als das Resultat oder genauer als die Kongruenz der γνῶσις θεοῦ bezeichnet wird[2]), z. B. Poim. 6,5 (p. 52,17) ἐὰν περὶ τοῦ θεοῦ ζητῇς, καὶ περὶ τοῦ καλοῦ ζητεῖς· μία γάρ ἐστιν ἡ εἰς αὐτὸ ἀποφέρουσα ὁδός, ἡ μετὰ γνώσεως εὐσέβεια[3]) 9,4 (p. 62,8) εὐσέβεια δέ ἐστι θεοῦ γνῶσις, ὃν ὁ ἐπιγνοὺς πλήρης γενόμενος πάντων τῶν ἀγαθῶν τὰς νοήσεις θείας ἴσχει 10, 8f. (p. 72f.): die Unkenntnis Gottes (ἀγνωσία ist der fast sakrosankte Terminus = ἀσέβεια: s. o. S. 64,2) ist κακία ψυχῆς, τοὐναντίον δὲ ἀρετὴ ψυχῆς γνῶσις· ὁ γὰρ γνοὺς καὶ ἀγαθὸς καὶ εὐσεβὴς καὶ ἤδη θεῖος. Für Cicero und Seneca ist Poseidonios als Quelle unbedingt gesichert[4]), also muß auch die mit

---

1) Über das Vorkommen von γνῶσις auf Zauberpapyri: A. Dieterich, Abraxas 148. Seine Ansicht (S. 134, 1), „die 'Erkenntnis', die auch in der christlichen Lehre weiterhin eine große Rolle spiele, sei überhaupt ein Stück hellenischen Einflusses", muß ich freilich auf Grund meines Materials zurückweisen.

2) Einige dieser Stellen auch bei Reitzenstein, Die hellenist. Mysterienreligionen (Leipz. 1910) 112 ff., der sich der merkwürdigen Kongruenz mit der Cicerostelle zufällig nicht erinnerte. Wieviel ich übrigens auch hier Reitzenstein verdanke, wird jeder Kenner seiner Ausführungen merken, auch ohne daß ich es bei jeder Einzelheit sage.

3) Vgl. die oben (S. 63, 1) angeführte Stelle der LXX Prov. 16, 8 ὁ ζητῶν τὸν κύριον εὑρήσει γνῶσιν.

4) Für Cicero hat Diels, Elementum (Leipz. 1899) 2,2 die Nachweise früherer Forscher (besonders Schwenke und Wendland) bestätigt. Ich will nur noch bemerken, daß gerade auch für § 153, das Schlußwort des dritten Teils der Untersuchung in B. II, in dem der Nachweis geführt wird,

Cicero sich so eng berührende Formulierung der hermetischen Traktate durch Zwischenglieder mit Poseidonios verknüpft sein.

Wenn wir nun nach dem tieferen Grunde dafür fragen, daß ein Begriff, der in reinhellenischer Literatur kaum nachweisbar, jedenfalls nur von ganz geringem Werte gewesen ist, von dem Augenblicke an, wo auch sie in den großen synkretistischen Prozeß hineingezogen ward, einzudringen beginnt, bis er sich schließlich zu dem zentralen Religionsbegriffe überhaupt entwickelt, so kann die Antwort nicht zweifelhaft sein. Der Hellene suchte seine Weltanschauung auf spekulativem Wege: mit der ihn auszeichnenden Klarheit begrifflichen Denkens ließ er seinen νοῦς an die Pforten der Erkenntnis klopfen, sein Ziel war intellektuelles Begreifen auf verstandesmäßigem Wege, das mystisch-ekstatische Element ist wenigstens im Prinzip ausgeschaltet. Der Orientale erwirbt sich seine Gotteserkenntnis nicht auf dem Wege der Spekulation, sondern ein in der Tiefe der Seele schlummerndes und durch ein religiöses Bedürfnis erwecktes Gefühlsleben läßt ihn zu einer Einigung mit Gott gelangen; diese wird eben dadurch zu einem völligen Aufgehen in Gott, daß die Erkenntnis mit Ausschaltung des Intellektes auf übernatürlichem Wege erworben wird, indem Gott in seiner Gnade sich dem nach ihm hinstrebenden Gemüte offenbart. So tritt Glauben und erleuchtetes Schauen an die Stelle von Wissen und Begreifen, ein tiefinnerliches Erlebnis an die Stelle der Reflexion; fromme Hingabe an das Unfaßbare ersetzt den stolzen, sich selbst die Grenzen vorschrei-

Hellenischer Intellektualismus und orientalische Religiosität

---

mundum a dis administrari, die Benutzung des Poseidonios handgreiflich ist: den im Texte zitierten Worten gehen diese voraus: *quid vero? hominum ratio non in caelum usque penetravit? soli enim ex animantibus nos astrorum ortus obitus cursusque cognovimus; ab hominum genere finitus est diës hiensis annus, defectiones solis et lunae cognitae praedictaeque in omne posterum tempus, quae quantae quando futurae sint. quae contuens* usw. Das alles sind wohlbekannte Gedanken des Poseidonios. — In dem Senecabriefe wird Poseidonios zweimal zitiert (§ 65), und diese Zitate sind mit dem Anfange des Briefes so verknüpft, daß ihm auch das dazwischen Stehende gehören muß, natürlich nur, soweit es philosophischen Gehalt hat und nicht unerträgliche Deklamation ist, die sich (nebst einigen sonstigen Zusätzen) als Eigentum Senecas leicht ausscheidet. Zwar hat R. Hoyer, Die Heilsidee (Bonn 1897) 60ff. in einer umfangreichen Analyse dieses in der Tat sehr interessanten Briefes den Akademiker Antiochos als Gewährsmann des Seneca erweisen wollen, aber die Einseitigkeit seiner auf Antiochos eingestellten, den Poseidonios eingestandenermaßen (S. 4) beiseite schiebenden Betrachtungsweise hat den Wert des scharfsinnigen Buches auch hier beeinträchtigt.

benden Forschersinn; erst durch die Gottesgemeinschaft (τοῦτό ἐστι τὸ ἀγαθὸν τέλος τοῖς γνῶσιν ἐσχηκόσι θεωθῆναι Poimand. 1, 22, p. 15, 13) wird ein Wissen von Welt und Menschen ermöglicht, und dieses wird daher nur als sekundärer Gewinn gewertet. Dies war die γνῶσις aller hellenistischen Religionen mit Einschluß der christlichen, sowohl der orthodox christlichen als derjenigen Gemeinden, die mit dem Anspruche auftraten, die wahren γνωστικοί zu sein. Wer sich diesen prinzipiellen Gegensatz klar gemacht hat, der ist auch gefeit gegen die Verkehrtheit, bei der Exegese der ältesten christlichen Urkunden mit der hellenischen Φιλοσοφία zu liebäugeln, die damals doch eine schon altersgraue Schöne war — 'cana Veritas, Atticae Philosophiae alumna', mit Varro zu reden —, als die neue auf den Plan trat: ἰδοὺ γέγονε τὰ πάντα καινά. Die ἀντιθέσεις des Markion waren, da sie auf falscher ὑπόθεσις ruhten, von der Großkirche leicht zu widerlegen: die wahre ἀντίθεσις betraf nicht Juden- und Christentum, sondern, wie leider immer und immer wieder betont werden muß, so banal diese Wahrheit auch ist, Hellenen- und Christentum. Ἐξομολογοῦμαί σοι, πάτερ, κύριε τοῦ οὐρανοῦ καὶ τῆς γῆς, ὅτι ἔκρυψας ταῦτα ἀπὸ σοφῶν καὶ συνετῶν, καὶ ἀπεκάλυψας αὐτὰ νηπίοις· ναί, ὁ πατήρ, ὅτι οὕτως εὐδοκία ἐγένετο ἔμπροσθέν σου (ev. Matth. 11, 25 f. = Luk. 10, 21); das ist freilich, wie wir im Anhang IX sehen werden, nicht die αὐτοφωνία τοῦ κυρίου im realen Wortsinne gewesen, wohl aber die ideelle in der Fassung der Urgemeinde, die seines Wesens Art kannte, und in ihrem Geiste hat Paulus von der Nichtigkeit der σοφία dieser Welt an Hellenen geschrieben. Gibt es nun wohl eine grausamere Antithese zu jenem Logion als den stoischen Satz, daß nur der Weise fromm sei, weil er allein das richtige Wissen vom Wesen Gottes habe, während die in ἄγνοια befangenen ἄφρονες, da sie dieser entbehren, ἀνόσιοι καὶ ἀκάθαροι καὶ ἄναγνοι καὶ μιαροὶ καὶ ἀνεόρταστοι seien: so ist das um Christi Geburt von dem Hausphilosophen des Augustus formuliert worden (Areios Didymos bei Stob. ecl. II p. 68 W.). Wenn dann die Dissonanzen dieser weltgeschichtlichen Antithese sich in eine Art von Harmonie auflösten (ein reiner und voller Klang ist nie daraus geworden und konnte es auch nicht), so geschah das dadurch, daß der überspannte Intellektualismus seine Korrektur fand in dem visionären Schauen der Mysterienreligionen. Durch den Einfluß, den Platon, so viel menschlicher fühlend als die stoischen Rigoristen, der Mystik auf seine

Lehre einräumte[1]), ist diese in dem Verschmelzungsprozesse der Religionen von unberechenbar großer Wirkung geworden: denn hier vernahm man, wenigstens im Untertone, Klänge aus den Sphären einer Welt, deren Erkenntnis sich nicht der Vernunft, sondern einem innern Erlebnisse erschloß.

Wenn wir im Verlaufe dieser lexikalischen Untersuchung besonders oft auf Poseidonios geführt wurden, so ist das bedeutungsvoll. Er war freilich noch ein Forscher, der nach Platon, Aristoteles und Eratosthenes mit Ehren bestehen konnte; aber wir kennen ihn genug, um sagen zu dürfen: er hat dem Orientalisierungsprozesse der Stoa und des in diese hineinbezogenen Platonismus so mächtigen Vorschub geleistet, daß er die Bahn für den von ihm stark beeinflußten Philon, die späteren Platoniker und durch deren Medium auch für das sich hellenisierende Christentum freimachte.[2]) Seine Hinneigung zur Mystik ist notorisch: die Platoniker lateinischer Zunge haben sich zur Exegese keiner Schrift mehr hingezogen gefühlt als des in seinem Grundbestande auf Poseidonios (wahrscheinlich den Protreptikos) zurückgehenden Somnium Scipionis, und der Lektüre dieser lateinischen Platoniker bekennt Augustinus neben derjenigen des ciceronischen Hortensius sein Bestes vor der Bekehrung zu verdanken. Groß war die Sehnsucht der Menschen, die die Revolutionen am Ende der römischen Republik erlebt hatten, nach einer geschlossenen Weltanschauung; die Philosophen verschiedenster Richtung wetteiferten, diese Sehnsucht zu befriedigen. Epikuros fand die meisten Anhänger: ihm hatte, wie Lucretius es in feierlicher Rede ausdrückt, der Himmel sich ge-

Poseidonios. — Geschichte zweier liturgischen Formeln.

---

1) E. Rohde, Die Religion der Griechen (Kl. Schr. II) 331: „Mystik ist, recht verstanden, eine Religionsform, die innigste Vereinigung des Menschen mit der Gottheit zum Ziel hat, und zur Voraussetzung eine, in seinem innersten Sein begründete Wesenseinheit des Menschen mit Gott. 'Du kannst nur erkennen, was du selber bist', sagt Meister Eckhart; 'so wirst du aber, da du Gott erkennst, selbst Gott sein'. Der Mensch, der Gott erkennt, wird selber Gott; er war von jeher Gott, aber in seinem Menschendasein ist das Göttliche getrübt und entstellt; es gilt, den Gott in seiner Reinheit wieder zu gewinnen. Dahin weist die Mystik den Weg." Er wendet diese Sätze dann auf die Orphiker, Pythagoreer und (S. 334 ff.) auf Platon an.

2) Wilamowitz, dessen kurze Charakteristik des Poseidonios (im Griech. Lesebuch, Text, zweiter Halbband, S. 185f.) zum Besten gehört, was es über ihn gibt, sagt: „Poseidonios stammte aus dem syrischen Apameia und brachte so das Verständnis des Orientes mit."

öffnet, und er hatte aus dieser Schau mitgebracht für die in Irrtum und Gebundenheit dahinlebenden Menschen die Antwort auf die ewigen Fragen *quid possit oriri, Quid nequeat, finita potestas denique cuique Qua nam sit ratione atque alte terminus haerens* (I 75 ff.), und für unser sittliches Verhalten *exposuit..bonum summum, quo tendimus omnes, Quid foret..., Quidve mali foret..., Et quibus e portis occurri cuique deceret* (VI 26 ff.). Die Seligkeit solcher Erkenntnis hat dann Vergilius gepriesen in den unvergeßlichen Versen *Felix qui potuit rerum cognoscere causas* (und der den Tod selbst überwand), *Fortunatus et ille, deos qui novit agrestes* (georg. II 490 ff.): das ist eine Seligpreisung durch *felix qui*, eingekleidet in hieratische Terminologie, die gerade auch für die Mysteriensprache bezeugt ist.[1]) Vergilius hat also das feierliche Ethos, von dem die Lucretius-

---

1) Hymnus auf Demeter. 480 ff. ὄλβιος ὃς τάδ' ὄπωπεν... Ὃς δ' ἀτελὴς ἱερῶν, ὅς τ' ἄμμορος.. (den erwarte ein weniger gutes Schicksal). Pindaros fr. 137a Schroeder ὄλβιος ὅστις ἰδὼν κεῖν' εἶσ' ὑπὸ χθόν· οἶδε μὲν βίου τελευτάν, οἶδεν δὲ διόσδοτον ἀρχάν. Plutarch. de poet. aud. 4 p. 21F: Sophokles περὶ τῶν μυστηρίων ταῦτα γράψας· ὡς τρισόλβιοι βροτῶν, οἳ ταῦτα δερχθέντες τέλη — doch ich brauche die berühmten Worte nicht weiter auszuschreiben. Euripides Bakch. 73 ff. ὢ μάκαρ, ὅστις εὐδαίμων τελετὰς θεῶν εἰδὼς βιοτὰν ἁγιστεύει. Sehr bemerkenswert scheint mir, daß Empedokles (132 Diels) diese Seligkeitspreisung dessen, der in den Mysterien die Gotteserkenntnis erlangt hat, übertragen hat auf denjenigen, der sie sich durch seine Lehre gewonnen hat: ὄλβιος ὃς θείων πραπίδων ἐκτήσατο πλοῦτον, δειλὸς δ' ᾧ σκοτόεσσα θεῶν πέρι δόξα μέμηλεν (daß auch dieser Kontrast zur hieratischen Formulierung gehörte, zeigen die Worte des Demeterhymnus und Sophokles in der Fortsetzung jener Stelle): genau so verfuhr also Vergilius. Ein Nachklang in lateinischer Sprache: als Lucius in die Isismysterien eingeweiht wird, bricht das Volk angesichts der Prozession in die Acclamatio aus (Apuleius met. XI 16): *hunc omnipotentis hodie deae numen augustum reformavit ad homines, felix hercules et ter beatus, qui... meruerit tam praeclarum de caelo patrocinium*. Die übrigen mir bekannten Belegstellen für solches ὄλβιος (μάκαρ) ὅς führe ich hier kurz an, da es sich um eine alte formelhafte Ausdrucksweise handelt, die in die Mysteriensprache übernommen worden ist, und ich über verwandte Formeln in der zweiten Abhandlung sprechen werde. Das Material ist gewiß noch erweiterungsfähig. Homer. ε 306 τρὶς μάκαρες Δαναοὶ καὶ τετράκις, οἳ τότ' ὄλοντο. Hesiod. th. 96 ὃ δ' ὄλβιος, ὅντινα Μοῦσαι φίλωνται 954 (von Herakles) ὄλβιος ὃς μέγα ἔργον ἐν ἀθανάτοισιν ἀνύσσας Ναίει ἀπήμαντος καὶ ἀγήραος ἤματα πάντα, Erg. 826 (in dem jungen Anhang) εὐδαίμων τε καὶ ὄλβιος, ὅς... Theognis 1013 ἆ μάκαρ εὐδαίμων τε καὶ ὄλβιος, ὅστις ἄπειρος ἄθλων εἰς Ἀίδεω δῶμα μέλαν καταβῇ. Pindar. P. 5,46 μακάριος ὃς ἔχεις κτλ. Choirilos fr. 1 ἆ μάκαρ, ὅστις... (auch

3. Lexikalische Untersuchungen. 101

prooemien getragen sind, mit einer der liturgischen Sprache entnommenen Formel genau wiederzugeben verstanden: denn daß Epikuros die Seligkeit der von ihm visionär erworbenen Erkenntnis in Anlehnung an die Mysteriensprache gepriesen und daß danach Lucretius seine Prooemien auf den Ton eines ἱερὸς λόγος gestimmt hat, ist ein wunderschöner Nachweis, der dem amerikanischen Gelehrten A. Heidel verdankt wird.[1]) Für Lucretius ist es nun der höchste Triumph dieser Erkenntnis, daß sie von der *religio* befreit; der Eifer, mit dem er nicht müde wird, dies immer und immer wieder einzuschärfen, wird verständlich, wenn wir bedenken, daß Poseidonios (dessen Spuren man auch sonst bei Lucretius oft genug finden kann), wie wir aus Cicero entnahmen (S. 94), umgekehrt die *pietas* als ein Resultat der *cognitio deorum* hingestellt hatte[2]): den stoischen Positivisten wollte der Epikureer verdrängen, indem er die wahre γνῶσις τῆς τῶν ὄντων φύσεως, die *maiestas cognita rerum* (V 7) lehrte.

Dabei ist noch folgende Einzelheit bemerkenswert. Absichtlich habe ich soeben aus den Lucretiusproömien die metaphysischen und

---

diese berühmten Verse brauche ich nicht weiter zu zitieren). Aristophanes Ekkl. 1129 ff. sagt die Dienerin zu Blepyros: ὦ δέσποτ᾽ ὦ μακάριε καὶ τρισόλβιε. Er: Ἐγώ; Sie: σὺ μέντοι νὴ Δί᾽ ὥς γ᾽ οὐδεὶς ἀνήρ. Τίς γὰρ γένοιτ᾽ ἂν μᾶλλον ὀλβιώτερος, Ὅστις κτλ. (etwas anders der Schlußchor der Eirene, der so beginnt: ὦ τρὶς μάκαρ ὡς δικαίως τἀγαθὰ νῦν ἔχεις). Menandros fr. 114, III 34 K. μακάριος ὃς κτλ. Philemon fr. 93 II 507 K. ὦ τρισμακάρια πάντα καὶ τρισόλβια Τὰ θηρί᾽, οἷς κτλ. — Aus lateinischen Dichtern: Vergilius (außer der Georgicastelle) Aen. I 94 *o terque quaterque beati, quis*... (genaue Nachbildung der zitierten Verse der Odyssee). Tibullus I 10, 63 *quater ille beatus, quo*... Horatius epod. 2, 1 *beatus ille, qui* carm. I 13, 17 *felices ter et amplius, quos*... Aus Ovidius notierte ich mir ex Ponto II 8, 57 *felices illi, qui.. deum corpora vera vident*; für *beatus* aus späteren Dichtern noch ein paar Stellen im Thesaurus. — In den Seligpreisungen der Bergpredigt (ev. Matth. 5) folgt auf μακάριοι nie ein Relativsatz, eine unscheinbare, aber doch ganz charakteristische Differenz weniger des Gedankens als des Stils, aber Stildifferenzen sind, wo es sich um die Frage ursächlichen Zusammenhangs handelt, entscheidender als Gedankenkonkordanzen, die auch unabhängig entstanden sein können; ohnehin würde in diesem Falle niemand auf den tollkühnen Gedanken eines Kausalnexus kommen, zumal Psalm 1, 1 μακάριος ἀνήρ, ὃς οὐκ ἐπορεύθη ἐν βουλῇ ἀσεβῶν das Gegenteil bewiese.

1) 'Die Bekehrung im klass. Altertum, mit besonderer Berücksichtigung des Lucretius', Zeitschr. f. Religionspsychologie III (1910) 377 ff.

2) Auch Poseidonios hatte die Philosophie mit den Mysterien verglichen: Seneca ep. 59, 64 (der Name des P. folgt unmittelbar).

ethischen Fragen wörtlich ausgeschrieben, nach deren Beantwortung die Menschheit, um eine geschlossene Weltanschauung zu gewinnen, sich sehne. Es muß nämlich üblich gewesen sein, solche Fragen katechismusartig aneinanderzureihen. Horatius unterhält sich mit seinen Gutsnachbarn nicht *de villis domibusve alienis, Nec male necne Lepos saltet, sed quod magis ad nos Pertinet et nescire malumst agitamus: utrumne Divitiis homines an sint virtute beati, Quidve ad amicitias, usus rectumne, trahat nos, Et quae sit natura boni summumque quod eius* (sat. II 6, 71 ff.). Da handelt es sich also um ethische Probleme, aber auch die höchsten Fragen wurden in dieser Weise formuliert. In dem vierten hermetischen Traktate des Poimandres (4 p. 35 f. Parth.) heißt es von Gott: „Er füllte einen großen Mischkrug mit Geist, sandte einen Herold ($κήρυκα$) mit ihm hernieder und befahl diesem, den Seelen der Menschen folgendes zu verkünden ($κηρύξαι$): 'Tauche dich ($βάπτισον σεαυτήν$) in diesen Mischkrug, du, die du dies vermagst, die du glaubest, daß du emporsteigen wirst zu dem, der den Mischkrug sandte, die du erkennest, zu was du geboren bist ($ἡ γνωρίζουσα ἐπὶ τί γέγονας$).' Alle diejenigen nun, die die Verkündigung begriffen und sich in den Geist eintauchten ($ἐβαπτίσαντο τοῦ νοός$), erhielten Anteil an der Erkenntnis ($τῆς γνώσεως$) und wurden vollkommene Menschen, da sie den Geist empfangen hatten; alle diejenigen dagegen, die die Verkündigung verpaßten, empfingen zwar die Gabe artikulierter Rede ($λόγον$), nicht aber den Geist dazu, und infolgedessen sind sie in Unkenntnis darüber, wozu sie geboren sind und von wem ($ἀγνοοῦσιν, ἐπὶ τί γεγόνασι καὶ ὑπὸ τίνος$).“ Also eine, wie mir scheint, höchst merkwürdige Taufe im Geiste zum Zwecke einer $γνῶσις$ der höchsten Dinge. Mir hatte sich diese Stelle fest eingeprägt, als ich zu meinem Erstaunen in den clementinischen excerpta ex Theodoto 78 folgendes las: $ἔστιν δὲ οὐ τὸ λουτρὸν μόνον τὸ ἐλευθεροῦν, ἀλλὰ καὶ ἡ γνῶσις, τίνες ἦμεν, τί γεγόναμεν·$ $ποῦ ἦμεν ἢ ποῦ ἐνεβλήθημεν· ποῦ σπεύδομεν, πόθεν λυτρούμεθα· τί γέννησις, τί ἀναγέννησις.$ Das ist wieder solch eine Geistestaufe, die die $γνῶσις$ der letzten Fragen vermittelt; diese Exzerpte betreffen die Lehren der Schule des Gnostikers Valentinos (s. o. S. 72,1). Dieselbe Formel ist vorausgesetzt in einem Gebete der gnostisch gefärbten acta Thomae c. 15 (acta apocr. ed. Bonnet, Leipz. 1903, p. 121): $ὁ τὰ ἴδια σπλάγχνα μὴ ἐπισχὼν ἐξ ἐμοῦ τοῦ ἀπολλυμένου, ἀλλὰ ὑποδείξας μοι ζητῆσαι ἐμαυτὸν καὶ γνῶναι,$

3. Lexikalische Untersuchungen. 103

τίς ἤμην καὶ τίς καὶ πῶς ὑπάρχω νῦν, ἵνα πάλιν γένωμαι ὃ ἤμην. Die Geschichte dieser in den Kreisen der hermetischen und christlichen Gnostiker des zweiten und dritten Jahrhunderts offenbar typischen und verbreiteten Weltanschauungsformel zu verfolgen, dürfte von Interesse sein. Einige Jahrzehnte nach Valentinos (etwa 140 in Rom) schrieb der Kaiser Marcus VIII 52: ὁ μὲν μὴ εἰδώς, ὅ τι ἐστὶ κόσμος, οὐκ οἶδεν ὅπου ἐστίν. ὁ δὲ μὴ εἰδώς, πρὸς ὅ τι πέφυκεν, οὐκ οἶδεν ὅστις ἐστίν, οὐδὲ τί ἐστι κόσμος.... οἳ οὔθ' ὅπου εἰσίν, οὔτε οἵτινές εἰσι, γινώσκουσι. Ein älterer Zeitgenosse des Valentinos war Epiktetos; eine Vorlesung (II 10) begann er mit den Worten: σκέψαι τίς εἶ: er muß die Formel gekannt haben, denn § 6 zitiert er daraus, als Ansicht von (ungenannten) φιλόσοφοι (vgl. § 5), die Worte: πρὸς τοῦτο γεγόναμεν; die Bekanntschaft mit der Formel zeigt er dann vor allem auch I 6, 25: οὐκ αἰσθήσεσθε τοίνυν, οὔτε τίνες ἐστὲ οὔτε ἐπὶ τί γεγόνατε οὔτε τί τοῦτό ἐστιν, ἐφ' οὗ τὴν θέαν παρείληφθε (mit den letzteren Worten meint er die θεωρία τῆς φύσεως). Von der hadrianischen Zeit steigen wir zur neronischen empor durch zwei Stellen des Seneca und Persius. Seneca ep. 82, 6: *quantum possumus ab illa (fortuna) resiliámus: quod sola praestabit sui naturaéque cógnitio. sciat quo iturús sit unde órtus, quod illi bonum quód malúm sit; quid petát quid èvitet, quae sit illa ratio quae adpetenda ac fugiénda discérnat, qua cupiditatum mansuéscit insánia, timorum saevítia cómpéscitur.* Diese Stelle ist dadurch von Interesse, weil sie die metaphysischen Fragen mit den ethischen verbunden zeigt, also eine Art von Kombination der aus den beiden Lucretiusproömien zitierten Stellen. Dieselbe Verbindung zeigen die Verse des Persius 3, 66 ff.[1]):

discite et, o miseri[2]), *causas cognoscite rerum:*
quid sumus et quidnam victuri gignimur, ordo
quis datus aut metae qua mollis flexus et unde,

---

1) In seinem Kommentar zu diesen Versen führt O. Jahn die meisten der obigen Stellen, mit Ausnahme der christlichen, an.

2) *discite o miseri* die alte Überlieferung, der auch Augustinus in einem Zitate dieser ganzen Versreihe folgt (de civ. dei II 6). Daß die Emendation der jungen Hss. auch deshalb anzunehmen sei, weil *o miseri* (ταλαίπωρε, τάλας u. ä. öfter bei Epiktetos) nach dem Ausweise des imitierten Vergilverses (*felix qui potuit* usw.) zum folgenden gehöre, bemerkt Leo, Herm. XLV (1910) 43, 1. *Discite* am Versanfang ist wohl Reminiszenz an den hochberühmten Vers der Aeneis VI 690: *discite iustitiam moniti et non temnere divos*.

104　II. Anknüpfung der Areopagrede an die Altaraufschrift ἀγνώστῳ θεῷ.

quis modus argento, quid fas optare, quid asper
utile nummus habet, patriae carisque propinquis
quantum elargiri deceat, quem te deus esse
iussit et humana qua parte locatus es in re.

Daß der erste dieser Verse mit Absicht auf Vergils *causas cognoscere rerum* hinweise, notieren die Scholien; dieselben richtig: *discite ergo aut naturalem philosophiam aut moralem* und: *dicit unumquemque debere discere omnium rerum rationem, ut sciat, quid ipse est et ob quam causam natus est*; die Worte des Dichters *cognoscite.., quid sumus et quidnam .. gignimur* lesen sich wie eine Paraphrase derjenigen, die wir eben in den gnostischen Exzerpten des Clemens fanden: ἡ γνῶσις, τίνες ἦμεν, τί γεγόναμεν. Noch etwas weiter hinauf, etwa an das Ende des ersten Drittels des 1. Jahrh. führt uns folgendes Zeugnis. Der Verfasser der Schrift περὶ ὕψους schreibt an einer besonders schwungvollen Stelle (c. 35,2) so (ich muß sie, obwohl uns nur das letzte Sätzchen daraus unmittelbar angeht, doch ganz hersetzen, weil ich eine Folgerung daraus zu ziehen haben werde): „Woraus ist es nun zu erklären, daß jene göttlichen Männer trotz ihres Strebens nach den Höhen schriftstellerischer Kunst sich doch über die peinliche Beobachtung aller Einzelheiten glaubten hinwegsetzen zu dürfen? Vor allen Dingen war es die Erkenntnis, daß die Natur uns nicht zu einem niedrigen und unedlen Dasein bestimmte, sondern daß sie uns ins Leben und in die gesamte Welt wie in eine große Festversammlung einführte, auf daß wir Zuschauer wären ihres Ringens um die Siegespreise und auch unsererseits strebsame Mitkämpfer; dadurch aber pflanzte sie in unsere Seelen sofort eine unbezwingliche Liebe zu allem dem, was immerdar groß ist und erhaben über das Niveau des Irdischen. Deshalb genügt der Spekulation und dem Sinnen des menschlichen Unternehmungsgeistes nicht einmal die ganze Welt, sondern oftmals schreiten seine Gedanken hinaus über die Grenzen der Atmosphäre, und wenn Jemand von da rings einen Umblick auf die Welt tun und erkennen könnte, welche Überfülle des Erhabenen und Großen und Schönen in ihr waltet, so würde ihm bei solcher Schau bald die Bestimmung des Menschen offenbar werden (ταχέως εἴσεται, πρὸς ἃ γεγόναμεν).“ In welche Kreise führen uns diese Gedanken und diese schriftstellerische Kunst? Platon + Stoa: so urteilt auch Wilamowitz, der den Abschnitt, aus dem diese Sätze stammen, in sein Lesebuch aufgenommen hat (Erläuterungen zu S. 381, 4 ff.).

Also Poseidonios? Wir müßten diese Frage auch dann bejahen, wenn wir keinen anderen Beweisgrund hätten als den des Stils, denn wir kennen keinen anderen platonisierenden Stoiker, der diesen von Platon geprägten Höhenstil zu handhaben gewußt hätte außer Poseidonios.[1]) Nun aber steht durch Ciceros Nachbildung im Somnium Scipionis fest[2]), daß Poseidonios in einer sehr berühmten Schrift, aller Wahrscheinlichkeit nach dem Protreptikos, das für die Apokalypsen seit Alters typische Bild des Herabschauens auf die irdische Welt aus hyperkosmischer Höhe ausgeführt hat, und zwar eben zu dem Zwecke, um daraus die Vergänglichkeit des Irdischen und die Verpflichtung des Menschen zur Erhebung über die Welt des Irdischen zu erweisen; daher läßt Cicero den Scipio über das Verhältnis von Seele und Körper sprechen und über die Aufgabe des Menschen, schon auf Erden das Himmlische zu meditieren: man darf sagen, daß seine Ausführungen sich lesen wie der Text zu dem Motto, ὅτι δεῖ ἡμᾶς εἰδέναι, πρὸς ἃ γεγόναμεν. Wir haben oben (S. 26 f.) gesehen, daß der Verfasser des fünften hermetischen Traktats das Motiv der Schau aus der Höhe ausführlich gebracht

---

1) Ich möchte noch darauf hinweisen, daß auf die angeführten Worte der Schrift περὶ ὕψους ein begeistertes Praeconium auf die großartige Schönheit mächtiger Ströme (Nil, Donau, Rhein), des Ozeans, der Aetnaeruption folgt (φυσικῶς πως ἀγόμενοι θαυμάζομεν wird das eingeleitet). Ich brauche wohl nicht zu sagen, wie gut das zu Poseidonios' Art stimmt: über eben diese Ströme und den Ozean lesen wir seine Worte, meist noch ziemlich genau, bei Strabon, und was über die Eruption des Aetna gesagt wird (ἧς αἱ ἀναχοαὶ πέτρους τε ἐκ βυθοῦ καὶ ὅλους ὄχθους ἀναφέρουσι καὶ ποταμοὺς ἐνίοτε τοῦ γηγενοῦς ἐκείνου καὶ αὐτοῦ μόνον προχέουσι πυρός), liest sich wie ein Extrakt der bedeutenden Schilderung im Aetnagedicht Vers 456 ff. (insbesondere das αὐτὸ μόνον πῦρ erinnert daran, daß der Verf. jenes Gedichts hier und sonst die 'Heiligkeit' dieses Feuers hervorhebt: es ist das εἰλικρινὲς πῦρ des stoischen Weltstoffes): daß das Material jenes Gedichtes, auch seine partieenweise gehobene Sprache auf Poseidonios zurückgeht, ist von S. Sudhaus in seinem Kommentar (Leipz. 1898) S. 59 ff. zwingend bewiesen worden, und gerade auch zu den erwähnten Versen macht er eine auf Poseidonios zielende Bemerkung über die Art dieses Urfeuers. Daß auch im ciceronischen Somnium 20 ff. die geographischen Verhältnisse in einer weit über Ciceros Horizont hinausgehenden Feinheit herangezogen werden (er nennt da auch den Ozean und von Flüssen den Nil und Ganges), ist in diesem Zusammenhange auch bemerkenswert. Dies kam bei Poseidonios um so sicherer vor, als es auch Seneca nat. quaest. praef. I 8 ff. in seiner dem P. nachgebildeten Schau aus überirdischer Höhe bringt.

2) Nachweise habe ich in der Einl. meines Comm. zur Aeneis VI gegeben.

106 II. Anknüpfung der Areopagrede an die Altaraufschrift ἀγνώστῳ θεῷ.

hat und sich dabei einmal mit Cicero wörtlich berührt *(caeli conversio concitatior* = οὐρανοῦ τὴν ταχυτάτην περίβασιν). Sein vierter Traktat, aus dem soeben der merkwürdige Abschnitt über die Geistestaufe zum Zwecke der Erkenntnis, ἐπὶ τί γεγόναμεν καὶ ὑπὸ τίνος, mitgeteilt wurde, ergänzt das aus dem fünften Erschlossene in erwünschter Weise. In ihm wird nämlich nach den zitierten Worten so fortgefahren: αἱ δὲ αἰσθήσεις τούτων (nämlich derjenigen, die ἀγνοοῦσιν, ἐπὶ τί γεγόνασι καὶ ὑπὸ τίνος) ταῖς τῶν ἀλόγων ζῴων παραπλήσιαι, καὶ ἐν θυμῷ καὶ ἐν ὀργῇ τὴν κρᾶσιν ἔχοντες οὐ θαυμάζουσι τὰ θέας ἄξια, ταῖς δὲ τῶν σωμάτων ἡδοναῖς καὶ ὀρέξεσι προσέχοντες διὰ ταῦτα τὸν ἄνθρωπον γεγονέναι πιστεύουσιν. ὅσοι δὲ τῆς ἀπὸ τοῦ θεοῦ δωρεᾶς μετέσχον, οὗτοι ... κατὰ σύγκρισιν τῶν ἔργων ἀθάνατοι ἀντὶ θνητῶν εἰσι, πάντα ἐμπεριλαβόντες τῷ ἑαυτῶν νοῒ τὰ ἐπὶ τῆς γῆς, τὰ ἐν οὐρανῷ καὶ εἴ τι ἐστὶν ὑπὲρ οὐρανόν. τοσοῦτον ἑαυτοὺς ὑψώσαντες εἶδον τὸ ἀγαθόν, καὶ ἰδόντες συμφορὰν ἡγήσαντο τὴν ἐνθένδε διατριβήν, καὶ καταφρονήσαντες πάντων τῶν σωματικῶν καὶ ἀσωμάτων ἐπὶ τὸ ἓν καὶ μόνον σπεύδουσιν. In diesen Worten sind nicht weniger als drei Gedanken enthalten, die auch in jener ciceronischen Schrift vorkommen. Die Worte οὐ θαυμάζουσι τὰ θέας ἄξια — genau so die θέα, zu der der Mensch nach Epiktets soeben (S. 103) angeführten Worten geboren ist — sind, da sie beziehungslos dastehen, zumal in ihrer negativen Fassung, erst verständlich, wenn man sich erinnert, daß bei Cicero der j. Scipio es nicht lassen kann, bevor er die eigentliche Weihe erhalten hat, immer wieder das Irdische zu bewundern: 17 *quam* (sc. *terram*) *cum magis intuerer, 'quaeso' inquit Africanus 'quousque humi defixa tua mens erit?' nonne aspicis quae in templa veheris?* 19 f. *haec* (die Sphärenmusik) *ego* (der j. Scipio) *admirans referebam tamen oculos ad terram identidem. tum Africanus 'sentio' inquit 'te sedem etiam nunc hominum ac domum contemplari: quae si tibi parva, ut est, ita videtur, haec caelestia semper spectato, illa humana contemnito'* (vgl. 25 *alte spectare si voles atque hanc sedem et aeternam domum contueri*). Auch die Worte ἀθάνατοι ἀντὶ θνητῶν εἰσι kommen bei dem Hermetiker ziemlich unvermittelt, während die entsprechenden Ciceros (26) *deum te igitur scito esse* sorgfältig vorbereitet und dem Zusammenhange eingepaßt sind.[1]) Wie endlich der Hermetiker seinen Traktat mit den Worten schließt: τοσοῦτον ἑαυτοὺς ὑψώσαντες εἶδον τὸ

---

1) Analog Seneca a. a. O. (o. S. 105, 1) § 12 *animus, velut vinculis liberatus* ... *illum divina*

ἀγαθόν, καὶ ἰδόντες συμφορὰν ἡγήσαντο τὴν ἐνθάδε διατριβήν, καὶ καταφρονήσαντες πάντων τῶν σωματικῶν καὶ ἀσωμάτων ἐπὶ τὸ ἓν καὶ μόνον σπεύδουσιν, so Cicero den seinigen mit diesen: *hanc* (sc. *naturam animi*) *exerce optimis in rebus; sunt autem optimae curae de salute patriae*[1]), *quibus agitatus et exercitatus animus velocius in hanc sedem et domum suam pervolabit, idque ocius faciet, si iam tum cum erit inclusus in corpore eminebit foras* (das war: προκύψει θύραζε) *et ea quae extra erunt contemplans quam maxime se a corpore abstrahet* (es folgen noch ein paar Worte über das Schicksal der in der Sinnenwelt begrabenen Seelen); ja sogar der besondere Gedanke, daß die vernünftigen Seelen aus Sehnsucht nach dem Höheren ein Ende mit dem irdischen Leben zu machen und sich mit der Gottheit zu vereinigen eilen (σπεύδουσιν), muß in der Vorlage gestanden haben, denn auf die Worte des Africanus (14) *ii vivunt qui e corporum vinculis tamquam e carcere evolaverunt, vestra vero quae dicitur vita mors est* antwortet Scipio '*quaeso ... quid moror in terris? quin huc ad vos venire propero?*' (was ihm dann untersagt wird).[2])

Nun bin ich mir freilich bewußt, daß man bei Untersuchungen wie der soeben angestellten immer mit der Tatsache zu rechnen hat, daß platonische und stoische Gedanken und Ausdrucksformen mit der Zeit in einem fast beispiellosen Grade Gemeingut weitester Kreise geworden sind, und fühle mich daher gänzlich fremd der Illusion derer, die aus Nach- und Anklängen von Motiven und Ausdrücken gleich auf direkte Benutzung eines bestimmten Autors und vielleicht gar einer bestimmten Schrift glauben schließen zu dürfen. Aber angesichts von Übereinstimmungen wie den genannten bin ich doch zweifelhaft, ob solche Vorsicht im vorliegenden Falle nicht zu weit gehe. Übrigens kommt auf die Entscheidung, ob direkte oder indirekte Benutzung vorliegt, wenig an: ein sehr vernehmlicher Nach-

---

delectant ...; curiosus spectator excutit singula et quaerit. quidni quaerat? scit illa ad se pertinere.

1) Dies ist eine Spezialisierung Ciceros für den vorliegenden Zweck, aber die Klasse der politischen σωτῆρες war auch von Poseidonios in diesem Zusammenhange genannt worden (vgl. meinen Komm. zu Aen. VI S. 35).

2) Zugrunde liegt unzweifelhaft Plat. Theaet. 176 A B πειρᾶσθαι χρὴ ἐνθένδε ἐκεῖσε φυγεῖν ὅ τι τάχιστα. φυγὴ δὲ ὁμοίωσις θεῷ κατὰ τὸ δυνατόν. Die Berühmtheit dieser Worte bei den späteren Platonikern zeigt ihre Hinübernahme in die Lehrschrift des Albinos c. 28; σπεύδειν steht so auch in dem 'chaldäischen Orakel' bei Kroll, Bresl. phil. Abh. VII 1, 52 und in der oben S. 102 erwähnten gnostischen Mysterienformel.

108 II. Anknüpfung der Areopagrede an die Altaraufschrift ἀγνώστῳ θεῷ.

klang von Gedanken des Poseidonios wird zugestanden werden müssen. Katechismusartige Fragen, wie die erwähnten, dürfen wir auch sonst für ihn vermuten, aber sie reichen über ihn hinauf in die alte Stoa.[1]) Jene Weltanschauungsformel aber, die auch bei Panaitios-Cicero de leg. I 24 *ut is agnoscat deum qui unde ortus sit quasi .. cognoscat* (s. o. S. 90) vernehmlich anklingt, ist ihrer Idee nach viel älter: 'selig, wer nach der Schau jener Dinge in die Tiefe eingeht: er kennt des Lebens gottgewollten Anfang und Ende' sagte Pindaros über τὰ ἐν Ἐλευσῖνι μυστήρια, wie Clemens, der die Worte überliefert, ausdrücklich bemerkt. Was ist dies εἰδέναι βίου τελευτὰν καὶ ἀρχάν (Cic. de leg. II 36: in den Eleusinien *principia vitae cognovimus ... cum spe meliore moriendi*) im Grunde anderes als die γνῶσις, ποῦ ἦμεν καὶ ποῦ σπεύδομεν? Und lassen sich Pindars orphischen Mysterien entlehnte Äußerungen über Geburt und Wiedergeburt (die Stellen bei

---

1) Über die Literatur der ἐρωτήματα habe ich im Hermes XL (1905) 517 ff. gehandelt und gezeigt, daß sie für die εἰσαγωγή typisch waren, eine Literatur, die ihrerseits wieder ein Zweig der protreptischen war; für Poseidonios ist eine εἰσαγωγὴ περὶ λέξεως bezeugt (ebenda S. 524), aber Chrysippos war mit diesem allem vorangegangen: denjenigen, die, statt sich mit dem Nachweise der Geschichte von Gedanken und Motiven zu begnügen, Namenjagd treiben, ist die Lektüre des Schriftenkatalogs des Chrysippos zu empfehlen, auf daß sie kleinmütiger werden. Übrigens waren mir, als ich die genannte Abhandlung schrieb, die hier im Texte erörterten Zusammenhänge noch nicht klar geworden; ich hätte sonst hinzufügen können, daß die Propositio, die Horatius dem zweiten Teile seiner Poetik gibt (307 f.): *unde parentur opes, quid alat formetque poetam, quid deceat quid non, quo virtus quo ferat error* die Applikation solcher philosophischen Fragen περὶ ἀρετῆς καὶ κακίας auf die Ästhetik ist. Die katechismusartige Form (κατὰ πεῦσιν καὶ ἀπόκρισιν) ist noch ganz deutlich in den Schlußworten des achten Poimandrestraktats (p. 59 Parth.): εὐφήμησον, ὦ τέκνον, καὶ νόησον, τί θεός, τί κόσμος, τί ζῷον ἀθάνατον, τί ζῷον διαλυτόν. καὶ νόησον, ὅτι ὁ μὲν κόσμος ὑπὸ τοῦ θεοῦ καὶ ἐν τῷ θεῷ, ὁ δὲ ἄνθρωπος ὑπὸ τοῦ κόσμου καὶ ἐν τῷ κόσμῳ, ἀρχὴ δὲ καὶ περιοχὴ καὶ σύστασις πάντων ὁ θεός. Mit der Frage τί θεός; und der Antwort ἀρχὴ καὶ περιοχὴ καὶ σύστασις πάντων vergleiche man die o. S. 90f. aus Seneca nat. quaest. I praef. 13 angeführten Worte: *quid est deus? mens universi* (daß Seneca hier auf Poseidonios fußt, ist sicher), sowie mit der Frage τί ζῷον usw. die Überschrift, die Porphyrios dem ersten Stücke der ersten Enneade des Plotinos gegeben hat: τί τὸ ζῷον καὶ τίς ὁ ἄνθρωπος: so schon in der aus Gaios' Schule stammenden εἰσαγωγή des Albinos (Plat. ed. C. F. Hermann VI 161): τοῦ φυσικοῦ (sc. λόγου τέλος) τὸ μαθεῖν, τίς ποτ' ἐστὶν ἡ τοῦ παντὸς φύσις καὶ οἷόν τι ζῷον ὁ ἄνθρωπος καὶ τίνα χώραν ἐν κόσμῳ ἔχων. Ein Nachklang in der 'altercatio Hadriani et Epicteti' (ed. Fabricius, Bibl. graeca, 1. Aufl. XIII): *quis deus? .... quis homo? .... quis mundus?* u. dgl.

E. Rohde, Psyche¹ 496 ff.) auf eine bündigere Formel bringen als die jener gnostischen Mysterien: τί γέννησις, τί ἀναγέννησις? In der Ausdeutung des Mysterienglaubens haben sich Philosophie und Religion die Hände gereicht: eine Vereinigung auf dieser Grundlage müssen wir schon für Poseidonios annehmen, da die Eschatologie des Vergilius sie voraussetzt (Komm. zur Aen. S. 33ff.). Für die Platoniker ist sie oft bezeugt: dem Numenios erschienen im Traume die eleusinischen Göttinen mit Vorwürfen darüber, *quod Eleusinia sacra interpretando vulgaverit* (Macrob. in somn. Scip. I 2, 19); das ist derselbe Vorläufer des Platonismus, dessen Unterscheidung des höchsten Gottes von dem Demiurgen (s. o. S. 72f.) mit der Lehre des Valentinos so übereinstimmt, daß ein Abhängigkeitsverhältnis, und zwar unbedingt des Numenios von Valentinos, anzunehmen ist. Kein Wunder also, wenn wir in gnostischen Mysterien Formeln finden, die sich als halbphilosophische Umprägungen von Glaubenssätzen der althellenischen Mysterien erweisen. Aber diese Zusammenhänge bedürfen noch einer Untersuchung: weder Lobeck noch die Neueren sind in ihren Büchern über das Mysterienwesen darauf eingegangen.

Die vorstehenden lexikalischen Untersuchungen über das Vorkommen von ἄγνωστος θεός und seinen positiven Korrelaten (γνῶσις θεοῦ u. ä.) ergänzen sich gegenseitig. Ἄγνωστος θεός könnte für griechisches Sprachempfinden nur bedeuten 'der unbekannte (oder: der unerkennbare) Gott': da aber diese Vorstellung weder dem Realitätssinne des hellenischen Volkes noch dem Denkvermögen seiner Forscher entsprach, so konnte sie auch in der Sprache keine Ausprägung bekommen, solange die Kräfte konkreter Anschauung und disziplinierten Denkens sich rein erhielten. Aber durch die Theokrasie (wie ich mit den Platonikern lieber sage als mit den meisten Modernen Synkretismus) wurde die Mystik, die zwar als Unterströmung vorhanden, aber von den Religionsphilosophen bisher durch strenge Norm des Denkens in Schranken gehalten worden war, ein entscheidender Faktor religiösen Empfindens; die ewigen Fragen nach den höchsten Dingen wurden als Probleme des Verstandes ausgeschaltet, erhielten aber zum Ersatz für ihre spekulative Entwertung eine über das Reich des Intelligiblen emporgehobene Antwort: γνῶσις θεοῦ wird das Losungswort im Konkurrenzkampfe der Religionen. Wer ihrer teilhaftig geworden ist,

Propaganda für γνῶσις θεοῦ in den Religionen der Theokrasie.

dem weichen die Dämonen, dem wird sichtbar der Lichtglanz des himmlischen Pleroma, dem offenbart sich der höchste Gott, der für die anderen ἄγνωστος ist. Wir verstehen nun, warum Synesios (o. S. 78) zu ihm betet ἄγνωστε νόῳ: denn nicht auf verstandesmäßigem Wege ist er erkennbar, sondern kraft seiner Gnade hat er sich den Gläubigen zu erkennen gegeben, und sie preisen ihn nun, wie es im Poimandres heißt[1]): „Heilig ist Gott, der sich erkennen lassen will und der erkannt wird von den Seinen ... Nimm entgegen reine Vernunftopfer einer Seele und eines Herzens, das sich zu dir emporgestreckt hat, Unaussprechbarer, Unnennbarer, mit Schweigen Angerufener. Meinem Gebete, nicht verlustig zu gehen der unserm Wesen gemäßen Erkenntnis, neige Gewährung, und gib mir die Kraft[2]), und erfülle mich mit dieser Gnade, auf daß ich erleuchte meine in Unkenntnis ihrer Abstammung befindlichen Brüder, deine Söhne. Deshalb glaube ich und lege Zeugnis ab: in Leben und Licht gehe ich ein. Gebenedeit bist du, Vater; dein Mensch will sich dir heiligen, so wie du ihm übergabest alle Machtvollkommenheit." Mit diesem Gebete schließt der erste Poimandrestraktat (1, 31 f.); die dem Gebete vorangehenden Worte (1, 27 f.) kennen wir schon: es sind die gleich zu Beginn dieser Abhandlung (S. 7) zitierten, die wir in die Gedankenkreise der apostolischen Missionspredigt hineinbezogen haben: μετάνοια von der ἀγνωσία zur γνῶσις θεοῦ, und als Lohn Leben statt Tod, das sind die durch sie hindurchklingenden Gedanken, die der Prophet verkündet (κηρύσσει) den Irrenden. Wenn wir nun in dem Gebete die Worte lesen ἅγιος ὁ θεός, ὃς γνωσθῆναι βούλεται καὶ γινώσκεται τοῖς ἰδίοις und weiter lesen, daß der Prophet die Möglichkeit, solche γνῶσις zu vermitteln, auf

---

1) Text nach Reitzensteins Ausgabe im Poimandr. S. 338: Ἅγιος ὁ θεός, ὃς γνωσθῆναι βούλεται καὶ γινώσκεται τοῖς ἰδίοις ... Δέξαι λογικὰς θυσίας ἁγνὰς ἀπὸ ψυχῆς καὶ καρδίας πρὸς σὲ ἀνατεταμένης, ἀνεκλάλητε, ἄρρητε, σιωπῇ φωνούμενε. αἰτουμένῳ τὸ μὴ σφαλῆναι τῆς γνώσεως τῆς κατ' οὐσίαν ἡμῶν ἐπίνευσόν μοι καὶ ἐνδυνάμωσόν με καὶ ⟨πλήρωσόν με⟩ τῆς χάριτος ταύτης, ⟨ἵνα⟩ φωτίσω τοὺς ἐν ἀγνοίᾳ τοῦ γένους, ἐμοῦ ⟨μὲν⟩ ἀδελφούς, υἱοὺς δὲ σοῦ. διὸ πιστεύω καὶ μαρτυρῶ· εἰς ζωὴν καὶ φῶς χωρῶ. εὐλόγητος εἶ, πάτερ. ὁ σὸς ἄνθρωπος συναγιάζειν σοι βούλεται, καθὼς παρέδωκας αὐτῷ τὴν πᾶσαν ἐξουσίαν.

2) ἐνδυνάμωσόν με. Dieses in den LXX und im N. T. öfters vorkommende Wort war also auch in diese Kreise gedrungen. In den o. S. 71 aus dem Gnostiker Karpokrates zitierten Worten stehen in der nach δυνάμεις bezeichneten Lücke die Worte: ὅπως τὰ ὁραθέντα αὐτῇ ἀπομνημονεύουσα (die ψυχή) καὶ ἐνδυναμωθεῖσα φύγῃ τοὺς κοσμοποιοὺς ἀγγέλους.

die Gotteskindschaft seiner selbst und seiner Mitmenschen gründet, so werden wir uns dabei an jenes Logion erinnern, dessen fundamentale Wichtigkeit für die Geschichte der Gnosis wir oben (S. 75f. 98) kennen lernten: πάντα μοι παρεδόθη ὑπὸ τοῦ πατρός μου, καὶ οὐδεὶς ἐπιγινώσκει τὸν πατέρα, εἰ μὴ ὁ υἱὸς καὶ ᾧ ἐὰν βούληται ὁ υἱὸς ἀποκαλύψαι. Das stand so in Q, also einer Quelle noch apostolischer Zeit, inmitten einer erschütternden Gedankenreihe, voll des tiefsten religiösen Ethos. Die Schlußfolgerungen aus der Kongruenz zu ziehen — sie erstreckt sich bis auf die Einzelheit, daß der hermetische Gottessohn seinem 'Vater' dafür dankt ὅτι παρέδωκας αὐτῷ τὴν πᾶσαν ἐξουσίαν und der neutestamentliche, ὅτι πάντα μοι παρεδόθη ὑπὸ τοῦ πατρός μου[1]) — versage ich mir, aber diese Arbeit muß einmal geleistet werden (Beiträge dazu werden in der 2. Abhandlung und im Anhang IX gegeben werden). Das Ziel ist schon jetzt sichtbar: orientalisch-hellenische, also hellenistische Propagandarede der Propheten und Missionare im Dienste der γνῶσις θεοῦ ist das Gewebe gewesen, zu dem in gemeinsamer Arbeit auf dem Grunde gleicher, ewig menschlicher Sehnsucht Völker und Geschlechter der Gottheit lebendiges Kleid gewoben haben; wer dessen Fäden wieder verknüpfen will, muß allerdings die Vorurteilslosigkeit besitzen, auch die synoptischen Evangelien, d. h. also vor allem die aus ihnen zu erschließende Überlieferung der apostolischen Zeit in den Kreis der Untersuchung hineinzubeziehen.[2]) Für Paulus

---

[1]) Für πάντα hätte bei Matthäus auch ἡ πᾶσα ἐξουσία stehen können, denn ἐξουσία ist bekanntlich wie in den LXX, so auch im N. T. ein überaus häufiger Terminus für die von Gott gegebene Vollmacht: so, um nur die innerhalb der evangelischen Überlieferung älteste und jüngste Stelle anzuführen, Marc. 1, 22 ἐξεπλήσσοντο ἐπὶ τῇ διδαχῇ αὐτοῦ. ἦν γὰρ διδάσκων αὐτοὺς ὡς ἐξουσίαν ἔχων Joh. 17, 1 f. δόξασόν σου τὸν υἱόν, ἵνα ὁ υἱὸς δοξάσῃ σέ, καθὼς ἔδωκας αὐτῷ ἐξουσίαν πάσης σαρκός. Die letzteren Worte stehen zu Anfang des 'hohenpriesterlichen' Gebets: vielleicht veranlaßt meine Bitte einen oder den andern, es rasch durchzulesen, um daraus zu ersehen, daß Gedankenführung und Ethos eine erstaunliche Übereinstimmung mit dem hermetischen Gebete zeigen; V. 10 ὑπὲρ αὐτῶν (seine Mitmenschen, für deren Erkenntnis des Vaters er betet, wie der Hermetiker) ἁγιάζω ἐμαυτόν seien zu dem hermetischen ὁ σὸς ἄνθρωπος συναγιάζειν σοι βούλεται und V. 13 νῦν δὲ πρὸς σὲ ἔρχομαι (näml. εἰς ζωὴν αἰώνιον, die er gleich zu Anfang genannt hatte) zu εἰς ζωὴν (καὶ φῶς) χωρῶ als Einzelheiten notiert, obgleich es auf diese weniger ankommt als auf den Gesamteindruck.

[2]) C. Clemen hat in seinem oben S. 12, 1 genannten Buche diese Vorurteilslosigkeit gehabt; er ist zur Negation hellenischen Einflusses auf die

112 II. Anknüpfung der Areopagrede an die Altaraufschrift ἀγνώστῳ θεῷ.

und den ihn voraussetzenden vierten Evangelisten ist die Bahn dieser Betrachtungsweise vor allem durch Reitzenstein frei geworden; aber wir dürfen hier nicht Halt machen. Denn daß Paulus das Evangelium zu den Ἕλληνες gebracht hat, ist für diese Art der Untersuchung nur von untergeordneter Bedeutung, insofern die Verschiebung nach dem Westen eine Steigerung des hellenischen Einflusses zur Folge gehabt hat; aber vorher war durch Verquickung religiöser Gedanken des Orients und Okzidents eine gemeinsame Grundlage geschaffen worden, örtlich unbegrenzt innerhalb des Rahmens der asiatischen und europäischen Kulturvölker, gerade auch Palästina mit umfassend, das durch die Propaganda der Synagoge in der Diaspora bedeutungsvoll geworden war und die Rückflutung dieser Gedanken aus dem Westen und Ägypten erfahren hatte. 'Hellenisches' im Evangelium zu suchen ist, wie bemerkt (S. 111, 2), der Gipfel der ἀνιστορησία[1]), aber auch 'Hellenistisches' ist nur in dem weiten Sinne darin, den wir angedeutet haben; denn man muß sich darüber klar sein, daß unter den Faktoren, die die Summe des 'Hellenismus' ergaben, die Orientalisierung des Hellenischen größer gewesen ist als die Hellenisierung des Orients: daß aus dem Kampfe der neuen Religion mit der alten der Orient schließlich als der Sieger hervorging, ist schon in diesem anfänglichen Mischungsverhältnisse des Hellenismus begründet gewesen, in dem die orientalischen Elemente die bestimmenden waren.[2]) Auf solcher Grundlage sind, wie

---

Synoptiker gelangt (die paar Stellen, die er, wenngleich zweifelnd, noch gelten läßt — vgl. die Zusammenfassung S. 285 —, muß ich unbedingt streichen), von seinem Standpunkte aus unzweifelhaft mit Recht: denn er bekämpft die ἀπειροκαλία derjenigen, die z. B. zur Bergpredigt Stellen der stoischen Literatur zitieren und da geschichtliche Zusammenhänge konstruieren. Aber es gibt doch, wie ich, Reitzensteins Gedanken verfolgend, glaube gezeigt zu haben, eine höhere Warte, von der aus man diese Fragen stellen und auf eine Antwort in aller Bescheidenheit hoffen darf; diejenigen dagegen, die, um mit Platon zu sprechen, ἀπλύτοις τοῖς ποσὶν εἰσπηδῶσιν εἰς τὰ καλά, müssen es sich gefallen lassen, aus dem Tempel gewiesen zu werden.

1) Harnack sagt (Lukas der Arzt, 1906, 118) treffend: „Unwidersprechlich ist, daß die ganze synoptische Tradition palästinisch-jerusalemisch ist und nichts mit heidenchristlichen Kreisen, außer in der Redaktion des Lukas, zu tun hat. Der Spielraum, den das Griechische in den Evangelien hat, soweit es dem Judentum nicht schon im Blute steckt, ist damit abgegrenzt."

2) Was K. Holl, Hermes XLIII (1908) 240 ff. über das Fortleben der Volkssprachen in Kleinasien gelehrt hat, rechne ich zu dem Wichtigsten, was

die religiösen Gedanken selbst, so auch deren Ausdrucksformen erwachsen, zu deren Erforschung der Nachweis eines festen Stiles religiöser Propagandarede innerhalb und außerhalb des Evangeliums nur ein kleiner Beitrag ist im Vergleich mit dem, was einem Kenner auch der orientalischen Sprachen nachzuweisen noch vorbehalten bleibt.

Um jedoch von solchem Blicke in die Zukunft zu der vorliegenden sprachlichen Untersuchung zurückzukehren — nur eine solche, also eine Geschichte der religiösen Terminologie, kann zu einer Lösung auch der höheren Probleme verhelfen[1] —, so halte ich das durch diese gewonnene Ergebnis, daß der Begriff ἄγνωστος θεός nicht rein-hellenischen Vorstellungskreisen angehört, für sicher; dagegen wird sich die Frage nach seiner genaueren Herkunft schwerlich je mit Sicherheit beantworten lassen. Es verhält sich hiermit wie mit fast allen Bestandteilen der Theokrasie: wir können wohl das Hellenische vom Fremden sondern, aber um diesem einen bestimmten Ursprungsstempel aufzudrücken, dafür ist unsere Überlieferung der orientalischen Systeme aus der Zeit der Religionsmischung zu dürftig. Immerhin hat Bousset a. a. O. (o. S. 68) 85 f. und in der R. E. 1512 f. eine wichtige Beobachtung gemacht, die ich hier wiederholen muß. Er zieht eine Stelle heran, deren Kenntnis er, wie er bemerkt,

<small>Orientalische Herkunft des ἄγνωστος θεός.</small>

---

auch für Beurteilung der allgemeinen Verhältnisse geleistet worden ist, neben den Arbeiten von Fr. Cumont und J. Strzygowski. Ich möchte auch nicht unterlassen zu bemerken, daß ich ein besonderes Verdienst von E. Kornemanns Skizze der Geschichte der römischen Kaiserzeit (in der 'Einl. in die Altertumswiss.' III, 1912) darin erblicke, daß er seinen Standpunkt im Osten genommen hat.

1) Deissmanns, Wendlands und Reitzensteins wortgeschichtliche Untersuchungen geben das Vorbild. H. Cremers wissenschaftlich unzulängliches 'Biblisch-theolog. Wörterbuch der neutest. Graec.' müßte sich jetzt auf Grund des Materialzuwachses (z. B. die Inschrift von Priene für εὐαγγέλιον) sowie vor allem der beispiellosen Fortschritte, die Theologen und Philologen in der Beurteilung auch des längst bekannten Materials gemacht haben, umarbeiten lassen. Von Deissmanns neutest. Wörterbuche darf viel erwartet werden, wenn er sich entschließen kann, die Lagerungsschichten, die von den κύριαι δόξαι an fast 1½ Jahrhunderte umfassen, zu scheiden. Aber eine Untersuchung der Geschichte der religiösen Terminologie dürfte sich nicht auf die Schriften des N. T. beschränken; denn der Kanon ist mehr ein Ergebnis des Zufalls und der Willkür, das 'Apokryphe' und 'Häretische' hat oft Altes bewahrt; die Geschichte der religiösen Begriffe müßte dieses sowie die gesamte 'katholische' Literatur bis Origenes mitumfassen, auch die des hellenisierten Judentums.

114 II. Anknüpfung der Areopagrede an die Altaraufschrift ἀγνώστῳ θεῷ.

Fr. Cumont (Textes et monuments de Mithra I, Brüssel 1899, 77, 5 und im Arch. f. Religionswiss. IX 1906, 331 f.) verdankt. Statius läßt Tiresias in der Totenbeschwörung Theb. IV 501 ff. den zaudernden Schatten drohen (514—517):

> *novimus et quicquid dici noscique timetis*
> *et turbare Hecaten, ni te, Thymbraee, vererer*
> *et triplicis mundi summum, quem scire nefastum.*
> *illum — sed taceo.*[1])

Zu V. 516 gibt es ein interessantes Scholion (p. 228 Jahnke), dessen erste Worte rettungslos verstümmelt zu sein scheinen: *infiniti*(?) *autem philosophorum magorum Persae*(?) *etiam confirmant re vera esse praeter hos deos cognitos qui coluntur in templis alium principem et maxime dominum, ceterorum numinum ordinatorem* usw. Hieraus folgt wohl, daß der den *di cogniti* in dieser Weise gegenübergestellte Allerhöchste eben als *incognitus*, ἄγνωστος angesehen wurde, und aus dem verstümmelten Anfange wird man soviel herauslesen dürfen, daß diese Vorstellung auf die persischen Magier zurückgeführt wurde. Mit diesem Scholion stimmt nun in der Tat merkwürdig überein die von Bousset verglichene Stelle der klementinischen Rekognitionen II 38 *et Simon ait: Ego dico multos esse deos, unum tamen esse incomprehensibilem atque omnibus incognitum horumque omnium deorum deum*. Auch sonst wird von Cumont und Bousset allerlei Material dafür beigebracht, daß die Vorstellung eines höchsten Himmelsgottes auf den Orient weise, ohne daß in den dafür angeführten Zeugnissen gerade die Unerkennbarkeit dieses Gottes hervorgehoben würde. Ich bin auf Grund eines Hinweises von Diels in der Lage, dem Zeugnisse der 'persischen Magier' für den unbekannten Gott ein anderes an die Seite zu stellen, das in das höchste Altertum hinaufreicht. In einem babylonischen Hymnus heißt es nach der Übersetzung von H. Zimmern[2]):

„Mein Gott, meiner Sünden sind viel, groß sind meine Vergehen;
meine Göttin, meiner Sünden sind viel, groß sind meine Vergehen.

---

1) Den besten Kommentar zu diesen Statiusversen gibt eine Stelle des von A. Dieterich, Jahrb. f. Phil. Suppl. XVI (1888) herausgegebenen Leydener Zauberpapyrus S. 806—808.
2) Babylonische Hymnen und Gebete in Auswahl, in: Der alte Orient, Jahrg. VII Heft 3, Leipz. 1905, S. 25.

Gott, den ich kenne, nicht kenne, meiner Sünden sind viel,
groß sind meine Vergehen;
Göttin, die ich kenne, nicht kenne, meiner Sünden sind viel,
groß sind meine Vergehen."

Dieses Zeugnis ist nicht bloß durch sein Alter wichtig, sondern vor allem noch dadurch, daß es den Begriff des Unbekannten innerhalb des Polytheismus belegt. Denn nunmehr kommen wir zu einem Abschnitte, in dem wir zu dem Ausgangspunkte der Untersuchung, der Altaraufschrift, zurückgeführt werden.

4. ΑΓΝΩΣΤΟΙ ΘΕΟΙ UND ΑΓΝΩΣΤΟΣ ΘΕΟΣ.

Wir haben oben (S. 55 f.) gesehen, daß hellenische Schriftsteller der Kaiserzeit (Pausanias und Philostratos-Apollonios) Altaraufschriften ἀγνώστων θεῶν bezeugen; auch Tertullians bezeugt an zwei Stellen den Plural.[1]) Daß dieser das Ursprüngliche, der Singular aus ihm erst entwickelt worden ist, würde auf Grund allgemeiner Erwägungen gefolgert werden müssen, auch wenn uns nicht das Zeugnis des babylonischen Hymnus vorläge. Diesem zur Seite stelle ich andere, die in dieselbe Richtung weisen. In dem oben (S. 69 f.) angeführten gnostischen Hymnus wird wiederholt von ἄγνωστοι geredet, einmal so: „ich preise dich, o ἄγνωστος-Licht, welches vor allen ἄγνωστοι ist." Wenn ich in diesen Zusammenhang endlich einige Verse lateinischer Dichter einreihe, so bedarf das einer erklärenden Bemerkung. Daß die Gnosis, dieser Begriff im weitesten Sinne genommen, mit Vorstellungen der Zauberliteratur in Wechselwirkung steht, ist jedem, der in die Papyri dieser Art und in die gnostischen Schriften auch nur hineingeblickt hat, bekannt und hat in der Persönlichkeit des Samaritaners Simon, sowohl der

---

1) Ad nat. II 9 *Romanorum deos Varro trifariam dispósuit in cértos, incértos et eléctos. tantam vánitátem. quid enim erat illis cum incértis, si cértos habébant? nisi si Attico stupori recípere* (unverständlich; *Atticos stupores* unwahrscheinliche ältere Konjektur; ich vermute: *recínere*) *volúerunt: nam et Athenis ara est inscripta 'ignotis deis'. colit ergo quis quod ignórat?* adv. Marc. I 9 (über den ἄγνωστος θεός der Gnostiker): *persuade deum ignotum ésse potuisse. invenio plane ignotis deis aras próstitútas, sed Attica idololátria est. item incertis diis, sed superstítio Rómána est.* Wie er sich bei dieser seiner Kenntnis mit der Stelle der Acta abgefunden hat, möchte man wissen; an diesen beiden Stellen hat er sie einfach unterdrückt, das Klügste, was er tun konnte. — Vgl. auch A. Bill in den Text. u. Unters. XXXVIII 2 (1911) S. 35 f.

historischen als der legendarischen, sozusagen einen greifbaren Ausdruck bekommen. Das soeben besprochene Statiusscholion, das die 'bekannten' Götter einem unbekannten Höchsten gegenüberstellt, beruft sich auf die Magie. Nichts ist auf den Zauberpapyri häufiger als die Anrufung fremdländischer Götter, die durch den geheimnisvollen Klang ihrer βαρβαρικὰ ὀνόματα Schauer erregen; der Zauberer kennt diese Namen und hat dadurch Gewalt über ihre Träger, aber den anderen sind sie unbekannt. Diese Vorstellung finden wir in folgenden zwei Zeugnissen für die *ignoti di*; das erste erwähnt auch ein *ignotum carmen*: das ist die allen außer dem Zauberer unbekannte geheimnisvolle Formel in Ἐφέσια γράμματα, für die unsere Papyri zahllose Beispiele bieten. Wir lesen nämlich bei Ovidius met. XIV 365 f. von den magischen Manipulationen der Kirke:

*concipit illa preces et verba precantia dicit
ignotosque deos ignoto carmine adorat.*

In dieselbe Richtung weist eine Stelle in der Achilleis des Statius I 126 ff.[1]) Thetis geht zu Chiron, um ihren Sohn abzuholen, denn sie hat unheildrohende Visionen gehabt, deren Sühnung Proteus befohlen hat:

*hos abolere metus magici iubet ordine sacri
Carpathius vates puerumque sub axe peracto
secretis lustrare fretis, ubi litora summa
Oceani et genitor tepet inlabentibus astris
Pontus, ubi ignotis horrenda piacula divis
donaque*[2])*: sed longum cuncta enumerare vetorque.*

---

1) Die Kenntnis dieser Stelle verdanke ich wieder A. Gudeman (s. o. S. 89). Aus seiner Mitteilung ergibt sich auch, daß in der Profanliteratur die Verbindung *ignoti di* innerhalb des im Thesaurus exzerpierten Materials außer an diesen beiden Stellen des Ovidius und Statius nur noch vorkommt bei Cicero de deor. nat. II 39, wo es in der epikureischen Polemik gegen die stoische Theologie heißt: *Chrysippus ... magnam turbam congregat ignotorum deorum, atque ita ignotorum, ut eos ne coniectura quidem informare possimus .... ait enim vim divinam in ratione esse positam .... ipsumque mundum deum dicit* usw. Es ist möglich, daß der Epikureer, aus dem Cicero die ganze Polemik entnahm, von ἄγνωστοι θεοί gesprochen hat.

2) Hierbei fällt einem die Stelle der Germania ein (c. 40): *numen ipsum* (der Nerthus) *secreto lacu abluitur. servi ministrant quos statim idem lacus haurit. arcanus hinc terror sanctaque ignorantia, quid sit illud quod tantum perituri vident.* Die geheimnisvolle Wirkung, die fast zur gleichen Zeit der Dichter und der Ethnograph durch ihre Worte bezwecken und erreichen,

Diesen Zeugnissen des Ovidius und Statius zur Seite treten zwei des Lucanus, in denen zwar die 'unbekannten Götter' als solche nicht genannt, aber ihr Begriff und Wesen umschrieben wird. Diese beiden Stellen sind schon oben (S. 91 f.) angeführt worden für den positiven Begriff der Gotteserkenntnis, müssen aber hier für das Negative wiederholt werden; sie beziehen sich beide auf die Druidenreligion: I 452 f.

> *solis nosse deos et caeli numina vobis*
> *aut solis nescire datum est,*

III 415 f.   *non volgatis sacrata figuris*
> *numina sic metuunt: tantum terroribus addit,*
> *quos timeant non nosse deos.*

Er meint also: es sind ἄγνωστοι θεοί, die sie verehren, denn griechisch müssen wir es denken, da seine Quelle für die Druidenreligion erwiesenermaßen Poseidonios gewesen ist (s. o. S. 92). Ob bei diesem gerade dieser Ausdruck vorgekommen sei, läßt sich natürlich nicht sagen, aber daß Poseidonios für solche mystischen Regungen der Volkspsyche Verständnis und Interesse hatte, ist bemerkenswert genug: haben wir doch oben (S. 57, 1) auch gesehen, daß er berichtet hatte, die Kallaiken, ein keltischer Stamm Spaniens, opferten ἀνωνύμῳ τινὶ θεῷ, und daß er sein Interesse auch der bildlosen Verehrung des Judengottes zuwandte, der von Lucanus ein *incertus deus* genannt und von Lydos, freilich ungenau, mit dem ἄγνωστος identifiziert wurde (s. o. S. 60 f.).

Von größter Bedeutung ist nun aber, in diesem Zusammenhange betrachtet, eine Bemerkung des Hieronymus, deren grundlegende Wichtigkeit für die Entscheidung des ganzen Problems den Kommentatoren der Acta nicht zum Bewußtsein gekommen ist; denn sie weisen zwar darauf hin, zitieren sie jedoch in so abgekürzter Form, daß sie sich selbst und ihren Lesern die Erkenntnis notwendig verschließen.[1]) In seiner Erklärung des Titusbriefs legt nämlich

Zeugnis des Hieronymus.

---

ist die gleiche; nur ist es bei diesem der nördliche Ozean (*est in insula Oceani castum nemus* beginnt er).

1) Holtzmann: „Die Inschrift Deo ignoto ist nicht nachzuweisen. Hieron. ad Tit. 1, 12 leugnet sie sogar, aber seine berichtigende Angabe Diis Asiae et Europae et Africae, diis ignotis et peregrinis führt auf spätere Zeiten, und der Zusammenhang der Rede erfordert durchaus den Singular." Wendt: „Gewiß wußte Hieronymus von der Existenz eines Altars in Athen mit dieser [der pluralischen] Aufschrift. Aber der von Paulus gemeinte kann es

118 II. Anknüpfung der Areopagrede an die Altaraufschrift ἀγνώστῳ θεῷ.

Hieronymus bei Gelegenheit des vom Verf. c. 1, 12 gebrauchten Verszitats Κρῆτες ἀεὶ ψεῦσται κτλ. einen ziemlich langen Exkurs ein über die sonstigen von Paulus (d. h. natürlich dem, was er für paulinisch ansehen mußte) gebrauchten profanen Zitate (Aratos: act. ap. 17, 28; Menandros: ep. ad Cor. I 15, 33), und fährt dann so fort[1]):

nec mirum si pro opportunitáte témporis gentílium poetárum vérsibus abutátur, cum etiam de inscriptióne árae áliqua commútans ad Atheniénses locútus sit: 'pertránsiens enim, inquit, et contémplans cultúras vestras invéni et aram in qua superscríptum est: ignóto deo. Quod ítaque ignorántes cólitis, hoc ego renúntio vobis'. Inscríptio autem árae non ita erat, ut Paulus ásseruit 'ignóto deo', sed ita:

'Diis Asiae et Európae et Áfricae, diis ignótis et peregrínis'.

verum quia Paulus non plúribus diis indigébat ignótis, sed uno tantum ignóto deo, singulári verbo usus est, ut docéret illum suum esse deum, quem Athenienses in arae título praenotássent, et recte eum sciéntes cólere debérent quem ignorántes venerabántur et nescíre non póterant.

Diese Angabe des Hieronymus (oder vielmehr seines Gewährsmannes) über den Wortlaut der Inschrift glaubte ich lange Zeit als Fiktion betrachten zu sollen. Aber ich urteile darüber etwas anders, seit ich mich folgender Stelle des Minucius Felix erinnerte (6, 2f.). Dort führt Caecilius aus: Rom sei dadurch groß geworden, daß, während die andern Völker nur je einen Gott verehrt hätten, im römischen Weltreiche allen Aufnahme gewährt worden sei; so hätten sie den Erdkreis unterworfen *cultu religiónis armáti, dum captis hostílibus móenibus adhuc ferociénte victóriá numina victa venerántur, dum undique hospités deos quaérunt et suos fáciunt, dum aras extrúunt interdum etiam ignótis numínibus et Mánibus: sic dum universárum géntiúm sácra[2]) súscipiunt, etiam régna*

---

nicht wohl gewesen sein, weil P. sich auf eine Aufschrift dieses Wortlauts nicht in der Weise hätte beziehen können, wie er es tut."

1) Ich notiere hier und im folgenden Minuciuszitate wieder die rhythmischen Kolaschlüsse; Hieronymus rhythmisiert schon κατὰ δάκτυλον εἶδος (s. o. S. 66, 1), und zwar stets mit der Schlußbetonung ⌣́ ⌣, Minucius noch in alter Weise (s. o. S. 90, 2).

2) Dies Wort ‿ ⌣ zu messen, war für einen so eifrigen Vergilleser wie Minucius selbstverständlich: Vergil mißt es, wie man sich aus Wetmores Index verborum Vergilianus überzeugen kann, nie anders als so (25 mal).

meruerunt. Das liest sich wie eine bis in Einzelheiten genaue Paraphrase des von Hieronymus angegebenen Textes der Altaraufschrift. Es gibt, so viel ich sehe, keine andere Erklärungsmöglichkeit als die folgende. In Phaleron gab es einen Altar mit der Aufschrift. θεῶν ἀγνώστων (eher im Genetiv als im Dativ), den Pausanias dort sah (s. o. S. 55, 1); offenbar derselbe war es, den auch Apollonios von Tyana sah, als er Athen besuchte, und an den er, sowie ihm folgend der Areopagredner, seine Predigt anknüpfte. Ferner gab es einen Altar mit einer erweiterten Aufschrift, deren Text wir bei Hieronymus und deren Paraphrase wir bei Minucius Felix lesen. Wo dieser Altar stand, läßt sich wohl angeben: der Zusammenhang bei Minucius weist ihn nach Rom[1]); zeitlich möchte man nicht über Hadrian zurückgehen.[2]) Die römische Altaraufschrift, in der zugrundeliegenden Vorstellung verwandt den Widmungen πᾶσι θεοῖς[3]), hat ein Exeget der Acta mit der athenischen identifiziert. Diese Identifikation war, genau genommen, unrichtig, aber Hieronymus hat sie übernommen[4]) und sie, was seinem philologischen Sinne

---

1) In die lateinische Reichshälfte weist auch die Verbindung mit der Widmung von Altären *Manibus*, die ja seit der augusteischen Zeit auch inschriftlich oft begegnet. Weil unbegreiflicherweise an der Lesart *et Manibus* herumkorrigiert worden ist, habe ich mir vor Jahren, als ich mich noch mit dem Plane eines Kommentars zu Minucius trug, notiert: Verg. Aen. III 63. 305. VI 177. buc. 5, 65 mit Servius. Statius silv. V 3, 47. Tacitus a. III 2. carm. epigr. 157. 488 Bücheler und mehr aus Inschriften bei B. Santoro, Il concetto dei Dii Manes, in: Rivista di filol. XVII (1888) 1 ff.

2) Diesen terminus post quem nannte mir Wilamowitz sofort, als ich ihm den Text der Inschrift mitteilte. Minucius bezeugt (9, 6. 31, 2), daß er in der Polemik gegen das Christentum, die er dem Caecilius in den Mund legt, eine Rede des Fronto gegen die Christen benutzt hat.

3) Über solche Widmungen hat H. Usener, Götternamen 344 ff. schön gehandelt (das Material ist aus Inschriften etwas vermehrt worden von O. Höfer 'Pantes Theoi' in Roschers Lex. d. Myth. III 1551 ff.). Er sagt u. a. (S. 345): „Damit (mit der Widmung πᾶσι θεοῖς) war ein Kultusbegriff geschaffen, der den Vorteil hatte, nicht nur die bekannten und anerkannten, sondern auch die unbekannten Götter zu umfassen und dadurch die von fremdländischen Kulten so leicht beeindruckte Superstition zu beruhigen." Hierzu macht er eine Anmerkung über die Zeugnisse für Altäre ἀγνώστων θεῶν, also genau im Sinne der Stellen bei Minucius und Hieronymus; hätte er sich aber an diese erinnert, so wäre ihm über die singularische Widmungsformel der Areopagrede der oben S. 56 notierte Irrtum erspart geblieben.

4) Eine der zitierten ganz ähnliche Auseinandersetzung steht in der epistula ad Magnum, oratorem urbis Romae (nr. 70 nach der Zählung von Vallarsi). Er weist hier die Vorwürfe, die ihm dieser Mann wegen der häu-

120 II. Anknüpfung der Areopagrede an die Altaraufschrift ἀγνώστῳ θεῷ.

Ehre macht, aus seiner Quelle[1]) in ihrer vollen Reinheit weitergegeben mitsamt dem für einen buchstabengläubigen Leser wahrlich nicht leichten Zugeständnisse, daß Paulus den Plural in den Singular umgesetzt habe, weil dieser ihm für seinen Zweck allein passend erschienen sei. Es ist nämlich hübsch zu sehen, wie diese richtige und wahrheitsgemäße Auffassung von anderen so umgebogen wurde, daß die für 'Paulus' peinliche Folgerung in Wegfall kam. Wettstein hat in seinem oben (S. 13, 2) charakterisierten Werke S. 568 auf eine Stelle des Euthalios hingewiesen, über dessen auch für uns Philologen interessante textkritisch-exegetische Bearbeitung der Paulusbriefe sowie der Acta und der kath. Briefe erst die Arbeiten von E. v. Dobschütz und H. v. Soden einige Klarheit gebracht haben (ein kurzer, aber das Erreichte und das noch Verlangte genau bezeichnender Artikel A. Jülichers in der R. E. VI 1495 orientiert den Philologen rasch); man muß das wüste Konglomerat, das uns vorliegt, noch immer lesen (wenn man nicht zu dem Migneschen Abdruck patr. gr. 85 greifen will) in der gänzlich unzulänglichen Ausgabe mit dem Titel: Collectanea monumentorum veterum ecclesiae graecae ac latinae ed. Zacagni I (Rom 1698). Dort steht auf S. 513 f.:

ἀντεβλήθη δὲ τῶν πράξεων καὶ καθολικῶν ἐπιστολῶν τὸ βιβλίον πρὸς τὰ ἀκριβῆ ἀντίγραφα τῆς ἐν Καισαρείᾳ βιβλιοθήκης Εὐσεβίου τοῦ Παμφίλου.

Θεοῖς Ἀσίας καὶ Εὐρώπης καὶ Λιβύης, θεῷ τε ἀγνώστῳ καὶ ξένῳ. Τόδε τὸ ἐπίγραμμα Παῦλος ἀναγνοὺς Ἀθήναζε ἐδημηγόρει.

Hier ist der Tatbestand dadurch verfälscht, daß in den von der Quelle des Hieronymus bezeugten Text der Inschrift *Diis Asiae et Europae et Africae, diis ignotis et peregrinis* der Singular θεῷ ἀγνώστῳ καὶ ξένῳ hineininterpoliert worden ist.[2])

---

figen Zitate aus Profanautoren gemacht hatte, mit dem Vorbilde des Paulus zurück: er zitiert die Stellen des Titus- und Korinthierbriefs, dann folgt das Aratoszitat der Acta, und dann führt er so fort: *ac ne parum hoc esset, ductor Christiani exercitus et orator invictus pro Christo causam agens etiam inscriptionem fortuitam arte torquet in argumentum fidei*. Weiter nichts: die genauere Auseinandersetzung hat er vermutlich für zu hoch gehalten, als daß der sichtlich beschränkte Magnus orator (nicht identisch mit dem namhaften Rhetor Aemilius Magnus Arborius, den Ausonius in seiner Gelehrtenrevue verherrlicht hat) sie hätte verstehen können.

1) Über die von ihm in seinen Kommentaren benutzten Vorlagen bin ich so wenig unterrichtet, daß ich keine Vermutung wage.

2) Diese Fälschung ist, genau genommen, nur eine Phase der legenda-

4. Ἄγνωστοι θεοί und ἄγνωστος θεός.

Dieses Material erlaubt nur eine Schlußfolgerung: der Verfasser der Areopagrede hat die polytheistische Altaraufschrift durch Umwandlung des Numerus monotheisiert. Dieses sein Verfahren war mir klar geworden[1]), lange bevor ich von dem Zitate des Hieronymus mehr kannte als die in ihm gegebene polytheistische Fassung der Inschrift; als ich es dann im Zusammenhange nachschlug, fand ich, daß er genau diese Erklärung des Vorgangs gibt. Sie wird ihm wohl nicht leicht geworden sein, denn er zweifelte nicht daran, daß die Areopagrede die αὐτοφωνία Παύλου sei. Aber er war ja nicht bloß der gläubige Christ, sondern auch der in allen Künsten der Dialektik bewanderte Sophist, und wer ihn etwas kennt, wird ihm die Freude nachfühlen, dem Areopagredner ein so frommes ψεῦδος nachgewiesen zu haben. Wir werden, auch abgesehen davon, daß die Person des Paulus für die Areopagrede ganz aus dem Spiele zu bleiben hat, den Vorgang ohne besondere Anteilnahme rein ge-

Folgerung für die Areopagrede.

---

rischen Auslegung, die die Stelle der Acta in später Zeit fand; sie zu verfolgen liegt außerhalb meines Interesses, aber ich will doch bemerken, daß wir hier eine hübsche Analogie zu den mirabilia urbis Romae haben, die ja gerade auch Statuenaufschriften ins Fabulose umgebogen zeigen. Die mir bekannten Stellen für solche Ausdeutung von ἀγνώστῳ θεῷ sind: Joh. Chrysostomos hom. 38 in acta ap. (60, 268 Migne). Isidoros ep. IV 69 (78, 1128 Migne). Ps. Lukian, Philopatris 9 (byzantinische Zeit). Ps. Athanasios ἐξηγητικὸν περὶ τοῦ ἐν Ἀθήναις ναοῦ (28, 1428 f. Migne), dieser letzte, dessen Zeit ich nicht kenne, ganz abenteuerlich-phantastisch.

1) Von neueren Gelehrten hat, so viel ich sehe, außer P. Wendland, über dessen richtiges Urteil sich niemand wundern wird (Die hellenistisch-röm. Kultur, Tübing. 1907, 78: „Der echt polytheistische Zug [Altäre ἀγνώστων θεῶν] ist in Act. 17, 23 ἀγνώστῳ θεῷ der Tendenz zuliebe in sein gerades Gegenteil gewandelt worden"), nur O. Pfleiderer, Das Urchristentum I² (Berl. 1902) 512 den Mut gehabt, auch er, wie es scheint, ohne Kenntnis des Hieronymuszitats in seinem ganzen Umfange, den Tatbestand kurz so zu formulieren: „den Plural hat wohl der Verfasser seinem rednerischen Zwecke zulieb in den Singular verwandelt." Pfleiderer gehört auch zu den wenigen Theologen, die den Inhalt der Rede als zu dem originalen Paulus nicht stimmend bezeichnet hat. Wenn Harnack, Die Apostelgeschichte (Leipzig 1908) 95 schreibt: „Die Anknüpfung an 'den unbekannten Gott', der nicht notwendig in 'die unbekannten Götter' verwandelt werden muß, ist ein Meisterstück, und ich sehe nicht ein, warum man dieses Meisterstück dem Lukas und nicht dem Paulus selbst zuschreiben soll. Das Gedächtnis an diese Rede, an solcher Stelle gesprochen, kann sich sehr wohl erhalten haben", so kann ich auf Grund meiner gesamten Ausführungen dieser Auffassung nicht beitreten, aber daß der Singular aus dem Plural abstrahiert worden ist, nimmt, wie es scheint, auch Harnack an.

122 II. Anknüpfung der Areopagrede an die Altaraufschrift ἀγνώστῳ θεῷ.

schichtlich zu beurteilen haben. Die Stoa hat nicht am wenigsten dadurch so stark auf weite Kreise gewirkt, daß sie ihre Theologie als Exegese dessen hinstellte, was auch die nicht philosophisch Gebildeten unbewußt fühlten: war doch auch in diesen der λόγος lebendig, wenn auch nicht mit solcher Spannkraft wie in den Philosophen selbst, den berufenen Vertretern Gottes; gerade die Rede des Dion von Prusa, die uns so überraschende Übereinstimmungen mit der Areopagrede bot (s. o. S. 18. 23), ist von diesem Grundgedanken beherrscht, den auch Paulus (gleichwie den verwandten vom unsichtbaren Schöpfer der sichtbaren Werke: s. o. S. 28) gekannt hat, wenn er von dem ungeschriebenen Gesetze spricht, das φύσει auch von den ἔθνη befolgt werde (Röm. 2, 14; s. o. S. 11, 2). So wirkungsvoll aber der Grundsatz der Stoa, ihre Lehre an volkstümliche Überlieferung anzuknüpfen, auch gewesen ist: er ließ sich praktisch nicht immer handhaben, ohne daß diese Überlieferung umgebogen wurde. Die Schriften, in denen uns die stoische Theologie überliefert ist, sind daher voll nicht bloß von Umdeutungen der Überlieferung — die waren ein alt ererbtes Recht der homerischen Allegoriker und, diesen folgend, der Sophisten: Musterbeispiel Kallikles in Platons Gorg. 484 B —, sondern es finden sich auch mehr oder weniger gewaltsame Veränderungen des Wortlauts (παρῳδίαι, dies Wort im weitesten Sinne genommen) z. B. von Versen des Homer, Hesiod, der Tragiker. Wenn dabei das μεταγράφειν nicht ausdrücklich als solches vermerkt wurde[1]) oder durch das parodische γένος als solches selbstverständlich war, so waren solche ἐπανορθώσεις, wie der Kunstausdruck lautete, vom Standpunkte der Wissenschaft aus betrachtet, Fälschungen, von demjenigen der Religion nur Erscheinungsformen einer auf die Mittel nicht allzuängstlich bedachten Propaganda. Hellenistische Juden haben von diesem Mittel bekanntlich sehr oft Gebrauch gemacht: es genügt, den Namen des Aristobulos auszusprechen, der sich einmal offen zu solcher ἐπανόρθωσις bekennt[2]),

---

[1]) Hierfür besitzen wir, woran mich K. Reinhardt jun. erinnerte, den locus classicus bei Plutarchos πῶς δεῖ τὸν νέον ποιημάτων ἀκούειν 12 p. 33 C bis 34 B, wo er zunächst Beispiele aus Antisthenes, Zenon und Kleanthes bringt (dies also sicher aus Chrysippos), dann eine Anzahl eigner Proben gibt, z. B. würde es in dem Tragikerverse φόβος τὰ θεῖα τοῖσι σώφροσιν βροτῶν an Stelle von φόβος besser heißen: θάρσος. Er beschließt diesen Abschnitt mit den Worten: τὸ μὲν οὖν τῆς ἐπανορθώσεως γένος τοιοῦτόν ἐστι.

[2]) An der oben S. 29, 1 zitierten Stelle fährt er nach den angeführten Worten fort: καθὼς δὲ δεῖ σεσημάγκαμεν (d. h.: 'wir haben die Verse so,

um sie dann an vielen andern Stellen umso ungestörter im Geheimen vornehmen zu können: denn bei ihm und seinesgleichen artete freilich die pia fraus zur mala fides aus. Die Christen haben die jüdische Praxis übernommen, ohne Frage meist im guten Glauben, dadurch der guten Sache zu dienen; begreiflicherweise waren es besonders monotheistische Äußerungen, die in die Überlieferung hineininterpoliert wurden: die Änderung eines einzigen Buchstabens, ϑεός für ϑεοί, gab dem Zeugnisse oft schon die gewünschte Färbung.[1]) An ein so gewonnenes Zeugnis ließ sich dann leicht auch

wie sich gehört, angeführt': Bedeutung und Form hat Valckenaer, Diatribe de Aristobulo Iudaeo Alexandrino ed. J. Luzac, Lugd. Bat. 1806 p. 87 adn. 19 festgestellt) περιαιροῦντες τὸν διὰ τῶν ποιημάτων Δία καὶ Ζῆνα, τὸ γὰρ τῆς διανοίας αὐτῶν ἐπὶ ϑεὸν ἀναπέμπεται· διόπερ οὕτως ἡμῖν εἴρηται. Nämlich den zweiten und vierten der Aratosverse hatte er so zitiert: μεσταὶ δὲ ϑεοῦ πᾶσαι μὲν ἀγυιαί und πάντες δὲ ϑεοῦ κεχρήμεϑα πάντες, während Aratos beidemal Διός sagte. Die Stelle des Aratos war zu berühmt, als daß die Änderung hätte unbemerkt bleiben können: da deckte er mit scheinheiligem Gesichte die Karten lieber auf; um so sicherer durfte er sein, daß in dem von ihm so zitierten Verse ε 262 ἕβδομον ἦμαρ ἔην, καὶ τῷ τετέλεστο ἅπαντα gläubige Leser das Plagiat Homers aus Moses anerkennen und nicht die Odyssee aufschlagen würden, wo sie dann freilich τέτρατον ἦμαρ gefunden hätten. — Übrigens war es nur konsequent, wenn die dem System zuliebe vorgenommenen „Verbesserungen" des Homertextes von anderen Systematikern auf andere Originalurkunden übertragen wurden. Hippolytos ref. haer. V 26 p. 220, 12 schreibt in seinem Referate über das System des Gnostikers Iustinos: καὶ ἐδόϑησαν ἐντολαὶ αὐτοῖς (den Engeln)· 'αὐξάνεσϑε καὶ πληϑύνεσϑε καὶ κατακληρονομήσατε τὴν γῆν', τουτέστι τὴν Ἐδέμ, οὕτω γὰρ ϑέλει γεγράφϑαι. Die Stelle des Originals 1. Mos. 1, 28 lautet nach den LXX: αὐξάνεσϑε καὶ πληϑύνεσϑε καὶ πληρώσατε τὴν γῆν καὶ κατακυριεύσατε αὐτῆς: Edem, was Iustinos für γῆν zu schreiben befahl, war eine seiner kosmologischen ἀρχαί; die Genesis allegorisiert er in einer Weise, die mit der philonischen kaum etwas gemein hat, aber erstaunlich an die 'Exegese' der hesiodischen Theogonie durch Chrysippos erinnert (p. 220, 93 οὕτως γὰρ λέγει δεῖν τὰ Μωϋσέως ἑρμηνεύειν λέγων· περιεσταλμένως αὐτὰ εἶπεν ὁ Μωϋσῆς διὰ τὸ μὴ πάντας χωρεῖν τὴν ἀλήϑειαν ist ganz stoisch gedacht). Auch andere Häretiker haben sich solche Eingriffe erlaubt, von denen Hippolytos wiederholt berichtet, z. B. VII 25 p. 370, 91 über Basileides und Isidoros, wieder mit dem Zusatze οὕτως γὰρ ϑέλουσι γεγράφϑαι (an einer Stelle des Exodus). Von den Valentinianern bei Eirenaios I 19, 2 wird eine Stelle des Daniel (12, 9 f.) mit starken Abweichungen zitiert, die den Zweck haben, die Valentinianer als die wahren Gnostiker erkennen zu lassen.

1) Das Euripidesfragment 835 N.² ὅστις δὲ ϑνητῶν οἴεται τοὐφ' ἡμέραν κακόν τι πράσσων τοὺς ϑεοὺς λεληϑέναι κτλ. zitiert Iustinos de monarch. 3 mit τὸν ϑεόν. Eusebios hat im Proömium seiner Präparatio da, wo er Por-

124 II. Anknüpfung der Areopagrede an die Altaraufschrift ἀγνώστῳ θεῷ.

eine Polemik gegen die Idololatrie anknüpfen: so leitet Clemens Al. ein von ihm Strom. V 717 P zitiertes (gefälschtes) Sophokleszitat (1025 N²) εἰς ταῖς ἀληθείαισιν, εἷς ἐστιν θεός, Ὃς οὐρανόν τ᾽ ἔτευξε καὶ γαῖαν μακράν usw. mit den Worten ein: καὶ ἡ τραγῳδία ἀπὸ τῶν εἰδώλων ἀποσπῶσα εἰς τὸν οὐρανὸν ἀναβλέπειν διδάσκει, und Ähnliches findet sich oft in den Sibyllinen (z. B. III 8 ff.). In diese Tatsachenreihe fügt sich der von uns für die Areopagpredigt konstatierte Vorgang ohne weiteres ein. Ja die Fiktion war hier im Vergleich zu jenen Verdrehungen des Überlieferten ziemlich harmlos, denn der singularische ἄγνωστος θεός beruhte ja, wie wir sahen, nicht auf Erfindung; nur auf einer Altarinschrift hatte er, eine religionsphilosophische Abstraktion, freilich keinen Platz.

---

phyrios κατὰ Χριστιανῶν paraphrasiert, ein bei diesem stehendes θεοὺς ὁμολογουμένους (o. ä.) in θεολογουμένους umgesetzt: Wilamowitz, Zeitschr. f. nt. Wiss. I (1900) 103. Besonders viele Beispiele geben die pseudoisokrateischen Demonicea, die von den Christen als eine Art von Moralkatechismus benutzt worden sind; ein Mitglied unseres Seminars, G. Kohnert, der sich gerade mit dieser Schrift beschäftigt, hat mir auf meine Bitte die Belege aus dem krit. Apparate der Drerupschen Ausgabe zusammengestellt, aus denen ich hier aber nur einige anführen kann: § 13 τὰ πρὸς τοὺς θεούς, dafür einige Hss. sowie die syrische Übersetzung (aus der Schule des Sergius, † 536) τὰ πρὸς θεόν; 16 τοὺς μὲν θεοὺς φοβοῦ, dafür einige Hss. (auch des Stobaios flor. 1, 26 p. 12, 11 Hense) sowie Syr. τὸν θεόν oder τὸ θεῖον (ein Vaticanus s. XI τοὺς μὲν θεόν); 23 μηδένα θεῶν ὀμόσῃς, dafür einige Hss. (auch des Stob. flor. 27, 11 p. 613, 3) μηδένα θεόν, der Syrer und Gnomologien μὴ ὀμόσῃς θεόν; analog § 34. 45. 50. — Eben lese ich ein neues Beispiel bei Wilamowitz, Sitzungsber. d. Berl. Ak. 1911, 763: Philemon hatte einen von Theophilos ad Autol. III 5 so zitierten Vers gedichtet: οἱ γὰρ θεὸν σέβοντες ἐλπίδας καλὰς Ἔχουσιν εἰς σωτηρίαν. Diesen Vers verfälschte Epiphanios, Ancorat. p. 106 P. so: οἱ ἕνα θεόν σέβοντες ἐλπίδας ἔχουσι καλὰς εἰς σωτηρίαν. Wilamowitz bemerkt dazu, daß Philemon „vielleicht nicht den Singular θεόν braucht: denn gefälscht wurden die Zitate auch schon vor Theophilos." — Aus einer Hippokrateshs. teilt Diels, Hermes XLVI (1911) 262 mit, daß in den Worten τοῖσι θεοῖσι εὔχεσθαι der christliche Korrektor der Hs. beidemal ισι getilgt habe, so daß τὸ θεῦ (= τῷ θεῷ) übrigblieb.

III. DIE AREOPAGREDE ALS GANZES. HELLENISCHE UND JÜDISCH-CHRISTLICHE MISSIONSPREDIGT.

Eine Missionspredigt von herkömmlichem Typus, aber der τόπος περὶ τοῦ θείου stoisch umgebogen, die Situation und das Ausgangsmotiv mit Hilfe eines altbewährten redaktionellen Kunstgriffs, einer Änderung des Numerus, angepaßt an eine berühmte Dialexis eines Zeitgenossen und ungefähren Landsmannes des Paulus, in der gleichfalls Propaganda gemacht worden war für die rechte Gotteserkenntnis: das ist es, was die Analyse der Rede ergeben hat; von bemerkenswerten selbständigen Gedanken ist nichts in ihr zu finden. Wie kommt es nun, daß sie auf Leser aller Zeiten einen nicht geringen Eindruck gemacht hat und solcher Wertschätzung auch in Zukunft bei denjenigen nicht verlustig gehen dürfte, die den Nachweis ihres Mangels an Originalität als erbracht ansehen werden? Nicht ihrem Verfasser als schriftstellerischer Persönlichkeit gebührt der Ruhm dieser Wirkung, sondern der großen Tradition, deren mäßiger Vermittler er gewesen ist. Denn es wurde auch gezeigt, daß diese Rede sich zusammensetzt aus zwei Bestandteilen: alttestamentlichen Gedanken und Zitaten, mit denen die apostolische Missionspredigt operiert hat, und theologischen Gemeinplätzen der Stoa, beide teils nebeneinander gestellt, teils ineinander geschoben. Daß es nun in der Gedankengeschichte menschlichen Geistes und in der Formengeschichte menschlicher Rede Weniges gibt, das an die ernste Großartigkeit und elementare Kraft der alttestamentlichen Propheten und Psalmisten heranreicht[1]), haben auch die Hellenen empfunden, die, als sie mittels der Übersetzung in den Bannkreis dieser Gedanken und dieser Sprache traten, von ihnen ergriffen wurden und sie

---

1) Darüber hat Harnack schöne Worte gesagt, die von Deissmann, Die Hellenisierung des semitischen Monotheismus, in den Neuen Jhb. XI (1903) 172f. angeführt werden.

nur mit dem Höchsten, was sie selbst an religiöser Prosa besaßen, mit Platon (besonders dem Timaios) zu vergleichen wußten.[1]) Aber auch die Stoa hat in starker Anlehnung an Platon einen theologischen Sprachstil geschaffen, der in seiner grandiosen Feierlichkeit noch den heutigen Leser ergreift; Kleanthes und Aratos haben solche Töne auch in der Poesie zu treffen verstanden. Nun zeigen zwar Stoa und Christentum als religiöse Weltanschauungen für denjenigen, dessen Auge nicht an Äußerlichkeiten und Nebendingen haftet, mehr Gegensätze als Übereinstimmungen; aber schon Zenon aus Kypros, Sohn des Manasse, der sich Mnaseas umhellenisierte[2]), hat der reinhellenischen Philosophie einen leichten semitischen Firniß gegeben, den die späteren Stoiker, großenteils geborene Orientalen, verstärkten: zwar sich selbst dessen nicht bewußt, haben sie es dadurch doch den hellenisierten Juden und Christen der Folgezeit ermöglicht, ihren Monotheismus mit dem stoischen Pantheismus, ihr Sittengesetz von den Wegen Gottes mit der stoischen Lehre von der Gott und Menschen einigenden und verpflichtenden ἀρετή, vor allem auch den Ernst und die Großartigkeit ihrer religiösen Sprache mit der feierlichen Erhabenheit stoischer Erbauungsrede in Verbindung zu setzen und so das, was in seinem innersten Wesen gegensätzlich war, zu einer παλίντονος ἁρμονία zu verbinden. Wo sich daher alttestamentliche Gedankenfügung mit platonisch-stoischer berührte oder mit ihr zu einer neuen Einheit verschmolz, da mußte es eine bedeutende Symphonie geben. Deren Töne sind es, die uns aus manchen christlichen Liedern entgegenklingen; und auch in feierlichen Stücken christlicher Prosa, wie dem ersten Clemensbriefe[3]), oder den rau-

---

1) Vgl. die Schrift περὶ ὕψους 9, 9 (p. 19, 1 ff. ed. Jahn-Vahlen³) und die Erörterung dieser Stelle bei F. Marx, Wien. Stud. XX (1898) 180 f.

2) Auf diese wichtige Entdeckung von Wilh. Schulze bei Eduard Meyer, Die Israeliten u. ihre Nachbarstämme (Halle 1906) 515, 3 sei auch hier hingewiesen. Zenons phönikischer Ursprung wurde ihm von seinen Gegnern oft genug vorgehalten: in deren Sinne sagt z. B. Cicero de fin. IV 56 zu Cato: *tuus ille Poenulus, scis enim Citieos ... e Phoenica profectos*.

3) Harnack, Sitzungsber. d. Berl. Ak. 1909, 38 ff. Was er über die Septuagintafrömmigkeit des Clemens sagt (S. 52: „Die Quellen des Verfassers sind in erster Linie die Schriften des A. T. . . . Fast in allen Richtungen, in denen das A. T. verwertet werden kann und nachmals verwertet worden ist, ist es hier bereits angewendet; ja es steht so souverän im Vordergrunde, daß man nach unserm Brief die christliche Religion eine Religion des Buches nennen könnte, nämlich des durch die Interpretation verchristlichten A. T.") und die mit dieser sich vereinigende stoische Gedankenfügung (S. 60 „Aber

schenden Predigten etwa Gregorios' des Theologen vernehmen wir einen Nachhall jener Theokrasie, die nicht bloß eine Union der Geister, sondern auch der Ausdrucksformen religiöser Rede geschaffen hat. Diese Vereinigung zeigt innerhalb der Schriften des neutestamentlichen Kanons — wenn wir absehen von einzelnen Stellen paulinischer Briefe, die an die stoisch beeinflußte theologische Literatur des hellenisierten Judentums anklingen — zum ersten Male die Predigt in Athen[1]), die daher ihre weltgeschichtliche Bedeutung auch für denjenigen behalten wird, der sie nicht als αὐτοφωνία Παύλου im realen Wortsinne auffassen kann, weil er sich — auch abgesehen davon, daß jeder Versuch, die Möglichkeit von deren Tradition zu erweisen, auf Abwege führen muß — das Bild, das er sich von dem Wesen dieses Mannes aus dessen authentischen Schriften gemacht hat, nicht trüben lassen will.[2]) Auf dieses Bild, soweit es

---

über das einzelne hinaus zeigen der Gottesbegriff, die Anschauung der Natur als eines geordneten und zweckvollen Ganzen, die Freude an der regelmäßigen Weltbewegung und an der Vorsehung, die alles beherrscht...., stoisches Gepräge"), läßt sich wörtlich auf die Areopagrede übertragen. Darin kann ich keinen Zufall sehen: beide Schriftstücke stammen aus dem Kreise der gebildeten und aufgeklärten Schriftsteller der nachapostolischen Zeit (Clemens a. 93—95).

1) Die Formulierung von Wilamowitz a. a. O. (S. 13), „jene Einlage der Apostelgeschichte (des Paulus Predigt auf dem Areopag) sei von der philosophischen Predigt der Hellenen abhängig", stimmt mit dem von mir, wie ich glaube, erbrachten Nachweise überein; vgl. auch P. Wendland, Die hellenistisch-röm. Kultur (Tüb. 1907) 142 f. und in der Einl. in die Altertumswiss. I² (Leipz. 1912) 250: in der Areopagrede trete der Einfluß hellenistischer Gedanken sehr stark hervor. Dagegen möchte ich die Bezeichnung, der ich öfters begegnet bin, als ältester 'Apologie' nicht empfehlen: sie wird dem missionsartigen Charakter der Rede nicht gerecht und ließe sich nur insofern rechtfertigen, als die Apologeten manche Typen der Missionspredigt herübernahmen (diesen Zusammenhang, den schon Harnack, Die Mission und Ausbreitung des Christentums. 1. Aufl., Leipz. 1902, 62 ff. hervorhebt, hat im Jahre 1905 Gebhardt in dem o. S. 3, 1 zitierten Aufsatz erwiesen). Das bei J. Geffcken, Zwei griech. Apologeten, Leipz. 1907, S. XXXII darüber Stehende ist mir nicht überzeugend gewesen.

2) Wilamowitz in der Deutsch. Lit.-Zeit. 1910 (Rezension von Ed. Schwartz' Charakterköpfen) 285: „Wer die Originalität jener (der echten Paulus-)Briefe und die geschlossene Eigenart der Person, die hinter ihnen erscheint, verkennen kann, oder wer andererseits dessen Person die Areopagrede der Acta zutrauen kann, mit dem ist nicht zu reden." Ähnlich Wendland a. a. O. (vorige Anm.) und Bonhöffer a. a. O. (o. S. 6, 1). O. Pfleiderer hat, wie bemerkt (o. S. 121,1), die Abweichungen der Rede von Worten des Apostels scharf

Züge enthält, die zu dem in der Areopagrede gezeichneten gegensätzlich sind, werfen wir noch einen Blick.

Der echte Paulus und der Areopagredner.

Welches die wahre Ansicht des Paulus über Gotteserkenntnis bei den ἔϑνη war, das lehren die Worte des Römerbriefs 1, 18 ff., die um so charakteristischer sind, weil auch in ihnen der stoische Lehrsatz von der Erkenntnis Gottes aus seinen Werken (s. o. S. 28) vorausgesetzt wird, aus dem sich dann aber für Paulus eine ganz andere Folgerung ergab als für den Areopagredner. Ich übersetze die Worte κατὰ κῶλα καὶ κόμματα: diese Art der Abteilung, die Hieronymus in seinem griechischen Exemplare las, kenne ich aus einer griechischen Hs. der Briefe, über die ich in anderem Zusammenhange zu handeln beabsichtige. Den Worten des Paulus stelle ich zur Seite die entsprechenden aus der Σοφία Σαλωμών 12, 27 ff., denn es kann m. E. nicht zweifelhaft sein, daß es diese Stelle ist, die Paulus in seiner Weise, zwar abhängig von einer Tradition, aber diese mit seinem eigenrichtigen Willen meisternd, paraphrasiert hat; man darf daher nicht einzelne Worte und Gedanken mit einzelnen, sondern muß das Ganze mit dem Ganzen vergleichen[1]): die Gegenüberstellung findet sich aus Rücksicht auf den Raum erst auf S. 130 f.

---

hervorgehoben, und ich zweifle nicht daran, daß auch andere sich in gleichem Sinne geäußert haben. Aber auf Einzelheiten ist m. W. keiner eingegangen und nur durch deren Prüfung, nicht durch allgemeine Erwägung lassen sich vielleicht einige von denen, die in ihrem Urteil noch schwanken, für die wahre Ansicht gewinnen.

1) Auf die Stelle der Sophia hat für den Römerbrief wieder schon Wettstein hingewiesen. Die Frage der Abhängigkeit des Paulus von dieser Schrift an dieser Stelle sowie an anderen ist oft erörtert worden; ich selbst hatte mich, ohne damals diese Literatur schon zu kennen, in der Ant. Kunstpr. 467, 2. 474, 2 positiv entschieden und sehe jetzt, daß auch E. Grafe in einer sehr eingehenden und umsichtigen Erörterung (Das Verhältnis der paulin. Schriften zur Sap. Sal., in: Theolog. Abh. für Weizsäcker, Freiburg 1892, 253 ff.) die Abhängigkeit des Paulus für erwiesen hält. Die Tatsachen treten bei ihm aber deswegen nicht mit solcher Deutlichkeit, deren sie fähig sind, hervor, weil er immer nur einzelne Gedanken und Sätzchen beider Autoren vergleicht, anstatt, wie ich es im Texte tun werde, größere Komplexe. In den neueren Kommentaren zum Römerbriefe wird die Stelle der Sophia teils überhaupt nicht erwähnt, teils beiläufig in einer Anmerkung, und P. Schjött behandelt in der Z. f. nt. Wiss. IV (1903) 75 ff. diesen Abschnitt des Römerbriefs eingehend, ohne die Soph. auch nur zu erwähnen; ihre Kenntnis hätte ihn aber vor einer schweren Mißdeutung von V. 20 bewahren können.

Für die besondere Wesensart des Paulus ist es sehr bezeichnend, daß er das hellenisch-philosophische Element, das in der Sophia schon durch die Wahl des Wortes ὁ τεχνίτης (13,1) hervortritt, eher zurückdrängt[1]), daß er dagegen den ihm aus den Propheten[2]) bekannten Gedanken vom Zorngerichte, das Gott über diejenigen verhängt, die ihn nicht kennen, noch stärker betont als der hellenisierte Jude, und daß er endlich die bei diesem mitklingenden weicheren Töne — der Menschen Irrtum sei begreiflich und geringen Tadels wert, da die Schönheit der Welt ihre Augen blendete — beseitigt, da sie ihm als Mißklänge in dem kosmischen Durkonzerte erscheinen, zu dem er den Text schreibt. Passen nun wohl zu dem harschen, aber gerade in seiner Schroffheit gewaltigen Grundgedanken dieses Textes, daß aus der Offenbarung Gottes in der Natur die Verdammnis derjenigen hergeleitet wird, die ihn, trotzdem er sich ihnen zu erkennen gab, nicht anerkennen wollen, die gar matten, vermittelnden Sätze der Areopagrede „was ihr, ohne es zu kennen, fromm verehrt, das verkündige ich euch", „Gott, die Zeiten der Unkenntnis übersehend, läßt jetzt den Menschen allenthalben verkünden, andern Sinnes zu werden"? Und paßt zu der Warnung des ersten Korinthierbriefes 15,34 vor denjenigen, die ἀγνωσίαν θεοῦ haben (so auch die Sophia), das Zugeständnis des Areopagredners, daß in der Verehrung des ἄγνωστος θεός ein Kern der Erkenntnis Gottes liege? Ist es hier nicht vielmehr besonders klar, daß er nur auf Grund der lobenden Erwähnung, die der Kult der ἄγνωστοι θεοί in der Apolloniosrede gefunden hatte (s. o. S. 44 f.), nun auch seinerseits ein wenigstens bedingtes Lob macht (ἀγνοοῦντες εὐσεβεῖτε) aus dem, was in der Sophia und bei Paulus vielmehr ein schwerer Vorwurf war (ἀγνωσία θεοῦ = ἀσέβεια καὶ ἀδικία)?

Am Schlusse der Untersuchung schauen wir auf ihren Anfang zurück. Dort war der Nachweis erbracht, daß es einen festen Typus der religiösen Propagandarede gab. Aufforderung zur Erkenntnis Gottes als eines menschenunähnlichen, geistigen Wesens und zu der dadurch

Von den althellenischen θεολόγοι zu den jüdisch-christlichen.

---

1) Die noch bleibende leise stoische Tönung stammt eben aus der Sophia. Es ist so wie mit dem Bilde vom Wettkämpfer (Kor. I 9, 24 ff.), das in der Stoa außerordentlich beliebt war (schon Wettstein gibt genügende Belege) und aus ihr sowohl in die Sophia (4, 2. 10, 12) als zu Philon kam (P. Wendland, Philon u. die kyn.-stoische Diatribe, Berl. 1895, 44, 1).

2) Z. B. Jeremias 10, 25 ἔκχεον τὸν θυμόν σου ἐπὶ ἔθνη τὰ μὴ εἰδότα σε, auch vom Verf. des zweiten Thessalonicherbriefs 1, 8 verwertet.

III. Die Areopagrede als Ganzes.

Paulus.

„Es offenbart sich der Zorn Gottes vom Himmel her
über alle Gottlosigkeit und Ungerechtigkeit der Menschen,
die die Wahrheit in Ungerechtigkeit niederhalten.
Ist doch das, was von Gott erkennbar ist, unter ihnen offenbar:
Gott selbst hat es ihnen geoffenbart.
20 Denn sein unsichtbares Wesen wird von Erschaffung der Welt
an gesehen,
durch den Verstand wahrgenommen in seinen Werken,
nämlich seine ewige Kraft und seine Göttlichkeit,
Auf daß sie unentschuldbar seien,
weil sie, obwohl sie Gott erkannten,
ihn nicht priesen als Gott oder ihm dankten,
sondern eitel geworden sind in ihren Gedanken
und sich verfinstern ließen ihr töricht Herz.
Weise sich dünkend sind sie zu Narren geworden
und für die Herrlichkeit des unvergänglichen Gottes
tauschten sie ein das Gleichnisbild eines vergänglichen Menschen
und das von Vögeln, von Vierfüßern und von kriechendem
Getier."

---

bedingten Sinnesänderung, Prädikation dieses Gottes und die rechte Art seiner Verehrung (nicht blutige Opfer, sondern im Geiste), ewiges Leben und Seligkeit als Lohn solcher Erkenntnis: das waren die festen Punkte des schematischen Aufbaus. Dieser Typus war nicht auf die Predigten altchristlicher Missionare (katholischer wie häretischer) beschränkt, sondern wir fanden ihn auch in einem von einem Juden verfaßten pseudoheraklitischen Briefe, in hermetischen Traktaten, in Dialexeis von pythagoreischen und stoischen Wanderrednern wie Apollonios von Tyana, ja wir konnten ihn im Verlaufe der Untersuchung (S. 99 ff.) auch für Lucretius und (vor allem aus Ciceros Somnium) auch für Poseidonios (vermutlich den Proteptikos) erweisen. Wir können und müssen nun aber viel höher hinaufgehen und dadurch die Frage der Tradition und ihre Lösung vertiefen. Ἔστιν Ἀνάγκης χρῆμα, θεῶν ψήφισμα παλαιόν: mit diesem 'Spruche der Notwendigkeit' hub Empedokles (nach einer persönlichen Ansprache an die φίλοι in Akragas) seine Lehre an von den Schicksalen des Menschen und von dessen daraus erwachsender Verpflichtung und Bestimmung (fr. 115 Diels). Die rechte Einsicht

Sap. Sal.[1])

ἐφ' οἷς γὰρ αὐτοὶ πάσχοντες ἠγανάκτουν,
ἐπὶ τούτοις οὓς ἐδόκουν θεούς, ἐν αὐτοῖς κολαζόμενοι,
ἰδόντες ὃν πάλαι ἠρνοῦντο εἰδέναι θεὸν ἐπέγνωσαν ἀληθῆ.
διὸ καὶ τὸ τέρμα τῆς καταδίκης ἐπ' αὐτοὺς ἐπῆλθεν.

13,1 μάταιοι μὲν γὰρ πάντες ἄνθρωποι φύσει, οἷς παρῆν θεοῦ ἀγνωσία,
καὶ ἐκ τῶν ὁρωμένων ἀγαθῶν οὐκ ἴσχυσαν εἰδέναι τὸν ὄντα,
οὐδὲ τοῖς ἔργοις προσέχοντες ἐπέγνωσαν τὸν τεχνίτην·
ἀλλ' ἢ πῦρ ἢ πνεῦμα ἢ ταχινὸν ἀέρα
ἢ κύκλον ἄστρων ἢ βίαιον ὕδωρ
ἢ φωστῆρας οὐρανοῦ πρυτάνεις κόσμου θεοὺς ἐνόμισαν.
ὧν εἰ μὲν τῇ καλλονῇ τερπόμενοι ταῦτα θεοὺς ὑπελάμβανον,
γνώτωσαν πόσῳ τούτων ὁ δεσπότης ἐστὶ βελτίων·
ὁ γὰρ τοῦ κάλλους γενεσιάρχης ἔκτισεν αὐτά·
εἰ δὲ δύναμιν καὶ ἐνέργειαν ἐκπλαγέντες,
νοησάτωσαν ἀπ' αὐτῶν πόσῳ ὁ κατασκευάσας αὐτὰ δυνατώτε-
ρός ἐστιν.

5 ἐκ γὰρ μεγέθους καὶ καλλονῆς κτισμάτων
ἀναλόγως ὁ γενεσιουργὸς αὐτῶν θεωρεῖται.
ἀλλ' ὅμως ἐπὶ τούτοις ἐστὶ μέμψις ὀλίγη,
καὶ γὰρ αὐτοὶ τάχα πλανῶνται
θεὸν ζητοῦντες καὶ θέλοντες εὑρεῖν·
ἐν γὰρ τοῖς ἔργοις αὐτοῦ ἀναστρεφόμενοι διερευνῶσι,
καὶ πείθονται τῇ ὄψει ὅτι καλὰ τὰ βλεπόμενα.
πάλιν δὲ οὐδ' αὐτοὶ συγγνωστοί·
εἰ γὰρ τοσοῦτον ἴσχυσαν εἰδέναι
ἵνα δύνωνται στοχάσασθαι τὸν αἰῶνα,
τὸν τούτων δεσπότην πῶς τάχιον οὐχ εὗρον;

vom Wesen der Götter will er lehren, denn ὄλβιος, ὃς θείων πραπίδων ἐκτήσατο πλοῦτον, δειλὸς δ' ᾧ σκοτόεσσα θεῶν πέρι δόξα
μέμηλεν (132), und so betet er zur Muse, sie möge ihm beistehen,
wo er beginne, „gute Gedanken über die seligen Götter zu offenbaren" (131); Gott ist nicht mit unsern Sinnesorganen wahrnehm-

1) Eine neue Ausgabe dieser Schrift, zu der sich freilich ein Philologe
mit einem Orientalisten vereinigen müßte, wenn er nicht, wie E. Schwartz,
auch armenisch (Hs. des 5. Jahrh.!), syrisch und arabisch verstände, halte
ich für ein Bedürfnis; die Schrift ist ja auch durch ihre Sprache, die eine
Monographie verdient, von nicht geringem Interesse: Wilamowitz, Gesch. d.
griech. Lit.³ S. 169f. hat ihr den richtigen Platz angewiesen.

bar (133)[1]), denn er ist nicht menschenähnlich, „sondern nur ein Geist, ein heiliger und unaussprechlicher, regt sich da, der mit schnellen Gedanken den ganzen Weltenbau durchfliegt" (134. 135). Es folgten Anweisungen über die rechte Art der Gottesverehrung, insonderheit Abwehr blutiger Opfer (136ff.), die Aufforderung „sich von der Sünde zu ernüchtern" (νηστεῦσαι κακότητος); er schloß mit der Seligpreisung derer, die diese Lehren befolgen werden: ihrer wartet ein seliges Los, das ewige Leben zur Seite der Götter, „menschlichen Jammers bar und ledig" (145f.). Man sieht: die Übereinstimmung der Paränese dieses alten μάντις und der jüngeren Sendboten Gottes aus nichtchristlichem und christlichem Lager ist eine vollkommene. Zu der Gleichheit der Gedanken kommt die der Sprache. Denn das alles kleidete er nicht in trocknen Lehrvortrag, sondern ihn trieb der Geist und der Eifer prophetischen Zorns (οὐ παύσεσθε: 136, ὦ πόποι, ὦ δειλὸν θνητῶν γένος, ὦ δυσάνολβον 124, δειλοί, πάνδειλοι 141): ὦ λαοί, ἄνδρες γηγενεῖς, οἱ μέθῃ καὶ ὕπνῳ ἑαυτοὺς ἐκδεδωκότες καὶ τῇ ἀγνωσίᾳ τοῦ θεοῦ, νήψατε sagte der Apostel des 'Hermes', auch in der Metapher (νήψατε) jenem (νηστεῦσαι) nächstverwandt; an die Eiferreden des Pseudoheraklitcers (s. S. 49, 1) sowie des Paulus, des echten und des der Acta, in gleicher Sache genügt es zu erinnern, ohne die Worte selbst wieder anzuführen. Aber Empedokles hat diesen Typus nicht geschaffen: er liegt schon bei Herakleitos vor. Auch er will den rechten λόγος von Gott, Welt und Menschen lehren, jenen ewigen λόγος, von dem er nur der Hypophet ist (1). Die Erkenntnis des einen Gottes, der die γνώμη und das σοφόν ist (41. 50), stellt er gegenüber dem wahnsinnigen Kultus durch blutige Opfer und Götterbilder (5: „und sie beten auch zu diesen Götterbildern, wie wenn einer mit Gebäuden Zwiesprache pflegen wollte. Sie kennen eben die Götter und Heroen nicht nach ihrem wahren Wesen"). Die Androhung von Jenseitsstrafen für die Bösen (14. 27), die Verheißung von Belohnungen für die Guten (24. 25) hat nicht gefehlt. Die Sprache auch bei ihm die eines von heiligem Zorne ergriffenen Propheten, die jener falsche Epistolograph zwar vergröberte, aber im Prinzip doch festhielt; auch hier wieder die Metapher von der μέθη im Gegensatze zur Nüchternheit der weisen Seele (117. 118); und wenn jener Hermetiker daneben

---

[1] Das θεῖον οὐκ ἔστιν πελάσασθαι ἐν ὀφθαλμοῖσιν ἐφικτὸν Ἡμετέροις ἢ χερσὶ λαβεῖν, wie der Hermetiker: οὐ γάρ ἐστιν (ὁ θεός) ἀκουστὸς οὐδὲ λεκτός κτλ. ὑπὸ τῶν ἀνθρώπων. Über das 'Betasten' s. o. S. 17, 1.

die Metapher vom Schlafe stellt, der die Menschen an der Erkenntnis hindere, so fing der Ephesier mit diesem Bilde an (1), das dann auch weiterhin vorkam (73). Ihn den 'Erfinder' des Typus im gewöhnlichen Wortsinne zu nennen, wäre verkehrt; daß er, wenn auch polemisierend, den Pythagoras und Xenophanes nennt (40), gibt zu denken. Von Xenophanes haben wir nicht genug Fragmente, um sagen zu können, ob er von dem Typus mehr als die Antithese der vielen Götter und des Einen (10 ff.) gebracht hat; aber wichtig ist, daß Empedokles inmitten seines religiösen Gedichts sich auf Pythagoras berufen hat, als einen „Mann von übermenschlichem Wissen, der anerkannt den größten Geistesreichtum besaß und der ... jedes einzelne Ding in der ganzen Welt schaute (129)." Mag es über ihn auch keine verläßliche Überlieferung gegeben haben: der Kern der Legende, die ihn als ältesten religiösen Lehrer nächst Homer und Hesiod darstellt, ist echt, und das Zeugnis des Empedokles wiegt schwer. Pythagoras' Name ist im ganzen Altertum mit den Mysterien eng verbunden gewesen: auf sie wurden wir im Verlaufe dieser Untersuchungen wiederholt geführt (s. besonders S. 98 ff.). Die Offenbarungsrede der alten θεολόγοι war derjenigen der ἱεροφάνται wesensverwandt: kleidet doch gerade auch Empedokles die Seligpreisung desjenigen, der die rechte Einsicht in das Wesen der Götter hat, in liturgisch-Formelsprache (ὄλβιος ὅς: s. o. S. 100, 1). Den Empedokles hat Lucretius gekannt (I 716 ff.), und in dessen Geiste hat er, wie vermutlich auch Epikuros selbst, trotz prinzipieller Gegensätzlichkeit der Einzellehren im Tone mysterienartiger Offenbarungsrede seine welterlösende Lehre vorgetragen (o. S. 99 f.).

Denn die Macht der Tradition ist auf formalem Gebiete im Altertum unberechenbar groß gewesen; so blieb auch dieser Typus religiöser Rede durch die Jahrhunderte bewahrt. Man darf sagen, daß, wer um Christi Geburt seine Stimme erhob zum Zwecke religiöser Propaganda, sich durch die alten feierlichen Formen gebunden erachtete, ganz gleichgültig, welche Art der Wahrheit von Gott und von dessen Verehrung er empfahl. Mit dieser Predigt der Ἕλληνες verband sich auf dem Boden des hellenisierten Judentums die der prophetischen Religion zu einer Einheit, die das Christentum als eine gegebene Größe übernahm. Der Jude kam fast ohne jede Änderung des hellenischen Typus aus: daher konnte der jüdische Verfasser des heraklitischen Briefes sich eng an die Gedanken und die Sprache desjenigen anschließen, unter dessen Namen er schrieb.

134 III. Die Areopagrede als Ganzes.

Die Christianisierung betraf zunächst die Umprägung eines überlieferten τόπος: die Androhung des Gerichts und die Aufforderung zum Glauben an den Auferstandenen sind, wie die anfangs (S. 6f.) gegebene schematische Gegenüberstellung zeigt, an die Stelle getreten für die alten Gedanken von Androhung für die Ungläubigen, Verheißung für die Gläubigen, Gedanken, die der Hermetiker an der typischen Stelle seiner Predigt in die Worte gekleidet hat: τί ἑαυτοὺς εἰς θάνατον ἐκδεδώκατε ἔχοντες ἐξουσίαν τῆς ἀθανασίας μεταλαβεῖν. Aber, wie im Verlaufe dieser Untersuchungen öfters hervorgehoben wurde: bei dem vielfach bedachtlos gebrauchten Worte 'Hellenismus' muß man sich darüber klar sein, daß der Hellenisierung des Orientalischen die Orientalisierung des Hellenischen mindestens die Wage gehalten hat. So auch in diesem Falle. Denn wir haben gesehen, daß die γνῶσις θεοῦ, die in den christlichen Missionspredigten und auch in den nichtchristlichen der römischen Kaiserzeit im Mittelpunkte steht, sowohl begrifflich wie sprachlich vom Osten her eindrang; sie trat nun also an die Stelle dessen, was jene althellenischen Propheten die rechte Einsicht in das Wesen der Götter (θεῶν πέρι δόξα) oder die Vernunfterkenntnis (λόγος) genannt hatten. Neugeprägt wurde auch ein anderer Begriff den wir gleichfalls in den Predigten der genannten Kreise und Zeiten fanden (o. S. 5, 2. 6 f.), der Begriff der μετάνοια. Mit einer Geschichte seiner sprachlichen Ausprägung möchte ich diesen Teil meiner Untersuchungen schließen, die ich nicht gewagt hätte anzustellen, wenn ich mir nicht den festen Boden der Sprach- und Begriffsgeschichte geschaffen hätte, die wichtiger ist als alle schönen Worte, die sich ja mit Leichtigkeit über diese schöne Materie sagen lassen würden.

ἄνοια. Die alten θεολόγοι, deren prophetische Rede noch aus ihren Trümmern vernehmlich an unser Ohr klingt, und ihre Nachfahren haben alle 'Sinnesänderung', wie wir sagen würden, gepredigt, und doch hat — mit einer einzigen, sonderbaren Ausnahme, die wir gleich kennen lernen werden — keiner das Wort μετάνοια (μετανοεῖν) gebraucht. Auch seit Sokrates τὰ πρὸς ἡμᾶς an die Stelle τῶν ὑπὲρ ἡμῶν treten ließ, ist zwar die Parole einer sittlichen Umkehr unendlich oft ausgegeben worden, vor allem auch in den entscheidungsvollen Krisen, aus denen nach den ungeheuren Freveln der ausgehenden römischen Republik die neue Weltordnung hervorging[1].

---

1) Über die Neubelebung der kynisch-stoischen Popularphilosophie zur Zeit der Wende der Republik und die horazischen Sermonen als 'den ver-

aber jenes Wort ist dabei so wenig gefallen wie das verwandte μεταμέλεια (μεταμέλει). Das negative Resultat dieser lexikographischen Untersuchung, bei der mir, wie ich hoffe, nichts von Belang entgangen ist, hat mich selbst überrascht, denn wenigstens bei Epiktetos dachte ich etwas zu finden (wie auch Wilamowitz, der in seiner Gesch. d. griech. Lit.³ S. 244 eine darauf bezügliche Bemerkung macht). Aber der genaue Wortindex von H. Schenkl beweist das Gegenteil: das Substantiv hat Epiktetos überhaupt nicht, das Verbum nur diss. II 22, 25: die und die Vorurteile soll jeder fahren lassen, καὶ οὕτως ἔσται πρῶτον μὲν αὐτὸς ἑαυτῷ μὴ λοιδορούμενος, μὴ μαχόμενος, μὴ μετανοῶν (analog im encheirid. 34 und Marcus VIII 2. 10. 53), d. h. also gerade umgekehrt: man soll nicht μετανοεῖν, natürlich, denn die μετάνοια ist für den Stoiker ja ein πάθος, wie Areios Didymos in seinem Abrisse der stoischen Ethik bei Stob. ecl. II 113, 5 ff. W. ausführlich darlegt. Über ἀμετανόητος, das in einem Gnomologion dem Epiktetos sicher fälschlich zugeschrieben wird — aber es bedeutet auch da 'von Sinnesänderung frei' — hat kürzlich A. Bonhöffer, Epiktet u. das Neue Testament (in den Religionsgesch. Unters. u. Vorarb. X, Gießen 1911) 106 f. gut gehandelt: denn da dies Wort bei Paulus an die Römer 2, 5 'unbußfertig' bedeutet, so sagt Bonhöffer mit Recht, daß sich in diesem Worte (sowie μετάνοια, μετανοεῖν) „gewissermaßen der Gegensatz des antiken und des christlichen Denkens spiegle".[1]) Bei Stobaios a. a. O. steht neben οὐδὲ μετανοεῖν δ'ὑπολαμβάνουσι τὸν νοῦν ἔχοντα das verwandte οὐδὲ μεταβάλλεσθαι: dieses Wort habe ich,

---

einerten Reflex einer starken moralisierenden Strömung, die sich des Volkes, des niederen vielleicht noch mehr als des gebildeten, bemächtigt hatte', hat R. Heinze, Virgils epische Technik² (Leipz. 1908) 472 feine Bemerkungen gemacht. Wie stark das Gefühl der Verschuldung ('Sünde' würden wir mit christlicher Nüance sagen) damals gewesen ist, wie laut der Ruf nach Umkehr, zeigen neben der 16. Epode manche Stellen der Georgica und des VI. Buches der Aeneis, vor allem auch die 'Römeroden', denen man das Motto μετανοεῖτε geben könnte, wenn man von dem Spötter über die curti Iudaei das Orientalische nicht lieber fernhielte. Daß er aber seine Mahnungen gelegentlich in die Sprache der Mysterien kleidet (odi profanum volgus et arceo, favete linguis; qui Cereris sacrum volgarit arcanae), ist nach dem oben im Text Gesagten bemerkenswert.

1) Die Behauptung von Th. Zahn, Der Stoiker Epiktet in seinem Verhältnis z. Christentum (Erlang. 1895) 39: „Das ἀπονοήθητι II 16, 41 berührt sich nahe genug mit der μετάνοια des Evangeliums" beruht auf einem schweren Mißverständnisse des griechischen Textes.

da es in der oben S. 7 angeführten Predigt des Barnabas mit dem christlichen μετανοεῖν synonym gebraucht ist, gleichfalls in den Bereich der lexikographischen Untersuchung einbezogen, aber, wie zu erwarten, gleichfalls mit negativem Erfolge: wo es metaphorisch steht, heißt es 'seinen Sinn ändern', intellektualistisch, nicht ethisch. Zwei bezeichnende Beispiele: Isokrates π. εἰρήνης 23 ἢν δὲ μεταβαλώμεθα τὸν τρόπον καὶ δόξαν βελτίω λάβωμεν — also das, was Platon Rep. III 413 B μεταδοξάζειν nennt —, und Euripides Ion 1614, wo Athena zu Kreusa, nachdem diese sich dazu verstanden hat, dem Apollon seine Ehre zu geben (αἰνῶ Φοῖβον οὐκ αἰνοῦσα πρίν), spricht: ᾔνεσ' οὕνεκ' εὐλογεῖς θεὸν μεταβαλοῦσα: wir könnten das mit christlicher Terminologie wiedergeben 'dich bekehrend', aber 'bereuend' würde eine falsche Nüance hineinbringen. — Nun aber scheint dieser durchgängigen Negation ein positives Zeugnis zu widersprechen. Unter den Sprüchen des 'Demokrates' heißt einer (Demokritos fr. 43 Diels Vorsokr. II² S. 399): μεταμέλεια ἐπ' αἰσχροῖσιν ἔργμασιν βίου σωτηρίη. Hier gibt es zwei Möglichkeiten: entweder ist diese (nicht bei Stobaios stehende) Gnome nicht von Demokritos oder, wenn sie doch echt sein sollte, dann müßte er eine Begriffsentwicklung von Jahrhunderten vorweggenommen haben: für unmöglich wird man das bei einem Ionier, zumal einem so reichbegabten und weitgereisten, nicht halten können, aber man müßte doch wohl eine bessere Bezeugung verlangen, um eine so auffällige Ausnahme als gesichert ansehen zu können.[1])

---

1) Wer Reue über eine Tat hat, dem schlägt das Gewissen: Plut. περὶ εὐθυμίας 19. 476 F τὸ γὰρ συνειδὸς οἷον ἕλκος ἐν σαρκὶ τῇ ψυχῇ τὴν μεταμέλειαν αἱμάσσουσαν ἀεὶ καὶ νύσσουσαν ἐναπολείπει. τὰς μὲν γὰρ ἄλλας ἀναιρεῖ λύπας ὁ λόγος, τὴν δὲ μετάνοιαν αὐτὸς ἐνεργάζεται. Da diese beiden Begriffe hier so eng verbunden sind, ist es wohl am Platze, auch über den des 'Gewissens' einiges zu bemerken, und das um so mehr, als wenigstens das Wort, mit dem dieser Begriff späterhin gewöhnlich bezeichnet wird, ἡ συνείδησις, zuerst für Demokritos bezeugt ist: fr. 297 ἔνιοι θνητῆς φύσιος διάλυσιν οὐκ εἰδότες ἄνθρωποι, συνειδήσει δὲ τῆς ἐν τῷ βίῳ κακοπραγμοσύνης κτλ.: hier heißt es aber keineswegs 'Gewissen' („die sich dagegen des menschlichen Elends wohl bewußt sind" Diels), von einer Neuschöpfung dieses Begriffes durch Demokritos kann also nicht die Rede sein. Es ist überhaupt kein philosophischer Begriff gewesen, sondern er gehörte zu der großen, noch allzu wenig erforschten Gruppe sittlicher Begriffe, die die philosophische Ethik als das ihr durch die Volkspsyche gebotene Material übernahm: so pflegen wir dgl. zu formulieren, antik gesprochen hieße es: 'die

Die Lateiner haben für μετάνοια und μεταμέλεια lange Zeit überhaupt kein Wort gehabt. Varro, der sat. 239 *Metamelos, Inconstantiae filius*[1]) sagte, empfand, wie die Wahl dieses griechischen

sieben Weisen haben das so gelehrt'; Stobaios flor. III 24 (I 601 ff. H.) hat ein Kapitel mit der Überschrift Περὶ τοῦ συνειδότος, wo er Aussprüche über die ὀρθή (oder ἀγαθή) συνείδησις von Bias und Periandros bringt, und, was ziemlich auf dasselbe hinauskommt, von Pythagoras, Sokrates, Diogenes. Das älteste eigentliche Zeugnis in der Literatur ist, wenn man die nicht passenden Sophokleszitate, die bei Stobaios stehen, ausscheidet, das von ihm gebrachte Euripideszitat, in dem aber das ionische Wort durch ein anderes ersetzt ist: Orest. 395 f. Ὀρέστα τί μου, τίς σ᾽ ἀπόλλυσιν νόσος; — Ἡ σύνεσις, ὅτι σύνοιδα δείν᾽ εἰργασμένος. Den Zeugnissen des Menandros und Diphilos, die er ferner bringt, tritt eins des Philemon zur Seite: Plaut. most. 541: *nil est miserius quam animus hominis conscius*. Den in der Volkspsyche also festhaftenden Begriff übernahm begreiflicherweise die Popularphilosophie, aus der ihn auch Horatius kannte: *hic murus aeneus esto, Nil conscire sibi, nulla pallescere culpa* (ep. I 1, 60 f., vgl. Heinze z. d. St.). In den LXX gibt es nach der englischen Konkordanz drei Stellen (oft σύνεσις, aber nie in spezifischer Bedeutung): Eccl. 10, 20 und Sirach 42, 18 heißt συνείδησις nicht 'Gewissen', sondern 'Bewußtsein' o. ä., aber Sap. Sal. 17, 10 δειλὸν γὰρ ἰδίᾳ πονηρίᾳ μάρτυρι καταδικαζομένη, ἀεὶ δὲ προσείληφε τὰ χαλεπὰ συνεχομένη τῇ συνειδήσει kommt dem 'Gewissen' nahe: mit dieser Schrift treten wir eben in die Sphäre griechischen Empfindens. Lehrreich ist der Tatbestand des N T.: keine Spur bei den Synoptikern, im 4. Evangelium nur in der in keiner alten Hs stehenden Perikope über die Ehebrecherin (8, 9 ὑπὸ τῆς συνειδήσεως ἐλεγχόμενοι), und auch da nicht einmal in allen Hss., die diese Perikope überhaupt haben. Und im Gegensatze dazu die gedrängte Masse von Belegstellen bei Paulus und im pseudopaulinischen Schrifttum, sowie zwei Stellen der Acta in Paulusreden (23, 1. 24, 16). Hier kann man nun also mit voller Bestimmtheit sagen: im vollkommenen Gegensatze zu μετάνοια ist dieser Begriff in die christliche Ethik, in der er dann eine so beherrschende Stelle erhielt (das Material für *conscientia* gibt der Thesaurus), gelangt aus der hellenischen, und zwar mit einem Worte, das aus ionischem Wortschatze (τὸ συνειδός und ἡ σύνεσις sind attische Stellvertreter) stammt. Die Prägung dieses Wortes ist sehr altertümlich, denn die in ihm liegende Vorstellung einer Zwiespältigkeit des Bewußtseins und des handelnden Individuums reicht sehr hoch hinauf (εἶπε πρὸς ὃν μεγαλήτορα θυμόν u. dgl., ähnlich im archaischen Latein: *cum animo suo reputare* u. ä.).

[1]) μετάμελος steht in alter Zeit nur bei Thukydides VII 55, 1, und da mit besonderer Absicht: ὁ παράλογος αὐτοῖς μέγας ἦν, πολὺ δὲ μείζων ἔτι τῆς στρατείας ὁ μετάμελος (μεταμέλεια hat er öfters). Dann kommt das Wort erst wieder in hellenistischer Zeit vor: zwei Stellen aus den LXX (daneben einmal μεταμέλεια), eine aus dem III. Makkabäerbuche in der englischen Septuaginta-Konkordanz. Da es dann Varro gebraucht, müssen wir annehmen, daß es damals ein übliches Wort gewesen ist. Diese Akten des

Wortes zu zeigen scheint, auch den lateinischen Begriff als männlich: *Pudor serus* (als Personifikation) bei Seneca Herc. 692 gibt, wie ich glaube, die Erklärung.¹) Cicero hat *paenitentia* noch nicht gekannt oder gemieden, was Ausonius für so bemerkenswert hält, daß er in einem Epigramm (p. 323, XXXIII Peiper) sagt: *sum dea, cui nomen nec Cicero ipse dedit. Sum dea, quae factique et non facti exigo poenas, Nempe ut poeniteat; sic Metanoea vocor.* In der Tat findet sich *paenitentia* erst bei Livius XXXI 32, 2; die Voraussetzung für die Bildung war, daß die alte Bedeutung von *paenitet* völlig verblaßte (Gellius XVII 1, 9 *antiquiores ... 'paenitet' ab eo quod est 'paene' et 'paenuria' dixerunt*; vgl. Paut. Truc. 533 *paenitetne te, quot ancillas alam* = 'ist es dir noch nicht genug'); Begriffsassoziation mit *poena*, die zur Folge hatte, daß nun auch der religiöse Terminus μετάνοια sich mit *poenitentia* deckte (ganz geläufig z. B. für Tertullianus), ist schon für das Wortspiel bei Phaedrus (s. Anm. 1) Voraussetzung. Die Bedeutungsgeschichte des merkwürdigen Be-

---

Wortes (soweit ich sie zu geben vermag) legen die Vermutung nahe, daß es eine (von Thukydides einmal in besonderer Absicht gebrauchte) ionische Wortform war, die dann in der Koine wieder auftauchte und der weiblichen Konkurrenz machte, ohne sie ganz zu verdrängen, da diese durch das feminine μετάνοια dauernd in ihrem Bestande geschützt wurde.

1) Vgl. Livius XXXI 32, 2 *celerem enim paenitentiam, sed eandem seram atque inutilem sequi.* Phaedrus I 13, 2 *sera dat poenas turpis paenitentia.* Daß Varro mit *Inconstantia* ein griechisches Wort übersetzt, ist klar. Ich dachte an ἀκαταστασία, da der lateinische Übersetzer des Clemensbriefes dieses Wort zweimal (3, 2. 14, 1) so übersetzt (E. Wölfflin, Arch. f. lat. Lexikogr. IX 1896, 83); auch in dem Glossarien (vgl. Corp. gloss. lat. VI S. 560) wird *inconstantia* einmal mit ἀκαταστασία wiedergegeben (einmal auch mit ἀστασία), aber daneben findet sich in ihnen einmal ἀνωμαλία, und mit diesem Worte gibt Appianos b. c. III 56 Κικέρωνα δὲ καὶ ἐς ἀνωμαλίαν ἐξέστησεν ἡ ἔχθρα sicher *inconstantia* wieder; Wilamowitz, dem ich die varronische Stelle vorlegte, nannte mir, ohne Kenntnis jener Glosse, ἀνωμαλία als das von Varro übersetzte Wort (aber de l. l. IX 35 *in voluntariis declinationibus inconstantia est, in naturalibus constantia* kann er, wie der Zusammenhang zeigt, nicht ἀνωμαλία meinen, wie man beim ersten Lesen glauben möchte). Stoisch ist der Begriff sicher: Cic. de fin. IV 77 *quoniam, inquiunt, omne peccatum inbecillitatis et inconstantiae est, haec autem vitia in omnibus stultis aeque magna sunt, necesse est paria esse peccata.* Der Gegensatz ist der horazische *tenax propositi vir*, dessen *mens solida* keinen Erschütterungen ausgesetzt ist; auch das ist stoisch gedacht (P. Corssen, Neue Jahrb. 1907, 596), aber römisch empfunden: für *constantia* hat, wie mir Wilamowitz bemerkte, das Griechische kein gleichwertiges Wort, wie umgekehrt für σωφροσύνη weder das Lateinische noch das Deutsche.

griffs wird sich ganz erst klarstellen lassen, wenn der Thesaurus vorliegt; was jetzt in den Wörterbüchern steht, ist belanglos und irreführend (so auch dies, daß *paenitudo* bei Pacuv. 313 'Reue' bedeute, während es dort, in Übereinstimmung mit der alten Bedeutung von *paenitet*, vielmehr 'ungenügende Pflege' heißt).

Diese lexikologische Untersuchung zwingt zur Annahme, daß das μετανοήσατε in die hermetische Missionspredigt (o. S. 6) aus orientalischen, besonders jüdischen Vorstellungskreisen eingedrungen ist, da eine Beeinflussung durch christliche Literatur bei dieser Schriftengattung, wie bemerkt (S. 5), unbedingt ausgeschlossen ist. Auch in das Evangelium kam der Begriff aus dem Judentum[1]). In Grunde genommen erledigt sich alles dadurch, daß W. Wrede, Z. f. nt. Wiss. I (1900) 66ff. bewiesen hat, daß μετάνοια von den Evangelisten gar nicht mehr etymologisch als 'Sinnesänderung', sondern nur als 'Buße' verstanden worden ist, sowie vor allem dadurch, daß J. Wellhausen, Das Evangelium Marci (Berl. 1903) 8 für μετάνοια und μετανοεῖτε die gleichwertigen aramäischen Worte anzugeben vermag. Zwar die αὐτοφωνία Παύλου, die er in seinen Missionspredigten anwandte, ist nicht überliefert, aber in der Kenntnis des ihn und seine Mitapostel und seine Nachfolger verpflichtenden Materials haben wir einen Ersatz. Dieses Material bestand, wie wir gesehen haben, aus einer Vereinigung hellenischer und jüdischer Prophetenrede, vollzogen durch den orientalisierten Hellenismus, mit einer

---

1) Stellen aus den Septuaginta gibt die englische Konkordanz, z. B. Jes. 46, 8f. μετανοήσατε οἱ πεπλανημένοι, μετανοήσατε, μνήσθητε τὰ πρότερα. Aber häufiger in der Sap. Sal., z. B. 11, 23 παρορᾷς ἁμαρτήματα ἀνθρώπων εἰς μετάνοιαν 12, 19 δίδως ἐπὶ ἁμαρτήμασι μετάνοιαν, auch Sirach 44, 16 μετετέθη ὑπόδειγμα μετανοίας ταῖς γενεαῖς. Bei der Durchsicht der betr. Artikel der neutestamentlichen Konkordanz von C. H. Bruder (Götting. 1904) ist mir aufgefallen, daß im Gegensatze zu den 32 Stellen der Evangelien, den 12 der Apokalypse und den 5 der Acta in den echten Paulusbriefen der Begriff verhältnismäßig selten ist (Röm. 2, 4 εἰς μετάνοιάν σε ἄγει, Kor. II 7, 9 ἐλυπήθητε εἰς μετάνοιαν 7, 10 μετάνοιαν εἰς σωτηρίαν 12, 21 πολλοὺς τῶν προημαρτηκότων καὶ μὴ μετανοησάντων). In den anderen Briefen: Hebr. 6, 1. 6, 6. 12, 17. Petr. II 3, 9. Timoth. II 2, 25, letztere Stelle in einer uns vertrauten Verbindung: ἐν πραΰτητι παιδεύοντα τοὺς ἀντιδιατιθεμένους, μήποτε δῴη αὐτοῖς ὁ θεὸς μετάνοιαν εἰς ἐπίγνωσιν ἀληθείας, worauf folgt: καὶ ἀνανήψωσιν, eine Metapher, die auch in den hermetischen Traktaten neben μετάνοια und γνῶσις begegnet: s. o. S. 132. Überaus zahlreiche Stellen aus den 'apostolischen Vätern' (darunter die meisten aus Hermas) in dem Index patristicus von E. J. Goodspeed, Leipz. 1907.

bloß oberflächlichen Christianisierung. Als er daher vor das hellenische Publikum trat, bekam dieses mancherlei zu hören, was ihm auch aus den religiösen Propagandareden seiner Wanderredner vertraut war, nun aber freilich in fremdartiger, orientalischer Tönung: dazu gehörte außer der Umprägung von γνῶσις θεοῦ auch diejenige von μετάνοια. Diese übernahm Paulus schon von den Uraposteln, die nach der Anweisung des Meisters ἐξελθόντες ἐκήρυξαν[1]) ἵνα μετανοῶσιν (Marc. 6, 12). Damit hatte dieser auch selbst begonnen. Denn so selten uns auch die αὐτοφωνία τοῦ κυρίου greifbar ist, so sicher ist es doch, daß er, wie vor ihm der Täufer, die Propagandarede der Propheten seines Volkes übernahm. Bei Marcus gilt sein erstes Wort (1, 15) der βασιλεία τοῦ θεοῦ, an die er unmittelbar anschließt μετανοεῖτε, und auf Grund davon läßt Matthäus des Täufers und seine Tätigkeit beginnen mit der Aufforderung (3, 2 = 4, 17) μετανοεῖτε.

---

1) Dies ist im N. T. überall das technische Wort: vollständige Stellensammlung bei E. v. Dobschütz, Texte u. Unters. XI (1894) 16 f. (sehr häufig auch in den LXX); in Verbindung mit μετανοεῖν: Marc. 1, 14 f. κηρύσσων τὸ εὐαγγέλιον ... μετανοεῖτε 6, 12 ἐκήρυξαν ἵνα μετανοῶσι. Matth. 3, 2 Ἰωάννης ὁ βαπτιστὴς κηρύσσων ... μετανοεῖτε 4, 17 ἀπὸ τότε ἤρξατο ὁ Ἰησοῦς κηρύσσειν καὶ λέγειν· μετανοεῖτε. Dieselbe Verbindung in dem Poimandrestraktat (s. o. S. 6): ἦργμαι κηρύσσειν τοῖς ἀνθρώποις τὸ τῆς εὐσεβείας καὶ γνώσεως κάλλος ... μετανοήσατε.

UNTERSUCHUNGEN ZUR STILGESCHICHTE DER GEBETS- UND PRÄDIKATIONSFORMELN

> Was ist heilig? Das ist's, was viele Seelen zusammen
>   Bindet, bänd' es auch nur leicht wie die Binse den Kranz.
>
> Was ist das Heiligste? Das, was heut und ewig die Geister,
>   Tiefer und tiefer gefühlt, immer nur einiger macht.
>
> GOETHE: Vier Jahreszeiten.

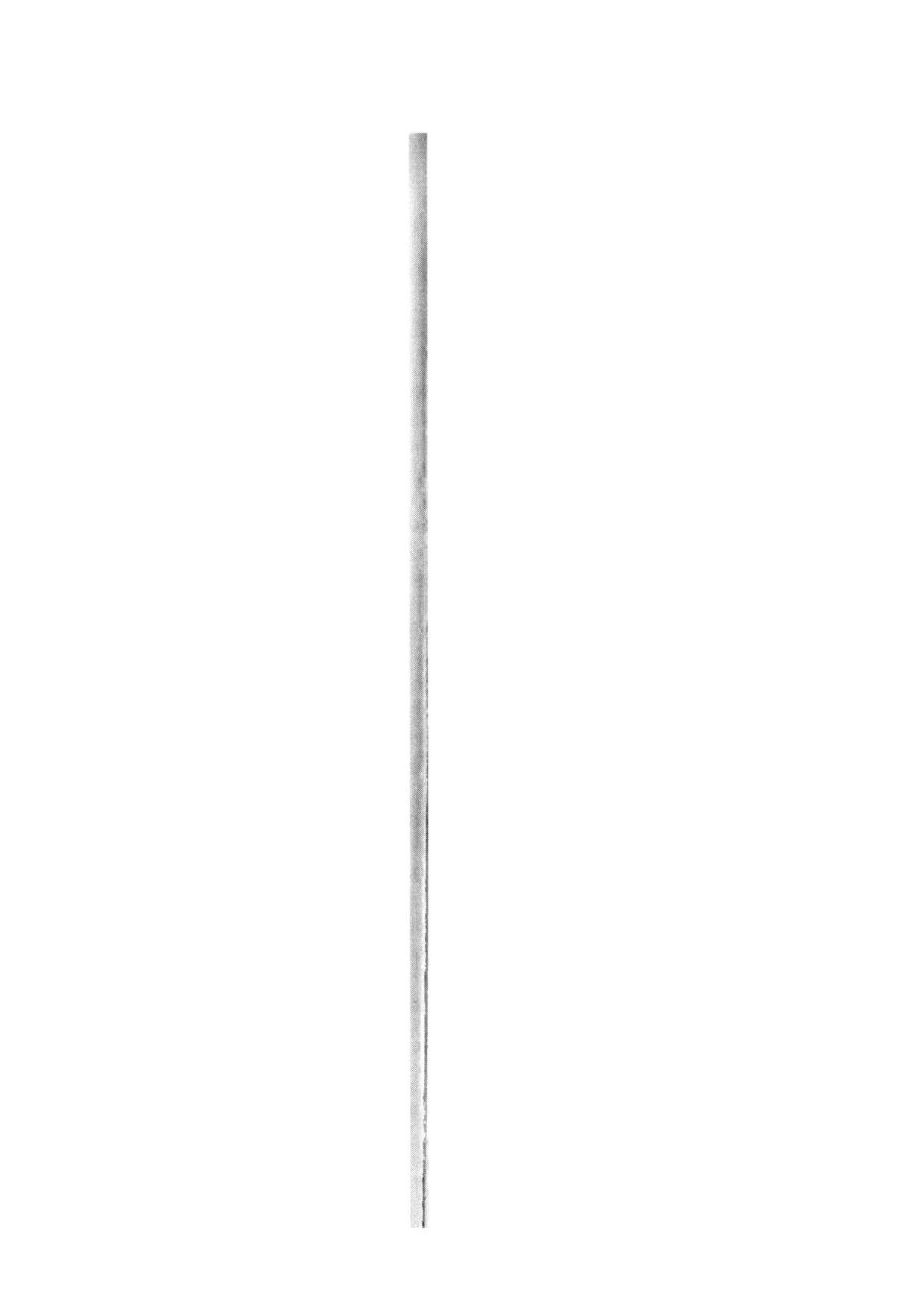

I. HELLENICA.

1. DIE MESSALLAODE DES HORATIUS UND DER „DU"-STIL DER PRÄDIKATION.

„Das erreichbare Ziel ist eine wissenschaftliche Formenlehre religiöser Liturgie" schrieb A. Dieterich am Schlusse seiner 'Mithrasliturgie' (1903).[1]) Einen kleinen Beitrag zur Lösung dieser großen Aufgabe zu geben, soll auf den folgenden Seiten versucht werden; stilistische Betrachtung wird dabei, wie sich gebührt, die Grundlage bilden, aber der Stil war im Altertum eine Großmacht, und richtig verhört, wird er auch Interpretationsfragen beantworten und religionsgeschichtliche Zusammenhänge beleuchten helfen.

Die horazische Ode *o nata mecum consule Manlio* (III 21) bietet dem Verständnisse scheinbar so wenig Schwierigkeiten, daß der Versuch, einen neuen Beitrag zu ihrer Erklärung zu geben, befremdlich erscheinen könnte. Aber bei genauerem Zusehen ist in diesem Gedichte nicht alles so leicht und einfach, wie es auf den ersten Blick scheint, und der Versuch, die Aporien zu lösen, paßt, da er aus der Formensprache religiösen Empfindens abgeleitet ist, in den Rahmen dieser Untersuchungen.

O nata mecum consule Manlio
seu tu querellas sive geris iocos
seu rixam et insanos amores
seu facilem, pia testa, somnum:
5 *quocumque lectum nomine Massicum*
servas, moveri digna bono die
descende, Corvino iubente
promere languidiora vina.

---

1) Ähnlich im Arch. f. Religionswiss. VIII (1905) S. 484: „Die Entwicklung der Formen des Gebets ... ist eine Aufgabe, deren Lösung nicht bloß für die Geschichte antiker Religion, sondern auch für die Quellen und Grundlagen mannigfacher literarischer Denkmäler von größter Bedeutung wäre."

nomen. Was bedeutet hier das *nomen* in V. 5? Daß es schon alten Lesern Schwierigkeiten machte, zeigt die Interpolation *numine* in zwei Handschriften des IX. Jahrhunderts. Auch die neueren Erklärer sind sich nicht einig: 'zu welcher Bedeutung immer', 'aus welchem Grunde immer', 'unter welcher Bestimmung, d. h. zu welchem Zwecke auch immer', 'mit welcher Schuldverpflichtung immer', das sind einige der in den Ausgaben sich findenden Erklärungen, von denen keine recht befriedigt, am wenigsten wohl die letzte (Kießlingsche); die Annahme, das interpolierte *numine* sei vielmehr die richtige Lesart, bedarf keiner Widerlegung. Offenbar wird nun diejenige Deutung den Anspruch auf die größte Wahrscheinlichkeit haben, die *nomen* in möglichst ursprünglichem Sinne faßt, denn gerade bei Horatius pflegt die proprietas verborum wundervoll bewahrt zu sein.

Wenn man nun beachtet, daß V. 1 eine durch das hinzugefügte *o* feierlich gestaltete Apostrophe enthält (wie I 30, 1 *o Venus regina Cnidi Paphique* und I 35, 1 *o diva, gratum quae regis Antium*), daß dann V. 2—4 ein durch vierfaches *seu (sive)* in vier Kommata zerlegtes Kolon folgt, dann (V. 5—6) ein weiteres, die vierfache Alternative in die Worte *quocumque nomine* zusammenfassendes Kolon, endlich (V. 7) ein über die Nebensätze hinweg an die Apostrophe des ersten Verses anknüpfender Imperativ: so weiß man, daß dieser Periodenbau oder ein leicht veränderter typisch ist für den Gebetstil, ja außerhalb dieses sich schwerlich findet. Das carmen devotionis bei Macrobius III 9, 10 beginnt so: *Dis pater Veiovis Manes sive quo alio nomine fas est nominare: ut omnes illam urbem .... fuga formidine terrore compleatis*. Ein Vergilscholion des erweiterten Servius zur Aen. II 351 lautet: *in Capitolio fuit clipeus consecratus, cui inscriptum erat 'genio urbis Romae, sive mas sive femina.' et pontifices ita precabantur: 'Iuppiter optime maxime, sive quo alio nomine te appellari volueris:' nam et ipse* (Vergilius IV 576) *ait: 'sequimur te, sancte deorum, quisquis es.'* Besonders genau ist die altertümliche Struktur bewahrt in dem Gebete des Apuleius (met. XI 2) an Isis, das so beginnt: *regina caeli, sive tu Ceres ... seu tu caelestis Venus ... seu Phoebi soror ... seu Proserpina ...., quoquo nomine, quoquo ritu, quaqua facie te fas est invocare: tu meis aerumnis subsiste.*[1]) Diese Gebetsform war auch

---

1) Ein anderes Beispiel: Ps. Apuleius, Asclepius c. 20: *deus vel pater vel dominus omnium vel quocumque alio nomine ab hominibus sanctius religiosiusque nuncupatur · tanti etenim numinis contemplatione nullo ex*

hellenisch, ja es ist gar nicht von der Hand zu weisen, daß sie von den Römern in früher Zeit von den Griechen übernommen worden ist: wer etwa glauben sollte, diese Vermutung durch den Hinweis auf das Alter der aus Macrobius und dem Vergilkommentar angeführten Formeln widerlegen zu können[1]), würde nicht bedenken, daß der Stil des Zwölftafelgesetzes erwiesenermaßen urgriechischem Gesetzesstile nachgebildet worden ist und daß das Gebet nach ältester, gerade auch italischer Vorstellung eine Art von Rechtskontrakt zwischen dem gelobenden Menschen und der gewährenden Gottheit gewesen ist. Doch kann diese Frage hier auf sich beruhen — es sollte nur der Selbstverständlichkeit vorgebeugt werden, mit der in solchen Fällen infolge oberflächlicher Beurteilung so gern auf gemeinsamen Urbesitz geschlossen wird —: für den vorliegenden Zweck ist es nicht unwichtig, daß Platon an einer oft zitierten Stelle (Kratylos 400 E) den Brauch mit folgenden Worten erwähnt: ὥσπερ ἐν ταῖς εὐχαῖς νόμος ἐστὶν ἡμῖν εὔχεσθαι, οἵ τινές τε καὶ ὁπόθεν χαίρουσιν ὀνομαζόμενοι, denn hier haben wir wieder eine deutliche Analogie zu dem horazischen *quocumque nomine*. Über die dem Brauche zugrundeliegende religiöse Vorstellung ist oft gehandelt worden[2]); aus H. Useners Darlegung (Götternamen S. 336) seien hier die folgenden Worte angeführt, da er, der sich im übrigen hier auf das griechische Material beschränkt[3]), Verse des

---

his nominibus eum definite nuncupabimus. Der sorgsamen Abhandlung von G. Appel, De Romanorum precationibus (in den Religionsgesch. Versuchen u. Vorarbeiten, hrgg. von R. Wünsch und L. Deubner VII, Gießen 1909) S. 76 entnehme ich die Formel der Defixion (A. Audollent, Defix. tabellae nr. 129): *hunc ego aput vostrum numen demando devoveo desacrifico, ut vos Aquae ferventes sive vos Nimfas sive quo alio nomine voltis adpellari, uti vos eum interematis.*

1) Die Behauptung von R. Agahd, Varronis ant. div. (Jahrb. f. Phil. Suppl. XXIV 1898) S. 132, sie stamme aus den Indigitamenten, ist unbeweisbar, obwohl auch ein Kenner wie Wissowa dieser Ansicht zu sein scheint (Relig. u. Kultus der Römer, München 1902, S. 33). In den umbrischen Gebeten wäre doch Gelegenheit genug für Anwendung der Formel gewesen; daß sie dort gänzlich fehlt, scheint mir empfehlend für die im Texte ausgesprochene Vermutung zu sein. Übrigens warnt Bücheler, Umbrica (Bonn 1883) S. 102 davor, das Alter dieser Formeln zu hoch hinauf zu datieren.

2) Literaturnachweise bei C. Ausfeld, De Graecorum precationibus (Jahrb. für Phil. Suppl. XXVIII 1903) S. 517 f. K. Ziegler, De precationum apud Graecos formis, Diss. Breslau 1905, ist auf diese Dinge nicht eingegangen.

3) Einige schöne, von ihm nicht erwähnte Stellen: Eurip. Her. 351 ff. (dazu Wilamowitz, S. 81: „Die Nachbildung altgeheiligter religiöser Weise ist

Horatius zitiert, die geeignet sind, das *sive-sive* unseres Gedichts durch eine unzweifelhafte Gebetstelle zu beleuchten: „Zur erhofften Wirkung ist das treffende Wort die wichtigste Bedingung: man muß den Gott bei dem Namen anrufen und verpflichten, der das Vermögen, gerade in dem besonderen Falle zu helfen, einschließt.... Man häuft die Beinamen, und tut darin lieber des Guten zu viel als daß man sich der Gefahr aussetzt, das entscheidende Wort zu übersehen. Nachdem Horatius im Eingang des carmen saeculare Diana zusammen mit Apollon angeredet hat, wendet er sich V. 13, um Wachstum der Bürgerschaft zu erflehen, an Diana nicht mit Nennung des Eigennamens, sondern mit den Worten: *Rite maturos aperire partus | lenis, Ilithyia, tuere matres, | sive tu Lucina probas vocari | seu Genitalis*. Da haben wir die für diese Häufung der Beinamen im Gebet übliche Formel εἴτε... εἴτε, sive... sive. Die freie Anwendung, welche seit Aischylos Dichter und Schriftsteller davon machen, läßt uns schließen, daß sie mehr und mehr ihre eigentliche Bedeutung verlor." Der letzte Satz paßt gerade auch auf die Messallaode, da der Dichter, seiner Wesensart gemäß, in ihr das Pathos dadurch nivelliert, daß er es auf ein corpus vile anwendet, eine der beliebtesten Formen des παρῳδεῖν.[1]) Platon, der, wie alle Kunstformen des poetischen Stils, so auch die der Parodie sich nutzbar machte, hat sie gerade auch in einem dem vorliegen-

---

unzweifelhaft"). Tro. 884 ff. ὦ γῆς ὄχημα κἀπὶ γῆς ἔχων ἕδραν, Ὅστις ποτ᾽ εἶ σύ, δυστόπαστος εἰδέναι, Ζεύς, εἴτ᾽ ἀνάγκη φύσεος εἴτε νοῦς βροτῶν, Προσηυξάμην σε, also ganz wie Aischylos Ag. 149 K. Ζεύς, ὅστις ποτ᾽ ἐστίν usw., und Eurip. Bakch. 275 f. Δημήτηρ θεά· Γῆ δ᾽ ἐστίν, ὄνομα δ᾽ ὁπότερον βούλῃ κάλει. Ferner (worauf mich F. Jacoby aufmerksam machte) der sog. Hymnus an Attis, den Wilamowitz, Herm. XXXVII (1902) 328 ff. behandelt und lesbar gemacht hat (κατὰ δάκτυλον εἶδος): εἴτε Κρόνου γένος, εἴτε Διὸς μάκαρ, εἴτε Ῥέας μεγάλας, χαῖρ᾽ ὦ τὸ κατηφὲς ἄκουσμα Ῥέας Ἄττι σὲ καλοῦσι μὲν Ἀσσύριοι τριπόθητον Ἄδωνιν, ὅλη δ᾽ Αἴγυπτος Ὄσιριν (es folgt noch eine große Zahl weiterer Epiklesen). Dazu jetzt der neue Hymnus an Tyche (Berl. Klassikertexte V 2 S. 143): πότερόν σε κλήξωμεν Κλωθὼ κελαιν[ὰν] ἢ ... Ἀνάγκαν ἢ ... Ἶριν. Die Formel 'wer du auch immer bist' findet sich noch in später apokrypher Literatur: Collection des alchimistes grecs, Texte grec p. 27 Berthelot-Ruelle: ὅρκῳ οὖν ὄμνυμί σοι τὸν μέγαν ὅρκον, ὅστις ἂν σὺ ᾖ, θεόν φημι τὸν ἕνα.

1) Die verschiedenen Arten und Formen, die die Parodie des Gebets von Aristophanes und Platon bis zu Lukianos und dem späten Anonymus Anth. lat. 682 durchlaufen hat, sind noch nicht untersucht worden (Horatius ist auch mit seinem *Matutine pater seu Iane libentius audis*, sat. II 6, 20 darunter).

1. Die Messallaode des Horatius und der „Du"-Stil der Prädikation. 147

den analogen Falle angewendet: Protag. 358 A τὴν δὲ Προδίκου τοῦδε διαίρεσιν τῶν ὀνομάτων παραιτοῦμαι· εἴτε γὰρ ἡδὺ εἴτε τερπνὸν λέγεις εἴτε χαρτόν, εἴτε ὁπόθεν καὶ ὅπως χαίρεις τὰ τοιαῦτα ὀνομάζων, ὦ βέλτιστε Πρόδικε, τοῦτό μοι πρὸς ὃ βούλομαι ἀπόκριναι (wo in feiner Weise die passive Form des ὀνομάζεσθαι in die aktive umgesetzt ist, zuliebe der ὀνομάτων ὀρθότης des Prodikos).[1]

Wenn diese stilistische Deutung des Anfangs der Messallaode richtig ist, so müssen die *seu*-Sätze Namen, ἐπικλήσεις, enthalten, die dann mit *quocumque nomine* zusammengefaßt werden. Daß dieses Postulat für die Richtigkeit der Deutung in der Tat erfüllt ist, läßt sich auf einem Umwege zeigen, der uns schließlich wieder an das Ziel zurückführen wird.

Die Apostrophe gilt der *testa*, d. h. der Amphora, deren Etikette wir uns, wie beiläufig bemerkt werden mag, zu denken haben nach der Analogie einer *amphora litterata* C. I. L. XV 4539 (= Dessau, Inscr. Lat. sel. 8580): *Geburtslegende.*

Ti. Claudio P. Quinctilio cos. (741 = 13)
a. d. XIII. K. Iun. vinum
diffusum, quod natum est
duobis Lentulis cos. (736 = 18).

Das Motiv einer Apostrophe an den Krug hat Horatius unzweifelhaft entlehnt einem Epigramme des Poseidippos (Anth. Pal. V 133 = Posidippi epigrammata ed. P. Schott, Diss. Berlin 1905, S. 44), wo die Flasche, ἡ λάγυνος, apostrophiert wird (Κεκροπὶ ῥαῖνε λάγυνε πολύδροσον ἰκμάδα Βάκχου usw.). Dies Epigramm muß berühmt gewesen sein, denn wir besitzen vier Umbildungen, darunter drei des M. Argentarius, eines Epigrammatikers jungaugusteischer Zeit (Anth. lat. VI 248. IX 229. 246), ein ἀδέσποτον (VI 134), das dem Argentarius schon bekannt gewesen sein muß, da er dessen Besonderheit, die asyndetisch gehäuften Epitheta der Flasche, die sich bei Poseidippos nicht finden, nachahmt; dies Epigramm beginnt:

στρογγύλη, εὐτόρνευτε, μονούατε, μακροτράχηλε,
ὑψαύχην, στεινῷ φθεγγομένη στόματι,
Βάκχου καὶ Μουσέων ἱλαρὴ λάτρι καὶ Κυθερείης.

Die Anrede an die Flasche als 'Dienerin' des Bakchos, der Musen und Aphrodite lehrt, in welchem Sinne der Krug bei Horaz *pia*

---
[1] Andere platonische Stellen der Art bei Stallbaum zum Euthydemos 288 B

testa apostrophiert wird, macht auch die Einkleidung in die Gebetform verständlich: der Gott (d. h. seine Gabe) ist in seiner Dienerin, die ihn treu hütet; der Krug ist so sehr Repräsentant seines Inhaltes, daß der Dichter das *natum*, das, wie jene Aufschrift zeigt, vom Weine gilt, auf die *testa* übertragen konnte. Warum er dies tat, ergibt sich aus der sakralen Sphäre, in die wir die beiden Strophen durch den Nachweis der Gebetform gerückt haben. Allbekannt ist der althergebrachte Brauch, die Gottheit gleich zu Beginn des Gebets dadurch zu ehren, daß man der Anrede die Geburtslegende hinzufügte; es genügt, aus der Masse einige wenige Stellen zu nennen. Ἑρμῆν ὕμνει, Μοῦσα, Διὸς καὶ Μαιάδος υἱόν h. Hom. 3, 1, ἀμφὶ Διώνυσον, Σεμέλης ἐρικυδέος υἱόν 7, 1, Ἡρακλέα Διὸς υἱὸν ἀείσομαι 15, 1; Παλλὰς μουνογενὲς μεγάλου Διὸς ἔκγονε σεμνή h. Orph. 32, 1, κλῦθι μάκαρ Διὸς υἱ᾽ ἐπιλήνιε Βάκχε 50, 1; ὦναξ Ἄπολλον παῖ μεγάλω Διός Alkaios fr. 1; ποικιλόθρον᾽ ἀθάνατ᾽ Ἀφροδίτα, παῖ Διός Sappho fr. 1; γουνοῦμαι σ᾽ ἐλαφηβόλε, ξανθὴ παῖ Διός Anakr. fr. 1; Ἐλείθυια . . παῖ μεγαλοσθενέος Ἥρας Pindar. N. 7, 1; πότνια πότνια σεμνοτάτα, Ζανὸς γένεθλον, χαῖρε χαῖρε μοι, ὦ κόρα Λατοῦς Ἄρτεμι καὶ Διός Eur. Hipp. 61 f. Die römischen Dichter übernahmen das: Catullus 34, 5 *o Latonia maximi magna progenies Iovis*, Horatius selbst I 10 *Mercuri facunde nepos Atlantis*.[1]) Da ist es nun doch hübsch, wenn er in der Messallaode, den Gebetstil leise parodierend, die testa dadurch prädiziert, daß er ihre Geburtslegende angibt: ihr ist mit ihm selbst gemeinsam — um es mit seinen eigenen Worten (ep. II 2, 187) zu sagen — *Genius natale comes qui temperat astrum*. Wer die Parodie des Gebetstils in diesen Strophen einmal zugegeben hat, dürfte dann auch in dem *descende* Absicht erkennen: ἐλθέ, βαῖνε, ἱκοῦ, μόλε sind typische Anfangsformeln im Gebete; auf *descende caelo* III 4, 1 mag auch hingewiesen sein, ebenso darauf, daß auch *bonus dies* und *morere* Worte sind, die der sakralen Sphäre angehören.[2])

---

1) Wenn er daher begann *Maecenas atavis edite regibus*, so wollte er das hochfeierlich verstanden wissen: Mäcenas war ja sein *deus praeses, rerum tutela suarum*. Und *o matre pulchra filia pulchrior* ist in dem halb feierlichen, halb scherzenden Tone gehalten, den das ganze Gedicht (I 16) festhält: Euripides führt nach den im Texte zitierten Worten fort: καλλίστα πολὺ παρθένων und schließt dieses Gebet (V. 70): χαῖρέ μοι, ὦ καλλίστα τῶν κατ᾽ Ὄλυμπον.

2) *bonus dies:* vgl. Ovid. fast. I 71 f. *prospera lux oritur. linguis animisque favete: nunc dicenda bona sunt bona verba die.* Petron. 30: *qui dies boni*

1. Die Messallaode des Horatius und der „Du"-Stil der Prädikation. 149

Schon auf Grund der bisherigen Darlegungen wird gesagt werden dürfen, daß die Prädizierungen *seu tu querellas sive geris iocos seu rixam et insanos amores seu facilem somnum*, die dann durch *quocumque nomine* zusammengefaßt werden, zu verstehen sind als Paraphrasen von ὀνόματα θεοφόρα. Dies wird sich uns bestätigen, wenn wir nunmehr übergehen zu einer Betrachtung der vierten und fünften Strophe.

Nachdem der Dichter nämlich in der dritten Strophe (V. 9—12) gesagt hat, daß solchen Wein selbst Messalla nicht verschmähen werde, fährt er fort:

Anaphorische Prädikationen im „Du"-Stil.

tu lene tormentum ingenio admoves
plerumque duro, tu sapientium
15   *curas et arcanum iocoso*
        consilium retegis Lyaeo,
tu spem reducis mentibus anxiis
virisque et addis cornua pauperi
post te neque iratos trementi
20   *regum apices neque militum arma.*

Wieder ist es hier, wie schon in der ersten Strophe, die vom Dichter gewählte stilistische Einkleidung, die den Gedanken in seinen bestimmten Kreis weist. Wie dort das viermalige *sive* die Stilsignatur bildete, so hier das dreimalige *tu*, dem dann an vierter Stelle ein *te* zur Seite tritt: *tu ... admoves, tu ... retegis, tu .... reducis, post te ... trementi*. Daß dies nun der typische Stil der hymnenartigen Lobpreisung Gottes war, d. h. der εὐλογία, wie es

---

quique incommodi essent, distinguente bulla notabantur (vgl. Thes. l. l. II 2092ᵇ 68 ff.). — *movere* und Composita: eine Hauptstelle Serv. Dan. zur Aen. IV 301 ('*commotis excita sacris*'): *verbo antiquo usum tradunt; moveri enim sacra dicebantur, cum sollemnibus diebus aperiebantur templa instaurandi sacrificii causa: cuius rei Plautus in Pseudolo* (V. 109) *meminit: 'mea si commovi sacra'*. Servius zu VIII 3 ('*utque impulit arma*'): *est autem sacrorum: nam is qui belli susceperat curam, sacrarium Martis ingressus primo ancilia commovebat*. Oft bei Cato de agr., z. B. 134, 2 *Iano struem commoveto* u. dgl. Varro sat. 258 *funere familiari commoto avito ac patrito more precabamur*. Seneca Med. 785 f. *sonuistis, arae, tripodas agnosco meos Favente commotos dea*. Persius 2, 75 *haec cedo ut admoveam templis, et farre litabo*. Stat. Theb. III 450 *sacra movere deum* (mit dem Schol.: *moveri sacra dicuntur cum coeperint incohare*, was ebenfalls eine vox sacra ist). Daß die Vorstellung gemeinitalisch war, zeigt tab. Iguv. VI A 54 *di Grabovie, tio commohota tri¹ ris ne ḫuo ·racḫ'o pihacḫ·*.

in älterer Sprache (schon bei Pindaros), der ἀρεταλογία[1]), wie es in jüngerer, und der δοξολογία, wie es in christlicher heißt, läßt sich durch eine Fülle von Zeugnissen erweisen. Zwar werden manche Leser den Zweck solcher Sammlungen bezweifeln, da es ihnen selbstverständlich erscheinen wird, daß man zu Gott in Form direkter Apostrophe betet. Aber erstens ist es für die Beurteilung der poetischen Technik nicht bedeutungslos zu sehen, wie die Dichter verschiedener Gattungen und Zeiten diese Form handhaben, und zweitens brauchen wir diese Sammlungen zu wichtigen religionsgeschichtlichen Schlüssen, die wir nachher daraus zu ziehen haben werden. — Ich beginne im Anschluß an die Horazinterpretation mit dem lateinischen Material.

In lateinischer Poesie bietet das älteste Beispiel[2]) das Proömium des Lucretius: *Aeneadum genetrix*[3]) . . . . *te, dea, te fugiunt venti, te nubila caeli, . . . tibi tellus summittit flores, tibi rident aequora . . ., volucres te, diva, tuumque significant initum perculsae corda tua vi* (τῇ σῇ δυνάμει).[4]) Ein sehr streng stilisiertes Gedicht ist der Diana-

---

1) Über den Begriff der Aretalogie hat nach O. Crusius, RE. II 670f. zuletzt R. Reitzenstein, Hellenistische Wundererzählungen, Leipz. 1906, S. 9ff. gehandelt, aber es lag seinen Zielen fern, das Stilistische zu besprechen. Einige Stellen auch bei J. Stenzel, De ratione inter carm. epic. prooemia et hymnicam poesin, Diss. Bresl. 1908.

2) Daß im Salierliede Anrufungen vorkamen, steht fest, aber über ihre Stilisierung läßt sich nichts sagen; auch würde es für die geschichtliche Betrachtung dieser Form nicht in Frage kommen, da diese, wie wir sehen werden, aus dem Griechischen abzuleiten ist.

3) Hier und überhaupt im Folgenden werden nur die für diese Untersuchung in Betracht kommenden Worte herausgegriffen werden.

4) Ähnlich stilisiert ist das hymnenartige Enkomion auf Epikuros III 3 ff. *te sequor, o Graiae gentis decus . . . . . tu, pater, es rerum inventor, tu patria nobis suppeditas praecepta* usw. Dieses Prooemium ist kürzlich von William A. Heidel, Die Bekehrung im klass. Altertum mit bes. Berücksichtigung des Lucretius (in: Zeitschr. f. Religionspsychologie III 1910) S. 395ff. durch den Nachweis der Benutzung religiös-hieratischer Sprache interessant beleuchtet worden (s. auch oben S. 101, 1). Ich möchte dem noch hinzufügen, daß die Anrede *pater* (neben dem von Heinze in seinem Kommentar Angeführten) noch eine besondere Beziehung erhält durch den Nachweis von A. Dieterich, Mithrasliturgie 52. 146f. 151 und von mir (zur Aeneis VI S. 43), daß man sich die Geheimlehre von den höchsten Dingen gern durch eine παράδοσις vom Vater auf den Sohn vermittelt dachte (vgl. auch Anhang IX *tu . . es . . . tu . . . patria . . . suppeditas . . . praecepta*.

1. Die Messallaode des Horatius und der „Du"-Stil der Prädikation. 151

hymnus des Catullus (34).¹) Die erste Strophe gibt das προοίμιον: *Dianam ... canamus*, entsprechend dem λέξωμεν εὐχάς u. dgl. in der Lyrik. Es folgt in der zweiten Strophe zunächst die schon erwähnte Apostrophe *o Latonia, maximi magna progenies Iovis*, dann ein — wie wir später sehen werden — typischer Relativsatz: *quam mater prope Deliam deposivit olivam*. Dann die dritte Strophe *montium domina ut fores*, sowie Herrin der Wälder, Triften und Flüsse, formelhaft auch dieses: denn so begegnet in hymnenartigen Chören der Tragödie öfters ein ἵνα: 'dir zur Ehre ist das und das geschehen, damit...'²) Dann folgen in der vierten und fünften Strophe die eigentlichen Prädikationen: *tu Lucina dolentibus Iuno dicta puerperis, tu potens Trivia et notho es dicta lumine Luna, tu .... frugibus exples*. Das sind Paraphrasen von 3 Namen (Ἐλείθυια, Ἑκάτη, Σελήνη)³), daher kann er in der letzten (sechsten) Strophe zusammenfassend generalisieren: *sis quocumque tibi placet sancta nomine, Romulique, antique ut solita es, bona sospites ope gentem*, alles formelhaft: das *quocumque — nomine* (s. o.), das Gebet um Segen für das Volk⁴),

---

1) Ich gebe eine etwas ausführlichere Analyse wegen der unbegreiflichen Mißdeutungen in dem Friedrichschen Kommentar.

2) Der Sache glaube ich mich bestimmt zu erinnern, kann die Stellen aber zurzeit nicht wiederfinden. Aber ähnlich auch im Gedanken Pindar P. 9, 5: 'Apollon raubte die Kyrene und trug sie dahin, wo er sie machte zur Herrin des reichen Landes'.

3) Als Mondgöttin heißt sie erst *Luna* (V. 16), dann V. 17—20 (= Str. 5) eine lange Paraphrase: *tu cursu, dea, menstruo metiens iter annuum rustica agricolae bonis tecta frugibus exples*, also kein Name. Warum? Er kann das Nebeneinander von Σελήνη und Μήνη, wie es der orph. Hymnus 9 hat, in lat. Sprache nicht anders ausdrücken, als daß er die Μήνη durch ihre Tätigkeit bezeichnet.

4) Als Reflex alter Kultpoesie oft in der Tragödie (besonders Aisch. Hik. und Eum.), bei Pindaros, Timotheos (Pers. a. E.) und Aristophanes, dann auch in der vom Priester gesprochenen christlichen Fürbitte für die Gemeinde, üblich bis auf den heutigen Tag. In keiner Horazausgabe ist für die Erklärung des carmen saeculare bisher das Material benutzt worden, das in den von Proklos in Plat. Tim. (ed. E. Diehl, Leipz. 1903) S. 213, 18 ff. registrierten Gebettypen und den christlichen der Constitutiones apostolicae bereit liegt: und doch ist es ganz handgreiflich, daß diese Typen, die die Christen einfach herübernahmen, in das höchste Altertum hinaufreichen (Proklos sagt von einer Spezies der εὐχαί: οἵας δὲ καὶ ἐν τοῖς ἱεροῖς ἔχομεν ἀναγεγραμμένας, und weiß sogar etwas von den εὐχαί τῶν Εὐδανέμων παρὰ Ἀθηναίοις; ich zweifle nicht, daß er seine Gelehrsamkeit, die nur durch die Systematisierung der τρόποι ungenießbar wird, dem Porphyrios verdankt, bei dem

auch 'wie du es von alters gewohnt bist', eine Variation der Formel: 'wenn du früher geholfen hast, hilf auch jetzt' (nachweisbar seit Sappho, auch in der Tragödie, z. B. Soph. O. T. 165f.). Die Apostrophe mit anaphorischen Formen von *tu* hat Catullus dann auch im Hymenaeus 61, 51ff. *te suis tremulus parens invocat, tibi virgines zonula soluunt sinus, te timens cupida novus captat aure maritus* (es folgen noch ein Kolon mit *tu*, zwei mit *sine te*).

Horatius selbst bietet einige charakteristische Belege. In der Ode I 35 folgen auf den Anruf *o diva gratum quae regis Antium* und auf drei, Epitheta paraphrasierende Verse, von der zweiten Strophe an sechs mit *te* beginnende Kola, in denen die Allmacht der Göttin verherrlicht wird. Ebenso in *o fons Bandusiae* (III 13) zunächst zwei Epitheta, dann das votum (*cras donaberis haedo* usw.), darauf von der dritten Strophe an drei Kola mit *te- tu- tu*. Einen kunstvollen Aufbau zeigt IV 14 (*quae cura patrum quaeve Quiritium*). Es beginnt mit einer Frage: wer könnte deine virtutes gebührend preisen: das ist pindarischer Stil (Ol. 2. Isthm. 7. fr. 29. 89. 107 Schr., gleich nach dem Anfang: O. 6. P. 7), den Horatius darin öfter nachbildet (I 5. 12. 24. 31. III 7. 25); dann folgt gleich (V. 5f.) die Apostrophe *o qua sol habitabilis inlustrat oras maxime principum*, darauf ein den Vokativ weiterführender Relativsatz (V. 6f. *quem ... Vindelici didicere nuper quid Marte posses*), der, wie wir später sehen werden, ebenfalls zum traditionellen Formelgute gehörte; dies gilt auch von

---

man noch mit Lektüre des Chrysippos rechnen darf: s. u. S. 156, 1). Auf einer Inschrift von Magnesia (ed. Kern, nr. 98, etwa Anfang des 2. Jahrh. v. Chr.) wird dem ἱεροκῆρυξ im Vereine mit anderen, darunter παῖδες ἐννέα ἀμφιθαλεῖς und παρθένοι ἐννέα ἀμφιθαλεῖς (*puellae et pueri integri* Catull., *virgines lectae puerique casti* Hor.) vorgeschrieben, um Feste des Zeus Sosipolis zu beten ὑπέρ τε σωτηρίας τῆς τε πόλεως καὶ τῆς χώρας καὶ τῶμπολιτῶν καὶ γυναικῶν καὶ τέκνων καὶ τῶν ἄλλων τῶν κατοικούντων ἐν τῇ πόλει καὶ τῆι χώραι, ὑπέρ τε εἰρήνης καὶ πλούτου καὶ σίτου φορᾶς καὶ τῶν ἄλλων καρπῶν πάντων καὶ τῶν κτηνῶν, ganz wie in der christlichen Liturgie, und mit bemerkenswerten Anklängen an das carmen saeculare. Es muß für den Exegeten doch einen besonderen Reiz haben, feststellen zu können, wie der Dichter das typische Material poetisch stilisiert. Überhaupt muß sich das Formelhafte seiner Gedichte noch genauer feststellen lassen: z. B. hat es für Begrüßungsoden zurückgekehrter Fürsten sicher ein festes Schema gegeben (mit dem auch die Rhetorik der Kaiserzeit operiert): er spielt IV 2, 33 ff. darauf an, will jedoch die Ausführung dieses Schemas dem offiziellen Festpoeten überlassen, aber er bringt doch ein paar τόποι; das Analoge gilt von dem wunderschönen Gebete um Rückkehr des Princeps (*divis orte bonis* IV 5).

nam, mit dem nun (9) das große Mittelstück der Ode 9—40 eingeleitet wird (es wird V. 34 nochmals wiederholt); die drei Schlußstrophen (V. 41—52) enthalten dann die feierlichen Prädikationen der virtutes, dadurch an den Anfang anknüpfend: *te Cantaber ... te Scythes miratur, o tutela praesens Italiae dominaeque Romae; te .... Nilusque et Ister, te rapidus Tigris, te ... Oceanus, te ... Galliae duraeque tellus audit Hiberiae, te ... Sygambri compositis venerantur armis*. In dem Gedichte II 19 (*Bacchum in remotis carmina rupibus*), dem dionysischen Dithyrambus, preist er von V. 16 an die δυνάμεις (ἀρετάς) Διονύσου so: *tu flectis amnes, tu mare barbarum, tu ... coerces crines, tu ... Rhoetum retorsisti, te vidit insons Cerberus*; die stilistische Identität mit der Messalaode ist hier wegen der Verwandtschaft auch des Inhalts besonders deutlich: der Gott Dionysos und seine Gabe werden im Stile der Aretalogie gepriesen. In gleicher Weise stilisiert ist der Mercuriushymnus I 10 *Mercuri... te canam* (dies entsprechend dem ἀείσομαι oder ἄρχομ' ἀείδειν der homerischen und orphischen Hymnen oder dem ἐγὼν δ' ἀείσομαι des Alkman, ἐθέλω γεγωνεῖν u. dgl. des Pindaros). Es folgen 3 Epitheta, dann *te risit Apollo ..., duce te Priamus fefellit, tu pias animas reponis*. Dann wenigstens anklingend noch III 11 *Mercuri, nam te... magistro movit Amphion ..., tuque testudo ....; tu potes tigris ducere..., cessit tibi ianitor aulae*; ähnlich Tibullus I 7, 23—28 *Nile pater..., te propter nullos tellus tua postulat imbres .... te canit* usw.

Vergilius Aen. VIII 284 ff. läßt die Salier dem Hercules einen Hymnus singen, den er als ἐγκώμιον und πράξεις Ἡρακλέους bezeichnet; beides folgt sich dann in umgekehrter Ordnung:

hic iuvenum chorus, ille senum, qui carmine laudes
Herculeas et facta ferunt: ut prima novercae
monstra manu geminasque premens eliserit anguis,
ut bello egregias idem disiecerit urbes
Troiamque Oechaliamque, ut duros mille labores
rege sub Eurystheo fatis Iunonis iniquae
pertulerit. 'tu nubigenas, invicte, bimembris,
Hylaeumque Pholumque manu, tu Cresia mactas
prodigia et vastum Nemeae sub rupe leonem;
te Stygiae tremuere lacus, te ianitor Orci

und so noch zwei weitere, mit *te* beginnende Kola, dann abschließend:

salve, vera Iovis proles, decus addite divis,
et nos et tua dexter adi pede sacra secundo:

154   1. Hellenica.

'hymnorum veterum in Herculem argumenta sunt, oratione a poeta praeclare in hymni formulam conversa', wie Heyne sagt. Ganz ähnlich stilisiert ist der Hymnus auf Bacchus im Proömium der Georgica B. II.

Gerade wieder in den dionysischen Kreis führt Propertius III 17, ein Gedicht, das um so interessanter ist, als es sich ausdrücklich als Aretalogie bezeichnet (V. 20 *virtutisque tuae, Bacche, poeta ferar*). Nach dem Anruf des Gottes (*o Bacche*) V. 1. 2 beginnt er gleich (V. 3) mit dem charakteristischen *tu potes* (*insanae Veneris compescere fastus*), das wir auch an der zuletzt angeführten Horatiusstelle fanden: es liegt darin die δύναμις θεοῦ; schon in einem Gebete an Apollon Il. *II* 515 heißt es δύνασαι δὲ σὺ πάντοσ' ἀκούειν (vgl. Verg. Aen. VI 117 in einem Gebete an die Priesterin des Apollon: *potes namque omnia*[1]). Er fährt dann fort (V. 4—8) *curarumque tuo fit medicina mero; per te iunguntur, per te solvuntur amantes: tu vitium ex animo dilue, Bacche, meo; te quoque enim* usw.

Wichtig für uns ist dann eine Stelle bei Ovidius, da in ihr alle Typen der Messallaode: Geburtslegende, ἐπικλήσεις, die generalisierende Formel und die Aretalogie vereinigt sind, in derselben Reihenfolge wie bei Horatius. Im Anfange nämlich des IV. Buchs der Metamorphosen läßt er einen Dionysoshymnus teils indirekt referieren, teils führt er ihn direkt aus: die frommen Thebanerinnen

turaque dant Bacchumque vocant Bromiumque Lyaeumque
ignigenamque satumque iterum solumque bimatrem;
additur his Nyseus indetonsusque Thyoneus
et cum Lenaeo genialis consitor uvae
Nycteliusque Eleleusque parens et Iacchus et Euhan
et quae praeterea per Graias plurima gentes
nomina, Liber, habes.[2]) *tibi enim inconsumpta iuventa est,*

---

1) Hierzu habe ich in meinem Kommentar mehr dergleichen angeführt, vgl. auch die Bemerkung von R. Wünsch in den 'Nachträgen' zu meinem Kommentar und jetzt auch Appel a. a. O. (o. S. 144, 1) 153.

2) Diese Partie hat Lobeck, Aglaoph. S. 401 schön beleuchtet durch den Bericht des Arrianos Anab. V 2, 5f. Ἀλέξανδρον δὲ πόθος ἔλαβεν ἰδεῖν τὸν χῶρον, ὅπου τινὰ ὑπομνήματα τοῦ Διονύσου οἱ Νυσαῖοι ἐκόμπαζον..... Καὶ τοὺς Μακεδόνας ἡδέως τὸν κισσὸν ἰδόντας... στεφάνους σπουδῇ ἀπ' αὐτοῦ ποιεῖσθαι, ὡς καὶ στεφανώσασθαι εἶχον, ἐφυμνοῦντας τὸν Διόνυσόν τε καὶ τὰς ἐπωνυμίας τοῦ θεοῦ ἀνακαλοῦντας. Bei Nonnos habe ich dergleichen nicht gefunden, aber freilich auch nicht genau danach gesucht. Das Alter von Lobpreisungen gerade des Dionysos zeigt auch Eurip. Bakch. 375 ff. Βρόμιον τὸν .... ὃς τάδ' ἔχει θιασεύειν τε χοροῖς μετά τ' αὐλοῦ γε-

1. Die Messallaode des Horatius und der „Du"-Stil der Prädikation. 155

tu puer aeternus, tu formosissimus alto
conspiceris caelo; tibi, cum sine cornibus adstas,
virgineum caput est,

worauf noch drei weitere Prädikationen mit *tibi, tu, tu* folgen.

Einige Beispiele aus nachaugusteischen Dichtern sollen in der Anmerkung ihren Platz finden.[1])

λάσαι ἀποπαῦσαί τε μερίμνας κτλ., wo die Anküpfung mit ὅς (auch Vers 860) ebenfalls sakral ist.

[1]) Dabei habe ich benutzen können die o. S. 144, 1 genannte Abhandlung von Appel, die zwar von ganz anderen Gesichtspunkten aus orientiert ist, aber durch die ziemlich vollständige Angabe der Stellen, an denen sich bei lat. Dichtern Gebete finden, jedem, der darüber in Zukunft schreiben will, die Arbeit erleichtert. Seneca Agam. 348 ff. Chorlied auf Juno (anapästische Dimeter mit Monometer): *ades o magni soror et coniunx consors sceptri regia Iuno: tua te colimus turba Mycenae. tu sollicitum supplexque tui numinis Argos sola tueris, tu bella manu pacemque geris; tu nunc laurus Agamemnonias accipe victrix* (darauf 3 Kola mit anaphorischem *tibi*, eins mit *tua*). Ähnlich Med. 797 ff. (Hekatehymnus in 6 Kola mit anaphorischem *tibi*), Phaedr. 59 ff. (Dianahymnus: 4 Kola, je zwei mit *tua* und *tibi*). — Statius Theb. I 696 ff. (Schluß des Buches) *Phoebe parens, seu te Lyciae Patarea nivosis exercent dumeta iugis, seu.... seu.... seu....: tela tibi longeque feros lentandus in hostes arcus.... tu doctus iniquas Parcarum praenosse manus ... tu Phryga submittis citharae, tu matris honori terrigenam Tityon Stygiis extendis harenis. te.. ., tibi.... Adsis.... Iunoniaque arva dexter ames, seu te roseum Titana vocari gentis Achaemeniae ritu, seu praestat Osirim frugiferum, seu.... Mithram.* — Ein aus 32 Hex. bestehendes Gebet des Tiberianus an das höchste Wesen (Baehrens PLM III S. 267 f.) lernten wir schon kennen (oben S. 78, 1); es gehört in die Reihe der umfangreichen neuplatonischen Gebetliteratur in beiden Sprachen (daher auch die Überschrift: *versus Platonis a quodam Tiberiano de graeco in latinum translati*), von der bereits oben (S. 77 ff.) die Rede war und von der wir im Verlaufe dieser Untersuchung noch zahlreiche Proben finden werden: sie verdiente wohl eine zusammenfassendere Bearbeitung. Auf zwei Epiklesen des *omnipotens* im Relativstile (s. u.) folgt V. 7 *tu solus* (σὺ μόνος: s. u. S. 160, 1), *tu multus item* (der Eine ist das Viele wie das Universum), *tu primus et idem Postremus mediusque simul mundoque superstans*, dann weiterhin (21 ff.): *tu genus omne deum, tu rerum causa vigorque* usw. Dieser Dichter der ersten Hälfte des IV. Jahrh., seinerseits abhängig von den poetae novelli der Antoninenzeit, aus denen u. S. 174, 1 ähnliche Gebete zitiert werden, ist für die christlichen Dichter der Spätzeit eine Autorität gewesen: die weiter unten (S. 175) zitierten Gebete des Ausonius und Dracontius sind ganz im Stile des eben zitierten komponiert; dasselbe gilt von späten Produkten, auf die hier nur kurz hingewiesen sei: die laudes Lunae (Anth. lat. 723), Martis (ibid. 749), das Gebet ad Oceanum (ibid. 718); aller scheint

156 I. Hellenica.

Das Gebet hat im Italischen von jeher eine Mittelstellung zwischen Poesie und Prosa eingenommen: die alten carmina waren in eine Form gekleidet, die wir als poetische Prosa bezeichnen würden.[1]) Ohne geschichtlichen Zusammenhang mit jenen vorliterarischen Gebeten, aber auf Grund desselben Gefühls, daß eine Prosa dieses Inhalts über das Niveau der alltäglichen Rede erhoben sein müsse, ist dann das hier besprochene Gebetschema aus der Poesie in die

---

zu sein die — wegen ihrer Nachbildung des Lucretiusprooemiums nicht uninteressante — praefatio eines Gedichtes mit dem Titel 'Pontica' (bei Baehrens III S. 172 f. (lat. Gegenstück zu Oppianos' Halieutika, und wohl auch derselben Zeit angehörig, zu der die Lucretiusimitation gut stimmen würde). Niedlich durch seine Parodie ist das inschriftliche Gebet an Priapus in Hendekasyllaben nach Art des Catullus, der überhaupt stark benutzt ist, carm. lat. epigr. 1504 C ('non antiquius aevo Antoniniano' Bücheler): *O Priape potens amice salve, seu cupis genitor vocari et auctor orbis aut physis ipsa Panque, salve. namque concipitur tuo vigore quod solum replet, aethera atque pontum. ergo salve, Priape, salve, sancte...... te vocant prece virgines pudicae..., teque nupta vocat.... salve, sancte pater Priape, salve.*

1) Das Kriterium war das 'verba concipere', d. h. die Worte nach Kola und Kommata ganz schematischer Struktur zusammenzufassen, zu 'binden', wie wir das nennen. Vgl. darüber Ant. Kunstpr.² S. 156 ff. (mit den Nachträgen); dort S. 161, 3 hat Th. Siebs interessante Analogien aus dem Germanischen beigesteuert. Im Griechischen hat es derartiges nicht gegeben; hätten wir mehr von Sophron, so würden wir da — wenigstens nach meiner Auffassung von dessen Stilisierung — vielleicht Gebete nach Kola und Kommata gebaut finden, aber die spezifische Struktur der Worte, wie wir sie im Italischen und Germanischen haben, würde auch da fehlen. Die berühmte εὐχὴ Ἀθηναίων bei Marcus εἰς ἑαυτόν V 7 (die er wohl aus derselben Quelle kannte, aus der, wie oben S. 151, 4 bemerkt, Proklos in Plat. Tim. p. 213 εὐχὰς ὑπὲρ ὄμβρων καὶ ἀνέμων und speziell τὰς τῶν Εὐδανέμων εὐχάς kennt: Primärquelle, wie ich vermute, Chrysippos, mit dessen Lektüre ja auch bei Marcus sicher gerechnet werden darf) glaubte ich früher (a. a. O. S. 46) als rhythmische Prosa so in vier Kola abteilen zu dürfen: ὗσον, ὗσον, ὦ φίλε Ζεῦ, | κατὰ τῆς ἀρούρας | τῆς Ἀθηναίων | καὶ τοῦ πεδίου. An der Abteilung glaube ich auch jetzt noch festhalten zu sollen, aber es werden volksmäßige Liedverse sein von der Art, wie sie nach Bergk und Usener vor allem F. Leo, Der Saturnier (Berl. 1905) S. 71 ff. verstehen gelehrt hat; das letzte Kolon hat sogar den Worten nach seine Entsprechung in demjenigen der alten Beilaufschrift (Leo S. 73) τὰς ἐν πεδίῳ, das erste ist der Kurzvers mit 4 Hebungen; die beiden mittleren lassen sich leicht den von Leo nachgewiesenen Formen anreihen. Dasselbe gilt von dem elischen Kultliede (in Kola abgesetzt und analysiert von Leo S. 71), auch von dem Rufe des eleusinischen Hierophanten (Hippol. ref. haer. V 8) ἱερὸν ἔτεκε πότνι...

1. Die Messallaode des Horatius und der „Du"-Stil der Prädikation. 157

hohe Prosa eingedrungen. Das beste Beispiel einer solchen Prosadoxologie (auf Isis) bietet Apuleius met. XI 25 *sancta et humani generis sospitatrix perpetua ......: te superi colunt ...., tu rotas orbem ...., tibi respondent sidera ..., tuo nutu spirant flamina ..., tuam maiestatem perhorrescunt aves.*

Daß nun eine in lateinischer Poesie so feste und verbreitete Form aus dem Griechischen abgeleitet werden muß, ist von vornherein selbstverständlich. Die archaische Kultpoesie ist uns direkt nicht kenntlich: wir sind da für das Italische erheblich günstiger gestellt, und nur ein Fund aus einem Tempelarchive, enthaltend nicht bloß die Satzungen von Hymnodengilden, sondern auch ihre Texte, die dort nachweislich ebenso aufbewahrt wurden[1]) wie in Rom und Iguvium, könnte uns da helfen und uns aus alter Zeit Gegenstücke zu Isyllos, Aristonoos und den Isishymnen geben. Aber wir können doch aus dem festen Formelstile literarischer Hymnenpoesie (dies Wort im weitesten Sinne gefaßt) manches sicher erschließen: die Arbeit, sehr reizvoll und lohnend, muß einmal gemacht werden.[2]) Die uns hier angehende formelhafte Apostrophe mit anaphorischem σύ war, soweit ich das Material überblicke, der alten hieratischen Poesie zwar nicht fremd, kann aber in ihr, wie es ja auch der rhetorische Stil ohnehin zeigt, nicht sehr ausgebildet gewesen sein. Der Anfang von Pindaros' Ol. 4 ἐλατὴρ ὑπέρτατε βροντᾶς ἀκαμαντόποδος Ζεῦ· τεαὶ γὰρ ὧραι usw. macht durch die Form der Epiklese sowie das γάρ (dies z. B. zweimal im Iakchosliede der Frösche 404. 409 und sehr oft in den orphischen Hymnen) altertümlichen Eindruck; dasselbe gilt von N. 7 Ἐλείθυια, πάρεδρε Μοιρᾶν βαθυφρόνων, παῖ μεγαλοσθενέος, ἄκουσον, Ἥρας, γενέτειρα τέκνων· ἄνευ σέθεν οὐ φάος, οὐ μέλαιναν δρακέντες εὐφρόναν τεὰν ἀδελφεὰν ἐλάχομεν ἀγλαόγυιον Ἥβαν .... σὺν δὲ τίν[3]) usw., sowie von

---

1) Vgl. Wilamowitz, Textgesch. d. griech. Lyr. S. 38 f. und oben S. 151, 4 das Zeugnis des Proklos.

2) Fr. Adami, De poetis scaenicis graecis hymnorum sacrorum imitatoribus (Jahrb. f. Phil. XXVI 1901, 37 ff.) bietet nur einen, noch dazu unzulänglichen Anfang.

3) Diese Antithese, die sich auch in dem bald (u. S. 159, 1) zu zitierenden Hymnus des Ariphron findet und die auch bei Aischylos Ag. 1448 f. διαὶ Διὸς παναιτίου πανεργέτα. τί γὰρ βροτοῖς ἄνευ Διὸς τελεῖται; zugrunde liegt, zeigt, daß Catullus im Hymenaeus mit dem zweimal wiederholten *nil potest sine te Venus — at potest te volente, nulla quit sine te domus — at potest te volente* (61, 61 ff.) sich an ein älteres Vorbild anlehnte. Vgl. auch

I. 5 μᾶτερ Ἀλίου πολυώνυμε Θεία, σέο ἕκατι[1]) καὶ μεγασθενῆ νόμισαν χρυσὸν ἄνθρωποι ... καὶ γὰρ ἐριζόμεναι νᾶες ἐν πόντῳ καὶ ὑφ' ἅρμασιν ἵπποι διὰ τεάν, ὤνασσα, τιμὰν ... θαυμασταὶ πέλονται. Das Alter dieser Form verbürgen dann weiter zwei sichtlich streng komponierte Hymnen in Sophokles' Antigone. Eros erhält (V. 781 ff.) zunächst seine Epiklesis (ἀνίκατε μάχαν), dann zwei Relativsätze (die, wie nachher auszuführen sein wird, gleichfalls zum Ritualstile gehören); am Schluß der Strophe steht 'dir kann keiner entfliehen'; dann hebt die Antistrophe an: σὺ .... παρασπᾷς ..., σὺ καὶ τόδε νεῖκος ... ἔχεις ταράξας. Die Strophe des Dionysoshymnus (1115 ff.) hebt an mit πολυώνυμε wie die zuletzt zitierte pindarische und bringt dann weiterhin alles zum ritualen Bestande der Hymnen gehörige Formelgut; dann geht es weiter in der Antistrophe: σὲ δ' ὑπὲρ διλόφου πέτρας στέροψ ὄπωπε λιγνύς .... καὶ σὲ Νυσαίων ὀρέων κισσήρεις ὄχθαι χλωρά τ' ἀκτά ... πέμπει. Ganz analog der Bakchoshymnus in den Thesmophoriazusen (987 ff.).[2]) Prooimion: sei unser ἔξαρχος, κισσοφόρε Βάκχειε δέσποτ', ἐγὼ δὲ κώμοις σὲ φιλοχόροισι μέλψω. Dann der Hymnus selbst: σὺ Διὸς ὦ Διόνυσε Βρόμιε καὶ Σεμέλας παῖ (folgt ein, wie wir sehen werden, ebenfalls zu diesem Stile gehöriges Partizipium, dann die Bakchosrufe), dann wieder von neuem weiter in Prädikationen: ἀμφὶ δὲ συγκτυπεῖται Κιθαιρώνιος ἠχώ ... κύκλῳ δὲ περὶ σὲ κισσὸς εὐπέταλος ἕλικι θάλλει, also nicht nur im Stil, sondern auch in den Gedanken dem sophokleischen Hymnus nächstverwandt, ohne daß doch eine Abhängigkeit des Aristophanes von Sophokles in Betracht zu ziehen wäre. Über die maßvollen Grenzen dieser zwar charakteristischen, aber doch nicht aufdringlichen Stilisierung gehen die hexametrischen Hymnen im allgemeinen nicht hinaus, vgl. hymn. Orph.[3]) 27 (auf Kybele), 7 ff. ἐκ σέο δ' ἀθανάτων τε γένος θνητῶν τ' ἐλοχεύθη, σοὶ ποταμοὶ κρατέοντι ..., σὲ δ' ὀλβοδότιν καλέουσι.

Lucretius I 22 *nec sine te quicquam ... exoritur* und Vergilius an Maecenas im Proömium der Georg. III 42 *te sine nil altum mens incohat*. S. Nachträge.

1) Vgl. oben S. 153 *te propter* in dem Enkomion des Tibullus auf den Nil; ἕκατι gebraucht noch Pindaros, wie stets die älteren Dichter, meist in religiöser Terminologie. Die Pindarstelle ist von Wilamowitz, Sitzungsber. d. Berl. Ak. 1909, 827 f. erklärt worden.

2) Kritisch behandelt von Wilamowitz, Sitzungsber. d. Berl. Ak. 1911, 532, 1; danach gebe ich den Text.

3) Der Versuch von M. Hauck, De hymnorum Orph. aetate, Bresl. 1911, diese Hymnen in das 5. Jahrh. n. Chr. hinunterzurücken, ist verfehlt.

1. Die Messallaode des Horatius und der „Du"-Stil der Prädikation. 159

Auch Kallimachos hat nur an einer Stelle mehr: 1, 46 ff. Ζεῦ, σὲ δὲ Κυρβάντων ἑτάραι προσεπηχύναντο..., σὲ δ' ἐκοίμισεν Ἀδρήστεια..., σὺ δ' ἐθήσαο πίονα μαζόν..., ἐπὶ σὲ γλυκὺ κηρίον ἔβρως (folgen zwei dies letztere erklärende Verse, dann:) οὖλα δὲ Κούρητές σε περὶ πρύλιν ὠρχήσαντο: aber bei seiner bekannten Vorliebe für Anaphern überhaupt möchte ich auf diese Stelle kein Gewicht legen. Von besonderer Bedeutung jedoch für die Geschichte dieser Formel ist es, daß sie sich in der jüngeren Lyrik gebieterisch vordrängt und gewissermaßen zur Stilsignatur wird. Der Paian des Ariphron auf Hygieia (Bergk III 596f.) gibt das älteste Beispiel dieser Art: Ὑγίεια, πρεσβίστα μακάρων, μετὰ σεῦ ναίοιμι τὸ λειπόμενον βιοτᾶς, σὺ δέ μοι πρόφρων σύνοικος εἴης· εἰ γάρ τις... (τέρψις im Leben der Menschen ist), μετὰ σεῖο, μάκαιρ' Ὑγίεια, τέθαλε πάντα..., σέθεν δὲ χωρὶς οὔτις εὐδαίμων ἔφυ.[1]) Dann vor allem der Hymnus des Aristoteles auf die Tugend (Athen. XV 696 aus Hermippos): Ἀρετὰ (folgen zwei Epiklesen)· σᾶς πέρι παρθένε μορφᾶς... (ist es schön, Tod und Mühen zu erdulden, denn du bist das allerherrlichste Gut). σεῦ δ' ἔνεχ' οἱ Διός· Ἡρακλέης Λήδας τε κοῦροι πόλλ' ἀνέτλασαν, ἔργοις σὰν ἀγρεύοντες δύναμιν. σοῖς δὲ πόθοις Ἀχιλεὺς Αἴας τ' Ἀΐδα δόμον ἦλθον, σᾶς δ' ἕνεκεν φιλίου μορφᾶς καὶ Ἀταρνέος ἔντροφος ἀελίου χήρωσεν αὐγάς. Diesem Gedichte hat Wilamowitz (Aristot. u. Athen II S. 405f.) seinen Platz in der Literaturgeschichte angewiesen: „Da die Areta keine wirkliche Gottheit ist, der man opfern, zu der man beten könnte, so ist die rituelle Form nichts als Form. Man erinnert sich zunächst an das Lied auf die Gesundheit von Ariphron... Aber die Art, von der Anrufung an eine Gottheit auszugehen, ist der alten Lyrik über-

---

[1]) Auf das Problem, wie es zu erklären ist, daß dieser Hymnus mit dem des Likymnios so genau übereinstimmt, brauche ich nicht einzugehen; den Glauben von Bergk (III 599 und Gr. Lit. II 543), daß sie beide von älteren Kultgesängen abhängen, vermag ich angesichts der wörtlichen Übereinstimmung des letzten Verses nicht zu teilen, vielmehr scheint mir die Benutzung des Ariphron von Seiten des Likymnios offensichtlich zu sein (umgekehrt Roßbach, Metrik, S. 474). Daß Ariphron seinerseits sich an kultische Poesie anlehnt, ist klar; auch die Verbindung der positiven mit der negativen Fassung 'mit dir — ohne dich' muß altes Formelgut gewesen sein, vgl. das o S. 157, 3 aus Pindaros, Aischylos und Catullus Notierte, sowie Kleanthes, hymn. V. 15 οὐδέ τι γίγνεται ἔργον ἐπὶ χθονὶ σοῦ δίχα, δαῖμον, hymn. Orph. 16, 5 χωρὶς γὰρ σέθεν (Hera) 60, 9 ὑμῶν χωρίς (die Chariten) und besonders 68, 8 auf Hygieia: σοῦ γὰρ ἄτερ πάντ' ἐστὶν ἀνωφελὲ ἀνθρώποισιν. Ein letzter Nachklang bei Ausonius in einem Gebete, s. u. S 175, 1.

haupt eigen... Aristoteles bewegt sich auch hier (wie in dem Epigramm auf Hermias) in den festen Formen der zeitgenössischen Poesie. Das gilt für den ganzen Stil; es ist der Dithyrambos, mit Aristoteles zu reden, und die Probe dieser so bedauerlich wenig kenntlichen Poesie ist für uns als solche interessant." Genau so ist stilisiert ein Hymnus an Tyche (Stob. ecl. I S. 86 W.) und die Ode der Melinno auf Rom (Stob. flor. I S. 312 H.; sullanische Zeit: Wilamowitz, Timoth. 71, 1): χαῖρέ μοι Ῥώμα..... σοὶ μόνᾳ, πρέσβιστα, δέδωκε Μοῖρα κῦδος..... σᾷ δ' ὑπὰ σδεύγλᾳ κρατερῶν λεπάδνων στέρνα γαίας καὶ πολιᾶς θαλάσσας σφίγγεται, σὺ δ' ἀσφαλέως κυβερνᾷς ἄστεα λαῶν. πάντα δὲ σφάλλων ὁ μέγιστος Αἰὼν... σοὶ μόνᾳ πλησίστιον οὖρον ἀρχὰς οὐ μεταβάλλει. ἦ γὰρ ἐκ πάντων σὺ μόνα[1]) κρατίστους ἄνδρας αἰχματὰς μεγάλους λοχεύεις.

Daß unter den griechischen und lateinischen Beispielen, die für die uns hier angehende Formel zitiert wurden, gerade dionysische Hymnen nach Zahl und Art überwiegen, führt in der Tat gerade auf den Dithyrambos als diejenige Gattung, in der diese Formel ihre besondere Stätte fand; schließlich stellt sich ja auch die reichliche Anwendung der Anapher als eine Rhetorisierung des alten schlichten Brauchs dar, und solche Überwucherung älterer poetischer Formen durch die Rhetorik war für den jüngeren Dithyrambos charakteristisch. Von hier aus bemächtigte sich dann die Form auch der anderen Arten der griechischen Poesie in hellenistischer Zeit: das ist zu folgern aus der geschlossenen Nachbildung dieses Stils in Epos, Elegie und Lyrik bei den lateinischen Dichtern seit der cäsarischen Zeit. Denn daß Catullus und Horatius, wenn sie Kultlieder dichteten, nicht bloß literarischen Vorbildern, sondern einer damals wohl noch lebendigen Praxis[2]) folgten, ist mir wahrscheinlich; jedenfalls muß dies für das von Livius Andronicus im Jahre 207 gedichtete προσόδιον gegolten haben.[3]) ——

---

1) Über die dreimalige Wiederholung von μόνος (σοὶ μόνᾳ, σοὶ μόνᾳ, σὺ μόνα) s. oben S. 155, 1. Genaueres darüber später.

2) Die Inschrift von Magnesia Kern n. 100 = Dittenberger syll.² n. 552, auf der es heißt (Z. 28 f.) συντελείτω δὲ ὁ νεωκόρος καὶ χορούς παρθένων ᾀδουσῶν ὕμνους εἰς Ἄρτεμιν Λευκοφρυηνήν setzt Dittenberger nach dem Schriftcharakter zwischen 150 und 100 v Chr.: jene Artemishymnen waren also Vorgänger von des Catullus *Dianae sumus in fide* (34) und des Horatius *Dianam tenerae dicite virgines* (I 21) sowie *montium custos nemorumque virgo* (III 22).

3) Dichter von Prosodien um 250 in Thespiai: Bull. de corr. hell. XIX (1895) 336 ff.

1. Die Messallaode des Horatius und der „Du"-Stil der Prädikation.

Wenn wir nun die gewonnenen Resultate auf die Messallaode des Horatius anwenden, so wird sich folgendes sagen lassen. Er hat dieses Gedicht, wie manche anderen, eingekleidet in die Formen eines hymnenartigen Gebets: die ἐπικλήσεις θεοῦ oder — was ja gerade auch bei Dionysos auf dasselbe hinauskommt — seiner Gabe werden in Sätzen mit *sive-sive*, die ἀρεταί θεοῦ in Sätzen mit anaphorischem *tu-tu* gegeben. Diese Auffassung wird noch durch folgenden Umstand bestätigt. Die durch *sive-sive* angezeigten verschiedenen Möglichkeiten werden durch *quocumque nomine* generalisiert; das hat, wie schon gesagt wurde (o. S. 149), zur Voraussetzung, daß diese *sive*-Sätze ὀνόματα θεοφόρα paraphrasieren. Das ist nun in der Tat der Fall. In der Anth. Pal. IX 524 ist ein Hymnus auf Dionysos überliefert (auch in den Orphica ed. Abel S. 284 gedruckt), der in die Kategorie der von A. Dieterich, Rh. Mus. LVI (1901) S. 77 ff. glänzend beleuchteten Abedarien gehört: er besteht aus 26 Hexametern, deren erster ein προοίμιον und deren letzter ein ἐφύμνιον enthält, die übrigen 24, in der Reihenfolge der Buchstaben des Alphabets, enthalten nichts als ἐπικλήσεις θεοῦ (z. B. ἀβροκόμην, ἁγνοίκον, ἀοίδιμον, ἀγλαόμορφον, Βοιωτόν, βρόμιον, βακχεύτορα, βοτρυοχαίτην). Es ist ein schlechtes und spätes Produkt, für uns jedoch dadurch von Interesse, daß einige dieser Anrufungen sich bei Horatius mehr oder weniger genau paraphrasiert finden: ζηλοδοτήρ ∼ (*seu*) *rixas geris*, γηθόσυνος, γελόων ∼ (*seu*) *iocos geris*, ὀριλνους ∼ *tu arcanum retegis consilium*, λαθικήδης[1]), λυσιμέριμνος[2]) ∼ *tu spem reducis mentibus anxiis*, ὀργίλος, ὀβριμόθυμος ∼ *viris et addis cornua*.[3]) Während der Dichter in lateinischer Sprache das Griechische paraphrasieren mußte[4]), können wir mit Nachbildung

---

1) So schon Alkaios fr. 41 οἶνον γὰρ Σεμέλας καὶ Διὸς υἱὸς λαθικάδεα ἀνθρώποισιν ἔδωκε.

2) Vgl. Eurip. Bakch. 772 ἡ παυσίλυπος ἄμπελος. Aristoph. Frösche 1321 βότρυος ἕλικα παυσίπονον.

3) Was Horatius vom Weine sagt: *virisque et addis cornua pauperi*, sagt der Tragiker Aristarchos (bei Stob. flor. II 437 H. = trag. fragm. S. 832 N.²) von Eros: οὗτος γὰρ ὁ θεὸς καὶ τὸν ἀσθενῆ σθένειν τίθησι καὶ τὸν ἄπορον εὑρίσκειν πόρον.

4) Das hat er — entsprechend seiner auf theoretischen Spracherwägungen beruhenden Abneigung gegen ὀνόματα διπλᾶ — mit einer einzigen Ausnahme im letzten Buche (IV 14, 25 *tauriformis*, der διθυραμβώδης ἰδέα dieses Gedichts zuliebe) stets getan, z. B. I 2, 3 *pater rubente dextera iaculatus* ∼ Ζεὺς φοινικοστερόπας Pind. O. 9, 6. πυρπάλαμον βέλος Διός 10.80; I 6 13 *Mars*

der griechischen Nominalkomposita den den ersten Strophen zugrundeliegenden Gedanken etwa so zum Ausdruck bringen: „O du Krug meines Jahrganges, magst du sein ein Leid- oder Freudenbringer, ein Streit- oder Liebesrauscherreger oder ein Schlafspender: welchen von diesen Namen der Massiker, den du treu birgst, bei seiner Lese auch empfangen hat: komm herab zur Feier dieses Festtages ... Du hast die und die virtutes." —

Einer kurzen Bemerkung bedarf die Schlußstrophe:

> *te Liber et si laeta aderit Venus*
> *segnesque nodum solvere Gratiae*
> *vivaeque producent lucernae,*
> *dum rediens fugit astra Phoebus.*

Kein Erklärer hat sich die Frage vorgelegt, wie sich die Schlußstrophe zur Eingangsstrophe verhält, obwohl ihr Inhalt demjenigen der Eingangsstrophe scheinbar widerspricht. Denn in dieser werden die Möglichkeiten erwogen, daß der Krug *rixam et insanos amores* oder *somnum* berge, während die Schlußstrophe von der *laeta Venus*, den Grazien und dem Gelage bis Sonnenaufgang redet. Wie ist das zu erklären? Formell ist diese Strophe durch ihren Beginn mit *te* noch den vorangegangenen Prädikationen angegliedert, aber die Futura *aderit* und *producent* im Gegensatze zu den vorangegangenen Praesentia der vierten und fünften Strophe *admoves, retegis, reducis* weisen über diese hinweg in den Zusammenhang des *negleget*[1] der dritten, das seinerseits wieder zu dem Imperativ *descende* der zweiten in Beziehung steht. Das heißt also: der Schluß der Ode kehrt zu dem Gedanken des Anfangs zurück, aber die für den geladenen Gast unerfreulichen Möglichkeiten werden nun abgewiesen. Wenn keine ἐρωτομανία herrschen, sondern *Venus laeta* zugegen sein wird, wenn es keine *rixa* geben, sondern die Grazien gebieten

---

tunica tectus adamantina ∽ χαλκοχίτων; I 7, 9 *Argos aptum equis* ∽ ἱππότροφος; I 10, 17 *tu pias laetis animas reponis sedibus* ∽ ψυχοπομπός; I 12, 23 *virgo saevis inimica beluis* ∽ Ἄρτεμις θηροκτόνος; I 12, 25 *puerosque Ledae hunc equis, illum superare pugnis nobilem* ∽ Κάστορά θ᾽ ἱππόδαμον καὶ πὺξ ἀγαθὸν Πολυδεύκεα Γ 237; I 36, 13 *multi Damalis meri* ∽ πολύοινος (οἰνοφλύξ); II 3, 24 *Orcus nil miserans* ∽ Ἀΐδης ἀμείλιχος; III 9, 7 *multi Lydia nominis* ∽ πολυθρύλητος o. ä.; III 17, 9 *late tyrannus* ∽ εὐρυκρείων (wie Verg. Aen. I 21 *late rex*); III 27, 34 *Creta centum potens oppidis* ∽ Κρήτη ἑκατόμπολις; carm. saec. 61 *Phoebus fulgente decorus arcu* ∽ χρυσοτόξος.

[1] Hier schwanken die Hss. zwischen *negleget* und *neglegit*.

werden¹), dann wird auch kein Schlaf sich einstellen, sondern das Gelage wird bis zum Morgen dauern. So erhält das Gedicht die Abrundung, die Horatius, darin den Stil hellenistischer Gedichte nachbildend, seinen poetischen Kompositionen gern gegeben hat. Wer endlich die bewußte Kunst erwägt, mit der er seine Gedichte durch Zusammenrückung sei es des Wesensgleichen oder des Kontrastierenden geordnet hat, wird keinen Zufall darin erblicken, daß auf das den Ritualstil leise parodierende Gebet der Messallaode (III 21) das in Catullus' Weise stimmungsvolle Gebet (genau genommen ein lyrisch stilisiertes Weihepigramm) *montium custos nemorumque virgo* (22) und auf dieses eine in die Sphäre der Lyrik emporgehobene Diatribe über die Art des richtigen Betens folgt *caelo supinas si tuleris manus* (23).

2. DER „ER"-STIL DER PRÄDIKATION.

Die Lobpreisung eines Gottes braucht nicht immer in direkter Apostrophe, also in der 2. Person, zu geschehen: er kann wegen seiner ἀρεταί auch in der Form einer Aussage, also in der 3. Person, prädiziert werden. Beide Formen gehen schon in alter Zeit nebeneinander her (für die zweite ist das erhabenste Beispiel Aisch. Ag. 149 ff.), ja sie greifen gelegentlich ineinander, wie im Prooemium der hesiodeischen Erga, wo Zeus zunächst (V. 3—8) in 3. Person gepriesen, dann (9—10) mit κλῦθι und τύνη apostrophiert wird; ebenso Aratos (V. 1—13: 'Zeus kann das und das', dann 14 χαῖρε πάτερ)²); auch Kallimachos wechselt zwischen der Schilderung der πράξεις θεῶν und ihrer Anrufung, und ein besonders schönes Beispiel ist das oben (S. 153) zitierte vergilische. Wir werden daher im folgenden auch diejenigen Stellen zu betrachten haben, in denen das „Du" von einem „Er" vertreten wird.

Anaphorische Prädikationen im „Er"-Stil.

---

1) Mit anderen Worten: wenn das Symposion nicht von der Art desjenigen sein wird, das I 27 geschildert wird: *natis in usum laetitiae scyphis Pugnare Thracum est. tollite barbarum Morem verecundumque Bacchum Sanguineis prohibete rixis*, ein Motiv κατ' Ἀνακρέοντα, dem auch der gleich (V. 5) genannte *Medus acinaces* gehören muß: denn Anakreon hat die Katastrophe des medischen Reichs nachweislich erlebt, und H. erlaubt sich solche peregrina vocabula nur auf Grund seiner Vorlagen.

2) Die Beziehungen des Aratosprooemiums zu dem hesiodeischen sind von G. Pasquali in den Χάριτες für Leo (Berl. 1911) 113 ff. fein dargelegt worden.

164   I. Hellenica.

Auch dieser Stil hat sich aus bescheidenen Anfängen entwickelt. Wie edel und durch ihre Schlichtheit wirksam sind in einem berühmten Fragmente des Demokritos (30 Diels) die Worte des Gebets der Weisen: πάντα Ζεὺς μυθεῖται[1]) καὶ πάνθ' οὗτος οἶδε καὶ διδοῖ καὶ ἀφαιρεῖται καὶ βασιλεὺς οὗτος τῶν πάντων.[2]) Aber dann kam, wie bei dem „Du"-Stile, die Rhetorik. Aristeides schließt sein mit den Hymnen rivalisierendes Enkomion auf Zeus (XLIII [1 Dind.] 29f.)[3]) mit folgender Doxologie (wie ich es, die christliche Terminologie vorwegnehmend, einmal nennen will), die deutliche Anklänge an Platon und die Stoa zeigt[4]): Ζεὺς πάντων πατήρ ... καὶ διὰ τοῦτον ὁρῶμεν καὶ ἔχομεν ὁπόσα καὶ ἔχομεν.[5]) οὗτος[6]) ἁπάντων εὐεργέτης ..., οὗτος πρύτανις ἁπάντων ..., οὗτος δοτὴρ ἁπάντων, οὗτος ποιητής. οὗτος ἐν μὲν ἐκκλησίαις ... Ἀγοραῖος κέκληται, ἐν δὲ μάχαις Τροπαῖος, ἐν δὲ νόσοις καὶ πᾶσιν καιροῖς βοηθῶν Σωτήρ, οὗτος Ἐλευθέριος, οὗτος Μειλίχιος (es folgen noch andere

---

1) Hierfür vergleicht Diels Il. P 200: Ζεὺς προτὶ ὃν μυθήσατο θυμόν.

2) Der Bau des Satzes ist eine schöne Probe der im Altertum berühmten stilistischen Kunst des Demokritos: ein τρίκωλον (πάντα-μυθεῖται, πάντα-ἀφαιρεῖται, βασιλεὺς-πάντων), das zweite κῶλον mit drei κόμματα (οἶδε καὶ διδοῖ καὶ ἀφαιρεῖται), das erste κῶλον mit dem zweiten durch Homoioteleuton gebunden (μυθεῖται-ἀφαιρεῖται), das letzte Wort des dritten zu dem ersten Worte des ersten zurückkehrend (πάντων-πάντα), und so das Ganze zu einer geschlossenen Komposition abrundend.

3) Solche Enkomien müssen sehr verbreitet gewesen sein: vgl. Philostr. vit. Apollon. IV 30.

4) Die bekannte, wohl schon von Aisch. Ag. 1448 διαὶ Διὸς παναιτίου πανεργέτα, ja sogar schon im Prooemium der hesiodischen Erga (s. gegen Ende dieser Abh.) vorausgesetzte, in philosophischer Umgebung zuerst bei Platon Krat. 396A begegnende, dann durch die Stoa verbreitete Etymologie von Ζεύς, Διός (s. o. S. 22) hat er schon kurz vorher, § 23, gebracht (s. o. S. 22, 1); auf Διός spielt er in den oben zitierten Worten gleich zu Anfang mit διὰ τοῦτον wieder an. Übrigens hat E. Maaß, Orpheus (München 1895) S. 197 in seinen Bemerkungen über den Gebetstil der Epikleseis diese Rede des Aristeides treffend beurteilt: „Wie schließt das Kunstwerk? Es ist eine nach den Gesetzen und Bedürfnissen geschmückter Rede umgestaltete umfängliche Reihe von Ehrentiteln des Gottes, wie denn auch sonst ... bewußtes Anlehnen an die altherkömmliche Art einfacher Kultpoesie leicht herauszuerkennen ist."

5) Vgl. über diesen Satz oben S. 22, 1.

6) So wie hier anaphorisches οὗτος steht dreimaliges ille bei [Tibullus] III 6, 13ff. in einer Aretalogie des Amor: ille facit dites animos deus, ille ferocem contudit . . . Armenias tigres et fulvas ille leaenas vicit.

2. Der „Er"-Stil der Prädikation.

ἐπικλήσεις)[1], πάνϑ' ὅσα αὐτὸς εὗρεν μεγάλα καὶ ἑαυτῷ πρέποντα ὀνόματα· οὗτος ἁπάντων ἀρχὰς καὶ πέρατα καὶ μέτρα καὶ καιροὺς ἔχων, ἴσον πανταχοῦ πάντων κρατῶν, αὐτὸς ἂν μόνος εἰπὼν ἃ χρὴ περὶ αὑτοῦ ... Ἀπὸ τούτου ἄρχεσϑαι χρὴ καὶ τελευτᾶν εἰς τοῦτον..., τὸν ἁπάντων κρατοῦντα ἀρχηγέτην καὶ τέλειον μόνον αὐτὸν ὄντα τῶν πάντων, und ganz ähnlich in dem Enkomion auf Sarapis (XLV [8 Dind.]), das dem auf Zeus überhaupt nächstverwandt ist, § 29. 32.

Daß Aristeides in dieser Rede wie in den anderen dieser Gattung einer Theorie folgte, ist sicher. Denn der Rhetor Menandros gibt am Schlusse seiner Schrift περὶ ἐπιδεικτικῶν eine Theorie solcher 'Predigten', wie wir sagen würden, 'Prosahymnen' oder 'Enkomien', wie sie in antiker Terminologie heißen (vgl. Menandros selbst darüber, rhet. graec. III 440, 30 Sp.). Er beschränkt sich aber nicht auf die Theorie, sondern gibt selbst ein Muster (auf Ἀπόλλων Σμίνϑιος), an dem uns der Schluß interessiert (445, 25 ff. Sp.): μέλλων δὲ πληροῦν τὴν ὑπόϑεσιν χρήσῃ ἀνακλητικοῖς ὀνόμασι τοῦ ϑεοῦ οὕτως. 'ἀλλ' ὦ Σμίνϑιε καὶ Πύϑιε, ἀπὸ σοῦ γὰρ ἀρξάμενος ὁ λόγος εἰς σὲ καὶ καταντήσει, ποίαις δὲ προσηγορίαις προσφϑέγξομαι; οἱ μὲν σὲ Λύκειον λέγουσιν, οἱ δὲ Δήλιον ... (usw.). Μίϑραν σε Πέρσαι λέγουσιν, Ὧρον Αἰγύπτιοι, σὺ γὰρ εἰς κύκλον τὰς ὥρας ἄγεις, Διόνυσον Θηβαῖοι ... περὶ σὲ ϑοῦραι, περὶ σὲ ϑυάδες, παρὰ σοῦ καὶ σελήνη τὴν ἀκτῖνα λαμβάνει ... εἴτε οὖν ταύταις χαίροις ταῖς προσηγορίαις εἴτε τούτων ἀμείνοσι, σὺ μὲν ἀκμάζειν ἀεὶ ταῖς εὐδαιμονίαις τὴν πόλιν τήνδε δίδου .... νεῦσον δὲ καὶ χάριν τοῖς λόγοις, παρὰ σοὶ γὰρ καὶ οἱ λόγοι καὶ ἡ πόλις.[2] Die Stellen des Aristeides und Menandros[3] haben für die oben geführte Untersuchung über

---

[1] Woher anders kann er diese z. T. nicht gewöhnlichen ἐπικλήσεις genommen haben als aus einem Verzeichnisse von der Art, wie es G. Wentzel, Ἐπικλήσεις sive de deorum cognominibus usw. (Götting. 1890) nachgewiesen hat? Dessen Liste S. 51 ff. läßt sich aus Aristeides ergänzen.

[2] Er spricht wiederholt von den ἀρεταὶ τοῦ ϑεοῦ, z. B. S. 443, 13 μετὰ δὲ τὴν ἀρετὴν ταύτην τοῦ ϑεοῦ ἥξεις ἐπὶ τὴν τετάρτην, ὅτι καὶ ἰατρός, ἀεὶ δὲ προοιμιάσῃ καϑ' ἑκάστην τῶν ἀρετῶν κτλ. Der Begriff war damals schon so verbraucht, daß der Rhetor ihn von Enkomien der Menschen ohne weiteres auf solche eines Gottes übertragen konnte; so auch schon Diodoros V 71 διενέγκαι δὲ τὸν ϑεὸν τοῦτον ἁπάντων ἀνδρείᾳ καὶ συνέσει καὶ δικαιοσύνῃ καὶ ταῖς ἄλλαις ἁπάσαις ἀρεταῖς. Vgl. o. S. 150, 1 (die Stelle des Menandros ist den Sammlungen von Crusius hinzuzufügen).

[3] Die Rhythmisierung des von dem Rhetor gegebenen Musterstücks ist

das Gedicht des Horatius dadurch noch besonderen Wert, daß in die Doxologie auch die ὀνόματα des Gottes hineinbezogen sind (ἀνακλητικὰ ὀνόματα nennt sie Menandros 445, 25).

3. DER PARTIZIPIALSTIL DER PRÄDIKATION.

Partizipiale Prädikationen. Selbst die so bildungsfähige griechische Sprache hatte in den Nominalkompositionen ihre Grenze. So war es ganz naturgemäß, daß den nominalen Anaklesen zur Seite traten sozusagen ihre periphrastischen Formen: Partizipialkonstruktionen und Relativsätze.

Über die Partizipia schreibt O. Crusius, Die delphischen Hymnen (Götting. 1894) 20 f. bei der stilistischen Analyse des Päans des Aristonoos: „In den beiden ersten Strophen häufen sich eine Unzahl von Attributen in dem Vokativ; in allen anderen Strophenpaaren steht je ein einziges Hauptverbum, das durch mehrere schwer belastete Partizipien ... geradezu erdrückt wird. Nicht weniger als 10 Partizipien (7 praes., 3 aor.) und 10 zusammengesetzte Beiwörter häufen sich in dem kurzen Gedichte." Er zeigt dann aus der Nachbildung attischer Kultlyrik bei Aristophanes, daß dies zum festen Stil gehörte. Aber was oben S. 157 ff. über den „Du"- und den „Er"-Stil gesagt wurde, gilt auch hier: aus bescheidenen, keusch zurück-

---

so stark, daß man auch daran die Konkurrenz mit der Poesie merkt; ich begnüge mich mit dem Anfang und dem Schluß und markiere nur die Klauseln, obgleich die Rhythmisierung sich nicht etwa auf diese beschränkt: ἀλλ' ὦ Σμίνθιε καὶ Πύθιε (∪∪⏑⏑ ∪∪⏑), ἀπὸ σοῦ γὰρ ἀρξάμενος (∪∪⏑ ∪∪⏑) ὁ λόγος εἰς σὲ καὶ καταντήσει (∪∪⏑ ⏑⏑), ποίαις δὲ προσηγορίαις προσφθέγξομαι (∪∪⏑⏑⏑⏑⏑); ... εἴτε οὖν ταύταις χαίροις ταῖς προσηγορίαις (∪∪⏑∪∪) εἴτε τούτων ἀμείνοσιν (∪∪⏑ ∪∪⏑⏑), σὺ μὲν ἀκμάζειν ἀεὶ ταῖς εὐδαιμονίαις τὴν πόλιν τήνδε δίδου (⏑⏑∪∪⏑ ⏑∪⏑∪∪⏑), ἐσαεὶ δὲ τήνδε συγκροτοῦσθαί σοι τὴν πανήγυριν (∪∪⏑⏑ ⏑∪⏑∪⏑). νεῦσον δὲ καὶ χάριν τοῖς λόγοις (∪∪⏑ ∪∪⏑), παρὰ σοὶ γὰρ καὶ οἱ λόγοι καὶ ἡ πόλις (∪∪⏑ ∪∪⏑). Zu Anfang ist nach ἀρξάμενος sicher eine Klausel, da jedes Particip. coniunctum eine solche bedingt. Daß am Schluß mit Krasis zu lesen ist, weiß Jeder, der bei Demosthenes auf dergleichen zu achten gelernt hat (z. B. de cor. 172 ἐκεῖνος ὁ καιρὸς καὶ ἡ ἡμέρα 'κείνη = χἠμέρα, also ∪∪⏑⏑, denn κείνη, also mit Aphaeresis, ist so überliefert; es folgt οὐ, also ein Hiatus schwerster Art, zum Beweise, daß der Redner nach κείνη eine Pause gemacht hat, die auch für den Sinn sehr wirksam ist). Inbetreff des dazwischen Stehenden sei nur hingewiesen auf die bacchantischen Rhythmen in περὶ δὲ θοῦραι, περὶ δὲ θυάδες, παρὰ σοῦ καὶ σελήνη τὴν ἀκτῖνα λαμβάνει: ∪∪⏑_ ∪∪∪∪∪ ∪∪_⏑⏑ _⏑⏑_∪⏑, ion. + ion. + 2 ion. + 2 ion., d. h. das Versmaß, das den euripideischen Βάκχαις geradezu die Signatur gibt.

3. Der Partizipialstil der Prädikation. 167

haltenden Anfängen[1]) hat sich dann ein maßloser Gebrauch entwickelt, wie er uns in dem delphischen Päan begegnet. Ein charakteristisches Beispiel dieser Struktur findet sich auch am Schluß der 5. Rede des Kaisers Julianus (auf die μήτηρ τῶν θεῶν)[2]): ὦ θεῶν καὶ ἀνθρώπων μῆτερ, ὦ τοῦ μεγάλου σύνθωκε καὶ σύνθρονε Διός, ὦ πηγὴ τῶν νοερῶν θεῶν, auf diese Epikleseis folgen dann Partizipia: ὦ τῶν νοητῶν ταῖς ἀχράντοις οὐσίαις συνδραμοῦσα καὶ τὴν κοινὴν ἐκ πάντων αἰτίαν παραδεξαμένη καὶ τοῖς νοεροῖς ἐνδιδοῦσα, dann wieder Epikleseis: ζωογόνε θεὰ καὶ μῆτις καὶ πρόνοια καὶ τῶν ἡμετέρων ψυχῶν δημιουργέ, dann wieder Partizipia: ὦ τὸν μέγαν Διόνυσον ἀγαπῶσα (und 5 weitere Partizipia, dann abschließend:

---

1) Hier ein paar Beispiele, die ich mir sammelte: Pindaros O. 2, 13 ὦ Κρόνιε παῖ 'Ρέας, ἕδος 'Ολύμπου νέμων, 5, 17 f. σωτὴρ ὑψινεφὲς Ζεῦ, Κρόνιόν τε ναίων λόφον τιμῶν τ' Ἀλφεόν, 7, 88 ὦ Ζεῦ πάτερ, νώτοισιν Ἀταβυρίου μεδέων, P. 1, 39 Λύκιε καὶ Δάλοι' ἀνάσσων Φοῖβε Παρνασοῦ τε κράναν Κασταλίαν φιλέων. 8, 1 f. Φιλόφρον Ἡσυχία, Δίκας ὦ μεγιστόπολι θύγατερ, βουλᾶν τε καὶ πολέμων ἔχοισα κλαῖδας ὑπερτάτας, 61 τὺ δ', ἑκαταβόλε, πάνδοκον ναὸν εὐκλέα διανέμων. Aischyl. Hik. 134 Διὸς κόρα, ἔχουσα σέμν' ἐνώπι' ἀσφαλές, Ag. 161 f. Ζῆνα ... τὸν φρονεῖν βροτοὺς ὁδώσαντα, τὸν πάθει μάθος θέντα κυρίως ἔχειν. Cho. 948 f. Λοξίας ὁ Παρνάσσιος μέγαν ἔχων μυχὸν χθονός. Sophokl. O. T. 200 f. ὦ πυρφόρων ἀστραπᾶν κράτη νέμων, ὦ Ζεῦ πάτερ, 902 f. ὦ κρατύνων, εἴπερ ὀρθ' ἀκούεις, Ζεῦ, πάντ' ἀνάσσων, 1104 f. εἴθ' ὁ Κυλλάνας ἀνάσσων, εἴθ' ὁ Βακχεῖος θεὸς ναίων ἐπ' ἄκρων ὀρέων. Ant. 1123 ὦ Βακχεῦ, Βακχᾶν ματρόπολιν Θήβαν ναίων. Eurip. Kykl. 353 f. σύ τ', ὦ φαεννῶν ἀστέρων οἴκων ἕδρας Ζεῦ ξένιε. Aristoph. Frö. 324 Ἴακχ' ὦ πολυτίμοις ἐν ἕδραις ἐνθάδε ναίων. Eine Stelle aus den Thesmoph. s. o. S. 158.

2) Er leitet die Stelle ein mit den Worten: ἀλλὰ τί πέρας ἔσται μοι τῶν λόγων; ἢ δῆλον ὡς ὁ τῆς μεγάλης ὕμνος θεοῦ; ihm war die Rede des Aristeides auf Zeus, deren ähnlich hymnenartiger Schluß oben zitiert wurde, natürlich bekannt. Auch seine Rede auf Helios (4) nennt er gegen Ende (p. 158A) ὕμνον τοῦ θεοῦ, schließt sie auch mit einer εὐχή die aber ganz anders stilisiert ist: Imitation des Schlußgebets im platonischen Phaidros ist handgreiflich. Daß er sich — unzweifelhaft in Konkurrenz mit dem Christentum — die Wiederbelebung der alten sakralen Musik angelegen sein ließ, zeigen zwei interessante Stellen: Misop. 337B und besonders ep. 56 p. 442A. Von den Hymnen sagt er in einem anderen Briefe p. 301D: ἐκμανθάνειν χρὴ τοὺς ὕμνους τῶν θεῶν· εἰσὶ δὲ οὗτοι πολλοὶ μὲν καὶ καλοὶ πεποιημένοι παλαιοῖς καὶ νέοις οὐ μὴν ἀλλ' ἐκείνους πειρατέον ἐπίστασθαι τοὺς ἐν τοῖς ἱεροῖς ᾀδομένους (auch das weiterhin Folgende ist sehr bemerkenswert für denjenigen, der einmal die Geschichte dieser Literaturgattung schreiben wird); mit den 'neuen' Hymnen wird er solche meinen, wie sie die Neuplatoniker und dann später in Konkurrenz mit diesen der zum Christentum übergetretene Synesios dichteten s. o. S. 79. 81

δίδου πᾶσι μὲν ἀνθρώποις εὐδαιμονίαν, insbesondere dem Römervolke den Entschluß, abzuwaschen den 'Schandfleck der Gottlosigkeit'). Hier macht der beliebige Wechsel von Epikleseis und Partizipia es ganz deutlich, daß die Partizipia den nominalen Prädikationen gleichwertig sind.[1])

4. DER RELATIVSTIL DER PRÄDIKATION.

Relativische Prädikationen.
Auch der Prädikationsstil in Relativsätzen hat sich aus bescheidenen Anfängen heraus entwickelt, die schon in der Ilias vorliegen: A 37f. κλῦθί μου, ἀργυρότοξ᾽, ὃς Χρύσην ἀμφιβέβηκας Κίλλαν τε ζαθέην Τενέδοιό τε ἶφι ἀνάσσεις. Daß diese Form anfänglich auf die Umschreibung des Kultortes beschränkt war, ist durch Alter, Art und Zahl der Belege zweifellos. Auch ergibt sich aus diesen, daß die Relativsätze ursprünglich nur periphrastische Ausdrucksweise für Partizipien gewesen sind[2]), in letzter Hinsicht also und ihrem Wesen nach Äquivalente der nominalen Anaklesen: Fälle wie der Anfang des homerischen Hermeshymnus Ἑρμῆν ὕμνει, Μοῦσα, Διὸς καὶ Μαιάδος υἱόν, Κυλλήνης μεδέοντα..., Ἄγγελον ἀθανάτων ἐριούνιον, ὃν τέκε Μαῖα oder Aristoph. Thesm. 315 ff. Ζεῦ μεγαλώνυμε, χρυσολύρα τε Δῆλον ὃς ἔχεις ἱεράν, καὶ σὺ παγκρατὴς κόρα γλαυκῶπι χρυσόλογχε πόλιν οἰκοῦσα περιμάχητον, ἐλθὲ δεῦρο sind durch das Nebeneinander von anakletischen Epitheta, einem Relativ- und einem Partizipialsatze beweisend. Aber schon früh-

---

1) Vgl. dafür auch orac. Sibyll. fr. I 16 ff. ὃς μόνος εἰς αἰῶνα καὶ ἐξ αἰῶνος ἐτύχθη, Αὐτογενὴς ἀγένητος ἅπαντα κρατῶν διὰ παντός, Πᾶσι βροτοῖσι νέμων τὸ κριτήριον ἐν φαῒ κοινῷ.

2) Vgl. mit den S. 167, 1 angeführten Stellen des Pindaros und der Dramatiker etwa die folgenden: O. 4, 6 ὦ Κρόνου παῖ, ὃς Αἴτναν ἔχεις, P. 1, 30 Ζεῦ..., ὃς τοῦτ᾽ ἐφέπεις ὄρος. Aisch. Cho. 784 οἵ τ᾽ ἔσωθε δωμάτων πλουτογαθῆ μυχὸν νομίζετε, κλύετε, σύμφρονες θεοί, Eum. 3 Θέμιν, ἣ δὴ τὸ μητρὸς δευτέρα τόδ᾽ ἕζετο μαντεῖον. Soph. O. T. 161 Ἄρτεμιν, ἃ... θρόνον εὐκλέα θάσσει, 1115 πολυώνυμε..., κλυτὰν ὃς ἀμφέπεις Ἰταλίαν, Trach. 200 ὦ Ζεῦ, τὸν Οἴτης ἄτομον ὃς λειμῶν᾽ ἔχεις, Phil. 391f. Γᾶ, μᾶτερ αὐτοῦ Διός, ἃ τὸν μέγαν Πακτωλὸν εὔχρυσον νέμεις. Eurip. Hipp. 67 Ἄρτεμι.., ἃ μέγαν κατ᾽ οὐρανὸν ναίεις, El. 990 κοῦροι Διός, οἳ φλογερὰν αἰθέρ᾽ ἐν ἄστροις ναίουσι. Aristoph. Frö. 659 Ἄπολλον, ὅς που Δῆλον ἢ Πυθῶν᾽ ἔχεις, 665 Πόσειδον, ὃς αἰγαίου πρῶνας ἢ γλαυκᾶς μέδεις ἁλὸς ἐν βένθεσιν (parodierend). Herodas 4, 1 f. χαίροις, ἄναξ Παίηον, ὃς μέδεις Τρίκης καὶ Κῶν γλυκεῖαν κἠπίδαυρον ᾤκηκας, womit O. Crusius das Fragment des alten Iambographen Ananios Ἄπολλον, ὅς που Δῆλον ἢ Πυθῶν᾽ ἔχεις Ἢ Νάξον ἢ Μίλητον ἢ θείην Κλάρον verglichen hat

4. Der Relativstil der Prädikation.

zeitig wurde die ursprüngliche Gebrauchssphäre dadurch erweitert, daß in Relativsätzen nicht bloß der Kultort, sondern auch die δυνάμεις der angerufenen Götter prädiziert wurden. So in dem formelhaften homerischen Verse ἠέλιός θ' ὃς πάντ' ἐφορᾷς καὶ πάντ' ἐπακούεις (im Gebete Γ 277) und ν 112 Ζεῦ πάτερ, ὅς τε θεοῖσι καὶ ἀνθρώποισι ἀνάσσεις. Kultort und Geburtslegende stellt nebeneinander Alkaios fr. 5 χαῖρε Κυλλάνας ὃ μέδεις, σὲ γάρ μοι θυμὸς ὑμνεῖν, τὸν ... Μαῖα γέννα. Vgl. ferner Pindaros P. 2, 49 ff. θεὸς ἅπαν ἐπὶ ἐλπίδεσσι τέκμαρ ἀνύεται, θεός, ὃ καὶ πτερόεντ' αἰετὸν κίχε καὶ θαλασσαῖον παραμείβεται δελφῖνα, καὶ ὑψιφρόνων τιν' ἔκαμψε βροτῶν 88 f. χρὴ δὲ πρὸς θεὸν οὐκ ἐρίζειν, ὃς ἀνέχει ποτὲ μὲν τὰ κείνων, τότ' αὖθ' ἑτέροις ἔδωκεν μέγα κῦδος, vgl. 5, 63 ff. (hier nach anderen δυνάμεις Apollons auch diese: μυχόν τ' ἀμφέπει μαντήϊον). 8, 13 nach zwei Prädikationen der Ἡσυχία mit τὺ γάρ ..., τὺ δὲ (s. oben S. 157) wird relativisch fortgefahren: τὰν οὐδὲ Πορφυρίων λάθεν παρ' αἶσαν ἐρεθίζων. 9, 44 f. ὦ ἄνα, κύριον ὃς πάντων τέλος οἶσθα καὶ πάσας κελεύθους κτλ., im Gedanken und in der Formgebung anklingend an den zitierten Homervers wie auch Soph. El. 175 Ζεύς, ὃς ἐφορᾷ πάντα καὶ κρατύνει. Aus Sophokles ist das berühmteste Beispiel Ant. 781 f. Ἔρως ἀνίκατε μάχαν, Ἔρως ὃς ἐν κτήμασι πίπτεις, ὃς ἐν μαλακαῖς παρειαῖς νεάνιδος ἐννυχεύεις, worauf dann die Epiklesen mit σύ folgen (s. o. S. 158).[1]) Aus Euripides vgl. Hipp. 524 f. Ἔρως Ἔρως, ὃ κατ'

---

[1]) Auch die ἀναδίπλωσις des Anrufs Ἔρως, die auch Euripides in den gleich zitierten Worten des Hippol. und der Bakch. hat (sowie Tro. 842 Ἔρως Ἔρως, ὃς τὰ Δαρδάνεια μέλαθρά ποτ' ἦλθες), muß nach dem von mir im Kommentar zu Verg. Aen. VI S. 136 f. gegebenen Material (das ich in der vorbereiteten 2. Aufl. beträchtlich vermehren werde) dem feierlichen Stile angehören, zumal das erste der im Texte zitierten pindarischen Beispiele (P. 2, 49 ff.) ganz konform gebaut ist (θεός ..., θεός, ὃ ∾ Ἔρως ....., Ἔρως, ὅς). Sie findet sich auch Trach. 94 f.: ὃν αἰόλα νὺξ ἐναριζομένα τίκτει κατευνάζει τε, φλογιζόμενον Ἅλιον Ἅλιον αἰτῶ. Der homerische Vers E 455 Ἆρες Ἆρες βροτολοιγέ, μιαιφόνε, τειχεσιπλῆτα bewahrt sowohl in der Doppelung des Namens (genau = Marmar im Arvalliede: vgl. F. Solmsen, Stud. z. lat. Lautgesch., Straßburg 1894, 77), als in der prosodischen Freiheit der ersten Silbe (W. Schulze, Quaest. epicae, Gütersloh 1892, 454 ff.) und den gehäuften Epitheta (vgl. fere Mars .. berber im Arvalliede) Ältestes, wie er denn überhaupt einem sehr alten Stücke angehört: vgl. F. Lillge, Komposition u. poet. Technik der Διομήδους ἀριστεία, Gotha 1911, 61. Wo wir Homerisches mit dem Arvalliede vergleichen können, da dürfen wir — im Gegensatze zu dem oben S. 145 Bemerkten — folgern, daß solche Kongruenzen

ὀμμάτων στάζεις πόθον, Ion 1048 f. εἰνοδία θύγατερ Δάματρος, ἃ τῶν νυκτιπόλων ἐφόδων ἀνάσσεις, Bakch. 370 f. Ὁσία πότνα θεῶν, Ὁσία δ' ἃ κατὰ γᾶν χρυσέαν πτέρυγα φέρεις.[1]) Aristophanes bietet ein interessantes Beispiel in der εὐχή der Wolken, in der schon A. Dieterich, Rh. Mus. XLVIII (1893) 282 f. (= Kl. Schr. 123 f.) Benutzung hieratischer Formelsprache beobachtet hat: 263 f. εὐφημεῖν χρὴ τὸν πρεσβύτην καὶ τῆς εὐχῆς ἐπακούειν· ὦ δέσποτ' ἄναξ, ἀμέτρητ' Ἀήρ, ὃς ἔχεις τὴν γῆν μετέωρον. In dem prachtvollen Chorliede 563 ff. werden Zeus, Poseidon, Aither nur durch anakletische Epitheta gepriesen, zum Schluß nennt es den Helios, τὸν ἱππονώμαν, ὃς ὑπερλάμπροις ἀκτῖσι κατέχει γῆς πέδον μέγας ἐν θεοῖς ἐν θνητοῖσί τε δαίμων. Ganz ähnlich ist gebaut das Lied Lys. 1279 ff., wo der Chor der Athener Artemis mit ihrem Namen nennt, Apollon mit vier Epitheta nur bezeichnet, dann den Dionysos: νύσιον ὃς μετὰ μαινάσι βακχίσιν οἰνάσι δαίεται, und weiterhin der Chor der Lakoner (1305 ff.) ὡς Σπάρταν ὑμνίωμες, τᾷ σιῶν χοροὶ μέλοντι καὶ ποδῶν κτύπος, ᾇ τε πῶλοι ταὶ κόραι πὰρ τὸν Εὐρώταν ἀμπάλλοντι πυκνὰ ποδοῖν, vgl. noch Ritt. 551. Thesm. 109. 975. 1140.

Bei diesen bescheidenen und würdigen Ansätzen blieb die Folgezeit im Prädikationsstile der Relativsätze so wenig stehen wie in dem der Partizipialsätze, sondern entsprechend der fortschreitenden Häufung anakletischer Nominalkompositionen, wie wir sie in den orphischen Hymnen finden, griffen auch die diese vertretenden Relativperiphrasen immer mehr um sich.[2]) Unter den orphischen

---

jenseits der Völkertrennung liegen. Außer dem eben Angeführten weise ich bei dieser Gelegenheit noch auf das Folgende hin. Die Aufforderung der Arvalbrüder *satur fu, fere Mars* findet ihre Entsprechung darin, daß Ares für gewöhnlich ἆτος πολέμοιο ist: E 388 (Hor. 1 2, 37 *heu nimis longo satiate ludo*). Mit *limen sali* verglich Bücheler (CLE. p. 2) ἆλτο δ' ἐπὶ μέγαν οὐδὸν ἔχων βιὸν ἠδὲ φαρέτρην, was χ 2 von Odysseus gesagt ist, der sich zum Kampfe anschickt; aber Mars soll vielmehr des Kampfes satt sein, er soll nicht mehr *ruere in pleores*, also kein θοῦρος Ἄρης (E 30 u. ö.) sein, sondern *stare*, und zwar auf der Schwelle seines Hauses; auch diese Vorstellung geht aber, wie ich in meinem Komm. zur Aeneis S. 208 glaube gezeigt zu haben, in hohes Altertum zurück, und in der bildenden Kunst ist der ruhende (stehende oder sitzende) Ares lange festgehalten worden.

1) Zwei weitere Stellen der Bakchai sind schon oben S. 154, 2 angeführt worden.

2) Etwas andersartig ist der Hymnus auf Thetis bei Heliodoros Aith. III 2, auf den mich F. Jacoby hinweist (es sind daktylische Pentameter κατὰ στίχον wie bei dem Epigrammatiker Philippos A. P. XIII 1; da dieser die θεὰ

4. Der Relativstil der Prädikation. 171

Hymnen gibt der achtzehnte ein deutliches Beispiel: auf einige vokativische Anaklesen Plutons folgt von V. 4 an: *Πλούτων, ὃς κατέχεις γαίης κληῖδας ἁπάσης* (darauf ein Vers mit Partizipialkonstruktion), *ὅς ....., ὅς ....., ὅς ......, Εὔβουλ' ὅς ...* Aber noch weiter geht Proklos in seinen Hymnen, deren Verständnis Wilamowitz in der unten (S. 175) für Synesios genannten Abhandlung erschlossen hat; darunter ist der siebente (auf Athena) der für die vorliegende Untersuchung wichtigste. Auf die typische Anrufung mit *κλῦθι* (Il. A 37) folgen zwei Verse, die in der bekannten, ebenfalls schon homerischen (E 455: s. o. S. 169, 1) Weise Epitheta der Götter häufen (V. 3 f. *ἀρσενόθυμε, φέρασπι, μεγασθενές* usw.); dann diesen Teil abschließend noch einmal *κέκλυθι*. Es folgt von V. 7—30 die Aretalogie in sieben[1]) Kola; diese sind verschiedenen Umfangs, beginnen aber alle mit einem an die Spitze der Verse gestellten *ἥ*, das teils mit dem Partizipium, teils mit dem Verbum finitum in der zweiten Person verbunden, also teils als Artikel, teils als Relativum zu deuten ist[2]), z. B. V. 7—11 *ἣ σοφίης πετάσασα θεοστιβέας πυλεῶνας | καὶ χθονίων δαμάσασα θεήμαχα φῦλα Γιγάντων | ἣ πόθον Ἡφαίστοιο λιλαιομένοιο φυγοῦσα | παρθενίης ἐφύλαξας ἑῆς ἀδάμαντα χαλινόν· | ἣ κραδίην ἐσάωσας ἀμιστύλλευτον ἄνακτος* usw. Von V. 31 an folgt dann, wieder mit *κλῦθι* anhebend, das

Παφίη hymnenartig preist, die auch Heliodoros nennt: *ἁμετέραν Παφίην*, so ist die Abhängigkeit des letzteren offenbar): *τὰν Θέτιν ἀείδω ...., τὰν Διὸς ἐννεσίῃ Πηλεῖ γημαμέναν, τὰν ἁλὸς ἀγλαΐαν, ἁμετέραν Παφίην· ἣ ...* (den Achilleus gebar), *τῷ ὑπὸ Πύρρα τέκεν παῖδα Νεοπτόλεμον*. Das ist ein versifiziertes Geschlechtsregister (prosaische mit *οὗ ...., οὗ* usw., den alt- und neutestamentlichen äußerlich ganz gleich, gab es auch in der antiken Literatur).

1) Die Siebenzahl wird zwischen dem dritten und vierten Kolon durchbrochen durch ein von Wilamowitz (S. 273, 4) als unverständlich bezeichnetes, aus zwei Versen (16. 17) bestehendes Kolon; da dieses als einziges mit *ἧς* statt *ἥ* beginnt, ist es der Interpolation verdächtig. Rechnet man die zwei mit *ἥ* beginnenden Verse, die in die Anrufung selbst hineinbezogen sind (V. 1 f. *ἥ ... ἐκπροθοροῦσα*, 31 *ἥ .... ἀπαστράπτουσα*) zu den 7 hinzu, so sind es neun Prädikationen, jedenfalls also eine heilige Zahl, die durch das verdächtige Kolon gestört wird. Wenn meine weiterhin im Texte ausgesprochene Vermutung, daß dieser Hymnus des Proklos in einem späteren magischen benutzt worden ist, zutreffend ist, so begreift man auch den Ursprung der Interpolation: denn in den beiden verdächtigen Versen wird Athena zu Hekate, der Zaubergöttin, in eine dunkle Beziehung gesetzt.

2) Es ist daraus ganz ersichtlich, was nach der guten antiken Tradition ohnehin nicht zweifelhaft sein kann, daß wir überall *ἥ* schreiben müssen

eigentliche Gebet, eingeleitet mit dem gleichfalls seit alters typischen δός. Diesem Hymnus des Proklos nächstverwandt, vielleicht von ihm abhängig, ist die späte und schlechte magische εὐχὴ πρὸς Σελήνην.[1]) Ganz wie in jenem folgen auf die Epitheta der Göttin die ἥ-Sätze (V. 10ff.): ἣ χέρας ὁπλίζουσα κελαιναῖς λαμπάσι δειναῖς, | ἣ φοβερῶν ὀφίων χαίτην σείουσα μετώποις, | ἣ ταύρων μύκημα κατὰ στομάτων ἀνιεῖσα usw., mit diesen beliebig wechselnd wieder Epitheta, z. B. V. 25 f. Τρινακία, τριπρόσωπε, τριαύχενε καὶ τριοδῖτι, | ἣ τρισσοῖς ταλάροισιν ἔχεις φλογὸς ἀκάματον πῦρ .., | ἣ πολυχώρητον κόσμον νυχὸς ἀμφιέπουσα (dann gegen Ende V. 35 ff. andersartig, in einer uns vertrauten Form: ἀρχὴ καὶ τέλος εἶ, πάντων δὲ σὺ μούνη ἀνάσσεις· | ἐκ σέο γὰρ πάντ' ἐστὶ καὶ ἐκ σέο πάντα τελευτᾷ .... | σὺ δὲ χάους μεδέεις ... | θύω σοὶ τόδ' ἄρωμα .... | ... σὺ γὰρ δυσάλυκτος ἀνάγκη, | μοῖρά τ' ἔφυς, σύ τ' ἔρις, βάσανος, ὀλέτις σύ, δίκη σύ). Diese Hymnen machen nun aber mit ihren sich überstürzenden ἥ-Sätzen einen so eigenartigen Eindruck, daß wir bei ihnen unzweifelhaft mit einem Einfluß aus nicht rein hellenischen Kreisen zu rechnen haben: darüber wird weiterhin genauer zu reden sein.

Dem griechischen Materiale entspricht das lateinische. Den Anapästen des Plautus Poen. 1187 f. *Iuppíter, qui génus colis álisque hóminum, Per quém vivimús[2]) vitálem aevom, Quem pénes spes vitae súnt hominum Omnium, da diem hunc sospitem quaeso* muß bis zu einem gewissen Grade das griechische Original entsprochen haben, da für dieses offenbar die o. S. 22. 164,4 erwähnten Wortspiele Ζεὺς δι' ὃν ζῶμεν vorauszusetzen sind. Sehr streng stilisiert ist das hymnenartige Proömium des Lucretius. Bevor Venus' Name genannt wird, bekommt sie zweierlei zu hören, was ihr wohlgefällig ist: 'Mutter der Aeneaden' — so beginnt Pindaros I. 5 μᾶτερ Ἀλίου, πολυώνυμε Θεία, Sophokles Phil. 391 Γᾶ, μᾶτερ αὐτοῦ Διός[3]) — und 'du Wonne

---

1) Zuerst publiziert von Parthey in den Abh. d. Berl. Akad. 1865, dann auch bei Abel in seiner Ausgabe der Orphica S. 292 f.

2) So, d. h. also *vi(v)imús*, möchte ich lieber betonen als *vivímu(s)*, da es wohl Absicht des Dichters war, diesem Verse durch lauter Spondeen ein besonderes Ethos zu geben: der Schwund des zwischen den zwei *i* stehenden *v* in diesem Worte ist von E. Sicker, Quaest. Plautinae (Berl. 1906) 10 ff. durch mehrere Stellen des Plautus und eine des Terentius als gesetzmäßig erwiesen worden.

3) Reitzenstein, der den hymnologischen Charakter des Proömiums als erster wirklich erwiesen hat (Drei Vermut. zur Gesch. d. röm. Lit., Marburg

der Menschen und Götter' — ἄγαλμα oder γάνος, was die Lateiner sonst mit *decus* übersetzen[1]), aber in dem epikureischen Gedichte sollte gleich in der ersten Zeile *voluptas* stehen —, dann zweimal *quae*, dann die Prädikationen mit *tu* (s. o. S. 150). Horatius c. I 2, 30 ff. *venias precamur nube candentis umeros amictus augur Apollo, sive tu mavis Erycina ridens, quam Iocus circum volat et Cupido, sive . . . . auctor heu nimis longo satiate ludo, quem iuvat clamor* ahmt, wie mit dem wiederholten *sive*, so mit dem Wechsel der Partizipia (*amictus, ridens, satiate*) und Relativsätze den Gebetstil bester Zeit ohne Aufdringlichkeit nach, wie er III 22, 1 ff. zwischen drei vokativischen Nominalanaklesen einen Relativsatz stellt und carm. saec. 61 ff. auf drei solcher Vokative den Relativsatz folgen läßt. Bezeichnend ist, weil dort das Traditionelle solcher Prädikation hervorgehoben wird, I 12, 13 ff. *quid prius dicam solitis parentis laudibus, qui res hominum ac deorum, qui mare ac terras variisque mundum temperat horis, unde* (= ex quo) *nil maius generatur ipso*[2]); vgl. aus ihm noch I 10, 1 f. III 4, 45. 61 f. IV 6, 1. 26. c. s. 9. 69 und den schönen Anfang des Gebetes der um ihr krankes Kind besorgten μήτηρ δεισιδαίμων sat. II 3, 288 *Iuppiter, ingentis qui das adimisque dolores*. Vergilius[3]) bietet wieder (s. oben S. 153 f.) ein besonders schönes Beispiel in Versen, in denen nicht nur die

---

1894, 44 ff.), vergleicht besonders treffend den Vers eines uns zufällig nur in später Überlieferung erhaltenen Hymnus (Pap. mag. Paris. 2915): ἀφρογενὲς Κυθέρεια, θεῶν γενέτειρα καὶ ἀνδρῶν.

1) Horatius hat *decus* im Prädikationsstile dreimal zu Beginn von Oden: I 1, 2. II 17, 4. carm. saec. 2, einmal in einer zum Anfange des Gedichts zurückkehrenden hymnischen Schlußstrophe: I 32, 13.

2) Die Anmerkung Kießlings: „qui, die relativische Anknüpfung, wo unser Gefühl ein nachdrückliches 'Er' erwartet, wie I 9. 9. 14, 16 u. ö." zeigt, daß er hier eben modern 'fühlte'. Auch was er über den Inhalt dieser *solitae laudes* sagt, ist unzulänglich: das Zeusenkomion des Aristeides, aus dem oben S. 164 ein paar Sätze zitiert sind, und was es sonst an Lobpreisungen des höchsten Gottes bis hinein in die christliche, von der hellenischen darin abhängige Poesie gibt, bietet bessere Belege, und zwar für alle hier von Horatius präkonisierten ἀρεταὶ Διός. Das Kolon *unde nil maius generatur ipso* enthielte, im gemeinen Wortsinne verstanden, eine unsägliche Banalität: daß eine ὑπόνοια darin stecke, empfand Heinze; wir werden weiter unten darauf zurückkommen.

3) In meinem Komm. zu VI 56 f. *Phoebe, gravis Troiae semper miserate labores, Dardana qui Paridis direxti tela manusque* (Partizipium + Relativsatz) war mir die hier behandelte Stilisierung noch unbekannt.

Gedanken, sondern auch fast jedes einzelne Wort altertümlich feierlich empfunden und ausgesprochen ist, XI 785 ff. *summe deum, sancti custos Soractis Apollo, Quem primi colimus, cui pineus ardor acervo Pascitur et medium freti pietate per ignem Cultores multa premimus vestigia pruna, Da pater* usw. Über diese Grenze gehen jüngere Dichter nicht erheblich hinaus.[1]) Aber wie am Ende der griechischen Poesie der zitierte Hymnus des Proklos, so steht am Ende der lateinischen das merkwürdige, in der Anth. lat. 389 erhaltene Gedicht mit der Überschrift 'in laudem Solis', das möglicherweise einem Nachahmer des Dracontius gehört[2]), jedenfalls nicht ohne Kenntnis jener Ausläufer griechischer Poesie gedichtet ist, also, wie diese, streng genommen nicht mehr hierher gehört. Es schließt mit 23 Hexametern[3]), das erste Wort ist jedesmal *Sol*, dessen Kräfte in Relativsätzen oder Epitheta gepriesen werden, z. B. (Schluß des Ganzen):

> *Sol cui sereno pallescunt sidera motu,*
> *Sol cui tranquillo resplendet lumine pontus,*
> *Sol cui cuncta licet rapido lustrare calore,*
> *Sol cui surgenti resonat levis unda canorem,*
> *Sol cui mergenti servat maris unda teporem,*
> *Sol mundi caelique decus, Sol omnibus idem,*
> *Sol noctis lucisque decus, Sol finis et ortus.*

Die antike Bezeichnung für solche Poesie gibt Martianus Capella, dessen Werk durch ein in Disticha verfaßtes Enkomion auf Hy-

---

1) Ich nenne mit Benutzung der o. S. 144, 1 zitierten Abhandlung Appels: Seneca Herc. f. 592 f. 599. 900 f. Phaedr. 55 f. 960 f. 972 f. Oed. 250 ff. (hier sind fast alle angerufenen Götter durch relativische Periphrase ihrer δυνάμεις bezeichnet). Herc. O. 1 f. 541 f. 1518 f. Lucanus VI 695 ff. IX 990 ff. Petronius 133, 3 (drei hexametrische Relativsätze zur Anaklese des Priapus). Statius Theb. VIII 303 ff. (Gebet an Tellus: 3 Relativsätze, dann dreimal *te*). silv. IV 8, 45 ff. (ganz schematisch: generelle Anrufung der *di patrii* mit Relativsatz, dann spezielle Anrufung von drei Göttern, die jeder ihren Relativsatz erhalten). Septimius Serenus FPR p. 387 fr. 23 (sehr zierliches Gebet an Janus: zuerst 3 vokativische Anaklesen aus je 2 κόμματα bestehend, dann 3 κόμματα mit *cui*). Nemesianus buc. 2, 55 ff. Serenus Sammonicus, liber med. praef. PLM III 107 (Gebet an Asklepios mit fünfmaligem *qui*).

2) So F. Vollmer, RE. V 1640.

3) Warum gerade diese Zahl? Es wird, zumal auch sonst einige Verwirrung in der Reihenfolge der Verse herrscht, wohl ein Vers ausgefallen sein.

menäus mit zahlreichen relativischen Prädikationen des Gottes eingeleitet wird: er nennt das dann selbst ὑμνολογεῖν.

Der späte Verfasser des zuletzt zitierten Gedichts auf den Sonnengott war gewiß schon Christ. Aber auch die christliche Poesie im engeren Wortsinne, die, wie wir sahen (o. S. 155, 1), den „Du"-Stil übernahm, bietet, wie zu erwarten, auch für die Anaklese in Relativsätzen Beispiele. Gregorios v. Nazianz im Hymnus auf Christus (Anth. graec. carm. Christianorum ed. W. Christ-Paranikas, Leipz. 1871, S. 23): Σὲ τὸν ἄφθιτον μονάρχην Δὸς ἀνυμνεῖν, δὸς ἀείδειν, Τὸν ἄνακτα τὸν δεσπότην, Δι' ὃν ὕμνος, δι' ὃν αἶνος, Δι' ὃν ἀγγέλων χορεία, Δι' ὃν αἰῶνες ἄπαυστοι (und so noch 4 Kola); im Abendhymnus (ebenda S. 29): Σὲ καὶ νῦν εὐλογοῦμεν, Χριστέ μου, λόγε θεοῦ. Φῶς ἐκ φωτὸς ἀνάρχου..., Ὃς ἔλυσας τὸ σκότος, Ὃς ὑπέστησας τὸ φῶς, Ἵνα.... Ὃς νοῦν ἐφώτισας ἀνθρώπου Λόγῳ τε καὶ σοφίᾳ.... Σὺ οὐρανὸν φωστῆρσιν Κατηύγασας ποικίλοις· Σὺ νύκτα καὶ ἡμέραν Ἀλλήλαις εἴκειν πράως Ἔταξας; in dem Gedichte nr. 36 (Mignes Patr. gr. XXXVII 518): Χριστὲ ἄναξ, ὃς πάντα πέλεις σοῖσιν μερόπεσσιν Ἐσθλὰ καὶ ἐν πάντεσσιν ὁδὸς ἰθεῖα τέτυξαι, Ὃς πυρὶ καὶ νεφέλῃ στρατὸν ἤγαγες, ὅς θ' ὁδὸν εὗρες Ἐν πελάγει (es folgen noch drei von ὅς abhängige Kola). Synesios hymn. 2, 4 ff. πάλι μοι λίγαινε, θυμέ, Θεὸν ὀρθρίοισιν ὕμνοις, Ὃς ἔδωκε φέγγος ἀοῖ, Ὃς ἔδωκεν ἄστρα νυκτί. 9, 1 ff. (auf die Höllenfahrt Christi): nach der Anaklese zwei Sätze mit ὅς, bestehend aus je drei ionischen Dimetern (Text bei Wilamowitz, Sitz. d. Berl. Akad. 1907, 289). Ausonius legt in seine Ephemeris ein langes Gebet *(oratio)* ein (p. 7 f. Peiper), dessen Proömium (bis V. 26) aus nichts anderem als einer langen Serie von adjektivischen oder partizipialen Epitheta und Relativsätzen besteht, z. B. *quo sine*[1]) *nil actum, per quem facta omnia, cuius In caelo solium, cui subdita terra sedenti Et mare et obscurae chaos insuperabile noctis, Inrequies, cuncta ipse movens, vegetator inertum, Non genito genitore deus, qui* usw. (nun wieder 4 Relativsätze). Ähnlich stilisiert ist die laus Christi des Claudianus (carm. min. 20 p. 411 f. Birt): Anaklesen, mehrere Relativsätze, zuletzt viele *tu, tibi, te* (schließend: *tu solus* usw.). Dracontius, dessen Gedicht *de laudibus dei* (p. 66 f. Vollmer) ein charakteristisches Beispiel des Prädikationsstils in direkter Apostrophe

---

1) Da haben wir einen letzten Nachklang des feierlichen ἄνευ σέθεν: s. oben S. 159, 1.

enthält, gibt in seiner 'Satisfactio' (p. 114) ein solches für relativische Prädikation: *rex immense deus, cunctorum conditor et spes Quem tremit omne solum*[1]), *qui regis igne polum, Sidera flamma dies quem sol nox luna fatentur Auctorem . . . . ., Qui mentes hominum qua vis per singula ducis Et quocumque iubes dirigis ingenia, Qui* usw.

---

[1] Dieser Vers bestätigt die Richtigkeit meiner oben S. 78, 1 gegebenen Deutung eines Verses des Tiberianus *quod* (sc. das nomen des höchsten Gottes) *maxima tellus intremit* (transitiv).

II. JUDAICA.

1. FORMEN DER ANAKLESE UND PRÄDIKATION: ΣΥ ΕΙ, ΕΓΩ ΕΙΜΙ, ΟΥΤΟΣ ΕΣΤΙΝ. — EIN SOTERIOLOGISCHER REDETYPUS.

Nunmehr können wir den Versuch machen, eine Frage zu beantworten, die ja in diesem Zusammenhange nahe genug liegt: ob und inwieweit die Formelsprache der altchristlichen Liturgie durch die der hellenischen beeinflußt worden ist. An Versuchen, hellenische Elemente in den christlichen Gemeindegebeten festzustellen, hat es in letzter Zeit nicht ganz gefehlt (vgl. z. B. Th. Schermann, Griech. Zauberpapyri und das Gemeinde- und Dankgebet im I. Klemensbriefe, Texte u. Unters. XXXIV 1909, wo auch einiges andere verzeichnet ist), auf einen besonders beachtenswerten wird am Schluß der Untersuchung (S. 233 ff.) einzugehen sein. Aber das Material, mit dem in diesen Versuchen operiert wurde, war unzureichend, und vor allem die Betrachtungsweise selbst konnte nicht wohl zu gesicherten Ergebnissen führen. Denn nicht inhaltliche Kongruenzen sind hier das Entscheidende, weil bei ihnen — selbst unter der Voraussetzung, daß sie quantitativ zahlreicher und qualitativ bemerkenswerter wären als sie es in der Tat sind — immer mit der Möglichkeit spontaner Entwicklung gerechnet werden muß, sondern die Geschichte der Form bietet hier wie überhaupt bei historischen Untersuchungen auf dem Gebiete der antiken Literatur das Kriterion. Freilich werden wir uns für den weiteren Gang dieser Darlegung ganz besonderer Vorsicht befleißigen müssen, um nicht in den Fehler zu geraten, der derartige philologische Untersuchungen bei vielen Theologen mit Recht diskreditiert: historische Entwicklung aus dem Hellenischen da zu sehen, wo in Wirklichkeit das Judentum einen entscheidenden Faktor bildet, mit dem wir Philologen verzeihlicherweise meist nicht genügend rechnen. In der Tat scheint mir die weitere Untersuchung gerade deshalb eines gewissen methodischen Interesses nicht zu entbehren, weil, wie wir sehen werden, der Faden der geschichtlichen Kontinuität in einem Augenblicke abreißt, wo wir ihn fest in Händen zu halten glauben.

Hellenische und christliche Liturgie.

Gnostische, katholische, hermetische Hymnen.

Es wird sich also zunächst darum handeln, Kriterien zu finden, die uns eine Sonderung des Hellenischen und des Orientalischen ermöglichen. Ich beginne zu dem Zwecke nicht mit dem zeitlich Ersten, das bis in die urchristliche Epoche hinaufreicht, sondern greife aus dem Materiale der späteren Zeit ein Dokument heraus, das auch um seiner selbst willen Beachtung verdient. Den Lesern der ersten Abhandlung ist es schon bekannt (s. o. S. 69), es muß aber hier wiederholt werden, da für die vorliegende Untersuchung gerade seine Form wichtig ist. In einem ursprünglich griechisch verfaßten, uns nur koptisch erhaltenen Hymnus des 3. Jahrh. heißt es nach der Übersetzung von C. Schmidt (a. a. O.): „*Und die Mutter des Alls und der προπάτωρ und der αὐτοπάτωρ und der προγενήτωρ und die Kräfte des Aeons (αἰών) der Mutter stimmten einen großen Hymnus (ὕμνος) an, indem sie den Einigen Alleinigen priesen und zu ihm sprachen:*

Du bist der allein Unendliche (ἀπέραντος), und
Du bist allein der Unerkennbare, und
Du bist es, nach dem ein Jeder forscht
  und nicht haben sie dich gefunden,
  denn Niemand kann Dich gegen Deinen Willen erkennen,
  und Niemand kann Dich allein gegen Deinen Willen preisen ....
Du bist allein ein ἀχώρητος, und
Du bist allein der ἀόρατος, und
Du bist allein der ἀνούσιος.[1])

Mit diesem Hymnus haben wir ein Gebiet betreten, auf dem, wie bemerkt, Vorsicht am Platze ist: griechische Sprache beweist noch nicht Provenienz aus der Sphäre griechischen Empfindens und griechischer Formgebung (eine banale Tatsache, die aber nur zu oft unbeachtet bleibt), vielmehr müssen wir in den Kreisen, aus denen dieser Hymnus stammt, nicht nur mit der Möglichkeit, sondern sogar der Wahrscheinlichkeit orientalischer Einwirkung rechnen. Daß dieser Faktor in der Summe des Kulturkomplexes, den wir als 'Hellenismus' zu bezeichnen pflegen, ein sehr großer gewesen ist, haben uns in der ersten Abhandlung lexikologische Tatsachen erwiesen, denen nunmehr hier stilgeschichtliche zur Seite treten. Zunächst aber wollen wir versuchen, den Hymnus als solchen etwas genauer zu bestimmen.

---

[1] Ganz ähnlich S. 288. 307. 311f. in der Publikation der Texte und Unters. VIII 1892.

1. Die Formeln σὺ εἶ, ἐγώ εἰμι, οὗτός ἐστιν. Ein soteriolog. Redetypus. 179

In einem Hymnus Gregorios des Theologen εἰς θεόν, aus dem schon oben (S. 78) einige Verse zitiert wurden[1]), heißt es so:

ὦ πάντων ἐπέκεινα· τί γὰρ θέμις ἄλλο σε μέλπειν;
πῶς λόγος ὑμνήσει σε; σὺ γὰρ λόγῳ οὐδενὶ ῥητός,
πῶς νόος ἀθρήσει σε; σὺ γὰρ νόῳ οὐδενὶ ληπτός.
μοῦνος ἐὼν ἄφραστος, ἐπεὶ τέκες ὅσσα λαλεῖται,
μοῦνος ἐὼν ἄγνωστος, ἐπεὶ τέκες ὅσσα νοεῖται....
Σοὶ ἔνι πάντα μένει, σὺ δ' ἀθρόα πάντα θεάζεις
καὶ πάντων τέλος ἐσσί, καὶ εἷς καὶ πάντα καὶ οὐδείς,
οὐχ ἓν ἐών, οὐ πάντα· πανώνυμε, πῶς σε καλέσσω.

Die Ähnlichkeit sowohl der Gedanken als der Formgebung ist in dem Hymnus des gnostischen Theurgen und demjenigen des christlichen Theologen eine so große[2]), daß wir, da direkte Abhängigkeit des einen vom anderen nicht im Bereiche einer mir bekannten Möglichkeit liegt, m. E. zu dem Schlusse gezwungen wird, für beide ein gemeinsames Vorbild anzunehmen. Dieses genauer zu bestimmen, ist freilich unmöglich wegen des Dunkels, das über den Anfängen[3])

---

1) Zitate aus diesen Gedichten müssen, was den genauen Text angeht, vor dem Erscheinen der von der Krakauer Akademie vorbereiteten Ausgabe als provisorisch gelten.

2) „Du bist allein der Unerkennbare" ∼ μοῦνος ἐὼν ἄγνωστος: daß im griechischen Grundtexte des gnostischen Hymnus ἄγνωστος gestanden hat, wäre selbstverständlich, auch wenn dies Wort nicht in der Tat an vielen anderen Stellen des Hymnus von dem koptischen Übersetzer als solches beibehalten worden wäre; s. darüber oben S. 69 f.

3) Den Worten des Paulus ep. ad Col. 3, 16 (= ad. Eph. 5, 19) ψαλμοῖς ὕμνοις ᾠδαῖς πνευματικαῖς ἐν τῇ χάριτι ᾄδοντες τῷ θεῷ stehen wir gerade auch wegen ihrer Differenzierung ebenso ratlos gegenüber wie den ψαλμοὶ καὶ ᾠδαὶ ἀδελφῶν ἀπ' ἀρχῆς ὑπὸ πιστῶν γραφεῖσαι, die der unbekannte Verf. einer antimontanistischen Schrift (3. Jahrh.) bei Eusebios h. e. V 28 bezeugt, und dem *carmen* auf Christus bei Plinius. Die Stellen, wo solche Gesänge der ältesten Christenheit genannt werden, hat A. Harnack, Über das gnostische Buch Pistis Sophia, in den Texten u. Unters. VII 2, 1891, S. 46, 2 sowie Gesch. der altchr. Lit. I (1893) 795 ff. gesammelt, aber eine Vereinigung des Materials, angefangen von den Lobgesängen in den ersten Lukaskapiteln und den ᾠδαί der Apokalypse Joh. 5, 9 f. 15, 3 mit Einschluß noch der gnostischen Lieder fehlt. Ohne eine solche Sammlung des Materials wird aber auch eine Beurteilung unmöglich sein; was F. Probst, Lehre u. Gebet in den drei ersten christl. Jahrh., Tübing. 1871, 256 ff. darüber gesagt hat, war ganz verdienstlich, reicht aber nicht entfernt aus. Die Beurteilung jener ältesten Gesänge wird ausschließlich Sache der Orientalisten sein; bei den gnostischen Liedern werden, da sie Produkte aus der Zeit der Theokrasie

180 II. Judaica.

und den älteren Entwicklungsstadien der christlichen Poesie lagert. Da diese bekanntlich in einer Art von Wechselwirkung mit der hohen Prosa gestanden hat, ist es bemerkenswert, daß sich eine Prädikation Gottes mit z. T. identischen, z. T. ähnlichen Attributen[1]) schon bei Athenagoras pro Christ. 10 p. 10, 22 ff. Schw. findet: ἕνα τὸν ἀγένητον καὶ ἀΐδιον καὶ ἀόρατον καὶ ἀπαθῆ καὶ ἀκατάληπτον καὶ ἀχώρητον, νῷ μόνῳ καὶ λόγῳ καταλαμβανόμενον, ferner in den Resten des Kerygma Petri a. a. O. (o. S. 4) 13 (von mir κατὰ κῶλα καὶ κόμματα abgesetzt):

ὁ ἀόρατος ὃς τὰ πάντα ὁρᾷ
ἀχώρητος ὃς τὰ πάντα χωρεῖ

---

sind, auch die Philologen mitzureden haben, und in der Tat hat ihre Mitarbeit da auch bereits eingesetzt: Wilamowitz hat im Hermes XXXIV (1899) 219 das Metrum des Hymnus der Naassener und des ψαλμός des Valentinos analysiert (vgl. auch A. Swoboda, Wien. Stud. XXVII 1905, 299 ff.) und in seiner Abhandlung über die Hymnen des Synesios und Proklos (Sitzungsber. d. Berl. Akad. 1907, 278 f.) einige leitende Gesichtspunkte gegeben, aus denen zugleich hervorgeht, daß eine solche Sammlung unbedingt auch die Hymnen der Platoniker, sowohl der nichtchristlichen als der christlichen mitumfassen müßte (also auch die schon von Kroll gesammelten Fragmente der sog. chaldäischen Orakel). Die überaus merkwürdigen Stellen Philons de vita contempl. 3 und bes. 10 über die Gesänge der Therapeuten dürfen bei solchen Untersuchungen nicht übersehen werden (vgl. A. Dieterich, Abraxas 145 f.). Der neue große Fund der 'Oden Salomos', der uns Lieder gespendet hat, die sich als judaisierende Bearbeitung (Anfang des 2. Jahrh.) von Liedern paulinischer und vorpaulinischer Zeit erweisen (s. o. S. 4, 1), wird die Forschung auf diesem Gebiete wohl endlich in Fluß bringen, zumal die Papyri auch sonst erwünschten Zuwachs bringen. Ich erinnere nur an den im Jahre 1900 veröffentlichten akrostichischen Hymnus (The Amherst Pap. I London 1900, 23 ff.), den aber E. Preuschen, Z. f. nt. Wiss. II (1901) 73 ff. fälschlich auf das 2. Jahrh. datiert hat. Diese Datierung wird weniger durch die Metrik (Tristichen von Kurzversen, alle schließend mit dem μείουρος: s. P. Maas, Philol. LXVIII 1909, 445 f.) als durch die Prosodie ausgeschlossen: z. B. 7 ἦν ἔμαθες ἐλπίδα κρατεῖ: ἣν ὥρισέ σοι ὁ δεσπότης, auch 19, wo λῦπομένων geschrieben ist für λυπουμένων und ∪∪∪‿ gemessen werden muß, wie überhaupt jede nicht tontragende Länge als Kürze funktionieren kann. Dergleichen verbietet, über die Zeit des Papyrus (Anf. des 4. Jahrh.) erheblich hinaufzugehen: die μείουροι, die auch Valentinos angewendet hat und die uns auch für die poetae novelli des 2./3. Jahrh. bezeugt werden, sind hier verwildert, wie in dem neuen Hymnenfragm. (4. Jahrh.) Berl. Klassikertexte VI (1910) 125.

1) Andere Beispiele solcher Epiklesen bei Harnack im Anh. zu A. Hahn, Bibliothek der Symbole usw. (Bresl. 1897) 372 f. sowie in der oben S. 58 Anm. zitierten Abhandlung von Hennecke

1. Die Formeln σὺ εἶ, ἐγώ εἰμι, οὗτός ἐστιν. Ein soteriolog. Redetypus. 181

ἀνεπιδεὴς οὐ τὰ πάντα ἐπιδέεται καὶ δι' ὃν ἐστιν·
ἀκατάληπτος ἀέναος ἄφθαρτος
ἀποίητος ὃς τὰ πάντα ἐποίησεν λόγῳ δυνάμεως αὐτοῦ,

endlich in der hymnologischen Stelle, mit der der fünfte Traktat des Poimandres schließt (auch hier teile ich kolometrisch ab):

πότε δέ σε ὑμνήσω;
 οὔτε γὰρ ὥραν σου οὔτε χρόνον καταλαβεῖν δυνατόν·
ὑπὲρ τίνος δὲ καὶ ὑμνήσω;
 ὑπὲρ ὧν ἐφανέρωσας ἢ ὑπὲρ ὧν ἔκρυψας;
διὰ τί δὲ καὶ ὑμνήσω σε;
 ὡς ἐμαυτοῦ ὤν; ὡς ἔχων τι ἴδιον; ὡς ἄλλος ὤν;
σὺ γὰρ εἶ ὃ ἂν ὦ, σὺ εἶ ὃ ἂν ποιῶ, σὺ εἶ ὃ ἂν λέγω.
σὺ γὰρ πάντα εἶ, καὶ ἄλλο οὐδέν ἐστιν ὃ μὴ εἶ.
σὺ εἶ πᾶν τὸ γενόμενον, σὺ τὸ μὴ γενόμενον,
 νοῦς μὲν νοούμενος
 πατὴρ δὲ δημιουργῶν
 θεὸς δὲ ἐνεργῶν
 ἀγαθὸς δὲ καὶ πάντα ποιῶν.
  ὕλης μὲν γὰρ τὸ λεπτομερέστερον ἀήρ
   ἀέρος δὲ ψυχή,
   ψυχῆς δὲ νοῦς,
   νοῦ δὲ ὁ θεός.

Daß nun Gregorios in seinen kunstmäßigen Hexametern die Isokola mit den raffinierten Homoioteleuta genau so empfand wie die gleichen Figuren, die er in seinen Predigten so überaus oft anwendet, d. h. als hellenische Stilornamente, wie sie in den Rhetorenschulen gelernt wurden, das kann um so weniger bezweifelt werden, als wir analog stilisierte Hexameter in profaner Literatur sowohl griechischer als lateinischer Sprache auch sonst haben.[1]) Aber freilich be-

---

1) Aus meinen Sammlungen (Ant. Kunstpr. 832 ff.) sei hier nur ein Beispiel wiederholt: Ps. Oppianos, Kyneg. II 456 ff.:

 οὔτε γὰρ εὐρίνοιο κυνὸς τρομέουσιν ὑλαγμὰ
 οὐ συὸς ἀγραύλοιο παρὰ σκοπέλοισι φρύαγμα·
 οὐδὲ μὲν οὐ ταύρου κρατερὸν μύχημα φέρονται
 πορδαλίων δ' οὐ γῆρυν ἀμειδέα πεφρίκασιν·
 οὐδ' αὐτοῦ φεύγουσι μέγα βρύχημα λέοντος·
 οὐδὲ βροτῶν ἀλέγουσιν ἀναιδείῃσι νόοιο.

Das sind drei Verspaare, von denen jedes unter sich fast Wort für Wort respondiert, oft mit Cäsur- und Endreimen. Wie hoch diese manirierte

weist das gar nichts für das von ihm umstilisierte Original. Und daß wir für dieses semitische Gedankenkonzeption und Ausdrucksweise anerkennen müssen, ist zweifellos auf Grund folgender Erwägungen. In dem zweiten Makkabäerbuche, dessen Original man in die Mitte des zweiten vorchristl. Jahrhunderts setzt, steht c. 1,23 ff. ein Gebet: προσευχὴν δὲ ἐποιήσαντο οἱ ἱερεῖς.... ἦν δὲ ἡ προσευχὴ τὸν τρόπον ἔχουσα τοῦτον· Κύριε, κύριε ὁ θεὸς ὁ πάντων κτίστης, ὁ φοβερὸς καὶ ἰσχυρὸς καὶ δίκαιος καὶ ἐλεήμων· ὁ μόνος βασιλεὺς καὶ χρηστός, ὁ μόνος χορηγός, ὁ μόνος δίκαιος καὶ παντοκράτωρ καὶ αἰώνιος. Es ist also ganz deutlich, daß der Gnostiker ein älteres jüdisches Gebet sozusagen spiritualisiert hat, indem er die einfacheren Epiklesen wie „der allein Gerechte, Gute" usw. durch sublimere wie „der allein Unerkennbare, Substanzlose" usw. ersetzte, von denen die letztere deutlich platonisiert: Gregorios hat das platonische Element durch die Prädikationen 'er ist das All und Keiner, nicht das Eine, nicht das All' im Sinne und z. T. mit Worten des Plotinos gesteigert.[1]) Dazu kommt ein weiteres Moment, das gleichfalls ausschlaggebend für den semitischen Charakter dieses Hymnus ist. Er zeigt eine Besonderheit, die ich in reinhellenischen

---

Technik hinaufreicht, zeigt die Parodie Platons Symp. 197C, der dem Agathon zwei so gebaute Hexameter in den Mund legt, dann auch die Praxis des Ovidius, aus der ich einiges in meinem Komm. zur Aeneis VI, S. 375 zusammengestellt habe, z. B.

met. I 481 f. *saepe pater dixit 'generum mihi, filia, debes',*
saepe pater dixit 'debes mihi, nate, nepotes.'

IX 488 f. *quam bene, Caune, tuo poteram nurus esse parenti*
quam bene, Caune, meo poteras gener esse parenti,

und viel dgl. Dieselbe Technik findet sich schon im Proömium der hesiodischen Erga: darüber unten Näheres.

1) Die plotinischen Stellen s. bei Zeller III 2³, S. 490, 2. Diese Art negativer Prädikationen reicht bis in die Anfänge des Platonismus hinauf: Albinos Eisag. c. 10 p. 165 Herm. ἄρρητος δ' ἔστι καὶ τῷ νῷ μόνῳ ληπτός, ἐπεὶ οὔτε γένος ἐστὶν οὔτε εἶδος οὔτε διαφορά, ἀλλ' οὐδὲ συμβέβηκέ τι αὐτῷ οὔτε κακόν — οὐ γὰρ θέμις τοῦτο εἰπεῖν — οὔτε ἀγαθόν usw. Schon der Gnostiker Basileides übernahm und steigerte das (bei Hippol. ref. haer. VII 20 f.): ἔστι γάρ, φησίν, ἐκεῖνο (das οὐδέν des Uranfangs) οὐχ ἁπλῶς ἄρρητον ὃ ὀνομάζεται· ἄρρητον γοῦν αὐτὸ καλοῦμεν, ἐκεῖνο δὲ οὐδὲ ἄρρητον ... ἀλλὰ ὑπεράνω παντὸς ὀνόματος ὀνομαζομένου, und darauf schafft ὁ οὐκ ὢν θεός die Welt. In dem soeben zitierten hermetischen Traktate lasen wir: σὺ εἶ πᾶν τὸ γενόμενον, σὺ τὸ μὴ γενόμενον. Eine Art von Vorstufe dieser Prädikationsart werden wir sogleich (u. S. 184, 1) bei Seneca kennen lernen.

Kreisen weder in Poesie noch in Prosa nachweisen kann: das ist die Prädikation mit „Du bist (der und der)." Diese Formel werde ich nunmehr eingehend behandeln, da mir ihre Geschichte von nicht geringem Interesse zu sein scheint.

Das negative Ergebnis sei gleich vorangestellt: diese Form der Anaklese eines Gottes ist unhellenisch; wo wir sie in griechischer Sprache finden, handelt es sich um Urkunden, die entweder aus orientalischen Sprachen übersetzt sind oder um solche, die aus der Sphäre des orientalisierten Hellenismus stammen.[1]) Um mit den letzteren zu beginnen, so ist das anakletische σὺ εἶ jedem Leser der Zauberpapyri etwas ganz Bekanntes. Aus der überreichen Fülle des Materials wähle ich daher nur ganz wenige Beispiele aus. Da die Originalpublikationen nicht in den Händen vieler sein dürften — der Plan einer bequem zugänglichen Sammlung ist freudig zu begrüßen —, so verweise ich zunächst auf die Gebete, die Reitzenstein, Poimandres (Leipz. 1904) S. 15 ff. zu anderen Zwecken aus ihnen anführt (ich zitiere nach Reitzensteins Numerierung, ohne die primären Fundorte anzugeben). Das Gebet I (an Hermes) beginnt mit drei Epitheta des Gottes, worauf eine Bemerkung folgt, daß das ὄνομα dieses Gottes nicht ausgesprochen werden dürfe. Das ist eine hier durch die Magie[2]) modifizierte Ausdrucksweise, für die wir oben viele Beispiele fanden: 'Gott, zubenannt so und so: mit welchem Namen du auch angerufen werden willst' ist hier geworden zu: 'Gott, zubenannt so und so: mit deinem (eigentlichen) Namen darfst du nicht angerufen werden.' Dann beginnen die Lobpreisungen, in der Form wechselnd zwischen Prädizierung in Relativ-

σὺ εἶ, ἐγώ εἰμι, οὗτός ἐστιν unhellenische Formeln.

---

1) Ich kenne nur eine Art von Ausnahmen: in der oben (S. 144 f.) behandelten Phrase 'wer du auch immer sein magst' findet sich σὺ εἶ (quisquis es) bei Eurip. Tro. 884 ff. ὅστις ποτ' εἶ σύ..., Ζεύς, εἴτε ἀνάγκη φύσεος εἴτε... (vollständig ausgeschrieben o. S. 145, 3) und bei Verg. IV 576 *sancte deorum, quisquis es* (dazu kommt für die 3. Person Aisch. Ag. 149 Ζεύς, ὅστις ποτ' ἐστίν usw.). Da die Form der Du-Anaklese sonst nicht vorkommt (ich urteile natürlich auf Grund meines hoffentlich vollständigen Materials), so muß sie hier in der besonderen Art der periphrastischen Ausdrucksweise begründet sein; es läßt sich ja wohl auch denken, daß eine bestimmte Substanzprädikation 'du bist das und das' gemieden, eine unbestimmte 'was (wer) du auch immer sein magst' zugelassen wurde.

2) Vgl. F. Pradel, Griech. u. süditalienische Gebete, usw. (= Religionsgesch. Versuche u. Vorarbeiten III Gießen 1907) S. 293 ff., wo auch die umfangreiche Literatur über diesen Glauben angeführt ist.

sätzen und Anrufung: οὗ ὁ ἥλιος καὶ ἡ σελήνη ὀφθαλμοί εἰσιν...., ᾧ οὐρανὸς κεφαλή.... σὺ εἶ ὁ Ἀγαθὸς δαίμων.... σοῦ δὲ τὸ ἀέννναον κωμαστήριον ἄνω καθίδρυται...... οὗ ἡ Δικαιοσύνη οὐκ ἀποκινεῖται, οὗ αἱ Μοῦσαι ὑμνοῦσι τὸ ἔνδοξον ὄνομα, ὃν δορυφοροῦσιν οἱ ὀκτὼ φύλακες. Gebet VII (an den Ἀγαθὸς δαίμων) ἐπικαλοῦμαί σε τὸν μέγαν ἐν οὐρανῷ.... σὺ εἶ ὁ μέγας ὄφις.... ⟨σὺ εἶ⟩ ὁ ἐν τῷ ὠκεανῷ ὀχεύων, σὺ εἶ ὁ καθ' ἡμέραν καταφανὴς γενόμενος. Dazu pap. Leid. V II 21 ff. (p. 797 Dieterich, Jahrb. f. Phil. Suppl. XVI 1888): σὺ εἶ ὁ ἀστράπτων, σὺ εἶ ὁ βροντῶν, σὺ εἶ ὁ σείων usw., ib. 34 (p. 799) σὺ εἶ ἡ ἐργασία μου· σὺ εἶ ὁ μέγας Ἄμμων, ὁ ἐν οὐρανῷ ναίων. Auch in den mit der Magie eng verbundenen Traktaten des Hermes Trismegistos finden wir Lobpreisungen dieser Form; ein Beispiel wird genügen (die Stelle ist soeben — S. 181 — in ihrem ganzen Zusammenhange angeführt worden): Poimandres 5, 11 πότε δέ σε, πάτερ, ὑμνήσω; ..... σὺ γὰρ εἶ ὃ ἂν ὦ, σὺ εἶ ὃ ἂν ποιῶ, σὺ εἶ ὃ ἂν λέγω. σὺ γὰρ πάντα εἶ... σὺ πᾶν τὸ γενόμενον, σὺ τὸ μὴ γενόμενον.[1])

Diesen Prädikationen mit σὺ εἶ in Urkunden des orientalisierten Hellenismus treten nun an die Seite die primären, in denen die griechische Sprache bloß das Gewand ist. Sehr häufig ist σὺ εἶ in den Doxologien der Psalmen: davon sei hier zitiert nur eine, weil in ihr auch das für den gnostischen Hymnus charakteristische μόνος begegnet: 85, 10 μέγας εἶ σὺ καὶ ποιῶν θαυμάσια· σὺ εἶ ὁ θεὸς μόνος καὶ μέγας, vgl. außerdem noch 21, 10 σὺ εἶ ὁ ἐκσπάσας με ἐκ γαστρός. 24, 5. 43, 5 σὺ εἶ αὐτὸς ὁ βασιλεύς μου καὶ ὁ θεός μου, ὁ ἐντελλόμενος τὰς σωτηρίας. 96, 9. 117, 28. 118, 68. 139, 7. 141, 6. Daß wir es mit einer semitischen Formel zu tun haben[2]),

---

[1]) Ich möchte eine den Inhalt betreffende Bemerkung an sie anschließen. Die letzten Worte 'Du bist alles, was geworden ist, du das, was nicht geworden ist' erinnern in ihrer Formulierung so auffallend an die oben S. 90f. zitierten des Seneca (nat. qu. praef. 13): 'Was ist Gott? Das Ganze, was du siehst, und das Ganze, was du nicht siehst', daß hier ein Zusammenhang nicht abzuweisen ist; es kommt hinzu, daß Gregor von Nazianz in den oben S. 179 angeführten Worten seines 'Hymnus auf Gott' sagt: 'Du bist Einer und Alles und Keiner, nicht Eins seiend, nicht Alles.' Die Linie: Stoa—Platonismus ist also ganz deutlich, aber dieser späte Platonismus zeigt, wie zu erwarten, einen orientalischen Einschlag.

[2]) Dies ist auch die Meinung meines Kollegen Grafen W. v. Baudissin, der mir darüber u. a. schreibt: „Da das Hebräische kein Präsens hat, kann man hebräisch nicht sagen: 'du wohnst', sondern nur: 'du wohnend'. Da

1. Die Formeln σὺ εἶ, ἐγώ εἰμι, οὗτός ἐστιν. Ein soteriolog. Redetypus. 185

beweist auch ihr sonstiges Vorkommen. Sie findet sich z. B. auch Jesaias 45, 14 f. ἐν σοὶ ὁ θεός ἐστι, καὶ οὐκ ἔστι θεὸς πλὴν σοῦ· σὺ γὰρ εἶ θεός, in den sog. pseudosalomonischen Psalmen (Zeit des Pompeius) 5,5 (ed. O. v. Gebhardt in den Texten u. Unters. XIII 2, 1895) σὺ οὐκ ἀποστρέψῃ τὴν δέησιν ἡμῶν, ὅτι σὺ ὁ θεὸς ἡμῶν εἶ, 8, 29 σὺ παιδευτὴς ἡμῶν εἶ, sowie in dem 'Gebete des Manasse' (The old Test. ed. Swete III, Cambridge 1894, 802 f.)[1] V. 7 σὺ εἶ κύριος ὕψιστος, 13 σὺ εἶ, κύριε, ὁ θεὸς τῶν μετανοούντων, und ähnlich in dem Gebete Makk. III 2, 3. Dies ist nun offenbar dieselbe Formel, die uns auch aus Worten des N. T. vertraut ist, so, um nur zwei besonders bekannte Stellen anzuführen, die Adoptionsformel σὺ εἶ ὁ υἱός μου ὁ ἀγαπητός (so — entsprechend der Psalmstelle 2, 7 υἱός μου εἶ σύ — ev. Marc. 1, 11 und aus ihm Luk. 3, 22, während es bei Matth. 3, 17 mit einer nachher zu besprechenden Variante heißt: οὗτός ἐστιν ὁ υἱός μου ὁ ἀγαπητός[2]), und Matth. 16, 15 f. (∼ Marc. 8, 29 f.) λέγει αὐτοῖς· ὑμεῖς δὲ τίνα με λέγετε εἶναι; ἀποκριθεὶς δὲ Σίμων Πέτρος εἶπεν· σὺ εἶ ὁ Χριστὸς ὁ υἱὸς τοῦ θεοῦ τοῦ ζῶντος. ἀποκριθεὶς δὲ ὁ Ἰησοῦς εἶπεν αὐτῷ ..... σὺ εἶ Πέτρος.[3]

liegt es nahe, anzunehmen, daß in der Gebetsanrede häufiger Wendungen vorkamen, die griechisch umschrieben werden konnten mit σὺ εἶ, entsprechend 'atâh', 'du' mit einem dann folgenden (oder auch einem voraufgehenden) Namen, Adjectivum oder Participium. So Ps. 86 (85), 10; Jes. 45, 15."

1) W. Bousset, Die Religion des Judentums im neutest. Zeitalter (Berlin 1903) 33, 2 setzt dies Gebet um 70 n. Chr. an.

2) Beide Formen verbunden im Ebionitenevang. (Apocrypha II ed. Klostermann², Bonn 1910) fr. 3 καὶ φωνὴ ἐγένετο ἐκ τοῦ οὐρανοῦ λέγουσα· σύ μου εἶ ὁ ἀγαπητός ..... καὶ πάλιν φωνὴ ἐξ οὐρανοῦ πρὸς αὐτόν· οὗτός ἐστιν ὁ υἱός μου ὁ ἀγαπητός.

3) Hier ein paar andere Stellen aus dem N. T.: ev. Matth. 4, 3 εἰ υἱὸς εἶ τοῦ θεοῦ. 11, 3 σὺ εἶ ὁ ἐρχόμενος; 14, 33 ἀληθῶς θεοῦ υἱὸς εἶ. 26, 63 = Mc. 14, 61 = Luk. 22, 66 ἵνα ἡμῖν εἴπῃς, εἰ σὺ εἶ ὁ Χριστὸς ὁ υἱὸς τοῦ θεοῦ. Mt. 27, 11 = Mc. 15, 2 = Luk. 23, 3 σὺ εἶ ὁ βασιλεὺς τῶν Ἰουδαίων; Mc. 3, 11 σὺ εἶ ὁ υἱὸς τοῦ θεοῦ. Luk. 23, 39 οὐχὶ σὺ εἶ ὁ Χριστός; Joh. 1, 25. 49. 3, 10. 6, 69. 8, 25. 10, 24. 18, 33. 21, 12. Vgl. Mt. 5, 13 f. ὑμεῖς ἐστε τὸ ἅλας τῆς γῆς ..... ὑμεῖς ἐστε τὸ φῶς τοῦ κόσμου. — Aus apokryphen Evangelien (Apocrypha II ed. Klostermann², Bonn 1910): Hebräer fr. 4 (lat. Übersetzung aus dem Hebräischen) tu es enim requies mea, tu es filius meus primogenitus. Aus apokryphen Acta (ed. Bonnet u. Lipsius): acta Philippi p. 84 f. Thomae 114. 140. 196. 251.

II. Judaica.

Diese Formel ist nun offenbar das Korrelat zu ἐγώ εἰμι, einer Wortverbindung, die uns in ihrer ernsten Großartigkeit aus den Büchern des A. T. geläufig ist, z. B. Gen. 17, 1 ὤφθη κύριος τῷ Ἀβραάμ καὶ εἶπεν αὐτῷ· ἐγώ εἰμι ὁ θεός σου. 28, 13 ὁ δὲ κύριος εἶπεν· ἐγώ εἰμι ὁ θεὸς Ἀβραάμ τοῦ πατρός σου. Exod. 3, 6. 20, 2, öfters auch, dem Originale entsprechend, mit Weglassung der Kopula, z. B. Exod. 6, 2 ἐγὼ κύριος (über 3, 14 s. u. S. 218). Jesaj. 43, 3, 11. Dieser Zusammenhang der beiden Formeln liegt noch klar zutage bei Jesaj. 45, wo wiederholtem ἐγώ εἰμι κύριος ὁ θεός in V. 15 entspricht σὺ γὰρ εἶ θεός, sowie im ev. Marc. 14, 62 σὺ εἶ ὁ Χριστὸς ὁ υἱὸς τοῦ εὐλογητοῦ; ὁ δὲ Ἰησοῦς εἶπεν· ἐγώ εἰμι, ev. Joh. 1, 20 σὺ τίς εἶ; .... ἐγὼ οὐκ εἰμι ὁ Χριστός. 11, 25ff. εἶπεν αὐτῇ ὁ Ἰησοῦς· ἐγώ εἰμι ἡ ἀνάστασις καὶ ἡ ζωή . . . . . . πιστεύεις τοῦτο; λέγει αὐτῷ· ναί, κύριε, ἐγὼ πεπίστευκα ὅτι σὺ εἶ ὁ Χριστὸς ὁ υἱὸς τοῦ θεοῦ. Während nun aber dieses ἐγώ εἰμι bei den Synoptikern nur selten begegnet[1]), gehört es zu den ganz charakteristischen Stilsignaturen des vierten Evangeliums[2]): es genügt zu erinnern an 10, 7 ff. ἐγώ εἰμι ἡ θύρα τῶν προβάτων .... ἐγώ εἰμι ὁ ποιμὴν ὁ καλός, 14, 6 ἐγώ εἰμι ἡ ὁδὸς καὶ ἡ ἀλήθεια καὶ ἡ ζωή, 15, 1 ἐγώ εἰμι ἡ ἄμπελος ἡ ἀληθινή. Im ganzen hat er es etwa 25mal, und einmal (18, 8) hat er es in die Erzählung der Synoptiker geradezu hineingetragen. Zu den bemerkenswerten Kongruenzen zwischen dem Evangelisten und dem Apokalyptiker gehört es, daß auch dieser die Formel liebt (1, 8. 17. 2, 23. 22, 16), und für diesen am meisten unhellenischen Schriftsteller des N. T. ist es charakte-

---

1) Mc. 13, 6 = Mt. 24, 5 = Luk. 21, 8 πολλοὶ ἐλεύσονται ἐπὶ τῷ ὀνόματί μου λέγοντες ὅτι ἐγώ εἰμι (Mt.: ἐγώ εἰμι ὁ Χριστός). Mt. 27, 43 εἶπεν ὅτι θεοῦ εἰμι υἱός. Mc. 14, 61f. ὁ ἀρχιερεὺς ἐπηρώτα αὐτὸν καὶ λέγει αὐτῷ· σὺ εἶ ὁ Χριστὸς ὁ υἱὸς τοῦ εὐλογητοῦ; ὁ δὲ Ἰησοῦς εἶπεν· ἐγώ εἰμι: Matth. 26, 64 mildert das durch σὺ εἶπας, Luk. 24, 70 verbindet beides: ὑμεῖς λέγετε ὅτι ἐγώ εἰμι. Vgl. Luk. 1, 19 ἐγώ εἰμι Γαβριήλ (getrennt ἐγὼ .... εἰμι Luk. 22, 27). Sonst wohl nur noch in der sog. Nachgeschichte des ev. Luk., da wo der Auferstandene sich in Jerusalem offenbart: 24, 39 ἴδετε τὰς χεῖράς μου καὶ τοὺς πόδας μου, ὅτι ἐγώ εἰμι αὐτός, hier also ohne besondere Feierlichkeit, wie Mt. 14, 27 θαρσεῖτε, ἐγώ εἰμι.

2) H. Gunkel in seinem Komm. zur Genesis (³ Götting. 1910) S. 267 (zu Gen. 17, 1) hat die johanneische Formel mit der alttestamentlichen richtig in Verbindung gebracht. Das Fragment des Evangelium der Eva (p. 15 Klostermann a. a. O. [S. 185, 3]) ἐγώ σὺ καὶ σὺ ἐγώ, καὶ ὅπου ἐὰν ᾖς, ἐγὼ ἐκεῖ εἰμι καὶ ἐν ἅπασίν εἰμι ἐσπαρμένος ist von Reitzenstein, Poim. 242 richtig beurteilt worden (Formel des gnostischen Pantheismus).

ristisch, daß er allein in dieser Formel zweimal das εἰμί in semitischer Art ausläßt (21,6. 22,13), wie es gelegentlich in den Sept. geschieht.

Aus dem angeführten Materiale ergibt sich, daß die anakletische Formel σὺ εἶ in den Gebeten der Zauberpapyri und des Poimandres sowie in dem gnostischen Hymnus als unhellenische Stilisierung zu beurteilen ist. Bedürfte dieses Ergebnis noch einer Bestätigung, so würde sie für den Hymnus darin zu finden sein, daß in dem gnostischen Buche, dem er angehört, die Psalmen einige Male zitiert werden (z. B. S. 286 vier Zitate). Für die Zauberschriften — eine Literatur, in der die Psalmen ebenfalls gern benutzt worden sind: vgl. die Publikation einer rhodischen Bleirolle mit Worten des 80. Psalms: F. Hiller v. Gaertringen, Sitzungsber. d. Berl. Akad. 1898, 582 ff. — ließe sich noch darauf hinweisen, daß in ihnen jenes ἐγώ εἰμι, das wir als Korrelat zu dem σὺ εἶ erkannten, wiederholt vorkommt.[1]) Ja wir besitzen jetzt einen Papyrus, in dem genau so wie in den zitierten Stellen der Evangelien beide Formeln nebeneinanderstehen, und zwar in einem Zusammenhange, der durch seinen Inhalt den jüdischen Ursprung garantiert: Greek papyri in the Brit. Mus. I (London 1893) S. 68 σὲ καλῶ τὸν ἀκέφαλον, τὸν κτίσαντα γῆν καὶ οὐρανόν, τὸν κτίσαντα νύκτα καὶ ἡμέραν, σὲ τὸν κτίσαντα φῶς καὶ σκότος (vgl. Genesis c. 1)· σὺ εἶ Ὀσορονωφρις (Beiname des Osiris), ὃν οὐδεὶς εἶδε πώποτε· σὺ εἶ Ἰαβας, σὺ εἶ Ἰαπως, σὺ διέκρινας τὸ δίκαιον καὶ τὸ ἄδικον (vgl. Gen. c. 2 f.), σὺ ἐποίησας θῆλυ καὶ ἄρρεν (= Gen. 1,27) usw. ἐγώ εἰμι Μωυσῆς ὁ προφήτης σου, ᾧ παρέδωκας τὰ μυστήριά σου τὰ συντελούμενα Ἰσραήλ.[2]) (Ähnlich S. 80.) Derselbe Papyrus gibt dann weiterhin (S. 69) ein gutes Beispiel für die Prädizierung in der dritten Person; ich führe es an mit Beibehaltung der bemerkenswerten Kolometrie:

---

[1]) Z. B. Pap. Leid. V VII 17 ff. (p. 807 Diet.) ἐγὼ ἡ πίστις εἰς ἀνθρώπους ἐκρυθεῖσα καὶ προφήτης τῶν ἁγίων ὀνομάτων εἰμί, ὁ ἅγιος ὁ ἐκπεφυκὼς ἐκ τοῦ βυθοῦ, ἐγώ εἰμι ..... : so 14mal hintereinander. Pap. Brit. Mus. bei Dieterich, Abraxas S. 25 ἐγώ εἰμι, οὗ ἐστιν ὁ ἱδρὼς ὄμβρος ἐπιπίπτων ἐπὶ τὴν γῆν, ἵνα ὀχεύῃ· ἐγώ εἰμι, οὗ τὸ στόμα καίεται δι᾽ ὅλον· ἐγώ εἰμι ὁ γεννῶν καὶ ἀπογεννῶν· ἐγώ εἰμι ἡ λάτρις τοῦ Αἰῶνος. Vgl. auch Dieterichs Bemerkung S. 773 (= Kl. Schr. 27 f.) und R. Wünsch, Arch. f. Religionswiss. XII 1909, 26.

[2]) Vgl. in derselben Sammlungen die langen Reihen mit σὺ εἶ, z. T. ganz 'gnostischen' Inhalts auf S. 92 u. 119 f. In dem Leidener Pap. V II 24 folgt σὺ εἶ unmittelbar auf die Nennung des Judengottes.

188   II. Judaica.

οὗτός ἐστιν ὁ κύριος τῆς οἰκουμένης
οὗτός ἐστιν ὃν οἱ ἄνεμοι φοβοῦνται
οὗτός ἐστιν ὁ ποιήσας φωνὴν προσ-
τάγματι ἑαυτοῦ παντακύριε βασιλεῦ.

Hieraus ergibt sich, daß die Umstilisierung, die, wie bemerkt, Matthäus durch sein οὗτός ἐστιν ὁ υἱός μου ὁ ἀγαπητός an der Formulierung seiner Quelle σὺ εἶ ὁ υ. μ. ὁ. ἀ. vornahm, der semitischen Ausdrucksweise entsprach. In der Tat ist sie in unseren Evangelien sehr häufig[1]); ich vermag nicht anzugeben, ob dieser Umstand in der Diskussion über Form und Inhalt der Worte τοῦτό ἐστιν τὸ σῶμά μου (Mc. 14, 24 = Mt. 26, 26 = Luk. 22, 19 = Paulus ad Cor. I 11, 24 τοῦτό μού ἐστιν τὸ σῶμα) schon hervorgehoben worden ist.

Einfache stilistische Beobachtungen wie die vorstehenden können, richtig verhört, wichtige Zusammenhänge erschließen. Daß dieser Erfahrungssatz auch für die Formel ἐγώ εἰμι gültig ist, durch die, wie bemerkt, besonders im vierten Evangelium so häufig Reden eingeleitet werden, soll hier gezeigt werden.

Geschichte eines soteriologischen Redetypus.   Auf eine eigenartige Stelle des Celsus (bei Origenes VII 8 f.) ist durch Reitzensteins Untersuchung (Poimandr. 222 f.) überraschendes Licht gefallen. Der Christenfeind spricht hier von orientalischen Pseudopropheten (οἱ περὶ Φοινίκην τε καὶ Παλαιστίνην), die er mit den Propheten des alten Bundes und mit Jesus in Zusammenhang

---

1) Die Gleichwertigkeit beider Ausdrucksweisen ergibt sich aus dem Vergleich von Mt. 27, 40 σῶσον σεαυτόν, εἰ υἱὸς εἶ τοῦ θεοῦ mit Luk. 23, 35 σωσάτω ἑαυτόν, εἰ οὗτός ἐστιν ὁ Χριστὸς τοῦ θεοῦ ἐκλεκτός, ferner: Mt. 16, 17 σὺ εἶ ὁ Χριστός und ein paar Verse darauf (20) ἵνα μηδενὶ εἴπωσιν ὅτι αὐτός ἐστιν ὁ Χριστός. Andere Stellen mit οὗτός (εἷς u. ä.) ἐστιν: Mt. 3, 3. 3, 17. 11, 10 (= Luk. 7, 27). 12, 23. 13, 55 (= Mc. 6, 3). 14, 2. 17, 5 (= Mc. 9, 7. Luk. 9, 35). 21, 10 f. 22, 41 ff. (= Mc. 12, 35 ff. Luk. 20, 41 ff.) 23, 8 ff. 27, 37; imperfektisch 27, 54 ἀληθῶς θεοῦ υἱὸς ἦν οὗτος ∼ Mc. 15, 39 ἀληθῶς οὗτος ὁ ἄνθρωπος υἱὸς θεοῦ ἦν (verblaßt Luk. 23, 47 ὄντως ὁ ἄνθρωπος οὗτος δίκαιος ἦν). ev. Joh. 1, 34. 4, 42. 6, 50. 58. 7, 26. 40 f., vgl. 12, 34 τίς ἐστιν οὗτος ὁ υἱὸς τοῦ ἀνθρώπου; das Schlußwort dieses Evang. (21, 24) οὗτός ἐστιν ὁ μαθητὴς ὁ μαρτυρῶν περὶ τούτων hat also feierlichen Klang. Der titulus am Kreuze lautete nach Mc. 15, 26 ὁ βασιλεὺς τῶν Ἰουδαίων οὗτος, nach Mt. 27, 37 οὗτός ἐστιν Ἰησοῦς ὁ βασιλεὺς τῶν Ἰουδαίων, nach Luk. 23, 38 ὁ βασιλεὺς τῶν Ἰουδαίων οὗτος (nach Joh. 19, 19 Ἰησοῦς ὁ Ναζωραῖος ὁ βασιλεὺς τῶν Ἰουδαίων). — Sehr viele Sätze hintereinander mit οὗτός ἐστιν acta Thomae c 143 p 249 f. Bonnet.

bringt und deren Ansprachen an religiöse Gemeinden in Tempeln und an Volkshaufen in Städten oder Heereslagern er selbst gehört hat; er gibt eine Probe solcher Ansprachen, mit denen sie immer bei der Hand seien: „Ich bin Gott (oder Gottes Sohn oder göttlicher Geist). Gekommen bin ich: denn schon ist der Weltuntergang da und mit euch, ihr Menschen, ist es infolge eurer Vergehungen zu Ende. Ich aber will euch retten, und ihr werdet mich ein andermal mit himmlischer Kraft emporsteigen sehen. Selig der mich jetzt anbetete; auf die anderen alle werde ich ewiges Feuer werfen, auf Städte und Länder. Und diejenigen Menschen, die ihre Strafen nicht kennen, werden umsonst anderen Sinnes werden und stöhnen; die mir Folgenden werde ich zur Ewigkeit aufbewahren."[1]) Mit diesen Worten hat Reitzenstein eine ῥῆσις τοῦ κυρίου im vierten Evangelium (8, 42 ff.) verglichen, die in ihren Grundgedanken und auch in einigen Wendungen genau zu jener ῥῆσις der Wanderpropheten stimmt: ἐγὼ γὰρ ἐκ τοῦ θεοῦ ἐξῆλθον καὶ ἥκω . . . . διὰ τί τὴν λαλιὰν τὴν ἐμὴν οὐ γινώσκετε; ὅτι οὐ δύνασθε ἀκούειν τὸν λόγον τὸν ἐμόν. ὑμεῖς ἐκ τοῦ πατρὸς τοῦ διαβόλου ἐστὲ καὶ τὰς ἐπιθυμίας τοῦ πατρὸς ὑμῶν θέλετε ποιεῖν . . . . . Εἰ ἀλήθειαν λέγω, διὰ τί ὑμεῖς οὐ πιστεύετέ μοι; ὁ ὢν ἐκ τοῦ θεοῦ τὰ ῥήματα τοῦ θεοῦ ἀκούει· διὰ τοῦτο ὑμεῖς οὐκ ἀκούετε, ὅτι ἐκ τοῦ θεοῦ οὐκ ἐστέ. Auf diese Mahnpredigt antworten die Juden: οὐ καλῶς λέγομεν ἡμεῖς, ὅτι Σαμαρείτης εἶ σὺ καὶ δαιμόνιον ἔχεις; aus Samaria kamen solche Pseudopropheten, wie sie Celsus hörte. In der Replik Jesu fehlt nicht die Verheißung an die Gläubigen, vom Tode befreit zu werden: ἐάν τις τὸν ἐμὸν λόγον τηρήσῃ, θάνατον οὐ μὴ θεωρήσῃ εἰς τὸν αἰῶνα, worauf die Juden wieder sagen: νῦν ἐγνώκαμεν ὅτι δαιμόνιον ἔχεις. Der Evangelist hat also eine ῥῆσις von der Art, wie sie noch Celsus hörte, gekannt und (mit sehr geringer Kunst) zu einer dialogartigen Erzählung umgestaltet. Zu der Übereinstimmung der Situation, der Hauptgedanken und des ἥκω δέ (Cels.) ∼ ἐγὼ γὰρ ἐκ τοῦ θεοῦ ἐξῆλθον καὶ ἥκω (Joh.) kommt nun noch der Anfang ἐγὼ ὁ θεός

---

1) Πρόχειρον δ' ἑκάστῳ καὶ σύνηθες εἰπεῖν· „Ἐγὼ ὁ θεός εἰμι ἢ θεοῦ παῖς ἢ πνεῦμα θεῖον. ἥκω δέ· ἤδη γὰρ ὁ κόσμος ἀπόλλυται, καὶ ὑμεῖς, ὦ ἄνθρωποι, διὰ τὰς ἀδικίας οἴχεσθε. ἐγὼ δὲ σῶσαι θέλω, καὶ ὄψεσθέ με αὖθις μετ' οὐρανίου δυνάμεως ἐπανιόντα. μακάριος ὁ νῦν με θρησκεύσας, τοῖς δ' ἄλλοις ἅπασι πῦρ αἰώνιον ἐπιβαλῶ, καὶ πόλεσι καὶ χώραις. καὶ ἄνθρωποι, οἳ μὴ τὰς ἑαυτῶν ποινὰς ἴσασι, μετανοήσονται μάτην καὶ στενάξουσι· τοὺς δ' ἐμοὶ πεισθέντας αἰωνίους φυλάξω."

εἰμι ἢ θεοῦ παῖς ἢ πνεῦμα θεῖον. Celsus stellt, wie man sieht, eine Reihe solcher Selbstprädikationen, mit denen ῥήσεις dieser Art zu beginnen pflegten, zur Auswahl; es ist also klar, aus welcher Sphäre die überaus häufigen ἐγώ εἰμι in den johanneischen Reden, gerade auch an deren Anfängen (6, 35. 8, 12. 10, 7. 11, 25) stammen. Gern wird mit einer solchen Selbstprädikation auch die Verheißung ewigen Lebens verbunden, so 11, 25 ἐγώ εἰμι ἡ ἀνάστασις καὶ ἡ ζωή· ὁ πιστεύων εἰς ἐμὲ κἂν ἀποθάνῃ ζήσεται, καὶ πᾶς ὁ ζῶν καὶ πιστεύων εἰς ἐμὲ οὐ μὴ ἀποθάνῃ εἰς τὸν αἰῶνα, wo Anfangs- und Schlußgedanke jener ῥῆσις kombiniert sind; ein anderes Mal heißt es (8, 23 f.): ἐγὼ ἐκ τῶν ἄνω εἰμί ... εἶπον οὖν ὑμῖν ὅτι ἀποθανεῖσθε ἐν ταῖς ἁμαρτίαις ὑμῶν, was genau stimmt zu dem Anfang jener ῥῆσις: ἐγὼ ὁ θεός εἰμι ἢ θεοῦ παῖς ἢ πνεῦμα θεῖον.... ὑμεῖς, ὦ ἄνθρωποι, διὰ τὰς ἀδικίας οἴχεσθε. Freilich stilisiert der Evangelist die Selbstprädikationen etwas zurückhaltender, aber eine wie die erwähnte ἐγὼ ἐκ τῶν ἄνω εἰμί ist ja sichtlich nur eine vorsichtigere Paraphrase von ἐγώ εἰμι θεοῦ παῖς, und dasselbe gilt von 8, 18 ἐγώ εἰμι ὁ μαρτυρῶν περὶ ἐμαυτοῦ καὶ μαρτυρεῖ περὶ ἐμοῦ ὁ πέμψας με πατήρ. Für die Beliebtheit dieser Formel in mystischer Literatur des hellenisierten Orients sei verwiesen auf ihr Vorkommen in hermetischer (Poim. 1, 6 τὸ φῶς ἐκεῖνο ἐγώ εἰμι νοῦς ὁ σὸς θεός) und besonders gnostischer Literatur. Gleich zu Anfang dieser Untersuchungen lernten wir die 33. der 'Oden Salomos' kennen, die, wie dort bemerkt wurde, noch aus dem Anfange der gnostischen Bewegung stammt und durch Christliches nicht berührt ist; in den dort (S. 7) aus ihr zitierten Worten finden wir wieder das Nebeneinander einer Selbstprädikation und einer Seligkeitsverheißung: „Ich bin euer Richter. Die mich anziehen, werden keinen Schaden nehmen, sondern die neue Welt gewinnen." Ferner zwei Zitate im Elenchos des Hippolytos: p. 184 (aus einem Buche der Peraten, das nach p. 188 den Titel Προάστειοι trug) ἐγὼ φωνὴ ἐξυπνισμοῦ ἐν τῷ αἰῶνι τῆς νυκτός· λοιπὸν ἔρχομαι γυμνοῦν τὴν ἀπὸ τοῦ χάους δύναμιν (dies also der Anfang einer ῥῆσις) und p. 288 ἐγώ εἰμι ὁ πλάσσων σε ἐν μήτρᾳ μητρός σου, dies aus der Ἀπόφασις des Samaritaners Simon, wobei man sich erinnern wird, daß der vierte Evangelist die Juden zu Jesus sagen läßt, er sei ein Σαμαρείτης: in der Tat läßt der Verfasser des martyrium Petri et Pauli (acta apocr. ed. Lipsius-Bonnet I 132) den Simon zu Nero so reden (c. 15): ἄκουσον, ἀγαθὲ βασιλεῦ· ἐγώ εἰμι ὁ υἱὸς τοῦ θεοῦ ὁ ἐκ τοῦ

1. Die Formeln σὺ εἶ, ἐγώ εἰμι, οὗτός ἐστιν. Ein soteriolog. Redetypus.   191

οὐρανοῦ καταβάς. Simon galt als Archeget der Gnosis, und deshalb entbehrt es nicht ganz des Humors (der überhaupt in den apokryphen Apostelgeschichten durchaus nicht fehlt), wenn in den acta Thomae c. 32 (ed. Bonnet p. 148 f.) der Teufel in Gestalt eines δράκων auf die Frage des Apostels nach seiner Herkunft antwortet: ἐγὼ υἱός εἰμι — nun nicht Gottes, sondern aller und alles Bösen in der Welt, und so preist sich der Teufel mit etwa einem Dutzend von saftigen Prädikationen, die alle mit ἐγώ εἰμι beginnen.[1] — Ja die Zähigkeit der Tradition dieses soteriologischen Redetypus[2] ist eine so große gewesen, daß man ihm wiederbegegnet an einem Orte, wo man ihn wahrlich nicht erwartet. Bei der Lektüre des kürzlich erschienenen Textbuches zur Religionsgeschichte (herausgeg. von E. Lehmann, Leipz. 1912) fand ich in der Übersetzung (von J. Pedersen) der 61. Sure (medinisch) des Korans folgende Stelle: *„Gedenkt, da Jesus, der Sohn Marias, sagte: 'O ihr Kinder Israels! Wahrlich ich bin Gottes Gesandter für euch, bestätigend die Tora, die vor mir gekommen ist, und verkündend einen Gesandten, der nach mir kommt, und dessen Name Ahmad [d. i. Mohammed] ist.' Aber als er zu ihnen mit den deutlichen Zeugnissen kam, sagten sie: 'Das ist eine deutliche Zauberei.' ... O ihr, die ihr glaubt! Soll ich euch ein Geschäft anweisen, das euch von schmerzlicher Strafe errettet? Ihr sollt an Gott und seinen Gesandten glauben und auf dem Pfade Gottes streiten mit euerem Gut und Leben. Das ist euch das Beste, so ihr es einsehet. Dann wird er euch eure Sünden vergeben und euch in Gärten hineinführen, durch welche Flüsse strömen, und in wonnevolle Wohnungen in Edens Gärten. Das ist das große Heil.... Ver-*

---

[1] A. Abt, Die Apologie des Apuleius (Religionswiss. Versuche u. Vorarb. IV 1908, 121): „Der Magier des Mittelalters identifiziert sich ... mit dem Teufel. *Je suis le grand diable Vaurert....*, sagt der Zauberer bei Cyrano de Bergerac." In der Anm. dazu gibt Abt ein paar Nachweise für die Formel ἐγώ εἰμι auf Zauberpapyri, die ich leicht aus meinen Sammlungen vermehren könnte, wenn es mir auf Vollständigkeit der Belege ankäme.

[2] So möchte ich ihn benannt wissen. Eusebios pr. ev. XI 18 ff. bringt in seinem langen Zitate aus Numenios περὶ τἀγαθοῦ auch die Stelle, wo Numenios dem Platon eine große ῥῆσις an die ἄνθρωποι über die wahre Gotteserkenntnis in den Mund legt, wie es die Gnostiker bei ihrem Soter gewohnt waren (einige Worte aus dieser sehr merkwürdigen ῥῆσις wurden o. S. 72 f. angeführt). Darauf fährt Eusebios (§ 25) fort: καὶ ὁ σωτήριος παρ' ἡμῖν λόγος (folgt Zitat), dann: ἀλλὰ γὰρ τοσαῦτα καὶ περὶ τοῦδε ὁ Νουμήνιος. Eusebios erschienen also die ῥήσεις des hellenischen Soter (Platon) und des christlichen wesensverwandt.

künde den Gläubigen die frohe Botschaft! O ihr, die ihr glaubt, seid Gottes Helfer, wie Jesus, der Sohn Marias, zu den Jüngern sprach: 'Wer will mir helfen, die Menschen zu Gott zu rufen?' Die Jünger antworteten: 'Wir sind Gottes Helfer.' Und ein Teil von den Kindern Israels glaubte, aber ein anderer Teil war ungläubig." Also Mohammed hat mit Berufung auf Jesus' Vorgang den Appell an die Gemeinde in dieselben Typen der Mahnung und der Verheißung gekleidet, die uns Celsus für die Propaganda der samaritanischen Propheten bezeugt und deren Nachwirkungen wir bis tief hinein in die Gnosis verfolgen konnten. Die Überlieferung, der Mohammed hier wie an den anderen Stellen folgt, wo er sich auf das Christentum bezieht, ist eine apokryphe gewesen: von Jerusalem nach Mekka und Medina haben manche Wege geführt, keiner über die kanonischen Evangelien. „Muhammed — sagt J. Wellhausen, Skizzen und Vorarbeiten III (Berl. 1887) 209 — hat von den frommen Dissenters in Mekka seine ersten Anregungen empfangen, und von diesen schlägt der Name Hanif [eine Art christlicher Mönche: S. 207 f.] die Brücke zu den christlichen Asketen, von denen auch anderweitig bekannt ist, daß sie einen gewaltigen Eindruck auf die Gemüter der Araber gemacht haben ...... (S. 211): Also die christlichen Asketen haben den geistigen Samen des Islams ausgestreut, und die ältesten Mittel der Gemeindebildung, d. h. die Formen des Gottesdienstes, verdankt er wahrscheinlich den Çabiern." Über die mesopotamische Religionsgemeinschaft der Çabier und ihren Einfluß auf den Islam hat Reitzenstein (Poimandr. 165 ff.) sehr interessant gehandelt: es waren kirchliche Gemeinden, die sich zur hermetischen Religion bekannten und daneben jüdisch-christliche Einflüsse aufwiesen; insbesondere betonten sie die Gnosis, das geheime mystische Wissen. Aus Quellen solcher Art, sicher durch mündliche Tradition, ist also jener soteriologische Redetypus dem Mohammed bekannt geworden; E. Sachau weist mich noch darauf hin, daß das in der zitierten Sure für 'Jünger' gebrauchte Wort (al-hawārijjūna) nach Abessinien weise, von wo dem Muhammed mancherlei christliche Dinge von denjenigen seiner Anhänger, die — um der Verfolgung in Mekka zu entgehen — dorthin geflohen waren, zugetragen worden seien.

Als erwünschter Nebenertrag der geschichtlichen Betrachtung dieser Formel ergab sich mir die Deutung je einer Stelle des Eirenaios und des Plotinos, die bisher notwendigerweise unverstanden bleiben mußte: ich lege die Deutung hier in einer Anmerkung vor.[1]) Von besonderer Wichtigkeit erscheinen mir aber folgende Erwägungen.

---

[1]) Die (nur in der lateinischen Übersetzung erhaltenen) Worte des Eirenaios (IV 6, 4) waren schon oben (S. 74) zitiert worden, da sie in Zusammenhang mit seiner Polemik gegen den gnostischen ἄγνωστος θεός stehen. Was hat es für einen Sinn, von den Gnostikern, deren Hauptvertreter er soeben mit Namen aufgezählt hat, zu sagen: „Keiner von ihnen ist der Sohn Gottes gewesen"? Diese Worte erklären sich nun durch das soeben im Text Ausgeführte hinlänglich: weil sie sich selbst so nannten (oder doch einige von ihnen), bestreitet er ihnen die Berechtigung dazu. Die Richtigkeit dieser Deutung wird gewährleistet durch folgende merkwürdige Nachricht des Clemens strom. III 30 p. 525 über die gnostische Häresie des Prodikos (von Tertullianus neben Valentinos genannt: Harnack, Gesch. d. altchr. Lit. I 163 f.): τοιαῦτα καὶ οἱ ἀπὸ Προδίκου ψευδωνύμως γνωστικοὺς σφᾶς αὐτοὺς ἀναγορεύοντες δογματίζουσιν υἱοὺς μὲν φύσει τοῦ πρώτου θεοῦ (identisch mit dem ἄγνωστος) λέγοντες αὐτούς, καταχρώμενοι δὲ τῇ εὐγενείᾳ καὶ τῇ ἐλευθερίᾳ ζῶσιν ὡς βούλονται .... ὡς ἂν κύριοι τοῦ σαββάτου ὑπεράνω παντὸς γένους πεφυκότες βασίλειοι παῖδες· βασιλεῖ δέ, φασίν, νόμος ἄγραφος (hier ist βασίλειοι παῖδες wohl sprichwörtlich: mir fällt dabei freilich nur etwas Lateinisches ein: Petronius 56 *eques Romanus es: et ego regis filius*, wo die letzten Worte metrischen Klang haben, wie 45 *quod hodie non est, cras erit* und ib. *colubra restem non parit*). Durch diese Stellen wird nun beleuchtet die vielleicht interessanteste in der berühmten Polemik des Plotinos gegen die Gnostiker enn. II 9, 9 (über eine an die von mir hier behandelte Stelle unmittelbar anschließende lese ich soeben eine wichtige Darlegung von W. Bousset in seiner Rezension von Reitzensteins Poimandres, Götting. gel. Anz. 1905, 700 f.). Er tadelt hier die Anmaßung und Torheit der Gnostiker, über das Intelligible hinaus vordringen zu wollen und sich dadurch der Möglichkeit zu berauben, „soweit es die menschliche Seele vermag, Gott zu werden; sie vermag das aber, soweit der Geist sie führt; über den Geist hinauszugehen heißt aber schon aus dem Geiste herausfallen. Es lassen sich aber dumme Menschen betören, wenn sie plötzlich Worte wie diese vernehmen: 'du wirst besser sein nicht bloß als alle Menschen, sondern auch als alle Götter'. Denn so groß ist das Maß von Selbstgefälligkeit auf der Welt: ein Mann, der zuvor demütig und bescheiden für sich lebte, braucht bloß zu hören 'du bist Gottes Sohn, dagegen die anderen, die du zu bewundern pflegtest, sind nicht Gottes Söhne' ..... (hier ist der Text lückenhaft, der Sinn ist klar aus den wieder verständlichen Worten εἶτα καὶ συνεπηχοῦσιν ἄλλοι, also lautete der Nachsatz zu jenem Vordersatze dem Sinne nach etwa: 'so applaudiert er sich selbst'). Der griechische Text der entscheidenden Worte lautet: ὁ πρότερον ταπεινὸς καὶ μέτριος καὶ ἰδιώτης ἀνὴρ εἰ ἀκούσειε 'σὺ εἶ θεοῦ παῖς, οἱ δ' ἄλλοι οὓς ἐθαύμαζες, οὐ ⟨θεοῦ⟩ παῖδες.' Eine solche Verheißung kann wohl nur in den ja auch sonst bezeugten gnostischen Mysterien (Eirenaios I 13, 3. acta Thomae 27) vorgekommen sein; wenig-

Analyse des Synedrion- und des Pilatusverhörs der Evangelien.

Wir lernen immer mehr, die johanneischen Reden als Produkte einer mächtigen theosophisch-gnostisch-mystischen Bewegung verstehen; aber auch die Synoptiker unter diese Betrachtungsweise zu stellen, dürfen wir uns nicht scheuen: sie, ja ihre Quellen sind den Pseudopropheten[1]), von deren ῥήσεις Celsus ein Beispiel gibt, gleichzeitig, oder vielmehr: die Bewegung, von der jene getragen wurden, ist älter als alles Christliche. Haben wir da also nicht das Recht und die Pflicht, Folgerungen aus dieser Erkenntnis zu ziehen? Den vorurteilsfreien Theologen, die uns das Verständnis einer vorchristlichen Gnosis erschlossen haben (s. o. S. 65), seien jene wenigen Sätze aus der ῥῆσις samaritanischen Prophetentums zu ernster Erwägung empfohlen. Celsus, der sie uns überliefert, fühlte sich dabei an Jesus erinnert, und es war von seinem Standpunkte aus sein gutes Recht, das Bild zu verzerren; unterscheidet sich doch der Jesus des vierten Evangeliums in manchen seiner Reden kaum von jenen 'Propheten'. Doch jener Jesus war nicht der geschichtliche. Wie aber, wenn auch derjenige der synoptischen Evangelien solche Farben aufweist? Das verdient wohl eine Prüfung. In dem Verhöre vor dem Synedrium (Mc. 14, 55 ff. ∼ Mt. 26, 59 ff., stark verändert Lc. 22, 63 ff.) wird er einer blasphemischen Äußerung über den Tempel beschuldigt. Der Hohepriester fragt ihn darauf: οὐκ ἀποκρίνῃ οὐδέν, τί οὗτοί σου καταμαρτυροῦσι; „er aber schwieg und antwortete nichts" (ὁ δὲ ἐσιώπα καὶ οὐκ ἀπεκρίνατο οὐδέν). Auffälligerweise verfolgt der Hohepriester diesen Anklagepunkt nun nicht weiter, sondern richtet sofort eine neue Frage an den Beschuldigten: πάλιν ὁ ἀρχιερεὺς ἐπηρώτα αὐτὸν καὶ λέγει αὐτῷ· σὺ εἶ ὁ Χριστὸς ὁ υἱὸς τοῦ εὐλογητοῦ; Jetzt bricht Jesus sein Schweigen; ja, er begnügt sich nicht mit dem einfachen Zugeständnisse, sondern er fügt — mutwillig, wie man sagen muß — diesem noch einige Worte hinzu, die keinen anderen Zweck haben, als die Richter zu provozieren: ὁ δὲ Ἰησοῦς εἶπεν· ἐγώ εἰμι (näml. ὁ υἱὸς τοῦ εὐλογητοῦ), καὶ ὄψεσθε τὸν υἱὸν τοῦ ἀνθρώπου ἐκ δεξιῶν

---

stens scheint mir darauf zu führen die Analogie der bekannten Formeln auf den unteritalischen Goldblättchen IG XIV 641 (Thurioi): καὶ γὰρ ἐγὼν ὑμῶν γένος ὄλβιον εὔχομαι εἶμεν... Ὄλβιε καὶ μακαριστέ, θεὸς δ' ἔσῃ ἀντὶ βροτοῖο oder 638 γῆς παῖς εἰμι καὶ οὐρανοῦ ἀστερόεντος, αὐτὰρ ἐμοὶ γένος οὐράνιον.

1) Sie kennt schon das Marcusevang. 13, 22: ἐγερθήσονται δὲ ψευδόχριστοι καὶ ψευδοπροφῆται καὶ ποιήσουσιν σημεῖα καὶ τέρατα.

1. Die Formeln σὺ εἶ, ἐγώ εἰμι, οὗτός ἐστιν. Ein soteriolog. Redetypus. 195

καθήμενον τῆς δυνάμεως καὶ ἐρχόμενον μετὰ τῶν νεφελῶν τοῦ οὐρανοῦ. Hierin erblickt der Hohepriester eine Gotteslästerung und läßt das Todesurteil beschließen. Die Sache liegt nun so: wäre das die αὐτοφωνία τοῦ κυρίου gewesen, so bliebe nichts übrig, als Celsus Recht zu geben, der ihn mit den samaritanischen Pseudopropheten auf eine Stufe stellte. Denn was sind jene Worte anderes als eine durch alttestamentliche Schriftworte[1]) judaisierte und genau wie im Johannesevangelium (s. o. S. 189) dialogisch geformte Variante dessen, was wir in jener ῥῆσις lasen: ἐγώ εἰμι θεοῦ παῖς, καὶ ὄψεσθέ με αὖθις μετ' οὐρανίου δυνάμεως ἐπανιόντα? Nun aber erachte ich es als ein sicheres Ergebnis der Analyse Wellhausens (Evang. Marc. S. 132 f.), daß diese zweite Frage des Hohepriesters mitsamt der Antwort darauf nicht der ursprünglichen Fassung angehört hat, sondern daß in dieser die zeugenmäßig beglaubigte und von dem Beschuldigten unwidersprochene Tempellästerung dem Gerichte die formelle Legalität zur Verurteilung gegeben hat: „So etwas sahen die späteren Juden ebenso wie die älteren als die schrecklichste Blasphemie an... Diese Blasphemie war die legale Todesschuld, sie wurde durch einwandsfreie Zeugen bewiesen und von Jesu selbst durch sein Schweigen zugestanden." Wellhausen hält also eben jene Worte für eine jüngere Zutat[2]), die eine so bemerkenswerte Übereinstimmung mit der Pro-

---

1) Ps. 110, 1 κάθου ἐκ δεξιῶν μου und der υἱὸς τοῦ ἀνθρώπου aus Dan. 7, 13.

2) Nur eine Modifikation an Wellhausens Auffassung glaube ich vornehmen zu müssen. Er sagt: „Wenn dem so ist, so folgt, daß 14, 61. 62 den ursprünglichen Zusammenhang unterbricht und daß 14, 63 in Wahrheit direkt an das Schweigen Jesu 14, 61 anschließt, welches von dem Hohenpriester als Eingeständnis aufgefaßt wird." Das würde also folgendes Bild ergeben: 60 καὶ ἀναστὰς ὁ ἀρχιερεὺς εἰς μέσον ἐπηρώτησεν τὸν Ἰησοῦν λέγων· οὐκ ἀποκρίνῃ οὐδέν, τί οὗτοί σου καταμαρτυροῦσιν; 61 ὁ δὲ ἐσιώπα καὶ οὐκ ἀπεκρίνατο οὐδέν. ‖ πάλιν ὁ ἀρχιερεὺς ἐπηρώτα αὐτὸν καὶ λέγει αὐτῷ· σὺ εἶ ὁ Χριστὸς ὁ υἱὸς τοῦ εὐλογητοῦ; 62 ὁ δὲ Ἰησοῦς εἶπεν· ἐγώ εἰμι, καὶ ὄψεσθε τὸν υἱὸν τοῦ ἀνθρώπου ἐκ δεξιῶν καθήμενον τῆς δυνάμεως καὶ ἐρχόμενον μετὰ τῶν νεφελῶν τοῦ οὐρανοῦ. ‖ 63 ὁ δὲ ἀρχιερεὺς διαρρήξας τοὺς χιτῶνας αὐτοῦ λέγει· τί ἔτι χρείαν ἔχομεν μαρτύρων; ἠκούσατε τῆς βλασφημίας. Aber daß die feierliche Zeremonie des Zerreißens der Gewänder auf das Schweigen des der Blasphemie Beschuldigten erfolgt sein soll, ist unwahrscheinlich, und die Worte ἠκούσατε τῆς βλασφημίας passen nicht als Anschluß an das Schweigen (auf 58 ἡμεῖς ἠκούσαμεν αὐτοῦ λέγοντος κτλ. können sie sich keinesfalls zurückbeziehen). Dagegen tritt bei dem überlieferten Kontext

13*

phetenrede bei Celsus und analogen ῥήσεις des vierten Evangeliums zeigen. Alle diejenigen, denen etwas daran liegt, das Bild des geschichtlichen Jesus von der Übermalung der Legende befreit zu

Blasphemie und Zeremonie so unmittelbar zusammen, daß dies der von dem Verfasser gewollte Zusammenhang gewesen sein muß. Das heißt also: einfach ausscheiden lassen sich jene Worte nicht, der Hergang war komplizierter, und zwar vermutlich folgender. Über den tatsächlichen Verlauf des Verhörs gab es keine zuverlässige Kunde; nur eins stand unbedingt fest, daß Jesus durch Zeugenaussagen einer Tempellästerung bezichtigt worden war, die seine Verurteilung vor dem Synedrion zur Folge hatte. Die Kenntnis dieses Vorganges spricht sich auch in den Worten aus, die einige angesichts des Gekreuzigten gesprochen haben sollen: οὐὰ ὁ καταλύων τὸν ναὸν καὶ οἰκοδομῶν ἐν τρισὶν ἡμέραις, σῶσον σεαυτὸν κτλ. (Mc. 15, 29), sowie darin, daß Stephanos' Verurteilung deshalb erfolgte, weil er sich auf ein solches Wort Jesu berief (act. 6, 14). Aber Einzelheiten waren nicht überliefert, insbesondere nicht, was Jesus auf jene Bezichtigung geantwortet hatte. Selbst wenn sich jedoch eine Kenntnis dieser Antwort erhalten hatte, so zog man es vor, sie zu unterdrücken, da das Zugeständnis, daß die Verurteilung aus diesem Grunde erfolgt sei, der Urgemeinde peinlich war (Wellhausen zeigt das an den Modifikationen, die die beiden anderen Evangelisten an dem Berichte des auch seinerseits schon verschleiernden Marcus vorgenommen haben). Daher ließ man ihn schweigen. Die Folge davon war, daß dieser Teil des Verhörs nun ganz resultatlos blieb (der Vorsitzende zieht gar keine Konsequenzen aus dem Schweigen), und die weitere Folge, daß man nun den Vorsitzenden eine zweite Frage stellen ließ, deren Beantwortung die von den Richtern gewünschte Verurteilung herbeiführte. Die Praxis tendenziöser Berichterstattung, den tatsächlichen Hergang, der nicht ganz unterdrückt werden konnte, sich gewissermaßen totlaufen zu lassen und dafür einen anderen zu erfinden, der zum Ziele führt, ist dem Philologen als eine der häufigsten Quellen von Dubletten bei der Analyse wohlvertraut. Ja es läßt sich im vorliegenden Falle wohl auch noch angeben, auf Grund wovon die Erfindung gemacht wurde. Auf das Verhör vor dem Synedrion folgt bekanntlich das vor Pilatus (15, 1 ff.); in diesem heißt es (2) καὶ ἐπηρώτησεν αὐτὸν ὁ Πειλᾶτος· σὺ εἶ ὁ βασιλεὺς τῶν Ἰουδαίων; ὁ δὲ ἀποκριθεὶς αὐτῷ λέγει· σὺ λέγεις. Diese Frage und ihre Antwort betrachtet auch Wellhausen als geschichtlich: da liegt es also nahe, zu vermuten, daß aus dieser Parallelhandlung in die andere herübergenommen wurde sowohl Frage wie Antwort: ὁ ἀρχιερεὺς ἐπηρώτα αὐτὸν καὶ λέγει αὐτῷ· σὺ εἶ ὁ Χριστὸς ... ὁ δὲ Ἰησοῦς εἶπεν· ἐγώ εἰμι. Umgekehrt ist in das Pilatusverhör aus dem Synedrionverhöre das Schweigen hinübergenommen worden. Denn in jenem geht es nach den soeben daraus angeführten Worten so weiter (3 f.): καὶ κατηγόρουν αὐτοῦ οἱ ἀρχιερεῖς πολλά· ὁ δὲ Πειλᾶτος πάλιν ἐπηρώτα αὐτόν· οὐκ ἀποκρίνῃ οὐδέν; ἴδε πόσα σου κατηγοροῦσιν. ὁ δὲ Ἰησοῦς οὐκέτι οὐδὲν ἀπεκρίθη, ὥστε θαυμάζειν τὸν Πειλᾶτον. Hier zeigt das farblose πολλά und das ganz blasse θαυμάζειν, daß es keine Überlieferung gab. Meine An-

1. Die Formeln σὺ εἶ, ἐγώ εἰμι, οὗτός ἐστιν. Ein soteriolog. Redetypus. 197

sehen, werden sich dieses Gewinnes freuen und dem kritischen Theologen dankbar sein; die Folgerungen, die im Rahmen meiner Untersuchungen sich aus dieser Erkenntnis ergeben, dünken mich nicht gering: ich will versuchen, sie hier in Kürze darzulegen.

Wir sind auf Grund der obigen Darlegungen in der glücklichen Lage, jenen durch die Analyse als spätere Zutat erwiesenen Worten ihren geschichtlichen Platz anzuweisen. Erst die Gemeinde hat, durch den Konkurrenzkampf mit anderen und älteren Erlösungsreligionen dazu gezwungen, die schlichte Lehre Jesu in Worte gekleidet, deren Gedankeninhalt und Form aus der hochtönenden Phraseologie von 'Propheten' stammte, die von Stadt zu Stadt und von Dorf zu Dorf ziehend, von Anfang an mit dem Ansprüche, Σωτῆρες zu sein, auftraten. Diese Pseudopropheten haben, wie die erste Abhandlung (s. bes. S. 3 ff. 129 ff.) gezeigt hat, eine sehr hoch hinaufreichende und nie unterbrochene Ahnenreihe gehabt. In der Tat reicht dieser soteriologische Typus religiöser Propagandarede bis in die Zeit der althellenischen Propheten hinauf und hat sich, mit Orientalischem verquickt, kraft einer erstaunlich zähen Tradition bis in Zeiten und Kreise erhalten, die ihre Urahnen nicht einmal dem Namen nach kannten, und wenn sie sie gekannt hätten, jeden Zusammenhang mit ihnen abgeleugnet haben würden. Freilich den gelehrten Bekämpfern der Häresien war dieser Zusammenhang

---

nahme, daß dieser zweite Teil des Pilatusverhörs eine Dublette zum ersten des Synedrionverhörs ist, findet seine Bestätigung in dem von Wellhausen (S. 130) bemerkten Hysteronproteron: „es ist nicht in der Ordnung, daß die Frage des Pilatus 15, 2 vor der Anklage der Hohenpriester 15, 3 steht." Das Verhältnis der beiden Berichte läßt sich also durch folgendes Schema veranschaulichen, wobei das, was im Verhältnis zum anderen als das Primäre zu gelten hat, in Sperrdruck gegeben worden ist:

Synedrionbericht   Pilatusbericht
Schweigen auf Anklagepunkt 1   Antwort auf Anklagepunkt 1
     (14, 60—61 οὐδέν)   (15, 2)
Antwort auf Anklagepunkt 2 (14, 61   Schweigen auf Anklagepunkt 2 (15,
       πάλιν — 62)   3—4).

b. Wendling (Die Entstehung des Marcus-Evangeliums, Tübingen 1908, 178 ff.), der m. W. zum ersten Male die beiden Berichte einer eindringenden vergleichenden Analyse unterzogen hat, faßt das Verhältnis anders auf; aber warum ich seiner Ansicht, daß der Pilatusbericht in toto älter, der andere erst nach diesem geformt worden sei, nicht zustimmen kann, ergibt sich aus meiner Analyse, die an Wellhausen anknüpft, dessen Argumente Wendling unbeachtet ließ.

nicht ganz unbekannt. Über das Material, das sie aus Herakleitos und Empedokles beibringen, um daraus „Entlehnungen" von seiten der Häretiker zu erweisen, pflegen wir (soweit wir uns nicht über den Materialzuwachs an Fragmenten freuen) zu lächeln oder uns zu entrüsten wie über eine ἀνιστορησία. Gewiß ist sie das auch bei dem täppischen Zufahren, das den meisten jener fanatischen Katholiker beliebte, gewesen. Aber von einer höheren Warte aus betrachtet, wird das scheinbar Ungeschichtliche vielmehr in Wahrheit geschichtlich; Unterströmungen pflegen fortzudauern, auch wenn sich die Oberfläche geglättet hat, und ewig menschliche Gedanken erhalten sich, wenn bildnerische Kraft ihnen eine Form verliehen hat, die dem Strome der Zeiten widersteht. „Ich aber wandle jetzt ein unsterblicher Gott, nicht mehr ein Sterblicher vor euch": so sprach Empedokles im Proömium der Καθαρμοί, jenes Gedichtes, aus dem Clemens und Hippolytos so viel Material bringen, und es folgte eine ῥῆσις prophetischen Zorns über die δειλοὶ πάνδειλοι, die sich nicht 'ernüchtern wollen von der Schlechtigkeit'; aber neben der Drohung mit ihrem Schicksal im Jenseits stand die Verheißung der Seligkeit für die Gläubigen der Lehre, beides eingekleidet in die Formensprache der Mysterien („selig wer..., armselig wer..."). Wenn ich daher auf Grund ausführlicher Analyse und Vergleichung oben (S. 132) sagte, daß die Übereinstimmung der Paränese jenes alten μάντις und seinesgleichen mit derjenigen der jüngeren Sendboten Gottes aus nichtchristlichem und christlichem Lager eine vollkommene sei, so wird jene Schlußfolgerung durch die hier gegebenen stilistischen Untersuchungen bestätigt und erweitert. Denn es kommt hinzu die Selbstvorstellung der Σωτῆρες. „Ich bin Gott (oder Gottes Sohn oder göttlicher Geist)", so begannen die samaritanischen 'Propheten' des Celsus, um dann auch ihrerseits zu drohen und zu verheißen („selig, der mich jetzt anbetete; auf die anderen alle werde ich ewiges Feuer werfen...; die mir Folgenden werde ich zur Ewigkeit aufbewahren"). Und in der Ode Salomos, die wir wegen ihrer Kongruenz mit der alten Missionspredigt gleich zu Anfang (S. 7) in diesen Zusammenhang hineinbezogen hatten, tritt die Lichtjungfrau auf und predigt: „Ihr Menschensöhne, wendet euch um... Euch will ich weise machen in den Wegen der Wahrheit, daß ihr nicht vernichtet werdet. Hört auf mich und laßt euch erlösen... Ich bin euer Richter. Die mich anziehen, werden die neue Welt gewinnen." Ist es zu ver-

1. Die Formeln σὺ εἶ, ἐγώ εἰμι, οὗτός ἐστιν. Ein soteriolog. Redetypus. 199

wundern, daß sich diesen Propheten auch die Prophetin zugesellte, auf deren Rede als auf lauterste göttliche Offenbarung schon Herakleitos sich berufen hatte (fr. 92), da sie ihre Mahnungen, wie er selbst es tat, in unverblümte Worte kleidete? Ein Abschnitt des ersten Buches unserer Sibyllinen wird erst in diesem Zusammenhange recht verständlich. Noah erhält von Gott den Befehl: κήρυξον μετάνοιαν, ὅπως σωθῶσιν ἅπαντες (I 129), ein Vers, in dem alle Stichworte solcher ῥήσεις vereinigt sind. Bevor aber Noah anfängt, redet Gott selbst. Er spricht zunächst eine Drohung und Verheißung aus (130—136). Dann fährt er so fort (137): εἰμὶ δ' ἐγὼ ὅ γ' ἐών: so nennt er sich als Gott der Juden.[1]) Dann (138—140) prädiziert er sich mit orphischen Versen[2]) sozusagen als Gott des Hellenentums. Dann (141 ff.) gibt er dem zitternden Noah ein Rätsel auf, dessen Lösung der holländische Philologe Canter fand: θεὸς σωτήρ, also der Christengott. Alles zusammen, wie man sieht, ein gar nicht uninteressantes Zeugnis der Theokrasie. Darauf (150 ff.) hält Noah im Namen Gottes die befohlene Strafpredigt[3]), deren grimmigen Worten man sein Zittern nicht recht anmerkt: aber dieser Ton war, wie wir wissen, durch die Tradition geboten. Ganz konventionell ist auch der Inhalt, selbst das νήψατε fehlt nicht (154), gewissermaßen das Leitmotiv seit Herakleitos.[4]) Aber er findet keinen

---

1) Exod. 3, 14 εἶπεν ὁ θεὸς πρὸς Μωυσῆν λέγων· Ἐγώ εἰμι ὁ ὤν. Auf diese denkwürdige Stelle wird unten genauer eingegangen werden.

2)   οὐρανὸν ἐνδέδυμαι, περιβέβλημαι δὲ θάλασσαν,
     γαῖα δέ μοι στήριγμα ποδῶν, κέχυται περὶ σῶμα
     ἀήρ, ἠδ' ἄστρων με χορὸς περιδέδρομε πάντῃ.

Zwar ist für die Worte γαῖα δέ μοι στήριγμα ποδῶν das unmittelbare Vorbild Jes. 66, 1 (ὁ οὐρανός μου θρόνος καὶ) ἡ γῆ ὑποπόδιον τῶν ποδῶν μου, aber daß im übrigen berühmte Verse der orphischen Theogonie durch Umsetzung in die 1. Person umstilisiert sind, lehrt ein Blick auf das große Fragment 123 Abel (bes. V. 26 ff.).

3) Da genau so wie in dem Sibyllinum auch im Poimandr. 1, 26 ff. der Prophet von dem Gotte den Auftrag zu seiner Predigt an das Menschengeschlecht erhält (Sib. κήρυξον μετάνοιαν, ὅπως σωθῶσιν ἅπαντες, darauf Noah λόγων ἐξήρχετο τοίων· ἄνδρες ἀπληστόκοροι ... νήψατε ∾ Poim. τί μέλλεις; οὐχ ὡς πάντα παραλαβὼν καθοδηγὸς γίνῃ τοῖς ἀξίοις, ὅπως τὸ γένος τῆς ἀνθρωπότητος διὰ σοῦ ὑπὸ θεοῦ σωθῇ, darauf der Adept: ἦργμαι κηρύσσειν τοῖς ἀνθρώποις τὸ τῆς ... γνώσεως κάλλος· ὦ λαοί, ἄνδρες γηγενεῖς, οἱ μέθῃ καὶ ὕπνῳ ἑαυτοὺς ἐκδεδωκότες ..., νήψατε .... μετανοήσατε), so ist klar, daß auch das ganze Motiv der Einkleidung traditionell war.

4) Zu den oben S. 5, 1. 132. 139, 1 gegebenen Belegen kommt noch einer des dritten Oxyrhynchoslogion (bei E. Klostermann, Apocrypha II² S 16),

Glauben¹): οἱ δέ μιν εἰσαΐοντες ἐμυκτήριζον ἕκαστος Ἔκφρονα κικλήσκοντες, ἀτὰρ μεμανημένον ἄνδρα: die stammelnden Worte zu zitieren, kostet wirklich Überwindung, aber sie sind interessant, weil sie die hier nachgewiesenen Zusammenhänge bestätigen. Der Verfasser überträgt hier sichtlich auf die Zuhörer Noahs das, was er im Johannesevangelium von den Juden gelesen hatte, die nach einer ähnlichen Rede Jesu die Köpfe zusammensteckten und schrieen: 'du hast ein δαιμόνιον' (s. o. S. 189). Die Rede hat der Sibyllinist aber nicht aus dem Evangelisten genommen, da sie viel mehr gibt (s. S. 199, 3): beide benutzen dieselbe Tradition. Aber ganz wie im Evangelium eine Replik Jesu, folgt hier eine Noahs (174 ff.), im Vergleich mit welcher seine erste das reine Kinderspiel war (er zittert jetzt nicht mehr). Diese Rede beginnt mit den charakteristischen Worten: ὦ μέγα δείλαιοι, die nicht zufällig an die δειλοὶ πάνδειλοι des Empedokles erinnern.²)

Derjenige Schriftsteller also, der die alte und echte Überlieferung dadurch verfälschte, daß er Jesus im Verhöre vor dem Synedrion die Worte sprechen ließ: ἐγώ εἰμι (sc. ὁ υἱὸς τοῦ εὐλογητοῦ), καὶ ὄψεσθε τὸν υἱὸν τοῦ ἀνθρώπου ἐκ δεξιῶν καθήμενον τῆς δυνάμεως καὶ ἐρχόμενον μετὰ τῶν νεφελῶν τοῦ οὐρανοῦ, hat ihm eine konventionelle Phrase in den Mund gelegt, die ein Gemeingut aller soteriologischen ῥήσεις war: Wellhausen hat also vollkommen richtig herausgefühlt, daß diese Worte nimmermehr einen Grund für das Todesurteil hätten abgeben können. Das Einzige, was der Interpolator — oder sagen wir lieber: Redaktor des Primärberichts — getan hat, war dieses, daß er die Phrase, wie bemerkt, besonders stark judaisierte. So wie wir sie lesen, sind bloß die Buchstaben

---

dessen Gedankeninhalt den oben analysierten Mahnreden nächstverwandt ist, nur daß in ihm jenes ἐγώ εἰμι nicht vorkommt: Λέγει Ἰησοῦς· Ἔστην ἐν μέσῳ τοῦ κόσμου καὶ ἐν σαρκὶ ὤφθην αὐτοῖς καὶ εὗρον πάντας μεθύοντας (μέθη: S. 199, 3) καὶ οὐδένα εὗρον διψῶντα ἐν αὐτοῖς καὶ πονεῖ ἡ ψυχή μου ἐπὶ τοῖς υἱοῖς τῶν ἀνθρώπων, ὅτι τυφλοί εἰσιν τῇ καρδίᾳ αὐτῶν καὶ οὐ βλέ[πουσι]: der Schluß fehlt.

1) Auch dies Motiv muß traditionell gewesen sein: im Poimandres folgen auf die Strafpredigt (s. S. 199, 3) die Worte: καὶ οἱ μὲν αὐτῶν καταφλυαρήσαντες ἀπέστησαν τῇ τοῦ θανάτου ὁδῷ ἑαυτοὺς ἐκδεδωκότες (οἱ δὲ παρεκάλουν διδαχθῆναι).

2) Andere ähnliche Stellen aus den Sibyllinen: III 8 ff. (diese Verse gehören aber nicht zu dem ältesten vorchristlichen Teile dieses Buches), VIII 359 ff.

griechisch, jedes Wort und daher das Ganze so unhellenisch wie nur möglich. Und dennoch ist, in totaler Umstilisierung, der Grundgedanke uraltes hellenisches Gut, von dessen Herkunft der Judenchrist der jerusalemischen Gemeinde so wenig eine Ahnung hatte wie der antijudaistische Verfasser des vierten Evangeliums oder der des Sibyllinum oder der Hermetiker, der samaritanische Pseudoprophet und der Prophet Allahs, Mohammed. Daß der historische Jesus außerhalb dieser Reihe steht, ist mir persönlich ein wertvoller Nebengewinn dieser Betrachtung. Daß ῥήσεις solcher Art bei ihrer enormen Vorbereitung auch an sein Ohr gedrungen sein können, muß als möglich bezeichnet werden, aber die seinige war zu schlicht, als daß sie solches Pompes bedurft hätte. Für diejenigen, die im Evangelium nach Hellenismen im vulgären Wortsinne fischen, kann man wahrlich nur jenes σαρδόνιον μείδημα haben, von dem der Sibyllinist den nicht mehr zitternden Noab reden läßt. Wer aber nachweist, daß infolge der Mischung der Völker und Religionen die Mahnung μεταχάραττε τὸ νόμισμα in beispielloser Weise realisiert worden ist, so daß Münzen mit scheinbar ganz nationaler Prägung wegen ihres guten Materials immer den alten Kurswert behielten, der steht auf dem Boden geschichtlicher Betrachtung.

Angesichts solcher Zusammenhänge, die, wie wir sahen, auch die Evangelien und durch deren Vermittlung den Koran umfassen und die, wie weiter unten gezeigt werden wird, in der phraseologischen Einkleidung der Selbstvorstellung eines Gottes bis in die Anfänge der uns überlieferten menschlichen Rede überhaupt hinaufreichen, mag man wohl an Goethes tiefsinnige, „Urworte. Orphisch" überschriebene Reflexionen denken, wo es (freilich in anderem Sinne) vom Δαίμων heißt:

> So mußt Du sein, Dir kannst Du nicht entfliehen,
> So sagten schon Sibyllen, so Propheten;
> Und keine Zeit und keine Macht zerstückelt
> Geprägte Form, die lebend sich entwickelt.

2. DER RELATIV- UND PARTIZIPIALSTIL DER PRÄDIKATION

Wir dürfen nun aber bei diesem so ostensiblen Semitismus nicht stehen bleiben, sondern es drängt sich die Frage auf, ob er der einzige ist. Lesen wir nicht in dem oben (S 187) angeführten Gebete des

Orientalische und hellenische Stilkriterien

Zauberpapyrus die uns wohlbekannten Partizipial- (τὸν κτίσαντα....) sowie Relativkonstruktionen (ὃν ... εἶδε, ᾧ παρέδωκας) und zwar mit ganz unverkennbaren alttestamentlichen Gedanken? In der Tat überzeugte mich denn auch die Lektüre der jüdischen Literatur, soweit sie mir in griechischer Sprache zugänglich war, daß wir auch in ihr den Prädikationsformeln begegnen, deren Arten und Geschichte oben für das Griechische und Lateinische dargelegt wurden. Wenn dem aber so ist: gibt es dann noch eine Handhabe, Hellenisches von Orientalischem zu sondern, ohne den Inhalt zu berücksichtigen, der doch, wie oben bemerkt wurde, zumal in den Zeiten der Theokrasie kein unfehlbar sicheres Kriterium darbietet? In der Tat gibt es nun für die Differenzierung der formelhaften Partizipialkonstruktionen ein Kriterium, das trotz seiner Unscheinbarkeit vollkommen untrüglich ist, da es grammatischer Natur ist. Die echt hellenischen Prädikationen zeigen ausschließlich prädikative oder attributive Partizipien, die also artikellos sind[1]), die orientalischen sowie die aus solchen übersetzten griechischen Prädika-

---

[1]) S. oben S. 166 ff. Hier noch ein paar Beispiele, damit der Leser rasch das Prinzip erkennt: Paian des Aristonoos a. E. Ἀλλ' ὦ Παρνασσοῦ γυάλων | εὐδρόσοισι Κασταλίας | ναςμοῖς σὸν δέμας ἐξαβρύ|νων, ἰὴ ἰὲ Παιάν, | χαρεὶς ὕμνοις ἡμετέροις | ὄλβον ἐξ ὁσίων διδοὺς | ἀεὶ καὶ σώζων ἐφέποις | ἡμᾶς, ὦ ἰὲ Παιάν. Ganz analog das von Crusius a. a. O. (S. 166) damit zusammengestellte erste Iakchoslied der aristophanischen Frösche (324 ff.) sowie aus dem Hymnus des Mesomedes auf Helios (Musici script. graeci ed. C. v. Jan p. 462 f.): ῥοδόεσσαν ὃς ἄντυγα πώλων | πτανοῖς ὑπ' ἴχνεσσι διώκεις, | χρυσέαισιν ἀγαλλόμενος κόμαις, | περὶ νῶτον ἀπείριτον οὐρανοῦ | ἀκτῖνα πολύστροφον ἀμπλέκων, | αἴγλας πολυδερκέα παγὰν | περὶ γαῖαν ἅπασαν ἑλίσσων. Noch Nonnos baut ganz in dieser Art seinen großen Hymnus auf den tyrischen Herakles XL 369—410. Eigentliche Ausnahmen habe ich in meinen Sammlungen nicht gefunden. Bei Aisch. Ag. 161 ff. K. Ζῆνα . . τὸν φρονεῖν βροτοὺς ὁδώσαντα, τὸν πάθει μάθος θέντα κυρίως ἔχειν stehen zwischen Nomen und Prädikation zwei Verse, so daß die Prädikation als eine verselbständigte nun natürlich den Artikel erhalten mußte. Bei Stob. ecl. I 1, 10 (I S. 24 W.) steht ein Vers ('poetae ignoti') Ζεὺς ὁ καὶ ζωῆς καὶ θανάτου πείρατα νωμῶν. Das scheint wirklich eine Ausnahme zu sein, aber der Vers ist zeit- und zusammenhangslos; Nauck stellte ihn, sicher unrichtig, unter die tragischen Adespota: er ist aber, wie ich auch um der Irrtümer anderer willen bemerke, ein richtiger Sotadeus ‿‿−‿‿−‿‿−−, er gehört also in die Liste der bekannten γνῶμαι μονόστιχοι dieses Versmaßes. Auch von dem bei Stobaios a. a. E. bald folgenden Verse (S. 27) Ζεὺς ἐσθ' ὁ πέμπων τὴν ἐφήμερον τροφήν ist es keineswegs sicher, daß er aus der Tragödie stammt.

tionen haben daneben auch substantivierte Partizipien, die also den Artikel haben. Wo immer wir also Artikel + Partizipium lesen, dürfen wir sicher sein, eine nicht hellenische Prädikation vor uns zu haben. Ἐγώ εἰμι (σὺ εἶ, οὗτός ἐστιν) ὁ ποιήσας τὸν οὐρανόν könnte ein Hellene, wenn er sich überhaupt, was nicht der Fall ist, je so ausgedrückt hätte, nur so verstehen: 'der Schöpfer des Himmels (Subj.) bin ich (Prädikat)', aber der Orientale wollte vielmehr zum Ausdruck bringen 'ich bin der Schöpfer des Himmels'; in diesem Falle und in allen analogen mußte er aber dem Nomen oder — bei seiner Armut an Verbalnomina — dem dieses vertretenden Partizipium den Artikel hinzufügen.[1]) Dazu kommt als weiteres Kriterium bei den Orientalen die ausgesprochene Vorliebe für den Satzparallelismus, wodurch bedingt wurde, daß die Partizipien an die Spitze der serienartig sich folgenden Kola traten; den Hellenen war dieser Brauch gänzlich fremd. Wo immer wir also bei griechisch schreibenden Autoren solche Serien von Partizipien lesen — diese in Prosa an der Spitze der Kola[2]), in Versen aus metrischer Bequemlichkeit auch an anderen Stellen der Kola —, ist die griechische Sprache nur das Gewand orientalischer oder orientalisch-hellenistischer Gedanken- und Stilgebung. Für die Prädikationen in Relativsätzen kommt das erstere Kriterium in Wegfall, es bleibt von dem zweiten das Serienartige der parallelen Kola und, wie wir sehen werden, die Neigung, die verba finita nicht, wie es griechischer Brauch ist, vom Anfang der Kola weg, sondern vielmehr gerade an deren Anfang zu rücken. Da übrigens die Relativsätze meist mit den Partizipialsätzen wechseln, kann ihre Provenienz auch da,

---

[1]) Ich habe, um meiner Sache sicher zu sein, dies mit meinem Kollegen O. Gressmann durchgesprochen. Er formuliert es so: „Der Hebräer empfindet 'Gott' als Einzelwesen bestimmter Art; solche Begriffe haben keinen Artikel, gelten aber, als hätten sie ihn. Wenn nun ein Attribut hinzutritt, muß dieses den Artikel erhalten, sobald das Substantivum, zu dem es gehört, den Artikel hat oder als 'determiniert' betrachtet wird, z. B. 'der Knabe der gute', ebenso aber auch 'Gott der Schaffende', 'Ich bin (du bist) der Schaffende.' In allen diesen Fällen reden wir von Nominalsätzen; denn sowohl das Subjekt wie das Prädikat besteht aus nominalen (oder pronominalen oder partizipialen) Bestandteilen."

[2]) Kleine Verschiebungen wie Sap. Salom. 9, 1

θεὲ πατέρων καὶ κύριε τοῦ ἐλέους
ὁ ποιήσας τὰ πάντα ἐν λόγῳ σου
καὶ τῇ σοφίᾳ σου κατασκευάσας ἄνθρωπον

fehlen nicht, sind aber selten.

Beispiele aus jüdischem Schrifttum. wo für sie die Kriterien einmal versagen, aus ihrer Umgebung stets mit Sicherheit erschlossen werden.

Ich gebe nun, um dem Leser eine Prüfung der vorstehenden Ausführungen zu ermöglichen, eine kleine Auswahl von Beispielen zunächst aus unverdächtig orientalischer Literatur. Und zwar beginne ich mit einem ziemlich späten oder wenigstens uns spät bezeugten Produkte, einem Beschwörungshymnus, der ausdrücklich als 'hebräischer' bezeichnet wird Pariser Zauberpapyrus 3009 bei A Dieterich, Abraxas S. 139:

ὁρκίζω σε θεὸν φωσφόρον ἀδάμαστον,
  τὸν τὰ ἐν καρδίᾳ πάσης ζωῆς ἐπιστάμενον,
  τὸν χουνοπλάστην[1]) τοῦ γένους τῶν ἀνθρώπων,
  τὸν ἐξαγαγόντα ἐξ ἀδήλων
  καὶ πυκνοῦντα τὰ νέφη
  καὶ ὑετίζοντα τὴν γῆν
  καὶ εὐλογοῦντα τοὺς καρποὺς αὐτῆς
  ὃν εὐλογεῖ πᾶσα ἐνουράνιος δύναμις ἡ ἀγγέλων ἀρχαγγέλων.
ὁρκίζω σε, und so fort im gleichen Stil, dann abschließend:
ὁ γὰρ λόγος ἐστὶν ἑβραϊκὸς καὶ φυλασσόμενος παρὰ καθαροῖς ἀνδράσιν.

Ganz ähnlich, gerade auch in der Schlußbeglaubigung, heißt es in der 87 Sure (mekkanisch) des Koran (Übersetzung a. a. O. [oben S 191]):

„*Preise den Namen deines Herrn, des Höchsten,*
  der da schafft und formt
  und der bestimmt und leitet
  und der die Weide hervorbringt
  und sie nachher in schwarzen Halm verwandelt.. ...
Wahrlich, dieses stand in alten Blättern, den Blättern Abrahams
  und Moses."

In der Tat haben der hellenistische Zauberer und Mohammed ihre Worte in den Stil gekleidet, der aus den Schriften der Propheten und aus den Psalmen wohlbekannt ist Z. B. Jesaj 45,6 f ἐγὼ κύριος ὁ θεός, ἐγὼ ὁ κατασκευάσας φῶς καὶ ποιήσας σκότος, ὁ ποιῶν εἰρήνην..., ἐγὼ κύριος ὁ θεός, ὁ ποιῶν πάντα ταῦτα usw. Psalm 135 ἐξομολογεῖσθε τῷ κυρίῳ τῶν κυρίων, ὅτι εἰς τὸν αἰῶνα τὸ ἔλεος

---

1) (Gen 2,7) καὶ ἔπλασεν ὁ θ. ο. τὸν ἄνθρωπον χοῦν ἀπὸ τῆς γῆς

αὐτοῦ, τῷ ποιήσαντι θαυμάσια ἔργα μόνῳ..., τῷ ποιήσαντι τοὺς οὐρανοὺς ἐν συνέσει..., τῷ στερεώσαντι τὴν γῆν ἐπὶ τῶν ὑδάτων, und so weiterhin noch viele Partizipia (jedesmal mit dem gleichen Ephymnion ὅτι εἰς τὸν αἰῶνα τὸ ἔλεος αὐτοῦ); viele Beispiele auch in Ps. 102. 103. In dem Gebete des II. Makkabäerbuches geht es nach dem oben (S. 182) zitierten Anfange so weiter (1, 25): ὁ διασῴζων τὸν Ἰσραὴλ ἐκ παντὸς κακοῦ, ὁ ποιήσας τοὺς πατέρας ἐκλεκτοὺς καὶ ἁγιάσας αὐτούς. Ferner die nur griechisch erhaltene, aber sicher aus dem Hebräischen übersetzte προσευχὴ Μαννασσῆ (bei Swete l. c. 185)[1]): κύριε παντοκράτωρ, ἐπουράνιε.... ὁ ποιήσας τὸν οὐρανὸν καὶ τὴν γῆν σὺν παντὶ τῷ κόσμῳ αὐτῶν, ὁ πεδήσας τὴν θάλασσαν τῷ λόγῳ τοῦ προστάγματός σου, ὁ κλείσας τὴν ἄβυσσον usw. Aus den Übersetzungen läßt sich nicht immer erkennen, ob das Original Relativsätze oder Partizipien hatte; das gilt z. B. für manche Stellen der ins Syrische übersetzten 'Oden Salomos (s. o. S. 190)[2]), so für eine (Nr. 22), die W. Frankenberg, Das Verständnis der Oden Salomos (Gießen 1911) 22 vermutungsweise so in das griechische Original zurückübersetzt:

ὁ κατάγων με ἀπὸ τῶν ἄνω καὶ ἀνάγων με ἀπὸ τῶν κάτω
καὶ ὁ συνάγων τὰ μέσα καὶ με ῥίπτων (?)
ὁ σκορπίσας τοὺς ἐχθρούς μου καὶ ἀντιδίκους
ὁ δούς μοι ἐξουσίαν τοῦ λύειν τοὺς δεσμούς
ὁ πατάξας δι' ἐμοῦ τὸν δράκοντα τὸν ἑπτακέφαλον usw.,

ferner für die sog. 'Confessio Esdrae', erhalten in lateinischer Übersetzung des griechischen Originals (ed. R. L. Bensly in: Texts and Studies III 2, Cambridge 1895, S. 41):

domine qui inhabitas seculum ...
 cuius thronus inaestimabilis et gloria inconprehensibilis,
 cui adstat exercitus angelorum cum tremore ...,
 cuius verbum firmum usw.

Um nicht gezwungen zu sein, mich mit Übersetzungssurrogaten zu begnügen, habe ich mich dann an einen vorzüglichen Kenner des jüdischen Schrifttums, meinen Kollegen J. Barth, mit der Bitte gewandt, mir einige möglichst alte jüdische Gebete an der Hand der Originale auf ihre Stilisierung hin zu analysieren: ich kenne

---

1) Zeit um 70 n. Chr.: s. o. S. 185, 1.
2) Sie stammen nach A. Harnack, Texte u. Unters. XXXV 1910, 10 aus der Zeit nach 50 v. Chr. und vor 150 n. Chr.

von der Sprache gerade noch so viel, daß ich seiner Analyse mit Verständnis zu folgen vermochte. Einige Proben teile ich hier mit, in Übersetzung natürlich, aber einer sich an die hebräischen Texte buchstäblich genau anschließenden, denn nur eine solche kann für stilgeschichtliche Untersuchungen das mangelnde Verständnis der Originale einigermaßen ersetzen.[1]

Mit einem der allerältesten[2], noch heute im synagogalen Gottesdienste gebräuchlichen Gebete, dem Schemaʿ-Gebete, sind seit frühester Zeit zwei Vorgebete verbunden, in denen es heißt:

„Gepriesen seist du, Gott, unser Herr und Herr unsrer Väter,
Gott Abrahams, Gott Isaaks und Gott Jakobs,
O großer, starker, verehrungswürdiger Gott, höchster Gott,
erweisend edle Liebestaten und alles schaffend,
gedenkend der Liebestaten der Ahnen,
bringend einen Erlöser ihrer Kindeskinder um seines Namens
willen in Liebe, o König,
helfend und unterstützend und beschirmend,
Gepriesen seist du, o Gott, Beschirmer Abrahams
Du (bist) stark, mächtig für ewig, o Gott,
Belebend die Toten,
Du (bist) mächtig im Helfen,
Wehen lassend den Wind und herabsendend den Regen."

Die vordersten Teile des täglichen Morgengebets enthalten 15 Einzelbenediktionen, z. B.

„welcher mir alle meine Bedürfnisse geschaffen,
welcher die Schritte des Mannes lenkt,

---

[1] Über das christliche Gebet gibt es eine Anzahl von vortrefflichen Untersuchungen, in denen auch der Zusammenhang mit dem Judentum gelegentlich hervorgehoben wird: E. v. d. Goltz, Das Gebet in der ältesten Christenheit, Leipz. 1901. K. Michel, Gebet und Bild, Leipz. 1902. O. Dibelius, Das Vaterunser, Gießen 1903. Aber die formalen Elemente, deren Entwicklung ich hier verfolge, lagen außerhalb des Gesichtskreises der Verfasser. Der erstgenannte macht S. 126 freilich folgende kurze Bemerkung: „In der Erweiterung der Anrede an Gott oder der Bezeichnung Gottes durch Relativsätze und Appositionen in substantivischen oder partizipialen Sätzen findet in den späteren Schriften die Macht und Schöpferkraft Gottes ihren Ausdruck"; auch führt er S. 106 f. einige Stellen aus Paulus, S. 198 f. aus einem jüdischen Gebete an, ohne aber gerade die Stilgebung hervorzuheben. Über E. v. Dobschütz s. u. S. 250, 2.

[2] Nach Barth unbedingt noch aus dem 1. nachchristl. Jahrhundert, also etwa gleichzeitig mit den oben zitierten Gebeten.

sehen machend Blinde,
bekleidend Nackte,
lösend Gefesselte"

und so weiter in beliebigem Wechsel zwischen Relativ- und Partizipialkonstruktionen.

3. DIE HERKUNFT DIESER STILFORMEN (BABYLONIACA, AEGYPTIACA).

Die Literatur des Judentums ist keine autochthone gewesen, sondern die jüngste Erscheinungsform einer ins höchste Altertum hinaufreichenden orientalischen. So ist es denn auch begreiflich, daß das jüdische Gebetsritual, wenigstens in seiner formalen Einkleidung, sich als der letzte Ausläufer des altbabylonischen darstellt. Mir ist diese Literatur zugänglich nur in der Übersetzung von H. Zimmern, deren Zuverlässigkeit bekannt ist: Babylonische Hymnen und Gebete in Auswahl von H. Zimmern, in: Der alte Orient. Gemeinverständl. Darstellungen, herausgeg. von der Vorderasiat. Gesellschaft, Jahrg. VII, Heft 3, Leipz. 1905, und Jahrg. XIII, Heft 1, Leipz. 1911. Sämtliche Formen, die uns in jüngeren orientalischen Gebeten soeben begegnet sind, finden sich bereits in jenen sumerischen Texten ausgebildet.[1]) Besonders merkwürdig ist das Nebeneinander der Ich-Prädikation und der Du-Anaklese, worüber Zimmern sagt (1905 S. 22): „In einem anderen an Ischtar gerichteten Klageliede, das sich aber im wesentlichen als einen Hymnus auf Ischtar als die Göttin des Venusgestirns darstellt, begegnen wir, wie auch sonst gerade in manchen Ischtarhymnen, der bemerkenswerten Erscheinung, daß, nachdem die Göttin zunächst in der gewöhnlichen Weise in der zweiten Person angerufen worden, sie alsdann in der ersten Person selbst sprechend auftritt: ......

„Ischtar, die Göttin des Abends bin ich,
Ischtar, die Göttin des Morgens bin ich.
Ischtar, die den Verschluß der glänzenden Himmel öffnet,   das
. mein Ruhm;
die Himmel lasse ich erlöschen, die Erde erschüttere ich,   das
mein Ruhm." usw.

Sumerische babylonische, assyrische Hymnen.

---

1) Für die Form „ich bin" weist H. Gunkel a. a. O. (o. S. 186, 2) kurz darauf hin: „Zu vergleichen (mit dem alttestamentlichen 'ich bin Jahve' u. ä.) ist auch das babylonische 'ich bin die Istar der Stadt Arbela'."

Ja aus dem Nebeneinander der beiden Formen wird gelegentlich ein Ineinander. So heißt es in einem Hymnus für den Götterherrn Ellil (1911 S. 9):

„*Das Feindesland wie mit einem Knüttel (?) schlägst du aufs Haupt,*
die Berge insgesamt wirfst du nieder —
'*Der Berge große Mauer bin ich, ihr Verschluß bin ich*'[1]) —
die Stolzen schlägst du nieder.
O Herr, ein Löwe (?) des glänzenden Himmels bist du, ein Gewaltiger im Lande bist du —
'*Die Fische des Meeres lasse ich gedeihen (?), die Vögel des [Himmels] lasse ich fliegen (?). —*'
Ein Landmann, der das Feld (?) bebaut, o Ellil, bist du;
ein erhabener Herr, ein Held … bist du!"

Ein Beispiel aus jüngerer Zeit: Orakel an Asarhaddon, König von Assyrien (681—668), nach der Übersetzung von B. Landsberger (im Textbuch zur Religionsgeschichte, herausg. von E. Lehmann, Leipzig 1912, 119):

„*Ich bin die Ischtar von Arbela ….*
Fürchte dich nicht, preise mich! ….
Ich bin Nebo, der Herr des Schreibmeißels.
Preise mich!"

Diese Beispiele enthalten nur wenige Relativ- oder Partizipialprädikationen. Wie üblich diese waren[2]), dafür diene als Beispiel ein

---

1) Für diese sonderbare Ineinanderschiebung möchte ich eine Erklärung vorschlagen: die Worte *der Berge große Mauer bin ich, ihr Verschluß bin ich* halte ich für eine Art von periphrastischem Cognomen, das also gewissermaßen appositionell dem *du* hinzugefügt worden ist (danach habe ich interpungiert). Auf den altsumerischen Königsinschriften, über die nachher zu reden sein wird, begegnen solche Cognomina öfters; z. B. sagt der König Gudea auf einer seiner Inschriften (S. 87 der unten S. 210 genannten Übersetzung): „'*Die Herrin, die geliebte Tochter des reinen Himmels … hat Gudea Leben geschenkt*': mit diesem Namen benannte er sie", und besonders ähnlich ebenda: „einen Dioritstein holte er, zu einer Statue meißelte er ihn. '*Der Hirte, der seinen König liebt, bin ich; mein Leben sei lang*': mit diesem Namen benannte er sie." — Eduard Meyer, dem ich aus Vorsicht diesen ganzen Abschnitt 3 vorgelegt habe, hält meinen Erklärungsversuch für glaublich.

2) Barth teilt mir aus H. Zimmern, Babylon. Bußpsalmen (Leipz. 1885) folgende wörtliche Übersetzungen mit: 1) Partizipien mit vokativischer Anrede: S. 33 Mitte: *(O) Vollführerin der Gebete Bels, Hervorsprießen lassende*

Abschnitt des Hymnus auf den Mondgott Sinn (Zimmern 1905 S. 11), worin der Schluß mit seinem „Du allein bist" ... unmittelbar an dieselbe Formel des oben (S. 178) behandelten gnostischen Hymnus erinnert. Wenn W. Anz, Zur Frage nach dem Ursprung des Gnostizismus (Texte u. Unters. XII 4, 1897) diese Übereinstimmung gekannt hätte, würde er sie für seine These einer Ableitung der Gnosis aus der babylonischen Religion verwertet haben. Aber daß diese These falsch war, darüber besteht jetzt kaum mehr Meinungsverschiedenheit, und es ist ja auch viel interessanter zu sehen, wie eine uralte Formel aus der Zeit des babylonischen Polytheismus jahrtausendelang so konstant geblieben ist, daß sie aus einem babylonischen Hymnus durch Vermittlung des semitischen Monotheismus[1]) in einen Hymnus der christlichen Gnosis gelangt ist. Die Stelle jenes babylonischen Hymnus lautet:

„O Herr, deine Gottheit ist wie der ferne Himmel,   wie das weite Meer voller Ehrfurcht;
der erschaffen das Land, Tempel gegründet,   sie mit Namen benannt hat.
Vater, Erzeuger der Götter und Menschen,   der Wohnsitze aufschlagen ließ, Opfer einsetzte;
der zum Königtum beruft, das Szepter verleiht,   der das Schicksal auf ferne Tage hinaus bestimmt....
Herr, der die Entscheidung für Himmel und Erde fällt,   dessen Befehl niemand [abändert];
der da hält Feuer und Wasser, der leitet die Lebewesen,   welcher Gott käme dir gleich?
Im Himmel, wer ist erhaben?   Du, du allein bist erhaben!
auf Erden, wer ist erhaben?   Du, du allein bist erhaben."[2])

---

das Grün, Erschaffende von Allem, Lenkende aller Geburt"; 2) Relativsätze bei vokativischer Anrede: S. 78, Nr. VI Z. 8 ff.: *„O Herr, dessen Herz oben sich nicht beruhigt; O Herr, dessen Herz unten sich nicht besänftigt, Oben und unten sich nicht beruhigt, Der mich niedergebeugt, zu nichts gemacht hat"* usw. bis Z. 24.

1) Über das bei den hellenisierten Juden beliebte μόνος (εἶ) θεός wird weiter unten noch zu reden sein. Daß gegen diese vom Christentum (zufällig gerade dem gnostischen) übernommene formelhafte Proklamation des Monotheismus Plotinos und andere hellenische Philosophen polemisierten, wurde oben (S. 39, 4) bemerkt.

2) Dieser Hymnus sowie eine fast nur aus Relativsätzen bestehende Weihinschrift für Sin auch in dem kürzlich erschienen Artikel 'Sin' von A. Jere-

Babylonische und assyrische Königsinschriften

Von nicht geringerem Interesse war mir die Lektüre der sumerischen und akkadischen Königsinschriften in der Übersetzung, die F. Thureau-Dangin seiner Ausgabe (Leipz 1907) beigegeben hat, deren Genialität und Zuverlässigkeit Ed Meyer (Gesch. d. Altertums I 2² S. 441) rühmt In den ältesten Inschriften aus Tello, die nach vorsichtigster Schätzung bis etwa um 2850 v. Chr hinaufreichen, sprechen die Könige und Stadtfürsten von ihren Taten oder Bauten in der dritten Person, z B. S. 3 „*Uruniná, König von Lagaš, meißelte (die Statue der) Niná, grub den Kanal ⋈ und hat der Niná geweiht (diesen Kanal) ⋈*" Merkwürdig ist der Wechsel zwischen „Er"- und „Ich"-Form auf der sog Geierstele des Eannatum, des Enkels des eben genannten Uruniná, z. B. S. 13: *Eannatum metzelte nieder, 3600 Leichen. ...*[1]) *Er tobte, inmitten von Gišhu erschlug er .. Er lieferte Kampf; für Eannatum . .. Ich Eannatum, in Gišhu wie ein böser Regensturm habe ich . .. Eannatum, der Mann des graden Wortes, ein Gebiet . und der Macht von Gišhu überließ er .* usw. in einem Wechsel, dessen Prinzip mir nicht kenntlich ist (ähnlich noch die Inschrift eines etwas späteren Königs S. 61). Eigentümlich verhält es sich mit der uns hier vor allem angehenden Formel „Ich bin" Die Könige der ältesten Zeit sprechen, wenigstens nach dem uns bis jetzt vorliegenden Material, in dieser Form nicht von sich selbst: sie ist den Göttern vorbehalten. Auf dem Zylinder A des Gudea (um 2340) legt der König in seine Inschrift, auf der er seine Taten in dritter Person berichtet, eine an ihn erfolgte Ansprache des Kriegsgottes Ningirsu ein, in der es

---

mias in Roschers Mythol Lex IV (1911) 911 ff — Weitaus das Älteste, was uns von der Literatur der Manichäer erhalten ist, sind Gebetsformeln, die nach K. Keßler, Mani (Berl 1889) 243 „als Originaltexte aus der manichäischen Anfangszeit einen unschätzbaren Wert behaupten." Ihre Ähnlichkeit mit den babylonischen Gebeten ist auch Keßler aufgefallen, ein ursächlicher Zusammenhang ist zweifellos Als Beispiel sei hier angeführt die Formel V (S 253), das Original ist aramäisch:

Ich bete und lobpreise
die Heerscharen, die großen,
und die Götter, die leuchtenden,
welche durch ihre Weisheit vorrückten,
und die Finsternis austrieben,
sie bewältigten

Eine Selbstprädikation mit „Ich bin" aus den Religionsbüchern der Manichäer s. unten S. 219, 1

1) Die Punkte zeigen Lücken der Überlieferung an

3. Die Herkunft dieser Stilformen (Babyloniaca, Aegyptiaca). 211

heißt (S. 99): „*Mein Tempel, von seinem Glanze werden die Länder bedeckt werden, sein Name wird von den Grenzen des Himmels an die Länder zusammenfassen, und wird aus den Gebirgen Magan und Meluḫḫa herausholen. Ich bin Ningirsu, welcher hemmt das tobende Wasser, der große Krieger des Ortes Enlils, der Herr, welcher seinesgleichen nicht hat.*" Auf dem Zylinder B desselben Königs steht die Ansprache einer mit der Mutter des Königs identifizierten Göttin an ihn (S. 141): „*Deine Mutter ist Ninsun, die Mutter, welche ein reines Geschlecht gebiert und ihre Nachkommenschaft liebt. Ich bin die heilige Kuh, welche wie ein Weib gebiert; ich bin ....., welche Lagaš strahlen läßt*" usw. Nur in der Formel „*ich bin der Hirte*" spricht dieser König dreimal (S. 87. 91. 123) so von sich (z. B. 91: „*Wohlan, ich will sprechen, wohlan, ich will sprechen, diese Worte will ich vorbringen. Ich bin der Hirte, die Herrschaft ist mir zum Geschenk gegeben*"). Erst in jüngerer Zeit, nicht lange bevor Hammurapi von Babel dem Reiche von Larša ein Ende machte (1928), finden wir Selbstprädikationen der Könige mit ihrem Namen: Aradsin, der vorletzte Herrscher der Dynastie, sagt von sich (S. 213): *Aradsin, der sorgt für das ekur* (Tempel Bels in Nippur), *der Hirte, der wacht über das ekišnugal* (Tempel Nannars, des Sohnes von Enlil, in Ur), *der hehre Mann des Tempels ebabbar* (Tempel des Sonnengottes), *der die Beschlüsse und Bestimmungen von Eridu vollzieht, der vergrößert die Opfergaben des eninnû* (Tempel des Ningirsu), *bin ich; der Lagaš und Girsu wiederherstellt, bin ich* usw. (vgl. S. 215d), ähnlich Rimsin, der letzte König der Dynastie, S. 217. Auch der erste König der neuen, der babylonischen, Dynastie Hammurapi hat in diesem Stile von sich gesprochen: ich gebe eine Probe aus der Einleitung zu seinem Gesetzkodex (nach der Übersetzung von H. Winckler, Leipz. 1904); sie ist auch für den Partizipial- oder Relativstil, der ja auch in den eben zitierten älteren Inschriften vorkommt, besonders charakteristisch; damit die Gliederung deutlicher hervortritt, setzte ich kolometrisch ab:

Ḫammurapi, der Hirte, der von Enlil Berufene, bin ich
   welcher aufhäuft Reichtum und Überfluß .... [1])
der starke König
   der wiederherstellte Eridu ....

---

1) Die Punkte zeigen hier und im folgenden von mir vorgenommene Kürzungen an.

> *welcher bekampfte die vier Weltgegenden*
> *groß machte den Namen von Babylon*
> *erfreute das Herz Marduks seines Herrn*
> *welcher alltaglich dient in Sagila*
> *der Konigssproß, den Sin geschaffen*
> *der reich machte Ur*
> *der demütige, unterwürfige*
> *welcher brachte Reichtum nach Gisširgal,*

und in diesem Stile geht es seitenlang weiter, immer in der Art, daß Nominalprädikationen mehrere Relativ- oder Partizipialsätze angehängt werden; der Schluß kehrt dann zur „Ich bin"-Formel zurück:

> „*Der Königssproß von Ewigkeit*
> *Der mächtige König*
> *Die Sonne von Babylon*
> *der ausgehen läßt Licht über das Land Sumer und Akkad*
> *Der König der im Gehorsam halt die vier Weltgegenden*
> *Der Liebling der Ištar bin ich.*"

Denselben Stil zeigen dann, wie zu erwarten, die Inschriften des altassyrischen Reichs, deren Ubersetzungen man am bequemsten in E Schraders Keilinschriftl. Bibliothek (Berl. 1889) lesen kann Die jüngsten dieser Inschriften führen schon in die Zeit der Abfassung der heiligen Bücher der Hebräer, aus denen vorher die Selbstprädikationen Jahves angeführt wurden, z B. die 'Annaleninschrift' des Ašurnâsir-abal (885—860)· „*Ich bin der König, der Herr* (folgen weitere Nominalprädikationen), *ich bin die unuberwindliche Waffe, welche das Land ihrer Feinde niederwirft; ich bin der König, stark im Kampfe, der da verheert die Städte im Gebirge..., der niederwirft seine Feinde* (usw. in Relativsätzen), oder der Anfang der Inschrift des Ašurbanipal (668—626): „*Ich bin Sardanapal*" .. (Nominalprädikationen mit Relativsätzen) Auf den neubabylonischen Konigsinschriften (herausg. von Langdon-Zehnpfund, Leipz. 1912) ist ein Präskript mit '(Name), Erwahlter des und des Gottes, bin ich' ebenso konstant wie in den Erlassen unserer Herrscher 'Wir, (Name), von Gottes Gnaden usw.' So der Anfang einer Inschrift (S. 87) des Nebukadnezar (604—561): *Nebukadnezar, der Konig von Babylon, der erlauchte Fürst, der Erwählte der Herzenstreue Marduks, der getreue Hirte, der in Ordnung halt die Heilig-*

3. Die Herkunft dieser Stilformen (Babyloniaca, Aegyptiaca). 213

tümer Nebos, der ihr Herz erfreut, der hehre Regent, der auf die Erhaltung Esagilas und Ezidas täglich bedacht ist (usw. in diesem Stil), *der erstgeborene Sohn des Nabopolassar, des Königs von Babylon, bin ich.* Oder in einem Gebete an Marduk (S. 121): *Höre mein Flehen. Ich bin ja der König, der Erhalter, der Erfreuer deines Herzens.* — Die Dynastie der Achämeniden hat diesen Stil von den Unterworfenen übernommen, wie sie ja auch deren Schrift für die Königsinschriften verwendete. Von diesen sei hier angeführt nur der Anfang derjenigen am Grabe des Darius Hystaspis († 480), weil in ihr den „Ich"-Prädikationen des Königs eine Lobpreisung Gottes in den uns bekannten Relativsätzen vorangeht (Übersetzung von F. H. Weißbach, Abh. d. phil.-hist. Kl. d. Sächs. Ges. d. Wiss. XXIX 1, 1911, 25):

Persische und hellenistische Königsinschriften.

> „*Ein großer Gott ist Ahuramazda*
>   *der diese Erde schuf*
>   *der jenen Himmel schuf*
>   *der den Menschen schuf*
>   *der die Segensfülle schuf für den Menschen*
>   *der den Darius zum Könige machte,*
>   *einen zum Könige über viele,*
>   *einen zum Gebieter über viele.*
> *Ich bin Darius, der große König, König der Könige*" usw. —

Mit Stolz betrachtete sich als einen Nachfolger der Achämeniden Antiochos I Theos von Kommagene († vor 31 v. Chr.). Zwar ist seine pompöse Inschrift (Dittenberger or. inscr. 383) vom dem asianischen Rhetor, durch den er sie verfassen ließ, zu fein stilisiert, als daß man auf ihr ein ἐγώ εἰμι erwarten dürfte, aber das ἐγώ gibt ihr doch das Gepräge (so steht es gleich nach dem anspruchsvollen Namenspräskript), während Augustus, der wahre βασιλεὺς μέγας im Gegensatze zu diesem regulus, der sich so nennt, auf seiner Inschrift kein *ego* hat.[1]) Dagegen jener Silko, König des axomitischen Reiches etwa im 6. Jahrh. n. Chr., nennt sich auf seiner Inschrift (Ditt. 201) zwar bescheidener βασιλίσκος Νουβάλων καὶ ὅλων τῶν Αἰθιόπων, aber er beginnt doch wieder majestätisch mit ἐγὼ Σιλκώ,

---

1) Wie Hadrianus auf seiner Inschrift in seinem athenischen Pantheon verfuhr, möchte man wissen, aber wir haben nur das knappe Referat des Pausanias I 5, 5. Die hier vorausgesetzten Zusammenhänge hat Wilamowitz, Herm. XXI (1886) 623 f dargelegt.

und der — im Gegensatze zu dem Kothurn jener kommagenischen Inschrift — herzquickenden Barbarei seines Griechisch entspricht der Satz: ἐγὼ γὰρ εἰς κάτω μέρη λέων εἰμὶ καὶ εἰς ἄνω μέρη ἄρξ εἰμί. Aus dieser Übersicht ergibt sich, daß die Formel einer Selbstprädikation mit „Ich bin" und hinzugefügtem Namen ursprünglich auf Götter beschränkt gewesen[1]) und erst von diesen auf die Könige, als ihre irdischen Repräsentanten übertragen worden ist. Außer dem Könige kann aber auch der Priester den Gott vertreten: so wird es sich erklären, wenn es in einem babylonischen Beschwörungstexte (Textbuch zur Religionsgesch S. 129) heißt:

„*Der Beschwörer, der Opferpriester bin ich*
  der rein ausführt die Zeremonien von Eridu.
Der Bote, der vor ihm einhergeht, bin ich.
Marduks, des weisen Reinigungspriesters, des erstgeborenen Sohnes
  Eas Bote bin ich.
Der Beschwörer von Eridu, dessen Beschwörung kunstvoll ist, bin ich."

Beispiele aus ägyptischem Schrifttum. Außer in dem sumerisch-babylonischen Ritualstile und den aus diesem abgeleiteten Stilen finden sich diese Einkleidungsformen auch in ägyptischen Liedern und Anrufungen. Ob hier Beziehungen unvordenklichen Alters stattgefunden haben oder ob spontane Entstehung in beiden Kulturzentren anzunehmen ist, darüber etwas Bestimmtes behaupten zu wollen, würde bei dem heutigen Stande der Forschung vermessen sein. Natürlich habe ich den Vorteil, den mir die Kollegialität mit A Erman und Eduard Meyer bot, nicht unbenutzt gelassen; auch sie beide halten Vorsicht in der Entscheidung für geboten. Bekanntlich steht Eduard Meyer in seiner Geschichte des Altertums auf dem Standpunkte, daß, wenn zwischen den beiden Kulturen ein Abhängigkeitsverhältnis überhaupt bestehe und es sich nicht vielmehr um eine Parallelität der Entwicklung handle, die Ägypter nur die Gebenden gewesen sein konnten, da die sumerische Kultur durchweg jünger sei als die ägyptische (I 2³ S. 156. 438 f.). In derselben Verlegenheit befinden wir uns hinsichtlich des Prinzips, auf dem sowohl die ägyptische wie die altbabylonische Poesie basiert ist, des Satz- und Gedankenparallelismus.

---

1) Dasselbe gilt von der Formel „Du bist", z. B auf dem Zylinder A des Gudea (a a O 93) „*Ninâ (Göttin der Quellen und Flüsse) ... Du bist die Deut...*"

3. Die Herkunft dieser Stilformen (Babyloniaca, Aegyptiaca).

Die Notwendigkeit eines Abhängigkeitsverhältnisses[1]) liegt dabei sicher nicht vor, da, wie ich früher (Antike Kunstprosa S. 814) bemerkte, das gleiche Prinzip sich bei den verschiedensten, unter sich in keinen nachweisbaren, ja gelegentlich in keinen denkbaren Beziehungen stehenden Völkern findet: ich bezeichnete daraufhin dieses Prinzip als einen der wichtigsten formalen Völkergedanken.[2]) Denn mag auch beispielsweise der hellenische Formparallelismus kunstvoll gegliederter Rede von dem semitischen parallelismus membrorum sichtbar differenziert sein (darüber wird im Anhang V einiges auszuführen sein), so handelt es sich dabei doch nur um Differenzierungen eines Urtypus. Auch von den Prädikationen in Partizipial- und Relativsätzen wird man vielleicht das Analoge sagen dürfen: mag hier die Differenzierung der Form zwischen Hellenischem und Nichthellenischem auch noch so fühlbar sein, so bleibt doch ein ideelles Grundschema.[3]) Dagegen wird man dem Typus der Selbstprädikation von Göttern eine solche Universalität nicht zuschreiben können: er ist, wie diese Untersuchungen zeigen, orientalischem Fühlen ebenso eigentümlich, wie dem okzidentalischen gänzlich fremdartig. Vielleicht lassen es sich daher die Orientalisten und Religionspsychologen angelegen sein, dieser Erscheinung genauer nachzugehen als ich es vermag, der ich auf Übersetzungen angewiesen bin und das gewaltige Material längst nicht übersehe. Aber bemerken möchte ich doch, daß mir vor allem die Kombination des „Ich"-Stils mit dem Relativ- oder Partizipialstile so eigen-

---

1) Daß Formtypen eines Volkes zu einem anderen, das mit jenem in Berührung kam, wandern konnten, wird niemand bezweifeln. Abgesehen von der gesamten römischen Literatur in ihrem Verhältnis zur griechischen gibt die unsrige das beste Beispiel durch Preisgabe der Allitterationspoesie zugunsten der gereimten, die ihr durch das Medium der Kirche aus der hellenisch-römischen Literatur zugetragen worden war.

2) Demnächst wird Th. Preuß Lieder der Cora-Indianer Mexikos publizieren, in die er mir schon jetzt Einsicht gewährt hat. Auch in ihnen findet sich gelegentlich der Satzparallelismus, zwar wieder besonders stilisiert, aber doch im Prinzip dem Material verwandt, das ich a. a. O. zusammenstellte und das unzweifelhaft erweiterungsfähig wäre, wenn es mehr solcher Arbeiten wie die zu erwartende von Preuß geben würde. Denn nur die genaue Aufzeichnung der Texte mit ganz wörtlicher Übersetzung kann hier helfen: mit Inhaltsangaben oder freien Paraphrasen, wie sie in folkloristischer Literatur meist üblich sind, ist uns ganz und gar nicht gedient.

3) Einige Beispiele aus dem Veda und dem Avesta finden sich in dem Textbuch zur Religionsgesch. S. 176. 178. 183. 268 f. 270.

artig, die Struktur so völlig gleichartig erscheint, daß ein spontanes Entstehen in getrennten Kulturkreisen anzunehmen um so schwerer fällt, als sich bei keinem einzigen Volke, dessen religiöse Sprachformen jetzt aus dem wiederholt zitierten Textbuche zur Religionsgeschichte bequem zu übersehen sind, Gleichartiges oder auch nur Ähnliches findet [1]) Hat aber Übertragung stattgefunden, so liegt die Wahrscheinlichkeit der Priorität nicht bloß aus chronologischen Erwägungen beim Ägyptischen. Denn, wie mich Erman belehrte, ist sowohl die „Ich"-Prädikikation — und zwar nicht bloß von Göttern, sondern auch von Menschen höchster und niederer Stände — als auch die Prädikation in Partizipial- und Relativsätzen, die untereinander beliebig wechseln können, im Ägyptischen seit ältester Zeit die typische Urform jedes höheren Stils gewesen. Ein paar Beispiele muß ich geben, zumal wir für das Ägyptische, wie sich zeigen wird, Reflexe auch in griechischem und lateinischem Schrifttum besitzen Erman, Ägypten und ägyptisches Leben im Altertum II (Tübing 1887) 359 ff berichtet über eine Gottersage, in der Isis den alternden Sonnengott und Weltenherrscher Rê' zwingt, ihr seinen wahren Namen zu offenbaren, den er als Symbol und Inbegriff seiner Macht bisher vor allen geheim gehalten hatte: wer diesen Namen kannte, dem verlieh er zauberische Gewalt Isis ersinnt eine List: in den Körper des Gottes dringt ein Gift, dem er zu erliegen droht Unter den Klagen, in die er inmitten des zusammengerufenen Götterkreises ausbricht, interessieren uns folgende Worte (Zeilenabteilung wie bei Erman):

„*Ich bin*[2]) *ein Fürst und Sohn eines Fürsten,*
    der göttliche Same eines Gottes
Ich bin ein Großer und Sohn eines Großen,
    mein Vater erdachte meinen Namen
Ich bin der mit vielen Namen und vielen Gestalten,
    und meine Gestalt ist in jedem Gotte.

---

1) Die unten (S. 218, 2) aus der indischen Literatur angeführte Stelle mit „ich bin" bietet nur eine entfernte Analogie; auch ist sie die einzige und es fehlt in ihr vor allem die Kombination mit dem Namen und mit Relativsätzen, es handelt sich in ihr nur um eine religionsphilosophische Abstraktion

2) Das Ägyptische druckt das Verbum substant. so wenig aus wie das Semiti[...]

3. Die Herkunft dieser Stilformen (Babyloniaca, Aegyptiaca). 217

Mein Vater und meine Mutter haben mir meinen Namen gesagt,
und er blieb verborgen in meinem Leibe seit meiner Geburt,
damit nicht Zauberkraft gegeben werde einem Zauberer gegen mich."

Isis erklärt sich nun bereit, ihm zu helfen, wenn er ihr seinen Namen nenne, aber Rê' sucht sich diesem Zwange durch Ausflüchte zu entziehen:

„Ich bin der, der Himmel und Erde schuf und die Berge schürzte
und alle Wesen darauf machte.
Ich bin der, der das Wasser machte und die große Flut schuf,
der den Stier seiner Mutter machte,
welcher der Erzeuger ist.
Ich bin der, der den Himmel schuf . . . . . . (noch mehrere Zeilen
in dieser Art).
Ich bin Chepr'e des Morgens und Rê' am Mittag
und Atum zur Abendzeit."
Da sprach Isis zu Rê':
„Das ist nicht dein Name, was du mir sagst.
Sage ihn mir, daß das Gift herausgehe,
denn der Mensch, dessen Name genannt wird, bleibt leben."

Schließlich nennt der Gott seinen Namen und gesundet. Dieser Mythus ist, auch abgesehen davon, daß er uns das Formelhafte des Ritualstils in vollkommener Deutlichkeit darbietet, dadurch von Interesse, daß wir aus ihm die Grundvorstellung der Namensprädikation noch zu erkennen vermögen. Der Name ist es, der dem Individium als seinem Träger Macht verleiht: *„der Mensch, dessen Name genannt wird, bleibt leben"*, wie es am Schluß des eben mitgeteilten Textes heißt; aus derselben Vorstellung heraus erklärt es sich offenbar, wenn es auf den altsumerischen Königsinschriften oft heißt, daß ein Gott den Namen des Königs ausgesprochen und ihn dadurch gefeit habe, so a. a. O. (S. 210) 21: *„Eannatum, Patesi von Lagaš, dessen Name ausgesprochen wurde von Enlil . . . . . ., genannt mit gutem Namen von Innina"*; ib. *„Eannatum, dessen Name ausgesprochen worden ist von Ningirsu"*; S. 103 (Gudea): *„der Hirt, dessen Name ausgesprochen worden ist von der Göttin Ninâ."* Wer also seinen Namen nennt, dem weichen die Dämonen, die vor nichts mehr Schrecken haben als einem sie zwingenden und bindenden Namen. Aber die Nennung des Namens birgt umgekehrt auch eine Gefahr für seinen Träger: denn wenn er bekannt wird, verliert er seine Zauberkraft („*er blieb verborgen in meinem Leibe seit meiner Geburt, damit nicht Zauberkraft gegeben werde einem Zauberer gegen mich*").[1]) Wer in dieser Literaturregion etwas bewandert ist, wird sich beim Lesen jenes ägyptischen Mythus an die denkwürdige Stelle des Exodus 3, 9 ff erinnern, wo Mose auf die Frage nach dem Eigennamen Gottes von diesem die Antwort erhält: „*ich bin, der ich bin; so sollst du den Israeliten sagen. Bin hat mich zu euch gesandt*" (LXX: ἐγώ εἰμι ὁ ὤν· καὶ εἶπεν· οὕτως ἐρεῖς τοῖς υἱοῖς Ἰσραήλ· ὁ ὤν ἀπέσταλκέ με πρὸς ὑμᾶς). Denn unzweifelhaft hat Ed Meyer (Die Israeliten und ihre Nachbarstämme, Halle 1906, 6) diese Stelle richtig gedeutet· „Der Sinn der Antwort ist, daß Gott, indem er scheinbar seinen Namen nennt, tatsächlich der Frage ausweicht... Zugrunde liegt natürlich der uralte Glaube an die Zauberkraft des geheimnisvollen Namens der Gottheit."[2]) Die oben (S. 187, 1) angeführten Beispiele, die sich leicht vermehren ließen, zeigen, daß dieses ἐγώ εἰμι mit hinzugefügtem Namen eines Gottes oder Dämons bis hinein in die Literatur unserer Zauberpapyri seine magische Kraft bewahrt hat.[3]) Das Zauberische der Namensprädikation tritt mit besonderer Deutlichkeit auch in einem Texte des Totenbuchs hervor („dem uralten Kapitel vom Hervorgehen am Tage aus der Unter-

---

1) Diese Dinge sind aus der folkloristischen Literatur der letzten Jahrzehnte (seit E Tylors Researches into the history of mankind 1865) so bekannt, daß es keiner Belege dafür bedarf Für die Erklärung des A T. sind sie verwertet worden von Fr. Giesebrecht, Die alttest. Schätzung des Gottesnamens und ihre religionsgesch Grundlage, Königsb 1901, aber die hier gleich im Texte zu behandelnde Stelle (Exod. 3, 9 ff) hat er (S 45) arg mißverstanden.

2) Meyer fährt fort „aber hier ist er bereits dahin gewandt, daß die Gottheit zwar eine scharf individuelle Persönlichkeit ist, daß aber ihr Wesen nicht, wie das eines Menschen, in einem Eigennamen erfaßt werden kann, sondern daß das einzige, was von ihr ausgesagt werden kann, die Tatsache ihrer Existenz ist: ich bin" Hierzu gibt es eine merkwürdige Analogie: im Textbuch zur Religionsgesch S. 194 f. ist aus der vedischen Literatur folgender Upanisad übersetzt. „*Diese Welt war am Anfang nur der Ātman* (das Selbst) *in der Gestalt eines puruṣa* (Mann, ein kosmogonisches Urwesen). *Als dieser sich umschaute, sah er nichts anderes als sich selbst. Da sprach er zuerst aus: 'Das bin ich'; daraus entstand der Name Ich Daher sagt auch heute noch einer, wenn er angesprochen wird, zuerst 'Ich bin es', und dann erst nennt er den anderen Namen, den er hat*" Religionsphilosophische Betrachtung hat den Elohisten und den Brahmanen zu verwandter Gedankenkonzeption geführt.

3. Die Herkunft dieser Stilformen (Babyloniaca, Aegyptiaca). 219

welt" Erman a. a. O. 459): die Seele prädiziert sich mit den Namen von Göttern, um auf diese Weise die Dämonen zu scheuchen (Übersetzung nach H. Grapow im Textb. zur Religionsgesch. S. 49):

„Ich bin Atum, indem ich allein bin im Urwasser,
Ich bin Rê' in seinem ersten Erglänzen ....
Ich bin der große Gott, der von selbst entstand,
der seine Namen schuf ....
Ich bin dieser große Phönix, der in Heliopolis ist ...
Ich bin Min bei seinem Hervorkommen" usw.[1])

Dem ἐγώ εἰμι der Selbstprädikation entspricht, wie oben (S. 186) bemerkt wurde, in der Anaklese die Formel σὺ εἶ: den Beispielen aus altbabylonischen Hymnen sei hier ein ägyptisches an die Seite gestellt: Gebet an Amon (ib. 66):

„Du bist es, der alles tut
und es gibt keinen, der etwas ohne dich tut,
sondern du bist es, der es tut.
Komm zu mir, Atum: du bist der herrliche Gott."[2])

Das Ägyptische hat, wie gesagt, auch in griechischer und lateinischer Sprache seinen Ausdruck erhalten. In den Selbstprädikationen des Sarapis in Versen bei Macrobius sat. I 20, 17 heißt es:

εἰμὶ θεὸς τοιόσδε μαθεῖν, οἷόν κ' ἐγὼ εἴπω

(es folgen drei Verse orphisch-stoischen Charakters, aber orientalisiert), und vor allem in denen der Isis auf der von Diodor I 27 mitgeteilten Inschrift:

ἐγὼ Ἶσίς εἰμι ἡ βασίλισσα πάσης χώρας
ἡ παιδευθεῖσα ὑπὸ Ἑρμοῦ ....
ἐγώ εἰμι ἡ πρώτη καρπὸν ἀνθρώποις εὑροῦσα .....
ἐγώ εἰμι ἡ ἐν τῷ ἄστρῳ τῷ ἐν κυνὶ ἐπιτέλλουσα.

---

[1] Solche Texte sind im Ägyptischen so verbreitet, daß es sich nicht lohnt, mehr Beispiele anzuführen. Aber interessant für die lokale und zeitliche Verbreitung dieses Stils ist das, was bei Reitzenstein, Zwei hellenistische Hymnen im Arch. f. Religionswiss. VIII (1905) 167 ff. steht: die Worte eines demotischen Zauberpapyrus *„Ich bin ein Königssohn, der erste Große des Anubis. Meine Mutter Isis"* usw. finden ihre Entsprechung in den in Turkestan gefundenen Religionsbüchern der Manichäer: *„Ich bin der erste Fremdling, der Sohn des Gottes Zervân, das Herrscherkind."*

[2] Vgl. aus einem Hymnus an den Sonnengott bei Reitzenstein, Poimandres 235: *„Du bist der Himmel, du bist die Erde, die Tiefe bist du, du bist das Wasser; du bist die Luft zwischen ihnen."*

Auf der vor einigen Jahrzehnten gefundenen Isisinschrift von Ios (IG XII, V 1 nr. 14, nach dem Herausgeber F Hiller von Gaertringen aus dem zweiten bis dritten nachchristl Jahrh.) sind an die Stelle dieser Partizipien Aussagesätze getreten ($\dot{\varepsilon}\gamma\dot{\omega}\ \varepsilon\dot{v}\varrho o\nu$ usw.), unzweifelhaft zwecks Anpassung an eine dem griechischen Stilempfinden weniger fremdartige Ausdrucksweise; dagegen ist neben dieser die partizipiale Stilisierung angewendet auf der hexametrischen Inschrift von Andros (Kaibel, Epigr gr 1028): $\ddot{\varepsilon}\mu\mu\iota\ \delta'\ \dot{\alpha}\varrho o\dot{v}\varrho\alpha\varsigma\ |\ \pi\nu\varrho\nu o\tau\acute{o}\varkappa\omega\ \mu\varepsilon\delta\acute{\varepsilon} o\iota\sigma\alpha,\ \delta\alpha\iota\xi\acute{\alpha}\nu\delta\varrho\omega\nu\ \dot{\alpha}\pi\grave{o}\ \chi\varepsilon\iota\varrho\tilde{\omega}\nu\ |\ \dot{\varepsilon}\chi\vartheta o\mu\acute{\varepsilon}\nu\alpha\ \beta\varrho\tilde{\omega}\mu\alpha\nu$. Auch Apuleius scheint die Partizipien in einem ihm bekannten Isishymnus als etwas Charakteristisches empfunden zu haben: denn in dem Gebete an Isis (met. XI 2), dessen allgemeine Struktur schon oben (S 144) besprochen wurde, wird Isis in ihrer Hypostase als Proserpina mit sechs Partizipien prädiziert[1]): *seu nocturnis ululatibus horrenda Proserpina triformi facie larvales impetus comprimens terraeque claustra cohibens lucos diversos inerrans vario cultu propitians, ista luce feminea conlustrans cuncta moenia et udis ignibus nutriens laeta semina et solis ambagibus dispensans incerta lumina.*

4. RELIGIONSGESCHICHTLICHE FOLGERUNGEN.

Antithesen religiöser Denkformen des Orients u Okzidents

Die vorstehende Untersuchung hat uns einen Einblick gewährt in die Prägung und die Geschichte eines hochaltertümlichen Typus erhöhter Rede. Selbst wenn wir die Möglichkeit, daß er in Ägypten geprägt wurde und von dort nach Babylon kam, außer Betracht lassen, so ist doch die Linie Babylon—Judentum—samaritanische Gnosis—Evangelium (mit Ausläufern im Islam) durch eine Fülle von Zeugnissen gesichert [2]) Diese vollständig vorzulegen, entsprach

---

1) Obwohl er an dem Klingklang von Partizipien auch sonst sein Wohlgefallen hat (z. B. V 6 XI 9), so gebraucht er, wenn ich nicht irre, so viele doch nur an dieser Stelle

2) Ich möchte nicht unterlassen zu bemerken, daß schon A Deissmann, Licht vom Osten² (Tübing 1909) 92 ff den johanneischen „Ich"-Stil mit demjenigen der Isisinschriften, dem 'Ich bin' Jahvehs im A T sowie dem 'Ich' altorientalischer Königsinschriften in kurzen, aber treffenden Hinweisen verglichen hat. Auch liegt mir daran, hier nachträglich eine Bemerkung H. Gunkels mitzuteilen, auf die ich durch meinen Kollegen H Gressmann (dem ich auch sonst reiche Förderung verdanke) aufmerksam geworden bin erst nach Abschluß meines Manuskripts, so daß ich sie nur mehr anmerkungsweise mitteilen kann In seinen „Ausgewählten Psalmen"³ (Göttingen

4. Religionsgeschichtliche Folgerungen. 221

weder meiner Absicht noch meinem Vermögen; aber sie ermöglichen auch so eine, wie mir scheint, wichtige religionsgeschichtliche Folgerung. In reinhellenischen (und den von diesen beeinflußten lateinischen) Texten wird ein Gott gepriesen nur wegen seiner Taten: 'du kannst (tust) das und das', 'er kann (tut) das und das', 'dir (ihm) danken wir das und das'; der Kürze halber will ich das einmal als 'dynamische Prädikationsart' bezeichnen (δύνασαι δέ Ilias, Pindar, *namque potes* Vergil). In den orientalischen Texten fehlt diese Art keineswegs[1]), aber sie tritt zurück vor dem Lobpreise der dem Gotte inhärierenden Eigenschaften: 'du (bist) groß, gütig' u. dgl., 'du (bist) der Vater', 'du (bist) Christus, der

---

Der dein Leben aus der Grube erlöste, Der dich krönte mit Gnade und Erbarmen, der dein Begehren köstlich stillte') Folgendes (S. 195 f.): „Die Form dafür (für die Aufzählung der Wohltaten Gottes) ist die im Hymnus übliche, daß man in Partizipien (wofür im Deutschen Relativsätze stehen) die einzelnen Wohltaten Gottes herzählt. Sehr beachtenswert ist, daß sich solche Aufzählung der Taten und Eigenschaften der Gottheit, gerade auch im Stil der Partizipien oder Attribute, in babylonischen und ägyptischen Hymnen findet. Die Formen des Hymnus waren in der orientalischen Welt längst ausgeprägt, als Israel in sie eingetreten ist"; in einer Anmerkung dazu (auf S. 326) verweist er auf einige Beispiele aus babylonischen und ägyptischen Liedern, und schließt: „Sehr ähnlich ist auch die Form der orphischen Hymnen der Griechen: auch hier die vielen Götterprädikate, häufig in Partizipialform oder in Relativsätzen, womit der größte Teil des Liedes gefüllt wird." S. auch oben S. 186, 2. 207, 1.

1) Z.B. Psalm 73, 13 ff. σὺ ἐκραταίωσας ἐν τῇ δυνάμει σου τὴν θάλασσαν, σὺ συνέτριψας τὰς κεφαλὰς τῶν δρακόντων ἐπὶ τοῦ ὕδατος. σὺ συνέτριψας τὰς κεφαλὰς τοῦ δράκοντος, ἔδωκας αὐτὸν βρῶμα λαοῖς τοῖς Αἰθίοψι. σὺ διέρρηξας πηγὰς καὶ χειμάρρους... Σή ἐστιν ἡ ἡμέρα καὶ σή ἐστιν ἡ νύξ, σὺ κατηρτίσω ἥλιον καὶ σελήνην. σὺ ἐποίησας πάντα τὰ ὅρια τῆς γῆς. Vgl. etwa noch 21, 4 f. 88, 10 f. sowie die Gebete Makk. III 2, 3 ff. 6, 2 ff. Tobit 8, 5 f. Bei Jesaj. 37, 16 ist beides verbunden: κύριος Σαβαὼθ ὁ θεὸς Ἰσραήλ, ὁ καθήμενος ἐπὶ τῶν Χερουβίμ, σὺ εἶ ὁ θεὸς μόνος πάσης βασιλείας τῆς οἰκουμένης, σὺ ἐποίησας τὸν οὐρανὸν καὶ τὴν γῆν, analog Psalm 70, 5 f. Übrigens gibt es selbst für diese Form der Anaklese, die dem Orient mit Hellas und Rom gemeinsam ist, ein differenzierendes Kriterium des Stils: der Philologe braucht nur darauf aufmerksam gemacht zu werden, um sogleich zu fühlen, daß in der angeführten Psalmstelle die konstante Voranstellung der Verben dem Genius antiker Wortstellung fremd ist. Wir kommen darauf weiter unten noch zurück; hier sei nur bemerkt, daß diese Wortstellung auch die der anderen Psalmstellen sowie des Gebets im Buche Tobit ist, während der Verf. des Makkabäerbuchs auch darin hellenisiert, daß er die Verben vom Anfang an andere Satzstellen rückt.

Sohn Gottes', 'er (ist) mein lieber Sohn', also eine Prädikationsart, die wir die 'essentielle' nennen können. Diese zweite Art ist den Völkern des Orients ebenso geläufig wie denen des klassischen Altertums, bevor sie unter orientalischen Einfluß traten, fremd. Für diese glaube ich das Material lückenlos zu überschauen und daher sagen zu dürfen, daß Ausnahmen nicht vorhanden sind[1]): das aber kann nicht auf einem Zufall beruhen, da die Beispiele für die dynamische Prädikationsart nach Hunderten zählen. Diesem Tatsachenbestande entspricht es, daß die bei den orientalischen Völkern so beliebten Selbstprädikationen Gottes von der Art 'ich (bin) der Herr, dein Gott' den westlichen Völkern von Anbeginn völlig unbekannt gewesen[2]) und ihnen, wie jene essentiellen „Du"- und „Er"-Formen, erst durch die Morgengabe ihrer Orientalisierung zugebracht worden sind. Die Erklärung dieses Ergebnisses meiner Untersuchung, das mich selbst überraschte, kann nur auf dem Gebiete der Religionspsychologie liegen. Sollten nicht folgende Antithesen religiöser Denkformen des Orients und des Okzidents den Schlüssel zum Verständnis für die Verschiedenheit der beiden Prädikationsweisen bieten? Dort Abstraktionsvermögen, Fähigkeit zum Ineinsdenken des Göttlichen, Tendenz zu seiner Hypostasierung — hier Verweilen im Konkreten, ein Sichgenügenlassen an der Fülle göttlicher Aktionen, eine Neigung zu lebendiger Veranschaulichung des Göttlichen. Dort das Sein, hier die Erscheinung; dort Theorie, hier Deskription; dort die göttliche Welt als Vorstellung, hier als Wille und Tat. Ist es nicht der Geist des in Mystik und Meditation

---

1) Eurip. Tro. 885 ὅστις ποτ' εἶ σύ kann als solche nicht gelten, s. oben S. 183,1. Ebenfalls nicht hierher gehört, da es sich in ihr nicht um eine Prädikation handelt, eine Stelle Pindars (N. 10, 76 ff.), die im übrigen zeigt, daß religiöses Empfinden sich auch da, wo keine Zusammenhänge bestehen, oft in ähnliches Gewand kleidet: Polydeukes ruft im Schmerze über den erschlagenen Bruder 'πάτερ Κρονίων, τίς δὴ λύσις ἔσσεται πενθέων'; .... ὣς ἔννεπε. Ζεὺς δ' ἀντίος ἤλυθέ οἱ καὶ τόδ' ἐξαύδασ' ἔπος· 'ἐσσί μοι υἱός.' Ev. Marc. 1, 11 φωνὴ ἐκ τῶν οὐρανῶν· 'σὺ εἶ ὁ υἱός μου ὁ ἀγαπητός.' (Für solche 'Stimmen der Völker' bei dieser Gelegenheit noch ein Beispiel. Ὦ μέγ' εὔδαιμον κόρη, Zeus will sich dir verbinden: so sagte eine nächtliche Stimme zu Io: Aisch. Prom. 646 K.; εὐλογημένη σὺ ἐν γυναιξίν, du trägst ein Kind Gottes unter dem Herzen: so sprach Elisabet zu Maria: ev. Luc. 1, 42).

2) Wenn Platon Tim. 41 A den höchsten Gott die gewordenen Götter apostrophieren läßt θεοὶ θεῶν, ὧν ἐγὼ δημιουργὸς πατήρ τε ἔργων, so ist das nur eine ganz entfernte, durch die Besonderheit der Stelle (Einkleidung in die Form theogonischer Poesie) bedingte Analogie.

schwelgenden Orients und des willenstarken und tatenfrohen Okzidents, die sich in diesen verschiedenen Konzeptionen des Göttlichen wiederspiegeln? Noch in den dogmatischen Streitigkeiten der alten Kirche könnte man diesen Gegensatz wiederfinden. Zwar hat er hier nicht gerade einen Ausdruck in verschiedenen Prädikationsformen gefunden noch auch finden können, da der Westen infolge seiner Abneigung gegen Abstraktion die von der Kirche des Ostens geprägten Formeln einfach übernahm. Aber es bleibt doch die Tatsache bestehen, daß der Orient sich durch die dogmatischen Definierungen des Seins, der Natur Christi vollauf befriedigt fühlte, während für die Religiosität des Okzidents stets mehr die menschlich-geschichtliche Persönlichkeit Jesu im Vordergrunde stand: ihm waren das Handeln, die Taten des Heilands die Hauptsache, nicht das Sein.[1])

5. STILGESCHICHTLICHE FOLGERUNGEN.

Für den Philologen ist es wertvoll, mit Hilfe solcher Stilkriterien literarische Produkte aus der Zeit der Theokrasie analysieren und die Herkunft der Elemente, aus denen sie sich zusammensetzen, besser bestimmen zu können, als es sachliche Argumente vermögen, die, wie schon bemerkt, oft trügerisch sind. Einige Beispiele sollen angeführt werden, die ein über das rein Stilistische hinausgehendes Interesse haben.

1. Auf das Augustusenkomion des Philon (leg. ad Gaium 21) ist bereits oben hingewiesen worden. Das Charakteristische seiner Struktur ist dieses, daß die einzelnen Kola mit οὗτός ἐστιν (oder οὗτος allein) beginnen und dann die Prädikationen mit ὁ + Partizip. angefügt werden: οὗτός ἐστι Καῖσαρ ὁ ... χειμῶνας εὐδιάσας, ὁ τὰς νόσους .... ἰασάμενος ... Οὗτός ἐστιν ὁ τὰ δεσμὰ .... παραλύσας.

Enkomien auf Herrscher.

---

1) Vgl. K. Müller, Kirchengeschichte I 248: „Die Person Christi hatte trotz der dogmatischen Bestimmungen ihre Einheit bewahrt.... Dabei lag die Bedeutung Christi vor allem darin, daß er den Willen Gottes verkündigt hatte und der künftige Richter war, aber auch, daß er den Zorn Gottes durch seinen Tod versöhnt und so die Vergebung der Taufe ermöglicht hatte. Man hatte also die lebendige Vorstellung von einem Handeln Christi für uns, nicht bloß von einem Sein, einer Natur wie im Osten." Den Hinweis auf diese Stelle (vgl. S. 243 f.) verdanke ich meinem Bruder Walter, mit dem zusammen ich auch die obigen Antithesen formuliert habe.

224 II. Judaica.

Οὗτος ὁ τοὺς πολέμους ... ἀνελών. Οὗτος ὁ ... Οὗτος ὁ ... (noch fünf Partizipialsätze). Wie ein reinhellenisches Enkomion im οὗτος-Stile aussieht, haben wir oben (S. 164) aus demjenigen des Aristeides auf Zeus gesehen: οὗτος + Epitheta, und wo diese, was nur selten der Fall ist, durch Partizipia vertreten sind, stehen diese ohne Artikel: οὗτος ἁπάντων ἀρχὰς καὶ πέρατα ἔχων, ἴσον πανταχοῦ πάντων κρατῶν, αὐτὸς ἂν μόνος εἰπὼν ἃ χρὴ περὶ αὐτοῦ. Woher die οὗτός ἐστιν ὁ + Partizip. bei Philon stammen, ist nach den obigen Ausführungen (S. 187f.) klar: er hat die Form der ihm geläufigen Prädikationen des alttestamentlichen Gottes (wie οὗτός ἐστιν ὁ ποιήσας τὸν κόσμον u. dgl.) auf den Kaiser als den Herrn der Welt übertragen. Das war sein gutes Recht: denn auch die Ἕλληνες haben, wenn sie ihren Σεβαστός priesen, auf ihn den für ihre Götterenkomien üblichen Stil übertragen, da sie von dem Gefühle durchdrungen waren, daß es sich um πράξεις καὶ ἀρετὰς τοῦ θεοῦ τοῦ ἐπιφανοῦς handle. Bei solchen Übertragungen hat begreiflicherweise jedes Volk den ihm eigentümlichen Prädikationsstil zur Anwendung gebracht; neben rein epichorischen (hellenischen und ägyptischen) stehen Mischformen wie diejenige Philons, der das Hellenische leise, aber doch charakteristisch genug differenziert, indem er ihm ein alttestamentliches Kolorit gab.[1]) Diese jüdische

---

[1]) Daß er die Partizipien entgegen dem oben S. 203 formulierten Prinzip an das Ende der Kola gerückt hat, ist eine Konzession an den Brauch hellenischer Wortstellung, die sich genau so in den soeben (S. 221,1) erwähnten Gebeten des III. Makkabäerbuches findet. Konzessionen dieser Art bei jüdischen und christlichen Autoren, die etwas auf die Finessen des Stils geben, werden uns auch weiterhin gelegentlich begegnen. Hier ein charakteristisches Beispiel aus einem Gebete in den acta Ioannis (ed. M. Bonnet in den acta apost. apocr. II 1) c. 112 p. 211 f.: ὁ ἐκλεξάμενος ἡμᾶς ..., ὁ πέμψας ἡμᾶς ..., ὁ δείξας ἑαυτὸν ..., ὁ μὴ ἐρημώσας πώποτε ..., dies noch ganz unhellenisch; das gilt wegen der Partizipienserien mit Artikel auch weiterhin, aber zunächst wird die Stellung hellenischer: ὁ διὰ πάσης φύσεως ἑαυτὸν γνωρίσας, ὁ καὶ μέχρι ζῴων ἑαυτὸν κηρύξας und so noch weiter 5 Partizipialsätze, dann wieder: ὁ νικήσας τὸν ἀντίδικον ..., ὁ δούς ..., ὁ μὴ ἐάσας ..., ὁ δείξας ..., dann einmal andersartig: ὁ τὴν ἐπὶ σὲ γνῶσιν καθαρὰν πεποιημένος θεὲ Ἰησοῦ, es folgen zum Abschluß nominale Anaklesen; ähnlich ein weiterhin folgendes Gebet (c. 113). Dieser Schriftsteller, der auch sonst nicht übel stilisiert, hat also die Differenz der Wortstellung gefühlt und mit Absicht gewechselt. Daß er hellenische Ambitionen hat, zeigen auch die nominalen Anaklesen, mit denen er, wie bemerkt, schließt: ὁ τῶν οὐρανίων πατήρ, ὁ τῶν ἐπουρανίων δεσπότης, ὁ τῶν αἰθερίων

5. Stilgeschichtliche Folgerungen. 225

Stilform ist nun aber, wie wir sahen, die allgemein orientalische gewesen, und es läßt sich hübsch beobachten, wie gerade das Ägyptische, das vielleicht die Urform dieses Stiles darstellt, dauernd seinen Einfluß geltend gemacht hat. Wir haben oben (S. 210 ff.) gesehen, daß die babylonischen und assyrischen Könige und, ihnen darin folgend, die persischen von sich selbst in demselben Stile wie von ihren Göttern geredet haben. Dasselbe gilt von den ägyptischen Königen, und es trifft sich für den vorliegenden Zweck gut, daß wir von dieser Stilart Reflexe gerade in griechischer Sprache besitzen. Ammianus Marcellinus XVII 4, 18 ff. (vol. I p. 112 Clark) hat uns, wie er selbst sagt, aus dem Buche des Hermapion[1]) die griechische Interpretation einer Obeliskenaufschrift des Ramses (II) gegeben.[2]) Um zu zeigen, daß Partizipial- oder Relativkonstruktionen die Stilsignatur bilden, wähle ich die zweite und dritte Zeile (d. h. Längskolumne) der Südseite aus, und teile nach Kola ab:

Ἀπόλλων[3]) κρατερός
   ὁ ἑστὼς ἐπ' ἀληθείας δεσπότης διαδήματος...
   ὁ ἀγλαοποιήσας Ἡλίου πόλιν
   καὶ κτίσας τὴν λοιπὴν οἰκουμένην
   καὶ πολυτιμήσας τοὺς ἐν Ἡλίου πόλει θεοὺς ἀνιδρυμένους
   ὃν Ἥλιος φιλεῖ.

Ἀπόλλων κρατερός
   Ἡλίου παῖς παμφεγγής
   ὃν Ἥλιος προέκρινεν καὶ Ἄρης ἄλκιμος ἐδωρήσατο
   οὗ τὰ ἀγαθὰ ἐν παντὶ διαμένει καιρῷ
   ὃν Ἄμμων ἀγαπᾷ...
   ᾧ οἱ θεοὶ ζωῆς χρόνον ἐδωρήσαντο.

Der ägyptische Text dieser Inschrift reichte in das dreizehnte Jahrhundert hinauf. Als dann im J. 196 v. Chr. für den jungen, damals

---

νόμος καὶ τῶν ἀερίων δρόμος· ὁ τῶν ἐπιγείων φύλαξ καὶ τῶν ὑπογείων φόβος καὶ τῶν ἰδίων χάρις: abgesehen von der preziös gelehrten Unterscheidung der αἰθέρια und der ἀέρια zeigen auch die Gruppierungen und die Wortspiele, daß er μειρακιεύεται.

1) Person und Zeit sind gänzlich unbekannt; daß er ein Ägypter war, zeigt der Name und die Kenntnis der altägyptischen Sprache.
2) Nach Ermans Mitteilung ist die (früher angezweifelte) Authentizität der Inschrift über jeden Zweifel erhaben.
3) D. i. Horus.

erst zwölfjährigen Ptolemaios V Epiphanes (seit 205/4), den Sohn des Philopator, die Dedikationsinschrift von Rosette (Dittenberger or. gr. inscr. 90) in hieroglyphischem, demotischem und griechischem Texte abgefaßt wurde, verwob sich jener uralte Stil in eigenartiger Weise mit dem typischen Dedikationsstile des Hellenentums; es genügt, die ägyptisch stilisierte Titulatur herzusetzen, wieder nach Kola abgeteilt:

Βασιλεύοντος τοῦ νέου καὶ παραλαβόντος τὴν βασιλείαν παρὰ τοῦ
πατρὸς κυρίου βασιλειῶν μεγαλοδόξου
τοῦ τὴν Αἴγυπτον καταστησαμένου
καὶ τὰ πρὸς τοὺς θεοὺς εὐσεβοῦς
ἀντιπάλων ὑπερτέρου
τοῦ τὸν βίον τῶν ἀνθρώπων ἐπανορθώσαντος ....
ἐκγόνου θεῶν Φιλοπατόρων
ὃν ὁ Ἥφαιστος ἐδοκίμασεν
ᾧ ὁ Ἥλιος ἔδωκεν τὴν νίκην
εἰκόνος ζώσης τοῦ Διός
υἱοῦ τοῦ Ἡλίου
Πτολεμαίου αἰωνοβίου
ἠγαπημένου ὑπὸ τοῦ Φθᾶ.

Hier ist (in sehr charakteristischem Gegensatze zu dem Kanoposdekrete für Euergetes III vom J. 239/8 — Dittenberger nr. 56 —) die Titulatur ganz ägyptisch stilisiert. Das gilt auch von der Titulatur des Augustus, die bei den ägyptischen Priestern so lautete (nach Mommsen, Röm. Gesch. V 565, 1):

Der schöne Knabe, lieblich durch Liebenswürdigkeit
Der Fürst der Fürsten, auserwählt von Ptah und Nun, dem Vater
der Götter
König von Oberägypten und König von Unterägypten, Herr der
beiden Länder
Autokrator, Sohn der Sonne, Herr der Diademe, Kaisar
Ewig lebend, geliebt von Ptah uns Isis.

Hiernach ist es begreiflich, daß Philon sein Enkomion auf Augustus in einen Stil gekleidet hat, der den hellenischen und orientalischen Prädikationstypus vereinigte.[1]) Ein anderer jüdischer Schrift-

---

1) Es ist ganz lehrreich, mit solchen Mischformen reinhellenische Augustusenkomien zu vergleichen, um sich von der Verschiedenheit der Stilisie-

5. Stilgeschichtliche Folgerungen. 227

steller hat es ähnlich gemacht, indem er von einem andern Herrn der Welt schrieb:

ᾧ ὕπο πᾶσα
ἀντολίη βεβόλητο καὶ ἑσπερίη πολύολβος,
ὅν . . . . :

so prädizierte der Sibyllinist (V 4 ff.) Alexander den Gr., in demselben Stile, den er sonst zu Prädikationen Gottes verwendete, z. B. IV 12 f.

ὃς καθορῶν ἅμα πάντας ὑπ' οὐδενὸς αὐτὸς ὁρᾶται,
οὗ . . .

(vgl. III 1. 20. 33. 35, und übertragen auf Jesus VIII 250 ff.).

2. Ein auf einer Gemme erhaltenes Gebet an den löwenköpfigen Gott von Leontopolis[1]) lautet so (die Barbarismen der Orthographie und Syntax lasse ich unangetastet):

Gebet aus Leontopolis

κλῦθί μοι
ὁ ἐν Λεοντωπόλι τὴν κατοικίαν κεκληρωμένος
ὁ ἐν ἁγίῳ σηκῷ ἐνιδρυμένος
ὁ ἀστράπτων καὶ βροντῶν καὶ γνόφου καὶ ἀνέμων κύριος
ὁ τὴν ἐνουράνιον τῆς ἰωνίου φύσεως κεκληρωμένος ἀνάνκην.

Hier ist zwar das Bestreben nach griechischer Stilisierung durch die Stellung der zwei ersten Partizipien an die Kolaschlüsse und die dadurch erzielten Homoioteleuta ersichtlich, und ebenso ist klar, daß das letzte Partizipium einer preziösen Wortstellung zuliebe so gestellt und das Ganze raffiniert rhythmisiert ist.[2]) Aber mit dieser

---

rung zu überzeugen: etwa dasjenige der Inschrift von Halikarnassos (Anc. greek inscr. in the Brit. Mus. IV 1 Nr. 894) oder der von Priene (Nr. 105; für die hier genannten εὐαγγέλια verweise ich bei dieser Gelegenheit auf ein Scholion des erweiterten Servius zur Aeneis X 272 p. 422, 22: *hic [cometes] dicitur apparuisse eo tempore quo est Augustus sortitus imperium; tunc denique gaudia omnibus gentibus futura sunt nuntiata*). Auch Horatius IV 14, 41 ff. ist ein ἐγκώμιον τοῦ Σεβαστοῦ, aber in der typischen Weise des hellenischen Prädikationsstils.

1) Ich kenne sie nur aus der Mitteilung von W. Fröhner, Philol Suppl. V (1889) 46 f., habe sie bei Furtwängler nicht finden können.

2) κατοικί'αν κεκληρωμένος ⏑⏑‒⏑⏑‒⏑, σηκῷ ἐνιδρυμένος ⏑⏑‒⏑⏑‒⏑ (für die Häßlichkeit des Hiatus war kein Gefühl vorhanden), καὶ γνόφου καὶ ἀνέμων κύριος ⏑⏑‒⏑⏑‒⏑⏑⏑, φύσεως κεκληρωμένος ἀνάνκην ⏑⏑‒⏑⏑⏑⏑‒‒ (also abschließend die typische Form kret. + troch.).

15*

228 II. Judaica.

stilistischen Ambition kreuzt sich das in Inhalt und in den Partizipialkonstruktionen hervortretende Orientalische.

Phrygische Mysterieninschrift. 3. Eins der sonderbarsten Dokumente der Theokrasie, dem m. W. noch keine Behandlung zuteil geworden ist, hat W. M. Ramsay im Journ. of hell. stud. IV (1883) 419 ff. publiziert.[1]) Es ist eine Inschrift aus einem phrygischen Städtchen (südlich vom Dindymongebirge), datiert vom J. 314 n. Chr. Der Redende, der im Verlaufe der Inschrift von sich sagt Ἀθάνατος Ἐπιτύγχα[ν]ος Πίου τιμηθὶς ὑπὸ Ἑκάτης πρώτης, δεύτε[ρ]ον ὑπὸ Μάνου Δάου ['Η]λιοδρόμου Διός, τρίτον Φοίβου Ἀρχηγέτου Χρησμοδότου, stellt sich zu Anfang so vor: κὲ τηρῶν ἐντολὰς ἀθανάτων κὲ ἐγώ ἰμε (d. i. εἰμι) ὁ λαλῶν πάντα Ἀθάνατος Ἐπιτύγχανος μυηθὶς ὑπὸ καλῆς ἀρχιερίας δημοτικῆς, καλὸν ὄνομα. Die religiösen Verhältnisse sind, wie hieraus ersichtlich, entfernt vergleichbar denen der berühmten Inschrift des Agorius Praetextatus (CIL. VI 1779), ihm gesetzt gleich nach seinem Tode (384) von seiner Gattin Paulina, die sich nennt *sacrata Cereri et Eleusiniis, sacrata apud Eginam Hecatae, hierophantria*. Eine genauere Deutung des religionsgeschichtlich ungewöhnlich interessanten Dokumente erhoffe ich von anderen.

Orphische Prädikation. Gott Vater, Mutter, Sohn. 4. Im 10. orphischen Hymnus (auf die Φύσις) heißt es Vers 28: πάντα σὺ ἐσσί, τὰ πάντα σὺ γὰρ μούνη τάδε τεύχεις. Durch die Form der Anaklese erhält er seine Stellung, wie ebenfalls ein Gebet an den höchsten Gott, das aus Porphyrios ἐν τῷ δευτέρῳ βιβλίῳ τῆς ἐκ λογίων φιλοσοφίας handschriftlich überliefert ist[2]); es schließt mit folgenden Versen:

τύνη δ' ἐσσὶ πατὴρ καὶ μητέρος ἀγλαὸν εἶδος
καὶ τεκέων τέρεν ἄνθος, ἐν εἴδεσιν εἶδος ὑπάρχων,
καὶ ψυχὴ καὶ πνεῦμα καὶ ἁρμονίη καὶ ἀριθμός.

Diese Verse enthalten sozusagen ein ganzes Stück Religionsgeschichte. Ihre letzte Fassung ist pythagoreisch-platonisch (ἁρμονίη καὶ ἀριθμός, ἐν εἴδεσιν εἶδος), daher gab ihnen Porphyrios in seiner Sammlung einen Platz. Aber auch hier hat der Platonismus älteres Gut in sich aufgenommen: denn prosaisch ausgedrückt bedeuten die

---

[1]) Ich wurde darauf aufmerksam durch einen Hinweis von A. Brinkmann in den Beiträgen, die er zu dem o. S. 218, 1 genannten Buche von Fr. Giesebrecht beigesteuert hat (dort S. 75).

[2]) Nach anderen herausgegeben von G. Wolff, Porphyrii de philosophia ex oraculis haurienda librorum reliquiae, Berl. 1856, 114 ff.

ersten anderthalb Verse ja dies, daß der höchste Gott Vater, Mutter und Sohn zugleich ist. Die Mannweiblichkeit (τὸ ἀρρενόθηλυ) des Urprinzips geht auf eine Spekulation zurück, die in früher Zeit aus dem Orient zu den Hellenen gekommen sein muß. Sie galt allen Späteren als 'orphisch' und ist besonders von Chrysippos viel diskutiert worden (vgl. Diels, Doxogr. S. 546. 549); sie ist dann auch in hellenistisch-orientalischen (besonders auch gnostischen) Religionssystemen eine der verbreitetsten Vorstellungen gewesen. Daß Gott Vater und Sohn, das schaffende und das geschaffene Prinzip, zugleich sei, kann ich aus hellenischer Philosophie erst für Chrysippos[1]) nachweisen; aber es kann keine Rede davon sein, daß er

---

1) Philodemos περὶ εὐσεβείας p. 80 Comp. ἐν δὲ τῷ δευτέρῳ (sc. περὶ θεῶν, fr. 1078 v. Arnim) τά τε εἰς Ὀρφέα καὶ Μουσαῖον ἀναφερόμενα καὶ τὰ παρ' Ὁμήρῳ καὶ Ἡσιόδῳ καὶ Εὐριπίδῃ καὶ ποιηταῖς ἄλλοις, ὡς καὶ Κλεάνθης, πειρᾶται (näml. Χρύσιππος) συνοικειοῦν ταῖς δόξαις αὐτῶν. ἅπαντα τ' ἐστὶν αἰθήρ, ὁ αὐτὸς ὢν καὶ πατὴρ καὶ υἱός, ὡς κἂν τῷ πρώτῳ μὴ μάχεσθαι τὸ τὴν Ῥέαν καὶ μητέρα τοῦ Διὸς εἶναι καὶ θυγατέρα. Vgl. H. Usener, Rhein. Mus. LV (1900) 293, A. Dieterich, Mithraslit. 156. Die Formulierung ὁ αὐτὸς ὤν erinnert an die bekannten Verse des Valerius Soranus bei Augustinus de civ. dei VII 9 (aus Varro): *Iuppiter omnipotens, regum rerumque repertor, Progenitor genetrixque deum, deus unus et idem*: so alt war also theosophische Poesie dieser Art, daß sie schon in sullanischer Zeit (Q. Valerius † 82: C. Cichorius, Hermes XLI 1906, 63) ins Lateinische hinübergeleitet werden konnte. — Wenn ich nicht irre, läßt sich aus dieser Vorstellung auch etwas für die Interpretation einer Horazstelle gewinnen. Schon oben (S. 173, 2) wurde gesagt, daß c. I 12, 13 ff. in den *solitae parentis laudes* die Worte *unde = ex quo) nil maius generatur ipso*, im gemeinen Wortsinne verstanden, eine unsägliche Banalität sein würden. Es liegt, wie ich glaube, eine ὑπόνοια zugrunde, die uns die Verse des Soranus verstehen lehren: Juppiter, der *progenitor deum*, ist der Einzige und der Größte, mit ihm verglichen, gehört seine gesamte Deszendenz zu den di minorum gentium, er bleibt Er selbst, ὁ αὐτός, *idem, ipse*. In den merkwürdigen, das höchste Wesen preisenden Versen des platonisierenden Tiberianus, auf die schon oben (S. 155, 1) hingewiesen wurde, ist diese Vorstellung auf die Formel gebracht: *tu genus omne deum* (*tu rerum causa* führt er fort wie *rerumque repertor* Soranus, *tu primus et idem* wie *deus unus et idem* Soranus: es ist also ganz klar, daß beide ein und dasselbe griechische Original nachbilden). — Der Formel, daß der höchste Gott *pater ac mater ac filius* sei, werden wir weiter unten (S. 236) bei dem Platoniker Firmicus Maternus begegnen. Ein halbes Jahrhundert später findet sie sich bei Synesios, für den sich darin Christliches und Platonisches vereinigten: hymn. 2, 63 f. σὺ πατήρ, σὺ δ' ἐσσὶ μήτηρ, Σὺ δ' ἄρρην, σὺ δὲ θῆλυς und 145 f. πατέρων πάντων πάτερ αὐτοπάτωρ Προπάτωρ ἀπάτωρ, υἱὲ σεαυτοῦ. Synesios hat in den Worten σὺ πατήρ, σὺ δ'

diese phantastische Spekulation erfunden habe. Sie ist orientalisch[1]) und muß als ein Symptom der Orientalisierung hellenischer Spekulation durch die Stoa aufgefaßt werden, ganz im Sinne meiner früheren Darlegungen (S. 126). Wir haben uns eben viel mehr als wir es gewohnt sind in die Anschauung hineinzuleben, daß die mächtige Flutwelle, die sich im Christentum über den Okzident ergoß, sich dort mit Strömungen verband, die schon viel früher, ja wenn man will, seit dem Beginne des Kontakts der Nationen Platz gegriffen und die Fusion der Religionen und ihrer Dogmen vorbereitet hatten. So muß es in vorliegendem Falle für die Theologen von Interesse sein, daß alle Vorbedingungen für die christliche Trinitätsformel viele Jahrhunderte vorher geschaffen und hellenischer Spekulation zugetragen worden waren, so daß es eigentlich nur etwas Sekundäres war, wenn der 'Sohn' durch Χριστός und die 'Mutter' durch das πνεῦμα interpretiert wurden. Denn daß die Christen den heiligen Geist als 'Mutter' aufgefaßt und gelegentlich auch so benannt haben, ist von Usener (Dreiheit S. 41 ff.) bewiesen worden. Wenn er das daraus erklärte, daß der Geist bei den Semiten weiblichen Geschlechts sei (aram. *rucha*, hebr. *ruach*), so läßt sich diese Erklärung auf Grund jener Verse wohl noch vertiefen.[2]) Die

ἐσσὶ μήτηρ offensichtlich den aus Porphyrios' Sammlung angeführten Hexameter τύνη δ' ἐσσὶ πατὴρ καὶ μητέρος ἀγλαὸν εἶδος lyrisch umstilisiert. Auch die bei Synesios folgenden Worte σὺ δ' ἄρσην, σὺ δὲ θῆλυς waren schon lange vorher hexametrisch geprägt worden: in der Schrift περὶ κόσμου c. 6 wird aus den Ὀρφικά zitiert (fr. 46 Abel): Ζεὺς ἄρσην γένετο, Ζεὺς ἄμβροτος ἔπλετο νύμφη, dazu aus den orph. Hymnen 9, 4 θῆλύς τε καὶ ἄρσην, 10, 18 πάντων μὲν σὺ πατήρ, μήτηρ, 32, 10 ἄρσην μὲν καὶ θῆλυς ἔφυς, 42, 4 ἄρσενα καὶ θῆλυν, διφυῆ. Das letzere Wort auch 6, 1. 30, 2. 39, 5. 58, 4. Vgl. über diese Vorstellung auch W. Kroll in seinem soeben erschienen Artikel in der R.E. 'Hermes Trismegistos' S. 12 und die dort angeführte Literatur.

1) Über die Trias 'Vater, Mutter, Sohn' in Ägypten, Babylon, Syrien vgl. Bousset, Artikel 'Gnosis' bei Pauly-Wissowa-Kroll VII 1516. Ein interessantes Beispiel lasen wir oben S. 217 in einem altägyptischen Texte: „*Ich bin der, der den Stier seiner Mutter machte, welcher der Erzeuger ist.*"

2) Daß seine Erklärung zu eng ist, scheint mir aus seiner gesamten Beweisführung hervorzugehen, so wenn er sagt: „In die meisten gnostischen Systeme ist dieser weibliche Geist übernommen worden, als Achamoth, Sophia, Prunikos usw." Der tiefere Grund dieser Herübernahme war eben die Spaltung des höchsten mannweiblichen Prinzips in seine beiden Hälften. Für diese überaus häufig bezeugte Auffassung des höchsten Prinzips bei den Gnostikern wird es genügen, auf eine Stelle zu verweisen: Eirenaios

5. Stilgeschichtliche Folgerungen.

uralte Vorstellung des schaffenden Prinzips als mannweiblich hat die Zerlegung in 'Vater' und 'Mutter' bedingt; die Identifikation der 'Mutter' mit dem 'Geiste' war eine aus jener primären Vorstellung abgeleitete, wie denn auch in jenen Versen[1]) das πνεῦμα noch neben der Dreiheit genannt ist. Die christliche Trinitätsformel ist das Produkt der Zerlegung eines orientalisch-hellenischen Unitätsgedankens der zwei schaffenden und der einen geschaffenen Potenz.

5. In diesem Zusammenhange sei auf eine Stelle Plutarchs hingewiesen, bei deren Behandlung ich mich des Rates von Diels zu erfreuen hatte. In seiner Schrift περὶ τοῦ Ε τοῦ ἐν Δελφοῖς c. 20 p. 393 A.B bringt Plutarch diesen Deutungsversuch der littera Delphica[2]): Gott sei ein unveränderliches, einheit-

---

λέγουσι γάρ τινα εἶναι ἐν ἀοράτοις καὶ ἀκατονομάστοις ὑψώμασι τέλειον Αἰῶνα προόντα· τοῦτον δὲ καὶ Προαρχὴν καὶ Προπάτορα καὶ Βυθὸν καλοῦσι) πολλαὶ καὶ διάφοροι γνῶμαι παρ' αὐτοῖς (den Valentinianern). οἱ μὲν γὰρ αὐτὸν ἄζυγον λέγουσι μήτε ἄρρενα μήτε θήλειαν μήτε ὅλως ὄντα τι (neuplatonisch). ἄλλοι δὲ ἀρρενόθηλυν αὐτὸν λέγουσιν εἶναι (ἑρμαφροδίτου φύσιν αὐτῷ περιάπτοντες: Zusatz des Eirenaios).

1) Ihnen nächstverwandt sind die merkwürdigen Verse, die Didymos († 395) περὶ τριάδος III zitiert, um zu zeigen, daß auch unter den Hellenen richtige Ansichten von der Gottheit herrschten: c. 2, 2 (39, 788 Migne)

ἀθάνατος δὲ θεός, παναγήραος ἀστυφέλικτος,
ἄρρητος κρυφίοις ὑπὸ δήνεσιν, αὐτογένεθλος,
τίκτων αὐτὸς ἑαυτόν, ἀεὶ νέος, οὐ ποιητός

und c. 2, 9 (ib. 792)

οὐ γὰρ ἀπ' ὠδῖνος θεὸς ἄμβροτος οὐδ' ἀπὸ κόλπων
νηδύος ἐκ λοχίης φάος ἔδρακεν, ἀλλὰ νόοιο
ἀρρήτῳ στροφάλιγγι κυκλούμενος, αὐτολόχευτος
γίνεται, ἐξ ἔθεν αὐτὸς ἐών, γενέτης τε καὶ υἱός.

Ein bestimmter Verfassername wird von Didymos nicht genannt, sondern οἱ ἔξω, οἱ Ἕλληνες, οἱ τῶν Ἑλλήνων λογάδες. Lobeck (Aglaoph. 722) vergleicht diese Verse mit den von Iustinos de monarch. p. 105C zitierten, die aber keine Ähnlichkeit haben. Dagegen sind ihnen sehr ähnlich diejenigen, die Lactantius div. inst. I 7, 1 mit folgender Bemerkung zitiert: *Apollo... Colophone residens... quaerenti cuidam quis aut quid esset omnino deus, respondit viginti et uno versibus, quorum hoc principium est:*

αὐτοφυής ἀδίδακτος ἀμήτωρ ἀστυφέλικτος,
οὔνομα μηδὲ λόγῳ χωρούμενος, ἐν πυρὶ ναίων,
τοῦτο θεός, μικρὰ δὲ θεοῦ μερὶς ἄγγελοι ἡμεῖς.

2) Über ihren wahren Sinn eine interessante Vermutung von Diels in den Vorsokratikern II 1, 2. Aufl., S. 520 Anm. 5.

liches, an keine Zeit gebundenes Wesen, ἀλλ' εἰς ὢν ἑνὶ τῷ νῦν τὸ ἀεὶ πεπλήρωκε καὶ μόνον ἐστὶ τὸ κατὰ τοῦτον ὄντως ὄν, οὐ γεγονὸς οὐδ' ἐσόμενον οὐδ' ἀρξάμενον οὐδὲ παυσόμενον. οὕτως οὖν αὐτὸ δεῖ σεβομένους ἀσπάζεσθαι καὶ †προσεθίζειν¹) 'εἶ'²) καὶ νὴ Δία, ὡς ἔνιοι τῶν παλαιῶν, 'εἶ ἕν.' Wenn das bedeuten würde, daß die παλαιοί eine Anaklese des höchsten Gottes als „Du bist Eins" gekannt hätten, so würde das gegen meine obige Beweisführung sprechen. Aber Diels schrieb mir, ohne diese zu kennen, auf meine Frage, welchen der 'Alten' Plutarch wohl gemeint haben könne, folgendes: „Durch die notwendige Lesung von 'εἶ' (in 'εἶ' καὶ νὴ Δία: s. Anm. 1) ergibt sich, daß das zweite 'εἶ' nicht Zitat, sondern plutarchisch ist. Er hebt hervor: 1) Gott ist = ὄντως καὶ ἀεὶ ὄν, 2) Gott ist eins. Also liegt bei dem zweiten Gliede der ganze Nachdruck auf dem ἕν. Da nun Plutarch zum Beweise des wechselnden, uneinheitlichen Wesens der Sterblichen im Gegensatze zu Gott mehrfach im Vorhergehenden Heraklit herangezogen hat, so ist Ihre Vermutung, daß der Vertreter der Gleichung θεός = ἕν Heraklit sei, die nächstliegende. Aber er denkt wohl auch an den Philosophen, der für dieses ἕν καὶ πᾶν in späterer Zeit besonders in Ansehn steht: Xenophanes." Also Plutarch hat der aus der alten Philosophie stammenden Prädikation des höchsten Wesens als ἕν seinerseits das anakletische εἶ hinzugefügt, um dadurch die littera Delphica zu deuten. Vielleicht kam er darauf nur seiner Deutung zuliebe, aber möglich wäre auch, daß er von Anaklesen dieser Art Kenntnis gehabt hätte, denn der Platonismus schon jener Zeit hatte Elemente aus der Fremde in sich aufgenommen. Eine Bestätigung dieser Ansicht war es mir, als ich das Korrelat „Ich bin" an einigen Stellen Plotins

---

1) προσεθίζειν Hss. (προσ...ζειν Pal.), προσαγορεύειν Eusebios. Diels (brieflich): „Es ist klar, daß προσαγορεύειν ein Interpretament für das damals entweder bereits verderbte oder wenigstens als ungewöhnlich empfundene Verbum ist, das sich hinter ΠΡΟϹΕΟΙΖΕΙΝ verbirgt. Die Konjektur von Paton (Plutarchi Pythici dialogi tres, Berl. 1893, p. 22) προσορθιάζειν ist vergeblich, die von Bernadakis (Sonderausgabe dieser Schrift, Leipz. 1894) προσορίζειν töricht. Ich selbst vermute schüchtern ΠΡΟϹΕΟϹΑΖΕΙΝ, d. h. προσεπιθεάζειν („und dazu, näml. zum ἀσπάζεσθαι, in göttlicher Begeisterung ausrufen: Du bist")."

2) So Kyrillos, ἦ Hss. und Eusebios. Diels: „εἶ ist notwendig. Ob man ⟨εἶ⟩ ἦ καὶ νὴ Δία mit Paton schreibt oder, was ich für einfacher halte, 'εἶ' καὶ νὴ Δία, macht nicht viel aus."

5. Stilgeschichtliche Folgerungen. 233

fand, freilich in der negativen Fassung: das Erste dürfe man nicht durch ἐστί prädizieren, also auch nicht sagen ἀγαθόν ἐστι, sondern nur τἀγαθόν; es könne auch nicht denken, denn es müßte doch wenigstens denken ἐγώ εἰμί oder ἀγαθὸν εἰμί oder ἐγώ εἰμὶ τὸ ἀγαθόν, aber dem Ersten komme überhaupt kein Sein zu: VI 7, 38, ähnlich V 3, 10. Mag nun aber Plutarch nur durch Interpretationszwang auf jenes εἶ geführt worden sein oder mag er es aus orientalisierender Literatur gekannt haben: sicher ist, daß Eusebios, der große Teile dieser plutarchischen Schrift zitiert, ihm wohlbekannte Klänge herausgehört hat. Denn ihm (praep. ev. XI 10, 15) erscheint die plutarchische Deutung wie ein Kommentar zu den alttestamentlichen Worten ἐγώ εἰμι ὁ ὤν (s. o. S. 218) und des Psalms (101, 28) σὺ δὲ ὁ αὐτὸς εἶ.

6. Endlich kann auch die Entscheidung einer Kontroverse jüngster Zeit durch die stilgeschichtliche Betrachtung, der sie sich nun unterziehen läßt, gefördert werden. F. Skutsch hatte im Archiv für Religionswiss. XIII (1910) 291 ff. in einer Abhandlung des Titels 'Ein neuer Zeuge der altchristl. Liturgie' den Nachweis zu führen versucht, daß zwei Gebete, die Firmicus Maternus in die Proömien des fünften und siebenten Buches seiner 'mathesis' eingelegt hat, wegen ihrer starken Berührungen mit den liturgischen Gebeten der sog. Constitutiones apostolorum christlichen Ursprungs seien. Er hatte daraus gefolgert, daß Firmicus nicht erst als er etwa im Jahre 346 die Schrift 'de errore profanarum religionum' verfaßte, sondern schon etwa ein Jahrzehnt früher, als er mit der Abfassung jener astrologischen Schrift beschäftigt war, sich zum christlichen Glauben bekannt habe. Auf eine aus dieser Schlußfolgerung sich ergebende Schwierigkeit hatte Skutsch selbst hingewiesen. An zwei anderen Stellen der 'mathesis' bekennt sich der Verf. zum Polytheismus: denn in dem großen Gebete (B. I a. E.) für Kaiser Constantinus, das sich an die sieben Planeten richtet, wird diesen die göttliche Natur zugesprochen (z. B. *Iuppiter Tarpeiae rupis habitator*) und II 30, 2 wird der Astrologe bezeichnet als *antistes Solis ac Lunae et ceterorum deorum, per quos terrena omnia gubernantur*. Aber Skutsch meinte, daß es sich hier eben um einen 'höchst charakteristischen Fall von religiösem Synkretismus' handle, gerade in diesem Nebeneinander der Rezeption eines christlichen Gebets und polytheistischer Anwandlungen liege 'das Eigenartige dieses Falls.' Aber meines Wissens würde es sich nicht um einen eigenartigen,

Doxologien bei Firmicus.

sondern einzigartigen Fall handeln, wenn ein Christ von den Göttern der alten Religion nicht etwa im tändelnden Spiele der Poesie oder der rhetorischen Ekphrasis, für das jederzeit Ausnahmen bewilligt wurden[1]), sondern in allem Ernste, ja in feierlichen Zusammenhängen spräche, denen doch die zwei von Skutsch selbst zitierten Stellen angehören. Es erfolgte denn auch bald Widerspruch. In einer von ihm und Reitzenstein verfaßten Abhandlung 'Zwei angeblich christliche liturgische Gebete' (Nachr. d. Götting. Ges. d. Wiss. 1910, 330 ff.) bestritt Wendland den christlichen Ursprung der Gebete des Firmicus: sie seien vielmehr stoischen Ursprungs, und ihre Übereinstimmungen mit den von Skutsch verglichenen christlichen Gebeten der Liturgie erkläre sich daraus, daß auch in diesen reichliche Anleihe bei der Stoa gemacht worden sei; auf Anklänge an die Stoa hatte freilich auch Skutsch hingewiesen, aber sie weniger stark betont. Man kann hier wirklich einmal sagen, daß die Wahrheit etwa in der Mitte liegt. Freilich das Christliche wird für Firmicus aus dem angegebenen Grunde ausscheiden müssen (er hat sich, wie man das immer annahm, erst nach Abfassung der 'mathesis' bekehrt und hat dann, wie einst Arnobius, den alten Glauben aufs schroffste bekämpft), aber es bleibt das Orientalische in einem weiteren Wortsinne. Diese Gebete sind wirklich, wie auch Skutsch, nur in etwas zu starker Verengerung des Begriffs annahm, wichtige Zeugnisse der Theokrasie in der Literatur: 'Produkte des orientalisierten Platonismus' möchte ich sie nennen, denn das Stoische ist, wie wir sehen werden, als Ingredienz des Neuplatonischen aufzufassen. Daß es sich nicht um rein hellenische Produkte handelt, läßt sich auf Grund unserer bisherigen Betrachtungen mit Bestimmtheit behaupten. Ich wähle zum Beweise das zweite Gebet (Proöm. VII), weil das erste (Proöm. V) von jedem Leser in dem schon erschienenen ersten Teile der neuen Ausgabe (die in Wahrheit eine editio princeps ist) von Kroll und Skutsch nachgesehen werden kann, während er für das zweite bis zum Erscheinen des letzten Teils dieser Ausgabe keinen verläßlichen Text zur Hand haben würde; daß ich es in einem solchen vorlegen kann, verdanke ich Kroll, der mir Einsichtnahme in die Aushängebogen gestattet hat. Um das entscheidende Kriterium

---

[1] Beispiele dafür in meinen 'Beiträgen zur Gesch. d. griech. Philosophie' (Jahrb. f. Phil. Suppl. XIX 1892) 388 ff. 457 ff.

5. Stilgeschichtliche Folgerungen.   235

deutlich hervortreten zu lassen, setze ich den mittleren Teil des Gebets, die eigentliche Prädikation, nach Kola ab (die rhythmischen Satzschlüsse, die bei Firmicus, wie nicht anders zu erwarten, schon ganz stabil und daher monoton sind, bezeichne ich in meiner Weise).

Pythagoras etiam et noster Porphyrius religioso putant animum nostrum siléntiò cónsecrári. unde et ego horum virorum legem secutus convenio te iùreiùrándo, Mavortí decùs nóstrum, per fabricatorem mundi deum

    qui omnia necessitate perpetuitátis éxcóluit
    qui Solem formávit èt Lúnam
    qui omnium siderum cursus ordinésque dispósuit
    qui maris fluctus intra certos terrae termínós coàrtávit
    qui ignem ad sempiternam substantiam divinae perpetuitátis in-
                                                                              flámmat
    qui terram in medio collocatam aequata moderatióne sùsténtat
    qui omnes homines feras alites et omnia animantium genera di-
                                          vina artificii maiestáte cómpósuit
    qui terram perennibús rigàt fóntibùs
    qui ventorum flatus cum quadam facit necessitatis moderatióne
                                                                               vàriári
    qui ad fabricationem omnium quattuor elementorum diversitate composita ex contrariis et repugnantibus cùncta pèrfécit .... (Lücke)

per descensum ascensumque animae, per inmortalem aeternae perpetuitatis ordinem: ne haec veneranda commenta profanis vel imperitis auribus íntiméntur.

Das ist der Relativstil der Prädikation, dessen Ursprung wir kennen: Serien dieser Art fehlen in rein hellenischen oder römischen Produkten völlig, dagegen sind sie uns — von den rein orientalischen Beispielen abgesehen[1]) — in griechischer und lateinischer Sprache

---

1) Um die Identität des Stils vor Augen zu führen, setze ich noch ein Gebet des Ramses III hierher (Übersetzung von H. Grapow, Textbuch zur Religionsgesch. 67):

„*Gepriesen seist du,.... Tenen, Vater der Götter, großer Gott des Anfangs,*
    der die Menschen baute und die Götter machte
    der zuerst in der Urzeit entstanden ist
    der erste, nach dem alles entstand, was gekommen ist
    der den Himmel machte als einer, der nach seinem Willen schuf,

begegnet in den Hymnen der Orphiker und des Proklos, in zwei nach solchen Mustern verfaßten Gebeten an Selene und Sol (dieses von Dracontius), sowie (hier meist in der gleichwertigen Partizipialform) auf Zauberpapyri. Ein Rückblick auf jene Proben (S. 171 ff. 204) wird den Leser von der Gleichartigkeit mit dem Gebete des Firmicus sofort überzeugen. Skutsch war also auf dem richtigen Wege, wenn er (S. 302 f.) einerseits feststellte, daß in sachlich verwandten Prädikationen Gottes bei Cicero und Seneca, die also wohl auf Poseidonios zurückgingen, gerade die für die Firmicusgebete typische Form von Relativsätzen oder Partizipien fehle, und andrerseits für diese Form die gebetartige Beschwörung eines Zauberpapyrus verglich, die auch von mir oben (S. 204) für diesen Stil angeführt wurde. Hätte er noch beachtet, daß jene Beschwörung, wie wir sahen, mit den Worten ὁ γὰρ λόγος ἐστὶν ἑβραϊκός schließt, so hätte er, zumal bei seiner ausgedehnten Kenntnis von folkloristischer Literatur aller Arten, die notwendige Schlußfolgerung wohl selbst gezogen. — Zu der Einzelinterpretation dieser Gebete hat Wendland durch Sammlung stoischer τόποι viel beigetragen, er bemerkt aber selbst, daß er Abschließendes nicht habe geben wollen; es wäre mir ein Leichtes, seine Sammlungen durch eigene zu ergänzen, aber das würde nicht hierher gehören, bietet auch geringeres Interesse als folgende zwei allgemeinere Betrachtungen.

Erstens ergibt sich aus der zitierten Einleitung des II. Gebets, daß Firmicus sich hier als Platoniker fühlt (daß und warum er neben Porphyrios den Pythagoras nennt, bedarf keiner weiteren

der ihn hochhob ...
der die Erde gründete durch das, was er selbst gemacht hat
der sie umgeben hat mit der Flut des Meeres
der die Unterwelt gemacht hat, um (?) die Leichen zu Frieden zu stellen,
der den Sonnengott kommen läßt, um sie zu erfreuen,
  als der Herrscher der Ewigkeit und der Herr der Unendlichkeit,
der Herr des Lebens,
  der die Kehle atmen läßt
  der Atem in jede Nase gibt
  der alle Menschen durch seine Lebenskraft (?) am Leben erhält
  dem die Zeit, das Geschick und das Glück unterstellt sind."

Das im Text zitierte Gebet des Platonikers ist das philosophische Gegenstück zu dem mythologischen des ägyptischen Königs. Daß hier wirklich ein geschichtlich greifbarer Zusammenhang besteht, erachte ich durch meinen Nachweis der Zwischenglieder als gesichert.

Bemerkung); das Stoische ist also, wie vorhin bemerkt wurde, von den Platonikern übernommen worden, wie das ihre Art war. Das Platonische ist besonders deutlich am Schlusse des I. Gebets (p. 280, 20 f.): *tu omnium pater páriter ac máter, tu tibi pater ac filius uno vinculo necessitudinis obligátus*. Über diese Vorstellung der Platoniker haben wir vorhin gehandelt (S. 229, 1): es ist bezeichnend, daß die Verse, in denen sie vorkam, gerade von Porphyrios zitiert worden sind, auf den sich, wie wir sahen, Firmicus zu Beginn des II. Gebets mit den Worten *noster Porphyrius* beruft. In dem I. Gebete steht ferner unter den Prädikationen Gottes diese (p. 280, 17): *cuius voluntas perfecti operis substantia est*, die sich, wie Skutsch (S. 293) bemerkte, in der christlichen Schrift des Firmicus wörtlich wiederholt (p. 68, 11 Ziegler: *voluntas dei perfecti operis substantia est*); ich fand sie nun auch bei Ps. Apuleius, Asclepius c. 8 p. 43, 13 Thomas: *voluntas dei ipsa est summa perfectio*. Die Übersetzung dieser hermetischen Schrift gehört etwa in den Anfang des vierten Jahrhunderts[1]), also in die Zeit des Firmicus: wir dürfen den Satz mithin für die lateinische Wiedergabe eines Platonikers halten.[2])

Zweitens bieten uns die Gebete des Firmicus auf Grund folgender Betrachtung die Möglichkeit, die Fusion von Hellenismus und Christentum an einem konkreten Falle zu beurteilen. Das sog. apostolische Symbolum ist in seinem ersten Artikel, dem Bekenntnisse zum Glauben an Gott, von philosophisch interessierten Christen ergänzt worden aus stoisch-platonischen Prädikationstypen. Um das zu zeigen, gebe ich beispielshalber eine kurze Analyse von Novatianus de trinitate c. 1. Der Anfang: *regula exigit veritatis, ut primo omnium credamus in deum patrem et dominum omnipotentem, id est rerum omnium perfectissimum conditorem* stimmt noch ziemlich genau zu dem Wortlaute der regula fidei, wie ihn uns bieten die Paraphrase des Eirenaios I 2 ἡ ἐκκλησία ... παρὰ τῶν ἀποστόλων καὶ τῶν ἐκείνων μαθητῶν παραλαβοῦσα τὴν εἰς ἕνα θεὸν πατέρα παντοκράτορα, τὸν πεποιηκότα τὸν οὐρανὸν καὶ τὴν γῆν καὶ τὰς θαλάσσας καὶ πάντα τὰ ἐν αὐτοῖς πίστιν und der Text des Ter-

---

1) Vgl. W. Kroll a. a. O. (o. S. 229, 1 a. E.) 16.
2) Das griechische Original vermag ich nicht genau nachzuweisen; bei Zeller III² S. 499 ff., worauf Wendland (S. 331, 2) hinweist, steht nichts wörtlich genau Entsprechendes. Aber θέλημα θεοῦ war in hermetischen Kreisen sehr üblich Reitzenstein, Poimandr. 220. 233`.

tullianus de virg. vel. 1 *regula fidei . . . credendi scilicet in unicum deum omnipotentem, mundi conditorem.* Die Prädikation Gottes als des Weltschöpfers mit den in ihrer Schlichtheit großen Worten des A. T. gehörte also zum alten Bestande: wohlbegreiflich, denn dadurch sollte die häretische Auffassung der Gnostiker, die die Schöpfung der Welt durch den Gott des alten Bundes leugneten, zurückgewiesen werden. Aber diese Schlichtheit, die einfacheren Herzen genügte und die daher dem eigentlichen Texte der regula dauernd erhalten blieb, war für die Gebildeten das Signal zur pathetischen Paraphrase, und so sehen wir denn in diesen Artikel eindringen die pomphaften Prädikationen jenes stoisch-platonischen Gebets. Novatianus geht schon mit dem Attribute *perfectissimus* einen Schritt über die παράδοσις hinaus, aber damit nicht genug. Auf die zitierten Worte folgen bei ihm die uns wohlbekannten, sich überstürzenden Relativsätze: *qui caelum alta sublimitáte suspénderit, terram deiecta mòle sòlidáverit, maria soluto liquóre diffúderit* usw. Ganz ähnliches, z. T. wörtlich dasselbe steht in dem griechischen Wortlaute der sog. Constitutiones apostolorum B. VII und VIII (viertes Jahrh.).[1]) Als daher Firmicus zum Christentum übertrat, brauchte er wenigstens im ersten Artikel nichts umzulernen.

---

1) Auch die pseudoklementinischen Rekognitionen S. 181—188 bieten viel hierher Gehöriges (aus dem τόπος περὶ προνοίας; in den Homilien steht davon nichts). Dasselbe gilt von der Hexahemeros des Basileios. Leider erst während des Drucks ist mir bekannt geworden die inhaltreiche Abhandlung von K. Gronau, Posidonius. Eine Quelle für Basilius' Hexahemeros, Braunschweig 1912; ich hätte sie sonst im ersten Teile dieser Untersuchungen mit Nutzen verwerten können. Den Nachweis, daß der Timaioskommentar des Poseidonios von Hippolytos und Origenes in ihren uns verlorenen Kommentaren zur Genesis, aus denen Basileios schöpfte, noch unmittelbar benutzt worden ist, halte ich für erbracht (besonders durch die Darlegungen auf S. 64); der sichere Gewinn für Poseidonios ist sehr bedeutend. Meine Vermutung o. S. 107 f., daß P. in den hermetischen Schriften noch direkt benutzt worden sei, hätte ich, wenn mir die genannte Abhandlung damals schon bekannt gewesen wäre, nicht so vorsichtig zu formulieren brauchen. Die nächste Aufgabe wird nun sein, weitere Spuren der Benutzung jener offenbar viel gelesenen Kommentare des Hippolytos und Origenes bei späteren christlichen Autoren ausfindig zu machen. — Ebenfalls erst während der Drucklegung lese ich bei Wendland, Hellenistisch-röm. Kultur² (Tübing. 1912) 397, 3: „Außer den Apologeten sind besonders ergiebig (für den Einfluß der stoischen Theodicee auf die christliche Literatur) die pseudoklementinischen Schriften. Recogn. B. VIII 10—34 und auch sonst ist wohl der Zusammenhang mit Poseidonios sicher zu beweisen." Diese

So vereinigen sich die abweichenden Ansichten der beiden genannten Forscher zu einer Harmonie im höheren Wortsinne. Weder Christentum noch hellenische Philosophie, sondern orientalisierter Platonismus war es, auf dem der Astrologe und Hunderte von Gebildeten aller Berufsarten überhaupt, wie auf einer goldenen Brücke über den Fluß schritten, der zwischen der alten und der neuen Weltanschauung dahinströmte. In dessen Rauschen vereinigte sich die Melodie der Rede Platons und der Ernst stoischer Predigt mit der ehernen Großartigkeit alttestamentlicher, in Urzeiten vorgeprägter Sprache zu einer neuen und bedeutenden Symphonie.

Stelle der Rekognitionen ist eben die von mir zu Beginn dieser Anm. zitierte. Die Abhandlung von Gronau konnte Wendland noch nicht bekannt sein.

III. CHRISTIANA.

Für unsere Untersuchung war die Exkursion in das Gebiet orientalischer Doxologie nur Mittel zum Zweck: wir werden aus ihr für die weitere Untersuchung die Lehre mitzunehmen haben, daß dem Urchristentum ein reicher religiöser Formelschatz des Judentums zur Verfügung stand. Von vornherein spricht daher alles für die Annahme, daß es seine Liturgie an die jüdische angelehnt habe. Es bedarf in der Tat schon ungewöhnlicher Übereinstimmung zwischen Hellenischem und Christlichem, um auf diesem Gebiete eine Abhängigkeit dieses von jenem glaublich erscheinen zu lassen. Von einem solchen ungewöhnlichen Falle wollen wir ausgehen.

1. EINE STOISCHE DOXOLOGIE BEI PAULUS. GESCHICHTE EINER ALLMACHTSFORMEL.

Paulus ep. ad Rom. 11, 33 ff.

Der Kaiser Marcus schreibt in seinen Selbstgesprächen IV 23: „Alles was dir harmonisch ist, o Welt, das ist es auch mir. Nichts kommt mir zu früh oder zu spät, was dir zeitgemäß erscheint. Alles was deine Jahrläufe bringen, ist mir Frucht, o Natur: ἐκ σοῦ πάντα, ἐν σοὶ πάντα, εἰς σὲ πάντα." Hierzu verglich Thomas Gataker[1] eine Stelle des Römerbriefes 11, 33 ff.[2]), die, nach Kola und Kommata abgesetzt (s. o. S. 128), in ihrem Zusammenhange so lautet:

---

1) Das 'Praeloquium' zu seiner Ausgabe schrieb er nach seinen eigenen Bemerkungen im J. 1651, in seinem 78. Lebensjahre, fast erblindet; sie erschien im Jahre darauf, Cantabrigiae 1652 (ich besitze die Ausgabe in seinen 'Opera critica', Trajecti ad Rhenum 1698); zwei Jahre später starb er, acht vor dem Geburtsjahre Bentleys, der ihn hochschätzte ('popularis noster, magnus Gatakerus ... in eximio commentario ad Antoninum': zu Horaz serm. II 7, 82). Wer, wie ich selbst vor Jahrzehnten, sich an der Hand dieses Kommentars, der in seiner ungeheuren Gelehrsamkeit dem o. S. 13, 2 charakterisierten von Wettstein zum N.T. ebenbürtig ist, in die stoische Philosophie eingearbeitet hat, wird dem alten Manne zeitlebens dankbar sein.

33 ὦ βάθος πλούτου καὶ σοφίας καὶ γνώσεως θεοῦ·
    ὡς ἀνεξερεύνητα τὰ κρίματα αὐτοῦ
    καὶ ἀνεξιχνίαστοι αἱ ὁδοὶ αὐτοῦ.
34 τίς γὰρ ἔγνω νοῦν κυρίου;
    ἢ τίς σύμβουλος αὐτοῦ ἐγένετο;
35 ἢ τίς προέδωκεν αὐτῷ
    καὶ ἀνταποδοθήσεται αὐτῷ;
36 ὅτι ἐξ αὐτοῦ καὶ δι᾽ αὐτοῦ καὶ εἰς αὐτὸν τὰ πάντα.
    αὐτῷ ἡ δόξα εἰς τοὺς αἰῶνας· ἀμήν.

In den Versen 34. 35 dieser Doxologie hat der Apostel sich ziemlich genau an Stellen des A.T. angeschlossen, auch die zweite Hälfte von 33 klingt an solche an. Aber zu 36 gibt es keine alttestamentliche Parallele, als neutestamentliche nur zwei die knappe Formel paraphrasierende Varianten in den paulinischen Briefen selbst: an die Korinthier I 8, 6

ἡμῖν εἷς θεὸς ὁ πατήρ,
    ἐξ οὗ τὰ πάντα καὶ ἡμεῖς εἰς αὐτόν,
καὶ εἷς κύριος Ἰησοῦς Χριστός,
    δι᾽ οὗ τὰ πάντα καὶ ἡμεῖς δι᾽ αὐτοῦ,

und an die Kolosser 1, 16 f.

ἐν αὐτῷ ἐκτίσθη τὰ πάντα ......
τὰ πάντα δι᾽ αὐτοῦ καὶ εἰς αὐτὸν ἔκτισται
καὶ αὐτός ἐστιν πρὸ πάντων
καὶ τὰ πάντα ἐν αὐτῷ συνέστηκεν,

dazu dann die Worte des pseudopaulinischen Briefes an die 'Ephesier' 4, 5 f.

εἷς κύριος, μία πίστις, ἓν βάπτισμα·
εἷς θεὸς καὶ πατὴρ πάντων,
    ὁ ἐπὶ πάντων καὶ διὰ πάντων καὶ ἐν πᾶσιν

sowie des Hebräerbriefes 2, 10

δι᾽ ὅν (sc. θεόν) τὰ πάντα καὶ δι᾽ οὗ τὰ πάντα.

Auch derjenige, der 'Hellenismen' bei Paulus so skeptisch gegenübersteht wie ich selbst, wird bei unbefangener Prüfung des vorgelegten Tatbestandes nicht umhin können, das Sätzchen des Apostels

ἐξ αὐτοῦ καὶ δι᾽ αὐτοῦ καὶ εἰς αὐτὸν τὰ πάντα

mit dem des kaiserlichen Stoikers

ἐκ σοῦ πάντα, ἐν σοὶ πάντα, εἰς σὲ πάντα

zu kombinieren.[1]) Marcus überträgt die Formel von Gott auf die mit diesem nach stoischer Lehre wesenseinheitliche Φύσις und hat daher im zweiten Komma ἐν σοί gesetzt: denn daß Paulus und der Verf. des Hebräerbriefes mit ihrem δι' αὐτοῦ (δι' ὃν καὶ δι' οὗ) der ursprünglichen Fassung näher kommen, ergibt sich aus der schon erwähnten (o. S. 22) überaus verbreiteten stoischen Etymologie Δία δὲ αὐτὸν λέγουσιν, ὅτι πάντων ἐστὶν αἴτιος καὶ δι' αὐτὸν πάντα (so Chrysippos bei Stob. ecl. I 1, 26). So gewinnen wir eine Art von Bekenntnisformel der stoischen Theologie, die ihrerseits wieder, wie so manches Stoische, an die Terminologie alter Physiker anklingt.[2]) Diese Formel, von der öfters kleine Variationen begegnen[3]), ist also von Marcus, der sie einer altstoischen Quelle entnommen haben wird[4]), in einem Punkte leicht umgebogen, von

---

1) Die modernen Exegeten des Paulus (nicht der alte Wettstein [s. oben S. 13, 2], der sie zwischen anderen, mehr oder minder passenden zitiert) haben sich die Stelle entgehen lassen, auch der letzte und weitaus gelehrteste J. Weiß, der in seinem Kommentar zum 1. Korinthierbriefe (Göttingen 1910) S. 223 ff. ausführlich über die Formel gehandelt hat.

2) Vgl. aus dem Index von W. Kranz zu den Vorsokratikern² 473: Diogenes von Apollonia S. 329, 15 ἀέρα σαφῶς λέγει τὸ ἐξ οὗ πάντα γίνεται τὰ ἄλλα, Xenophanes S. 50, 25 ἐκ γαίης γὰρ πάντα καὶ εἰς γῆν πάντα τελευτᾷ, besonders Herakleitos S. 64, 2 ἐκ πάντων ἓν καὶ ἐξ ἑνὸς πάντα. Daher ist es ganz im Stile dieser Alten, wenn Aristoteles met. A 3. 983b 7 sagt: τῶν δὴ πρώτων φιλοσοφησάντων οἱ πλεῖστοι τὰς ἐν ὕλης εἴδει μόνας ᾠήθησαν ἀρχὰς εἶναι πάντων· ἐξ οὗ γὰρ ἔστιν ἅπαντα τὰ ὄντα καὶ ἐξ οὗ γίγνεται πρῶτον καὶ εἰς ὃ φθείρεται τελευταῖον ..., τοῦτο στοιχεῖον καὶ ταύτην ἀρχήν φασιν εἶναι τῶν ὅλων.

3) Z. B. Plutarch, Plat. quaest. 2, 2 p. 1001 C ἡ ψυχὴ ... οὐκ ἔργον ἐστὶ τοῦ θεοῦ μόνον ἀλλὰ καὶ μέρος (dies echt stoisch), οὐδ' ὑπ' αὐτοῦ ἀλλὰ καὶ ἀπ' αὐτοῦ καὶ ἐξ αὐτοῦ γέγονεν. Plotin. enn. III 8, 11 τὰ μὲν γὰρ ἄλλα περὶ τὸ ἀγαθὸν καὶ διὰ τὸ ἀγαθὸν ἔχει τὴν ἐνέργειαν. Einmal findet sie sich auch bei einem Dichter, der auch sonst sein steriles Werk durch stoische Anklänge im Stile des Aratos zu beleben versucht hat: Oppianos hal. I 409 Ζεῦ πάτερ, ἐς δὲ σὲ πάντα καὶ ἐκ σέθεν ἐρρίζωνται (ich habe mir früher zufällig notiert, was ich hier für einen künftigen Editor dieses Dichters bemerke, daß dieser Vers und die ihm folgenden zitiert werden von Elias Cret. zu Gregorios v. Nazianz or. 28, bei Migne patr. gr. 36, 781).

4) Wer ihn kennt, weiß auch, daß er der alten Lehre Eigenes so gut wie gar nicht hinzugefügt hat. Daß er an vorliegender Stelle einer sehr alten Quelle folgt, zeigen die Worte, die auf die im Texte ausgeschriebenen unmittelbar folgen und diese seine kleine Betrachtung abschließen: ἐκεῖνος μέν φησι „ὦ πόλι φίλη Κέκροπος" σὺ δὲ οὐκ ἐρεῖς „ὦ πόλι φίλη Διός;" Das Zitat aus den Γεωργοί des Aristophanes fr. 110 K., die zwei schönen und bekannten

Paulus einmal so gut wie wörtlich (bis auf eine Kasusänderung)[1]) wiederholt, zweimal paraphrasiert worden.[2]) An eine schriftliche Quelle des Paulus würde man bei der tralatizischen Natur solches Formelgutes an sich nicht zu denken brauchen; aber wir werden später sehen, daß der Zusammenhang, in dem die Worte in der Paraphrase des Kolosserbriefes stehen, in der Tat auf eine schriftliche Quelle schließen läßt. Daß diese innerhalb des hellenisierten Judentums zu suchen ist, zeigt die Verbindung der Formel mit alttestamentlichen Prädikationen[3]) und ist für jeden Kenner des pau-

---

Verse gibt Hephaistion vollständig) setzt er als bekannt voraus (ἐκεῖνος, d. h. 'ille apud Aristophanem'). Wer mag es zuerst gebracht haben? VI 42 ἀλλὰ σὺ μὴ τοιοῦτος μέρος γένῃ, οἷος ὁ εὐτελὴς καὶ γελοῖος στίχος ἐν τῷ δράματι, οὗ Χρύσιππος μέμνηται: da nennt er den Vers nicht, wohl den Gewährsmann, an unserer Stelle ist es umgekehrt. Auch das Spiel mit πόλις führt in frühe Zeit. Von Varro haben wir einen Satirentitel Marcopolis περὶ ἀρχῆς, d. h. die Stadt des Marcus (näml. Varros selbst, wie er sie sich konstruiert: das folgt aus Augustinus de civ. dei IV 31: *Varro in rebus divinis .... nonne ita confitetur....: si eam civitatem* [die römische] *novam constitueret, ex naturae potius formula deos nominaque eorum se fuisse dedicaturum?* In der Satire wollte er verstanden wissen als πόλις den menschlichen Körper, in dem die Seele herrschen müsse, ein auf die alte Sokratik zurückgehendes Bild).

1) Über die Variante δι' αὐτοῦ und δι' αὐτόν vgl. Anhang IV 1.

2) Aber in den Paraphrasen kommt dem Wortlaute bei Marcus näher die Wiederholung von πάντα in jedem einzelnen Gliede; denn wir werden noch sehen, daß diese Wiederholung zum Typus der Formel gehörte. Πάντα ist auch das Grundwort in dem o. S. 164,2 analysierten demokritischen Gebete der Weisen, sowie in einem Hymnus auf einem Goldtäfelchen von Thurioi, das von Diels, Ein orphischer Demeterhymnus (in der Festschrift für Gomperz, Wien 1902) entziffert ist: dort heißt es V. 5 ff. σή τοι πάντ' ἀνύει, τηλύκλυτε δαῖμον, ⟨ἁπάντῃ⟩ Δεσποτεία· τὶν πάντα δαμαστά, ⟨τὰ⟩ πάντα κρατυντά, Ἐμβρόντητα δὲ πάντα ⟨τὰ⟩ Μοίρης τλητέα πάντῃ: das entscheidende Wort ist fast jedesmal sicher zu lesen.

3) Während die zweite Hälfte des Verses 33, wie bemerkt, Anklänge an alttestamentliche Ausdrücke zeigt, kommt die in der ersten Hälfte stehende echthellenische Verbindung βάθος πλούτου sonst weder im A. T. noch N. T. vor. Bedenkt man nun, daß Paulus an einer anderen Stelle (Kor. I 2, 10) τὰ βάθη τοῦ θεοῦ sagt, wo er sicher von einer Quelle abhängt (τὰ βάθη τοῦ Σατανᾶ Apok. Joh. 2, 24 'als höchstes, praktisches Erkenntnisziel der libertinistischen Gnostiker' J. Weiß in seinem Komm. zum 1. Korinthierbriefe S. 61), so wird man daraus wohl schließen dürfen, daß er auch im Römerbriefe die Verbindung βάθος πλούτου καὶ σοφίας καὶ γνώσεως θεοῦ einem hellenistisch gebildeten jüdischen Schriftsteller entnahm, der sie für die Prädikation Gottes verwendet hatte: denn die Verbindung βάθος πλούτου

linischen Schrifttums ohnehin selbstverständlich.[1]) Es ergibt sich auch aus folgender Betrachtung.

In dem dritten Buche unserer Sammlung der Sibyllinen heißt es V. 11 f.

εἷς θεός[2]) ἐστι μόναρχος ἀθέσφατος αἰθέρι ναίων
αὐτοφυὴς ἀόρατος ὁρῶν μόνος αὐτὸς ἅπαντα,

womit zu verbinden ist ein von Lactantius div. inst. II 11,18 zitiertes Fragment (V p. 238 Rzach):

ὃς μόνος ἐστὶ θεὸς κτίστης ἀκράτητος ὑπάρχων·
αὐτὸς δ' ἐστήριξε τύπον μορφῆς μερόπων τε·
αὐτὸς ἔμιξε φύσιν πάντων, γενέτης βιότοιο.[3])

Wie das erste Verspaar in seiner Häufung der Epitheta[4]) hellenische Art nachahmt, so zeigen von den drei anderen Versen der erste durch seine relativische Anknüpfung, die zwei anderen durch ihr anaphorisches αὐτός die von uns oben behandelten Prädikationsstile. Gewiß ist ja die Betonung des Monotheismus jüdisch[5]), aber

---

καὶ σοφίας ist sehr gewählt. Βάθος πλούτου Soph. Aias 130, βαθύπλουτος χθών Aisch. Suppl. 537 K., eine auch Pindar geläufige Metapher, der sie auch schon auf das geistige Gebiet hinüberspielen läßt (Ol. 2, 58 f. P. 6, 47 f.). Die Sokratiker staunten ob der Tiefe des Seelenreichtums ihres Meisters: Bekenntnis des Alkibiades bei Plat. Symp. 216 E. 217 A (hier nicht gerade die Worte, aber sie werden als gedacht vorausgesetzt) und des Antisthenes bei Xenoph. Symp. 4, 34. 43 τοῦ ἐν τῇ ψυχῇ πλούτου; vgl. Plat. Euthyphr. 12 A πλοῦτος τῆς σοφίας. Theait. 183 E καί μοι ἐφάνη (Παρμενίδης) βάθος τι ἔχειν παντάπασι γενναῖον.

1) Ich finde diese Auffassung, die ich Ant. Kunstpr. 474 f. nachdrücklich vertreten und, wie ich glaube, mit stichhaltigen Beispielen auch als richtig erwiesen habe, auch bei Harnack, Sitzungsber. d. Berl. Ak. 1911, 162, wo es u. a. heißt: „nichts Hellenisches hat er sich anzueignen versucht, was nicht bereits Anknüpfungspunkte in der ihm vertrauten religiösen und theologischen Überlieferung besaß", sowie bei E. Schwartz in seiner Rede über Paulus (Charakterköpfe aus der antiken Lit., Zweite Reihe, Leipz. 1910, 118 f.)

2) Wahrscheinlich Reminiszenz an Xenophanes fr. 23 εἷς θεός: s. oben S. 39, 4.

3) Teilweise wörtlich anklingend fr. I (p. 232 f. Rzach).

4) Dies findet sich auch sonst in den Sibyllinen, z. B. V 497 ff. VIII 430 f.

5) Vgl. die von einem Juden gefälschten Sophoklesverse bei Athenagoras pro Christ. 26 p. 6, 9 Schw. (fr. 1025 N.[3]):

εἷς ταῖς ἀληθείαισιν, εἷς ἐστιν θεός,
ὃς οὐρανόν τ' ἔτευξε καὶ γαῖαν μακράν

sowie besonders die aus denselben Kreisen stammenden Verse der orphi-

wer die auffallende Übereinstimmung der Worte (ὁρῶν) μόνος αὐτὸς ἅπαντα mit dem oben (S. 164 f.) aus dem Zeusenkomion des Aristeides angeführten αὐτὸς ἂν μόνος (εἰπών) und τέλειον μόνον αὐτὸν ὄντα τῶν πάντων sowie mit den Prädikationen seines Sarapisenkomions 45 [8 Dind.], 21 διὰ πάντων ἥκει καὶ τὸ πᾶν πεπλήρωκεν, 24 πάντα αὐτὸς εἰς ὤν, ἅπασιν εἰς ταὐτὸν δυνάμενος (vgl. 18. 22. 27) erwägt, wird geneigt sein, den bei Aristeides erwiesenen stoischen Einfluß auch bei dieser Sibylle anzunehmen.[1]

---

schen Theogonie (Aristobulos bei Euseb. pr. ev. XIII 12, 5 = Orphica ed. Abel p. 147):

εἷς ἔστ' αὐτοτελής, αὐτοῦ δ' ὕπο πάντα τελεῖται,
ἐν δ' αὐτοῖς αὐτὸς περινίσσεται, οὐδέ τις αὐτὸν
εἰσοράᾳ ψυχῶν θνητῶν, νῷ δ' εἰσοράαται.
αὐτὸς δ' ἐξ ἀγαθῶν θνητοῖς κακὸν οὐκ ἐπιτέλλει
ἀνθρώποις· αὐτῷ δὲ χάρις καὶ μῖσος ὀπηδεῖ usw.

Danach zu beurteilen μόνος θεός (βασιλεύς u. ä.) in Prädikationen des N. T.: Römerbr. 16, 27. Tim I 1, 17. 6, 15 f. Judas 4. 25. Apok. Joh. 15, 4 (vgl. ev. Joh. 5, 44).

1) Wie gewöhnlich knüpfte die Stoa an Älteres an. Vgl. aus dem oben S. 242, 2 genannten Index folgende Stellen mit μόνος: Herakleitos 32 ἓν τὸ σοφὸν μοῦνον λέγεσθαι οὐκ ἐθέλει καὶ ἐθέλει Ζηνὸς ὄνομα ('Eins, das allein Weise' usw.). Melissos 8 μέγιστον μὲν οὖν σημεῖον οὗτος ὁ λόγος, ὅτι ἓν μόνον ἐστίν ('Diese Darlegung bildet den wichtigsten Beweis für die Einheit des Seins'); das charakteristische μόνος αὐτός schon bei Anaxagoras 12 τὰ μὲν ἄλλα παντὸς μοῖραν μετέχει, νοῦς δέ ἐστιν ἄπειρον καὶ αὐτοκρατὲς καὶ μέμεικται οὐδενὶ χρήματι, ἀλλὰ μόνος αὐτὸς ἐπ' ἑωυτοῦ ἐστιν. Dazu folgende Dichterstellen mit μόνος (u. ä.) von Gottheiten (da ich für sie nicht mit Indices oder Lexika gearbeitet habe, werden sie ergänzungsfähig sein): Pindaros fr. 93 Schr. οἶος ἄπλατον κεράϊξες θεῶν Τυφῶνα ..... Ζεῦ πάτερ. Aischylos fr. 161 N.² μόνος θεῶν γὰρ Θάνατος οὐ δώρων ἐρᾷ ..., μόνου δὲ Πειθὼ δαιμόνων ἀποστατεῖ. Sophokles O. T. 867: ὦν (νόμων) Ὄλυμπος πατὴρ μόνος. Euripides Hipp. 1281 συμπάντων βασιληίδα τιμάν, Κύπρι, τῶνδε μόνα κρατύνεις. Aristophanes Wesp. 392 (Gebet an Lykos) ἐκβουλήθης μόνος ἡρώων παρὰ τὸν κλάοντα καθῆσθαι. Thesm. 1141 (an Pallas) ἣ πόλιν ἡμετέραν ἔχει καὶ κράτος φανερὸν μόνη. Ekkl. 7 u. 12 (Parodie einer Prädikation: γοναὶ λύχνου). In den orphischen Hymnen ist solches μόνος (μόνη) ganz konstant (16 mal), einmal auch αὐτὸς μοῦνος (64, 8). In der o. S. 160 zitierten Ode der Melinno dreimal: σοὶ μόνᾳ, σοὶ μόνᾳ, σὺ μόνα. Zwei Zitate aus unbekanntem Dichter bei Stob. ecl. I 6 (I p. 24 W.) Ζεὺς πάντων αὐτὸς φάρμακα μοῦνος ἔχει und 13ʰ (I p. 27) θεὸς μόνος πέφυκεν ἐν βροτοῖς μέγας. — Mein Kollege P. Maas weist mich noch auf den Gebrauch von μόνος (und dem verwandten εἷς) in Akklamationen hin: Libanios IV 513, 22 Reiske (noch nicht bei Förster): καὶ διὰ ταῦτα μόνον εὔνουν, μόνον φιλόπολιν, μόνον ἐκκλεῖ δημοτικόν. Lukianos de morte

Von den althellenischen θεολόγοι zu den jüdischchristlichen.

Daß diese Annahme richtig ist, läßt sich durch folgende Beobachtung erweisen. Reitzenstein[1]) hat die formelhaften Ausdrücke bei Martialis V 24 *Hermes omnia solus (et ter unus*[2])) und im C. I. L. X 3800 *una quae es omnia, dea Isis* als 'hellenistische Bekenntnisformel' bezeichnet, ohne Zweifel mit Recht. Es läßt sich hinzufügen, daß sie in ihrer Formulierung durch den stoischen Pantheismus beeinflußt worden ist, denn wir lesen bei Seneca nat. quaest. I praef. 13 *quid est deus? quód*[3]) *vidès tótum et quod nón vidès tótum.*[4]) *sic demum magnitudo illi una redditur quá nihil máius cógitári potèst, si sólus èst ómniá*. Diesem allem[5]) zugrunde

---

Peregr. 15 ἀνέκραγον εὐθὺς ἕνα φιλόσοφον, ἕνα φιλόπατριν, ἕνα Διογένους καὶ Κράτητος ζηλωτήν. Dieses μόνος der Akklamationen ist auch aus dem stoischen Paradoxenstile geläufig, am bezeichnendsten bei Varro sat. 245 *solus rex, solus rhetor, solus formonsus...; si ad hunc* χαρακτῆρα Κλεάνθους *conveniet, cave attigeris hominem*.

1) Hellenistische Wundererzählungen (Leipz. 1906) 126 f.; Die hellenist. Mysterienreligionen (Leipz. 1910) 90 f.; Gött. gel. Anz. 1911, 550.
2) Über *ter unus* hat Usener, Dreiheit, Rh. Mus. LVIII (1903) 36 gehandelt.
3) Über die Akzente s. o. S. 90, 2.
4) Über diese Worte s. o. S. 90 f. und gleich S. 248, 1.
5) Außer den im Texte zitierten Stellen notierte ich mir zur Geschichte dieser Formel noch folgende leicht variierte, aus denen hervorgeht, daß es in der Tat eine Art von religiöser Universalformel gewesen ist. Aus der Zeit des hellenisierten Judentums: Jes. Sirach 43, 29 πολλὰ ἐροῦμεν καὶ οὐ μὴ ἐφικώμεθα, καὶ συντέλεια λόγων· τὸ πᾶν ἐστιν αὐτός, aus der Zeit des älteren Christentums: Athenagoras pro Christ. 71 p. 17, 6 Schw. πάντα γὰρ ὁ θεός ἐστιν αὐτὸς αὑτῷ, womit R. Heinze, Tertullians Apologeticum (Leipz. 1910) 372, 2 zusammenstellt Tertullianus adv. Praxeam 5 *ante omnia deus erat solus, ipse sibi et mundus et locus et omnia* (vgl. auch Lactantius div. inst. I 3, 7 *deus vero si perfectus est, ut esse debet, non potest esse nisi unus, ut in eo sint omnia*); aus der Zeit der Theokrasie: Ps. Apuleius, Asclep. 2 *non hoc dixi omnia unum esse et unum omnia?... nec immerito ipse dictus est omnia, cuius membra sunt omnia*, 29 *pater omnium vel dominus et is qui solus est omnia omnibus se libenter ostendit* (die letzten Worte, daß Gott sich allen gern zeige, und wie sie weiterhin motiviert werden, erinnern auffällig an die berühmte Partie aus Manilius V 915 ff., die sicher auf Poseidonios zurückgeht), 30 *in eo sunt omnia et in omnibus ipse est solus*, auch 20 *non enim spero totius maiestatis effectorem omniumque rerum patrem vel dominum uno posse quamvis e multis composito nuncupari nomine, hunc vero innominem vel potius omninominem esse, siquidem is sit unus et omnia ....: hic ergo solus ut omnia*: die letzten Worte hat Kroll, Rh. Mus. LIII (1898) 577 richtig als ὡς πάντα ὄν gedeutet und dadurch eine andere Stelle dieser Schrift (c. 8 p. 43, 10 Thomas) glänzend em...

liegt ein hochberühmtes Wort aus den Anfängen religionsphilosophischer Forschung, dessen Geschichte ich hier in Kürze zu geben versuchen will. Die Linie ist auch hier wieder dieselbe, die wir oben (S. 129 ff. und 197 ff.) für den Typus der religiösen Propagandarede ziehen konnten: von den althellenischen θεολόγοι durch Vermittelung der hellenistischen Theokrasie zu den jüdisch-christlichen.

Οὐκ ἐμοῦ, ἀλλὰ τοῦ λόγου ἀκούσαντας ὁμολογεῖν σοφόν ἐστιν ἓν πάντα εἶναι: also sprach Herakleitos (50 Diels); er gibt also diese Erkenntnis nicht als die seinige, sondern leitet sie aus dem allgemeinen Weltgesetze ab. In der Tat war sie älter als er. Bei Cicero Acad. II 118 steht als δόξα des Xenophanes: *unum esse omnia*, was nach Diels (Doxogr. gr. 111, 3. 112, 2) sicher aus Theophrastos stammt, dessen Worte in dem Referate des Simplikios erhalten sind (Vorsokr.² I 40, 25): μίαν δὲ τὴν ἀρχὴν ἤτοι ἓν τὸ ὂν καὶ πᾶν Ξενοφάνην τὸν Κολοφώνιον τὸν Παρμενίδου διδάσκαλον ὑποτίθεσθαί φησιν ὁ Θεόφραστος, auf Theophrastos gehen also auch zurück die Formulierungen bei Hippolytos, Doxogr. p. 565, 24 λέγει δὲ ... ὅτι ἓν τὸ πᾶν ἐστιν und Galenos, ib. p. 604, 18 τὸ εἶναι πάντα ἕν. Vielleicht dürfen wir, auf dieses Zeugnis Theophrasts gestützt, die betreffenden Worte des Xenophanes metrisch so erschließen: ἓν δὲ τὸ πᾶν oder ἓν δὲ τὰ πάντα (vgl. fr. 23 εἷς θεός, 27 ἐκ γαίης γὰρ πάντα). Dann würde ein orphisches Fragment bei Clemens Al. strom. VI p. 259 (= 43 Abel) ἓν δὲ τὰ πάντα τέτυκται, ἐν ᾧ τάδε πάντα κυκλεῖται, Πῦρ καὶ ὕδωρ καὶ γαῖα in seinen ersten Worten das Original genau wiedergegeben, ja, wie man vielleicht wird sagen dürfen, die Urform erhalten haben, von der schon Xenophanes abhing. Denn daß der große Gedanke älter war als dieser, folgt sowohl aus der Berufung des Herakleitos auf den λόγος als auch vor allem aus Plat. Soph. 242 D τὸ δὲ ... Ἐλεατικὸν ἔθνος, ἀπὸ Ξενοφάνους τε καὶ ἔτι πρόσθεν ἀρξάμενον, ὡς ἑνὸς ὄντως τῶν πάντων καλουμένων οὕτω διεξέρχεται τοῖς μύθοις (dazu vergleicht Diels, Vorsokr. I² S. 40, 7 noch Phileb. 16 CD). Ich glaube diese Kombination im Sinne von Diels angestellt zu haben, der sagt (Herakleitos von Ephesos², Berl. 1909, 28): „Nicht um die Allwissenheit der Gottheit, sondern um ihre Einheit handelt es sich, die damals außerhalb der orphisch-eleatischen Kreise ein Paradoxon war." Auch hier also dürfen wir wieder mit Goethe sagen, daß es sich um ein 'Urwort. Orphisch' handelt. Es klingt auch bei Aischylos in einem berühmten Fragmente 70 N.³) an:

248　　　　　　　　　　III. Christiana.

Ζεύς ἐστιν αἰθήρ, Ζεὺς δὲ γῆ, Ζεὺς δ' οὐρανός,
Ζεύς τοι τὰ πάντα, χὤτι τῶνδ' ὑπέρτερον[1]),

sowie bei Empedokles fr. 35, 5 τάδε πάντα συνέρχεται ἓν μόνον εἶναι. Infolge seiner für diese ältesten θεολόγοι charakteristischen Vereinigung von Rationalismus und Mystik (Diels a. a. O. S. VII) und seiner zugleich spitzigen und hieratischen Formung hat dieses Wort dann gerade auch in 'apokrypher' Literatur ein langes Leben gehabt. Es kehrt wieder in einer hermetischen Schrift (Poim. 12, 8) ἕν ἐστι τὰ πάντα, in einem von Clemens strom. III p. 524 zitierten gnostischen Apokryphon ἓν ἦν τὰ πάντα, in einer alchimistischen Schrift des Olympiodoros (Collection des alchimistes Grecs p. 84 Berthelot-Ruelle) ὁμοίως καὶ ὁ Χήμης τῷ Παρμενίδῃ[2]) ἀκολουθήσας φησίν „ἓν τὸ πᾶν, δι' οὗ τὸ πᾶν· τοῦτο γὰρ εἰ μὴ ἔχοι τὸ πᾶν, οὐδὲν τὸ πᾶν" (mit geringen Varianten bei Zosimos ib. p. 169. 171).[3]) Ja in dieser Spätzeit hat das Wort auch als Buchtitel Verwendung gefunden: Leydener Zauberpapyrus ed. A. Dieterich, Abraxas S. 203 Z. 5 f. ἐν τῇ ε' τῶν Πτολεμαϊκῶν Ἓν καὶ[4]) τὸ πᾶν

---

1) Diese Verse aus den Ἡλιάδες (erhalten bei Clemens Al., paraphrasiert schon von Philodemos) gehören zu dem Erhabensten, was uns an religiöser Poesie aus dem Altertum geblieben ist. Der philosophische Pantheismus genügt der Religiosität des Dichters nicht: er ahnt, daß es ein Jenseitiges, über die Vernunfterkenntnis Hinausliegendes gibt, für das die Sprache kein Wort mehr besitzt (Ζεύς, ὅστις ποτ' ἔστιν wie Herakleitos 32 ἓν τὸ σοφὸν μοῦνον λέγεσθαι οὐκ ἐθέλει καὶ ἐθέλει Ζηνὸς ὄνομα); *quid est deus? quod vides totum et quod non vides totum* lasen wir eben bei Seneca. Wichtig scheint mir zu sein, daß auch Herakleitos' Gottesbegriff ein transzendenter ist (fr. 108 ὁκόσων λόγους ἤκουσα, οὐδεὶς ἀφικνεῖται ἐς τοῦτο, ὥστε γινώσκειν ὅτι σοφόν ἐστι πάντων κεχωρισμένον, und dazu Diels in seiner soeben im Texte zitierten Monographie S. XI).

2) Auf den Namen ist in dieser Literatur ja nichts zu geben, aber es liegt doch eine dunkle Reminiszenz daran vor, daß die Eleaten diesen Gedanken in die Philosophie eingeführt hatten; vgl. die soeben im Texte zitierte Theophraststelle, in der Parmenides mit Xenophanes zusammengenannt ist, und Parmenides selbst fr. 8 V. 5 f.

3) Zosimos, der den Porphyrios zitiert und seinerseits von Synesios zitiert wird, wird von E. Rieß in seinem Artikel 'Alchemie' in der R. E. I 1348 auf Grund dieses und anderer Argumente mit Bestimmtheit dem vierten, sein Kommentator Olympiodoros vermutungsweise dem fünften Jahrhundert zugewiesen.

4) Auf den Gedanken, καί nach Analogie der übrigen Stellen zu streichen, muß jeder kommen; aber ich bin doch zweifelhaft geworden, als ich die auch um ihrer selbst willen merkwürdige Polemik des Plotinos gegen diese

ἐπιγραφομένῃ Παναρέτῳ βίβλῳ, ἣ περιέχει γέννησιν πνεύματος, πυρὸς καὶ σκότους. Die nahe Verwandtschaft dieser Formel mit der paulinischen, von der wir ausgingen, zeigt die Aufschrift eines Zauberringes, dessen Figur in der besten Hs. der Alchimisten, einem cod. Marcianus s. XI, erhalten ist (publiziert in der genannten Sammlung, Introduction S. 132):

ἓν τὸ πᾶν καὶ δι' αὐτοῦ τὸ πᾶν καὶ εἰς αὐτὸ τὸ πᾶν

usw.[1]) Diese Worte hat schon Reitzenstein (Poimandr. 39, 1) mit der paulinischen Formel verglichen und dazu bemerkt, es sei klar, daß Paulus sie aus der hellenistischen Theologie, nicht diese aus ihm übernommen habe, eine Kombination, die durch die obige Darlegung bestätigt worden ist. Ich füge noch hinzu, daß zu den beiden Gliedern jener magischen Ringaufschrift δι' αὐτοῦ und εἰς αὐτό das bei Paulus stehende dritte ἐξ αὐτοῦ hinzukommt in einer alchimistischen Schrift des 'Zosimos' (ib., Text grec S. 143): τοῦτό ἐστι τὸ θεῖον καὶ μέγα μυστήριον, τὸ ζητούμενον·

τοῦτο γάρ ἐστι τὸ πᾶν καὶ ἐξ αὐτοῦ τὸ πᾶν καὶ δι' αὐτοῦ τὸ πᾶν,

sowie in einem Hymnus an Selene (bei Abel, Orphica S. 294, 36, auch in dem von Wessely edierten Pariser Zauberpapyrus V. 2838):

Formel des Pantheismus las (enn. III 8, 9): εἰ δέ τις οἴοιτο αὐτὸ τὸ ἓν καὶ τὰ πάντα εἶναι, so würde er irren (die Widerlegung wird ganz in der Sprache der Formel gehalten, abschließend: das ἓν sei οὐδὲν τῶν πάντων, ἀλλὰ πρὸ τῶν πάντων). Dazu kommt, was wir oben S. 246, 5 im 'Asclepius' lasen: is (sc. deus) unus et omnia. (Daß Goethe einem im Jahre 1823 verfaßten Gedichte, das er dann in den Zyklus „Gott und Welt" aufnahm, die Überschrift „Eins und Alles" gab, sei als Analogie immerhin bemerkt.) Zum Verständnisse des Gesamttitels jenes Werkes ἡ Πανάρετος βίβλος verweise ich auf Euseb. h. e. IV 22, 8 οὐ μόνος δὲ οὗτος (Hegesippos), ἀλλὰ καὶ Εἰρηναῖος καὶ ὁ πᾶς τῶν ἀρχαίων χορὸς Πανάρετον σοφίαν τὰς Σολομῶντος παροιμίας ἐκάλουν, während andere das Spruchbuch des Sirachiden so betitelten (Euseb. chron. II 122 Sch. u. a.); aus der Anm. des Henr. Valesius zu jener Stelle der h. e. ersehe ich, daß Athanasios und Epiphanios diesen Titel von der Sophia Sal. gebrauchten. Hieraus ergibt sich, daß es ein Wandertitel war, besonders verbreitet in jüdisch-hellenistischer Literatur: daraus begreift sich die Übertragung auf das ἀπόκρυφον der Zauberliteratur sowie auf eine hermetische Schrift (Heliodoros im Cat. codd. astrologorum IV, Brüssel 1903) 81. Für das Verständnis von Πτολεμαϊκά (Apokryphes aus den 'Ptolemäer'-Bibliotheken) kann ich gerade noch auf W. Kroll, 'Hermes Trismeg.' in der R. E. p. 4 des S.-A. verweisen.

1) Auf demselben Blatte der genannten Hs. die Figur einer sich in den Schwanz beißenden Schlange, innerhalb des von ihr gebildeten magischen Kreises die Worte: ἓν τὸ πᾶν: s. die Titelvignette dieses Buches.

ἐκ σέο γὰρ πάντ' ἐστὶ καὶ εἰς σὲ τὰ πάντα τελευτᾷ.[1]

Endlich sei zur Geschichte der Formel noch bemerkt, daß sie, wie von Juden und Christen auf ihren Gott, so auch auf Isis übertragen worden ist: Athenagoras pro Christ. 112 p. 28, 2 περὶ τῆς Ἴσιδος ἣν φύσιν αἰῶνος, ἐξ ἧς πάντες ἔφυσαν καὶ δι' ἧς πάντες εἰσίν, λέγουσιν, wozu E. Schwartz im Index seiner Ausgabe S. 82 bemerkt: 'allegoria notabilis, sine dubio per etymologiam qua Ἴσις ἀπὸ τοῦ ἰέναι derivatur comprobata'. Da Athenagoras 46 p. 11, 3 sie auch vom Christengotte gebraucht (πρὸς αὐτοῦ καὶ δι' αὐτοῦ πάντα ἐγένετο), so tritt nur um so deutlicher hervor, daß diese vom stoischen Pantheismus geprägte eindrucksvolle Allmachtsformel eine Art von Bindungsmittel der synkretistischen Religionen, einschließlich des Christentums, geworden ist. Der Verf. der Schrift περὶ κόσμου c. 6 Anf. hat also Recht, wenn er ganz im Sinne der Stoa den in dieser Formel niedergelegten Gedanken als eine κοινὴ ἔννοια des Menschengeschlechts bezeichnet: ἀρχαῖος μὲν οὖν τις λόγος καὶ πάτριός ἐστι πᾶσιν ἀνθρώποις, ὡς ἐκ θεοῦ πάντα καὶ διὰ θεὸν ἡμῖν συνέστηκεν. In diesem Zitate ist, wie in einigen vorausgehenden, der dreigliedrige Ausdruck auf einen zweigliedrigen reduziert worden. Aber die Dreizahl war das Ursprüngliche, gerade auf ihr beruht, wie auch unser für dergleichen abgestumpftes Gehör noch zu empfinden vermag, die Feierlichkeit der Formel: darüber soll im Anhang IV 2 einiges gesagt werden.

2. LITURGISCHES IM PAULINISCHEN SCHRIFTTUM.[2]

A. EINE LITURGISCHE STELLE IM KOLOSSERBRIEFE.

Paulus ep. ad Col 1,9 ff. Wir betrachten die Formel nunmehr in dem Zusammenhange, in dem sie an der Stelle des Kolosserbriefes steht. Ich gebe diese

---

1) Zu vergleichen ist auch das Gebet im Martyrium Petri (Acta apost. apocr. I ed. Lipsius-Bonnet, Leipz. 1891) p. 19 *tu mihi omnia es, et omnia mihi in te sunt. tu mihi totum es, et totum quod est tu mihi es. tu es enim mihi omnia*; etwas anders die griechische Fassung p. 98 σὺ τὸ πᾶν καὶ τὸ πᾶν ἐν σοί καὶ τὸ ὂν σύ, καὶ οὐκ ἔστιν ἄλλο ὃ ἔστιν εἰ μὴ μόνος σύ. In der lateinischen Fassung sind den zitierten Worten noch hinzugefügt die der Acta: *in te vivimus, movemur et sumus*, ganz im Sinne des stoischen Pantheismus, auf den, wie wir sahen (o. S. 19 f.), diese Worte schließlich zurückgehen.

2) Die [...] W[...] auf den [...]geschichtlichen Zusammenhang, den

gleich in einer Kolometrie, die auch ohne Kenntnisnahme der stilistischen Analysen im Anhang V wohl unmittelbar einleuchtet: nur muß man hellenisches Stilempfinden ganz beiseite lassen. Zur Bequemlichkeit des Lesers habe ich die korrespondierenden Worte gesperrt und mit entsprechenden Buchstaben bezeichnet.

'Wir beten unaufhörlich, schreibt der Apostel[1]) (V. 9 ff.), daß ihr erfüllt werdet mit der Erkenntnis seines (Gottes) Willens, zu wandeln würdig des Herrn, ... εὐχαριστοῦντες τῷ πατρὶ

---

ich darlege, kurz hingewiesen hat, ist E. v. Dobschütz. In seinem Kommentar zu den Thessalonikerbriefen (Göttingen 1909) sagt er (S. 43) aus Anlaß des feierlichen Tones einzelner Stellen im zweiten dieser Briefe: „Schon die jüdische Gebetsprache kannte diesen feierlichen Ton, der der Anrufung Gottes noch ein die Erhöhungsgewißheit bekräftigendes Partizipialattribut beigibt; in manchen Stücken des A. T.s findet er sich vorgebildet."

1) Eine genaue Lektüre des Briefes, in Verbindung mit dem Studium des tiefgründigen Kommentars von H. v. Soden (Handkomm. des N.T., bearbeitet von Holtzmann usw. Bd. III 1, 2. Aufl., Freiburg-Leipz. 1893), hat mich jetzt von seiner Echtheit überzeugt, und diese Überzeugung ist mir durch Gespräche mit Wilamowitz, der ebenfalls die Echtheit für sicher hält, noch bestärkt worden. (E. Schwartz, Charakterköpfe II 108 rechnet ihn zu den unechten Briefen; Wendland, Kultur[2] S. 363 f. neigt gleichfalls zur Annahme der Unechtheit; vielleicht werden sie beide aber, wie ich selbst, die Wandlung von der Negation zur Position durchmachen). Die mir soeben bekannt gewordenen Ausführungen von J. Weiß, Literaturgesch. des N. T. (Erweiterter S.-A. aus: Die Religion in Geschichte u. Gegenwart III, Tübing. 1912) 40 f. sind geeignet, die letzten Zweifel zu beseitigen. Um so sicherer ist freilich die Unechtheit des sog. Briefes an die Ephesier. Ich will nur darauf hinweisen, daß Eph. 3, 16 ff. ἵνα δῷ ὑμῖν κατὰ τὸ πλοῦτος τῆς δόξης αὐτοῦ δυνάμει κραταιωθῆναι διὰ τοῦ πνεύματος αὐτοῦ εἰς τὸν ἔσω ἄνθρωπον, κατοικῆσαι τὸν Χριστὸν διὰ τῆς πίστεως ἐν ταῖς καρδίαις ὑμῶν, ἐν ἀγάπῃ ἐρριζωμένοι καὶ τεθεμελιωμένοι ἵνα ἐξισχύσητε καταλαβέσθαι die Nominative der Partizipien sehr unbequem sind: Sie lassen sich nicht anders verstehen als so wie der letzte Erklärer dieser Briefe, M. Dibelius (Tübing. 1912), tut mit Berufung auf J. Moulton, Einl. in die Sprache des N. T. (Heidelberg 1911) 288: absolute Partizipia im Sinne des Imperativs oder Optativs; aber unter den von Moulton dafür angeführten Beispielen aus der nt. Briefliteratur ist keins von solcher Härte wie das vorliegende, auf das er daher auch nur mit einem „vgl. Eph. 3, 17" hinweist. Alles wird klar, wenn man die nominativischen Partizipien als eine fast mechanische Herübernahme aus Kol. 2, 7 auffaßt: ἐν αὐτῷ (Χριστῷ) περιπατεῖτε, ἐρριζωμένοι καὶ ἐποικοδομούμενοι ἐν αὐτῷ. Übrigens beurteilt Dibelius in einem beachtenswerten Exkurse zu Eph. 4, 16 (S. 113 f.) das Verhältnis der beiden Briefe so, wie ich es für richtig halte.

252 III. Christiana.

12 τῷ ἱκανώσαντι ἡμᾶς εἰς τὴν μερίδα τοῦ κλήρου τῶν ἁγίων ἐν τῷ
13 ὃς ἐρύσατο ὑμᾶς ἐκ τῆς ἐξουσίας τοῦ σκότους   [φωτὶ
καὶ μετέστησεν εἰς τὴν βασιλείαν τοῦ υἱοῦ τῆς ἀγάπης αὐτοῦ
14 ἐν ᾧ ἔχομεν τὴν ἀπολύτρωσιν, τὴν ἄφεσιν τῶν ἁμαρτιῶν

15 (a) ὅς ἐστιν εἰκὼν τοῦ θεοῦ τοῦ ἀοράτου, (b) πρωτότοκος
πάσης κτίσεως
16 (c) ὅτι ἐν αὐτῷ (d) ἐκτίσθη τὰ πάντα (e) ἐν τοῖς οὐρανοῖς καὶ ἐπὶ τῆς γῆς
τὰ ὁρατὰ καὶ τὰ ἀόρατα
εἴτε θρόνοι εἴτε κυριότητες
εἴτε ἀρχαὶ εἴτε ἐξουσίαι.
(d) τὰ πάντα (f) δι' αὐτοῦ καὶ (g) εἰς αὐτὸν (d) ἔκτισται
17 (h) καὶ αὐτός ἐστιν πρὸ πάντων
καὶ (d) τὰ πάντα ἐν αὐτῷ συνέστηκεν
18 (h) καὶ αὐτός ἐστιν ἡ κεφαλὴ τοῦ σώματος τῆς ἐκκλησίας

(a¹) ὅς ἐστιν ἀρχή, (b¹) πρωτότοκος ἐκ τῶν νεκρῶν
ἵνα γένηται ἐν πᾶσιν αὐτὸς πρωτεύων
19 (c¹) ὅτι ἐν αὐτῷ εὐδόκησεν πᾶν τὸ πλήρωμα κατοικῆσαι
20 καὶ (f¹) δι' αὐτοῦ ἀποκαταλλάξαι (d¹) τὰ πάντα (g¹) εἰς
αὐτόν
εἰρηνοποιήσας διὰ τοῦ αἵματος τοῦ σταυροῦ αὐτοῦ
δι' αὐτοῦ (f²) εἴτε (e¹) τὰ ἐπὶ τῆς γῆς
εἴτε (e¹) τὰ ἐν τοῖς οὐρανοῖς.

Dies ist eine von den Exegeten viel umstrittene Stelle. Über den bis κτίσεως V. 15 reichenden Teil dieses Satzes urteilt E. Haupt in seinem, Götting. 1902 erschienen Kommentar so: „An die Erwähnung der Dankbarkeit gegen Gott wird (V. 12) partizipial die Erinnerung angeknüpft, daß dieser Gott die Leser an dem Lichtreich beteiligt hat; daran wird relativisch gefügt, daß er sie aus der Finsternis errettet und in das Reich seines Sohnes versetzt hat, und daran abermals relativisch der Gedanke, daß sie diesem Sohne die Sündenvergebung danken. Wie verschieden also dieser Endpunkt des Satzes von dem Ausgangspunkt, der Fürbitte für die Gemeinde!"[1])

---
1) Viel tiefer war H. v. Soden a. a. O. S. 32 f. in den Gedankengang eingedrungen; freilich rechnet er mit der Möglichkeit, daß die Worte τὰ πάντα — συνέστηκεν (V. 16 f.) „eine in den Text gekommene Glosse" seien. Vielleicht wird er nun, nachdem das formelhafte Gut nachgewiesen worden ist, diese V̶̶ so wenig wie ich selbst

Die bisherige Darlegung ermöglicht es uns nun aber, zu zeigen, daß von einer stilistischen Ungeschicklichkeit gar keine Rede sein kann[1]): vielmehr ist die Periode ein Komplex fast aller Prädikationsformen, die wir kennen gelernt haben.[2]) Der Vater wird prädiziert zunächst in einem Partizipialsatze ($τῷ\ ἱκανώσαντι$[3])), dann in einem Relativsatze ($ὃς\ ἐρύσατο$), der Sohn zunächst in zwei Relativsätzen ($ἐν\ ᾧ\ ἔχομεν,\ ὅς\ ἐστιν$), dann in einer Formel der „Er"-Prädikation ($τὰ\ πάντα\ δι'\ αὐτοῦ — ἐκκλησίας$), endlich nochmals mit einem Relativsatze ($ὅς\ ἐστιν\ ἀρχή$). Das ist also feierlicher, formelhafter Stil, angemessen gerade dem Gebete ($οὐ\ παυόμεθα\ ὑπὲρ\ ὑμῶν\ προσευχόμενοι\ καὶ\ αἰτούμενοι$ beginnt der Satz), in einer Struktur, die auf jeden, der für monumentale Architektonik des sprachlichen Ausdrucks ein Gefühl hat, bedeutenden Eindruck machen muß. Wie in der Form, so ist auch im Inhalte unzweifelhaft älteres traditionelles Gut bewahrt worden. Denn daß hier eine Doxologie Gottes auf Vater und Sohn verteilt worden ist[4]), ergibt sich aus meinen bisherigen Darlegungen mit Notwendigkeit, ebenso aber auch das Weitere, daß diese Doxologie aus den Kreisen des hellenisierten Judentums stammt. Zur Bestätigung kann dienen, daß jüdische Gedanken und Begriffe dieses Abschnitts

---

meine früheren Bemerkungen über die Stelle (Ant. Kunstpr. 506, 2). — M. Dibelius macht in seinem Kommentar (s. o. S. 250, 2) S. 69 eine richtige Bemerkung über die Gesamtkomposition (Korrekturnote).

1) Eine solche ist es vielmehr erst geworden durch die Nachahmung im 1. Kap. an die 'Ephesier' (3—14): das monströseste Satzkonglomerat (denn von einer Periode kann man da gar nicht mehr reden), das mir in griechischer Sprache begegnet ist und dem das Anakoluth 3, 1—14 würdig zur Seite steht; die Unechtheit dieses Briefes ist erwiesen.

2) Die 'liturgische' Haltung der Stelle ist natürlich auch anderen aufgefallen, z. B. sagt A. Deissmann, Paulus (Tübing. 1911) 75 vom Kolosser- und 'Ephesier'-Briefe, daß sie sich „in feierlichen Konfessionen ergehen, die auch stilistisch durch ein gravitätisch-hieratisches Pathos auffallen." J. Weiß, Christus. Die Anfänge des Dogmas (Religionsgesch. Volksbücher I. 18/19, Tübing. 1909) 45 f. nennt die oben analysierte Stelle des Kolosserbriefes „eine Art dogmatischen Hymnus", versucht auch eine Gliederung, die aber, wie auch seine eigenen Bemerkungen (Die Aufgaben der nt. Wissenschaft, Götting. 1908, 16) zeigen, nun einer Revision bedarf.

3) Vgl. die relativische Prädikation mit demselben Worte Kor. II 3, 6 $ἡ\ ἱκανότης\ ἡμῶν\ ἐκ\ τοῦ\ θεοῦ,\ ὃς\ καὶ\ ἱκάνωσεν\ ἡμᾶς\ διακόνους\ καινῆς\ διαθήκης$.

4) Ganz analog ist es, wenn er die uns hier beschäftigende Formel des Römerbriefes 11, 36 $ἐξ\ αὐτοῦ\ καὶ\ δι'\ αὐτοῦ\ καὶ\ εἰς\ αὐτόν$ in der oben S. 241 angeführten Stelle des Korinthierbriefes I 8, 6 auf Gott und Christus verteilt.

in den Kommentaren (besonders in dem von H. v. Soden) reichlich nachgewiesen worden sind; speziell auf das hellenisierte Judentum weist (außer den auch sprachlich interessanten Bezeichnungen von Engelwesen in V. 16) der Ausdruck πρωτότοκος πάσης φύσεως (V. 15).[1]) Daß hellenische Gedanken in diese Kreise Eingang fanden, zeigt außer der Allmachtsformel (V. 16 f.) vielleicht auch die Zweiteilung der Welt in τὰ ὁρατὰ καὶ τὰ ἀόρατα (V. 16), die so im N. T. (und nach der Konkordanz auch im A. T.) sonst nicht vorkommt, während sie, wie v. Soden richtig bemerkt, platonisch ist (außer Phaid. 79 A auch Tim. 51 A).

B. EINE LITURGISCHE STELLE DES 1. TIMOTHEOSBRIEFES. HEBRÄISCHER UND HELLENISCHER SATZPARALLELISMUS.

ep. ad Timoth. I 3,16. Womöglich noch handgreiflicher ist die formelhafte Stilisierung an einer vielbehandelten Stelle des ersten Briefes an Timotheos 3,16: ὁμολογουμένως μέγα ἐστὶν τὸ τῆς εὐσεβείας μυστήριον·

ὅς[2]) ἐφανερώθη ἐν σαρκί
ἐδικαιώθη ἐν πνεύματι
ὤφθη ἀγγέλοις
ἐκηρύχθη ἐν ἔθνεσιν
ἐπιστεύθη[3]) ἐν κόσμῳ
ἀνελήμφθη ἐν δόξῃ.[4])

---

1) Denselben Ausdruck (vgl. über ihn W. Bousset zur Apoc. Joh. 1, 5) gebraucht vom λόγος Theophilos (ad Autol. II 22), der vom paulinischen Schrifttum nirgends abhängig ist. Da nun auch Philon diesen Ausdruck (sowie den analogen πρωτόγονος) vom λόγος gebraucht (vgl. H. Cremer, Bibl.-theol. Wörterb.³ 600), so folgt daraus unbedingt, daß eine uns nicht erhaltene Schrift, in welcher der Logosbegriff vom Standpunkte des alten Bundes behandelt war, die gemeinsame Quelle für die Stellen des Kolosserbriefes, Philon und Theophilos war. Diese Kombination habe ich bereits Antike Kunstpr. S. 475 Anm. aufgestellt, sie ist m. W. nicht bestritten worden.

2) Die Verteidigung der zwei Buchstaben dieses Wörtchens kostete dem armen Wettstein (s. o. S. 13, 2) sein Pfarramt. Er wußte aus seinen Hss., daß die lectio recepta θεός auf Interpolation beruhe (ΟΣ = ΘΣ), und wagte das zu sagen. Aber dadurch wurde er buchstäblich ein advocatus diaboli, denn zwei Jahrhunderte vorher hatte, eben mit Rücksicht auf dieses ominöse ὅς, Theodor v. Beza, der Nachfolger Calvins an der Genfer Hochschule, in seiner Ausgabe des N. T. (1565) zu dieser Stelle notiert: 'vix alius locus est, in quo omnia redemtionis nostrae mysteria vel magnificentius vel planius explicantur: ut non mirum sit foede fuisse a diabolo depravatum, cui sane hac in parte suam operam Erasmus commendavit.' Diese Worte hat Wett-

2. Liturgisches im Paulinischen Schrifttum. 255

Dies nennen einige Exegeten richtig eine 'liturgische Bekenntnisformel'[5]). Zu der sachlichen Begründung, die sie dafür geben, kommt nun noch als formales Argument die relativische Anknüpfung. Die mangelnde grammatische Verknüpfung des ὅς-Satzes (ὅ, wie die älteren Ausgaben drucken, beruht nur auf der für derartiges wertlosen Übersetzung des Hieronymus: *sacramentum, quod manifestatum est*, und ist ja auch sinnwidrig)[6]) zeigt noch sichtbar, daß er von

---

stein zu der Briefstelle des 'Paulus' zitiert, als er 1752, Jahrzehnte nach seiner Verbannung aus der Schweiz, in Amsterdam seine Ausgabe machte, in deren Prolegomena er sein Schicksal erzählt (bes. I S. 199).

3) Zu ἐπιστεύθη bemerkt v. Soden S. 237: „die Konstruktion ist, zumal da Christus selbst Subjekt ist, einzigartig, vielleicht als poetische Lizenz zu erklären", sicher richtig. Nur würde ich vorziehen, es so zu formulieren, daß die Notwendigkeit des ὁμοιοτέλευτον den Anlaß zur ungewöhnlichen Struktur gab (also entsprechend dem, was wir 'Reimzwang' nennen). Darüber hat kürzlich H. Diels, Herm. XLVI (1911) 275 Treffendes gesagt (vgl. auch meine Bemerkungen De Minucii aetate usw., Greifsw. 1897, 23 ff.); die sehr häufige Erscheinung verlangt einmal genauere Prüfung.

4) Die letzten Worte beziehen einige nicht auf die Himmelfahrt, sondern sie deuten: „er wurde aufgenommen (von der Welt) mit Verherrlichung" (so z. B. A. Seeberg, Der Katechismus der Urchristenheit, Leipz. 1903, 121 ff. mit ausführlicher Begründung). Das scheint mir nicht richtig, von anderen Einwänden abgesehen auch deshalb nicht, weil es bei Lukas ev. 9, 31 von Mose und Elias heißt: ὀφθέντες ἐν δόξῃ, wo die Bezugnahme auf die Erhöhten offensichtlich ist. Auch der Verf. des I. Petrusbriefes, der m. E. diesen Timotheosbrief kannte, hat es nicht so verstanden: 1, 21 θεὸν τὸν ἐγείραντα αὐτὸν ἐκ νεκρῶν καὶ δόξαν αὐτῷ δόντα. Die alte Erklärung 'er wurde erhoben in Glorie' besteht also zu Recht.

5) Ihre teilweise Übereinstimmung mit der unpaulinischen Doxologie am Schlusse des Römerbriefes ist bemerkenswert: κατὰ ἀποκάλυψιν μυστηρίου χρόνοις αἰωνίοις σεσιγημένου, φανερωθέντος δὲ νῦν διά τε γραφῶν προφητικῶν κατ' ἐπιταγὴν τοῦ αἰωνίου θεοῦ εἰς ὑπακοὴν πίστεως εἰς πάντα τὰ ἔθνη γνωρισθέντος. Nicht nur die hervorgehobenen wörtlich übereinstimmenden Ausdrücke, sondern auch der tenor des Ganzen (διὰ γραφῶν προφητικῶν εἰς τὰ ἔθνη γνωρισθέντος entspricht dem Sinne nach dem ἐκηρύχθη ἐν ἔθνεσιν) lassen die beiden Doxologien als eng verbunden erscheinen; auch ihre Entstehungszeit (etwa die Zeit des Markion: P. Corssen, Z. f. nt. Wiss. X 1909, 34. Wendland, Kultur² S. 351, 3) scheint annähernd dieselbe gewesen zu sein. Die Variation zwischen Relativsätzen (Tim.) und Partizipien (Röm.) ist ein weiterer Beleg für die Zusammenhänge dieser beiden Prädikationsformen.

6) Die Annahme v. Sodens u. a., daß ὅς—ἀγγέλοις der relativische Vordersatz sei, ἐκηρύχθη—δόξῃ der Nachsatz ('er, der ... gesehen wurde von den Engeln, er wurde verkündet' usw.) erscheint mir stilistisch nicht leicht, da

dem Verfasser dieses Briefes aus einer formelhaften Doxologie als Zitat herübergenommen oder einer solchen nachgebildet wurde. — Über andere Beispiele für den formelhaften Partizipial- und Relativstil in den Schriften des N.T. soll im Anhang VIII gehandelt werden.

Daß dies nun keine Verse sind, darüber ist kein Wort zu verlieren; aber wenn ich diese Struktur früher (Ant. Kunstpr. 852 f.) aus der nach Kola und Kommata mit Homoioteleuta gegliederten hellenischen Kunstprosa ableitete, so habe ich jetzt Grund, diese Ansicht zu verwerfen. Denn es fehlt das entscheidende Kriterium dieses Stils: die Gliederung. Nur die beiden ersten Kola mit den antithetischen Begriffen $\sigma\alpha\rho\kappa\ell - \pi\nu\epsilon\acute{u}\mu\alpha\tau\iota$ würden den Postulaten eines wirklich antiken $\iota\sigma\acute{o}\kappa\omega\lambda o\nu$ entsprechen, obwohl wir auch hier, wie bei den weiter folgenden Gliedern, die korrelativen Partikeln $\mu\acute{\epsilon}\nu - \delta\acute{\epsilon}$ empfindlich vermissen würden. Die weiteren 4 Glieder sind untereinander nicht paarweise disponiert; denn der Versuch, das dritte mit dem vierten zu verbinden, würde an dem $\dot{\epsilon}\nu$ scheitern, das in dem dritten fehlt, während es, wie im ersten und zweiten, so wieder im vierten, fünften und sechsten steht.[1]) Es sind offenbar sechs einander parallel laufende Glieder ohne eigentliche Gruppierung: das aber ist dem hellenischen Satzparallelismus, der

der Übergang vom Vordersatz zum Nachsatz durch nichts markiert ist, wozu doch gerade wegen der parallel laufenden Kommata Anlaß gewesen wäre. Doch hat, wie ich sehe, diese Auffassung den Beifall von A. Seeberg a. a. O. (S. 255, 4) gefunden. Vielleicht werden aber die genannten Forscher jetzt, nachdem die serienartig sich parallel laufenden Relativsätze als typisch für diesen Stil erwiesen worden sind (vgl. vor allem auch die Sammlung im Anhang VIII), ihre Auffassung revidieren (die von seinem Vater vertretene ist von H. v. Soden jun. in der Z. f. nt. Wiss. XII, 1911, 194 f. aus anderen Gründen bestritten worden). Gibt es doch auch im echten Paulus eine ähnliche Stelle, die dem Verf. des Timotheosbriefes vielleicht als Vorbild gedient hat: an die Kolosser 1, 26 f. $\tau\grave{o}$ $\mu\nu\sigma\tau\acute{\eta}\rho\iota o\nu$ $\tau\grave{o}$ $\dot{\alpha}\pi o\kappa\epsilon\kappa\rho\nu\mu\mu\acute{\epsilon}\nu o\nu$ $\dot{\alpha}\pi\grave{o}$ $\tau\tilde{\omega}\nu$ $\alpha\grave{\iota}\acute{\omega}\nu\omega\nu$ $\kappa\alpha\grave{\iota}$ $\dot{\alpha}\pi\grave{o}$ $\tau\tilde{\omega}\nu$ $\gamma\epsilon\nu\epsilon\tilde{\omega}\nu$, $\nu\tilde{\nu}\nu$ $\delta\grave{\epsilon}$ $\dot{\epsilon}\varphi\alpha\nu\epsilon\rho\acute{\omega}\vartheta\eta$ $\tau o\tilde{\iota}\varsigma$ $\dot{\alpha}\gamma\acute{\iota}o\iota\varsigma$ $\alpha\grave{\upsilon}\tau o\tilde{\upsilon}$, $o\tilde{\iota}\varsigma$ $\eta\vartheta\acute{\epsilon}\lambda\eta\sigma\epsilon\nu$ $\dot{o}$ $\vartheta\epsilon\grave{o}\varsigma$ $\gamma\nu\omega\rho\acute{\iota}\sigma\alpha\iota$ $\tau\acute{\iota}$ $\tau\grave{o}$ $\pi\lambda o\tilde{\upsilon}\tau o\varsigma$ $\tau\tilde{\eta}\varsigma$ $\delta\acute{o}\xi\eta\varsigma$ $\tau o\tilde{\upsilon}$ $\mu\upsilon\sigma\tau\eta\rho\acute{\iota}o\upsilon$ $\tau o\acute{\upsilon}\tau o\upsilon$ $\dot{\epsilon}\nu$ $\tau o\tilde{\iota}\varsigma$ $\check{\epsilon}\vartheta\nu\epsilon\sigma\iota\nu$, $\ddot{o}\varsigma$ $\dot{\epsilon}\sigma\tau\iota\nu$ $X\rho\iota\sigma\tau\grave{o}\varsigma$ $\dot{\epsilon}\nu$ $\dot{\upsilon}\mu\tilde{\iota}\nu$: gerade dies $\ddot{o}\varsigma$ $\dot{\epsilon}\sigma\tau\iota\nu$ ist, wie viele Stellen des genannten Anhangs zeigen, formelhaftes Gut, und Paulus hat, um es nicht anzutasten, das zu erwartende $\ddot{o}$ (so interpolierte Hss.) von dem Prädikatsbegriffe attrahieren lassen. Ähnliches aus dem II. Korinthierbriefe in demselben Anhang.

1) Bemerkenswert ist, daß Hieronymus (soweit man bei dem gegenwärtigen Standpunkte der Vulgatakritik darüber urteilen kann) im vierten Kolon das *in* ausgelassen hat, wodurch es an das dritte angeglichen wird: *et magnum est pietatis sacramentum*.

auf dem Prinzipe formaler Gliederung beruht, ebenso zuwider, wie es dem hebräischen Gedankenparallelismus entspricht.¹)

Zu dem gleichen Resultate gelangen wir durch folgende Erwägung. Ein griechisch empfindender Schriftsteller hätte die sechs Verbalformen um keinen Preis eine nach der anderen an den Anfang der Kola gestellt, sondern unbedingt an deren Ende, zumal da, wo die Substantive kein ὁμοιοτέλευτον ergaben, also z. B. nicht ἐπιστεύθη ἐν κόσμῳ, ἀνελήμφθη ἐν δόξῃ, sondern: ἐν κόσμῳ μὲν ἐπιστεύθη, ἐν δόξῃ δ' ἀνελήμφθη. Gerade diese Voranstellung der Verbalbegriffe ist nun aber für den semitischen Parallelismus, wie die semitischen Sprachen überhaupt, typisch gewesen.²) Besonders deutlich ist es bei den Gebeten. Diese Wortstellung zeigen fast alle vorhin (S. 204 ff.) angeführten Beispiele jüdischer Gebete³), denen sich anschließt das Vaterunser:

ἁγιασθήτω τὸ ὄνομά σου
ἐλθέτω ἡ βασιλεία σου
γενηθήτω τὸ θέλημά σου

(Matth. 6, 9)⁴), sowie die sehr merkwürdige Formel im Briefe an die 'Ephesier' (5, 14):

quod manifestatum est in carne
iustificatum est in spiritu,
apparuit angelis
praedicatum est gentibus,
creditum est in mundo
assumptum est in gloria.

Dadurch erweckt er den Schein einer Gliederung von 2 + 2 + 2, d. h. er, der gewandte Stilist, der in den Fazetien gorgianischen Stils schwelgt, hat hier durch die Auslassung eines Wörtchens eine Disposition hineingebracht.

1) Näheres im Anhang V. 2) Näheres im Anhang VI.
3) Vgl. noch das Gebet bei Jesajas 37, 17

κλῖνον κύριε τὸ οὖς σου
εἰσάκουσον κύριε
ἄνοιξον κύριε τοὺς ὀφθαλμούς σου
εἰσβλεψον κύριε καὶ ἴδε τοὺς λόγους,

sowie besonders das Gebet Jes. Sirach c. 36. Auch außerhalb des imperativischen Stils; vgl. die Lobpreisung der Σοφία in der Sap. Sal. 10, 15 ff.:

αὕτη ... εἰσῆλθεν εἰς ψυχὴν θεράποντος κυρίου,
καὶ ἀνέστη βασιλεῦσι φοβεροῖς ἐν τέρασι καὶ σημείοις,
ἀπέδωκεν ὁσίοις μισθὸν κόπων αὐτῶν,
ὡδήγησεν αὐτοὺς ἐν ὁδῷ θαυμαστῇ usw.,

ebenso c. 11, 2 ff.

4) Jüdische Elemente im Vaterunser sind allgemein zugestanden, vgl. darüber z. B. Fr. Chase, The Lord's Prayer in the early Church in: Texts and

258 III. Christiana.

ἔγειρε ὁ καθεύδων
καὶ ἀνάστα ἐκ τῶν νεκρῶν
καὶ ἐπιφαύσει σοι ὁ Χριστός.[1])

Solche aus dem jüdischen Ritual stammenden κατὰ κῶλα aneinandergereihten Imperative sind dann für die christlichen Gebete der alten Kirche typisch geblieben.[2])

Struktur hellenischer und christlicher Doxologien. Die Probe auf die Richtigkeit dieser Auffassung kann jeder leicht anstellen, indem er die christologische Doxologie des Timotheosbriefes mit folgenden beiden antiken vergleicht, die ich der Kontrastwirkung halber eigens für diese Stelle aufgespart habe. Es ist nämlich in der Tat charakteristisch genug, daß Jahrhunderte vor dem Beginne der Rhetorik als einer bewußten Kunstübung die in dieser so beliebten Stilornamente des Satzparallelismus mit Homoioteleuta schon begegnen in der Prädikation des höchsten Gottes, mit der Hesiodos seine Erga eröffnet hat:

Μοῦσαι Πιερίηθεν, ἀοιδῆσιν κλείουσαι,
δεῦτε, Δί᾽ ἐννέπετε, σφέτερον πατέρ᾽ ὑμνείουσαι·

Studies I 3, Cambridge 1891. Dagegen geht der Rabbiner G. Klein (der die genannte Schrift von Chase nicht zu kennen scheint) in seinem unkritischen und tendenziösen Buche Der älteste christl. Katechismus und die jüdische Propaganda-Literatur (Berl. 1909) 256 ff. viel zu weit.

1) Hierzu bemerkt H. v. Soden in seinem Kommentar (s. o. S. 251, 1): „Dies Wort ist seinem Tonfall nach entweder eine feierliche Formel oder einem Hymnus entnommen. Vielleicht ist es gebraucht bei der Aufnahme in die christl. Gemeinschaft nach der Taufe." Eine Art von christlicher Konkurrenzformel zu Isismysterien, möchte man auf Grund dessen sagen, was Apuleius met. XI 21 ff. von diesen berichtet. Formell in der Struktur ähnlich und doch wieder innerhalb der Ähnlichkeit verschieden ist das, was nach Firmicus de errore prof. rel. c. 18, 1 der Myste sagte, *ut in interioribus partibus homo moriturus possit admitti*:

ἐκ τυμπάνου βέβρωκα
ἐκ κυμβάλου πέπωκα
γέγονα μύστης Ἄττεως.

Diese Art des Isokolon mit Reim, dann vor allem die Kombination der iambischen Kurzverse mit einem trochäischen Kolon verbieten es durchaus, diese Formel als alt anzusehen.

2) Davon kann man sich leicht überzeugen z. B. an den Gebeten in der Didache und in der Kompilation des B. VIII der apostolischen Konstitutionen sowie der interessanten Gebetsammlung des Bischofs Serapion von Thmuis, die G. Wobbermin (Altchristl. liturg. Stücke aus der Kirche Ägyptens, Texte u. Unters. N. F. II 1899) entdeckt und herausgegeben hat.

2. Liturgisches im Paulinischen Schrifttum.

ὅν τε διά¹) βροτοὶ ἄνδρες ὁμῶς ἄφατοί τε φατοί τε,
ῥητοί τ' ἄρρητοί τε Διὸς μεγάλοιο ἕκητι.

Diesen vier Versen folgen weitere vier²), in denen nun die eigentlichen Διὸς ἀρεταί gepriesen werden:

ῥέα μὲν γὰρ βριάει, ῥέα δὲ βριάοντα χαλέπτει,
ῥεῖα δ' ἀρίζηλον μινύθει καὶ ἄδηλον ἀέξει,
ῥεῖα δέ τ' ἰθύνει σκολιὸν καὶ ἀγήνορα κάρφει
Ζεὺς ὑψιβρεμέτης, ὃς ὑπέρτατα δώματα ναίει.³)

1) Das Nebeneinander von Δία ἐννέπετε und ὅν τε διά, wobei noch dazu das gleiche Wort an der gleichen Versstelle steht, kann, zumal in diesem in Assonanzen schwelgenden Stile, unmöglich auf Zufall beruhen: nach der Epiklese der Musen sollte in jedem der drei übrigen Verse das Wort vorkommen: Δία, διά, Διός; so hoch hinauf geht also die oben (S. 22. 164, 4. 172) berührte spielerische Etymologie. Als ich im Sommer 1904 die Erga im Seminar behandeln ließ, sind zwei Mitglieder unabhängig voneinander und von mir auf diesen Gedanken gekommen. Man muß sich auch erinnern, daß gerade δι' ὅν in feierlichem Stile gebräuchlich war (o. S. 22, 1; viermaliges δι' ὅν Greg. v. Naz. in dem o. S. 175 zitierten Hymnus). Übrigens müssen wir ja ὅν τε δία mit Anastrophe des Tones sprechen (und, wenn darauf viel ankäme, entsprechend schreiben), so daß die spielerische Angleichung von Δία noch mehr hervortritt; Aristarchos verbot in seiner spitzfindigen Art die Anastrophe des Akzents bei διά deshalb, damit dieses nicht mit Δία verwechselt werde (Lehrs, quaest. ep. 73 f.).

2) Die Absichtlichkeit der Gleichzahl ist klar: vgl. die drei Triaden Theog. 164 ff.

3) Kürzlich ist das Proömium wieder athetiert worden von K. Ziegler, Arch. f. Religionswiss. XIV (1911) 393 ff., aber seine Gründe haben mich nicht zu überzeugen vermocht. Sein Hauptargument sind die σχήματα λέξεως, die ihm vor der Sophistenzeit unmöglich erscheinen. Aber Hesiod hat sie gelegentlich auch sonst: 391 f. γυμνὸν σπείρειν, γυμνὸν δὲ βοωτεῖν, γυμνὸν δ' ἀμάειν, ein Trikolon mit Anaphora und Homoioteleuton, genau vergleichbar dem Tetrakolon des Proömiums mit der Anaphora von ῥεῖα und den Homoioteleuta auf -ει; ferner 471 f. εὐθημοσύνη γὰρ ἀρίστη θνητοῖς ἀνθρώποις, κακοθημοσύνη δὲ κακίστη (über diese Verse H. Usener, Altgriech. Versbau 50), dies noch aufdringlicher als irgendetwas im Proömium. Wenn in diesem die Zahl der σχήματα eine so große ist, so haben wir daraus eben zu lernen, daß sie schon in so alter Zeit geeignet erschienen, feierliche Rede zu schmücken: den alten hellenischen Dichter hat, als er einen Hymnus auf Zeus dichtete, dasselbe Gefühl geleitet wie ein Jahrtausend später die christlichen Dichter, als sie diese Ornamente, die inzwischen die Stilsignatur der hohen Prosa geworden waren, aus dieser in ihre Hymnen auf den Vater und den Sohn hinübernahmen. Zieglers Datierung „nicht eher als in der zweiten Hälfte des fünften Jahrhunderts" halte ich für undiskutierbar, bitte ihn auch zu prüfen, ob nicht Solon 2, 35 ff. sowohl sachlich wie was hier

Die sorgfältige Gliederung der Begriffe bedarf keines weiteren Nachweises. Wir finden sie ebenfalls in der Prädikation des Eros, die Platon ἐν παρῳδίας σχήματι dem Agathon in den Mund legt (Symp. 197D):

οὗτος δ' ἡμᾶς ἀλλοτριότητος μὲν κενοῖ,
οἰκειότητος δὲ πληροῖ ...,
πραότητα μὲν πορίζων
ἀγριότητα δ' ἐξορίζων,
φιλόδωρος εὐμενείας
ἄδωρος δυσμενείας

usw. in diesem Stile, stets mit sorgfältigster τάξις der Kommata und Kola, und die Verben an das Ende gestellt.

Wer diese konstante Praxis des griechischen (und lateinischen) Altertums mit der jüdisch-christlichen vergleicht, muß zu dem Ergebnisse kommen, daß ein Urtypus erhöhter Rede, der Satzparallelismus, in seiner besonderen Ausprägung zwei Ausdrucksformen erhalten hat, die sich deutlich voneinander unterscheiden. Der Hellene hat den Vorteil kunstreicher Gestaltung im kleinen, aber ihm fehlt die Monumentalität der Architektonik; während daher bei ihm gerade dieser Stil rettungslos der Manier verfiel, tönt die maniera grande der in diesem Stile verfaßten Psalmen, der prophetischen

---

besonders wichtig ist) in der Formgebung von Hesiod abhängig ist. Es wäre auch sonst noch manches zu sagen: da ich aber ohnehin die über Gebühr vernachlässigten Erga einmal zu behandeln beabsichtige, breche ich hier ab. Nur auf einen Punkt muß ich hier noch eingehen. Da sich nämlich Ziegler für Vers 8 Ζεὺς ὑψιβρεμέτης, ὃς ὑπέρτατα δώματα ναίει auf meine eigene Athetese (in meinem Hesiodseminar Sommer 1904) beruft — es sei ein „aus abgedroschenen Homerfloskeln elend zusammengestoppelter Flickvers" —, so muß ich bemerken, daß mich seitdem eingehendere Beschäftigung mit diesem Dichter eines Besseren belehrt hat. Er darf nicht mit anderem Maße gemessen werden als die Rhapsoden, die, als sie an den homerischen Stoffen weiterdichteten, altes Formelgut beliebig ἔρραψαν, unbekümmert darum, daß dadurch nur zu oft 'unus et alter adsuitur pannus.' In dieser Auffassung bin ich durch Gespräche mit Diels bestärkt worden. Den Argumenten Leos für die Unentbehrlichkeit des von vielen athetierten letzten Verses des Proömiums (10 τύνη· ἐγὼ δέ κε, Πέρση, ἐτήτυμα μυθησαίμην, worauf folgt 11 οὐκ ἄρα μοῦνον ἔην Ἐρίδων γένος κτλ.) möchte ich noch eins hinzufügen. Dem Gedankengange 'ich will dir ἐτήτυμα erzählen (V. 10): meine frühere Dichtung von bloß einer Eris war unrichtig, es gibt deren zwei (V. 11ff.)' entspricht der des 'Stesichoros': 'diese Sage ist nicht ἔτυμ...

Reden des alten Testaments und der Evangelien, auch zahlreicher paulinischer Stellen in ungebrochener Großartigkeit an unser Ohr. Das Bemerkenswerte ist nun aber, daß diese beiden Kinder eines und desselben Vaters, die einander anfangs fremd waren, sich in einer Zeit, da Orientalisches und Hellenisches zusammenflossen, begegnet sind und einen Bund miteinander geschlossen haben. Es konnte ja auch gar nicht anders sein: der gebildete Jude und Christ, der sowohl die Septuaginta wie die manierierten Erzeugnisse der zeitgenössischen hellenischen Kunstprosa las und hörte, mußte die trotz aller Gegensätzlichkeit im einzelnen doch unverkennbare Verwandtschaft beider Stilarten empfinden und sie, dieses Vorgangs sich selbst kaum bewußt, zu einer Einheit verbinden. Dies hat Paulus unzweifelhaft getan, und zwar er für uns zuerst. Die vorhin analysierte Riesenperiode aus dem Anfange des Kolosserbriefes ist als Ganzes betrachtet durchaus unhellenisch, trägt vielmehr den Stempel semitischer Formation, wovon sich jeder leicht überzeugen kann durch Vergleich mit den im Anhang V analysierten Perioden der Evangelien. Aber innerhalb dieses Monumentalbaues ist an zwei Stellen ein schnörkelhafter Putz angebracht, der semitischem Wesen fremd, hellenischem wohlvertraut ist, nämlich die folgenden ξυρὰ ἀντίθετα. Das eine genau in der Mitte:

τὰ ὁρατὰ καὶ τὰ ἀόρατα
εἴτε θρόνοι εἴτε κυριότητες
εἴτε ἀρχαὶ εἴτε ἐξουσίαι,

das andere wie eine κορωνίς am Firste:

εἴτε τὰ ἐπὶ τῆς γῆς
εἴτε τὰ ἐν τοῖς οὐρανοῖς.

Solches Nebeneinander ist für seinen Stil geradezu charakteristisch; hier noch ein Beispiel aus dem 1. Korinthierbriefe c. 7. Zunächst V. 12 f.

εἴ τις ἀδελφὸς γυναῖκα ἔχει ἄπιστον
καὶ αὕτη συνευδοκεῖ οἰκεῖν μετ' αὐτοῦ
μὴ ἀφιέτω αὐτήν·

καὶ γυνὴ ἥτις ἔχει ἄνδρα ἄπιστον
καὶ οὗτος συνευδοκεῖ οἰκεῖν μετ' αὐτῆς
μὴ ἀφιέτω τὸν ἄνδρα.

ἡγίασται γὰρ ὁ ἀνὴρ ὁ ἄπιστος ἐν τῇ γυναικὶ
καὶ ἡγίασται ἡ γυνὴ ἡ ἄπιστος ἐν τῷ ἀδελφῷ.

Dies ist absolut unhellenischer Stil, worüber kein Wort zu verlieren ist. Dasselbe gilt für V. 16

τί γὰρ οἶδας, γύναι, εἰ τὸν ἄνδρα σώσεις;
ἢ τί οἶδας, ἄνερ, εἰ τὴν γυναῖκα σώσεις;

Aber dann heißt es V. 27

δέδεσαι γυναικί· μὴ ζήτει λύσιν,
λέλυσαι ἀπὸ γυναικός· μὴ ζήτει γυναῖκα.

Da haben wir die *κομματικὴ λέξις* der modernen Rhetorik; das antithetische *πάρισον* ist von J. Weiß sehr gut verglichen worden mit Teles p. 10, 6 ed. O. Hense (ed. 2):

γέρων γέγονας· μὴ ζήτει τὰ τοῦ νέου,
ἀσθενὴς πάλιν· μὴ ζήτει τὰ τοῦ ἰσχυροῦ.

Ähnliche echt hellenisch empfundene Satzstrukturen gibt es bei Paulus auch sonst häufig genug (z. B. Römerbr. 1, 29—32). Bis zu welchem Grade beides für ihn zu einer Einheit zusammenfloß, zeigen innerhalb jener Perikope des Korinthierbriefes folgende Verse (18 f.)

περιτετμημένος τις ἐκλήθη· μὴ ἐπισπάσθω,
ἐν ἀκροβυστίᾳ κέκληταί τις· μὴ περιτεμνέσθω.
ἡ περιτομὴ οὐδέν ἐστιν
καὶ ἡ ἀκροβυστία οὐδέν ἐστιν,

wo die ersten beiden Reihen hellenische, die zweiten (mit ihrem *καί* und ihrer Wiederholung von *οὐδέν ἐστιν*) semitische Art zeigen. Auch bei späteren christlichen Autoren, griechischen wie lateinischen, z. B. Clemens Romanus, Cyprianus, Augustinus (in den Predigten) ist diese Vereinigung beider Stilvariationen kenntlich. Aber ich will einer Analyse, die ich für wichtig halte, nicht vorgreifen. Nur dies sei in eigener Sache noch gesagt, daß die leidige Streitfrage zwischen Wilh. Meyer und mir, ob der Reim in die griechisch-lateinische Kirchenpoesie aus orientalischen oder hellenischen Kreisen gelangt sei, sich bei einer Wiederaufnahme der Untersuchung von unvoreingenommener Seite dahin entscheiden wird, daß er als Produkt eines hellenisch-orientalischen Stilsynkretismus erscheint, in dem sich der große, Okzident und Orient verbindende Verschmelzungsprozeß der Theokrasie gewissermaßen hypostasiert hat. Ein solches Ergebnis wird dann auch höhere geschichtliche Wahrheit in sich schließen als sie bisher unserer isolierenden Betrachtungsart

römisch noch orientalisch, wohl aber beides ist, so sicher ist auch unser schöner altgermanischer Allitterationsvers weder von einem hellenisch-römischen noch einem orientalischen, wohl aber von einem aus beiden vereinigten Stilornamente verdrängt worden.

3. DAS APOSTOLISCHE GLAUBENSBEKENNTNIS.

Es wird sich vielleicht die Behauptung aufstellen lassen, daß es über wenige Texte von so geringem Umfange eine gleich große Literatur gibt wie über die apostolische Glaubensregel. Schon allein das Referat über diese Literatur, das einem katholischen Gelehrten verdankt wird (B. Dörholt, Das Taufsymbolum der alten Kirche nach Ursprung und Entwicklung. Erster Teil. Geschichte der Symbolforschung, Paderborn 1898), umfaßt mehr als anderthalbhundert Seiten. Aber eine stilgeschichtliche Betrachtung hat es, wie mich die Lektüre der Hauptwerke (auch der seit dem genannten Jahre erschienenen) und jenes Referat überzeugten, bisher nicht gefunden, wenn von gelegentlichen Bemerkungen abgesehen wird, die auch nur den Stil als solchen, nicht dessen Geschichte angehen.[1])

Struktur des Apostolikums.

Schon in frühester Zeit, als das Bekenntnis noch nicht zu einer formelhaften Glaubensregel umgebildet war, begegnen uns in den Nachrichten der griechischen Berichterstatter[2]) die uns wohlbekannten Partizipien oder Relativsätze als die Stilsignatur. Hermas mand. I 1 (Symb. S. 6)[3]): πρῶτον πάντων πίστευσον, ὅτι εἷς ἐστιν ὁ θεός,

---

1) Harnack, Dogmengesch. I⁴ (1909) 176, 4: „es (das alte römische Symbol) hat eine hymnisch-kultische Form, die sich in der asyndetischen Aufeinanderfolge der einzelnen Glieder und in dem Rhythmus zeigt."

2) Das Material ist unlängst in knapper und auch für uns Philologen sehr anziehender Form vereinigt worden von H. Lietzmann in den von ihm herausgegebenen Kleinen Texten. Für Leser, die meine Darlegungen sich ergänzen wollen (denn ich beschränke mich selbstverständlich auf eine Auswahl), nenne ich die fünf hauptsächlich in Betracht kommenden Heftchen, auf die sich auch meine abgekürzten Zitate beziehen: Symbole der alten Kirche, Bonn 1906. Liturgische Texte I. II. III. VI, Bonn 1909—1911 (darunter II enthaltend: Ordo missae secundum missale Romanorum). Dazu kommt für Kenner des Hebräischen das Heftchen: Altjüdische liturgische Gebete ed. W. Staerk, Bonn 1910 (daraus in Übersetzung einiges o. S. 206 f.). — Anklänge an die Liturgie hat kürzlich Lietzmann (Z. f. wiss. Theol. N.F. XIX 1912, 56 ff.) in dem Martyrium des Polykarpos (verfaßt i. J. 156) nachgewiesen.

3) Die den Autoren in Klammern beigefügten Stellenangaben beziehen sich auf die in der vorigen Anm. genannten Ausgaben. Die gelegentliche Absetzung κατὰ κῶλα καὶ κόμματα ist von mir.

ὁ τὰ πάντα κτίσας καὶ καταρτίσας καὶ ποιήσας ἐκ τοῦ μὴ ὄντος εἰς τὸ εἶναι τὰ πάντα. Iustinos (Symb. 3): ἐπ᾽ ὀνόματος δὲ Ἰησοῦ Χριστοῦ τοῦ σταυρωθέντος ἐπὶ Ποντίου Πιλάτου .... (ὁ φωτιζόμενος λούεται). Eirenaios (ebd.): die Kirche, die sich jetzt über den ganzen Erdkreis erstrecke, habe von den Aposteln und von deren Schülern übernommen

τὴν εἰς ἕνα θεὸν πατέρα παντοκράτορα
   τὸν πεποιηκότα τὸν οὐρανὸν καὶ τὴν γῆν καὶ τὰς θαλάσσας καὶ
                   πάντα τὰ ἐν αὐτοῖς πίστιν
καὶ εἰς ἕνα Χριστὸν Ἰησοῦν τὸν υἱὸν τοῦ θεοῦ
   τὸν σαρκωθέντα ὑπὲρ τῆς ἡμετέρας σωτηρίας
καὶ εἰς πνεῦμα ἅγιον
   τὸ διὰ τῶν προφητῶν κεκηρυχὸς τὰς οἰκονομίας καὶ τὰς ἐλεύσεις

(in der weiteren Paraphrase ersetzt er, da er ja stilistische Ambitionen hat, die allzu gleichförmigen Partizipia durch Substantiva: καὶ τὴν ἐκ παρθένου γέννησιν καὶ τὸ πάθος καὶ τὴν ἔγερσιν ἐκ νεκρῶν καὶ τὴν ἔνσαρκον εἰς τοὺς οὐρανοὺς ἀνάληψιν usw.). Eusebios (Symb. 14) in dem nach der Synode zu Nikaia an seine Gemeinde in Kaisareia gerichteten Schreiben (überliefert von Athanasios: vgl. E. Schwartz, RE. VI 1412 ff.): πιστεύομεν εἰς ἕνα θεόν, πατέρα παντοκράτορα, τὸν τῶν ἁπάντων ὁρατῶν τε καὶ ἀοράτων ποιητήν. καὶ εἰς ἕνα κύριον Ἰησοῦν Χριστόν, τὸν τοῦ θεοῦ λόγον...., υἱὸν μονογενῆ ....

πρὸ πάντων τῶν αἰώνων ἐκ τοῦ πατρὸς γεγεννημένον [1])
   δι᾽ οὗ καὶ ἐγένετο τὰ πάντα
τὸν διὰ τὴν ἡμετέραν σωτηρίαν σαρκωθέντα
καὶ ἐν ἀνθρώποις πολιτευσάμενον
καὶ παθόντα
καὶ ἀναστάντα τῇ τρίτῃ ἡμέρᾳ
καὶ ἀνελθόντα πρὸς τὸν πατέρα
καὶ ἥξοντα πάλιν ἐν δόξῃ κρῖναι ζῶντας καὶ νεκρούς.

Kyrillos von Jerusalem (um 350) in den Katechesen (Symb. 15): πιστεύομεν εἰς ἕνα θεόν .... καὶ εἰς ἕνα κύριον Ἰησοῦν Χριστόν, τὸν υἱὸν τοῦ θεοῦ τὸν μονογενῆ,

---

1) Man merkt den guten Stilisten, der zunächst den Artikel beim Partizipium fortläßt und es ans Ende stellt; weiterhin biegt er dann in die übl...

3. Das apostolische Glaubensbekenntnis. 265

τὸν ἐκ τοῦ πατρὸς γεννηθέντα θεὸν ἀληθινὸν πρὸ πάντων τῶν
αἰώνων

δι' οὗ τὰ πάντα ἐγένετο

τὸν σαρκωθέντα καὶ ἐνανθρωπήσαντα

τὸν σταυρωθέντα καὶ ταφέντα καὶ ἀναστάντα ἐκ νεκρῶν τῇ τρίτῃ
ἡμέρᾳ

καὶ ἀνελθόντα εἰς τοὺς οὐρανούς

καὶ καθίσαντα ἐκ δεξιῶν τοῦ πατρός

καὶ ἐρχόμενον ἐν δόξῃ κρῖναι ζῶντας καὶ νεκρούς

οὗ τῆς βασιλείας οὐκ ἔσται τέλος.

Dazu als Beispiel für den Wechsel von Partizipial- und Relativstil zwei Stellen aus den Briefen des Ignatios, deren Echtheit von einigen wenigen Forschern mit Gründen zweifelhaften Gewichts bestritten worden ist. Wer sie für echt hält, muß zugeben, daß das Symbol damals (erste Hälfte des 2. Jahrhundert) schon auf dem Wege zur Fixierung war. Denn Anspielungen auf die Glaubensregel sind in diesen Briefen häufig.[1]) Darunter sind zwei Stellen besonders bemerkenswert, die eine aus dem Briefe πρὸς τοὺς Τραλλιανούς c. 9, die andere aus dem πρὸς τοὺς Σμυρναίους c. 1, weil wir aus den ihnen angehängten Bemerkungen des Verfassers besonders deutlich ersehen (was wir freilich ohnehin wissen), daß die Fixierung durch die Opposition gegen die Heterodoxie (hier speziell den Doketismus) bedingt wurde (Trall. c. 10 εἰ δέ, ὥσπερ τινὲς ἄθεοι ὄντες, τουτέστιν ἄπιστοι, λέγουσιν τὸ δοκεῖν πεπονθέναι αὐτόν, αὐτοὶ ὄντες τὸ δοκεῖν, ἐγὼ τί δέδεμαι: ähnlich Smyrn. 2). Ich setze die beiden Stellen nebeneinander, da die Variation von Partizipial- und Relativform[2]) charakteristisch ist. Daß der Verf.,

---

1) Sie sind zusammengestellt von A. Harnack in: Vetustissimum ecclesiae Romanae symbolum e scriptis virorum Christianorum qui primo et altero p. Chr. n. saeculo vixerunt illustratum, erschienen als eine Appendix zu seiner Ausgabe des Barnabasbriefes (Patr. apostol. opera fasc. I part. II ed. II, Leipz. 1878) S. 132 f. Harnack hält die Briefe für echt (Chronologie der altchr. Lit. I, Leipz. 1897, 388 ff.) und sagt (S. 398), daß auch die „symbolartigen christologischen Formeln" auf die 1. Hälfte des 2. Jahrh. weisen. Daß der Stil, den einige gegen die Echtheit verwerten, eher für sie spricht, ergibt sich aus dem in der Ant. Kunstpr. 510 ff. Bemerkten.

2) Für letztere vgl. auch Ignat. ep. ad Magnetas (die barbarische Form 'Magnesios' der versio latina muß aus modernen Zitaten verschwinden) 8, 2 ὅτι εἷς θεός ἐστιν, ὁ φανερώσας ἑαυτὸν διὰ Ἰησοῦ Χριστοῦ τοῦ υἱοῦ αὐτοῦ, ὅς ἐστιν αὐτοῦ λόγος ἀπὸ σιγῆς προελθών, ὃς κατὰ πάντα εὐηρέστησεν τῷ

wie es überhaupt seine Art ist, durch Genetive abs. u. dgl. syntaktische Finessen die Monotonie zu unterbrechen sucht, wird der Leser leicht bemerken; dieses Bestreben teilt er, wie wir im Anhang VIII sehen werden, mit den Verfassern des Hebräer- und des 1. Petrusbriefes.[1])

Ignatios an die Trallianer	Ignatios an die Smyrnaeer
Ἰησοῦ Χριστοῦ τοῦ ἐκ γένους Δαβίδ, τοῦ ἐκ Μαρίας	τὸν κύριον ἡμῶν, ἀληθῶς ὄντα ἐκ γένους Δαβὶδ κατὰ σάρκα
ὃς ἀληθῶς ἐγεννήθη, ἔφαγέν τε καὶ ἔπιεν	
ἀληθῶς ἐδιώχθη ἐπὶ Ποντίου Πιλάτου	υἱὸν θεοῦ κατὰ θέλημα καὶ δύναμιν θεοῦ γεγενημένον ἀληθῶς ἐκ παρθένου
ἀληθῶς ἐσταυρώθη καὶ ἀπέθανεν	
βλεπόντων τῶν ἐπουρανίων καὶ ἐπιγείων καὶ ὑποχθονίων	βεβαπτισμένον ὑπὸ Ἰωάννου... ἀληθῶς ἐπὶ Ποντίου Πιλάτου καὶ Ἡρώδου τετράρχου καθηλωμένον ὑπὲρ ἡμῶν ἐν σαρκί.
ὃς καὶ ἀληθῶς ἠγέρθη ἀπὸ νεκρῶν	
ἐγείραντος αὐτὸν τοῦ πατρὸς αὐτοῦ	
οὗ καὶ κατὰ ὁμοίωμα ἡμᾶς τοὺς πιστεύοντας αὐτῷ	
οὕτως ἐγερεῖ ὁ πατήρ αὐτοῦ ἐν Χριστῷ Ἰησοῦ	
οὗ χωρὶς τὸ ἀληθινὸν ζῆν οὐκ ἔχομεν.	

Die älteste lateinische Formulierung findet sich bei Tertullianus (Symb. 4): *regula quidem fidei una omnino est, sola immobilis et irreformabilis, credendi scilicet*

πέμψαντι αὐτόν. Sehr starke Häufungen auch bei Polykarpos ep. ad Philippenses 1, 2f. 2, 1. 8, 1.

1) Mit griechischer Isokolie, gehoben durch ὁμοιοκάταρκτον und ὁμοιοτέλευτον, schreibt er in hymnodischen Stile ep. ad Romanos 6, 1:

ἐκεῖνον ζητῶ τὸν ὑπὲρ ἡμῶν ἀποθανόντα·
ἐκεῖνον θέλω τὸν δι' ἡμᾶς ἀναστάντα

3. Das apostolische Glaubensbekenntnis.

in unicum deum omnipotentem, mundi conditorem,
et filium eius Iesum Christum
    natum ex virgine Maria
    crucifixum sub Pontio Pilato
    tertia die resuscitatum a mortuis
    receptum in caelis
    sedentem nunc ad dexteram patris
    venturum iudicare vivos et mortuos.

Aber im Lateinischen sind dann weiterhin die Partizipien meist durch Relativsätze ersetzt worden, aus einem wohl noch erkenntlichen Grunde. Wenn es bei Tertullianus heißt: *resuscitatum* und *receptum*, so sind das Übersetzungen von ἐγερϑέντα und ἀναλημφϑέντα, die sich freilich in sehr alten Formulierungen finden (ersteres schon Paulus an die Kor. II 5, 15 τῷ ἀποϑανόντι καὶ ἐγερϑέντι), dann aber zugunsten von ἀναστάντα und ἀναβάντα (oder ἀνελϑόντα) in den Hintergrund traten[1]), vermutlich weil die die Tätigkeit ausdrückenden aktiven Formen als wirksamer für die Prädikation empfunden wurden. Diese Formen waren nun aber im Lateinischen nicht durch Partizipia, sondern nur durch Umschreibungen mit Relativsätzen wiederzugeben: dann aber mochte es sich der Gleichmäßigkeit halber empfehlen, auch die übrigen Kola relativisch zu gestalten. Daher lesen wir z. B. bei Augustinus (Symb. 8 f.):

credo in deum patrem omnipotentem
    et in Iesum Christum filium eius unicum, dominum nostrum
        qui natus est de spiritu sancto et Maria virgine
        passus est sub Pontio Pilato, crucifixus et sepultus
        tertio die resurrexit a mortuis
        ascendit in caelum
        sedet ad dexteram patris
        inde venturus est iudicare vivos et mortuos.

---

1) Ich entnehme dies aus den Sammlungen Harnacks 'Materialien zur Gesch. u. Erklärung d. alten röm. Symbols aus der chr. Lit. der zwei ersten Jahrh.', erschienen als Anhang zu G. L. Hahn, Bibliothek der Symbole und Glaubensregeln der alten Kirche³ (Breslau 1897) 380 ff. Vgl. auch die Varianten bei den Synoptikern: Marc. 8, 31 δεῖ τὸν υἱὸν τοῦ ἀνϑρώπου .... ἀποκτανϑῆναι καὶ μετὰ τρεῖς ἡμέρας ἀναστῆναι, wo Matth. 16, 21 und Luk. 9, 22 ἐγερϑῆναι haben. Analog Matth. 17, 9 und Marc. 9, 9 u. 10, Matth. 17, 23 und Marc. 9, 31 (an diesen beiden Stellen fehlt Luk.). Eigenartig Polykarpos ep. ad Philipp. 9, 2 τὸν ὑπὲρ ἡμῶν ἀποϑανόντα καὶ δι' ἡμᾶς ὑπὸ τοῦ ϑεοῦ ἀναστάντα.

Die Folge davon war, daß sich nun auch die Kombination beider Ausdrucksweisen findet (z. B. an einer anderen Stelle des Augustinus: Symb. 10); aus einer solchen Kombination setzt sich auch das Credo des Missale Romanum zusammen (Lit. II 10 f.):

credo in unum Deum Patrem omnipotentem
 factorem coeli et terrae, visibilium omnium et invisibilium
et in unum Dominum Iesum Christum
 Filium Dei unigenitum
 et ex Patre natum ante omnia saecula
 Deum de Deo, lumen de lumine, Deum verum de Deo vero
 genitum non factum, consubstantialem Patri
  per quem omnia facta sunt
  qui propter nos homines et propter nostram salutem descendit
              de coelis
 et incarnatus est usw.

Die Väter haben das Symbol[1]) als Vermächtnis der apostolischen Zeit angesehen. Wenn sie damit sagen wollten, daß es als Ganzes, als fixierte Glaubensregel, jener Zeit angehörte, so ist diese Behauptung als eine pia fraus, zu der sie durch ihren Kampf mit den Häretikern gedrängt wurden, schon von Laurentius Valla i. J. 1444 mit nicht geringerem Rechte bestritten worden als die Unfehlbarkeit der Bibelübersetzung des Hieronymus oder der Logik des Aristoteles. Aber aus desselben Aristoteles' immerdar gültiger literarhistorischer Betrachtungsart wissen wir, daß dem geschichtlich Gewordenen eine Potenz vorausliegt, die sich zu dem schließlich in die Erscheinung getretenen Produkte verhält wie die Materie zur Form. In diesem Sinne dürfen und müssen wir anerkennen, daß das Symbol $\varkappa\alpha\tau\dot{\alpha}$ $\delta\acute{\upsilon}\nu\alpha\mu\iota\nu$ eine Schöpfung des Urchristentums gewesen ist, mag es auch $\varkappa\alpha\tau'$ $\dot{\epsilon}\nu\acute{\epsilon}\rho\gamma\epsilon\iota\alpha\nu$ erst eine Schöpfung nachapostolischer Zeit sein. A. Seeberg, Der Katechismus der Urchristen-

---

1) Diese Bezeichnung findet sich nach Harnack a. a. O. erst in einem Briefe des Cyprianus, aus griechischen Zeugen der zwei ersten Jahrhunderte führt er überhaupt kein Beispiel an ($\pi\acute{\iota}\sigma\tau\iota\varsigma$, $\delta\iota\delta\alpha\chi\acute{\eta}$, $\varkappa\acute{\eta}\rho\upsilon\gamma\mu\alpha$, $\varkappa\alpha\nu\acute{\omega}\nu$, $\pi\alpha\rho\acute{\alpha}\delta\sigma\sigma\iota\varsigma$ u. ä. sind die bei ihnen vorkommenden Bezeichnungen). Das muß auch Philologen interessieren: es war ein sehr altes Lehnwort, für Plautus ganz gebräuchlich, einmal auch bei Cato (or. p. 37, 14 Jordan), bei beiden nur in maskuliner Form (eine widerstrebende Plautusstelle ist von Ritschl emendiert); Plinius n. h. XXXIII 19 bezeichnet es als üblich auch im Lateinischen

heit (Leipzig 1903) hat dem Erfolge seiner Arbeit dadurch selbst geschadet, daß er, ohne von Harnacks oben S. 267, 1 genannter Abhandlung Notiz zu nehmen und daher ohne dessen Warnung vor übereilten Schlüssen zu beherzigen, in Abrede stellte, daß das Symbol nur eine relativ spät (nach Harnack Ende des 2 Jahrh.) kanonisierte Auswahl aus einem ursprünglich reicheren und jedenfalls variablen Formelschatze der ältesten Gemeinden sei. Aber das Richtige und eigentlich Grundlegende war, wie er auch selbst anerkennt (S. 45, 1. 150, 1), schon vor ihm von anderen[1]), darunter Harnack (außer in der genannten Arbeit auch in dem Artikel 'Das apostolische Symbol', Realenc. f. prot. Theol. I³ 1896, 750), ausgesprochen worden; es hat jedoch nicht die Aufmerksamkeit und Anerkennung gefunden[2]), die es verdient und deren es im Zusammenhange mit meinen stilgeschichtlichen Untersuchungen nunmehr fähig werden wird.

An einer der berühmtesten Stellen seiner Briefe (an die Kor. I 15) schreibt der Apostel Paulus folgendes (ich setze es meiner Gewohnheit nach wieder κατὰ κῶλα καὶ κόμματα ab):

Paulus ep
ad Cor. I
15, 1 ff.

> γνωρίζω δὲ ὑμῖν, ἀδελφοί, τὸ εὐαγγέλιον
> ὃ εὐηγγελισάμην ὑμῖν
> ὃ καὶ παρελάβετε
> ἐν ᾧ καὶ ἑστήκατε
> δι' οὗ καὶ σώζεσθε,
> τίνι λόγῳ εὐηγγελισάμην ὑμῖν εἰ κατέχετε,
> ἐκτὸς εἰ μὴ εἰκῇ ἐπιστεύσατε.

---

[1]) Ich nenne noch L. Lemme, Die Wurzeln des Taufsymbols (Neue Jahrb. f. deutsche Theologie II 1893), der von der Paulusstelle (Kor. I 15) sagt (S. 7), es sei „in dieser offenbar eine traditionelle Formel, wenn auch nicht wiedergegeben, so doch angedeutet."

[2]) Es hängt das vielleicht damit zusammen, daß Harnack zwischen dem Jahre 1877 (dem Jahre des erstmaligen Erscheinens seines Artikels 'Apostolisches Symbolum' in der 2. Aufl. der Herzogschen R.E.) und dem Jahre 1886 (dem Jahre der 1. Aufl. seiner 'Dogmengeschichte') seine Ansicht aufgegeben hat, daß die Grundlage des Apostolikums sich bis in die Zeit der Abfassung der jüngeren nt. Schriften zurückverfolgen lasse; naturgemäß verschiebt sich dadurch auch die Wertung der paulinischen Stelle. Eine Entscheidung jener Streitfrage liegt gänzlich außerhalb meiner Kompetenz, aber ich meine doch, daß gerade meine stilgeschichtlichen Darlegungen geeignet sind, die dazu berufenen Forscher zu einer abermaligen Prüfung auch der sachlichen Instanzen anzuregen. Übrigens sagt Harnack noch in der neuesten Auflage seiner Dogmengeschichte (I⁴ 1909, 178), der Charakter des Symbols sei vielleicht schon von einem Komplex neutestamentlicher Schriften abhängig.

*παρέδωκα γὰρ ὑμῖν ἐν πρώτοις ὃ καὶ παρέλαβον
ὅτι Χριστὸς ἀπέθανεν ὑπὲρ τῶν ἁμαρτιῶν ἡμῶν κατὰ τὰς γραφάς
καὶ ὅτι ἐτάφη
καὶ ὅτι ἐγήγερται τῇ τρίτῃ ἡμέρᾳ κατὰ τὰς γραφάς
καὶ ὅτι ὤφθη Κηφᾷ, εἶτα τοῖς δώδεκα.*[1])

Wir besitzen also ein Zeugnis des Paulus dafür, daß der Inhalt des evangelischen Glaubens (*ἐπιστεύσατε*), den er seinen Gemeinden übermittelte, ihm selbst bereits überliefert worden war: *παρέδωκα ὃ καὶ παρέλαβον* sagt er mit sehr feierlicher, mysterienartiger Terminologie[2]); ihm kann diese Überlieferung nur aus der Urgemeinde zugekommen sein.[3]) Wir sehen deutlich, daß eine ursprünglich historische Aufzählung der wichtigsten Heilstatsachen auf dem Wege ist, sich zu einer Glaubensformel zu entwickeln[4]); schreibt

---

1) Hier hören die ὅτι-Sätze auf; wir haben also streng genommen kein Recht dazu, die folgenden Worte ἔπειτα ὤφθη ἐπάνω πεντακοσίοις ἀδελφοῖς ἐφάπαξ ...., ἔπειτα ὤφθη Ἰακώβῳ, εἶτα τοῖς ἀποστόλοις πᾶσιν, ἔσχατον δὲ πάντων ὡσπερεὶ τῷ ἐκτρώματι ὤφθη κἀμοί noch der Tradition zuzurechnen, zu der ja die letzten von ἔσχατον an ohnehin nicht gehören können. Etwas anders J. Weiß in seinem Kommentar (S. 350 f.), wo er im übrigen richtig sagt (S. 347), es sei, als ob Paulus „ein zusammenhängendes Stück Katechismus rezitierte."

2) Vgl. darüber weiter unten die Behandlung des Logion ev. Matth. 11, 25 ff.

3) C. Weizsäcker, Das apostol. Zeitalter³ (Tübing.-Leipz. 1902) 4: „Wir müssen annehmen, Paulus habe seine Kenntnis von diesen Dingen durch die Häupter der Urgemeinde erhalten."

4) Harnack a. a. O. 364 nennt die Stellen des Paulus und des unechten Marcusschlusses (über den vgl. S. 273, 1) 'historische Zusammenfassungen', ähnlich Dogmengesch. I⁴ 175: „eine knapp gefaßte und mit Rücksicht auf die Weissagung zusammengestellte Verkündigung der Geschichte Jesu bildete die Grundlage des Glaubens, d. h. der Zuversicht auf die Heilsgüter." Ich hoffe, daß er der kleinen Modifikation, die ich an dieser Formulierung vornehme, seine Zustimmung nicht versagen wird, da sie ganz im Sinne seiner Darlegungen gehalten ist. Von dem Marcusschlusse unterscheidet sich die paulinische Stelle erstens durch ihre liturgische Stilisierung, zweitens durch den Zusatz des ὑπὲρ τῶν ἁμαρτιῶν ἡμῶν (und des zweimaligen κατὰ τὰς γραφάς), was über einen bloßen Geschichtsbericht hinausgeht. — Unverständlich ist mir, was F. Kattenbusch, Das apostol. Symbol II (Leipzig 1900) 344, 16 sagt; ich muß aber die Worte wegen der Autorität, die diesem Werke beigemessen zu werden pflegt, hier anführen: „In 1. Cor. 15, 3 ist das ἐν πρώτοις auffallend, indem das ὅτι ἐτάφη doch nicht so wichtig erscheint, um zu den Hauptsachen zu gehören (? also K. sieht nicht ein, daß ἐτάφη zwischen ἀπέθανεν und ἐγήγερται notwendig ist). Wenn Paulus die genannten Stücke einleitet mit παρέδωκα γὰρ ὑμῖν ὃ καὶ παρέλαβον,

Paulus doch auch an die Römer mit demselben feierlichen Worte: ὑπηκούσατε δὲ ἐκ καρδίας εἰς ὃν παρεδόθητε τύπον διδαχῆς (6,17). Da es ihm nun in der Stelle des Korinthierbriefes auf den Lehrinhalt der Überlieferung ankam, schrieb er nicht, wie es seine Gewohnheit war (vgl. Anhang VIII), περὶ Χριστοῦ ὃς ἀπέθανεν... καὶ ὃς ἐτάφη usw., sondern in Sätzen mit ὅτι[1]), die ideell auch von ἐπιστεύσατε abhängen[2]), dem Worte, mit dem er bedeutsam die erste Perikope abschließt: lasen wir doch oben (S. 263f.) bei Hermas: πρῶτον πάντων πίστευσον, ὅτι εἷς ἐστιν ὁ θεός. Wer also das Bekenntnis ablegte, konnte es tun sowohl in der Form 'ich glaube an Christus, der gestorben ist, der...., der....' als in dieser: 'ich glaube, daß Christus gestorben ist, daß er...., daß er....'. Aber

so meint man etwa vollends, eine konventionell-traditionelle Formulierung der Lehre voraussetzen zu sollen (natürlich, wie sollte man „etwa vollends" anders meinen). Allein die Sache steht doch so, daß entweder es überhaupt begreiflich ist, wenn das Begräbnis urgiert wurde, dann erklärt es sich auch bei Paulus. Oder man weiß keine Erklärung, dann sehe ich nicht ein, warum man nicht sagen sollte, es liege hier eben ein Rätsel der paulinischen Lehrmethode vor (diese Alternative ist für mich ein Rätsel). Die Hervorhebung des Begräbnisses wird einfach zur Vollständigkeit der Geschichtserzählung gehören, vgl. Act. 13, 29"; nur der letzte Satz, eine Wiederholung von Harnacks Auffassung, ist an dem allem richtig. Überhaupt ist der ganze „Anhang" über „Das neue Testament und das Symbol" (S. 335—347) durch die falsche Fragestellung, aber auch durch die völlig ungenügende Orientierung über das Material irreführend.

1) Eine ähnliche Stelle: Thess. I 4, 15 ff. τοῦτο γὰρ ὑμῖν λέγομεν ἐν λόγῳ κυρίου, ὅτι...., ὅτι....καὶ....ἔπειτα....καὶ οὕτως. Auch hier bringt er Traditionelles. J. Weiß, Die Aufgaben der nt. Wissenschaft in d. Gegenwart (Götting. 1908) 29 sagt: „Was ist dem Schriftsteller selbstverständlich, was ist ihm gegeben, was ist ihm mit seinen Gegnern oder Lesern gemeinsam? Und wo setzt sein eigner, neuer Gedanke, wo das Individuelle ein? Hier verdienen besonders die Sätze, die mit οἴδαμεν und εἰδότες angeführt werden, ein besonderes Studium. Sie weisen auf eine Unterschicht paulinischen Denkens hin, die meist aus judenchristlicher oder jüdischer Überlieferung stammen wird; sie ist als Basis des darauf errichteten Neubaues besonders wichtig." In der Tat ist diese Aufgabe dringlich und lohnend; außer οἴδαμεν und εἰδότες sind sämtliche analogen Worte zu berücksichtigen: das zitierte λέγομεν ἐν λόγῳ κυρίου zeigt, wie weit der Kreis zu ziehen ist; vgl. auch Anhang IV 2. Auf eine weitere Handhabe zur Erkenntnis vorpaulinischen Gutes soll im Anhang VIII hingewiesen werden.

2) πιστεύειν ὅτι besonders oft im Johannesevang. (11, 17. 42. 16, 27. 17, 21), bei Paulus Röm. 6, 8. 10, 9. Thess. I 4, 14 εἰ γὰρ πιστεύομεν ὅτι Ἰησοῦς ἀπέθανεν καὶ ἀνέστη, οὕτως ὁ θεὸς καὶ τοὺς κοιμηθέντας διὰ τοῦ Ἰησοῦ ἄξει σὺν αὐτῷ (darauf folgen die in der vor. Anm. zitierten Worte.

die erstere Form war die eigentlich hieratische; die typische Struktur, daß die Heilswahrheiten in kurzen parallelen Sätzen mit Voranstellung der Verba aufgezählt wurden, blieb in beiden Formen gewahrt. Die formale Übereinstimmung mit der oben (S. 254 ff.) besprochenen liturgischen Stelle des ersten Briefes an Timotheos

$$\ddot{o}\varsigma\ \dot{\varepsilon}\varphi\alpha\nu\varepsilon\varrho\dot{\omega}\vartheta\eta\ \dot{\varepsilon}\nu\ \sigma\alpha\varrho\varkappa\iota$$
$$\dot{\varepsilon}\delta\iota\varkappa\alpha\iota\dot{\omega}\vartheta\eta\ \dot{\varepsilon}\nu\ \pi\nu\varepsilon\dot{\upsilon}\mu\alpha\tau\iota$$
$$\ddot{\omega}\varphi\vartheta\eta\ \dot{\alpha}\gamma\gamma\dot{\varepsilon}\lambda o\iota\varsigma$$

ist augenfällig. Sachlich ist zu bemerken, daß an beiden Stellen die Erscheinungen des Auferstandenen erwähnt sind ($\ddot{o}\varphi\vartheta\eta$), aber im Timotheosbriefe schon allgemein sublimiert ($\ddot{\omega}.\ \dot{\alpha}\gamma\gamma\dot{\varepsilon}\lambda o\iota\varsigma$), während diese Beglaubigung im Bekenntnisse der Urgemeinde die ganz spezielle und sinnliche Realität besaß, die ihr als dem Grundpfeiler der neuen Religion zukam.

ev. Marc. 14, 62. Über diese durch die Stelle des Korinthierbriefes garantierten Urbestandteile des späteren Symbols hinaus läßt sich mit der hier gebotenen Vorsicht noch ein weiteres Glied sicher hinzufügen. Die Worte, die nach Marc. 14, 62 (= Mt. 26, 64) Jesus vor dem Hohenpriester sprach:

$$\dot{\alpha}\pi'\ \ddot{\alpha}\varrho\tau\iota^{1})\ \ddot{o}\psi\varepsilon\sigma\vartheta\varepsilon\ \tau\dot{o}\nu\ \upsilon\dot{\iota}\grave{o}\nu\ \tau o\tilde{\upsilon}\ \dot{\alpha}\nu\vartheta\varrho\dot{\omega}\pi o\upsilon$$
$$\varkappa\alpha\vartheta\dot{\eta}\mu\varepsilon\nu o\nu\ \dot{\varepsilon}\varkappa\ \delta\varepsilon\xi\iota\tilde{\omega}\nu\ \tau\tilde{\eta}\varsigma\ \delta\upsilon\nu\dot{\alpha}\mu\varepsilon\omega\varsigma$$
$$\varkappa\alpha\dot{\iota}\ \dot{\varepsilon}\varrho\chi\acute{o}\mu\varepsilon\nu o\nu\ \dot{\varepsilon}\pi\dot{\iota}\ \tau\tilde{\omega}\nu\ \nu\varepsilon\varphi\varepsilon\lambda\tilde{\omega}\nu\ \tau o\tilde{\upsilon}\ o\dot{\upsilon}\varrho\alpha\nu o\tilde{\upsilon},$$

sind die hieratische (hier partizipiale) Kombination zweier alttestamentl. Stellen: Ps. 110, 1 $\varepsilon\tilde{\iota}\pi\varepsilon\nu\ \dot{o}\ \varkappa\acute{\upsilon}\varrho\iota o\varsigma\ \tau\tilde{\omega}\ \varkappa\upsilon\varrho\acute{\iota}\omega\ \mu o\upsilon\cdot\ \varkappa\acute{\alpha}\vartheta o\upsilon\ \dot{\varepsilon}\varkappa\ \delta\varepsilon\xi\iota\tilde{\omega}\nu\ \mu o\upsilon$ (wörtlich zitiert Mc. 12, 36 = Mt. 22, 44 = Luk. 20, 42; auch Act. 2, 34) und Dan. 7, 13 $\dot{\varepsilon}\vartheta\varepsilon\dot{\omega}\varrho o\upsilon\nu\ \dot{\varepsilon}\nu\ \dot{o}\varrho\dot{\alpha}\mu\alpha\tau\iota\ \tau\tilde{\eta}\varsigma\ \nu\upsilon\varkappa\tau\acute{o}\varsigma,\ \varkappa\alpha\dot{\iota}\ \dot{\iota}\delta o\dot{\upsilon}\ \mu\varepsilon\tau\dot{\alpha}\ \tau\tilde{\omega}\nu\ \nu\varepsilon\varphi\varepsilon\lambda\tilde{\omega}\nu\ \tau o\tilde{\upsilon}\ o\dot{\upsilon}\varrho\alpha\nu o\tilde{\upsilon}\ \dot{\omega}\varsigma\ \upsilon\dot{\iota}\grave{o}\varsigma\ \dot{\alpha}\nu\vartheta\varrho\dot{\omega}\pi o\upsilon\ \dot{\varepsilon}\varrho\chi\acute{o}\mu\varepsilon\nu o\varsigma$ (zitiert auch Mc. 13, 26 = Mt. 24, 30 = Luk. 21, 27). Sie können freilich nicht, wie viele glauben, von Jesus gesprochen worden sein: darüber ist oben S. 194 ff. im Anschlusse an Wellhausen das Nötige gesagt worden. Aber sie stammen unzweifelhaft aus der Urgemeinde und müssen schon in ganz früher Zeit liturgisch verwendet worden sein. Denn wenn Paulus an die Kolosser schreibt: 3, 1 $\varepsilon\dot{\iota}\ o\tilde{\upsilon}\nu\ \sigma\upsilon\nu\eta\gamma\dot{\varepsilon}\varrho\vartheta\eta\tau\varepsilon\ \tau\tilde{\omega}\ X\varrho\iota\sigma\tau\tilde{\omega},\ \tau\dot{\alpha}\ \ddot{\alpha}\nu\omega\ \zeta\eta\tau\varepsilon\tilde{\iota}\tau\varepsilon,\ o\tilde{\upsilon}\ \dot{o}\ X\varrho\iota\sigma\tau\acute{o}\varsigma\ \dot{\varepsilon}\sigma\tau\iota\nu\ \dot{\varepsilon}\nu\ \delta\varepsilon\xi\iota\tilde{\alpha}\ \tau o\tilde{\upsilon}\ \vartheta\varepsilon o\tilde{\upsilon}\ \varkappa\alpha\vartheta\dot{\eta}\mu\varepsilon\nu o\varsigma\cdot\ \tau\dot{\alpha}\ \ddot{\alpha}\nu\omega\ \varphi\varrho o\nu\varepsilon\tilde{\iota}\tau\varepsilon,\ \mu\dot{\eta}\ \tau\dot{\alpha}\ \dot{\varepsilon}\pi\dot{\iota}\ \tau\tilde{\eta}\varsigma\ \gamma\tilde{\eta}\varsigma$, so bemerkt dazu Seeberg a. a. O. 77 (mit Berufung auf C. Clemen, Neue

---

1) Dies fehlt bei Marcus; Lukas an der weiterhin anzuführenden Stelle (22, 69) ersetzt es durch das besser griechische $\dot{\alpha}\pi\grave{o}\ \tau o\tilde{\upsilon}\ \nu\tilde{\upsilon}\nu$, wie Matth. 26, 29 $\dot{\alpha}\pi'\ \ddot{\alpha}\varrho\tau\iota \sim$ Luk. 22, 18 $\dot{\alpha}\pi\grave{o}\ \tau o\tilde{\upsilon}\ \nu\tilde{\upsilon}\nu$. Ich habe früher (Ant. Kunstpr. 486) bemerkt, daß $\dot{\alpha}\pi'\ \ddot{\alpha}\varrho\tau\iota$ von den Attizisten gerügt wurde.

3. Das apostolische Glaubensbekenntnis.

kirchl. Zeitschrift 1895, 328) richtig: „Kol. 3, 1 lesen wir: 'wenn ihr nun mit Christo erweckt seid, so strebet nach dem, was oben ist, wo Christus ist.' Damit war ein klarer Gedanke zum Ausdruck gebracht. Wenn nun Paulus hinzufügt ἐν δεξιᾷ τοῦ θεοῦ καθήμενος, so kann das Motiv dieser Hinzufügung nicht in einer beabsichtigten Verdeutlichung dessen liegen, was er meint, sondern nur in der Erinnerung der Leser an ein bekanntes Wort." Es läßt sich hinzufügen, daß Paulus auch an einer anderen Stelle seine Kenntnis dieser Formel zeigt: an die Röm. 8, 34 Χριστὸς Ἰησοῦς ὁ ἀποθανών, μᾶλλον δὲ ἐγερθείς, ὅς ἐστιν ἐν δεξιᾷ τοῦ θεοῦ. In der Tat ist dieser Teil jener synoptischen Stelle, den Lukas (22, 69) unter Weglassung des parallelen Satzes allein aufgenommen hat (ἀπὸ τοῦ νῦν δὲ ἔσται ὁ υἱὸς τοῦ ἀνθρώπου καθήμενος ἐκ δεξιῶν τῆς δυνάμεως τοῦ θεοῦ), ein integrierender Teil der später sanktionierten Formulierung des Glaubensbekenntnisses geworden.[1])

Wir haben also das Recht und die Pflicht, das Symbol ganz nach seiner Struktur und zum nicht geringen Teile auch nach seinem Inhalte als ein Produkt der apostolischen Zeit anzusehen und zu sagen, daß es, in diesem Sinne genommen, aus dem Kreise τῶν περὶ Πέτρον[2]) καὶ τῶν δώδεκα stammt.[3]) Ob und inwieweit die

Apostolikum und Urchristentum.

---

[1]) In dem unechten Schlusse des Marcusev. heißt es 16, 9 ὁ μὲν οὖν κύριος μετὰ τὸ λαλῆσαι αὐτοῖς ἀνελήμφθη εἰς τὸν οὐρανὸν καὶ ἐκάθισεν ἐκ δεξιῶν τοῦ θεοῦ. Der Verf. dieses Schlusses hat eine Zusammenfassung ähnlich der dem Paulus überlieferten gekannt (dem wiederholten ὤφθη des Paulus entspricht bei ihm 16, 11 ff. ἐθεάθη — μετὰ δὲ ταῦτα ἐφανερώθη — ὕστερον δὲ ἐφανερώθη); aber während bei Paulus die Ansätze zu sakramentaler Formulierung bereits deutlich vorliegen, handelt es sich bei ihm um eine 'historische Zusammenfassung' (Harnack: s. S. 270, 4). Das kann bei dem Charakter dieser schlechten und späten Kompilation m. E. nicht anders erklärt werden als so, daß ihr Verf. die schon formelhafte Aufzählung der Heilstaten gekannt und sie zu einer Art von Geschichtserzählung, aus der sie erwachsen war, zurückgebildet hat. Durch das ἐκάθισεν ἐκ δεξιῶν τοῦ θεοῦ verrät er diesen Hergang selbst. Denn dies paßte in keine Erzählung, sondern nur in eine Prädikation; es wird daher auch nur an dieser Stelle außerhalb einer solchen in einem geschichtlichen Berichte erwähnt: das ergibt sich aus Harnacks Sammlungen dieser Formel S. 384 f. (besonders lehrreich darunter die drei Stellen des Hebräerbriefes: zweimal — 1, 3. 8, 1 — ὃς ἐκάθισεν ἐν δεξιᾷ, dann das dritte Mal — 10, 12 — οὗτος ἐκάθισεν ἐν δεξιᾷ, auch nicht erzählend, sondern im Prädikationsstile mit οὗτος: s. o. S. 188. 224).

[2]) Diesen Ausdruck entnehme ich aus Ignatios ad Smyrn. 3, 2 und dem unechten Schlusse des Marcusevangeliums.

[3]) G. Löschke hat in seiner inhalt- und gedankenreichen Vorlesung über

jüdische Liturgik schon auf dem Wege zu sakramentaler Zusammenfassung und zur Prägung einer Bekenntnisformel vorgeschritten war, läßt sich freilich nicht mehr ermitteln, da wir von der jüdischen Proselytentaufe nur ganz geringe Kenntnis haben und unser Wissen vom essenischen Sakramente (Joseph. b. Jud. II 8, 7) sich auf die Schwüre beschränkt, durch die der Novize sich verpflichtete, den Weg Gottes zu wandeln. Möglicherweise hat es bei den Juden und ihren Sekten eine sakramentale Bekenntnisformel überhaupt nicht gegeben: hat doch das Judentum im Gegensatze zum Christentum erstaunlich geringe Propaganda getrieben. Wohl aber gab es, wie wir gesehen haben, einen dem Judentum aus uralter ägyptisch-babylonischer Redeweise zugekommenen Prädikations- und Gebetsstil, und in dessen Formen hat dann das junge Christentum, wie nicht anders zu erwarten, seine neuen Heilstatsachen eingekleidet. Eine ursprünglich historische Aufzählung der von Augenzeugen erlebten Vorgänge hat in sehr früher, noch vorpaulinischer Zeit bekenntnisartigen Charakter angenommen; darin spiegelt sich klar die Tatsache, daß das Christentum sich von Anfang an als eine geschichtlich gewordene Religion mit Stolz angesehen und bezeichnet hat. Dieses Bekenntnis hat in der Folge der Jahrhunderte wohl Veränderungen seines Inhalts durch Zusätze und Abstriche[1]) erfahren — gerade seine kommatische Struktur leistete solchen Veränderungen Vorschub und hat etwa anderthalb Jahrhunderte lang seine endgültige Fixierung aufgehalten —, aber seine Struktur blieb als ein sakrosanktes Vermächtnis in ihrer schlichten und eindringlichen Formgebung unangetastet von den Zeiten der Urgemeinde bis auf

---

'Jüdisches und Heidnisches im christlichen Kult' (Bonn 1910) 11 ff. den Nachweis erbracht, daß die älteste für uns erreichbare Gestalt der Abendmahls- und Meßliturgie, wie sie uns in der 'Lehre der 12 Apostel' vorliegt, aufs stärkste vom Judentum beeinflußt ist: die Gebete stimmen in Gedanken und besonders in ihrer Struktur mit jüdischen Gebeten so genau überein, daß Löschke zu dem Ergebnisse kommt (S. 15): „Die christliche Liturgie ist nicht Kopie der jüdischen, aber sie ist wohl aus ihr hervorgegangen." Das apostolische Symbol hat er außer Betracht gelassen; ich darf aber wohl sagen, daß meine Ausführungen die seinigen nach oben hin ergänzen. (Diese Anmerkung war schon gesetzt, als die Kunde vom Tode des jugendlichen Forschers kam. Korrekturnote.)

1) Die Beglaubigung durch die Erscheinungen (ὤφϑη Κηφᾷ, εἶτα τοῖς δώδεκα) war für die Urgemeinde ganz wesentlich, trat aber für spätere Generationen begreiflicherweise allmählich in den Hintergrund; vgl. Harna

den heutigen Tag. Es wäre schade, wenn kirchliche Verhältnisse zur Erfüllung von Harnacks soeben aufgestelltem Postulate zwängen, es aus unserm evangelischen Gottesdienste zu beseitigen: der ernste Ton unvordenklich alter hieratischer Rede würde der Gemeinde dann nicht mehr ins Ohr klingen, oder doch nur gelegentlich und nicht so vernehmlich bei gewissen Stellen der Schriftverlesung und hier und da im Kirchenliede.[1]) Als ich diese Untersuchungen begann, glaubte ich in der Stilisierung hellenische Töne zu vernehmen: das hat sich mir dann bald als Wahn herausgestellt, und ich freue mich dessen. Denn freilich hat es seit dem 2. Jahrh. christliche Schriftsteller gegeben, die sich nicht enthalten konnten, auch dieser ehrwürdigen orientalischen Redeweise einen hellenischen Firniß aufzutragen. Aber man braucht nur einen Blick auf die Proben zu werfen, die ich dafür o. S. 266 aus Ignatios und im Anhang VIII aus dem Hebräer- und dem

---

1) Daß Relativ- und Partizipialkonstruktionen in den Liedern der alten Kirche beliebt waren, ist o. S. 175 f. bemerkt worden; hier sei aus Ambrosius nachgetragen: hymn. 1 Anf. *Aeterne rerum conditor, Noctem diemque qui regis* und 2 Anf. *deus creator omnium Polique rector vestiens Diem decoro lumine.* Für das neuere Kirchenlied sei nur erinnert an Neanders († 1680) 'Lobe den Herren, der alles so herrlich regieret, Der dich auf Adelers Fittichen sicher geführet, Der dich erhält', und entsprechend in den folgenden Strophen. Dergleichen ist also als letzter Nachhall urorientalischen Prädikationsstiles zu beurteilen, vermittelt durch das griechisch-lateinische Kirchenlied sowie wohl auch durch alt- und neutestamentliche Schriftstellen dieser Struktur. Th. Siebs schreibt mir darüber: „Das Relativische im deutschen Kirchenliede Luthers und seiner Vorgänger (Lauffenberg usw.) ist nur aus Nachahmung des lateinischen Stiles zu erklären, wie denn überhaupt alle relativische Ausdrucksweise m. E. undeutsch ist. Selbst Wulfila, der sich sonst so streng an die griechische Struktur anschließt, sagt *atta unsar þu in himinan.* Das einzige Gebet älterer deutscher Sprache, das möglicherweise (sicher ist es mir nicht) keine Übersetzung aus dem Lateinischen ist, vermeidet die Relativpartikel *dâr* in dem Falle, wo sie vielleicht zu erwarten wäre, und sagt bloßes *du* statt des möglichen *du dâr*, fühlt also sicherlich rein paratraktisch: *cot almahtico, du himil inti erda gauorahtôs, gip mir in dina ginâdâ rehta galaupa.*" Durch Vermittelung des Kirchenliedes scheint dieser Stil dann auch in die geistliche Prosa deutscher Sprache gekommen zu sein. Das zu verfolgen ist nicht meine Sache, ich möchte nur ein paar Sätze aus einem Briefe von Goethes Mutter an Lavater (23. Juni 1777) zitieren: „Ohne den felsenfesten Glauben an Gott, an den Gott, der nicht verreist ist, der den Gedanken meines Herzens kennt, ehe er noch da ist, — der mich hört, ohne daß ich nötig habe, mich mit Messern und Pfriemen blutig zu ritzen, der mit einem Wort die Liebe ist, — ohne den Glauben an den wäre so etwas ohnmöglich auszuhalten."

ersten Petrusbriefe gegeben habe, um zu empfinden, daß diese großartige Fuge durch hellenische Zwischenharmonien zerstört wird.

Es sei hier nur noch in Kürze hingewiesen auf das sog. Gloria, das seit alter Zeit bis auf den heutigen Tag einen Teil der Messe bildet. In griechischer Fassung ist es uns überliefert im Cod. Alexandrinus des A. T. sowie im Anhang zum Buch VII der apostolischen Konstitutionen.[1])

Κύριε βασιλεῦ ἐπουράνιε, θεὲ πατὴρ παντοκράτωρ
κύριε υἱὲ μονογενὲς Ἰησοῦ Χριστὲ
καὶ ἅγιον πνεῦμα·
Κύριε ὁ θεός, ὁ ἀμνὸς τοῦ θεοῦ, ὁ υἱὸς τοῦ πατρὸς
ὁ αἴρων τὰς ἁμαρτίας τοῦ κόσμου, ἐλέησον ἡμᾶς
ὁ αἴρων τὰς ἁμαρτίας τοῦ κόσμου, πρόσδεξαι τὴν δέησιν ἡμῶν
ὁ καθήμενος ἐν δεξιᾷ τοῦ πατρός, ἐλέησον ἡμᾶς·
Ὅτι σὺ εἶ μόνος ἅγιος, σὺ εἶ μόνος κύριος
Ἰησοῦς Χριστός, εἰς δόξαν θεοῦ πατρός. Ἀμήν . . . . .
Κύριε πρὸς σὲ κατέφυγα· δίδαξόν με τοῦ ποιεῖν τὸ θέλημά σου,
ὅτι σὺ εἶ ὁ θεός μου,
ὅτι παρὰ σοὶ πηγὴ ζωῆς.

Hier haben wir die meisten der behandelten Typen der religiösen Formelsprache zusammen: Anaklesen, Partizipia, die Prädikation mit *σὺ εἶ μόνος* (der und der); die Sprache griechisch wie einst in jenem gnostischen Hymnus (o. S. 178), Gedanken- und Formgebung durchaus ungriechisch. In dem 'Gloria' des heutigen Missale Romanum lauten die entsprechenden Worte mit relativischer Umschreibung der Partizipia so (Lit. II 7):

Domine Deus Rex coelestis, Deus Pater omnipotens.
Domine Fili unigenite Iesu Christe.
Domine Deus, Agnus Dei, Filius Patris.
  Qui tollis peccata mundi, miserere nobis.
  Qui tollis peccata mundi, suscipe deprecationem nostram.
  Qui sedes ad dexteram Patris, miserere nobis.
Quoniam Tu solus sanctus,
  Tu solus Dominus,
  Tu solus Altissimus,
Jesu Christe, cum sancto Spiritu, in gloria Dei Patris. Amen.

---

1) Ich zitiere nach Christs oben (S. 78) genannter Sammlung S. 39.

SCHLUSSBETRACHTUNG.

DAS LOGION EV. MATTH. 11, 25—30.

Als gesichertes Ergebnis der beiden Abhandlungen dieses Buches betrachte ich den Nachweis des festen Bestandes eines Typenschatzes religiöser Rede, zu dessen Prägung der Orient und Hellas in gleicher Weise beigetragen haben und den die synkretistischen Religionen der Kaiserzeit, einschließlich des Christentums, übernahmen. Das hellenisierte Judentum hat bei dieser Herübernahme von seiten des Christentums eine bedeutende Rolle gespielt; die eigentliche Vermittlerin aber sowohl für Juden- wie Christentum ist die orientalisierte Stoa[1] — vor allem Poseidonios[2] — und der an sie an-

Resultate und Postulate.

---

1) Für die verbreitete stoische Etymologie λέγομεν Ζῆνα δι' ὃν ζῶμεν (o. S. 22) trage ich hier einen interessanten Beleg nach, weil in ihm jener Vers der Acta in die Beweisführung hineinbezogen ist. W. Nestle hat in der Z. d. deutsch. morgenl. Ges. 1878 einen syrischen Traktat des Jakob von Edessa, verf. i. J. 701, übersetzt, dem, wie Reitzenstein, M. Terentius Varro usw. (Leipz. 1901) nachwies, ein stoisches Etymologikon zugrunde lag. Bei dem Syrer heißt es (S. 22 Reitz.): „Zeus ist auf Griechisch der Lebendigmacher (ζῆν). Und wäre dies (Wort) den Christen nicht verhaßt gewesen wegen seines Kultes und wegen seiner Verehrung bei den Heiden, hätten auch wir uns nicht geweigert, dasselbe zu gebrauchen vom Gotte des Alls, dem wahren, namenlosen. Bekennen doch auch wir es als Wahrheit, daß er der Lebendigmacher des Alls ist, und daß es keinen Lebendigmacher gibt neben ihm. In ihm nämlich 'leben, weben und sind wir', wie geschrieben steht."

2) Neben der oben S. 238, 1 genannten, während der Drucklegung dieses Buches erschienenen Abhandlung von Gronau ist für die Erkenntnis der Vermittlerstelle des Poseidonios zwischen Hellas und dem Orient weitaus am wichtigsten die meisterhafte Abhandlung von Fr. Cumont, La théologie solaire du paganisme romain (Extrait des mémoires présentés par divers savants à l'Académie des inscriptions et belles lettres, Tome XII, IIe Partie, Paris 1909, 447 ff.). Ich bin auf sie aufmerksam geworden erst durch ein Zitat in W. Krolls kürzlich erschienenem, für Poseidonios und manche in diesem Buche behandelten Einzelfragen ebenfalls reichhaltigem Artikel 'Hermes Trismegistos'. R. E. 1912. — Über die Benutzung des Poseidonios in den her-

278   Schlußbetrachtung.

knüpfende Platonismus gewesen. Um bewußte Entlehnung im äußerlichen Wortsinne handelt es sich nur in seltenen Fällen, stets aber um die immanente Kraft der 'immortale forma', wie Michelangelo die nach Gestaltung in der Materie sich sehnende platonische Idee

---

metischen Schriften habe ich mich oben (S. 107) zu skeptisch geäußert; sie ist gesichert durch wörtliche Übereinstimmungen zwischen einer von Lactantius (inst.) benutzten hermetischen Schrift und Varros Loghistoricus de origine humana, aus dem derselbe Lactantius (de opif. dei) große Stücke übernommen hat, wie S. Brandt, Wiener Stud. XIII (1891) 272 ff. bewiesen hat; den bei Brandt fehlenden Namen Poseidonios hat Reitzenstein, Zwei religionsgesch. Fragen (Straßb. 1901) 93 hinzugefügt. — Inzwischen habe ich auch, durch gelegentliche Hinweise von Kroll und Reitzenstein darauf aufmerksam geworden, die merkwürdige Schrift gelesen, die unter folgendem Titel ediert ist: Hermetis Trismegisti qui apud Arabes fertur de castigatione animae libellum edidit, latine vertit, adnotationibus illustravit O. Bardenhewer, Bonn 1873. Sie verdient von kundiger philologischer Seite eine Analyse. Denn was soll man dazu sagen, daß eine Schrift, die aus dem Griechischen durch Vermittlung des Syrischen zu den Arabern kam und Einflüsse nicht nur des Christentums, sondern auch des Islams erfuhr, trotz aller Metaphrasen folgenden Gedanken bewahrt hat, den wir in Ciceros Metaphrase einer Schrift des Poseidonios lesen (vermutlich des Protreptikos: s. o. S. 107):

Hermetischer Traktat p. 38 f. (latein. Übersetzung des arabischen Originals)	Cicero, Somnium Scipionis 14 (nach Poseidonios)
mortem igitur a rerum natura subire ne nolis, at vero noli in captivitatem redigi: ista enim mors est vita perpetua, haec captivitas mors perpetua.	*ii vivunt qui e corporis vinculis tamquam e carcere evolaverunt, vestra vero quae dicitur vita mors est.*

Was hier mit *mors a rerum natura* übersetzt ist, heißt an einer Stelle (p. 34) *mors physica*, was genau dem griech. Ausdrucke ὁ τῆς φύσεως θάνατος entspricht: das ist jetzt aus dem schönen Nachweise W. Schulzes zu ersehen, Sitzungsber. d. Berl. Ak. 1912, 685 ff. Der dieser Todesart entgegengesetzte Selbstmord heißt ὁ κατὰ βίαν θ., der in der ciceronischen Schrift ausdrücklich, in der arabischen implizite verboten wird. Doch ich möchte einer Analyse, der es u. a. auch obliegen wird, die stoische Terminologie zurückzugewinnen (z. B. p 37 *inscientia, tristitia, libido, timor* ἄγνοια, λύπη, ἡδονή, φόβος), nicht vorgreifen und nur noch bemerken, daß das Ethos des Verses 721 der von mir auf Poseidonios zurückgeführten vergilischen Eschatologie *quae lucis miseris* (den Seelen) *tam dira cupido?* (da sie es doch im Jenseits viel besser haben als auf der Welt) sich hübsch wiederspiegelt in den an die Seele gerichteten Worten p. 34 der genannten Schrift: *mundi aspernatio est vehemens desiderium ex eo excedendi* (etwa: ἡ τοῦ βίου ὑπεροψία σφοδρόν ἐστι τῆς ἐξ αὐτοῦ ἀπαλλαγῆς πάθος).

genannt hat. Durch die althellenischen θεολόγοι[1]) in Anlehnung an ῥήσεις der Mysterien vorgeprägt, dann durch die Mystik orientalischer Religionen und die eindrucksvolle Sprache orientalischer Stiltypen unvordenklichen Alters mit dem Stempel versehen, hat diese Form propagandistischer Predigt eine vielleicht beispiellose Anpassungsfähigkeit an Völker und Zeiten bewährt und bildet so einen Ausschnitt aus der Geschichte des zwischen Orient und Hellas ausgefochtenen Riesenkampfes, dessen im Christentum äußerlich vollzogener Ausgleich die Voraussetzung unserer im Grunde zwiespältigen Kultur ist. Wer daher bei Untersuchungen dieser Art seinen Gesichtswinkel einseitig auf Hellas einstellt, muß notwendigerweise ein falsches Bild erhalten. Vielmehr müssen wir zunächst die Farben- und Klangsymphonie im Ganzen auf uns wirken lassen und dann behutsam zu einer Sonderung der Komponenten schreiten, damit nicht von uns das Wort gelte: οὐ ξυνιᾶσιν ὅκως διαφερόμενον ἑωυτῷ ὁμολογέει. Wie weit ich vor diesem Ziele einer reinlichen Scheidung der Kompositionselemente habe Halt machen müssen, weiß ich genau; ist aber der von mir beschrittene Weg der richtige, so wird er andere jenem Ziele näher zuführen: Sammlung und Sichtung des typologischen Materials wird die nächste Aufgabe sein. An Stelle einer Zusammenfassung meiner Ergebnisse, die doch nur eine provisorische sein könnte, möchte ich hier vielmehr noch die Analyse einer evangelischen ῥῆσις geben, auf die ich im Laufe der Untersuchungen wiederholt hingewiesen habe in der Absicht, sie in einem Anhange (IX) vorzulegen. Da sie aber in organischem Zusammenhange mit dem Corpus des Buches selbst steht, ziehe ich es vor, sie hier zu geben, zugleich als eine Art von Probe auf die Richtigkeit des oben (S. 194 ff.) formulierten und an einem Beispiele, wenn ich nicht irre, auch erwiesenen Axioms, daß diese Betrachtungsart nicht bloß auf das johanneische Evangelium, sondern auch auf die der Synoptiker, ja auf die gemeinsame Quelle des Matthäus und Lukas anwendbar sei.

Eins der von den Theologen aller Zeiten am öftesten verwerteten, aber, wie man wohl wird sagen dürfen, in seiner Deutung beson-

---

1) Daß Empedokles fr. 119 D. ἐξ οἵης τιμῆς καὶ μήκεος ὄλβου (in dieser freien Form und ohne Nennung des Autors) in der von Reitzenstein, Poimandres mit so großem Erfolge analysierten und religionsgeschichtlich verwerteten 'Naassenerpredigt' vorkommt (S. 88, § 12 Reitz.), trage ich als eine auf der Richtlinie meiner Untersuchungen liegende Einzelheit nach.

ders der beiden ersten Absätze umstrittensten Logia ist bei Matthäus 11, 25 ff. überliefert. Nach κῶλα καὶ κόμματα abgesetzt lautet es so:

25 I ἐξομολογοῦμαί σοι πάτερ, κύριε τοῦ οὐρανοῦ καὶ τῆς γῆς
ὅτι ἔκρυψας ταῦτα ἀπὸ σοφῶν καὶ συνετῶν
καὶ ἀπεκάλυψας αὐτὰ νηπίοις·
26 ναὶ ὁ πατήρ, ὅτι οὕτως εὐδοκία ἐγένετο ἔμπροσθέν σου.

27 II πάντα μοι παρεδόθη ὑπὸ τοῦ πατρός μου
καὶ οὐδεὶς ἐπέγνω τὸν υἱὸν εἰ μὴ ὁ πατήρ
οὐδὲ τὸν πατέρα εἰ μὴ ὁ υἱός
καὶ ᾧ ἐὰν βούληται ὁ υἱὸς ἀποκαλύψαι.

28 III δεῦτε πρός με πάντες οἱ κοπιῶντες καὶ πεφορτισμένοι
κἀγὼ ἀναπαύσω ὑμᾶς.
29 ἄρατε τὸν ζυγόν μου ἐφ' ὑμᾶς καὶ μάθετε ἀπ' ἐμοῦ, ὅτι πραΰς
εἰμι καὶ ταπεινὸς τῇ καρδίᾳ
καὶ εὑρήσετε ἀνάπαυσιν ταῖς ψυχαῖς ὑμῶν.
30 ὁ γὰρ ζυγός μου χρηστὸς καὶ τὸ φορτίον μου ἐλαφρόν ἐστιν.

Absatz I und II stehen auch bei Lukas (10, 21—22), seine Abweichungen sind sachlich bedeutungslos.[1]) Diese Absätze stammen also aus der sog. Quelle Q. Der Absatz III fehlt bei Lukas: es könnte also an sich fraglich erscheinen, ob auch er in Q stand — dann ließ ihn Lukas fort — oder ob er dort nicht stand — dann setzte ihn Matthäus aus anderer Überlieferung hinzu. Daß diese immer noch kontroverse Frage in ersterem Sinne entschieden werden muß, wird sich weiterhin ergeben.

Logion und Sirach. Die Komposition dieser ῥῆσις ist von besonderer Art: nicht weniger als dreimal wird in ihr die Adresse gewechselt. Zunächst wendet sich der Redende an den Vater (25—26); dann spricht er vom

---

[1]) Die Akkusative γινώσκειν τὸν υἱόν und τὸν πατέρα hat er durch Relativperiphrasen ersetzt: οὐδεὶς γινώσκει τίς ἐστιν ὁ υἱὸς εἰ μὴ ὁ πατήρ, καὶ τίς ἐστιν ὁ πατὴρ εἰ μὴ ὁ υἱός. Gegenüber der Annahme derjenigen Theologen, die hier sublime Begriffsdifferenzierungen statuieren, verweise ich auf meine Bemerkung o. S. 77, 1, woraus sich ergibt, daß es sich bloß um eine für Lukas charakteristische Stilglättung handelt. Ebenso ist gegen die Behauptung, daß zwischen ἐπιγινώσκειν (Mt.) und γινώσκειν (Luk.) eine Bedeutungsdifferenz bestehe, zu bemerken, daß diese beiden Verben, wie auch meine Auswahl von Stellen (o. S. 95) zeigt, sowohl in den LXX als im N.T. vollkommen synonym gebraucht werden.

Vater in dritter Person (27); endlich richtet er seinen Appell an die der Offenbarung für wert befundenen Menschen (28—29). Soweit die Exegeten nicht achtlos daran vorübergehen, geraten sie in Schwierigkeiten. Es genügt, auf die Worte des letzten Exegeten (B. Weiß, 1910) hinzuweisen: zu V. 27: „Das Gebet geht in ein Selbstgespräch über, das, wie jenes, zur Belehrung der anwesenden Jünger bestimmt ist"[1], zu 28 ff.: „Ob dabei (bei dem Appell an die Mühseligen usw.) ein weiterer Zuhörerkreis in der Quelle vorausgesetzt war oder ob Jesus die Aussage über die andere Seite seiner Wirksamkeit nur in die Form der Anrede kleidet, welche die Genannten lebhaft vergegenwärtigt, läßt sich nicht ausmachen." Vielmehr läßt sich alles, was die Komposition des Logion betrifft, mit völliger Sicherheit entscheiden, ja es ist schon entschieden, und zwar von keinem Geringeren als D. F. Strauß, und es handelt sich nur darum, seinen Nachweis zu wiederholen und zu ergänzen. In allen Kommentaren werden zu Absatz III einige Phrasen aus dem Schlusse des Buches Jesus Sirach angeführt. Aber mit bloßen Parallelstellen ist hier so wenig wie sonst gedient. Der Fall ist ganz analog dem oben S. 128 ff. behandelten: zu einer Perikope des Römerbriefes waren wohl einzelne Stellen aus der Σοφία Σαλωμών verglichen worden, aber erst eine Gegenüberstellung des gesamten Gedankenganges ergab die Abhängigkeit des Paulus von jener Schrift. Genau so ist es hier, nur daß es sich hier um die Σοφία Ἰησοῦ und Q handelt. Jene Schrift schließt (c. 51, in der Ausgabe von O. Fr. Fritzsche, Libri apocryphi veteris Testamenti graece, Leipzig 1871, S. 519 ff.) mit einer Art von Nachtrag[2]), einem langen hymnenartigen Gebete (30 Verse), das sich in drei Absätze gliedert: I. V. 1 bis 12 Lobpreis Gottes, beginnend: ἐξομολογήσομαί σοι κύριε βα-

---

[1] Die Anwesenheit der Jünger ist nirgendswo auch nur angedeutet, das ganze Logion ist vielmehr gänzlich situationslos (es war in Q eben nur als psalmenartige ῥῆσις überliefert). Mt. leitet es ein: ἐν ἐκείνῳ τῷ καιρῷ ἀποκριθεὶς ('hub an', oft so in den LXX und im N.T.) ὁ Ἰησοῦς εἶπεν, also ganz farblos; etwas mehr Farbe gibt ihm Lukas, indem er, anknüpfend an das erste Wort des Logion ἐξομολογοῦμαι (über den Sinn = ἀγαλλιᾶσθαι s. u. S. 234, 2), folgende Worte vorausschickt: ἐν αὐτῇ τῇ ὥρᾳ ἠγαλλιάσατο τῷ πνεύματι τῷ ἁγίῳ καὶ εἶπεν.

[2] So bezeichnet es passend R. Smend in seinem Kommentar zu dem neugefundenen hebräischen Original (Berl. 1906) 495. Er bemerkt noch: den Nachtrag dem Großvater abzusprechen, bestehe kein Grund, vielmehr zeuge Sprache, Form und Inhalt laut für die Echtheit

σιλεῦ, καὶ αἰνέσω σὲ θεὸν τὸν σωτῆρά μου, ἐξομολογοῦμαι τῷ ὀνόματί σου, schließend: διὰ τοῦτο ἐξομολογήσομαί σοι καὶ αἰνέσω σοι, καὶ εὐλογήσω τῷ ὀνόματι κυρίου. II. V. 13—22 Suchen und Finden der Weisheit, beginnend: ἔτι ὢν νεώτερος, πρὶν ἢ πλανηθῆναί με, ἐζήτησα σοφίαν προφανῶς ἐν προσευχῇ μου, schließend: διὰ τοῦτο ἐκτησάμην ἀγαθὸν κτῆμα. ἔδωκε κύριος γλῶσσάν μοι μισθόν μου, καὶ ἐν αὐτῇ αἰνέσω αὐτόν. III. V. 23—30 Appell an die Unweisen, beginnend: ἐγγίσατε πρός με ἀπαίδευτοι, καὶ αὐλίσθητε ἐν οἴκῳ παιδείας, schließend: ἐργάζεσθε τὸ ἔργον ὑμῶν πρὸ καιροῦ, καὶ δώσει τὸν μισθὸν ὑμῶν ἐν καιρῷ αὐτοῦ.[1]) Wenn wir nun, zunächst von allen Einzelheiten noch absehend, die Komposition bei dem Siraciden und dem Verfasser des Logion vergleichen, so ergibt sich folgendes Bild:

Jesus Sirach

I. ἐξομολογήσομαί σοι, κύριε βασιλεῦ, ἐξομολογοῦμαι..., ὅτι....

II. Gott gab mir, dem Suchenden, die Weisheit (z. B. 17 τῷ διδόντι μοι σοφίαν)

III. ἐγγίσατε πρός με, ἀπαίδευτοι

Logion

I. ἐξομολογοῦμαί σοι, πάτερ, κύριε..., ὅτι....

II. Vom Vater wurde mir alles überliefert (παρεδόθη), auch die γνῶσις.

III. δεῦτε πρός με πάντες οἱ κοπιῶντες.

Ungefähr so hat auch D. Fr. Strauß diese Gegenüberstellung vorgenommen (Z. f. wiss. Theol. VI 1863, 92) und nichts hinzugefügt als die Aufforderung, daraus die Konsequenz zu ziehen. Aber sein Ruf ist fast ungehört verhallt: wenigstens habe ich in keinem Kommentare und in den vielen Diskussionen über dieses Logion nur ein

---

1) Smend a. a. O. teilt nur zwei Lieder ab, was mir nicht zweckmäßig erscheint. Wenn er sagt: „Im ersten Liede dankt der Betende Gott ....; im zweiten rühmt Sirach den Erfolg seiner Bemühungen um die Weisheit und ladet daraufhin die Jugend zu seinem Unterricht ein", so bezeugt er selbst die Zweiteilung seines zweiten Liedes. Ich glaubte daher, die von Fritzsche vorgenommene Abteilung in drei Absätze beibehalten zu dürfen, zumal die im Texte zitierten Schlußworte des zweiten mit denen des ersten deutlich korrespondieren und also eine Fermate anzeigen. Auch V. Ryssel in seiner Übersetzung (in E. Kautzsch, Apokryphen u. Pseudepigraphen des A. T. I, Tübing. 1900, S. 475) und P. Volz in der seinigen (Schriften des A. T., übers. und erkl. von H. Greßmann u. a. III 2, Götting. 1911, S. 125) machen bei V. 22 einen Abschnitt; wenn aber ersterer mit V. 13 einen 'zweiten Anhang' beginnen läßt, so erweist sich das als unrichtig.

einziges Mal seinen Namen gefunden: W. Brandt, Die evangelische Geschichte und der Ursprung des Christentums (Leipz. 1893) 561, 1. 576, 3 hat dieses Logion kurz behandelt und dabei auf Strauß verwiesen, aber nur nebenbei und nicht ganz mit der Bestimmtheit, der die Sache bedarf. Die Folge davon ist gewesen, daß P. Schmiedel (Die „johanneische" Stelle bei Matthäus und Lukas und das Messiasbewußtsein Jesu, in den Protestant. Monatsheften IV 1900, 15 ff.) Brandts Darlegung mit Argumenten bekämpft, deren Widerlegung ich mir ersparen kann, wenn ich den Grundfehler aufgezeigt habe. Er greift sich die paar wörtlichen Berührungen heraus und sagt: das seien Reminiszenzen, keine Zitate, und sie beträfen fast nur die Verse 28—30 (= Absatz III) des Logion. Hätte er, was er offensichtlich nicht getan hat, Strauß nachgeschlagen, so würde er sich des prinzipiellen Irrtums seiner Argumentation bewußt geworden sein: nicht um den Inhalt der drei einzelnen Absätze handelt es sich zunächst, sondern um die Komposition des Ganzen. Daß aber bei dieser ein Abhängigkeitsverhältnis obwalten muß, ist angesichts der Kongruenz des Kompositionsschemas unzweifelhaft. Nun gibt es offenbar zwei Möglichkeiten: entweder ist das Logion von Sirach abhängig oder beide von einem gemeinsamen Grundschema. Zugunsten der ersteren Annahme könnten zu sprechen scheinen folgende sprachlichen Anklänge im Absatz III:

Jesus Sirach	Logion
III (V. 26) τὸν τράχηλον ὑμῶν ὑπόθετε ὑπὸ ζυγὸν καὶ ἐπιδεξάσθω ἡ ψυχὴ ὑμῶν παιδείαν ἐγγύς ἐστιν εὑρεῖν αὐτήν.	III (V. 29) ἄρατε τὸν ζυγόν μου ἐφ᾽ ὑμᾶς ...
	(30) ὁ γὰρ ζυγός μου χρηστὸς καὶ τὸ φορτίον μου ἐλαφρόν ἐστιν.
(27) εὗρον ἐμαυτῷ πολλὴν ἀνάπαυσιν	(28) κἀγὼ ἀναπαύσω ὑμᾶς.
(c. 6, 24 ff.) ὑπόθες τὸν ὦμόν σου καὶ βάσταξον αὐτήν (sc. σοφίαν) ... ἐπ᾽ ἐσχάτων γὰρ εὑρήσεις τὴν ἀνάπαυσιν αὐτῆς.	(29) εὑρήσετε ἀνάπαυσιν ταῖς ψυχαῖς ὑμῶν.

Allein diese Anklänge dürfen aus folgenden Gründen zu keinem vorschnellen Schlusse auf direkte Abhängigkeit des Logion von Sirach verwendet werden. Die Worte des Logion εὑρήσετε ἀνάπαυσιν ταῖς ψυχαῖς ὑμῶν können aus den bei Sirach im Absatz III stehenden εὗρον ἐμαυτῷ πολλὴν ἀνάπαυσιν nicht erklärt werden; die Worte εὑρήσεις τὴν ἀνάπαυσιν αὐτῆς sind ihnen zwar näher verwandt, aber sie stehen an einer ganz anderen Stelle des Buches Sirach: eine Abhängigkeit des Logion ließe sich mithin nur unter der Voraussetzung behaupten, daß sein Verfasser zwei ganz getrennte Stellen seiner Vorlage kombiniert habe. Aber diese schon an sich wenig glaubliche Annahme wird vollkommen unwahrscheinlich dadurch, daß die Worte des Logion das Zitat einer Stelle des Jeremias sind: 6, 16 εὑρήσετε ἁγνισμὸν ταῖς ψυχαῖς ὑμῶν, nur daß die LXX mit ihrem ἁγνισμός das Original gröblich mißverstanden haben, während die ἀνάπαυσις des Logion korrekt ist.[1]) Man würde also, um die Annahme einer unmittelbaren Abhängigkeit des Logion von Sirach aufrecht zu erhalten, zu der weiteren Annahme gedrängt werden, daß der Verf. des Logion die flüchtige Reminiszenz des Sirach an die prophetische Stelle gemerkt und durch Zurückgreifen auf das Original zu einem direkten Zitate gestaltet hätte. Ist es nun schon aus diesen Gründen wahrscheinlich, daß die Alternative: Abhängigkeit des Logion von Sirach oder Abhängigkeit beider von einem gemeinsamen Grundschema, in letzterem Sinne entschieden werden muß, so wird die weitere Analyse das zur Evidenz bringen.

Während in Absatz III Sirach und das Logion wörtliche Anklänge zeigen, fehlen diese, wenn wir von dem wörtlich gleichen Anfange ἐξομολογοῦμαι, ὅτι absehen[2]), der mehr die Komposition als den

---

1) Das hebräische Wort heißt bei Jeremias *margo'a* = 'Ruhe', bei Sirach *m'nuḥa*, ebenfalls = 'Ruhe' (Mitteilung von H. Greßmann).

2) Die Gebrauchssphäre von ἐξομολογεῖσθαι im N.T. ist nicht ohne Interesse. In diesem Logion heißt ἐξομολογοῦμαί σοι, wie schon Luther übersetzte, 'ich preise dich.' Diese Bedeutung hat es nicht bloß in der Parallelstelle des Buches Sirach, sondern sehr oft auch in den LXX, besonders in den Psalmen, und in ihnen dreimal am Anfang (74, 1. 110, 1. 137, 1), darunter das zweite Mal fast genau so wie in der Stelle des Sirach und des Logion: ἐξομολογήσομαί σοι, κύριε (aber nicht mit folg. ὅτι). Diese Bedeutung hat es nun aber im ganzen N.T. außer in diesem Logion nur noch an zwei paulinischen Stellen (Röm. 14, 11. Phil. 2, 11), und das sind ebenfalls Zitate aus den LXX (in den Acta 19, 18 ἐξομολογούμενοι καὶ ἀναγγέλλοντες τὰς πράξεις αὐτῶν steht es in gewöhnlicher Bedeutung). Der in seinem Sprachgebrauche

Inhalt betrifft, in Absatz I und II gänzlich. Der Inhalt dessen, wofür in Absatz I Sirach Gott lobpreist, bezieht sich auf den Dank für die Hilfe in einer überstandenen Gefahr, während der Lobpreis des Logion in Absatz I der besonderen Art der göttlichen Offenbarung gilt. In Absatz II berichtet Sirach von seinem Suchen und — dank der Gnade Gottes — seinem Finden der $\pi\alpha\iota\delta\varepsilon\iota\alpha$ oder $\sigma o \varphi \iota \alpha$, dagegen das Logion von dem Gnadengeschenke der $\gamma\nu\tilde{\omega}\sigma\iota\varsigma$ durch den Vater an den Sohn. Diese Abweichungen innerhalb des gleichen Kompositionsschemas gilt es nun zu erklären.

Da es sich zunächst um das Verständnis des Absatzes II handelt, *$\Gamma\nu\tilde\omega\sigma\iota\varsigma\ \vartheta\varepsilon o\tilde{v}$ im Logion.* setze ich die Worte noch einmal her, und zwar zur Bequemlichkeit des Zitierens mit Numerierung der Kola; desgleichen den mit II eng verbundenen Absatz I:

25 I *a* $\dot{\varepsilon}\xi o\mu o\lambda o\gamma o\tilde{v}\mu\alpha\dot\iota\ \sigma o\iota,\ \pi\dot\alpha\tau\varepsilon\rho,\ \varkappa\dot\nu\rho\iota\varepsilon\ \tau o\tilde{v}\ o\dot\nu\rho\alpha\nu o\tilde{v}\ \varkappa\alpha\dot\iota\ \tau\tilde\eta\varsigma\ \gamma\tilde\eta\varsigma$
   b $\ddot{o}\tau\iota\ \ddot{\varepsilon}\varkappa\rho\nu\psi\alpha\varsigma\ \tau\alpha\tilde{\nu}\tau\alpha\ \dot{\alpha}\pi\dot o\ \sigma o\varphi\tilde\omega\nu\ \varkappa\alpha\dot\iota\ \sigma\nu\nu\varepsilon\tau\tilde\omega\nu$
   c $\varkappa\alpha\dot\iota\ \dot{\alpha}\pi\varepsilon\varkappa\dot\alpha\lambda\nu\psi\alpha\varsigma\ \alpha\dot\nu\tau\dot\alpha\ \nu\eta\pi\dot\iota o\iota\varsigma\cdot$

26 *d* $\nu\alpha\dot\iota^{1})\ \dot o\ \pi\alpha\tau\eta\rho,\ \ddot{o}\tau\iota\ o\ddot\nu\tau\omega\varsigma\ \varepsilon\dot\nu\delta o\varkappa\dot\iota\alpha\ \dot{\varepsilon}\gamma\dot\varepsilon\nu\varepsilon\tau o\ \ddot{\varepsilon}\mu\pi\rho o\sigma\vartheta\dot\varepsilon\nu\ \sigma o\nu.$

27 II *a* $\pi\dot\alpha\nu\tau\alpha\ \mu o\iota\ \pi\alpha\rho\varepsilon\delta\dot o\vartheta\eta\ \dot\nu\pi\dot o\ \tau o\tilde{v}\ \pi\alpha\tau\rho\dot o\varsigma\ \mu o\nu$
   b $\varkappa\alpha\dot\iota\ o\dot\nu\delta\varepsilon\dot\iota\varsigma\ \dot{\varepsilon}\pi\dot\varepsilon\gamma\nu\omega\ \tau\dot o\nu\ \nu\iota\dot o\nu\ \varepsilon\dot\iota\ \mu\dot\eta\ \dot o\ \pi\alpha\tau\eta\rho$
   c $o\dot\nu\delta\dot\varepsilon\ \tau\dot o\nu\ \pi\alpha\tau\dot\varepsilon\rho\alpha\ \varepsilon\dot\iota\ \mu\dot\eta\ \dot o\ \nu\iota\dot o\varsigma$
   d $\varkappa\alpha\dot\iota\ \tilde\omega\ \dot{\varepsilon}\dot\alpha\nu\ \beta o\dot\nu\lambda\eta\tau\alpha\iota\ \dot o\ \nu\iota\dot o\varsigma\ \dot{\alpha}\pi o\varkappa\alpha\lambda\dot\nu\psi\alpha\iota.$

Die Worte II*b—d* sind, wie wir oben (S. 74 ff.) gesehen haben, im Kampfe der Gnostiker und ihrer Gegner überaus oft zitiert worden[2]), und in diesen Zitaten findet sich eine Variante, aus der hervorragende Kritiker wichtige Schlüsse gezogen haben: II*b* und *c* sind

---

besonders stark durch die LXX beeinflußte Clemens Romanus sagt ep. ad Cor. I 61, 3 $\dot o\ \mu\dot o\nu o\varsigma\ \delta\nu\nu\alpha\tau\dot o\varsigma\ \pi o\iota\tilde\eta\sigma\alpha\iota\ \tau\alpha\tilde\nu\tau\alpha\ldots,\ \sigma o\dot\iota\ \dot{\varepsilon}\xi o\mu o\lambda o\gamma o\dot\nu\mu\varepsilon\vartheta\alpha,$ wofür es in der Didache 10, 4 heißt: $\pi\rho\dot o\ \pi\dot\alpha\nu\tau\omega\nu\ \varepsilon\dot\nu\chi\alpha\rho\iota\sigma\tau o\tilde{v}\mu\dot\varepsilon\nu\ \sigma o\iota,\ \ddot{o}\tau\iota\ \delta\nu\nu\alpha\tau\dot o\varsigma\ \varepsilon\dot\iota\ \sigma\dot\nu.$

1) Über dieses $\nu\alpha\dot\iota$ s. o. S. 50, 4; außerdem $\nu\alpha\dot\iota,\ \delta\dot\varepsilon\sigma\pi o\tau\alpha$ in einem Gebete bei Clem. Rom. ep. ad Cor. I 60, 3.

2) Eine interessante Stelle kann ich hier nachtragen. In dem Dialoge des 'Adamantios' $\pi\varepsilon\rho\dot\iota\ \tau\tilde\eta\varsigma\ \varepsilon\dot\iota\varsigma\ \vartheta\varepsilon\dot o\nu\ \dot o\rho\vartheta\tilde\eta\varsigma\ \pi\dot\iota\sigma\tau\varepsilon\omega\varsigma$ sagt der Markionanhänger Megethios (11, 1749 Migne): $\dot{\varepsilon}\gamma\dot\omega\ \dot{\varepsilon}\varkappa\ \tau\tilde\omega\nu\ \gamma\rho\alpha\varphi\tilde\omega\nu\ \delta\varepsilon\dot\iota\xi\omega,\ \ddot{o}\tau\iota\ \ddot\alpha\lambda\lambda o\varsigma\ \dot{\varepsilon}\sigma\tau\iota\nu\ \dot o\ \tau o\tilde{v}$ $X\rho\iota\sigma\tau o\tilde{v}\ \pi\alpha\tau\eta\rho\ \varkappa\alpha\dot\iota\ \ddot\alpha\lambda\lambda o\varsigma\ \dot o\ \delta\eta\mu\iota o\nu\rho\gamma\dot o\varsigma.\ \dot o\ \delta\eta\mu\iota o\nu\rho\gamma\dot o\varsigma\ \dot{\varepsilon}\gamma\nu\dot\omega\sigma\vartheta\eta\ \tau\tilde\omega\ A\delta\dot\alpha\mu\ldots,$ $\dot o\ \delta\dot\varepsilon\ \tau o\tilde{v}\ X\rho\iota\sigma\tau o\tilde{v}\ \pi\alpha\tau\eta\rho\ \ddot\alpha\gamma\nu\omega\sigma\tau\dot o\varsigma\ \dot{\varepsilon}\sigma\tau\iota\nu,\ \dot\omega\varsigma\ \alpha\dot\nu\tau\dot o\varsigma\ \dot o\ X\rho\iota\sigma\tau\dot o\varsigma\ \dot{\alpha}\pi\varepsilon\varphi\eta\nu\alpha\tau o$ $\pi\varepsilon\rho\dot\iota\ \alpha\dot\nu\tau o\tilde{v}\ \varepsilon\dot\iota\pi\dot\omega\nu\cdot\ ``o\dot\nu\delta\varepsilon\dot\iota\varsigma\ \ddot{\varepsilon}\gamma\nu\omega\ \tau\dot o\nu\ \pi\alpha\tau\dot\varepsilon\rho\alpha\ \varepsilon\dot\iota\ \mu\dot\eta\ \dot o\ \nu\iota\dot o\varsigma\ o\dot\nu\delta\dot\varepsilon\ \tau\dot o\nu\ \nu\iota\dot o\nu\ \tau\iota\varsigma$ $\gamma\iota\nu\dot\omega\sigma\varkappa\varepsilon\iota\ \varepsilon\dot\iota\ \mu\dot\eta\ \dot o\ \pi\alpha\tau\eta\rho$'', was dann Adamantios als Wortführer der Orthodoxie widerlegt.

hier gelegentlich in der Reihenfolge so vertauscht: καὶ οὐδεὶς ἐπέγνω τὸν πατέρα εἰ μὴ ὁ υἱός, οὐδὲ τὸν υἱὸν εἰ μὴ ὁ πατήρ. J. Wellhausen, Das Evangelium Matthäi (Berl. 1904) 57 f. sagt: „Den Satz 'und niemand kennt den Sohn als nur der Vater' halte ich für eine alte Interpolation. Er ist ein Korrolarium, darf also nicht an erster Stelle stehen und kann doch auch nicht an die zweite gesetzt werden, wo sehr alte patristische Zeugen ihn haben — das Schwanken ist schon an sich bedenklich." Diese Argumentationsart ist gerade auch dem Philologen vertraut, sie hatte mich daher, wie schon bemerkt (S. 75, 1), beim ersten Lesen überzeugt; ich trage nun aber doch Bedenken, mich ihr anzuschließen. Die beiden Perikopen sind, wie wir gleich sehen werden und wie gerade auch Wellhausen zugibt, aufeinander berechnet: ist es da nun wahrscheinlich, daß die erste vier-, die zweite dreigliedrig sein soll? Wir müssen m. E. vielmehr an den vier κόμματα festhalten und sie zu erklären suchen. Die von der indirekten Überlieferung gebotene Reihenfolge $acbd$ ist unmöglich, weil cd unbedingt zusammenbleiben müssen: (c: 'keiner erkennt den Vater als nur der Sohn, d: und wem der Sohn ihn offenbaren will'). Es handelt sich also darum, b und c in ihrem gegenseitigen Verhältnisse zu erklären; diese Erklärung muß so beschaffen sein, daß sie die Voranstellung von b vor c begreiflich erscheinen läßt, obwohl man zunächst erwarten würde, daß auf a gleich c folge (a: 'alles wurde mir von dem Vater übergeben', c: 'und keiner erkennt den Vater als nur der Sohn'). Alles ist klar, wenn wir b als die Voraussetzung auffassen, von deren Erfüllung c abhängt: die Erkenntnis des Sohnes durch den Vater muß vollzogen sein, wenn diejenige des Vaters durch den Sohn erfolgen soll. Grammatisch ausgedrückt: die formale Parataxe von b und c ist logisch eine Hypotaxe, in der b dem c untergeordnet ist[1]; der Gedanke von a steuert auf den von $c + d$ hin, aber zwischen a und $c + d$ mußte b als die Voraussetzung von $c + d$ treten. Hierdurch ist die Über-

---

[1] Das entspricht semitischem Brauche: H. Greßmann, Die Oden Salomos, in der Internationalen Wochenschr. 22. Juli 1911, S. 5 sagt über den Stil dieser Gedichte: „Die Gedankenwiederholung, die dem parallelismus membrorum eigentümlich ist, duldet eine Unterordnung der Sätze und Satzteile nur in geringem Umfang; sie zwingt geradezu zur Nebenordnung. Hebräischer Parallelismus und griechische Syntax schließen sich aus." Ähnlich Wendland, Kultur² S. 285: „Der lebendige Vortrag bringt das Wertverhältnis der Teile zu vollem Ausdruck und muß ersetzen, was für uns die syntaktische

lieferung unserer Hss. gerechtfertigt; die Umstellung von *b* und *c* in der indirekten Überlieferung beruht auf Verfälschung: weil man das Verhältnis von *b* zu *c* nicht begriff, wurde *c* an *a* gerückt, zu dem es bei oberflächlicher Betrachtung zu gehören schien.

Aber, wird man fragen, gibt es denn Belege für die bei dieser Interpretation vorausgesetzte Auffassung, daß keiner Gott zu erkennen vermag, wenn dieser sich ihm nicht zu erkennen gab? Diese Frage ist zu bejahen. Es gibt ein paar paulinische Stellen, die bei der Diskussion unseres Logion wohl gelegentlich herangezogen, aber für seine kritische Behandlung nicht genügend verwertet worden sind. Paulus an die Galater 4, 8 f. ἀλλὰ τότε μὲν οὐκ εἰδότες θεὸν ἐδουλεύσατε τοῖς φύσει μὴ οὖσι θεοῖς· νῦν δὲ γνόντες θεόν, μᾶλλον δὲ γνωσθέντες ὑπὸ θεοῦ, πῶς ἐπιστρέφετε πάλιν ἐπὶ τὰ ἀσθενῆ ... στοιχεῖα; Kor. I 13, 12 ἄρτι γινώσκω ἐκ μέρους, τότε δὲ ἐπιγνώσομαι, καθὼς καὶ ἐπεγνώσθην (vgl. I 8, 2 f. εἴ τις δοκεῖ ἐγνωκέναι τι, οὔπω ἔγνω, καθὼς δεῖ γνῶναι· εἰ δέ τις ἀγαπᾷ τὸν θεόν, οὗτος ἔγνωσται ὑπ' αὐτοῦ), dazu dann vor allem auch die Worte des vierten Ev. 10, 15 γινώσκει με ὁ πατὴρ κἀγὼ γινώσκω τὸν πατέρα. Das Erkennen Gottes von seiten des Menschen setzt also voraus, daß der Mensch seinerseits von Gott zuvor erkannt wurde. Diese tiefsinnige Anschauung ist nun aber keineswegs christliches Sondergut, sondern Gemeinbesitz orientalisch-hellenistischer Mystik. Im ersten Traktate des hermetischen Corpus wird dem Wissensdurstigen zunächst die γνῶσις θεοῦ übermittelt; nachdem er sie empfangen hat (vgl. § 26 τοῖς γνῶσιν ἐσχηκόσι), spricht er ein Dankgebet, das so beginnt (31): ἅγιος ὁ θεός, ὃς γνωσθῆναι βούλεται καὶ γινώσκεται τοῖς ἰδίοις. In einem andern Traktate (10, 15) steht: οὐ γὰρ ἀγνοεῖ τὸν ἄνθρωπον ὁ θεός, ἀλλὰ καὶ πάνυ γνωρίζει καὶ θέλει γνωρίζεσθαι. Ganz analog in einer Ode Salomos (nr. 7, Vers 12 ff.), von H. Greßmann a. a. O. (S. 286, 1) 13 so paraphrasiert: 'Gott gab dem Menschen aus seinem unsterblichen Wesen und brachte sich selbst dar, damit sie ihn als den Schöpfer des Alls erkännten.' Die Vorstellung ist also durchaus die, daß Gott selbst sich zu erkennen gibt, damit er, wie es sein Wille ist, erkannt werde. Diese orientalische Mystik hat schon Poseidonios sich angeeignet, denn in einer berühmten, mit Sicherheit auf ihn zurückgeführten Stelle des Manilius heißt es (IV 905 ff.): der Mensch sendet sein 'sternenhaftes Auge' zu den Sternen und sucht dort Gott (*inquiritque Iovem*: dieser bietet sich ihm gern zur Erkenntnis dar, ja drängt sie ihm auf: *atque adeo faciem caeli non invidet orbi Ipse deus voltusque suos corpusque recludit Semper volvendo seque ipsum inculcat et offert, Ut bene cognosci possit doceatque videntes, Qualis eat, cogatque suas attendere leges. . . . Quis putet esse nefas nosci quod cernere fas est?*

Παραδιδόναι, παραλαμβάνειν im Logion und bei Paulus.

Für die weitere Untersuchung ist es nun von Wichtigkeit, daß über die Bedeutung der Worte πάντα μοι παρεδόθη ὑπὸ τοῦ πατρός μου Einvernehmen erzielt werde. Die seit Luther verbreitete Übersetzung 'alle Dinge sind mir übergeben vom Vater' ist leicht mißverständlich, denn keiner wird bei ihr ohne weiteres einen Zusammenhang zwischen I und II erkennen. Wellhausen übersetzt: „alles ist mir überliefert vom Vater" und bemerkt dazu: „Es handelt sich in diesem Zusammenhange nicht um Macht, sondern um Erkenntnis, um Einsicht in die göttlichen Dinge, in das wahre Wesen der Religion. Alle Lehre und alles Wissen ist bei den Juden παράδοσις. Die παράδοσις Jesu aber stammt unmittelbar von Gott, nicht von Menschen. Sie hat nur den Namen mit der jüdischen oder mystischen gemein und unterscheidet sich davon im Wesen. Sie ist für die νήπιοι bestimmt und keine esoterische Gnosis." Dieser Auffassung hat sich J. Weiß mit Recht angeschlossen (Die Schriften des N. T. I² Göttingen 1907, 320). Sie wird durch folgende Erwägungen bestätigt. Über die Stelle des Korinthierbriefes I 15, 3 παρέδωκα γὰρ ὑμῖν ἐν πρώτοις ὃ καὶ παρέλαβον wurde oben (S. 270) gehandelt, aber mehr hinsichtlich des Inhaltes der παράδοσις, die übernommen zu haben der Apostel sich rühmt. Hier gehen uns die Worte παραδιδόναι und παραλαμβάνειν als solche an. Sie finden sich verbunden schon im Marcusev. 7, 3 ff. οἱ Φαρισαῖοι καὶ πάντες οἱ Ἰουδαῖοι . . . κρατοῦντες τὴν παράδοσιν τῶν πρεσβυτέρων . . ., ἐὰν μὴ ῥαντίσωνται οὐκ ἐσθίουσιν, καὶ ἄλλα πολλά ἐστιν ἃ παρέλαβον κρατεῖν . . . Ἀφέντες τὴν ἐντολὴν τοῦ θεοῦ κρατεῖτε τὴν παράδοσιν τῶν ἀνθρώπων. An dieser — von ihrer Wiederholung bei Matthäus 15, 2 ff. und unserem Logion abgesehen — einzigen Stelle der Evangelien, wo diese Begriffe vorkommen, stehen sie ohne irgendwelchen mystischen Nebensinn. Auch Paulus geht an einigen Stellen nicht über diese Gebrauchssphäre hinaus: Gal. 1, 14 τῶν πατρικῶν παραδόσεων, und wenn er Kol. 2, 8 schreibt: κατὰ τὴν παράδοσιν τῶν ἀνθρώπων . . . καὶ οὐ κατὰ Χριστόν, so stimmt das genau zu den letzten der zitierten Worte des Marcus. Aber an mehreren Stellen seiner Briefe erhalten diese Begriffe infolge des besonderen Inhaltes der παράδοσις den Schein des Geheimnisvollen, des Mystischen: waren es doch die traditionellen Bezeichnungen für das Erteilen und Empfangen der Weihen (lat. *tradere* und *accipere*). Schon Lobeck, Aglaoph. 39 Anm. hat aus den antiken Mysterien zahlreiche Beispiele gegeben, die von G. Anrich, Das antike Mysterienwesen (Götting. 1894) 54, 4. 5 und A. Dieterich, Mithrasliturgie (Leipz. 1903) 53 f. etwas vermehrt worden sind, ohne daß sie der Paulusstellen gedacht hätten. Und doch ist es charakteristisch, wie sich für ihn in diesen Begriffen jüdische und hellenistische Vorstellungen vereinigten. In demselben Briefe, in dem er, wie wir sahen, die Urform des späteren Symbols mit den Worten παρέδωκα ὑμῖν ἐν πρώτοις ὃ καὶ παρέλαβον einleitet (Kor. I 15, 3), schreibt er, gleichfalls in feierlichem Zusammenhange, die berühmten Worte (11, 23) ἐγὼ γὰρ παρέλαβον ἀπὸ τοῦ κυρίου, ὃ καὶ παρέδωκα ὑμῖν, ὅτι ὁ κύριος Ἰησοῦς ἐν τῇ νυκτὶ ᾗ παρεδίδετο ἔλαβεν ἄρτον καὶ εὐχαριστήσας ἔκλασεν καὶ εἶπεν· τοῦτό μού ἐστιν τὸ σῶμα τὸ ὑπὲρ ἡμῶν· τοῦτο ποιεῖτε εἰς τὴν ἐμὴν ἀνάμνησιν κτλ.: seine Leser sollten diese παράδοσις also wie eine Mysterienformel ansehen, wie Paulus selbst es tat. Das Mysterienartige dieser Stelle hat Reitzenstein, Die antike Mysterienrelig. (Leipz. 1910) 50 f. betont, seine Bemerkungen werden durch die meinigen bestätigt. Paulus gebraucht παραδιδόναι und παράδοσις auch kurz vorher (11, 2): ἐπαινῶ δὲ ὑμᾶς ὅτι πάντα μου μέμνησθε καὶ καθὼς παρέδωκα ὑμῖν τὰς παραδόσεις κατέχετε· θέλω δὲ ὑμᾶς εἰδέναι ὅτι παντὸς ἀνδρὸς ἡ κεφαλὴ ὁ Χριστός ἐστιν, κεφαλὴ δὲ γυναικὸς ἀνήρ, κεφαλὴ δὲ τοῦ Χριστοῦ ὁ θεός: das Feierliche, Formelhafte ist auch hier in der Stilisierung der drei κόμματα fühlbar.

Auf Grund dieser und ähnlicher paulinischer Stellen[1]) kann die

---

1) Thess. II 2, 15 τὰς παραδόσεις ἃς ἐδιδάχθητε εἴτε διὰ λόγου εἴτε δι' ἐπιστολῆς ἡμῶν. 3, 6 κατὰ τὴν παράδοσιν ἣν παρελάβετε παρ' ἡμῶν (vgl. Petr. II 2, 21. Jud. 3). Παραλαμβάνειν allein: Gal. 1, 9 εἴ τις ὑμᾶς εὐαγγελίζεται παρ' ὃ παρελάβετε, ἀνάθεμα ἔστω. 12 οὐδὲ γὰρ ἐγὼ παρὰ ἀνθρώπου παρέλαβον αὐτὸ οὔτε ἐδιδάχθην, ἀλλὰ δι' ἀποκαλύψεως. Phil. 4, 9 ἃ καὶ ἐμάθετε καὶ παρελάβετε. Kol. 2, 6 παρελάβετε τὸν Χριστόν. Thess. I 2, 13 παραλαβόντες λόγον ἀκοῆς παρ' ἡμῶν τοῦ θεοῦ. 4, 2 καθὼς παρελάβετε παρ' ἡμῶν. Auch ev. Luk. 1, 2 καθὼς παρέδοσαν ἡμῖν οἱ ... ὑπηρέται τοῦ λόγου gehört hierher (daß hier ganz so wie bei Paulus Kor. I 11, 2. Thess. I 4, 2 καθὼς dabei steht, ist vielleicht bemerkenswert: καθὼς παρέδωκας αὐτῷ τὴν πᾶσαν ἐξουσίαν schließt der erste Traktat des Poimandres). — Aus den Sammlungen Harnacks a. a. O. o. S. 287, 1 f. 6 geht hervor, daß παραδιδόναι παρά-

Deutung der Worte des Logion πάντα μοι παρεδόθη ὑπὸ τοῦ πατρός μου im Sinne Wellhausens nicht zweifelhaft sein. Nun aber findet hiernach die παράδοσις der Gnosis vom Vater an den Sohn statt, und diese Spezialisierung des Motivs wird uns für die weitere Gedankenanalyse des Logion von entscheidender Bedeutung sein.

Logion und mystisch-theosophische Literatur.

Die παράδοσις einer Geheimlehre vom Vater an den Sohn ist ein hochaltertümliches, wohl sicher auf Ägypten zurückgehendes Motiv orientalischer (gerade auch jüdischer) Literatur, über das A. Dieterich, Abraxas (Leipz. 1891) 162 f. gehandelt hat. Auch nach Hellas muß es zeitig gekommen sein: Platon (Rep. II 363C) kannte ein Gedicht, in dem Μουσαῖος νεανικώτερα τἀγαθὰ καὶ ὁ υἱὸς αὐτοῦ παρὰ θεῶν διδόασι τοῖς δικαίοις. Da die Vorstellung, daß Orpheus die Mysterien seinem Sohne Musaios tradiert habe, verbreitet war, haben wir uns zu denken, daß in jenem Gedichte Musaios diese παράδοσις seinem Sohne, wahrscheinlich Eumolpos[1]), weitergab, der sie dann seinerseits den 'Gerechten' übermittelte. Näheres daraus ist nicht bekannt, aber aus späterer Literatur ist allerlei überliefert. Da heißt es nun ganz gewöhnlich z. B. (im sog. X. Buche Moses): 'das und das κρύψεις, ὦ τέκνον' oder (in einer hermetischen Schrift): 'τοῦτο μαθὼν παρ' ἐμοῦ τῆς ἀρετῆς σιγὴν ἐπάγγειλαι μηδενί, τέκνον, ἐκφαίνων τῆς παλιγγενεσίας τὴν παράδοσιν'. Aber neben dem generellen Befehle des κρύπτειν heißt es auch: 'verbirg diese Lehre vor den Unwürdigen, überliefere sie den Würdigen', z. B. (auf Zauberpapyri): 'ταῦτα μηδενὶ παραδίδου εἰ μὴ μόνῳ dem und dem' oder (im Anfange der sog. Mithrasliturgie): 'τὰ πρῶτα παράδοτα μυστήρια, μόνῳ δὲ τέκνῳ ἀθανασίαν, ἀξίῳ μύστῃ τῆς ἡμετέρας δυνάμεως.' Diesen von Dieterich gegebenen Belegen füge ich einen bemerkenswerten hinzu.[2]) In der Sammlung der Alchimisten (p. 28 ff. Ber-

δοσις) für das Symbol oft gebraucht wird; Iustinos hat auch παρειλήφαμεν, beides Ptolemaios ep. ad Floram bei Epiphan. h. 33, 7 τῆς ἀποστολικῆς παραδόσεως, ἣν ἐκ διαδοχῆς καὶ ἡμεῖς παρειλήφαμεν.

1) Vgl. F. Jacoby, Das marmor Parium, Berl. 1904, 72 ff.

2) Hier anmerkungsweise noch zwei weitere. Papyr. mag. Leid. V III 19 f. (unmittelbar nach Nennung von αδωναει): ἐγώ εἰμι ὁ συναντήσας ὑπὸ τὸ ἱερὸν ὄρος καὶ ἐδωρήσω τὴν τοῦ μεγίστου ὀνόματός σου γνῶσιν, ἣν καὶ τηρήσω ἁγνῶς μηδενὶ μεταδιδούς, εἰ μὴ τοῖς σοῖς συνμύσταις εἰς τὰς σὰς ἱερὰς τελετάς. — Der Hymnus der Naassener (Hippol. ref. haer. V 10) schließt mit folgenden Worten, die Jesus an seinen Vater richtet: μυστήρια πάντα δ' ἀνοίξω Μορφάς τε θεῶν ἐπιδείξω, Τὰ κεκρυμμένα τῆς ἁγίας ὁδοῦ Γνῶσιν καλέσας παραδώσω. Zwischen den Paroemiaci steht ein Vers ⏑⏑‒⏑⏑‒⏑⏑‒,

thelot-Ruelle) ist ein Traktat erhalten mit der Überschrift Ἶσις προ-
φῆτις τῷ υἱῷ αὐτῆς. Isis bewegt um den Preis ihrer Liebesgunst[1])
einen mächtigen Engel, ihr zu offenbaren τὴν τῶν ζητουμένων μυστηρίων παράδοσιν. Der Engel läßt sie einen furchtbaren Eid
schwören, μηδενὶ μεταδιδόναι εἰ μὴ μόνον τέκνῳ καὶ φίλῳ γνησίῳ,
ἵνα ᾖ αὐτὸς σὺ καὶ σὺ ᾖς αὐτός (letzteres die Reziprozitätsformel
einer unio mystica von der Art, wie wir sie aus dem Johannesevangelium gerade auch für das Verhältnis von Vater und Sohn kennen:
vgl. o. S. 184). Darauf übermittelt Isis ihrem Sohne Horus die ihr
zuteil gewordene Offenbarung. Vergegenwärtigen wir uns nun den
Grundgedanken des Logion, indem wir zunächst absehen von einigen
besonderen Einzelheiten, und stellen diesen Grundgedanken gegenüber demjenigen, der sich aus den letzten Zitaten ergibt:

Logion	Mystische Literatur
'du, Vater, hast die Erkenntnis deiner den einen verborgen, den anderen durch mich geoffenbart; denn mir, deinem Sohne, hast du alles überliefert, indem du dich mir und keinem sonst zu erken- nen gabest; ich übermittle diese Offenbarung an diejenigen, die sie nach deinem und meinem Willen verdienen.'	'diese Überlieferung, mein Kind, die ich dir allein zuteil werden ließ, da du ein Myste bist, wür- dig meiner Kraft, soll verborgen bleiben den Unwürdigen, über- mittelt werden durch dich nur den Würdigen.'

Der Unterschied betrifft, wie man sieht, nicht den Inhalt, sondern
nur die formale Einkleidung: im Logion redet der Sohn zum Vater, in
der Parallelversion dagegen der Vater (einmal die Mutter) zum Sohne.
Aber wir können noch weiter gehen. Im Logion handelt es sich
speziell um die παράδοσις τῆς θεοῦ γνώσεως; gemeint ist diese besondere Art der Überlieferung auch in jenen anderen Quellen (außer

---

der sich noch öfter in diesem Liede findet, ein 'dimeter anapaesticus te-
iambus', wie ich ihn mit Benutzung einer Terminologie bei Marius Victo-
rinus GLK VI 68, 3 nennen möchte; mit Paroemiaci ist er auch bei Lukian,
Tragodopod. 87 ff. verbunden: über die Verbindung haben Wilamowitz, Gött.
gel. Anz. 1901, 34 und A. Swoboda, Wien. Stud. XXVII (1905) 299 ff. das
Nötige gesagt, letzterer mit Applikation auf diesen Hymnus. Andere Arten
von μέλουροι in christlichen Hymnen s. o. S. 179, 3.

1) Über diese Vorstellung habe ich im Komm. zu Verg. Aen. VI S. 144 f.
gehandelt und werde in der 2. Aufl. die Belegstellen verme⟨h⟩ren

in der von dem Alchimisten für seinen Zweck abgeänderten Schrift), aber nicht ausdrücklich bezeichnet.[1]) Das was wir hier vermissen, bietet uns der erste hermetische Traktat, der älteste und inhaltsreichste der ganzen Sammlung, derselbe, dem wir schon wiederholt wichtige Aufschlüsse verdankten (S. 3 ff.) und dem wir soeben ein Zeugnis für das Reziprozitätsverhältnis der Erkenntnis von Gott und Menschen entnahmen. Der Lehrvortrag des Hermes an den Ἄνθρωπος, das Geschöpf Gottes, das dieser lieb gewann als seinen Sohn (vgl. § 12 ὁ δὲ πάντων πατήρ .... ἀπεκύησεν ἄνθρωπον ἑαυτῷ ἴσον, οὗ ἠράσθη ὡς ἰδίου τόκου), schließt mit den Worten (§ 26): τοῦτό ἐστι τὸ ἀγαθὸν τέλος τοῖς γνῶσιν ἐσχηκόσι, θεωθῆναι. λοιπὸν τί μέλλεις; οὐχ ὡς πάντα παραλαβὼν καθηγὸς γίνῃ τοῖς ἀξίοις, ὅπως τὸ γένος τῆς ἀνθρωπότητος διὰ σοῦ ὑπὸ θεοῦ σωθῇ; Darauf geht der neue Adept an die Erfüllung seines Auftrags: ἦργμαι κηρύσσειν τοῖς ἀνθρώποις τὸ τῆς εὐσεβείας καὶ τὸ τῆς γνώσεως κάλλος. Es folgt seine Missionspredigt, die wir zu Beginn dieser Untersuchungen betrachtet haben. Einige lassen sich bekehren, andere verhöhnen die neue Lehre. Ihr Mittler erhebt zu Gott ein Dankgebet; dieses[2]) und mit ihm der ganze Traktat schließt mit den Worten: πιστεύω σοι καὶ μαρτυρῶ, εἰς ζωὴν καὶ φῶς χωρῶ. εὐλόγητος εἶ πάτερ· ὁ σὸς ἄνθρωπος συναγιάζειν σοι βούλεται, καθὼς παρέδωκας αὐτῷ τὴν πᾶσαν ἐξουσίαν. Der πατήρ hat also dem Ἄνθρωπος, seinem Sohne, die γνῶσις seiner selbst übermittelt, mit dem Befehle, sie an die Würdigen weiterzugeben; nach Vollzug dieses Befehles sendet der Sohn ein Dankgebet zum Vater für die ihm erwiesene Gnade. Die Übereinstimmung erstreckt sich hier nicht bloß auf den Gedanken, sondern auch seine Einkleidung in ein Gebet, ja stellenweise bis auf die Worte (s. S. 293 oben):

Die Kompositions- und Gedankenanalyse des Logion hat enge Berührungen sowohl mit einem Abschnitte des Sirach als mit einem theosophischen Traktate ergeben. Wäre also für den Verf. des Logion jener Abschnitt des Sirach die unmittelbare Vorlage gewesen, so müßten wir annehmen, daß er diese mit einer anderen verbunden hätte. Aber die besondere Art der sprachlichen Anklänge des Logion an Sirach schien uns die Annahme einer unmittelbaren Benutzung

---

1) Außer in der S. 290, 2 zitierten Stelle aus dem Naassenerhymnus, wo κεκρυμμένα und γνῶσις nebeneinander stehen.

2) Es wurde o. S. 116, 1 in seinem ganzen Umfange mitgeteilt.

Logion	Hermetischer Traktat
Ich preise dich, Vater. Alles wurde mir von meinem Vater übermittelt (πάντα μοι παρεδόθη), denn er hat sich mir zu erkennen gegeben und ich habe ihn erkannt. Ich offenbare, seinem Gutdünken entsprechend, diese mir gewordene Überlieferung den Menschen, aber nicht alle verstehen sie, vielen bleibt sie verborgen.	Ich glaube und lege Zeugnis ab. Gepriesen bist du, Vater: mir, deinem Sohne, übermitteltest du die ganze Fülle deiner Kraft[1]) (παρέδωκας αὐτῷ τὴν πᾶσαν ἐξουσίαν, vgl. πάντα παραλαβών), denn du ließest dich erkennen und wardest dadurch erkannt. Diese Erkenntnis gebe ich, deinem Befehle gemäß, an die Würdigen unter meinen Mitmenschen weiter; die Unwürdigen verschließen sich ihr.

eher zu widerraten als zu empfehlen. Die sich aus diesen Faktoren ergebende Folgerung kann nur die sein, daß ein Grundschema vorliegt, von dem sowohl Sirach als das Logion und der hermetische Traktat abhängig sind. Dann aber muß es sehr verbreitet gewesen sein, und es ist zu erwarten, daß es auch sonst noch Spuren hinterlassen hat. In der Tat sind mir folgende bekannt.

1. Der erste Fall betrifft das Buch des Sirach selbst, in dem sich das gleiche Kompositionsschema noch einmal findet. Mit Kap. 24 setzt ein deutlich markierter Abschnitt ein. Er wird von einigen Worten des Verfassers eingeleitet (1—2 Ἡ σοφία αἰνέσει ψυχὴν αὐτῆς | καὶ ἐν μέσῳ λαοῦ αὐτῆς καυχήσεται· | ἐν ἐκκλησίᾳ ὑψίστου

Redetypen ältester jüdisch-christlicher Gnosis.

---

[1]) So etwa wird sich ἐξουσία wiedergeben lassen; man darf hier so wenig wie an einer früheren Stelle des Traktats (12 f.), wo die Übertragung der ἐξουσία Gottes an den Ἄνθρωπος (οὗ ἠράσθη ὡς ἰδίου τόκου) geschildert wird, an Herrschermacht denken. Reitzenstein, Poimandr. 48,3 hat darüber richtig geurteilt: „Sehr eigentümlich ist in unserm Dialog der Gebrauch von ἐξουσία. Heißt es hier (12 f.) zunächst wohl Macht, so mischt sich doch fühlbar schon hier der Begriff des Wissens ein, der in dem Schluß καθὼς παρέδωκας αὐτῷ τὴν πᾶσαν ἐξουσίαν durchaus überwiegt (vgl. § 26 ὡς πάντα παραλαβών). Einen ähnlichen Gebrauch finde ich in der Bemerkung des Markos nach der ersten Predigt Jesu (1, 22): καὶ ἐξεπλήσσοντο ἐπὶ τῇ διδαχῇ αὐτοῦ· ἦν γὰρ διδάσκων αὐτοὺς ὡς ἐξουσίαν ἔχων καὶ οὐχ ὡς οἱ γραμματεῖς..... Das ἐξουσίαν ἔχειν ist charakteristisch für den Propheten, der mit der unmittelbaren Anschauung der Gottheit überirdische Kraft verbindet." Genau dieses ist auch die Meinung des den speziellen Ausdruck generalisierenden πάντα in dem Logion (über ἐξουσία in. N.T s. . § 111,1.

στόμα αὐτῆς ἀνοίξει | καὶ ἔναντι δυνάμεως αὐτοῦ καυχήσεται).
Darauf folgt die ῥῆσις der Σοφία (5—6)
ἐγὼ ἀπὸ στόματος ὑψίστου ἐξῆλθον
καὶ ὡς ὁμίχλη κατεκάλυψα γῆν·
ἐγὼ ἐν ὑψηλοῖς κατεσκήνωσα
καὶ ὁ θρόνος μου ἐν στύλῳ νεφέλης.

Sie berichtet dann, daß Gott ihr befohlen habe, in seinem auserwählten Volke sich niederzulassen (7—17), und dann geht es weiter (18—19)
προσέλθετε πρός με οἱ ἐπιθυμοῦντές μου
καὶ ἀπὸ τῶν γεννημάτων μου ἐμπλήσθητε·
τὸ γὰρ μνημόσυνόν μου ὑπὲρ μέλι γλυκύ,
καὶ ἡ κληρονομία μου ὑπὲρ μέλιτος κηρίον

(dann noch zwei weitere Reihen ähnlichen Inhalts 20—21, und abschließend: 22 ταῦτα πάντα βίβλος διαθήκης θεοῦ ὑψίστου). Der letzte Absatz (III) ist besonders bemerkenswert wegen der Identität seiner Struktur mit dem entsprechenden Absatz (III) des Logion: Sirach προσέλθετε πρός με οἱ ἐπιθυμοῦντές μου ~ Logion δεῦτε πρός με πάντες οἱ κοπιῶντες, Sirach τὸ γὰρ μνημόσυνόν μου usw. ~ Logion ὁ γὰρ ζυγός μου usw.

2. Gleich zu Beginn dieser Untersuchungen (S. 6 ff.) wurde durch Gegenüberstellung mehrerer Zeugnisse ein Grundschema religiöser Propagandarede erschlossen, und wir waren weiterhin (S. 129 ff. 188 ff.) in der Lage, die erstaunliche lokale wie zeitliche Verbreitung dieser Motive festzustellen, zu deren Verknüpfung Orient und Hellenismus sich die Hände gereicht haben. In der Reihe der Zeugnisse begegnete wiederholt eine Ode Salomos (nr. 33); auch hier ist sie uns dienlich. Von den drei Kompositionselementen des Sirachabschnittes und des Logion — Dankgebet, Empfang der γνῶσις (σοφία), Appell an die Menschen — findet sich in jener Ode das dritte genau so wieder, das zweite wird dabei als vorhanden vorausgesetzt. Der Anfang der Predigt der „reinen Jungfrau" lautet nämlich so:

„*Ihr Menschensöhne, wendet euch um*
    und ihr Menschentöchter, kommt her!
Verlaßt die Wege dieser Vernichtung
    und naht euch mir! ...
Euch will ich weise machen in den Wegen der Wahrheit ...
Hört auf mich und laßt euch erlösen,
    denn Gottes Gnade verkünde ich unter euch:
Durch mich sollt ihr erlöst werden und selig sein."

Hier stimmen die Worte *kommt her und naht euch mir* genau überein mit ἐγγίσατε πρός με bei Sirach an der ersten und προσέλθετε πρός με an der zweiten Stelle und mit δεῦτε πρός με im Logion. An allen diesen Stellen ist der Inhalt der Verheißung die Vermittlung der göttlichen 'Wahrheit' oder 'Weisheit' oder 'Erkenntnis'. Das bei Sirach dem Zwecke seines Buches gemäß weniger betonte soteriologische Moment tritt in der Ode und im Logion gleich stark hervor.

3. In dem hermetischen Traktate finden sich die drei Kompositionselemente in etwas anderer Reihenfolge: Empfang der γνῶσις, Appell an die Menschen, Dankgebet.[1]) Bei dem zweiten fehlt zwar der ausdrückliche Mahnruf, herbeizukommen, aber er wird vorausgesetzt: denn nach dem Rufe ὦ λαοί, οἱ μέθῃ καὶ ὕπνῳ ἑαυτοὺς ἐκδεδωκότες καὶ τῇ ἀγνωσίᾳ τοῦ θεοῦ, νήψατε (§ 27) usw. geht es in dem Berichte weiter (§ 28): οἱ δὲ ἀκούσαντες παρεγένοντο ὁμοθυμαδόν. Eine bemerkenswerte Einzelkongruenz zwischen dem Siraciden und dem Hermetiker ist die folgende. Jener motiviert seinen Appell, zu ihm zu kommen, um seiner σοφία teilhaftig zu werden, mit den Worten: αἱ ψυχαὶ ὑμῶν διψῶσι σφόδρα (V. 24). Analog sagt der Hermetiker von sich (§ 29): ἔσπειρα αὐτοῖς τοὺς τῆς σοφίας λόγους καὶ ἐτράφησαν ἐκ τοῦ ἀμβροσίου ὕδατος: hier geht, wie die soeben angeführten Worte des Appells zeigen, die Metapher auf die uralte Vorstellung von der Betrunkenheit der unvernünftigen und der Nüchternheit der vernünftigen Seele zurück, eine Metapher, die, wie wir sahen (S. 132), in ῥήσεις dieser Art fast konstant war.

4. Weiter möchte ich versuchen, einen Abschnitt des Römerbriefes in diesen Zusammenhang einzureihen, jedoch nicht ohne vorher zu bemerken, daß man bei dem veränderten Standpunkte eines Briefschreibers, insbesondere auch der realen Adresse der Briefempfänger statt des bloß ideell gedachten Zuhörerpublikums jener ῥήσεις sich darauf gefaßt machen muß, das Grundschema modifiziert zu sehen. Der Apostel beginnt gegen das Ende des Briefes (11, 25 ff.) einen Abschnitt feierlich so: οὐ γὰρ θέλω ὑμᾶς ἀγνοεῖν, ἀδελφοί, τὸ μυστήριον τοῦτο, ἵνα μὴ ἦτε ἐν ἑαυτοῖς φρόνιμοι, ὅτι . . . . (der Inhalt dieses μυστήριον geht uns nichts an). Dazu bemerkt A. Jülicher

---

[1]) Freilich heißt es gleich nach dem Empfange der γνῶσις § 27: ἐγὼ δὲ εὐχαριστήσας καὶ εὐλογήσας τὸν πατέρα τῶν ὅλων ἀνέστην usw. Rechnet man dieses, so wäre die Reihenfolge: Empfang der γνῶσις, Gebet, Appell; aber das eigentliche Gebet steht doch erst am Schlusse (31 f.), und wir werden sehen, daß dies in den hellenisierten Traktaten dieser Art das übliche war.

in seinem Kommentar (bei J. Weiß, Die Schriften des N. T. II 1908) S. 300: „Feierlich leitet Paulus die Verkündigung eines Geheimnisses an seine Leser ein, das, Heiden und Juden unbekannt, ihm durch göttliche Offenbarung enthüllt worden ist, so daß er hier als Seher Dinge kündet, die über menschliches Ergründen hinausliegen." Auf die Enthüllung dieses Geheimnisses (V. 25—32) folgt das Dankgebet (V. 33—36), das in seinem ganzen Umfange wegen der darin vorkommenden Allmachtsformel oben (S. 241) ausgeschrieben wurde, von dem es hier genügt, bloß den Anfang anzuführen: ὦ βάθος πλούτου καὶ σοφίας καὶ γνώσεως θεοῦ..., τίς γὰρ ἔγνω νοῦν κυρίου; (die letzten Worte ein Zitat aus Jesajas 40, 13). Unmittelbar an das Gebet schließen sich an, mit παρακαλῶ οὖν ὑμᾶς, ἀδελφοί eingeleitet, die Ermahnungen, die den Rest des Briefes (von 12, 1 bis 15, 13), von den persönlichen Schlußbemerkungen (15, 14 ff.) abgesehen, einnehmen. Wenn wir nun die Ergebnisse unserer Analyse des Logion und des hermetischen Traktats zusammenfassen und derjenigen des paulinischen Abschnittes gegenüberstellen, so ergibt sich folgendes Bild der Gesamtstruktur:

Logion u. hermet. Traktat	Paulus
Offenbarung eines μυστήριον	Offenbarung eines μυστήριον
Dankgebet für die γνῶσις θεοῦ	Gebet mit Erwähnung der γνῶσις θεοῦ
Appell an die Menschen	Ermahnungen an die ἀδελφοί.

5. Daß Paulus hier einer ihm überlieferten Disposition gefolgt ist, scheint mir klar.[1] Bestätigend ist Folgendes. Daß er ῥήσεις von der besprochenen Art gekannt hat, ergibt sich mit Sicherheit aus einer Erwägung, der wiederum eine Stelle des Römerbriefes zugrundeliegt.[2] Er schreibt c. 2, 17 ff.: Εἰ δὲ σὺ Ἰουδαῖος ἐπονομάζῃ καὶ ἐπαναπαύῃ νόμῳ καὶ καυχᾶσαι ἐν θεῷ (18) καὶ γινώσκεις τὸ θέλημα..., (19) πέποιθάς τε σεαυτὸν ὁδηγὸν εἶναι τυφλῶν, φῶς τῶν ἐν σκότει, (20) παιδευτὴν ἀφρόνων, διδάσκαλον νηπίων, ἔχοντα τὴν μόρφω-

---

[1] Zu dieser Annahme würde gut stimmen, daß, wie oben S. 243, 3 bemerkt wurde, in dem Dankgebete nicht bloß die Allmachtsformel, sondern auch die Worte βάθος πλούτου καὶ σοφίας καὶ γνώσεως an eine bestimmte Überlieferung angelehnt sind.

[2] H. Lietzmann in seinem Kommentar (1906) zu Vers 19 f. der im Texte gleich zitierten Stelle: „19 f. machen den Eindruck, als zitiere Paulus die Worte einer jüdischen, für Proselyten berechneten Schrift." Daß der Eindruck ein richtiger war, wird die nachfolgende Darlegung zeigen.

σιν τῆς γνώσεως καὶ τῆς ἀληθείας ἐν τῷ νόμῳ — (21) ὁ οὖν διδάσκων ἕτερον σεαυτὸν οὐ διδάσκεις; Er zeichnet hier also den Typus eines Menschen (speziell eines Juden), der auf seine besonders engen Beziehungen zu Gott pocht und sich daher zutraut, „ein Führer von Blinden zu sein, ein Licht für die in der Finsternis Wandelnden, ein Erzieher von Unverständigen, ein Lehrer von Unmündigen, als einer, der die leibhaftige Γνῶσις und Ἀλήθεια im Gesetze besitzt." Das ist eine Reihe interessanter Titulaturen[1]), die in die rechte Beleuchtung treten erst durch Parallelversionen der aus Sirach, dem Logion und dem hermetischen Traktate erschlossenen ῥήσεις. Jener Jude brüstete sich damit, zu sein ein παιδευτὴς ἀφρόνων, διδάσκαλος νηπίων. Mit teils identischen, teils analogen Worten bezeichnen Sirach und Logion das Publikum, an das sie sich wenden: ἀπαίδευτοι apostrophiert sie Sirach, die νήπιοι sind es, die im Logion die παράδοσις τοῦ μυστηρίου empfangen; in dem hermetischen Traktate wird der Empfänger der γνῶσις wiederholt als τέκνον angeredet und bei törichten Fragen durchaus als solches von dem Lehrer zurechtgewiesen. Aber die Übereinstimmung reicht noch viel weiter. Bei dem Hermetiker ruft der neue Adept der γνῶσις, der durch den Besitz der γνῶσις ein Gott geworden ist — § 26: τοῦτό ἐστι τὸ ἀγαθὸν τέλος τοῖς γνῶσιν ἐσχηκόσι, θεωθῆναι —, § 28 f.: ἀπαλλάγητε τοῦ σκοτεινοῦ φωτός, was den Erfolg hat, daß einige παρεκάλουν διδαχθῆναι, ἑαυτοὺς πρὸ ποδῶν μου ῥίψαντες. ἐγὼ δὲ ἀναστήσας αὐτοὺς καθοδηγὸς ἐγενόμην τοῦ γένους τοῦ ἀνθρωπίνου, τοὺς λόγους διδάσκων, πῶς καὶ τίνι τρόπῳ σωθήσονται. Hier hat der Hermetiker die ῥῆσις gespalten, indem er einen Teil von ihr in eine Erzählung von ihrem Erfolge transformierte. In einem anderen Traktate (7) geht die ῥῆσις in einem fort: ζητήσατε χειραγωγὸν τὸν ὁδηγήσοντα ὑμᾶς ἐπὶ τὰς τῆς γνώσεως θύρας, ὅπου ἐστὶ τὸ λαμπρὸν φῶς, τὸ καθαρὸν σκότους. Kombinieren wir diese Stellen der beiden Traktate, so finden wir die meisten der Titulaturen wieder: den Führer in der Finsternis zum Lichte[2]), den Lehrer,

---

[1] „In fast grausamer Genauigkeit sammelt der Apostel alle Ruhmestitel der Juden auf" A. Jülicher a. a. O. S. 234.

[2] Möglicherweise war in dem zu erschließenden jüdisch-hellenistischen Traktate angespielt auf Jesaj. 42, 6 ἐγὼ κύριος ὁ θεὸς ἐκάλεσά σε ἐν δικαιοσύνῃ ... καὶ ἔδωκά σε εἰς διαθήκην γένους, εἰς φῶς ἐθνῶν, ἀνοῖξαι ὀφθαλμοὺς τυφλῶν, ἐξαγαγεῖν ἐκ δεσμῶν δεδεμένους ... καὶ καθημένους ἐν σκότει (ähnlich 49, 6—9. Diese Stelle wird zitiert ev. Luk. 2. 32. act. 26. 18.

den sozusagen inkarnierten γνωστικός, den dank der empfangenen γνῶσις mit Gott Vertrauten. Was die letztere Titulatur betrifft, so erinnern wir uns, daß jene samaritanischen 'Propheten', deren Gebahren Celsus schilderte und deren lange Ahnenreihe und Deszendenz wir oben (S. 188 ff.) kennen lernten, ihre soteriologischen ῥήσεις mit den Worten begannen: ἐγὼ ὁ θεός εἰμι (ἢ θεοῦ υἱὸς, ἢ πνεῦμα θεῖον). Hiernach muß es als unzweifelhaft gelten, daß Paulus ῥήσεις solcher Art, was bei ihrer Verbreitung auch selbstverständlich ist, gekannt und nun mit bittrem Hohne danach den Typus eines in seiner Gesetzesgerechtigkeit sich spreizenden Angehörigen des Judentums gezeichnet hat, in dessen Kreisen solche ῥήσεις, wie wir sahen, in der Tat umliefen.

6. Wer erinnert sich weiterhin nicht, wenn er bei Paulus und dem Hermetiker von dem Blindenführer, dem Wegweiser in der Finsternis liest, an die evangelische ῥῆσις Mt. 23, 4 ff. δεσμεύουσιν δὲ φορτία βαρέα καὶ ἐπιτιθέασιν ἐπὶ τοὺς ὤμους τῶν ἀνθρώπων.... οὐαὶ ὑμῖν, ὁδηγοὶ τυφλοί. Die Beziehungen dieses Logion zu dem von uns hier behandelten sind längst erkannt: gemeint sind der Schriftgelehrten und Pharisäer harte Satzungen, unter denen die Menschen wie unter einem schweren Joche seufzen, an deren Stelle der Soter sein Joch als sanft und leicht preist. Der Sarkasmus, jene seien 'blinde Führer', erhält aber erst seine Pointe, wenn man an die zitierte Stelle des Paulus denkt, wonach sie sich 'Blindenführer' genannt haben.[1] Die ὁδηγοὶ τυφλοί stammen aus der sog. Quelle Q; denn Matthäus hat sie nicht bloß an jener Stelle der von ihm freikomponierten großen Angriffsrede des c. 23, sondern auch 15, 14, und diese Stelle ist = Luk. 6, 39.

7. Endlich das Johannesevangelium. Wir sahen (S. 188 ff.), daß sein Verfasser den soteriologischen Redetypus mit voller Deutlichkeit an jenen Stellen des 8. Kapitels reproduziert hat, wo er Jesus sagen läßt ἐγὼ ἐκ τῶν ἄνω εἰμί (23 f.) und ἐγὼ ἐκ τοῦ θεοῦ ἐξῆλθον καὶ ἥκω κτλ. (42 ff.). Dem läßt sich nun hinzufügen, daß in demselben Kapitel (12 ff.) eine ῥῆσις so beginnt: ἐγώ εἰμι τὸ φῶς

---

[1] Die von Paulus im Anschluß an seine letzten Ausführungen geprägte Antithese ὁ οὖν διδάσκων ἕτερον σεαυτὸν οὐ διδάσκεις hätte im Anschluß an das erste Bild (ὁδηγὸς τυφλῶν) auch lauten können: ὁ οὖν ὁδηγῶν ἕτερον σεαυτὸν οὐχ ὁδηγεῖς. Das Bild des ὁδηγεῖν war im spiritualisierten Judentum schon vorchristlicher Zeit verbreitet: Reitzenstein, Zwei religionsgesch. Fragen (Straßb. 1901) 111.

τοῦ κόσμου· ὁ ἀκολουθῶν μοι οὐ μὴ περιπατήσῃ ἐν τῇ σκοτίᾳ, ἀλλ᾽ ἕξει τὸ φῶς τῆς ζωῆς.[1]) Vergleicht man mit diesen Worten die paulinischen: πέποιθας σεαυτὸν ὁδηγὸν εἶναι τυφλῶν, φῶς τῶν ἐν σκότει, so ergibt sich, daß es derselbe Redetypus gewesen ist, den der Evangelist in der traditionellen Form der Selbstprädikation, der Apostel in ein indirektes Referat umgesetzt darbieten. Weiterhin heißt es in demselben Kapitel (31 ff.): ἔλεγεν οὖν ὁ Ἰησοῦς πρὸς τοὺς πεπιστευκότας αὐτῷ Ἰουδαίους· ἐὰν ὑμεῖς μείνητε ἐν τῷ λόγῳ τῷ ἐμῷ, ἀληθῶς μαθηταί μού ἐστε, καὶ γνώσεσθε τὴν ἀλήθειαν: dem entspricht, daß der paulinische διδάσκαλος sich des Besitzes τῆς γνώσεως καὶ τῆς ἀληθείας rühmt. Es folgt hieraus mit Sicherheit, daß der Evangelist auf die verschiedenen Reden des cap. 8 Motive jener von Paulus bezeugten ῥῆσις verteilt hat. Daß er seinem Jesustypus in allem Ernste Motive aus einer solchen von Paulus karikierten ῥῆσις in den Mund legte, ist ein, wie mir scheint, wichtiges Nebenresultat dieser Untersuchung, da sich daraus ergibt, daß er jenen Typus nicht frei konstruiert, sondern einen unerfreulichen Typus des realen Lebens, der auch literarisch fixiert war, idealisiert hat. Daß man dieses Evangelium nicht richtig verstehen kann, ohne allenthalben die Polemik zwischen seinen Zeilen zu lesen, ist bekannt; bei der Vorliebe dieses Schriftstellers, sein sehr geringes Maß an Motiven immer von neuem auszuschöpfen, kann es daher nicht Wunder nehmen, daß wir auch in diesem Falle eine deutliche Spur der Polemik finden. In dem Gespräche, das er zwischen Jesus und Nikodemos fingiert, läßt er auf des Nikodemos' Frage πῶς δύναται ταῦτα γενέσθαι Jesus die Gegenfrage stellen: σὺ εἶ ὁ διδάσκαλος τοῦ Ἰσραὴλ καὶ ταῦτα οὐ γινώσκεις (3, 9f.); Da haben wir also den jüdischen Lehrer ohne γνῶσις. Dem läßt er dann Jesus sich selbst gegenüberstellen als den Einzigen, der sich rühmen darf, Gott geschaut zu haben (ὃ ἑωράκαμεν μαρτυροῦμεν 11) und den er dann sagen läßt (13): οὐδεὶς ἀναβέβηκεν εἰς τὸν οὐρανὸν εἰ μὴ ὁ

---

[1]) Nichts von der Art bei den Synoptikern; zwar brauchen Matth. und Luk. φῶς öfters im symbolischen oder parabolischen Sinne, aber nie so wie Joh. (daß Marc. es nur ein einziges Mal hat — 14, 54 — im ganz realen Wortsinne, ist charakteristisch). Φῶς gehört zu den Worten, dessen Semasiologie geschrieben zu werden verdient, natürlich in Verbindung mit gleichartigen (φωτισμὸς τῆς γνώσεως Paul. Kor. II 4, 6; ἐπιφαύσει σοι ὁ Χριστός in der oben S. 257 f. erwähnten mysterienartigen Formel des Briefes an die 'Ephesier', wo mit ihr ein längerer Sermon über φῶς und σκότος abgeschlossen wird: 5. 8ff. Vgl. auch Reitzenstein a. a. O. 'vorige Anm.' 86, 3.

ἐκ τοῦ οὐρανοῦ καταβάς, ὁ υἱὸς τοῦ ἀνθρώπου. Nun aber läßt sich zeigen, daß beide hier so betonten Privilegien von judaisierenden Gnostikern vielmehr für ihre Archegeten in Anspruch genommen wurden. Das erstere, die Epoptie Gottes, die im vierten Evangelium auch sonst als Sonderrecht für Jesus ostentativ reserviert wird (1, 18 θεὸν οὐδεὶς ἑώρακεν πώποτε· μονογενὴς θεὸς ὁ ὢν εἰς τὸν κόλπον τοῦ πατρός, ἐκεῖνος ἐξηγήσατο, 6, 46 οὐχ ὅτι τὸν πατέρα ἑώρακέν τις, εἰ μὴ ὁ ὢν παρὰ τοῦ θεοῦ, οὗτος ἑώρακεν τὸν πατέρα)[1]), war sozusagen schon vergeben. Denn aus einer jüdischen Schrift des Titels Προσευχὴ Ἰωσήφ hat Origenes, der sie als οὐκ εὐκαταφρόνητον γραφήν bezeichnet und sie zu der Gruppe τῶν παρ' Ἑβραίοις φερομένων ἀποκρύφων rechnet, zwei Zitate, ein ziemlich langes und ein ganz kurzes erhalten, die man am bequemsten bei E. Schürer, Gesch. d. jüd. Volkes II² (Leipz. 1886) 672 f. nachlesen kann. Das erste Zitat beginnt so: ὁ γὰρ λαλῶν πρὸς ὑμᾶς ἐγὼ Ἰακὼβ καὶ Ἰσραήλ, ἄγγελος θεοῦ εἰμὶ ἐγὼ καὶ πνεῦμα ἀρχικόν.... ἐγὼ δὲ Ἰακώβ, ὁ κληθεὶς ὑπὸ ἀνθρώπου Ἰακώβ, τὸ δὲ ὄνομά μου Ἰσραήλ, ὁ κληθεὶς ὑπὸ τοῦ θεοῦ Ἰσραήλ, ἀνὴρ ὁρῶν θεόν, ὅτι ἐγὼ πρωτογόνος παντὸς ζῴου ζῳουμένου ὑπὸ θεοῦ[2]), das zweite Zitat lautet: ἀνέγνων γὰρ ἐν ταῖς πλαξὶ τοῦ οὐρανοῦ[3]) ὅσα συμβήσεται ὑμῖν καὶ τοῖς υἱοῖς ὑμῶν. Ebensowenig war das zweite Privilegium anerkannt, das der Evangelist seinem Jesus in jener ῥῆσις in den Mund legt: οὐδεὶς ἀναβέβηκεν εἰς τὸν οὐρανὸν εἰ μὴ ὁ ἐκ τοῦ οὐρανοῦ καταβάς, ὁ υἱὸς τοῦ ἀνθρώπου. Denn wir lasen oben (S. 190f.) die Worte ἐγώ εἰμι ὁ υἱὸς τοῦ θεοῦ ὁ ἐκ τοῦ οὐρανοῦ καταβάς als den Anfang einer ῥῆσις des Samaritaners Simon, des Archegeten der Gnosis, eine ῥῆσις, die nach dem act. 8, 9 ff. von ihm Gesagten mindestens eine typische Realität gehabt haben muß. Spuren solcher Polemik finden sich in diesem Evangelium auch

---

1) Vgl. Reitzenstein a. a. O. 103.

2) Diese letzten Worte führt Harnack, Dogmengesch. I³ 98, 2 unter den Beweisen für die jüdische Vorstellung von der Präexistenz heiliger Personen an.

3) Ein in apokalyptischer Literatur verbreiteter Gedanke. In dem Buche Henoch c. 103 (Übersetzung des äthiopischen Textes von G. Beer in Kautzsch, Apokryphen u. Pseudepigraphen des A.T. II Tübing. 1900, S. 306) fand ich ihn so wörtlich wieder („*Ich weiß dieses Geheimnis; ich habe es auf den himmlischen Tafeln gelesen*"), daß dadurch das griechische Original, das der Kopte übersetzte und das für diese Stelle noch nicht aufgefunden worden ist, wiedergewonnen ist.

sonst¹); es würde sich lohnen, es jetzt, nachdem das Objekt der Polemik durch meinen Nachweis literarisch fixierter Typen greifbarere Gestalt gewonnen hat, daraufhin zu analysieren und dabei zugleich zu zeigen, wie dürftig die Versuche dieses Schriftstellers ausgefallen sind, die ihm überlieferten Redemotive zu Dialogen und Aktionen auszuwerten. Aber dies liegt meinen Absichten fern.

Nunmehr können wir daran gehen, die Folgerungen aus der Analyse unseres Logion zu ziehen. *Folgerungen für das Logion.*

1. Die in den neueren Diskussionen noch immer als unentschieden oder unlösbar bezeichnete Frage, ob der Absatz III des Logion, der bei Lukas nicht steht, zur Quelle Q gehört habe, ist unbedingt zu bejahen. Denn wir haben gesehen, daß der in ihm enthaltene Appell ein fester Bestandteil des Kompositionsschemas gewesen ist; aus seinem Vorkommen bei Sirach hatten übrigens schon Strauß und Brandt (s. o. S. 282 f.) diese Folgerung gezogen, aber man hat sie übersehen. Aus welchem Grunde Lukas diesen Absatz seiner Quelle wegließ, vermag ich nicht zu sagen.

2. Mit großer Wahrscheinlichkeit läßt sich eine weitere, viel behandelte Kontroverse jetzt entscheiden, ob im Absatz II des Logion, V. 27 οὐδεὶς ἐπέγνω oder οὐδεὶς ἐπιγινώσκει zu lesen sei. Wie schon oben (S. 75, 1) bemerkt wurde, ist der Aorist durch älteste Zitate (von Iustinos an) bezeugt.²) Wenn ich mich dort dennoch für das von unseren Hss. gebotene Präsens entschied (der Philologe weiß aus Erfahrung, daß die hs. Überlieferung im allgemeinen höher zu werten ist, als die indirekte), so muß ich das jetzt widerrufen. Der Siracide spricht in seinem Absatz II im Aorist, da er eine Begebenheit seines Lebens erzählt: ἐξήτησα σοφίαν, εὐφράνθη ἡ καρδία μου, ἐκτησάμην ἀγαθὸν κτῆμα usw.; wenn er also sagt: εὗρον ἐμαυτῷ παιδείαν, so hätte er, wenn er dies Wort so überhaupt gebrauchen würde (was nicht der Fall ist), auch sagen können: εὗρον τὴν γνῶσιν oder ἔγνων. Auf den Aorist führt auch das von Paulus im Absatz II des analysierten Abschnittes des Römerbriefes gebrachte Jesajaszitat: τίς γὰρ ἔγνω νοῦν κυρίου. Es spricht demnach alles dafür, daß auch im Logion, dessen Absatz II mit πάντα μοι

---

1) Darüber hat z. B. der mir unvergeßliche W. Wrede, Charakter und Tendenz des Johannesevangeliums (Tübing. 1903) viel Gutes gesagt.

2) Den Zeugnissen ist wohl noch hinzuzufügen der Vers des neugefundenen gnostisierenden Hymnus Berl. Klassikertexte VI (1910) 125 υἱὸν νομέα νοῦν ἐπέγνων.

παρεδόθη beginnt, in demselben Absatze aoristisch fortgefahren wurde: καὶ οὐδεὶς ἐπέγνω, und daß das Präsens auf einer Verfälschung beruht, die aus dem erzählenden Referate eines Erlebnisses eine allgemeine Sentenz machte nach dem Muster des ev. Joh. 10,15 γινώσκει με ὁ πατὴρ κἀγὼ γινώσκω τὸν πατέρα.[1]

3. Für die Geschichte dieses Typus religiöser Rede ist besonders wichtig, ihn schon im Buche Sirach nachgewiesen zu haben. Da der Enkel, der die griechische Übersetzung verfaßte, nach seiner eigenen Angabe (in dem auch für Philologen recht lesenswerten Proömium) im 38. Regierungsjahre des Euergetes (II. Physkon, der die Zeit seiner Herrschaft schon von 170 v. Chr. an rechnete), d. h. also im Jahre 132 v. Chr., von Jerusalem nach Ägypten übersiedelte und hier die Übersetzung anfertigte, so muß der Großvater sein Werk, dessen größter Teil durch einen Glücksufall wieder entdeckt worden ist, etwa zwischen 190 und 170 geschrieben haben.[2] Er benutzt das Schema schon als ein gegebenes. Bemerkenswert ist, daß das jerusalemische Judentum es in einem Punkte an den Psalmenstil angeschlossen hat: das zeigt der Anfang mit ἐξομολογοῦμαι (s. o. S. 284, 1). Das kann schon deshalb nicht das Ursprüngliche gewesen sein, weil der Bericht über den Empfang der γνῶσις dem Dankgebete vorausgehen muß. In der mystisch-theosophischen Literatur steht es daher am Schluß, nicht bloß in dem hermetischen Traktate (s. o. S. 295), sondern auch in einer diesem verwandten Schrift, dem Asclepius des Ps. Apuleius. Bei Sirach hat sich aus der ihm durch den Psalmenstil nahegelegten Umordnung keine Inkonvenienz ergeben, weil er dieses Gebet von dem Inhalte der beiden folgenden Absätze gänzlich losgelöst und dadurch verselbständigt hat. Anders das Logion, dessen drei Absätze eine organische Einheit bilden. In ihm ist durch die Voranstellung des Dankgebets eine kleine Unstimmigkeit hervorgerufen worden. In den Worten, mit denen es beginnt, ἐξομολογοῦμαί σοι, ὅτι ἔκρυψας ταῦτα ist das ταῦτα eingestandenermaßen beziehungslos, ebenso wie αὐτά in dem gleich darauf folgenden ἀπεκάλυψας αὐτά. Wenn B. Weiß in seinem Kommentar darüber sagt: „Die Beziehung des ταῦτα muß sich aus dem Zusammenhange der apostolischen Quelle

---

1) Für den Aorist entscheidet sich auf Grund einer ganz anderen Beweisführung auch P. Schmiedel a. a. O. (o. S. 283).

2) Vgl. die Literatur bei Fr. Susemihl, Gesch. d. griech. Literatur in der Alexandrinerzeit II 605. 622.

ergeben haben", so bedarf diese Ansicht jetzt einer erheblichen Modifikation. Der Verf. des Logion hat, der judaisierten Umgestaltung jenes Redetypus sich anschließend, das Dankgebet vorangestellt und den Empfang der γνῶσις erst im Absatz II berichten lassen: ταῦτα und αὐτά mußten dadurch beziehungslos werden; durch die Wahl dieser ganz farblosen Worte suchte er sich über die Schwierigkeit hinwegzuhelfen, sich auf etwas beziehen zu müssen, wovon er unter dem Zwange des Schemas doch erst im nächsten Absatze reden konnte. Ordnungsgemäß verläuft dagegen alles in der erwähnten Schrift des Ps. Apuleius. Hier beginnt das Schlußgebet so: *gratias tibi, summe, exsuperantissime. tua enim gratia tantum sumus cognitionis tuae lumen consecuti*, d. h. in das griechische Original zurückübersetzt etwa[1]): διὰ δὲ γὰρ τοσοῦτον τῆς σῆς γνώσεως φῶς παρειλήφαμεν. So kann er sagen, weil er die παράδοσις τῆς γνώσεως vorher berichtet hat; er hätte auch sagen können: ταῦτα παρειλήφαμεν oder ἀπεκάλυψας αὐτά.

4. Was die Herkunft dieses ganzen Redetypus betrifft, so muß ich mich mit dem allgemeinen Resultate 'mystisch-theosophische Literatur des Orients' begnügen. Vielleicht können Spezialforscher da weiterkommen: eine typologische Analyse des gesamten Materials, auch der nt. Schriften, wird jedenfalls vorzunehmen sein. Wie sich dann dieser orientalische Typus mit demjenigen althellenischer Prophetenrede zu einer Einheit verschmolzen hat, ist oben (S. 129 ff. 197 f.) gezeigt worden. Propaganda im Dienste der γνῶσις θεοῦ ist das einigende Band gewesen, an dem die Missionare der verschiedensten Religionen, der christlichen, der jüdisch-samaritanischen-gnostischen, der hermetischen, der pythagoreischen und neuplatonischen, schließlich (durch Vermittlung halbchristlicher Sekten) der mohammedanischen immer wieder dieselben Formen- und Gedankentypen in entsprechenden Transformationen aufgereiht haben. Unter diesen Transformationen ist die interessanteste die des Logion; auf sie müssen wir zum Schluß noch eingehen.

5. Die Mehrzahl der Theologen hält gerade auch dieses Logion für die αὐτοφωνία τοῦ κυρίου. Diese Ansicht werden sie fortan nur

---

1) Den griechischen Text des Schlußgebets hat Reitzenstein, Archiv für Religionswiss. VII (1904) 393 ff. auf einem Zauberpapyrus wiedergefunden; aber gerade der Anfang ist auf dem Papyrus abgeändert, weil, wie Reitzenstein (396, 3) richtig sagt, der Verfasser des Zauberpapyrus, der um Offenbarung betet, eine derartige Verweisung auf eine vorausliegende Belehrung nicht brauchen konnte.

mehr unter der Voraussetzung aufrechterhalten können, daß sie ihn mit Formen und Gedanken theosophischer Mystik operieren lassen. Aber diese Annahme würde in das Bild, das wir uns von seiner Redeweise aus beglaubigten Logia machen mussen, einen falschen Zug hineintragen: „Jesus redet nicht die Sprache der Philosophen oder Theologen" (J. Weiß). Als wir oben (S. 188 ff.) die zu dem Typus dieser ῥήσεις gehörende Selbstvorstellung und Selbstprädikation der Σωτῆρες („ich bin der Sohn Gottes", „ich bin euer Richter" u. viel dgl) behandelten, gelang uns — zu unserer Freude, wie ich wohl sagen darf — der Nachweis, den historischen Jesus aus dieser Reihe zu eliminieren und ihn dadurch von dem Vorwurfe zu befreien, den Paulus in der vorhin analysierten Stelle des Römerbriefs gegen die Anmaßung solcher Prädikationen erhebt; der johanneische Jesus, der so redet, ist eben nicht der historische. Aber auch abgesehen von dieser das gesamte Logion betreffenden Erwägung: Wellhausen verhält sich aus besonderen Gründen gegenüber der Authentie des V 27 skeptisch.[1]) Auch zeige man bei den Synoptikern eine andere Stelle, wo er, der von Herzen Demütige und Bescheidene, der Menschlichste unter seinen Mitmenschen, sich so vom Stande dieser ausgenommen, sich so über ihn erhoben hätte, wie es ihn dieser Vers des Logion tun läßt.[2]) Betrachtet doch Paulus, wie wir sahen (o. S 287), Ei-

---

1) Auch J Weiß sagt (Die Schriften des N T. I² Götting 1907, 321) von dem Wortlaute des II Absatzes. „so wie uns dieser überliefert ist, bietet er uns schwerlich ein Wort Jesu, sondern eher ein Stück Gemeindetheologie" Er findet einen Widerspruch von II zu I „statt des Jubeltons eine fast lehrhafte Umständlichkeit" Er gibt dann einen Versuch des Ausgleichs, der schönem und starkem Empfinden entspringt, den er aber selbst als mißlich bezeichnet. Mir läge viel daran, ihn, dessen Exegese ich hier wie überall viel verdanke, davon zu uberzeugen, daß auf diese „dunklen Worte", wie er sie nennt, durch meine Betrachtungsart volles Licht falle — O. Pfleiderer Das Urchristentum I² (Berl 1902) 436 bezeichnet die Perikope als 'christologisches Bekenntnis der apostolischen Gemeinde in Form eines feierlichen liturgischen Hymnus', eine Formulierung, der ich mich anschließen kann, vorausgesetzt, daß dabei der Begriff des 'liturgischen Hymnus' nicht zu eng gefaßt werde

2) Was das hier so auffällig betonte Verhältnis des Sohnes zum Vater betrifft, so will ich doch bemerken, daß die einzige Stelle bei Marcus, wo Jesus von sich als dem Sohne und vom Vater spricht (13, 32 περὶ δὲ τῆς ἡμέρας ἐκείνης ἢ τῆς ὥρας οὐδεὶς οἶδεν, οὐδὲ οἱ ἄγγελοι ἐν οὐρανῷ οὐδὲ ὁ υἱός, εἰ μὴ ὁ πατήρ), einer anerkanntermaßen jungen Schicht dieses Evangeliums angehört (nach Wellhausen, Das Ev Marci, Berl. 1903, 114 sogar erst nach der Zerstörung Jerusalems' Über 14 61 f wonach Jesus im Synedrion-

schließung Gottes und Erschlossensein des Menschen keineswegs als Privilegium nur für Einen, sondern als ein von Gott der ganzen Menschheit dargebotenes Gnadengeschenk, und erst im vierten Evangelium versteigt sich die Sublimierung zu Aussprüchen wie γινώσκει με ὁ πατὴρ κἀγὼ γινώσκω τὸν πατέρα (10, 15), die, wie der verwandte ἐν ἐμοὶ ὁ πατὴρ κἀγὼ ἐν τῷ πατρί (10, 38), sicher aus orientalisch-hellenistischer Mystik stammen. Der Meister war, wie immer, schlichter als seine Jünger: diese wollten ihn, begreiflich genug, nicht zurückstehen lassen hinter anderen Σωτῆρες, die von sich in so hohen Tönen redeten und deren Seelen doch so viel niedriger gestimmt waren als die seinige. Also das Logion in seiner Gesamtheit für authentisch zu halten, geht nicht an. Aber es bleibt neben der Negation doch ein Positives; dieses zu gewinnen ermöglicht gerade die vorgenommene kritische Analyse.

'Lehren' auf Grund der von Gott empfangenen und durch sie an die 'Unvernünftigen', die 'Unmündigen' tradierten γνῶσις wollten sie alle: der Siracide (bei dem der Begriff der offenbarten γνῶσις aber fehlt), die Σωτῆρες des Logion und des hermetischen Traktates, die Propheten und Pseudopropheten im hellenistischen und orientalischen Lager. Auch das Ziel der Lehre ist das gleiche: das Heil der Seele. Aber verschieden ist der Weg, der zum Ziele führt. Ἐπιδεξάσθω ἡ ψυχὴ ὑμῶν παιδείαν, μετάσχετε παιδείας ruft der Siracide[1]), und der Hermetiker sagt von sich: ἔσπειρα αὐτοῖς τοὺς τῆς σοφίας λόγους. Dagegen der Σωτήρ des Logion: μάθετε ἀπ' ἐμοῦ, ὅτι πραΰς εἰμι καὶ ταπεινὸς τῇ καρδίᾳ. Ja, noch mehr: zwar auch die γνῶσις, die er offenbart, ist bestimmt für die νήπιοι, aber mit Bildung oder Weisheit hat diese γνῶσις so wenig zu tun, daß es geradezu heißt: sie sei verborgen ἀπὸ σοφῶν καὶ συνετῶν. Hier

---

verhöre auf die Frage des Hohepriesters σὺ εἶ ὁ Χριστὸς ὁ υἱὸς τοῦ εὐλογητοῦ; geantwortet haben soll ἐγώ εἰμι, ist oben S. 194 ff. gehandelt worden. Die von E. Wendling, Die Entstehung des Marcus-Evangeliums (Tübing. 1908) 164. 177 ff. behauptete Möglichkeit, daß der Verf. der ersten dieser zwei Stellen (13, 32) das hier von mir behandelte Logion des Mt.evangeliums (bez. von Q) gekannt und nachgebildet habe (vgl. Mt. οὐδεὶς ἐπέγνω ∼ Mc. οὐδεὶς οἶδεν, Mt. οὐδὲ τὸν πατέρα ∼ Mc. οὐδὲ ὁ υἱός, Mt. εἰ μὴ ὁ υἱός ∼ Mc. εἰ μὴ ὁ πατήρ), ist sehr beachtenswert.

1) P. Volz in den Anmerkungen zu seiner oben S. 282, 1 genannten Übersetzung (S. 126): „Wie Plato seine Schüler in der Akademie, Aristoteles im Lyzeum versammelte, so hat auch der öffentliche Lehrer in Jerusalem sein Lehrhaus, wo er die Zuhörer empfängt und unterrichtet."

sondert sich, wie man sieht, das Individuelle vom Traditionellen, und zwar ist, wenn man diese Worte vergleicht mit jenen höhnischen, die Paulus den sich berufen fühlenden jüdischen Propagandisten entgegenschleudert — sie wollten sein παιδευταὶ ἀφρόνων, διδάσκαλοι νηπίων — klar, daß die Umbiegung des Traditionellen vom Verfasser des Logion mit Bewußtsein vorgenommen worden ist, als ein beabsichtigter Protest. Das also ist der christliche Einschlag in das alte Gewebe, das ein Beispiel für das μεταχαράττειν τὸ νόμισμα, wie es vom Christentum so oft vollzogen worden ist. Die γνῶσις jener anderen war nicht bloß Einigung mit Gott, sondern auch Weltanschauung, ein Wissen von Gott und Welt und Menschenbestimmung[1]; den christlichen γνωστικοί der ältesten Gemeinden war dagegen Gottesgemeinschaft das einzige Ziel, zu dem sie der Lehrer führte. Um es zu erreichen, bedurfte es eines kindlich sich hingebenden Herzens, die σοφία war nur hinderlich. Wenn demgemäß diese γνῶσις für die νήπιοι reserviert wird, so darf diese protestartige Ablehnung des konventionellen Typus als ein Klang derselben Sphäre verstanden werden, aus der das ergreifende Logion von den παιδία stammt, deren das Reich Gottes ist (Mc. 10, 14 = Luk. 18, 16 ∼ Mt. 18, 3). Paulus hat in der gewaltigen Predigt des ersten Briefes an die Korinthier (1, 18—3, 2) über die „Torheit" des Kreuzes die beste Exegese dieses Gedankens gegeben; aber dort richtet er die Spitze nicht gegen die Anmaßung der Schriftgelehrten, sondern gegen die Weisheit der Hellenen.

Die Analyse hat uns zum ersten Male einen wirklichen Einblick in die Werkstatt des Verfassers der Quelle Q gewährt. Er war ein Theologe, ein Schriftsteller, wie die Evangelisten, wie insbesondere Matthäus, der ganz im Sinne jenes Vorgängers vereinzelt umlaufende Logia zu größeren Reden ausweitete, mit Gestaltungswillen auf Grund schriftstellerischer Tradition, also auch, neben dem Lehr- und Erbauungszwecke, mit literarischer Ambition. Ich erinnere mich noch lebhaft des Eindrucks, den auf mich die erste Lektüre einer mit Recht berühmten Abhandlung von Fr. Overbeck, Über die Anfänge der patristischen Literatur (Histor. Zeitschr. N. F. XII, 1882, 417 ff.) gemacht hat; damals hat mich sein Versuch, die neu-

---

[1] Vgl. was der Verf. der Sap. Sal. 7, 17 ff. sagt: αὐτὸς (θεός) γάρ μοι ἔδωκε τῶν ὄντων γνῶσιν ἀψευδῆ, εἰδέναι σύστασιν κόσμου καὶ ἐνέργειαν στοιχείων, und was er weiterhin aufzählt, schließend: ὅσα τέ ἐστι κρυπτὰ καὶ ἐμφανῆ ἔγνων, ἡ γὰρ πάντων τεχνῖτις ἐδίδαξέ με σοφία.

testamentlichen Schriften, vor allem die Evangelien, als nicht zur Literatur im eigentlichen Wortsinne gehörig zu erweisen, überzeugt. Aber ich weiß jetzt, daß der Nachweis, der für das paulinische Schrifttum und die Acta der Apostel ohnehin mißglückt ist, auch für die Evangelien nur dann als erbracht anzusehen ist, wenn man den Begriff 'Literatur' aus dem Kanon der hellenischen Schriftgattungen ableitet. Aber es ist klar, daß wir zu einer solchen Ableitung keineswegs berechtigt sind. Die These ist falsch, sobald wir die hellenistischen Schriftgattungen heranziehen, ohne Rücksicht auf das Sprachidiom, in das sie eingekleidet sind: denn es muß zugegeben werden, daß dieses zu den Zeiten des Hin- und Herwogens von Gedankenfluten aus dem Osten in den Westen und in umgekehrter Richtung ein $\dot{\alpha}\delta\iota\acute{\alpha}\varphi o \varrho o \nu$ gewesen ist. Wer sich nicht entschließen kann, auch die Evangelien, und zwar nicht etwa bloß das vierte, in diesem Sinne zur 'Literatur' zu rechnen, der muß sich darüber klar sein, daß er sich die Erkenntnis wirklich wichtiger Zusammenhänge eigenwillig verschließt. Schon oben (S. 194) wurde, auf Grund einer ähnlichen Analyse wie der hier gegebenen, eine Typologie der evangelischen Reden mit Zuhilfenahme alles erreichbaren, selbstverständlich nur des homogenen Materials als dringendes Erfordernis bezeichnet.[1]) Ich hoffe, daß es mir hier gelungen ist, an einem Beispiele die Erreichbarkeit dieses Zieles erwiesen zu haben. Dem Verfasser der Quelle Q war, wie gezeigt wurde, ein mystisch-theosophischer Traktat bekannt, der schon eine lange Vergangenheit gehabt hatte und der jedenfalls in orienta-

---

1) Für die Erzählungsstoffe gilt dasselbe; Reitzensteins hellenist. Wundererzählungen zeigen für eine Spezies den Weg, und soeben ist K. Holls Abhandlung 'Die schriftstellerische Form des griech. Heiligenlebens (Neue Jahrb. f. d. klass. Altert. XXIX 1912, 406 ff.) hinzugekommen, die ich zu meinem Bedauern im ersten Teile dieses Buches, wo ich über die Apolloniosbiographie sprach, noch nicht habe benutzen können. Analogien aus dieser Biographie können für die Erkenntnis der Genesis evangelischer Erzählungen lehrreich werden: man kann noch oft sehen, daß die $\mathring{\alpha}\pi o\mu\nu\eta\mu o\nu\varepsilon\acute{\nu}\mu\alpha\tau\alpha$ des Moiragenes (s. oben S. 35, 1) dem Damis-Philostratos Anlaß boten, Erzählungen angeblicher Begebenheiten daran zu knüpfen. Die soeben (S. 297) gezeigte Transformation einer $\acute{\varrho}\tilde{\eta}\sigma\iota\varsigma$ in eine Erzählung bei dem Hermetiker ist genau dasselbe, was wir bei den evangelischen Erzählungen in ihrem Verhältnisse zum überlieferten Redestoffe oft beobachten. Überhaupt aber ist es eine dem Philologen ganz geläufige Erscheinung, Apophthegmata, beglaubigte oder fingierte, sich zu Erzählungen auswachsen zu sehen (Musterbeispiel: die Sprüche der sieben Weisen'.

lischen Sprachen (auch schon in griechischer, was aber nebensächlich ist) literarisch fixiert war. Eine nicht geringe Anzahl von Religionsgenossenschaften hatte ihn sich zu eigen gemacht; nicht bloß durch die Literatur, sondern auch durch mündliche Propaganda wurde er verbreitet, wobei die Grundform den jeweiligen Sonderinteressen angepaßt wurde. Es ergab sich daher ganz von selbst, daß er auch das in den Konkurrenzkampf der Religionen neu eintretende Christentum in seine Kreise zog. Der Verfasser von Q hat daher in sein Lehr- und Erbauungsbuch für die christliche Gemeinde Motive aus ihm übernommen, mit genauem Anschlusse in Komposition, Gedanken und Worten, ein Weg, auf dem dann der Verfasser des vierten Evangeliums mit Konsequenz weitergeschritten ist. Aber dem alten Weine haben sie doch eine besondere Würze gegeben. Die Gnosis, um deren Propaganda sich — in der Auffassung der nächsten Generationen — der christliche $\Sigma\omega\tau\acute{\eta}\varrho$ bemüht hatte, war von ganz anderer Art gewesen als diejenige, in deren Dienst sich vor und nach ihm die $\Sigma\omega\tau\tilde{\eta}\varrho\varepsilon\varsigma$ der anderen Kultgenossenschaften stellten. In deren theosophischen Systemen war die $\sigma o \varphi \iota \alpha$ dieser Welt keineswegs ausgeschaltet; ohne Wissen konnte man in ihre komplizierten Gedankengänge nicht eindringen. Dagegen war der Kampf jenes gegen die Schriftgelehrsamkeit noch in frischer Erinnerung, als die ersten Aufzeichnungen vorgenommen wurden. Dadurch, daß der Verfasser dieses Logion (wie der des vierten Evangeliums) mit dem traditionellen Motive jüdisch-gnostischer Propagandarede individuelle Züge aus dem Lebenskampfe Jesu gegen die dünkelhafte Weisheit verband, gab er, wie schon bemerkt, dem Logion eine polemische Spitze gegen solche 'gnostischen' Traktate. Der christliche Soter, von dem die $\nu\acute{\eta}\pi\iota o\iota$ lernen sollen, daß er sanft und demütig von Herzen ist, richtet seinen Appell an die Mühseligen und Beladenen, denen er aus Liebe und Erbarmen den Frieden der Seele geben will. Hier durchblitzt eine neue Sonne das kalte Dunkel der anspruchsvollen Traktate von harten und hochmütigen Magiern, Theurgen und 'Propheten'. $A\mathring{v}\tau o\varphi\omega\nu\acute{\iota}\alpha$ im realen Wortsinne ist auch dieses Neue nicht gewesen: dazu ist es viel zu stark mit den der literarischen Tradition entlehnten Motiven verwoben. Aber daß das Ideelle im höheren Sinne wahr und als solches auch unvergänglich ist, wissen wir durch Platon.

ANHÄNGE

I.
ZUR KOMPOSITION DER ACTA APOSTOLORUM.

1. DAS PROÖMIUM.

Die stilistischen Schwierigkeiten des ersten Satzes werden, wie von früheren Forschern[1]), so auch von Harnack anerkannt: „In den ersten Versen des ersten Kapitels häufen sich die Anstöße so, daß man die Annahme, an ihnen sei nachträglich korrigiert worden, nicht wohl ablehnen kann. Wie stark die Eingriffe waren und wie der ursprüngliche Text gelautet hat, läßt sich nicht mehr feststellen." (Die Apostelgeschichte, Leipzig 1908, 182; vgl. S. 128. 148, 1. 153. 164. 175 über die sachlichen und stilistischen Schwierigkeiten). Die Behauptung, daß sich nicht mehr feststellen lasse, wie der ursprüngliche Text gelautet habe, ist natürlich unbedingt richtig hinsichtlich des Wortlautes als solchen; aber über den Inhalt des ursprünglichen Textes läßt sich doch wohl etwas sagen.

Rekonstruktion der Originalfassung des 1. Satzes.

Alle sind sich darüber einig, daß zu dem ersten Gliede der Antithese τὸν μὲν πρῶτον λόγον ἐποιησάμην περὶ πάντων, ὦ Θεόφιλε, ὧν ἤρξατο ὁ Ἰησοῦς ποιεῖν τε καὶ διδάσκειν, ἄχρι ἧς ἡμέρας . . . . . . ἀνελήμφθη ein zweites gehörte, das vom Redaktor weggeschnitten wurde. Daß nun ein solcher Anfang des zweiten (oder überhaupt eines neuen) Buches einer Schrift — Rückblick mit kurzer ἀνακεφαλαίωσις des vorangegangenen, dann Themaangabe des neuen Buches[2]) — antiker Gepflogenheit entsprach, ließe sich an vielen Beispielen aus der Literatur beider Sprachen zeigen.[3]) Ich beschränke

---

1) Von philologischer Seite ist in die Diskussion eingegriffen worden durch A. Gercke, Der δεύτερος λόγος des Lukas, Hermes XXIX (1894) 373 ff., aber diese eindringende Analyse hat bei den Theologen nicht die verdiente Beachtung gefunden. Um so wertvoller ist es, darauf hinweisen zu können, daß Mommsen zugestimmt hat (Die Rechtsverhältnisse des Apostels Paulus, Z. f. nt. Wiss. II 1901, 87, 1 = Ges. Schr. III 437, 2).

2) Auf die Rekapitulation beschränken sich die interpolierten elenden Proömien zu den einzelnen Büchern (außer VI) von Xenophons Anabasis.

3) Bei der Niederschrift dieser kleinen Untersuchung war mir R. Laqueurs Aufsatz über 'Ephoros. I. Die Proömien' (Herm. XLVI 1911, 161 ff.) noch unbekannt. Er hat die stilistische Erkenntnis der Proömienstruktur zu überraschenden und ungewöhnlich weittragenden Folgerungen benutzt, die mir unwiderlegbar erscheinen. Auf die Acta einzugehen, hatte er keine Veranlassung; ich lasse meinen Text daher unverändert, verweise aber zu seiner Ergänzung nachdrücklich auf L.

mich aber auf ganz wenige, für das Lateinische auf das älteste, den aus dem Proömium des zweiten Buches des Caelius Antipater erhaltenen (beim auct. ad Herenn. IV 12, 18 p. 306, 17 Marx) Satz *in priore libro has res ad te scriptas, Luci, misimus, Aeli*, dessen Ergänzung dem Sinne nach sich aus den weiterhin anzuführenden Stellen ergibt; es sei nur noch bemerkt, daß lateinische Beispiele bei Varro infolge seiner Dispositionspedanterie und Rekapitulationswut besonders häufig sind (ihm folgt darin, wie in anderem, Vitruvius in den Proömien). Für das Griechische werden folgende Beispiele das Prinzip erweisen. Polybios II Anf. ἐν μὲν τῇ πρὸ ταύτης βίβλῳ διεσαφήσαμεν, πότε usw. (folgt Rekapitulation von B. I) ἕως τοῦ τέλους καὶ τῆς Καρχηδονίων ἐπικρατείας. νυνὶ δὲ τὰ συνεχῆ τούτοις πειρασόμεθα δηλοῦν, ähnlich B. III Anf. in Anknüpfung an B. II, B. IV an III. Diodoros B. II Anf. ἡ μὲν πρὸ ταύτης βίβλος τῆς ὅλης συντάξεως οὖσα πρώτη περιέχει τὰς κατ' Αἴγυπτον πράξεις, ἐν αἷς ὑπάρχει (folgt Rekapitulation). ἐν ταύτῃ δ' ἀναγράψομεν (folgt Thema von B. II). B. XI Anf. ἡ μὲν οὖν πρὸ ταύτης βίβλος, τῆς ὅλης συντάξεως οὖσα δεκάτη, τὸ τέλος ἔσχε τῶν πράξεων εἰς τὸν προηγούμενον ἐνιαυτὸν τῆς Ξέρξου διαβάσεως usw. ἐν ταύτῃ δὲ τὸ συνεχὲς τῆς ἱστορίας ἀναπληροῦντες ἀρξόμεθα μὲν ἀπὸ τῆς Ξέρξου στρατείας ἐπὶ τοὺς Ἕλληνας, καταλήξομεν δὲ ἐπὶ τὸν προηγούμενον ἐνιαυτὸν τῆς Ἀθηναίων στρατείας ἐπὶ Κύπρον ἡγουμένου Κίμωνος. XII (nach Vorbemerkungen allgemeiner Art): ἐν μὲν οὖν τῇ πρὸ ταύτης βίβλῳ τὴν ἀρχὴν ἀπὸ τῆς Ξέρξου στρατείας ποιησάμενοι διήλθομεν τὰς κοινὰς πράξεις (bis zu dem und dem Jahre). ἐν ταύτῃ δὲ ἀπὸ τῆς Ἀθηναίων στρατείας ἐπὶ Κύπρον ποιησάμενοι διέξιμεν ἕως ἐπὶ τὸν ψηφισθέντα πόλεμον ὑπὸ Ἀθηναίων πρὸς Συρακοσίους, und ganz analog in XIII. XVII. XVIII. Daß sich also einst in den Acta die begonnene Antithese in entsprechender Weise fortgesetzt hat, ist offensichtlich; aber es ergibt sich aus dieser Beobachtung noch ein Weiteres. Die meisten der angeführten Beispiele zeigen, daß es in geschichtlicher Erzählung üblich war, nach der Rekapitulation des vorangehenden Buches nicht bloß den Anfangspunkt, sondern auch den Schlußpunkt des neuen zu markieren. Hätten wir also das Proömium der Acta in originaler Fassung, so würden wir, wie wir im ersten Gliede der Antithese den Endpunkt des ersten λόγος angegeben finden, so im zweiten Gliede erfahren haben, bis zu welchem Punkte der Verf. sein zweites Buch zu führen beabsichtigte (μέχρι τῆς ἐπὶ τῆς Ῥώμης ἐπιδημίας τοῦ Παύλου konnte es dem Sinne nach etwa lauten: diese Worte in Anschluß an Euseb. h. e. II 22), und die (ja ohnehin wenig glaubhafte) Hypothese eines fehlenden Schlusses hätte nie aufgestellt werden können. Ein Beispiel aus späterer christlicher Literatur, freilich nicht erzählenden Inhalts, soll hier noch Platz finden. Eirenaios beginnt das zweite Buch seiner antihäretischen Schrift so (es ist nur in der lateinischen Übersetzung erhalten, die sich aber, da sie wörtlich ist, ziemlich genau retrovertieren läßt: s. o. S. 74): τῇ μὲν πρώτῃ βίβλῳ τῇ πρὸ ταύτης (*in primo quidem libro, qui ante hunc est*: fast konstant so, τῇ πρὸ ταύτης, Diodor) ἐλέγχοντες τὴν ψευδώνυμον γνῶσιν ἐδείξαμέν σοι, ἀγαπητέ, πᾶν τὸ ὑπὸ τούτων οἵ εἰσιν ἀπὸ Οὐαλεντίνου διὰ πολλῶν καὶ διαφόρων τρόπων ἐπινενοημένον (*adinventum*: cf. I 3, 6, wo der griech. Text vorliegt) ψευδολογίαν οὖσαν. darauf folgt eine Rekapitulation des Inhalts von B. I, dann geht es weiter: ταύτῃ δὲ τῇ βίβλῳ διδάξομεν ἅ τε ἡμῖν ἁρμόττει (? *quae nobis apta sunt*) καὶ ἃ συγχωρεῖ ὁ χρόνος, worauf eine genaue Angabe des Themas von B. II folgt. Ganz analog ist es bei den Proömien der drei folgenden Bücher, die auch in ihren Rekapitulationen vorhergehender Bücherkomplexe genau die Praxis des Diodor u. a. zeigen.

Es läßt sich nun aber über den Inhalt des vom Redaktor der Acta weggeschnittenen Proömiums auf Grund von Analogien noch etwas mehr wissen. Zu dem Zweck ist es nötig, die im Texte (S. 34 f.) gegebenen Andeutungen über die Geschichte des „Wir"-Berichtes etwas weiter auszuführen.

2. DAS PROÖMIUM UND DAS LITERARISCHE ΓΕΝΟΣ DER GRUNDSCHRIFT.

„Es erhob sich ein Sturm und wir retteten uns mit knapper Not in eine Bucht... Das Boot ließen sie auf einen felsigen Strand auflaufen und gaben es so preis": das steht nicht etwa in den Acta c. 27, sondern in einer Erzählung des Dion von Prusa (7, 2). Der Unterschied ist nur, daß die Insel hier Euboia, dort Malta heißt, sonst stimmt alles bis auf wörtliche Anklänge (auch der Wechsel von 'wir', nämlich alle Insassen, mit 'sie', nämlich die Schiffer), und an Land erhalten die einen wie die anderen freundliche Aufnahme. — Sturm, Schiffsmanöver (z. T. identisch mit denen der Acta), Strandung im „Wir"-Berichte auch bei Achill. Tat. III 1 ff. Auch Petronius c. 114 bietet die Schilderung eines Seesturmes und Schiffbruchs als „Wir"-Bericht. Das war ein altes Erbstück der Menippea: Varros Satirenfragmente zeigen noch auffallend zahlreiche Spuren von Reiseberichten als Selbsterzählungen, z. B. 276 *hic in ambitio navem conscendimus palustrem*, 472 f. *ventus buccas vehementius sufflare et calcar admovere; quocumque ire vellemus, obvius flare*. Hier ist der Zusammenhang mit der Odyssee handgreiflich: diese fr. 472 f. stammen aus der Satire 'Sesculixes': Varro erzählte seine Irrfahrten unter der Maske des Odysseus, sowohl wirkliche Reiseerlebnisse (er war weit in der Welt herumgekommen) als symbolische auf der Reise durchs Leben, Suchen und Irren auf dem Wege zur Wahrheit (vgl. den Buchtitel des Metrodoros bei Diog. L. X 24 περὶ τῆς εἰς σοφίαν πορείας). Eine Satire mit dem Titel Περίπλους hatte 2 Bücher, ein Fragm. daraus wieder mit der 1. Person des Plurals (418). Einmal geht die Reise auch gen Himmel: sie wollen sich überzeugen, woher die Astronomen ihre Weisheit haben und fliegen empor, aber da erhebt sich ein Orkan, und sie stürzen zur Erde (269 ff.): das war im „Wir"-Stil erzählt, 272 *at nós caduci naufragi ut ciconiae, Quarum bipinnis fulminis plumas vapor Perussit, alte maesti in terram cecidimus*. Hier ist durch die Übereinstimmung im Hauptmotive mit Lukians Ikaromenippos die menippeische Nachahmung garantiert, der einzige, aber auch ganz sichere Fall dieser Art (Jahrb. für Phil. Suppl. XVIII 1891, 269 f.). Auch verdient Beachtung, daß Lukian in den zwei Büchern seiner ἀληθὴς ἱστορία einen (parodischen) Periplus im „Wir"-Stile hat; er bezeugt die Beliebtheit der Gattung I 3 πολλοὶ δὲ καὶ ἄλλοι... συνέγραψαν ὡς δή τινας ἑαυτῶν πλάνας τε καὶ ἀποδημίας und nennt Odysseus ἐν τοῖς περὶ τὸν Ἀλκίνουν den Archegeten. Wir besitzen Schilderungen

Reiseberichte als Selbsterzählungen.

314   Anhang I.

wahrer Erlebnisse dieser Art z. B. von Ovid, der im ersten Buche der Tristien die Fährnisse seiner Fahrt im „Wir"-Stile wiederholt schildert, und — was besonders theologische Leser angeht — von Josephus, der in seiner Autobiographie c. 3 einen Sturm auf seiner Fahrt von Asien nach Rom im J. 63 ganz in dem Stile beschreibt, der uns aus der Schilderung der Acta geläufig ist (z. B. βαπτισθέντος γὰρ ἡμῶν τοῦ πλοίου κατὰ μέσον τὸν Ἀδρίαν, περὶ ἑξακοσίους ὄντες δι' ὅλης τῆς νυκτὸς ἐνηξάμεθα usw.). Aber ich wollte das umfangreiche Thema nicht ausschöpfen, sondern nur zu seiner Bearbeitung anregen, und für die Acta ist das Folgende wichtiger als eine Vollständigkeit des Materials.

Fortsetzung der Rekonstruktion des originalen Proömiums. Bevor ich in die Untersuchung eintrete, muß ich wiederholen (s. o. S. 45, 1), daß ich im Gegensatze zu Harnacks Einheitshypothese an der Auffassung festhalte, die sich als ein gemeinsames Resultat den meisten früheren Forschern ergeben hat und die soeben durch Wendlands Analyse (Hellenist.-röm. Kultur² 1912, 323 ff.) durch einige wichtige und, wie mir scheint, unwiderlegliche Argumente[1] erhärtet worden ist. Für die Beantwortung der Frage nach dem literarischen γένος der Acta ist, wie man sehen wird, die Sonderung der Grundschrift und deren uns vorliegender Überarbeitung von entscheidender Wichtigkeit.

Als ein gesichertes Ergebnis der Quellenanalyse der Acta betrachte ich dieses, daß der „Wir"-Bericht schon in seiner ursprünglichen Fassung nicht bloß „Wir"-Stücke im eigentlichen Sinne des Wortes enthielt, sondern auch Angaben über Geschehnisse, über die der Verfasser nicht aus Autopsie berichten konnte: das Verhältnis von 16, 6—9 zu 16, 10 und der ganzen Stelle 16, 10—40 zu 20, 5 f. läßt keine andere Deutung zu (vgl. Wendt, Einl. 27 f.).[2]

---

[1] Dazu gehört u. a. der Nachweis des Einschubs 27, 9—11 in den festgefügten Zusammenhang von 27, 8 + 12, um so bemerkenswerter, als sich daraus ergibt, daß die Tätigkeit des Redaktors sich auch auf den „Wir"-Bericht erstreckt hat. Charakteristischerweise handelt es sich hier, wie so oft, wieder um eine kleine Ansprache des Paulus, die der Redaktor dem Originalberichte hinzugefügt hat.

[2] 16, 6—9: (6) διῆλθον δὲ τὴν Φρυγίαν καὶ Γαλατικὴν χώραν ... (7) ἐλθόντες δὲ κατὰ τὴν Μυσίαν ἐπείραζον εἰς τὴν Βιθυνίαν πορευθῆναι (was ihnen verwehrt wird). (8) παρελθόντες δὲ τὴν Μυσίαν κατέβησαν εἰς Τρῳάδα. (9) Hier hat Paulus eine Vision, die ihn nach Makedonien beruft. (10) ὡς δὲ τὸ ὅραμα εἶδεν, εὐθέως ἐζητήσαμεν ἐξελθεῖν εἰς Μακεδονίαν. Die Verklammerung von 6—9 mit 10 ist so eng, daß es unmöglich ist, 6—9 einem anderen Verfasser zuzuschreiben als 10. Der „Wir"-Berichterstatter muß mithin auch Referate in dritter Person über Ereignisse, an denen er nicht als Augenzeuge teilnahm, aufgenommen haben. Das wird bestätigt durch das Folgende von V. 11 an: ἀναχθέντες δὲ ἀπὸ Τρῳάδος εὐθυδρομήσαμεν εἰς Σαμοθρᾴκην, τῇ δὲ ἐπιούσῃ εἰς Νέαν πόλιν, (12) κἀκεῖθεν εἰς Φιλίππους, ἥτις ἐστὶν πρώτη τῆς μερίδος Μακεδονίας πόλις, κολωνία. ἦμεν δὲ ἐν ταύτῃ τῇ πόλει διατρίβοντες ἡμέρας τινάς. Dieser Aufenthalt in Philippi wird im weiteren Verlaufe des Kap. 16 geschildert mit wiederholtem „wir" (Vers 25—34 sind ein fast allgemein zugestandener Einschub). Aber mit der Abreise des Paulus

Diese Grundschrift war also die Verbindung eines Berichtes von Selbsterlebtem und eines Referates in dritter Person. Der Redaktor hat mithin ein ihm vorliegendes Werk der angegebenen Kompositionsform aus anderen Quellen erweitert und dabei das „Wir", wo es die Grundschrift bot, stehen gelassen. Auf Grund welches Vorganges er das hat verantworten können, darüber wird unten (bei 3) zu sprechen sein. Hier handelt es sich vorläufig nur um die Spuren, die seine Tätigkeit im Proömium zurückgelassen hat. Denn das Proömium, in dem der Verfasser der Grundschrift sein Verfahren motiviert hatte, durfte der Redaktor nicht intakt lassen, da er sich ja mit jenem, der teilweise Selbsterlebtes in erster Person gab, nicht identifizieren konnte noch auch wollte. Der Schnitt, den er vornahm, ist durch die bekannten, auch von den Vertretern der Einheitstheorie zugegebenen stilistischen und sachlichen Inkonvenienzen noch sichtbar. Selbstverständlich nur probeweise, um meine Auffassung zu verdeutlichen, gebe ich an, was dem Sinne nach etwa dagestanden haben könnte: τὸν μὲν πρῶτον λόγον — ἀνελήμφθη. νυνὶ δὲ τὰ συνεχῆ τούτοις[1]), ἅ τε αὐτὸς παρὼν εἶδον ἅ τε παρ' ἄλλων ἀξιοπίστων ὄντων ἐπυθόμην, συγγράψαι πειράσομαι μέχρι τῆς ἐπὶ τῆς

und seiner Begleiter aus Philippi, d. h. von c. 17 an, verschwindet dieses „wir": διοδεύσαντες δὲ τὴν Ἀμφίπολιν καὶ τὴν Ἀπολλωνίαν ἦλθον εἰς Θεσσαλονίκην und so fort bis c. 20, 4 συνείπετο δὲ αὐτῷ (Παύλῳ) Σώπατρος Πύρρου Βεροιαῖος . . . . (folgen die Namen der anderen Begleiter). (5) οὗτοι δὲ προελθόντες ἔμενον ἡμᾶς ἐν Τρῳάδι. (6) ἡμεῖς δὲ ἐξεπλεύσαμεν μετὰ τὰς ἡμέρας τῶν ἀζύμων ἀπὸ Φιλίππων καὶ ἤλθομεν πρὸς αὐτοὺς εἰς τὴν Τρῳάδα usf. Hieraus ergibt sich erstens, daß der Verfasser nach der Abreise des Paulus aus Philippi dort mit einigen anderen zurückgeblieben ist, und zweitens, daß ihm nicht bloß die „Wir"-Stücke, sondern auch die dazwischenstehenden Referate in dritter Person gehören; denn diese sind mit jenen so verklammert, daß ihre Loslösung unmöglich ist: 20,1—6: 'Paulus reiste von Ephesos nach Makedonien, dann nach Hellas, von da beschloß er nach Syrien zu reisen, und zwar, aus Furcht vor den Nachstellungen der Juden, mit Vermeidung des direkten Seeweges wieder durch Makedonien; es begleiteten ihn die und die; diese erwarteten uns in Troas, wohin wir uns von Philippi aus begaben.' Natürlich folgt hieraus nicht, daß nun auch alle Einzelheiten, die in den Referaten dritter Person enthalten sind, von dem Verf. der „Wir"-Stücke herstammen müssen; vielmehr hat in der Ergänzung dieser Referate die Haupttätigkeit des Redaktors bestanden; daß sie bis zur Komposition ganzer Reden ging, hat Wendt S. 234 f. für die Synagogenrede im pisidischen Antiocheia (13, 16—41) gut gezeigt. Auch W. Soltan, Die Herkunft der Reden in der A.-G., Z. f. nt. Wiss. IV (1903) 128 ff. teilt diese Auffassung.

1) Ich habe absichtlich diesen farblosen Ausdruck gewählt (im Anschluß an Polyb. II Anf.); aber die fast konstante Praxis dieser Art von Proömien läßt es fast als sicher erscheinen, daß statt des allgemeinen Ausdrucks vielmehr die κεφάλαια der nachfolgenden Erzählung genannt waren, zumal ja auch der Vordersatz in den Worten περὶ πάντων ὧν ἤρξατο ὁ Ἰησοῦς ποιεῖν τε καὶ διδάσκειν eine spezielle Inhaltsangabe enthält.

Ῥώμης ἐπιδημίας τοῦ Παύλου (über diese Zeitangabe und ihren Wortlaut s. oben S. 312). Das in dieses hypothetisch rekonstruierte Proömium[1]) aufgenommene Motiv autoptischer und referierender Berichterstattung hat nachweislich zum festen Inventare von Proömien gehört. Der τόπος war seit Thukydides (I 22, 2) so beliebt[2]), daß Lukian ihn in seinen 'wahrhaftigen Erzählungen' sogar parodieren konnte (I 4 γράφω τοίνυν περὶ ὧν μήτε εἶδον μήτε ἔπαθον μήτε παρ' ἄλλων ἐπυθόμην).[3]) —

Kombination von Autopsiebericht und Referat.

Wir wenden uns nunmehr einer Untersuchung zu, deren unmittelbarer Zweck dieser ist, der Grundschrift der Acta ihre literaturgeschichtliche Stellung anzuweisen. Hierzu wird es nötig sein, die Literaturgattung, der sie angehört, einer stilistischen Analyse zu unterziehen, denn der Stil ist die Signatur eines γένος. Die spezielle Fragestellung lautet im vorliegenden

---

1) Ich benutze die Gelegenheit zu einer Bemerkung über die Einleitungsworte des Evangeliums des Lukas. Es ist nämlich, soviel ich weiß, noch nicht darauf hingewiesen worden, daß diese Periode, die allgemein als die beststilisierte des ganzen N.T. gilt, in ihrer Gedanken- und Formenstruktur derjenigen nahe verwandt ist, die die Σοφία Σειράχ eröffnet. Vgl. Lukas: ἐπειδήπερ πολλοὶ ἐπεχείρησαν ἀνατάξασθαι διήγησιν περὶ ....., ἔδοξε κἀμοὶ παρηκολουθηκότι ἄνωθεν πᾶσιν ἀκριβῶς καθεξῆς σοὶ γράψαι ~ Sap. Sir. πολλῶν καὶ μεγάλων ἡμῖν διὰ τοῦ νόμου ..... δεδομένων ..., ὁ πάππος μου Ἰησοῦς ἐπὶ πλεῖον ἑαυτὸν δοὺς εἰς τὴν τοῦ νόμου ... ἀνάγνωσιν καὶ ἐν τούτοις ἱκανὴν ἕξιν περιποιησάμενος, προήχθη καὶ αὐτὸς συγγράψαι τι. Das Grundschema (Vordersatz mit ἐπειδή oder Gen. abs. — Nachsatz mit 'so beschloß auch ich darüber zu schreiben', letzteres von dem Verf. der Sophia in die 3. Person umgesetzt) ist das gleiche, es war offenbar ganz konventionell. Das Proömium des Dioskurides περὶ ὕλης ἰατρικῆς, das so beginnt: πολλῶν οὐ μόνον ἀρχαίων ἀλλὰ καὶ νέων συνταξαμένων περὶ τῆς τῶν φαρμάκων σκευασίας τε καὶ δυνάμεως καὶ δοκιμασίας, φίλτατε Ἄρειε, πειράσομαι κτλ. ist schon von anderen gelegentlich verglichen worden.

2) Nur ein besonders hübsches Beispiel sei dafür angeführt. Der sog. Skymnos nennt am Schlusse des Proömiums seiner Periegese (109 ff.) zunächst alle die Schriftsteller, οἷς δὴ χρώμενος Τὸν ἱστορικὸν εἰς πίστιν ἀναπέμπω λόγον, und fährt dann fort (128 ff.): ἃ δ' αὐτὸς ἰδίᾳ φιλοπόνως ἐξητακώς Αὐτοπτικὴν πίστιν τε προσενηνεγμένος, Ὡς ἂν θεατὴς οὐ μόνον τῆς Ἑλλάδος Ἢ τῶν κατ' Ἀσίαν κειμένων πολισμάτων, Ἵστωρ δὲ γεγονὼς τῶν τε περὶ τὸν Ἀδρίαν κτλ.

3) Die bekannten Worte, mit denen Vergil den Aeneas die Erzählung von Trojas Zerstörung eröffnen läßt — II 4 ff. *Troianas ut opes et lamentabile regnum Eruerint Danai, quaeque ipse miserrima vidi Et quorum pars magna fui* — fügen sich in diese Entwicklung gut ein. Denn Aeneas erzählt ja tatsächlich nicht bloß diejenigen Geschehnisse, ὧν αὐτόπτης τε ἐγένετο καὶ αὐτουργός, sondern auch diejenigen getrennter Schauplätze, die ihm von den Beteiligten berichtet waren. Der Dichter ist sich auf Grund der peripatetischen und der aus dieser abstrahierten hellenistischen Theorie stets des Zusammenhanges seiner Dichtung mit der Geschichtschreibung bewußt gewesen.

Falle mithin so: gibt es noch andere Schriftwerke, die so, wie es in der Grundschrift der Acta geschieht, eine Kombination von Berichten in erster und in dritter Person aufweisen, und — bejahendenfalls — zu welcher Literaturgattung gehören solche Schriftwerke?

Daß nun in Geschichtswerken oder ähnlichen Literaturprodukten Autopsieberichte häufig genug mit mittelbaren Referaten verbunden wurden, ergibt sich schon aus dem soeben erwähnten τόπος der Proömien, worin die Schriftsteller gerade diese Verbindung mit Genugtuung als einen Vorzug ihrer Werke betonten. Aber im Gegensatze zur Häufigkeit dieser Verbindung steht die Seltenheit, mit der sie auch äußerlich ihren Ausdruck fand in der Vereinigung von Stücken mit „wir" und solchen mit „sie". Der Grund hierfür läßt sich noch angeben. Das Streben nach Objektivität der Darstellung war so groß, daß es fast ein Stilgesetz wurde, auch Autopsieberichte in dritter Person zu geben. Schon Thukydides ist so verfahren (IV 104 ff.), Xenophon, Polybios, Caesar, Josephus[1]) sind ihm gefolgt. Bei Xenophon lesen wir nur ein einziges Mal ein „wir" (ἐπήλθομεν) in dem gefälschten Schlusse der Anabasis, bei Caesar (de bello Gall. V 13, 4) in einer geographischen Interpolation[2]), und unter den Fortsetzern Caesars ist nur dem rohesten, dem Verf. des bellum Hispaniense[3]), einmal ein „wir" entschlüpft: *itaque nostri ad dimicandum procedunt, id quod adversarios existimabamus esse facturos.*[4])

---

1) Im Bellum; es ist ganz lehrreich zu sehen, wie er seine in dieser Schrift ganz nach thukydideischer Art mit Ἰώσηπος referierten Taten Jahrzehnte später in seiner der Archäologie angehängten Autobiographie in die erste Person umgeschrieben hat: s. oben S. 314.

2) Nämlich innerhalb der Beschreibung Britanniens V 12—14, deren nicht caesarischer Ursprung von A. Klotz, Caesarstudien (Leipz. 1910) 46 ff. auf Grund von sachlichen und sprachlichen Indizien erwiesen worden ist, stehen die Worte (13, 4) *de quibus insulis* (Mona u. a. zwischen England und Irland) *nonnulli scripserunt dies continuos XXX sub brumam esse noctem. nos nihil de eo percontationibus reperiebamus*. Das ist der Stil von Entdeckungsreisenden wie Pytheas; solche Schriften gab es seit Alexander und seinen Nachfolgern zahlreiche, schon Eratosthenes benutzte sie: Strab. II 69 ταῦτα ὁ Ἐρατοσθένης λαμβάνει πάντα ὡς καὶ ἐκμαρτυρούμενα ὑπὸ τῶν ἐν τοῖς τόποις γενομένων, ἐντετυχκὼς ὑπομνήμασι πολλοῖς, ὧν εὐπόρει βιβλιοθήκην ἔχων τηλικαύτην ἡλίκην αὐτὸς Ἵππαρχός φησιν.

3) Auf ihn kann man anwenden die Worte Lukians de hist. conscr. 16 ἄλλος δέ τις αὐτῶν ὑπόμνημα τῶν γεγονότων γυμνὸν συναγαγὼν ἐν γραφῇ κομιδῇ πεζὸν καὶ χαμαιπετές, οἷον καὶ στρατιώτης ἄν τις τὰ καθ᾽ ἡμέραν ἀπογραφόμενος συνέθηκεν ἢ τέκτων ἢ κάπηλός τις συμπερινοστῶν τῇ στρατιᾷ.

4) Andersartig sind die Fälle, wo in die Erzählung gelegentlich ein persönliches Moment eingeflochten ist. Diese Freiheit hat sich schon Thukydides genommen, der zwar, wie bemerkt, seine Teilnahme an den Kriegsoperationen in dritter Person erzählt (IV 104 ff.), aber in dem persönlich gehaltenen Kapitel V 26 aus dem objektiven Referate γέγραφε .... Θουκυδίδης weiterhin zu dem persönlichen übergeht ἔγωγε μέμνημαι usw. Von

Ganz anders würde sich uns der Sachverhalt darstellen, wenn wir mehr von eigentlichen hypomnematischen Geschichtserzählungen besäßen. Aber Schriften dieses Charakters haben sich aus antiker Literatur so gut wie gar nicht erhalten: natürlich, denn sie gehörten, weil sie der notwendigen Stilisierung eines σύγγραμμα entbehrten, gar nicht zur Literatur im höheren Wortsinne. Selbst Caesars commentarii wären trotz der Autorität des großen Namens, der keine einzige seiner Schriften dauernd geschätzt hat, wohl dem Untergange verfallen, wenn sie nicht durch ihre Stilisierung sich über das Niveau eigentlicher ὑπομνήματα weit erhoben hätten. Aber vor diesen für die Edition rasch fertiggestellten commentarii[1] standen die von ihm gemachten Aufzeichnungen mitsamt den Berichten seiner Offiziere über die von ihnen unter seinen Auspizien selbständig ausgeführten Expeditionen: das war das eigentlich hypomnematische Material, das er der Sitte gemäß nach Ablauf jedes Amtsjahres in Form eines militärischen Rapportes an den Senat sandte.[2] Von dem Aussehen eines solchen können wir uns noch eine Vorstellung machen aus den Berichten, die Cicero über seine kilikische Expedition des Winters 51 an Atticus (V 20) und an Cato (fam. XV 4) sandte. So heißt es in ersterem: *Laodiceam pridie Kal. Sextilis venimus. ibi morati biduum perinlustres fuimus honorificisque verbis omnis iniurias revellimus superiores, quod idem Colossis, dein Apameae quinque dies morati et Synnadis triduum, Philomelis quinque dies, Iconi decem fecimus ... Inde in castra veni a. d. VII Kalendas Septembris. A. d. III exercitum lustravi apud Iconium* usw. in der 1. Person teils des Singulars, teils des Plurals; dann von Ereignissen, an denen er selbst nicht beteiligt war: *interim rumore adventus nostri et Cassio qui Antiochia tenebatur animus accessit et Parthis timor iniectus est. itaque eos cedentis ab oppido Cassius insecutus rem bene gessit.... Venit interim Bibulus...., in eodem Amano coepit laureolam in mustaceo quaerere, at ille cohortem primam totam perdidit....*; dann wieder weiter im „Wir"-

---

dieser Freiheit haben dann z. B. Velleius und Suetonius sogar reichlichen Gebrauch gemacht, und wenn Tacitus einmal (ann. XI 11), in einem Exkurse vorgreifend, seine Teilnahme als XVvir und Prätor an den Säkularspielen des J. 88 erwähnt *(adfui)*, so müssen wir schließen, daß dergleichen Stellen in den verlorenen Teilen der Historien öfters vorgekommen sind, da innerhalb dieses Zeitraumes seine im Proömium kurz referierte öffentliche Laufbahn fiel.

1) Gegenüber dieser herkömmlichen Auffassung stellte Chr. Ebert, Über die Entstehung von Caesars Bell. Gall., Diss. Erlangen 1909 die Hypothese auf, daß die einzelnen Bücher am Schlusse jedes Kriegsjahres geschrieben worden seien. Aber diese Hypothese, die mich (wie andere) zeitweise überzeugt hatte, ist von A. Klotz, Caesarstudien (Leipz. 1910) 17 ff. widerlegt worden. Soeben lese ich Eberts Versuch einer Verteidigung: Gött. gel. Anz. 1912, 283 ff.

2) Er erwähnt diese Rapporte da, wo auf Grund von ihnen *(ex litteris Caesaris)* eine supplicatio beschlossen wird: II, 35, 4. IV 38, 5. VII 90, 8. Mit Recht sagt Klotz a. a. O. 13, 1, daß sie selbstverständlich auch in den anderen Jahren eingingen; Suetonius hatte sie noch in Händen (div. Jul. 56, 6 *epistulae quoque eius ad senatum extant eqs.*).

oder „Ich"-Bericht: *nos ad Pindenissum . . . . , cinximus vallo et fossa . . . ,
confecimus . . . , concessimus . . . Hinc exercitum in hiberna deducendum
Quinto fratri dabam; ipse me Laodiceam recipiebam.* Da haben wir also die
Vereinigung von Berichten in erster und dritter Person, und daß sein amtliches Schreiben diesem privaten entsprach, zeigen die Worte § 7: *habes
omnia. nunc publice litteras Romam mittere parabam.* Diese amtlichen Schreiben wurden im Senatsarchive aufbewahrt und konnten von zünftigen Historikern benutzt werden, die dann natürlich alles in die dritte Person umsetzten: hätten wir Livius, so würden wir die erwähnten beiden Schreiben
Ciceros mit dem Referate des Livius vergleichen können, wie uns in einigen Referaten des Tacitus Berichte der Feldherrn an den Senat vorliegen
(vgl. Th. Mommsen, Das Verhältnis des Tacitus zu den Akten des Senats,
Ges. Schr. VII 253 ff.). Gelegentlich legte eine leitende Persönlichkeit die
Schilderung ihrer Taten sowie derjenigen ihrer Helfer wohl auch in ὑπομνήματα nieder, die nicht wie die caesarischen stilisiert waren und doch —
mit oder ohne Willen ihrer Verfasser — zur Publikation gelangten. Aber
solche buchmäßigen ὑπομνήματα im eigentlichen Sinne, in denen man sich
„Wir"-Bericht und Referat in der Weise verbunden denken muß, wie es
uns die Cicerobriefe zeigen, erhielten sich nur in Ausnahmefällen: wir lesen
sie fast stets, ihrer originalen Form entkleidet, in den sekundären Bearbeitungen ihrer Benutzer, wie z. B. den Bericht des Nearchos, der nicht bloß
seine eigene Fahrt, sondern auch Operationen des Landheeres umfaßte, in
Arrians Indika, oder den des Cato über seinen spanischen Feldzug bei Livius[1]), den des Domitius Corbulo über seinen armenischen Feldzug bei Tacitus.

---

1) Hier sind wir ausnahmsweise in der Lage, einen Teil des Originals
mit seiner Bearbeitung vergleichen zu können, weil wir von der Rede, in
die Cato den memoirenartig stilisierten Bericht einlegte und die Livius
seiner Erzählung zugrundelegte, ein paar Fragmente haben. Da es sich gerade wieder um einen Seefahrtsbericht handelt wie in einem großen Teile
der Acta, so stelle ich Original und Bearbeitung einander gegenüber (die
erhaltenen Fragmente entsprechen dem mittleren Teile des livianischen Zitats):

Cato or. I Jord.	Livius XXXIV 8, 4 f.
fr. 8 *deinde postquam Massiliam praeterimus, inde omnem classem ventus auster lenis fert, mare velis florere videres. ultra angulum Gallicum ad Illiberim adque Ruscinonem deferimur. inde nocte aura profecti sumus.*	*M. Porcius consul . . . . extemplo viginti quinque navibus longis . . . ad Lunae portum profectus . . . . ab Luna proficiscens edixit, ut ad portum Pyrenaei sequerentur, inde se frequenti classe ad hostis iturum. praetervecti Ligustinos montes sinumque Gallicum ad diem quam edixerat convenerunt, inde Rhodam ventum et praesidium Hispanorum . . . ab Rhoda secundo vento Emporias perventum.*
fr. 9 *ita nos fert ventus ad primorem Pyrenaeum, quo proicit in altum.*	

In fr. 8 darf *aura*, was die Hs. des Charisius bietet, neben *nocte* nicht mit
Mommsen und Jordan geändert werden in *altera*: vgl. Caes. b. I.I 8, 2

Eine Zeitlang erhielten sich, worauf Cichorius mich hinweist, die Dacica des Traianus; das einzige daraus überlieferte Fragment (bei Priscianus VI 205 H. *Traianus in I Dacicorum*; ein Grammatiker der Zeit des Hadrianus oder der Antonine wird der Vermittler gewesen sein) *inde Berzobim, deinde Aizi processimus* stimmt in seiner Formgebung *inde—processimus* so genau zu den vorhin aus Cicero mitgeteilten Berichten, daß man diese Dacica als einen vom Kaiser an den Senat gerichteten, dann buchmäßig mit einem Titel publizierten Bericht aufzufassen genötigt ist.

Einem glücklichen Zufalle verdanken wir ein hellenistisches Gegenstück zu den genannten römischen Schriftwerken. Im J. 1891 publizierte Mahaffy in den Flinders Petrie Papyri II nr. XLV Fragmente von drei Kolumnen eines Papyrus, enthaltend den Bericht eines Augenzeugen über den Krieg, den Ptolemaios III. Euergetes nach seiner Thronbesteigung (247/6) gegen Syrien führte. Die von den Historikern, besonders U. Köhler, Sitzungsber. d. Berl. Ak. 1894, 445 ff. sofort gewürdigte Bedeutung dieses Schriftstücks ist noch gestiegen, seit es Mahaffy und Smyly gelang (in dem Nachtragbande der genannten Sammlung, 1905 nr. CXLIV), jenen drei Kolumnen eine vierte hinzuzufügen, aus der hervorging, daß der Berichterstatter kein anderer als der König selbst war: dieser Annahme der Herausgeber haben A. Wilhelm, Jahreshefte d. Öster. Arch. Inst. 1905, Beibl. S. 123 und U. Wilcken, Arch. f. Papyrusforsch. III 1906, 521 zugestimmt. Das für die vorliegende Untersuchung Wesentliche ist nun, daß dieses Schriftstück mit dem in erster Person Plur. gegebenen Autopsieberichte ein Referat in dritter Person über diejenigen Ereignisse enthielt, an denen der König nicht selbst beteiligt war. „In der 1. Kolumne, sagt Köhler a. a. O. 446, war die Einnahme einer festen Stadt durch Truppen des Ägypterkönigs beschrieben. Der Bericht über die Einnahme der Stadt ist in der dritten Person des Sing. abgefaßt (z. B. καταβιάσας ... κατέστησεν); Subjekt ist der Befehlshaber der ägyptischen Truppen. Daraus ist zu schließen, daß der Verf. des Schriftstücks bei dieser Aktion selbst nicht zugegen gewesen war." Der Schauplatz der hier berichteten Ereignisse war Kilikien. Dann aber wechselt der Schauplatz, die Kol. II versetzt uns nach Syrien, und nun beginnt der „Wir"-Bericht, aus dem ich, damit die Übereinstimmung mit den Acta auch äußerlich hervortrete, ein Stück der Seefahrtsschilderung hersetze: ἐπεὶ τὰ κατὰ τὰς (ν)[αῦς παρεσκευ]ασ(ά)μεθα [1]), πρώτης φυλακῆς ἀρχομένης εἰσβάντες εἰς

---

naves .. usae nocturna aura (übrigens die einzige Stelle — also in der nicht revidierten Schrift —, wo Caesar das Wort poetischen Kolorits braucht) und u. S. 323 αὖραι ἕωθεν im Periplus Arrians. Ennius a. 21 *caliginis auras* zeigt, daß bei Cato unbedingt verstanden werden muß *noctis aura*, und so wollte Sigonio (1555) in seinen 'scholia' zu der Liviusstelle auch schreiben. Aber durch Leo und Skutsch wissen wir, daß jede Form auf *-e* für *-is* unantastbar ist; auch Genetive sind unter den Beispielen: *iure consultus, corpore custos*, und in den ennianischen Anapästen tr. 177 *quid nóctis vidétur in áltisono | caeli clipeo* muß man ja *nocti = nocte* sprechen.

1) Diese Ergänzung stammt von U. Wilcken, Hermes XXIX (1894) 450, 1, die übrigen, von den ersten Herausgebern stammenden, betreffen nur ein-

τοσαύτας ὅσας ἤμελλεν ὁ ἐν Σελευκείᾳ λιμὴν δέξασθαι, παρεπλεύσαμεν εἰς φρούριον τὸ καλούμενον Ποσίδιον καὶ καθωρμίσθημεν τῆς ἡμέρας περὶ ὀγδόην ὥραν, ἐντεῦθεν δὲ ἑωθινῆς ἀναχθέντες παραγινόμεθα εἰς τὴν Σελεύκειαν usw. Köhler, der noch nicht wissen konnte, daß der König selbst der Berichterstatter sei, glaubte, es handle sich um den Bericht, den der ägyptische Nauarch dem Könige nach der Einnahme von Antiocheia übersandt habe.[1] Das stellt sich auf Grund des neuen Fundes jetzt anders dar. Denn jetzt haben wir zu schließen, daß die Schrift des Euergetes derjenigen seines Ahnen, des Soter, entsprach, also wie diese ein sowohl auf eigenen Erlebnissen als auf Rapporten und Bulletins[2] beruhender, in Memoirenform abgefaßter Generalstabsbericht war. Auf stilistischem Gebiete liegt der Wert des Fundes mithin darin, daß er uns die Abfassungsform der Werke des Ptolemaios, Aristobulos[3]), Nearchos, Onesikritos veranschaulicht und uns lehrt, daß die Römer auch in der Form militärischer Berichterstattung sich an die hellenistischen Vorbilder anlehnten.[4]

Die zünftigen Historiker haben, wie bemerkt, die Verbindung eines Referates in dritter und eines Autopsieberichtes in erster Person im allgemeinen gemieden. Ganz gefehlt hat diese Verbindung aber nicht. Mir sind drei

---

zelne Buchstaben und sind so sicher, daß ich sie, gemäß dem von Wilamowitz kürslich proklamierten Prinzip, nicht als solche bezeichne.

1) Von sonstigen offiziellen Schreiben erwähnt Köhler a. a. O. 458f. noch die von Nikias im Herbst 414 nach Athen gesandte ἐπιστολή, die Thukydides VII 11—16 mitteilt (Anfang: τὰ μὲν πρότερον πραχθέντα, ὦ Ἀθηναῖοι, ἐν ἄλλαις πολλαῖς ἐπιστολαῖς ἴστε), sowie den Bericht des rhodischen Admirals an den Rat und die Prytanen in Rhodos über die Seeschlacht von Lade im J. 201: Polyb. XVI 15,8 τῆς ἐπιστολῆς ἔτι μενούσης ἐν τῷ πρυτανείῳ τῆς ὑπ' αὐτοὺς τοὺς καιροὺς ὑπὸ τοῦ ναυάρχου πεμφθείσης περὶ τούτων τῇ τε βουλῇ καὶ τοῖς πρυτάνεσιν.

2) Solche erwähnt Arrianus, Anab. II 5, 7 ἐνταῦθα μανθάνει (Ἀλέξανδρος) Πτολεμαῖον καὶ Ἄσανδρον ὅτι ἐκράτησαν Ὀροντοβάτου τοῦ Πέρσου ... Τοῦτον ἡττῆσθαι ἔγραφον μάχῃ μεγάλῃ καὶ ἀποθανεῖν μὲν ..., ἁλῶναι δὲ ... Das hatte Ptolemaios vermutlich im „Wir"-Stile berichtet (s. folgende Anmerkung).

3) Daß auch er in der ersten Person berichtete, ergibt sich mit Wahrscheinlichkeit aus dem Zitate bei Strab. XV 706: Ἀριστόβουλος δὲ τῶν θρυλουμένων μεγεθῶν οὐδὲν ἰδεῖν φησιν, ἐχίδναν δὲ μόνον ἐννέα πηχῶν καὶ σπιθαμῆς, wozu Strabon, sichtlich im Stile seines Gewährsmannes, hinzufügt: καὶ ἡμεῖς δὲ .... εἴδομεν. Daß sowohl Ptolemaios als Aristobulos keinen bloßen Autopsiebericht gaben, sondern auch über die Ereignisse, an denen sie nicht unmittelbar beteiligt waren, referierten, ist jedem Leser Arrians bekannt; eine charakteristische Stelle Anab. VI 11, 8 Πτολεμαῖος ἀναγέγραφεν οὐδὲ παραγενέσθαι τούτῳ τῷ ἔργῳ, ἀλλὰ στρατιᾶς γὰρ αὐτὸς ἡγούμενος ἄλλας μάχεσθαι μάχας καὶ πρὸς ἄλλους βαρβάρους.

4) Von Caesar und seinen Offizieren sagt schon E. Schwartz, Charakterköpfe I (Leipz. 1903) 72, sie seien „wie in so vielem, auch als Geschichtsschreiber die direkten und bewußten Fortsetzer des Hellenismus".

Fülle bekannt, ich zweifle aber nicht, daß diese Zahl durch genaueres Suchen vermehrt werden kann.[1]) Velleius Paterculus, der unter Tiberius diente, verfehlt nicht, innerhalb seiner Schilderung der kriegerischen Operationen die eigene Teilnahme daran, so bescheiden sie auch war, jedesmal zu berichten, und zwar tut er das stets in der ersten Person, z. B. II 111, 3 *habui in hoc quoque bello* (dem pannonischen des J. 6 n. Chr.) *mediocritas nostra speciosi ministeri locum.... Partem exercitus ab urbe traditi ab Augusto perduxi ad filium eius... Deinde legatus eiusdem ad eundem missus sum* (die übrigen Stellen dieser Art bei Teuffel § 278, 1). Cassius Dio (an den mich E. Meyer erinnerte) hat sich trotz seiner Thukydidesimitation nicht gescheut, seine Beteiligung an den Ereignissen in erster Person zu berichten (ἃ παρὼν αὐτὸς ἐγὼ καὶ εἶδον καὶ ἤκουσα καὶ ἐλάλησα, wie die charakteristischen Worte LXXII 18 lauten, vgl. 4, 2 λέγω δὲ ταῦτά τε καὶ τὰ λοιπὰ οὐκ ἐξ ἀλλοτρίας ἔτι παραδόσεως, ἀλλ' ἐξ οἰκείας ἤδη τηρήσεως). Umfangreich war diese persönliche Teilnahme ja nicht, aber eine Stelle wie die folgende ist doch auch in ihrer ganzen Motivierung recht bezeichnend: LXXIX 7, 4 (III 461, 10 Boiss.) τὰ μὲν γὰρ λοιπὰ τὰ τῶν ἰδιωτῶν παρ' ἀνδρῶν ἀξιοπίστων πυθόμενος, τὸ δὲ δὴ κατὰ τὸν στόλον αὐτὸς ἐγγύθεν ἐκ τῆς Περγάμου ἀκριβώσας ἔγραψα, ἧς ὥσπερ καὶ τῆς Σμύρνης ταχθεὶς ὑπὸ τοῦ Μακρίνου ἐπεστάτησα. Andere Stellen dieser Art (darunter besonders das ganz persönliche Schlußkapitel des Werkes) bei E. Schwartz, R. E. III 1684. Die schönsten Beispiele dieser Art bietet jedoch das Geschichtswerk des Ammianus Marcellinus. Er hat die Zeitgeschichte, soweit er an deren Ereignissen beteiligt war — und das war in erheblichem Umfange der Fall — in der ersten Person erzählt und nicht zum wenigsten dadurch eine Lebendigkeit erzielt, die den meisten Historikern abgeht, auch denjenigen unter ihnen, die eigene Erlebnisse in der konventionellen Berichterstattung dritter Person geben. Die langen „Wir"-Berichte des Ammianus, die in der nicht seltenen Fällen, wo er allein agierte, zu „Ich"-Berichten werden schieben sich in die Referate von Ereignissen, an denen er nicht beteiligt war, genau so ein wie in den Acta. Wenn man sich daher in diesen gelegentlich darüber gewundert hat, daß das „Wir" so unvermittelt einsetzt, so gibt auch dafür Ammianus die vollkommensten Analogien z. B. geht es XVIII 6, 5 ff. nach einem vorangegangenen Referate unvermittelt so weiter: *nos interea paulisper cis Taurum morati ex imperio ad partes Italiae festinantes prope flumen venimus Hebrum.... suscepimus... invenimus... cum venissemus, vidimus*, dann weiter: *reduco... repetebam... cum transirem* usw., darauf wieder *cum tenderemus... cum venissemus* usw. (andere Stellen dieser Art sind am bequemsten aus der Zusammenstellung der Selbstzeugnisse A.s über sein Leben bei M. Schanz, Gesch. der röm. Lit. IV 1 S. 8 zu entnehmen). Ammianus hat also innerhalb derjenigen Teile seines Werkes, die die Zeitgeschichte umfassen, in den Stil der hohen Geschichtschreibung ein ὑπόμνημα genau von der Art umgesetzt, wie wir es für private Zwecke

---

[1]) So wird das von Prokopios befolgte Prinzip zu untersuchen sein, der wie ich mich blätternd überzeugte, seine Manier, nach dem Muster des Thukydides von sich in dritter Person zu reden, nicht durchgeführt hat.

in den angeführten Briefen Ciceros besitzen[1]) und wie wir es für öffentliche in den Rapporten der Feldherren an die römischen Behörden erschließen und für die Grundschrift der Acta voraussetzen müssen.

Die Stilisierung des Ammianus läßt sich mit derjenigen der Grundschrift der Acta um so passender vergleichen, weil es sich an den „Wir"-Stellen des ersteren so gut wie immer um Expeditionsberichte handelt, die den Reiseberichten der Acta naturgemäß verwandt sind. Diese Verwandtschaft müßte, so sollte man glauben, eine noch engere werden bei den $\Pi\varepsilon\varrho\iota\pi\lambda o\iota$; allein die uns erhaltenen sind — mit einer gleich zu besprechenden Ausnahme — nicht im Stile persönlicher Berichterstattung abgefaßt, sondern in demjenigen einer objektiven geographischen $\check{\varepsilon}\varkappa\varphi\varrho\alpha\sigma\iota\varsigma$.[2]) Aber die Ausnahme, deren Kenntnis ich wieder E. Meyer verdanke, ist gerade für die vorliegende Untersuchung von Interesse. Arrianus hat, als er im Jahre 130/1 die Verwaltung seiner Provinz Kappadokien antrat, eine Inspektionsreise der Küste entlang unternommen und dem Kaiser Hadrianus darüber einen offiziellen Bericht in lateinischer Sprache erstattet. Dieser Bericht ist selbstverständlich nicht erhalten, da er nie publiziert worden ist; aber Arrian beruft sich auf ihn in derjenigen Schrift, die er, von vornherein mit der Absicht der Publikation, in griechischer Sprache an den Kaiser richtete ($A\varrho\varrho\iota\alpha\nu o\tilde{\upsilon}$ $\dot{\varepsilon}\pi\iota\sigma\tau o\lambda\dot{\eta}$ $\pi\varrho\dot{o}\varsigma$ $T\varrho\alpha\iota\alpha\nu\acute{o}\nu$, $\dot{\varepsilon}\nu$ $\tilde{\eta}$ $\varkappa\alpha\dot{\iota}$ $\pi\varepsilon\varrho\acute{\iota}\pi\lambda o\upsilon\varsigma$ $E\dot{\upsilon}\xi\varepsilon\acute{\iota}\nu o\upsilon$ $\pi\acute{o}\nu\tau o\upsilon$: dort c. 7 u. 13 ed. Müller in den Geogr. gr. min. beruft er sich auf seine $P\omega\mu\alpha\ddot{\iota}\varkappa\dot{\alpha}$ $\gamma\varrho\acute{\alpha}\mu\mu\alpha\tau\alpha$). Also ein amtlicher commentarius in lateinischer Sprache zu einem $\sigma\acute{\upsilon}\gamma\gamma\varrho\alpha\mu\mu\alpha$ in griechischer umstilisiert, aber doch so, daß der hypomnematische Charakter erhalten blieb. Dem entspricht, daß er, obwohl er auch in dieser Schrift mit seinem xenophonteischen Jüngertum kokettiert, seine Darstellung im „Wir"-Berichte gibt. Da er wiederholt von Stürmen zu berichten hat, ist die Ähnlichkeit mit dem lukanischen $\dot{\upsilon}\pi\acute{o}\mu\nu\eta\mu\alpha$ besonders groß. Wenn man beispielsweise liest § 5 $\dot{\varepsilon}\nu\vartheta\acute{\varepsilon}\nu\delta\varepsilon$ $\dot{\varepsilon}\pi\lambda\acute{\varepsilon}o\mu\varepsilon\nu$ $\tau\dot{\alpha}$ $\mu\dot{\varepsilon}\nu$ $\pi\varrho\tilde{\omega}\tau\alpha$ $\tau\alpha\tilde{\iota}\varsigma$ $\alpha\check{\upsilon}\varrho\alpha\iota\varsigma$ $\tau\alpha\tilde{\iota}\varsigma$ $\dot{\varepsilon}\varkappa$ $\tau\tilde{\omega}\nu$ $\pi o\tau\alpha\mu\tilde{\omega}\nu$ $\pi\nu\varepsilon o\acute{\upsilon}\sigma\alpha\iota\varsigma$ $\check{\varepsilon}\alpha\vartheta\varepsilon\nu$ $\varkappa\alpha\dot{\iota}$ $\check{\alpha}\mu\alpha$ $\tau\alpha\tilde{\iota}\varsigma$ $\varkappa\acute{\omega}$-$\pi\alpha\iota\varsigma$ $\delta\iota\alpha\chi\varrho\dot{\omega}\mu\varepsilon\nu o\iota\cdot$ $\psi\upsilon\chi\varrho\alpha\dot{\iota}$ $\mu\dot{\varepsilon}\nu$ $\gamma\dot{\alpha}\varrho$ $\tilde{\eta}\sigma\alpha\nu$ $\alpha\dot{\iota}$ $\alpha\check{\upsilon}\varrho\alpha\iota$, $\dot{\omega}\varsigma$ $\lambda\acute{\varepsilon}\gamma\varepsilon\iota$ $\varkappa\alpha\dot{\iota}$ $"O\mu\eta\varrho o\varsigma$, $o\dot{\upsilon}\chi$

---

1) Dessen Schilderung der Belagerung des kilikischen Kastells Pindenissus läßt sich, wenn man dieses kleine, von ihm aufgebauschte Ereignis mit einem immerhin bedeutsamen, wie der Belagerung der armenischen Stadt Amida durch Sapor I. zusammenstellen darf (was hier, wo es sich nur um die stilistische Einkleidung handelt, unbedingt gestattet sein muß), mit der Schilderung des Ammianus XIX 1—8 vergleichen.

2) Daß es in älterer Zeit auch $\pi\varepsilon\varrho\acute{\iota}\pi\lambda o\iota$ erzählender Art gab, beweist, von allgemeinen Erwägungen abgesehen, das uns aus dem varronischen erhaltene, oben S. 313 angeführte Fragment. — Nur mittelbar hierher zu rechnen ist trotz äußerlicher Ähnlichkeit der $\pi\varepsilon\varrho\acute{\iota}\pi\lambda o\upsilon\varsigma$ des Hanno (z. B. gleich der Anfang: $\dot{\omega}\varsigma$ δ' $\dot{\alpha}\nu\alpha\chi\vartheta\acute{\varepsilon}\nu\tau\varepsilon\varsigma$ $\tau\dot{\alpha}\varsigma$ $\Sigma\tau\acute{\eta}\lambda\alpha\varsigma$ $\pi\alpha\varrho\eta\mu\varepsilon\acute{\iota}\psi\alpha\mu\varepsilon\nu$ $\varkappa\alpha\dot{\iota}$ $\check{\varepsilon}\xi\omega$ $\pi\lambda o\tilde{\upsilon}\nu$ $\delta\upsilon o\tilde{\iota}\nu$ $\dot{\eta}\mu\varepsilon\varrho\tilde{\omega}\nu$ $\dot{\varepsilon}\pi\lambda\varepsilon\acute{\upsilon}\sigma\alpha\mu\varepsilon\nu$, $\dot{\varepsilon}\varkappa\tau\acute{\iota}\sigma\alpha\mu\varepsilon\nu$ $\pi\varrho\acute{\omega}\tau\eta\nu$ $\pi\acute{o}\lambda\iota\nu$). Dieses denkwürdige Dokument ist kürzlich von Daebritz, R. E. VII 2362 durch Vergleich mit den $\dot{\alpha}\nu\alpha\gamma\varrho\alpha\varphi\alpha\acute{\iota}$ des Hannibal und Euhemeros literarisch richtig fixiert worden: es gehört in die Kategorie der orientalischen, dann hellenisierten und romanisierten Herrscherinschriften, von denen oben S. 213 kurz die Rede war

ἱκαναὶ δὲ τοῖς ταχυναυτεῖν βουλομένοις· εἶτα γαλήνη ἐπέλαβεν, ὥστε καὶ ἡμεῖς τῇ εἰρεσίᾳ μόνῃ ἐχρώμεθα. ἔπειτα δὲ ἄφνω νεφέλη ἐπαναστᾶσα ἐξερράγη κατ᾽ εὖρον μάλιστα, καὶ ἐπήνεγκε πνεῦμα ἐξαίσιον καὶ τοῦτο ἀκριβῶς ἐναντίον, ὅπερ καὶ μόνον οὐκ ὤλεσεν ἡμᾶς oder die weiterhin (§ 6) folgende Schilderung eines neuen Sturmes mit drohendem Schiffbruch, so braucht man sich bloß das preziöse Homerzitat und ein paar in der ἐκλογὴ ὀνομάτων sichtbare Lesefrüchte wegzudenken oder, wie es sich auch ausdrücken läßt, das griechische σύγγραμμα in den Stil des lateinischen ὑπόμνημα umzudenken, um eine dem lukanischen „Wir"-Berichte der Seefahrt stilistisch ganz konforme Schrift zu erhalten. Das aber wäre nichts Besonderes: denn wir sahen vorhin (S. 317,2. 319,2), daß es Seefahrtsberichte in der „Wir"-Form, die dem lukanischen genau entsprechen, auch sonst gibt.[1]) Aber sehr merkwürdig ist allerdings, daß Arrian mit diesem Berichte des Selbsterlebten einen anderen verbunden hat, der ein bloßes Referat ist. Er selbst nämlich hatte die Küste des Pontos nur von Trapezus bis Dioskurias (Sebastopolis), der Grenze seiner Provinz, befahren; aber dem Berichte darüber fügte er, um die amtliche Streckenfahrt zu einem literarischen Periplus zu ergänzen, die Routen Bosporus—Trapezus und Dioskurias—Byzantion hinzu, und zwar aus älteren Quellen (vgl. E. Schwartz, R. E. II 1232). Er hat also einen Autopsiebericht mit einem Referate unorganisch verknüpft[2]), indem er aus dem Ineinander dieser Stilarten ein Nacheinander machte.

Ganz eigenartig ist ferner die Komposition der griechischen und lateinischen Fassungen, in denen uns der Alexanderroman vorliegt. Darüber hat E. Rohde, Roman[1] 187, 1 alles Nötige gesagt. Sie setzen sich zusammen aus einer Erzählung und darin eingeschobenen seitenlangen Briefen Alexanders. Diese Briefe sind aber nichts anderes als Reiseberichte in der „Wir"- (und „Ich"-)Form: daß es üblich war, solche Berichte in eine konventionelle Briefform zu kleiden, zeigt ja auch der eben besprochene arrianische Periplus. Dem Redaktor jenes Romans war mithin das ὑπόμνημα, das sich aus Autopsiebericht und Referat zusammensetzte, eine gegebene literarische Form. Sehr hübsch ist, daß wir an einer Stelle des Ps. Kallisthenes (II 29 p. 85ᵃ Müller) die Variabilität dieser Form noch mit Händen greifen können. Dieses Kapitel ist, wie seine ganze Umgebung, reine Erzählung, aber der Redaktor hat in ihr zweimal vergessen, die ursprüngliche „Wir"-Form zu beseitigen: ὡς δ᾽ ταύτας (gespenstische Weiber) οἱ στρατιῶται ἐθεάσαντο καὶ ἀσκόπως ἐπέδραμον αὐταῖς, ἀνθυποστρέψασαι ἀνεῖλον ἐκ τῶν στρατιωτῶν τέσσαρας τοῖς ὄνυξι διασπαράξασαι, καὶ πορευθεῖσαι τούτους κατεθοινήσαντο ἐπ᾽ ὄψεσιν ἡμῶν ἀπορουμένων δὲ ἡμῶν κτλ. (darauf verschwindet die „Wir"-Form völlig).[3]

---

1) Daß Arrian eine Altaraufschrift vermerkt (§ 2), sei im Zusammenhang mit den obigen Ausführungen (S. 31 ff.) über die athenische Altaraufschrift der Acta immerhin erwähnt.

2) Die zweite Strecke wird mit der ersten gar nicht weiter verknüpft: auf § 16 ἐπλέομεν ... ἐφάνη μοι ... κατείδομεν folgt unvermittelt § 17 τὰ δ᾽ ἀπὸ Βοσπόρου τοῦ Θρᾳκίου ἔστε ἐπὶ Τραπεζοῦντα πόλιν ὧδε ἔχει. Von der zweiten zur dritten wird der Übergang § 26 besser motiviert.

3) Oben S. 19 f. habe ich, aus Anlaß der von 'Paulus' in Athen besich-

Diese Kuriosität findet nun eine merkwürdige Analogie in apokryphen Apostelgeschichten. Die in zahlreichen Versionen umlaufenden gnostischen Acta scheinen ursprünglich den „Wir"-Stil unvermischt repräsentiert zu haben; jedenfalls gilt dies von den am wenigsten katholisierten πράξεις Ἰωάννου, in denen es beispielsweise heißt (c. 60 f., Acta apostol. apocr. ed. Lipsius-Bonnet II 1, Leipz. 1898, 180 f.): καὶ ἡμῶν γελώντων καὶ ἐπὶ πλέον ὁμιλούντων ὁ Ἰωάννης εἰς ὕπνον ἐτράπετο· αὐτοὶ δὲ ἠρέμα λαλοῦντες ἀδιόχλητοι αὐτῷ ἐγενόμεθα. ἡμέρας δὲ ἐπιφανούσης ἤδη φθάσας ἀνίσταμαι καὶ σὺν ἐμοὶ[1]) Βῆρος καὶ Ἀνδρόνικος καὶ ὁρῶμεν κτλ. In den übrigen Acta, die einer stärkeren Redaktion unterworfen wurden, ist das „Wir" zugunsten einer referierenden Erzählung getilgt worden. Aber in den acta Philippi (ed. l. c. II 2, Leipz. 1903) heißt es plötzlich c. 33 (p. 17, 1): ἐμείναμεν δὲ πλέοντες ἄχρι σταδίων τετρακοσίων und c. 63 (p. 26, 6): ἐμείναμεν δὲ ἐν τῷ οἴκῳ αὐτῶν μῆνα ἡμερῶν.[2]) Dies muß man im Auge behalten bei der Diskussion der an c. 11, 28 der kanonischen Acta anknüpfenden Kontroverse. Hier hat der cod. Cantabrigiensis D (sowie die übrigen Zeugen der sog. β-Recensio) das „Wir" συνεστραμμένων δὲ ἡμῶν ἔφη εἷς ἐξ αὐτῶν ὀνόματι Ἄγαβος σημαίνων κτλ. gegenüber den anderen ἀναστὰς δὲ εἷς ἐξ αὐτῶν ὀνόματι Ἄγαβος ἐσήμαινεν. Zwar setzt das „Wir" im übrigen erst viel später ein (16, 10), aber die angeführten Analogien lassen es, wie ich glaube, nicht zweifelhaft erscheinen, daß es auch an jener ersten Stelle als das Primäre gelten muß.[3]) Ja, es haben sogar Evangelien existiert, die, wie ich vermute, durch die Komposition von Apostelakten beeinflußt, einen Autopsiebericht mit Referat verbanden. Von jeher bekannt aus Zitaten des Epiphanios war das Ebionitenevangelium, dessen Fragmente man am be-

---

tigten Heiligtümer darauf hingewiesen, daß solche Besichtigung ein Motiv in Reiseschilderungen gewesen ist. Inzwischen habe ich den Alexanderroman des Iulius Valerius gelesen und kann daraus zwei Beispiele nachtragen: I 46 (∼ Ps. Kallisth. I 42) *ipse ad civitatem Pieriam ... iter exim fecit; qua in urbe et templum opiparum et simulacrum Orphei erat admodum religiosum ... Cum igitur admirationis studio simulacrum illud Alexander intueretur* usw. III 52 (Brief Alexanders ∼ Ps. Kall. III 28) *ad Xerxis regna pervenimus ... ibique multa opum regiarum ac divitias offendimus. nam et aedem quandam ... magnificentissimam viseres ... et situm ibidem in templo viseres varium opus .... Multa igitur alia quoque, quae miraremur, offendimus*, letzteres genau so wie Petronius 27, 3 *cum has miraremur lautitias*.

1) Über die schwierige und, wie es scheint, nicht mehr lösbare Frage, wer der besonders in den Johannesakten hervortretende autoptische Erzähler gewesen sei, registriert Lipsius, Die apokryphen Apostelgesch. I (Braunschw. 1883) 112 ff. (vgl. 346 f.) eigene und fremde Vermutungen.

2) Zwei analoge Stellen aus den Petrusakten bei Lipsius a. a. O. (vorige Anm.) II 1 (1887) 272, 1.

3) Die von Fr. Blaß in seiner bekannten Hypothese auf diese Stelle begründeten Schlüsse sind von W. Ernst, Z. f. nt. Wiss. IV (1903) 310 ff. mit Recht zurückgewiesen worden; seine eigene Vermutung, daß ἡμῶν aus μαθητῶν entstanden sei, ist jedoch nicht diskutabel.

quemsten in den Apocrypha II ed. E. Klostermann (² Bonn 1910) S. 9 ff. findet. Es war eine verfälschte Metaphrase des kanonischen Matthäusevang.; sein angeblicher Verfasser Matthäus sprach von sich und seinen Mitaposteln in der 1. Person und läßt sich von Jesus in der 2. Person apostrophieren (fr. 2). Dann wurde im J. 1886/7 das Bruchstück des Petrusevang. gefunden (zuletzt ed. Klostermann a. a. O. I² Bonn 1908), das, da es von beträchtlicher Länge ist, das Nebeneinander des „Ich"- oder „Wir"-Berichtes und des Referates besonders deutlich zeigt. Nach einem längeren Referate geht es V. 26 weiter: ἐγὼ δὲ μετὰ τῶν ἑταίρων μου ἐλυπούμην καὶ τετρωμένοι κατὰ διάνοιαν ἐκρυβόμεθα· ἐζητούμεθα γάρ und so noch ein Stück weiter; dann von V. 28—58 wieder ein Referat über Ereignisse, an denen der Berichterstatter und seine Begleiter unbeteiligt waren; dann wieder V. 59 ἡμεῖς δὲ οἱ δώδεκα μαθηταὶ τοῦ κυρίου ἐκλαίομεν..., ἐγὼ δὲ Σίμων Πέτρος καὶ Ἀνδρέας ὁ ἀδελφός μου λαβόντες ἡμῶν τὰ λίνα ἀπήλθαμεν εἰς τὴν θάλασσαν· καὶ ἦν σὺν ἡμῖν Λευεὶς ὁ τοῦ Ἀλφαίου, ὃν κύριος (hier bricht die Hs. ab). Die sonderbare Kompositionsform des späten sog. Protevangelium Jacobi, in dem die Erzählung c. 18, 2 (p. 33 der Evang. apocrypha ed. Tischendorf, Leipz. 1853) in den „Ich"-Bericht des Joseph übergeht, wird als eine rohe Kontamination der beiden, in dem letztgenannten Evangelium nicht ohne Kunst verknüpften Erzählungstypen zu erklären sein.

Ergebnis. Die vorstehende Untersuchung über die Kompositionsformen des lukanischen ὑπόμνημα hat gezeigt, daß es zwei Arten des hypomnematischen Stils gegeben hat. In Form eines Schemas, mit Auswahl einiger Repräsentanten für jede Art, ließe sich das Ergebnis so veranschaulichen:

ὑπόμνημα

| I. Reiner „Wir"- oder „Ich"-Stil Reiseberichte z.B.: Odysseus ἐν τοῖς περὶ Ἀλκίνουν περίπλοι, ἀποδημίαι Novellen (Lukian, Dion v. Prusa) Acta apostolorum gnostica | II. „Wir"- oder „Ich"-Stil kombiniert mit Referat Expeditionsberichte z.B.: Ptolemaios Soter. Euergetes, Nearchos Caesar u. Cicero, litterae ad senatum Traianus' Dacica Arrianus' περίπλους an Hadrianus Geschichtswerke u. ä. z.B.: Velleius Cassius Dio Ammianus Alexanderroman Neutestamentliche Schriften Grundschrift der acta apostolorum canonica Apokryphe Evangelien. |

In den kanonischen Acta fehlt das „Ich", das in den apokryphen Acta und Evangelien mit dem „Wir" oft wechselt. Die Möglichkeit, daß der Redaktor solche Stellen der Grundschrift strich oder abänderte, liegt natürlich vor.

Aber falls Lukas auch dann, wenn er sich von Paulus und dessen Begleitern trennte, nie allein blieb, sondern immer einen oder mehrere Begleiter bei sich hatte (wie nachweislich in Philippi), so hatte er keine Veranlassung, sich als Einzelpersönlichkeit hervorzuheben. Denn er hatte ja keine führende Rolle, war aber als Arzt ($\varLambda ουκᾶς\ ὁ\ ἰατρὸς\ ὁ\ ἀγαπητός$ Paulus ad Col. 4, 14), zumal auf Reisen[1]), immerhin eine Persönlichkeit, der sich andere gern anschlossen, ein $ἀνὴρ\ πολλῶν\ ἀντάξιος\ ἄλλων$.

3. DIE REDAKTION DER GRUNDSCHRIFT.

Problemstellung. Daß die Grundschrift unserer Acta ein $ὑπόμνημα$ der II. Art war, betrachte ich durch die obigen Ausführungen (bes. S. 314, 2) als erwiesen. Wie verhält sich nun aber die uns überlieferte Redaktion zu jener Grundschrift? Zwar daß der Redaktor (weiterhin mit R bezeichnet) die Grundschrift, also das lukanische $ὑπόμνημα$ (L), durch anderweitige Quellen ergänzt hat, wird von niemandem, der überhaupt die Redaktion einer Grundschrift zugibt, bezweifelt. Aber, wenn das der Fall ist: wie hat R, obgleich er doch mit L keineswegs identisch ist, das von diesem in den Autopsieberichten gebrauchte „Wir" stehen lassen dürfen? wie vermochte er es, das für ihn doch gar nicht mehr zutreffende Prooemium von L wenigstens in den ersten Sätzen beizubehalten? Dies ist das eigentliche Problem. Seine Lösung innerhalb der mir vertrauten Literatur zu finden, wollte mir nicht gelingen: denn daß Kompilatoren aus der Schar der Ruhnkenschen 'pecora aurei velleris', wie Diogenes Laertios oder Suidas, hie und da ein $ἡμεῖς$ ihrer Vorlagen versehentlich unverändert aufnahmen (oder die Arbeiten ihrer Amanuenses, wie wir sie aus Photios' Lehrbetriebe kennen, vor der Publikation nicht genügend kontrollierten), ließ sich nicht vergleichen[2]) mit der zielbewußten Tätigkeit von R, der ganze Seiten lang das „Wir" seiner Vorlage beibehielt.

---

1) Die unlängst gelungene Entzifferung eines herkulanensischen Papyrus und seine glänzende Deutung durch C. Cichorius (Rh. Mus. LXIII 1908, 220 ff.) lehrte uns zwei Ärzte kennen, die gegen oder gleich nach Ende des dritten punischen Krieges den Scipio, Panaitios und Polybios auf einer wissenschaftlichen Erkundungsfahrt längs der Nordwestküste Afrikas begleiteten und sich dann nach Athen beurlauben ließen. — Übrigens erinnere ich mich nicht, in der Diskussion über den Verf. der beiden Schriften an Theophilos gelesen zu haben, daß der Evangelist als einziger der Synoptiker die Erlebnisse Jesu vor der Katastrophe in die Form eines Reiseberichtes (von Galiläa nach Jerusalem) gebracht hat: er erstreckt sich von 9, 51 ($τοῦ\ πορεύεσθαι\ εἰς\ Ἱερουσαλήμ$) bis 19, 28 ($ἐπορεύετο\ ..\ εἰς\ Ἱ.$), und man kann sagen, daß in ihm $πορευθέντες,\ πορευομένων\ αὐτῶν$ usw. die das Ganze zusammenhaltenden Grundworte sind (vgl. 9, 51. 52. 56. 57. 10, 38. 14, 25. 17, 11 f. 24, 13 ff.). Das sind sie aber auch in dem Memoirenteile der Acta. Wer wird diese Kongruenz für zufällig zu halten sich entschließen?

2) Auch A. Gercke, der in der Einl. in die Altertumswiss. I² 72 die Entgleisungen des Diog. La. mit den Acta zusammenstellt, gibt, wie er mir mitteilte, zu, daß das bewußte Verfahren des Redaktors der Acta eine andere Erklärung fordere. — Versprengtes $ἡμεῖς$ im Alexanderroman: oben S. 324.

Ein Zufall führte mich auf die Lösung des Problems. In der jüngst erschienenen Schrift von E. Meyer, Der Papyrusfund von Elephantine (Leipz. 1912) S. 3 las ich Folgendes: „Dieselben (die Bücher Ezra und Nehemia) waren ursprünglich der Abschluß eines etwa um 200 v. Chr. verfaßten religiösen Geschichtswerks, dessen ersten Teil die sog. Bücher der Chronik bilden. Der Verfasser ... hat von den wirklichen Vorgängen und ihrem inneren Zusammenhange gar keine Anschauung. Aber benutzt hat er ein vorzügliches Quellenmaterial, und zwar vor allem Memoiren der handelnden Persönlichkeiten selbst, des Ezra und Nehemia, die zum Teil noch in ihrer ursprünglichen Gestalt aufgenommen, zum Teil gekürzt und aus der ersten in die dritte Person umgesetzt sind." Mir leuchtete ein, daß hier die Lösung des Rätsels zu suchen sei. Nachträglich sah ich, daß sie schon von A. Hilgenfeld gefunden, dann aber fast der Vergessenheit anheimgefallen war[1]): begreiflich genug, denn solange man L und R nicht richtig sonderte, war keine Klarheit zu erzielen. Auch hatte sich Hilgenfeld mit einem kurzen Hinweise begnügt, der leicht übersehen oder in seiner Tragweite nicht recht eingeschätzt werden konnte. Ich nehme daher seine Untersuchung wieder auf.

Redaktion von Memoiren in jüdischer Literatur.
Hilgenfeld schreibt in der Z. f. wiss. Theol. 1896, 189: es sei wohl denkbar, daß der Verf. der Acta die Schrift eines der ältesten Mitglieder der antiochenischen Christengemeinde, welcher diese Reise des Paulus zum Teil als Augenzeuge beschrieben hatte, benutzt und teilweise, mit Beibehaltung der 1. Person abgeschrieben habe. „In meiner Einl. in das N. T. [Leipz. 1875] 607 habe ich darauf hingewiesen, daß schon in den Büchern Ezra-Nehemia die Erzählung E. und N.s in der 1. Person ein Zeichen wörtlicher Aufnahme ihrer älteren Denkschriften ist." Da ich nun nicht voraussetzen kann, daß allen philologischen Lesern meiner Ausführungen die Komposition jener alttestamentlichen Schriften bekannt sei, zitiere ich die zusammenfassenden Worte, die C. Siegfried im Handkomm. zum A. T. I. Abt., 6. Band, 2. Teil Esra, Nehemia und Esther (Götting. 1901) S. 11 darüber gesagt hat: „Das Esra-Nehemiabuch in seiner gegenwärtigen Gestalt ist ein Werk des Chronisten. Er hat benutzt: 1) ein ca. 450 geschriebenes aramäisches Buch, welches eine Geschichte der nach dem Exil sich neu bildenden jüdischen Gemeinde ... enthielt. 2) Memoiren des Esra und Nehemia, die z. T. wörtlich aufgenommen sind und nur an einzelnen Stellen chronistische Einlagen erhalten haben. 3) Auszüge aus anderen Quellenschriften. 4) Die eigene geschichtliche Arbeit des Chronisten. — Daß die Arbeit des Chronisten bei Benutzung der älteren Urkunden einen kompilatorischen Charakter hat, erhellt zunächst aus dem wiederholt auftretenden Wechsel zwischen der 1. und 3. Person, der namentlich durch seine Plötzlichkeit auffällt." Gerade das letzte Moment ist es ja nun auch, das R das eigentümliche Gepräge verleiht. Ein Beispiel aus dem Buche Ezra in der Übersetzung der LXX möge das Gesagte bestätigen (E = Ezra, Ch. = Chronist). E 8 (31) ἐξήραμεν ἀπὸ τοῦ ποταμοῦ ... καὶ χεὶρ θεοῦ ἡμῶν ἦν ἐφ' ἡμῖν, καὶ ἐρρύσατο ἡμᾶς

---

1) Doch nimmt H. Wendt in seinem Kommentar zur A. G. (1899) S. 26 Notiz davon als einer „höchst interessanten Parallele"; es ist aber, wie ich zu zeigen hoffe, mehr als eine solche.

ἀπὸ χειρὸς ἐχθροῦ... (32) καὶ ἤλθομεν εἰς Ἱερουσαλήμ, καὶ ἐκαθίσαμεν ἐκεῖ ἡμέρας τρεῖς. (33) καὶ ἐγενήθη τῇ ἡμέρᾳ τῇ τετάρτῃ ἐστήσαμεν τὸ ἀργύριον... ἐν οἴκῳ θεοῦ ἡμῶν... (34) ἐν ἀριθμῷ καὶ ἐν σταθμῷ τὰ πάντα, καὶ ἐγράφη πᾶς ὁ σταθμός. Ch. ἐν τῷ καιρῷ ἐκείνῳ (35) οἱ ἐλθόντες ἐκ τῆς αἰχμαλωσίας υἱοὶ τῆς παροικίας προσήνεγκαν ὁλοκαυτώσεις τῷ θεῷ Ἰσραήλ... (36) καὶ ἔδωκαν τὸ νόμισμα τοῦ βασιλέως τοῖς διοικηταῖς τοῦ βασιλέως... καὶ ἐδόξασαν τὸν λαὸν καὶ τὸν οἶκον τοῦ θεοῦ. E 9 (1) καὶ ὡς ἐτελέσθη ταῦτα, ἤγγισαν πρός με οἱ ἄρχοντες, λέγοντες... (3) καὶ ὡς ἤκουσα τὸν λόγον τοῦτον, διέρρηξα τὰ ἱμάτιά μου (weiterhin immer 'ich', von Vers 6 an Gebet des Ezra:) καὶ εἶπα· Κύριε ᾐσχύνθην καὶ ἐνετράπην τοῦ ὑψῶσαι, θεέ μου, τὸ πρόσωπόν μου πρὸς σέ, ὅτι αἱ ἀνομίαι ἡμῶν ἐπληθύνθησαν ὑπὲρ κεφαλῆς ἡμῶν (usw. bis zum Schluß des Kap.; darauf weiter:) Ch. 10 (1) καὶ ὡς προσηύξατο Ἔσδρας καὶ ὡς ἐξηγόρευσε κλαίων..., συνήχθησαν πρὸς αὐτὸν.. ἄνδρες καὶ γυναῖκες (usw. bis zum Schluß des Kapitels und Buches).

An der genannten Stelle seiner 'Einleitung' bemerkt Hilgenfeld noch: „wie umgekehrt in dem Buche Jeremia der Gebrauch der 3. Person von Jeremia (z. B. 32, 2) die Zutaten Baruchs kundmacht." Auch dies ist, wie ich mich überzeugte, eine zutreffende Kompositionsanalogie. In seinem Kommentar zu diesem Propheten (Gött. 1894) sagt Fr. Giesebrecht (S. XV): „Eine beträchtliche Erweiterung erfuhr dieses Buch durch Baruch, welcher aus guter Erinnerung zunächst hauptsächlich an einzelne geschichtliche Ereignisse anknüpfende Weissagungen hinzufügte." Auch hier gebe ich wieder ein Beispiel, indem ich die Worte des Propheten mit J, die des Redaktors (Baruch) mit B bezeichne: c. 39 (nach Zählung der LXX) B (1) ὁ λόγος ὁ γενόμενος παρὰ κυρίου πρὸς Ἱερεμίαν.... (2) καὶ Ἱερεμίας ἐφυλάσσετο ἐν αὐλῇ τῆς φυλακῆς..., (3) ἐν ᾗ κατέκλεισεν αὐτὸν ὁ βασιλεὺς Σεδεκίας..... (6) καὶ εἶπεν Ἱερεμίας, καὶ ὁ λόγος κυρίου ἐγενήθη πρὸς Ἱερεμίαν λέγων· J (7) ἰδοὺ Ἀναμεὴλ υἱὸς Σαλώμ, ἀδελφοῦ πατρός σου, ἔρχεται πρός σε.... (8) καὶ ἦλθε πρός με Ἀναμεὴλ υἱὸς Σαλών, ἀδελφοῦ πατρός μου καὶ εἶπε.... καὶ ἔγνων ὅτι λόγος κυρίου ἐστί, καὶ ἐκτησάμην... (9) καὶ ἔστησα..... (10) καὶ ἔγραψα (usw. bis zum Schluß des Kap.; darauf weiter:) B 40 (1) καὶ ἐγένετο λόγος κυρίου πρὸς Ἱερεμίαν δεύτερον, καὶ αὐτὸς ἦν ἔτι δεδεμένος ἐν τῇ αὐλῇ τῆς φυλακῆς (usw., es folgt der λόγος κυρίου an J. bis zum Schluß des Kap., dann analog mit c. 41 u. 42: Einleitungsworte des B., in denen von J. in dritter Person geredet wird, mit folgenden λόγοι κυρίου an J.; aber dann:) J 43 (1) ἐν τῷ ἐνιαυτῷ τῷ τετάρτῳ Ἰωακεὶμ υἱοῦ Ἰωσία βασιλέως Ἰούδα ἐγενήθη λόγος κυρίου πρός με λέγων (folgt der λόγος κυρίου an J. bis Vers 3; dann wieder:) B (4) καὶ ἐκάλεσεν Ἱερεμίας τὸν Βαροὺχ υἱὸν Νηρίου, καὶ ἔγραψεν ἀπὸ στόματος Ἱερεμίου πάντας τοὺς λόγους κυρίου, οὓς ἐλάλησε πρὸς αὐτόν, εἰς χαρτίον βιβλίου usw.

Diesen Beispielen kann ich noch ein weiteres, ebenfalls aus jüdischer Literatur, hinzufügen. Genau dasselbe Kompositionsprinzip zeigt das Henochbuch: eine in der 1. Person abgefaßte Grundschrift (H), etwa der Zeit um 200 v. Chr., ist etwa hundert Jahre später von einem Redaktor (R) überarbeitet worden, der die 1. Person seiner Vorlage mit seiner eigenen Erzählung in 3. Person unbekümmert verbunden hat. Einige Stellen mögen das wieder illustrieren. Wo die griechische Übersetzung des verlorenen aramäischen Originals vorhanden ist, zitiere ich diese (nach Chr. Dillmann, Sitzungsber. d. Berl. Ak. 1892, 1079ff.), sonst die äthiopische Übersetzung in der deutschen Fassung von G. Beer (in E. Kautzsch, Die Apokryphen u. Pseudepigr. des A. T. II, Tübing. 1900, 217 ff.). R 1 (1) *Λόγος εὐλογίας Ἐνώχ, καθ᾽ ὃν ηὐλόγησεν ἐκλεκτοὺς δικαίους, οἵτινες ἔσονται εἰς ἡμέραν ἀνάγκης ἐξᾶραι πάντας τοὺς ἐχθρούς.* 2 *καὶ ἀναλαβὼν τὴν παραβολὴν αὐτοῦ εἶπεν Ἐνώχ, ἄνθρωπος δίκαιος, ὅρασις ἐκ θεοῦ αὐτῷ ἀνεῳγμένη ἦν τοῦ ἁγίου καὶ τοῦ οὐρανοῦ,* Η *ἣν ἔδειξέ μοι καὶ ἀγγέλων ἁγίων ἤκουσα ἐγώ, καὶ ὡς ἤκουσα παρ᾽ αὐτῶν πάντα* usw. in erster Person bis c. 5. Diese aus dem Proömium angeführten Worte zeigen, daß das originale Proömium durch den Redaktor zerstört ist: eine deutliche Analogie zu dem Proömium der Acta. Es folgt in R c. 6—11 eine Erzählung, in der von Henoch gar nicht mehr die Rede ist. Dann c. 12, zunächst noch R (1) *πρὸ τούτων τῶν λόγων ἐλήμφθη Ἐνώχ, καὶ οὐδεὶς τῶν ἀνθρώπων ἔγνω, ποῦ ἐλήμφθη καὶ ποῦ ἐστιν καὶ τί ἐγένετο αὐτῷ* .... (3) Η *καὶ ἑστὼς ἤμην Ἐνὼχ εὐλογῶν τῷ κυρίῳ τῆς μεγαλοσύνης ... καὶ ἰδοὺ οἱ ἐγρήγοροι (die Wächter Aeth.) ἐκάλουν με* usw. in erster Person (mit einem kleinen Einschub von R c. 13, 1. 2), wobei noch besonders bemerkenswert ist, daß in diesem Abschnitte gerade Reiseberichte stehen (c. 17—36). Aus den späteren, nur äthiopisch erhaltenen Abschnitten vgl. etwa noch: Η 64 *Auch sah ich noch andere Gestalten an jenem Platz im Verborgenen. Ich hörte die Stimme des Engels* usw. Dann R 65—69 ganz heterogene Erzählungen, in denen von Henoch nur in dritter Person geredet wird. Dann c. 70 zunächst noch weiter R (1) *Danach wurde sein (Henochs) Name bei Lebzeiten .... erhöht.* (2) *Er wurde auf Wagen des Geistes erhoben, und sein Name verschwand unter ihnen (den Menschen).* Η (3) *Von jenem Tage an wurde ich nicht mehr unter ihnen gezählt, und er (Gott) setzte mich zwischen zwei Himmelsgegenden ...., um für mich den Ort für die Auserwählten und Gerechten zu messen. Dort sah ich die Erzväter und Gerechten,* usw. in erster Person.

Folgerung für die Redaktion der Acta Man wird zugeben, daß das Prinzip der Komposition in den Acta sich von demjenigen in den alttest. Büchern nicht unterscheidet. Die Kompositionsgleichheit legt den Schluß nahe, daß der Redaktor der lukanischen Memoiren sich den Redaktor der Memoiren des Ezra und Nehemia zum Vorbilde genommen habe. 'Chronisten' waren sie beide: den alttestamentlichen pflegt man so zu benennen, aber auch für den neutestamentlichen gibt es kaum eine bessere Bezeichnung; wie jener hat er mehrere ihm vorliegende Quellen ineinander gearbeitet, darunter die wichtigste auch für ihn eine Memoirenschrift. Daß er den alttestamentlichen Chronisten gekannt habe (in der griechischen Übersetzung), wird wohl niemand in Abrede stellen. Diese Art von Literatur mußte ihm näher liegen als alles von hellenischer Geschichtschreibung; hat doch J. Freudenthal, Hellenist. Studien II 119 die 'Chronik' als eine Hauptquelle des Eupolemos erwiesen. Mit dem Verfasser der 'Chronik' hat R auch das gemeinsam, daß er als Person ganz im Hintergrunde bleibt. Das Proömium seiner Hauptquellenschrift hat er wenigstens in den ersten Sätzen unangetastet gelassen; das muß uns merkwürdig vorkommen. Aber ist es etwas anderes, wenn der Chronist das Buch Nehemia so beginnen läßt: *Λόγοι Νεεμία υἱοῦ Χελκία*, obgleich der Inhalt dieses

Buches nur zum Teile aus den Memoiren des Nehemia stammt, zum anderen Teile aus Zutaten eben des Chronisten? Chronisten pflegen nicht das Bestreben zu haben, vorzügliche Quellen zu verschweigen; es liegt vielmehr in ihrem Interesse, deren Benutzung hervorzukehren. Dem Proömium von L gegenüber befand sich R in einer eigentümlichen Lage: es war ein ganz persönlich gehaltenes, wirklich hellenisch stilisiertes Proömium, aber durch den Adressaten mit dem Evangelium desselben Verfassers verbunden Ist es da nicht begreiflich, daß R diese Signatur seiner Primärquelle beibehielt und nur den zweiten Teil des Proömiums strich, das, wie oben bemerkt, ganz spezielle Angaben über den Inhalt von L enthielt, die zu dem erweiterten Inhalte von R nicht mehr paßten? Ja man wird weitergehen und sagen dürfen, daß R, wenn er in sein Werk große Teile des „Wir"-Berichtes unverändert aufnehmen wollte, dessen Quelle irgendwie bezeichnen mußte, da sonst das „Wir" beziehungslos gewesen wäre; er ließ daher die persönliche Note im Anfang des Proömiums unangetastet. Schließlich würde es voreilig sein, von unserem Standpunkte aus bestimmen zu wollen, was in solcher Literatur möglich oder unmöglich gewesen sei: wir haben nur die Tatsachen festzustellen und der aus ihnen gewonnenen Erkenntnis unser Urteil unterzuordnen. Nicht für uns haben diese Schriftsteller ihre Werke verfaßt, sondern für ein in ihren Ideenkreisen lebendes, mit ihren Gewohnheiten vertrautes Lesepublikum. Der alttestamentliche Chronist hat ja nicht als erster und einziger so gearbeitet: das Buch des Jeremias, das in seiner Grundschrift ja auch eine Art von Memoiren war, ferner die Bücher Henoch und Tobit[1]) lagen ihm in derselben Redaktion vor, in der wir sie lesen. Aus hellenischer Gepflogenheit ist das Kompositionsproblem, wie versichert werden darf, unmöglich zu lösen: wenn es seine Lösung aus dem Brauche jüdischer Literatur erhält, so trägt das für denjenigen, der die neutestamentlichen Schriften mit rechtem Augenmaße anzusehen sich erzogen hat, die Gewähr des Richtigen in sich. Die hellenische Literatur ist freilich in den Gesichtskreis von R getreten. So hat er, der Verfasser von πράξεις, wenn mir der Nachweis im ersten Teile dieser Untersuchungen gelungen ist, πράξεις Ἀπολλωνίου gelesen, und zu literarischen πράξεις gehörten auch λόγοι, mit denen er sein Werk reichlich ornamentierte. Ob er dagegen hellenische Geschichtswerke gelesen habe, mag man bezweifeln: jedenfalls brauchte er es für seinen Zweck nicht. Dagegen ist es selbstverständlich, daß ihm die jüdische Geschichtsliteratur viel näher lag, sowohl die in den LXX enthaltene als die der hellenistischen Chronisten und Historiker wie Demetrios, Eupolemos und der anderen von Alexander Polyhistor exzerpierten. Die Annahme hat daher alles für sich, daß er, um seinen πράξεις einen historischen Rahmen zu geben, der ihnen bei der geschichtlichen Stellung des Christentums zum Judentum zukam, das Kompositionsprinzip aus der geschichtlichen Literatur des Judentums entlehnt hat.

1) Auch dieses bietet, wie ebenfalls Hilgenfeld bemerkte, ein ganz analoges Kompositionsproblem: „auch in dem B. Tobit mag der Übergang der Erzählung von der ersten Person — 1,1 bis 3,6 — in die dritte — 3,7 ff. — Zeichen einer überarbeiteten Quellenschrift sein." Dies habe ich nicht genauer verfolgt, mich aber von der Tatsache überzeugt.

4. DER SCHLUSS.
(zu S. 37.)

Apollonios- u. Apostel- akten.

Philostratos stellt es so dar, daß Apollonios, als er sein Ende herannahen fühlte, den Damis wegschickte; daher hatte dieser darüber nichts berichten können: τὰ μὲν δὴ ἐς Ἀπολλώνιον τὸν Τυανέα Δάμιδι τῷ Ἀσσυρίῳ ἀναγεγραμμένα ἐς τόνδε τὸν λόγον τελευτᾷ· περὶ γὰρ τρόπου, καθ᾽ ὃν ἐτελεύτα, εἴγε ἐτελεύτα, πλείους μὲν λόγοι, Δάμιδι δὲ οὐδεὶς εἴρηται. Philostratos will also sagen: 'die Geschichte des Apollonios ist hier zu Ende, da mein Hauptgewährsmann Damis nichts darüber hinaus berichtet hat.' Nun haben in der Diskussion über den Schluß der Acta diejenigen, wie ich glaube, recht, die — um es mit den Worten von Wendt S. 31 zu sagen — „das überraschende Abbrechen der A. G. vor dem Ausgange des Prozesses und des Lebens des Paulus daraus erklären, daß den Verf. seine Hauptquelle nicht weiter führte als bis zur Hinkunft des Paulus nach Rom", und daß ihm anderweitige genaue Angaben über die Ereignisse, die zur Katastrophe geführt hatten, fehlten.[1]) Der Umstand, daß die πράξεις Ἀπολλωνίου und die πράξεις ἀποστόλων vor dem Lebensende ihrer Haupthelden abbrechen, muß denjenigen, die den Nachweis der Benutzung jener in diesen als erbracht ansehen, zu denken geben. Die Kongruenz dieser Fälle ergibt sich auch aus folgender Überlegung. Philostratos hat sich mit der Unvollständigkeit seiner Quelle am Schluß nicht zufrieden gegeben; denn nach den angeführten Worten fährt er fort: ἐμοὶ δὲ οὐδὲ τοῦτο χρὴ παραλελεῖφθαι, δεῖ γάρ που τὸν λόγον ἔχειν τὸ ἑαυτοῦ πέρας, woranf er als Nebenquellen (οἱ μὲν — οἱ δὲ — οἱ δὲ) verschiedene unglaubhafte Versionen über den Tod des Apollonios bringt. Genau so wenig befriedigte den Eusebios der Schluß der Acta; er fand die Erklärung ganz im Sinne moderner Forscher: h. e. II 22 εἰκότως τὰς τῶν ἀποστόλων πράξεις ἐπ᾽ ἐκεῖνον ὁ Λουκᾶς περιέγραψε τὸν χρόνον, τὴν μέχρις ὅτε τῷ Παύλῳ συνῆν ἱστορίαν ὑφηγησάμενος. Aber mit diesem Schlußpunkte konnte er, der Historiker der christlichen Geschichte, sich nicht begnügen: er fügte daher (c. 25) aus anderen Quellen sekundären Charakters den Bericht über das Lebensende des Paulus (und Petrus) hinzu, den wir, nur noch in romanhafter Form, auch in den die kanonischen Apostelakten fortsetzenden apokryphen lesen. Wir erhalten danach folgendes Bild:

Ältere πράξεις Ἀπολλωνίου	πράξεις ἀποστόλων
endigend vor dem Tode des A. wegen Abwesenheit des Augenzeugen	endigend vor dem Tode des Paulus wegen Abwesenheit des Augenzeugen
erweitert von Philostratos bis zum Tode des A.	erweitert von Eusebios bis zum Tode des Paulus.

---

1) Anders sucht E. Schwartz, Nachr. d. Gött. Ges. d. Wiss. 1907, 298 das unvermittelte Abbrechen zu erklären: „Der Redaktor der Apostelakten sucht auf alle Weise den Gang des Prozesses zu verschleiern. Darum hat er auch den Ausgang gestrichen, der ursprünglich erzählt sein muß." Das letztere ist unerweislich. Vgl. die 'Nachträge'.

II.

ΛΕΞΕΙΣ ΑΤΤΙΚΑΙ
IN DEM ATHENISCHEN KAPITEL DER ACTA.

(Zu S. 54 f.)

1. V. 18 τί ἂν θέλοι ὁ σπερμολόγος οὗτος λέγειν; Wer die reichen, bei σπερμο-
Wettstein (s. o. S. 13,2) stehenden Belege für σπερμολόγος (in metaphorischer λόγος.
Bedeutung) überblickt, sieht deutlich, daß es eine λέξις Ἀττική war, die
dann erst von den Attizisten wieder zu Ehren gebracht wurde. Der erste,
der es seit Aristophanes und Demosthenes wieder braucht, ist Dionysios
Hal.; Harpokration und Eustathios erklären es.[1] Wenn also Blaß in seinem
Kommentar sagt: 'sine dubio hoc ex ipso ore Atheniensium auctor excepit',
so ist das Gegenteil richtig, da das Volk nicht in γλῶσσαι sprach.

2. V. 21 Ἀθηναῖοι δὲ πάντες καὶ οἱ ἐπιδημοῦντες ξένοι εἰς οὐδὲν ἕτερον καινότερον.
ηὐκαίρουν ἢ λέγειν τι ἢ ἀκούειν καινότερον. „Der hübsche Spott über die
Athener — sagt Harnack a. a. O. (o. S. 311) 94 f. — (21 Ἀθηναῖοι πάντες καὶ
οἱ ἐπιδημοῦντες ξένοι — von denen weiß er auch — εἰς οὐδὲν ἕτερον κτλ.),
das Dichterzitat und jede Einzelheit verraten den gebildeten Schriftsteller,
der auf Grund bester Überlieferung dieses Gemälde geschaffen hat." In der
Tat: der χαρακτηρισμός der Athener ist vielleicht das 'Gebildetste', was überhaupt im N. T. steht, jedenfalls gibt es in ihm nichts ἀττικώτερον, auch in
der Sprache. Denn die Bemerkung im Wendtschen Kommentar: „τι καινότερον 'etwas Allerneuestes'. Der Komparativ hat hier, wie sonst oft im nt.
Sprachgebrauch, superlative Bedeutung" ist unrichtig. Dieser Komparativ ist
mit der Spracherscheinung der Vulgärsprache, die wir gleich in V. 22 finden
(ὡς δεισιδαιμονεστέρους ὑμᾶς θεωρῶ), keineswegs zu identifizieren, sondern
ein gerade bei dem Begriffe der 'Neuheit' typisches Spezifikum des Attischen: wenn ich frage: 'gibt es etwas Neues?', so ist dies Neue, das ich
zu erfahren wünsche, im Verhältnis zu dem Stande meines gegenwärtigen
Wissens immer ein Plus. Dem Philologen ist das geläufig, aber da keine
mir bekannten Lexika oder Grammatiken die Beispiele vollständig geben
(auch Wettstein nicht, der im Komm. zu unserer Stelle eine Anzahl gibt),

---

[1] Eustath. in Od. 1517, 53 ff. Da auch Suetonius in dem Abschnitte über
Schimpfworte εἰς ἀγοραίους καὶ πολυπράγμονας καὶ φιλεγκλήμονας darüber
handelte (E. Miller, Mélanges de litt. grecque, Paris 1868, 420) und genau
wie Eustathios die Variante σπερμονόμος bringt, so darf, wie ich glaube,
auf die Λέξεις des Aristophanes von Byzanz als gemeinsame Quelle geschlossen werden.

so zähle ich sie hier in der mir erreichbaren Vollständigkeit auf, da ihre zeitliche und lokale Begrenztheit uns zu einem Schluß veranlassen wird. Platon Euthyphr. 2A τί νεώτερον, ὦ Σώκρατες, γέγονεν; Protag. 310B μή τι νεώτερον ἀγγέλλεις; Phaidon 115B ἅπερ ἀεὶ λέγω, ἔφη, ὦ Κρίτων, οὐδὲν καινότερον. Eurip. Or. 1327 τί δὲ νεώτερον λέγεις; Bakch. 214 τί ποτ᾽ ἐρεῖ νεώτερον; (kein Beispiel für den Komparativ bei Aischylos und Sophokles, bei Euripides nur in diesen jüngsten Stücken, in denen er auch sonst der Sprache des Lebens Konzessionen macht). Aristoph. Vög. 252 δεῦρ᾽ ἴτε πευσόμενοι τὰ νεώτερα. Demosth. 10, 1 (κατὰ Φιλίππου δ᾽, Echtheit von A. Körte erwiesen) τοσοῦτον χρόνον σπουδάζεθ᾽ ὅσον ἂν κάθησθ᾽ ἀκούοντες ἢ προσαγγελθῇ τι νεώτερον. 11, 17 πυνθανόμενοι κατὰ τὴν ἀγοράν, εἴ τι λέγεται νεώτερον. καίτοι τί γένοιτ᾽ ἂν νεώτερον ἢ Μακεδὼν ἀνὴρ καταφρονῶν Ἀθηναίων; Dies ist eine interessante Stelle: sie stammt aus der Rede gegen Philippos' Brief, d. h. (nach Wendlands Nachweis) von Anaximenes und ist eine Nachbildung folgender Stelle der ersten philipp. Rede des Demosthenes (4, 10) ἢ βούλεσθε περιιόντες αὐτῶν πυνθάνεσθαι· λέγεταί τι καινόν; γένοιτ᾽ ἄν τι καινότερον ἢ Μακεδὼν ἀνὴρ Ἀθηναίους καταπολεμῶν; Hier hat der Redner, weil er den echten Komparativ καινότερον folgen lassen wollte, mit Bedacht in der vorangehenden Phrase nicht den unechten gesetzt, sondern den Positiv: λέγεταί τι καινόν[1], eine Feinheit, die der Rhetor verwischte, indem er beidemal νεώτερον setzte. Endlich Theophrastos char. 8 (der λογοποιός): 'ἔχεις περὶ τοῦδε εἰπεῖν καινόν'; καὶ ὡς ἐπιβαλὼν(?) ἐρωτᾶν· 'μὴ λέγεταί τι καινότερον'; Das sind die attischen Beispiele für die Phrase. Dann kommen gleich die das Attische imitierenden Schriftsteller der Kaiserzeit, sowie eine bei Philon de ebr. 89 ἵνα ἴδῃ τι πλεῖον ἢ ἀκούσῃ καινότερον, zwei bei Josephus[2]: Bell. VII 8, 1 ὡς ... μηδ᾽ εἴ τις ἐπινοίᾳ διαπλάττειν ἐθελήσειεν, ἔχειν ἄν τι καινότερον ἐξευρεῖν (Ant. XIV 6, 4 οὐδὲν ἕτερος ἑτέρου καινότερον λέγων) und einige wenigstens ähnliche bei Plutarch de gen. Socr. 17. 586B μή τι καινότερον, ὦ Φυλλίδα, προσπέπτωκεν. 27. 594F μή τι καινότερον (ein paar Zeilen vorher: ἥκέ τις ἀγγέλλων, auch dies eine Demosthenesfloskel aus der berühmten Stelle de cor. 169), vita Arati 8 μή τι γίνεται καινότερον, dagegen de curios. 8. 519AB dreimal μή τι καινόν. Bei Lukian, Iup. trag. 33 fragt Zeus (nachdem er vorher 15 ff. auf Geheiß des Hermes eine aus Phrasen 'ἐκ τῶν Δημοσθένους δημηγοριῶν τῶν κατὰ Φιλίππου' zusammengestoppelte Rede gehalten hat): ἦ πού τι ἐκ γῆς νεώτερον ἀπαγγέλλεις;[3] Aus diesem

---

1) Der Positiv auch bei Aischylos Prom. 942 K. πάντως τι καινὸν ἀγγελῶν ἐλήλυθεν, näml. Hermes. Der Dichter will, daß diese Phrase als εὐτελής empfunden werde, denn Prometheus behandelt den Hermes wie einen Knecht (953 u. 982 ὑπηρέτης, 965 λατρεία); dem höhnischen Tone dieser Szene entspricht, daß jenem Verse dieser vorausgeht (941): τὸν τοῦ τυράννου τοῦ νέον διάκονον: der muß also jedenfalls 'etwas Neues' wissen.

2) Zitiert von Krenkel a. a. O. (oben S. 12, 1); die dritte von ihm zitierte (Ant. XV 6, 3) gehört nicht hierher (auch die zweite nur in bedingtem Sinne).

3) In den apokryphen acta Philippi ed. Bonnet in den act. apost. apocr. II 1 (Leipz. 1903) S. 3 ff., wo die ganze athenische Szene der kanonischen Acta

Tatbestande ergibt sich: wer diese im urbanen Attischen so verbreitete Phrase im 1. Jahrh. n. Chr. wiederholt, der ist sich bewußt gewesen, daß er ἀττικίζει.

3. Auch der doppelgliedrige Ausdruck λέγειν ἢ (καὶ) ἀκούειν ist erlesenes Griechisch, gerade auch für das Attische charakteristisch. Es handelt sich an der Stelle der Acta nur um das ἀκούειν (vorher geht: βουλόμεθα οὖν γνῶναι, τίνα θέλει ταῦτα εἶναι). Diese 'polare Ausdrucksweise' (der Ausdruck stammt von M. Schanz) ist seit den Bemerkungen von Wilamowitz zu Eur. Her. II² S. 231 f. oft behandelt worden, zusammenfassend von E. Kemmer, Würzburg 1903, der gerade auch für λέγειν καὶ ἀκούειν überaus zahlreiche Beispiele gibt (S. 245 f.), vorzugsweise aus den πάνυ Ἀττικοί. Zu den sprachlichen Feinheiten an sich kommt noch, daß in den Acta das λέγειν ἢ ἀκούειν τι καινότερον als Besonderheit der Athener hingestellt wird. Dafür ist von Wettstein der glänzende χαρακτηρισμός der Athener verglichen worden, den Thukyd. III 38, 5 dem Kleon in den Mund legt: μετὰ καινότητος μὲν λόγου ἀπατᾶσθαι ἄριστοι[1]), wozu es ein Scholion gibt, das mit der Stelle der Acta sozusagen wörtlich stimmt (ohne daß doch, soweit ich diese Scholien kenne, eine Reminiszenz an die Acta in ihnen anzunehmen wäre): ταῦτα πρὸς τοὺς Ἀθηναίους αἰνίττεται οὐδέν τι μελετῶντας πλὴν λέγειν τι καὶ ἀκούειν καινόν (p. 59, 23 der Thukydidesausg. von F. Haase bei Didot, Paris 1840).

λέγειν καὶ ἀκούειν.

Alles zusammengenommen, kann ich nicht glauben, daß der Redaktor der Acta, dessen Sprache doch wahrlich nichts Attisches an sich hat, diese Stelle ohne ein literarisches Vorbild komponiert haben könnte. Da wir nun festgestellt haben, daß eine Rede des Apollonios selbst oder eine Biographie, in der sie referiert war, benutzt worden ist, so liegt die Vermutung nahe, daß, wie die Anspielung auf den Prozeß des Sokrates (s. o. S. 53 f.), so auch diese anderen attischen ἀστεϊσμοί auf diesem Wege in unsere Acta gelangt sind. Zur Bestätigung dieser Vermutung kann Folgendes dienen. Bei den Wanderrednern der ersten Kaiserzeit war es ein ganz gewöhnlicher τόπος, im Proömium auf das berechtigte Verlangen der Zuhörer hinzuweisen, etwas Exquisites zu hören, z. B. Dion Chrys. or. 35, 1 ἐγὼ μὲν ἁπλῶς πέφυκα καὶ φαύλως διαλέγεσθαι καὶ οὐδενὸς ἄμεινον τῶν τυχόντων· ὑμεῖς δὲ θαυμαστῶς καὶ περιττῶς ἐπιθυμεῖτε ἀκούειν καὶ μόνων ἀνέχεσθε τῶν πάνυ δεινῶν, 42, 1 ἐπιθυμεῖτε τῶν λόγων, ὡς ἀκουσόμενοί τι θαυμαστὸν καὶ τοιοῦτον, ὁποῖον οὐκ ἂν ἑτέρων τῶν νῦν (ähnlich 47, 1 und Aristeides 29 [40 Dind.], 1 f.). Keine dieser Reden Dions ist vor einem athenischen Publikum gehalten worden; wessen man sich in diesen zu versehen hatte, zeigt die Nachricht des Philostratos v. soph. II 25, 4 von Polemon. Als der sich zuerst in Athen produ-

Umstilisierung einer Proömienfloskel zu einer Erzählung.

---

paraphrasiert ist, findet sich auch das καινότερον: die „300 Philosophen" Athens sagen zu Philippos: ἡμεῖς ἔχομεν μαθήματα τῶν πατέρων ἡμῶν, ἐν οἷς ἀρκούμεθα φιλοσοφοῦντες· εἰ δέ τι καινότερον ἔχεις, ὦ ξένε, ἐπίδειξον ἡμῖν ἀφθόνως μετὰ παρρησίας· οὐδενὸς γὰρ ἄλλου χρείαν ἔχομεν ἢ μόνον ἀκούειν τι καινότερον: p. 4, 13, vgl. 5, 1. 27, 19.

1) Die Pointe der Rede beruht darauf, daß in ihr als ψόγοι vorgetragen werden Eigenschaften, die in den Reden der Sophisten als ἐγκώμια figurierten: vgl. den folg. Absatz des Textes.

336 Anhang II. Λέξεις Ἀττικαί in dem athenischen Kapitel der Acta.

zierte, beschloß er, nicht mit einem der gewöhnlichen Enkomia auf die Athener anzufangen, sondern ihnen, zugleich in maiorem gloriam seiner selbst, einen kleinen Denkzettel zu geben; er fing daher so an: φασὶν ὑμᾶς, ὦ Ἀθηναῖοι, σοφοὺς εἶναι ἀκροατὰς λόγων· εἴσομαι. Steht doch auch gerade im Proömium die vorhin zitierte Stelle der vierten philippischen Rede, wo Demosthenes die Vorliebe der Athener für das ἀκούειν von Reden und von νεώτερα rügt. Daß auch die Erwähnung der ξένοι in den Acta (Ἀθηναῖοι πάντες καὶ οἱ ἐπιδημοῦντες ξένοι) eine besondere Feinheit sei, hat Harnack in den zu Beginn dieses Anhangs zitierten Worten richtig herausgehört (aus Wettsteins Material sei wiederholt nur Theophr. char. 3, 3: der Schwätzer erzählt, ὡς πολλοὶ ἐπιδημοῦσι ξένοι): auch ihre Erwähnung gehörte zum Proömieninventare der Wanderredner, z. B. Aristeides 21 [22 Dind.], 1 τοῖς παροῦσι τῶν Ἑλλήνων ὅσοι τε πολῖται καὶ ὅσοι ξένοι (vgl. 33 [51], 5). Das war in Smyrna gesprochen: wie viel mehr muß es in Athen üblich gewesen sein, wo ἀστοὶ καὶ ξένοι eine nach dem Ausweise der Tragödie formelhafte Verbindung war. Der Satz der Acta Ἀθηναῖοι δὲ πάντες καὶ οἱ ἐπιδημοῦντες ξένοι εἰς οὐδὲν ἕτερον ηὐκαίρουν ἢ λέγειν ἢ ἀκούειν τι καινότερον, auf den die Rede des Paulus folgt, muß daher als eine in die Erzählungsform umgesetzte Proömienfloskel angesehen werden.[1]

---

[1] Über diese Technik der Umstilisierung von Reden in Erzählungen ist oben S. 189. 297 einiges gesagt worden.

III.
ZU APOLLONIOS VON TYANA.
1. DIE BRIEFE.
(zu S. 39, 1.)

Mit Beiträgen von Conrad Cichorius.

Die unter dem Namen des Apollonios erhaltenen Briefe gehören zu den am stärksten vernachlässigten Stücken der antiken Literatur. Diejenigen, die sie durchweg für gefälscht halten, können sie nicht gelesen haben. So sicher es ist, daß wohl die Mehrzahl aus Falsa besteht, so unbedingt echt sind einzelne, vor allem der längste und inhaltreichste, nr. 58 mit der Adresse Οὐαλερίῳ, ein Kondolenzbrief aus Anlaß des Verlustes eines Sohnes. Er ist so individuell wie nur möglich gehalten, Philosophisches (nicht bloß die bei solchen Gelegenheiten gewöhnlichen Gemeinplätze) ist mit Persönlichem eindrucksvoll vereinigt. Er kennt auch die Gattin des Valerius: ἔχεις γυναῖκα ἔμφρονα φίλανδρον, und ihr gilt das Schlußwort des Briefes: Ἀπολλώνιος εἰ παρῆν, Φαβοῦλλαν ἂν μὴ πενθεῖν ἔπεισεν. Valerius selbst ist in gebietender Stellung: οὐ πενθητέον σοι θάνατον, ἀλλὰ τιμητέον καὶ σεβαστέον. τιμὴ δὲ ἡ ἀρίστη τε καὶ πρέπουσα, εἰ ἀφεὶς θεῷ τὸν ἐκεῖ γενόμενον ἀνθρώπων τῶν πεπιστευμένων τὰ νῦν ἄρχοις, ἢ πρότερον ἦρχες. In der Sorge für die Untergebenen soll er Trost suchen: πρόελθε καὶ θεράπευσαι, δίκασον καὶ παρηγόρησον τοὺς ἀθλίους, τῶν δὲ δακρύων οὕτως ἀποτρέψεις. οὐ τὰ ἴδια τῶν κοινῶν, ἀλλὰ τὰ κοινὰ τῶν ἰδίων προτιμητέον. Das wäre noch zu allgemein, um eine Identifikation zu versuchen; nun aber heißt es weiterhin: πόλεων ἄρχεις πεντακοσίων Ῥωμαίων ὁ εὐγενέστατος. Das schien mir, da die Prosopogr. imp. Rom. versagte, einer Anfrage bei Cichorius wert. Denn die gelegentliche Bemerkung von Rud. Meyer-Krämer (Apollonius von Tyana, in den Monatsheften der Comenius-Gesellschaft, Jahrg. XV Heft I, Berl. 1906, 7), übrigens m. W. dem einzigen, der sich die Frage nach der Persönlichkeit dieses Valerius überhaupt vorgelegt hat, „vermutlich Valerius Paulinus, a. 69 Prokurator in Gallia Narbonensis", schien mir nicht auszureichen, da die „500 Städte" nicht stimmen konnten. Ich glaube mir den Dank meiner Leser zu verdienen, wenn ich die Antwort mit Cichorius' eigenen Worten hersetze:

„Was Brief 58 betrifft, so macht er mit seinen ganz unverdächtigen persönlichen Anspielungen und Voraussetzungen auch mir den Eindruck der Echtheit. Einige Feststellungen ergeben sich ohne weiteres. Der Adressat, dessen vornehme Abstammung ausdrücklich hervorgehoben wird (Ῥωμαίων ὁ εὐγενέστατος), ist Statthalter einer Provinz, und zwar läßt diese sich auf Grund der Worte πόλεων ἄρχεις πεντακοσίων mit Sicherheit feststellen. Man würde bei einer so großen Zahl wohl von vornherein am ehesten an Asien denken, und wirklich wird gerade die Provinz Asia von zwei verschiedenen Autoren ausdrücklich als fünfhundert Städte umfassend bezeichnet, für die Zeit des Apollonios selbst von Josephus b. Jud. II 366, für das zweite Jahrhundert von Philostratos vit. soph. II 12. Da aber nach Aristides I p. 770 D. = II p. 34 K. (vgl. Marquardt, Röm. Staatsv. I 340, Brandis, R.E. II 1545) keine andere Provinz so viele Städte zählte wie Asien, so kann tatsächlich nur dieses in Betracht kommen und der Adressat des Apolloniosbriefes ist also als proconsul Asiae aufzufassen.[1]

Damit ist jener Valerius Paulinus, der 69 n. Chr. Prokurator von Gallia Narbonensis gewesen ist, ausgeschlossen. Denn er, der als Prokurator nur Ritter war, hätte nie Prokonsul von Asien werden können. Zudem kennen wir anscheinend Nachkommen jenes Paulinus, denn sowohl der Konsul von 107 C. Valerius Paulinus (Prosop. imp. Rom. III 373) wie der von diesem verschiedene gleichnamige Konsul eines Jahres kurz vorher (Prosop. a. a. O.) werden Söhne des Prokurators sein, denen, da Tacitus hist. III 43 ihren Vater ausdrücklich als alten Freund des Vespasian bezeichnet, unter den Flaviern die senatorische Karriere eröffnet sein wird. Dagegen hatte der Valerius, an den der Apolloniosbrief gerichtet ist, unverkennbar nach dem Tode seines Sohnes — der also während der Statthalterschaft in Asien gestorben war — keine anderen Kinder mehr; diese hätten doch sonst neben ἔχεις γυναῖκα unbedingt mit genannt und überhaupt als gewichtigster Trostgrund verwendet sein müssen.

Ein Prokonsul von Asien namens Valerius ist innerhalb der in Betracht kommenden Zeit von Nero bis Nerva allerdings nicht bezeugt, aber wir kennen überhaupt nur etwa die Hälfte der asiatischen Statthalter dieser Periode. Bezüglich der anderen Hälfte haben wir als Anhalt nur die zwar auch durchaus nicht vollständige, aber doch wesentlich besser bekannte Liste der Konsuln als Grundlage zu verwerten. Alljährlich nämlich erfolgte unter den noch lebenden Konsuln des gerade an die Reihe kommenden Jahres die Losung um das Prokonsulat der beiden als höchste Staffel geltenden und deshalb sehr erstrebten Provinzen Asia und Africa. Seit Vespasian wurden aber mehrfach Personen, die bei der Losung erfolglos geblieben waren, durch kaiserliche Gunst im Jahre darauf außer der Reihe eingeschoben, und es gelangten demnach von jener Zeit ab zuweilen mehrere Konsuln eines und desselben Jahres nacheinander zum Prokonsulate.

Es gilt also festzustellen, welche Valerier wir aus der zu berücksichtigenden Zeit als Konsuln kennen und welche von diesen die Losung ihres Jahrganges für die Prokonsulate noch erlebt haben. Im ganzen sind zwi-

---

1) Auf Asien paßt auch der Ausdruck am Schlusse des Briefes τίς ... ἄρξει, μήτι γε πόλεων καὶ ἐθνῶν, denn πόλεις (bzw. δῆμοι) und ἔθνη ist, wie die von Brandis a. a. O. 1556—57 zusammengestellten Beispiele zeigen, die offizielle Bezeichnung für die Bevölkerung der Provinz Asia, vgl. z. B. das Dekret aus Ephesos Lebas 142 αἱ πόλεις αἱ ἐν τῇ Ἀσίᾳ κατοικοῦσαι καὶ τὰ ἔθνη.

schen 54 und 96 n. Chr. fünf Valerii als Konsuln nachweisbar: M. Valerius Messalla 58, C. Valerius Festus 71, L. Valerius Catullus Messallinus 73, P. Valerius Patruinus 82 und Q. Valerius Vegetus 91. Von ihnen scheint aber Messalla schon vor der Losung gestorben zu sein, da er in den Arvalakten zwar bis Juni 59 häufig begegnet, dann aber von Sept. 59 an verschwindet; zudem ist von seinem Jahrgange 58 ein anderer Konsul, nämlich C. Fonteius Agrippa, Prokonsul von Asien geworden. Die beiden Konsuln der domitianischen Zeit, Patruinus und Vegetus, haben erst nach 96 zur Losung gelangen können, scheiden also für uns aus. Valerius Catullus würde zwar passen, allein von ihm steht fest, daß er das Prokonsulat von Afrika erlost hatte; er kommt also für Asien nicht in Betracht.

So bleibt von den uns bekannten Konsuln des Namens einzig Valerius Festus, wie er von den Schriftstellern genannt wird, übrig; sein vollständiger Name war nach den Inschriften (vgl. Prosop. imp. Rom. I 272 u. 273) C. Calpetanus Rantius Quirinalis Valerius Festus. Wir sind über seinen Lebensgang und seine Ämterlaufbahn, wenigstens bis zum Jahre 80, durch literarische wie durch epigraphische Zeugnisse — namentlich durch die ihm zu Tergeste gesetzte Ehreninschrift CIL. V 531 — genau unterrichtet. Danach war er vornehmer Herkunft, denn nach Tacitus hist. IV 49 ist er mit Kaiser Vitellius verwandt gewesen. 69/70 hatte er als Militärlegat in Afrika sich wesentliche Verdienste um Vespasian erworben, sowohl durch die Beseitigung des Prätendenten L. Piso als durch einen siegreichen Feldzug gegen die Garamanten, und war dafür mit den dona militaria, mit dem Konsulat für das Jahr 71 und mit der Ernennung zum Pontifex belohnt worden. 73 war er als kaiserlicher Legat Statthalter von Pannonien und 79 und 80 von Hispanien. Wie sich seine weitere Karriere nach 80 gestaltet hat, ist unbekannt; nur soviel ist zu sagen, daß das nächsthohe Amt, das er in der Rangordnung zu erreichen gehabt hätte, das Prokonsulat von Asia oder Afrika gewesen wäre. Dagegen läßt sich wieder Näheres über den Tod des Valerius Festus nachweisen. In dem 85/86 erschienenen ersten Buche Martials ist ein Gedicht (78) auf den Tod eines vornehmen Festus enthalten, der sich, als schwere und entstellende Krankheit ihn befallen hatte, mit dem Schwerte tötete. Friedländer hat die Vermutung ausgesprochen, daß damit Valerius Festus gemeint sei, Klebs in der Prosopographie a. a. O. aber dies stillschweigend übergangen. Allein die Beziehung ist zweifellos zutreffend, nicht so sehr deshalb, weil Valerius Festus der einzige uns bekannte Träger des damals noch seltenen Kognomens Festus von senatorischem Range aus dem ersten Jahrhundert ist, als wegen der Worte Martials *huius Caesar* (d. h. Domitianus) *amicus erat*. Denn Valerius Festus ist 71 der Kollege des jungen Domitian als Konsul gewesen, nahe persönliche Beziehungen zwischen den beiden sind damit also tatsächlich erwiesen.[1] Demnach wird der Tod des Valerius Festus in die ersten Jahre Domitians, kurz vor 86 anzusetzen sein. Sollte Festus also zum Prokonsulat von Asien gelangt sein, so könnte er

---

[1] Auch der Soldatentod durch das Schwert, die *Romana mors*, dessen Wahl durch Festus Martial ausdrücklich als *nobilior* hervorhebt, paßt auf den alten General.

dieses nur zwischen 80, seiner spanischen Statthalterschaft, und 86 bekleidet haben, aber auch nur in dem Falle, wenn die Losung seines Konsulatsjahrganges 71 noch in jene Jahre gefallen ist und er sie also noch erlebt hat.

Die Bestimmung der Zwischenzeit zwischen Konsulat und Prokonsulatslosung in jener Zeit ist deshalb sehr schwierig, weil wir fast ausnahmslos von den in Betracht kommenden Personen entweder nur das Konsulatsjahr oder nur das Jahr des Prokonsulats kennen oder vermuten können. Sie wird zudem noch besonders dadurch kompliziert, daß das Intervall kein konstantes gewesen ist, sondern durch die schon erwähnten Einschübe außer der Reihe sich ständig veränderte. Die ausgezeichneten Untersuchungen von Waddington, Fastes des provinces Asiatiques, Paris 1872 müssen zwar noch immer die Grundlage bilden, sind aber durch das in den letzten 40 Jahren neu hinzugekommene Material längst veraltet und wir vermögen heute viel weiter zu gelangen. So lassen sich jetzt zwei sichere Doppeldatierungen nachweisen. C. Fonteius Agrippa, Prokonsul von Sommer 68 bis Sommer 69, ist Konsul im Jahre 58 gewesen, also betrug das Intervall bei Neros Tode 10 Jahre. Andererseits ist durch eine Inschrift von Milet (Sitzungsber. d. Berl. Ak. 1900, 106) als Prokonsulatsjahr des Q. Julius Balbus, Konsuls von 85, das Jahr 100/101 erwiesen; das Intervall war also am Beginn von Trajans Regierung schon auf 15 Jahre gestiegen, nachdem es in den ersten Jahren Vespasians zeitweilig wieder unter 10 Jahre herabgegangen war. Es kommt nun, um das unbekannte Losungsjahr der Konsuln von 71 zu bestimmen, vor allem darauf an, festzustellen, wann die Konsuln von 70 zur Losung gelangt sind, und hierfür haben wir, wie ich glaube, genügende Anhaltspunkte. Im Jahre 79/80 ist (vgl. Waddington S. 153) sicher M. Ulpius Traianus, der Vater des Kaisers, Prokonsul von Asien gewesen, dessen Konsulatsjahr freilich zunächst nicht feststeht: man setzt es teils 68 an, teils, so Waddington, 70 oder 71. Als sein unmittelbarer Vorgänger im Prokonsulat ist von Waddington M. Plancius Varus nachgewiesen worden. Da dieser nach den Münzen noch unter Vespasian Prokonsul von Asien gewesen ist, aber in der ersten Hälfte des Jahres 69 noch als Prätorier bezeichnet wird (Tac. hist. II 63) und vor seinem Konsulate auch noch als Prokonsul Bithynien verwaltet hat, so können für seine Statthalterschaft von Asien nur das Jahr 78/79, für die bithynische das Jahr 69/70 und für das Konsulat nur die letzten Monate von 70 angenommen werden, denn andernfalls wäre das Intervall zu kurz. Die Lösung des Problems wird sich nun auf Grund einer neugefundenen Inschrift aus Milet (Wiegand, Abhand. der Berl. Akad. phil.-hist. Kl. 1908, 26), des Schreibens eines bisher unbekannten Prokonsuls von Asien, Caecina Paetus, an die Milesier gewinnen lassen. Caecina Paetus kann meiner Ansicht nach einzig der Konsul des Jahres 70 sein, und da wir von den Konsuln dieses Jahres bereits einen, Plancius Varus, als Prokonsul von Asien anzunehmen haben, so ergibt sich einmal, daß das Prokonsulat des Caecina unmittelbar auf das aneinanderschließende Paar Plancius-Trajan hat folgen müssen, also in das Jahr 80/81 gehört, sodann aber, daß auch der zwischen den beiden Konsuln von 70, Plancius und Caecina, stehende Prokonsul Trajan in demselben Jahre 70, an das neben 71 für ihn schon Waddington gedacht hatte, Konsul gewesen ist. Vespasian und Titus haben also nicht weniger als drei der Konsuln des einen Jahres 70 zum Prokonsulat von Asien gelangen lassen, d. h. sie haben zwei von ihnen außer der Reihe eingeschoben, Trajan, ihren verdienten Legionslegaten aus dem jüdischen Kriege, und Caecina, bei dem der Anlaß für uns nicht mehr erkennbar ist.

Auf alle Fälle aber gewinnen wir damit das wohl unbedingt sichere Resultat, daß die Konsuln von 71, zu denen Valerius Festus gehört, den Prokonsul von Asien für das Jahr 81/82 zu stellen hatten, für das wir, ebenso wie für 82/83, den Statthalter bisher nicht kennen, während dann für 83/84 L. Mestrius Florus, der Freund Plutarchs, als proconsul Asiae gesichert ist. Da nun Valerius Festus erst kurz vor 86 gestorben ist, hat er die Losung zum Prokonsulat tatsächlich noch erlebt und an ihr teilgenommen; die Möglichkeit, daß er das Amt wirklich bekleidet hat, rückt nunmehr in greifbare Nähe. Denn seine Chancen waren die denkbar günstigsten. Einerseits war die Zahl der mit ihm Losenden, von denen zudem einer die Provinz Afrika erhalten mußte, auch wenn alle übrigen noch am Leben waren, schon dadurch beschränkt, daß im Jahre 71 alle drei Kaiser, Vespasian, Titus und Domitian, Konsuln gewesen waren.[1]) Sodann aber darf wohl als sicher angenommen werden, daß, selbst wenn Valerius bei der Losung leer ausgegangen wäre, Domitian ihm, seinem Freunde, außer der Reihe für das Jahr 82/83 das Prokonsulat übertragen hätte, so gut wie dies bei den Konsuln des vorangehenden Jahrganges — hier sogar doppelt — der Fall gewesen war. So spricht alles dafür, daß Valerius Festus wirklich Prokonsul von Asien gewesen ist; in seine Karriere, die bis 80 feststeht, würde sich diese Statthalterschaft und zwar gerade in jenen Jahren vortrefflich einfügen.

Finden wir nun in dem so unverkennbar den Eindruck der Echtheit machenden, jener Periode angehörenden Apolloniosbriefe einen Prokonsul von Asien Valerius angeredet, so dürfen wir in dem Adressaten wohl mit großer Wahrscheinlichkeit den Valerius Festus vermuten. Dann würde der Brief auf die Zeit zwischen Sommer 81 und Sommer 83 zu datieren sein.

Zu prüfen bleibt noch der Name der Gattin des Prokonsuls Fabulla. Das Kognomen Fabullus kommt zwar auf Inschriften von Angehörigen der unteren Klassen, zumal in Spanien, häufiger vor, findet sich aber in den Kreisen der vornehmen römischen Gesellschaft nur ganz selten. Die Prosopographie nennt überhaupt nur zwei Träger des Namens, zwei Fabii Fabulli, beides Offiziere senatorischen Ranges, wohl Brüder oder Vater und Sohn. Der eine, M. Fabius Fabullus hat, nachdem er vorher Legat in Afrika gewesen war, als Legat der legio XIII Gemina zu Poetovio in Pannonien die Inschrift CIL. III 4118 geweiht, gehört also der Zeit von Claudius bis Vespasian an, während der jene Legion in Poetovio stand. Der andere Fabius Fabullus erscheint 69 als Legat der legio V Alaudae im Heere des Vitellius, Tac. hist. III 14. Der Name Fabullus begegnet somit in den senatorischen Kreisen ausschließlich eben in derselben Zeit, in die auch die Fabulla des Apolloniosbriefes gehört, und es wäre nicht ausgeschlossen,

---

1) Auch der spätere Kaiser Nerva, dessen erstes Konsulat gleichfalls in das Jahr 71 fällt, ist anscheinend nicht Prokonsul gewesen.

daß diese die Tochter oder die Schwester eines der beiden Offiziere gewesen ist.

Demnach bieten auch die Namen in unserem Briefe so wenig einen Anlaß zu Bedenken wie sein sonstiger Inhalt; im Gegenteile, sie passen durchaus in die Zeit und sie sind vor allem derart, daß ein Fälscher wohl nicht leicht gerade auf sie verfallen wäre. Historisch würde es für uns ein willkommener Gewinn sein, wenn wir aus dem Apolloniosbriefe einen der uns noch fehlenden Prokonsuln von Asien der flavischen Zeit erschließen dürften.

Andere Briefe. Aber auch die anderen Briefe der Sammlung verdienen eine genauere historische Prüfung. Denn selbst wenn ihr Wortlaut fingiert sein sollte, so müßte der Verfasser doch mit tatsächlichem, zeitgeschichtlichem Materiale operiert haben, das nicht ohne weiteres beiseite geschoben werden darf. So wird z. B. in dem sonst nicht gerade viel Vertrauen erweckenden Briefe der Lakedaimonier an Apollonios (62) als spartanischer Antragsteller ein Tyndares erwähnt. Einen vornehmen Spartaner dieses Namens hat es aber in jener Zeit wirklich gegeben, nämlich den $Τυνδάρης\ Λακεδαιμόνιος$, der als Freund Plutarchs von diesem in den Symposiaca VIII 1. 2. 8 als Dialogperson eingeführt wird und dessen Name auch inschriftlich bezeugt ist. Weiter ist mit Kriton, dem Adressaten des Briefes über die $ἰατρική$ (23), zweifellos an Kriton, den berühmten Leibarzt Trajans gedacht, der schon unter Nerva bei Martial XI 60, 6 genannt wird."

Eine weitere Anfrage betraf den Adressaten von nr. 49 $Φερουκιανῷ$, einem ganz persönlichen Billet, das gerade durch seinen indifferenten Inhalt, dann aber durch die Besonderheit des Namens die Echtheit garantiert (die Fälscher haben sich stets illustrer Namen bedient, z. B. sind sämtliche Briefe des Apollonios an seinen Rivalen, den Stoiker Euphrates, unzweifelhafte Fiktionen). Cichorius schreibt: „Es ist der lateinische Name Ferocianus gemeint, der ja freilich selten ist, aber sich z. B. CIL. V 741 findet; Cornelia Ferocia steht auf einer Inschrift aus Stabiae CIL. X 8135, und auch auf der stadtrömischen Inschrift VI 17890 ist Feroca wohl für Ferocia verschrieben. Bei weiterem Suchen werden gewiß noch mehr Beispiele zu finden sein. Ich würde übrigens eine Änderung des $Φερουκιανῷ$ in $Φερωκιανῷ$ für durchaus statthaft halten, da in den Apolloniosbriefen die römischen Eigennamen auch sonst verderbt sind, wie z. B. im Briefe 72 die Hss. (und Ausgaben) $Λουκρίτιος$ statt $Λουκρήτιος$ bieten."

Es wäre zu wünschen, daß diese Bemerkungen zu einer Ausgabe der Briefe (die bisherigen verdienen den Namen nicht) und zu Untersuchungen über sie anregten. Die Theologen muß es interessieren, ein paar authentische Briefe eines Zeitgenossen des Paulus zu haben; es sind auch solche an kleinasiatische Gemeinden darunter (z. B. $Ἀπολλώνιος\ τοῖς\ Σαρδιανοῖς$, $τοῖς\ Μιλησίοις$, $τοῖς\ Τραλλιανοῖς$), die ich auf die Möglichkeit ihrer Echtheit nicht geprüft habe (die Spezies war jedenfalls alt: die Briefe Epikurs an die Gemeinden seiner Gläubigen in Asien — Usener, Epicurea S. 135f. — hat schon Wilamowitz mit den paulinischen verglichen).

2. DAS FRAGMENT AUS DER SCHRIFT ΠΕΡΙ ΘΥΣΙΩΝ. — APOLLONIOS UND PORPHYRIOS.

(zu S. 39 f.)

Der griechische Text des bei Eusebios praep. ev. IV 13 überlieferten, oben S. 39 f. übersetzten Fragments der Schrift περὶ θυσιῶν[1]) lautet folgendermaßen (die von mir als gesetzmäßig erwiesenen Rhythmen der Kolaschlüsse — vgl. oben S. 66, 1. 90, 2 — sind aufs Genaueste beobachtet, auch dies ein Beweis für den Zusammenhang des A. mit den Sophisten seiner Zeit):

Οὕτως τοίνυν μάλιστα ἄν τις, οἶμαι, τὴν προσήκουσαν ἐπιμέλειαν ποιοῖτο τοῦ θείου (‿∪⏑‿), τυγχάνοι τε αὐτόθεν ἴλεώ τε καὶ εὐμενοῦς αὐτοῦ (‿∪⏑‿) παρ' ὄντιν(α) οὖν μόνος ἀνθρώπων (‿∪⏑ ⏑́⏑‿), εἰ θεῷ μὲν ὂν δὴ πρῶτον ἔφαμεν ἑνί τε ὄντι κεχωρισμένῳ πάντων (‿∪⏑‿), μεθ' ὃν γνωρίζεσθαι τοὺς λοιποὺς ἀναγκαῖον (‿∪⏑‿), μὴ θύοι τι τὴν ἀρχὴν (‿∪⏑‿) μήτ(ε) ἀνάπτοι πῦρ (‿∪⏑‿) μήτε καθόλου τι τῶν αἰσθητῶν ἐπονομάζοι (‿∪⏑‿) — δεῖται γὰρ οὐδενὸς οὐδὲ παρὰ τῶν κρειττόνων ἤπερ ἡμεῖς (‿∪⏑ ‿∪⏑‿), οὐδ' ἔστιν ὃ τὴν ἀρχὴν ἀνίησι γῆ φυτὸν ἢ τρέφει ζῷον (‿∪⏑∪) ἢ ἀὴρ ᾧ μὴ πρόσεστί γέ τι μίασμα (‿∪⏑∪ ⏑́⏑∪) —, μόνῳ δὲ χρῷτο πρὸς αὐτὸν ἀεὶ τῷ κρείττονι λόγῳ, λέγω δὲ τῷ μὴ διὰ στόματος ἰόντι (‿∪⏑∪ ⏑́⏑∪), καὶ παρὰ τοῦ καλλίστου τῶν ὄντων διὰ τοῦ καλλίστου τῶν ἐν ἡμῖν αἰτοίη τἀγαθά (Rhythmus?)· νοῦς δέ ἐστιν οὗτος, ὀργάνου μὴ δεόμενος (‿∪⏑ ‿∪⏑́). οὐκοῦν κατὰ ταῦτα οὐδαμῶς τῷ μεγάλῳ καὶ ἐπὶ πάντων θεῷ θυτέον (‿∪⏑⏑́).

Dem Apollonioszitate geht bei Eusebios voraus eins aus Porphyrios de abst. (II 34), und dann fährt er fort: ταῦτα μὲν οὖν οὗτος (also Πορφύριος περὶ τῆς τῶν ἐμψύχων ἀποχῆς). ἀδελφὰ δὲ αὐτῷ καὶ συγγενῆ περὶ τοῦ πρώτου καὶ μεγάλου θεοῦ ἐν τῷ περὶ θυσιῶν ὁ παρὰ τοῖς πολλοῖς ᾀδόμενος αὐτὸς

---

1) Auch aufgeführt im Kataloge seiner Schriften bei Suidas, und zwar mit dem Doppeltitel Τελεταὶ ἢ περὶ θυσιῶν. Das Thema war sehr beliebt; ich sammelte mir gelegentlich folgende Beispiele. Die uns erhaltene Schrift dieses Titels von Lukianos; ferner Ἀμμώνιος (wohl der bekannte Schüler Aristarchs) ἐν γ' περὶ βωμῶν καὶ θυσιῶν Athen. XI 476 F; Ἄβρων ὁ Καλλίου, ἐξηγητής, περὶ ἑορτῶν καὶ θυσιῶν γεγραφώς Steph. Byz. 160, 22; Δημόφιλος ἐν τῷ περὶ τῶν παρ' ἀρχαίοις θυσιῶν καὶ ἑορτῶν Maximos ad Dionysii Areop. ep. 8, tom. II p. 129 (Zitat aus Wünsch zu Lydos de mens. p. 66, 8: Identifikation mir mißlungen); Varro Ἑκατόμβη περὶ θυσιῶν. (Ἐπιμενίδης συνέγραψεν καταλογάδην περὶ θυσιῶν Diog. L. I 117). Ferner Lokalschriftsteller: Θέογνις ἐν β' περὶ τῶν ἐν Ῥόδῳ θυσιῶν Athen. VIII 360 B; Σωσίβιος ἐν τοῖς περὶ τῶν ἐν Λακεδαίμονι θυσιῶν ib. XV 674 A; auch Δικαίαρχος περὶ τῆς ἐν Ἰλίῳ θυσίας ib. XIII 603 A. Allgemein οἱ περὶ τῶν ἱερουργιῶν γεγραφότες καὶ θυσιῶν Porphyr. de abst. II 19 (Zusatz zu Theophrast). — Das VII. Buch von Theodoretos Ἑλληνικῶν θεραπευτικὴ παθημάτων trägt den Sondertitel περὶ θυσιῶν. — Der Titel Τελεταί bei Suid. ist wohl sekundär; in welchem Sinne er der Schrift gegeben wurde, zeigt die Bezeichnung τελετή, die der von Dieterich, Abraxas edierte Zauberpap. trägt, enthaltend „die Vorschrift der Opfer und der Beschwörung der Götter" (S. 136). Τελεταί Titel orph. Schriften: Diels, V.-S. II² 1 S. 469, 15. 484, 2.

ἐκεῖνος ὁ Τυανεὺς Ἀπολλώνιος γράφειν τοιάδε λέγεται, worauf das Zitat folgt. Nun ergibt sich folgende bemerkenswerte Tatsache. Die von Eusebios zitierte Stelle des Porphyrios lautet nach unserem Porphyriostexte, den Eusebios etwas verkürzt, so: θύσωμεν τοίνυν καὶ ἡμεῖς· ἀλλὰ θύσωμεν, ὡς προσήκει, διαφόρους τὰς θυσίας ὡς ἂν διαφόροις δυνάμεσι προσάγοντες· θεῷ μὲν τῷ ἐπὶ πᾶσιν, ὥς τις ἀνὴρ σοφὸς ἔφη, μηδὲν τῶν αἰσθητῶν μήτε θυμιῶντες μήτ' ἐπονομάζοντες usw. Dieser ἀνὴρ σοφός ist eben Apollonios von Tyana[1]), dessen Worte Porphyrios in der Tat paraphrasiert. Eusebios hat also die Identifikation des ἀνὴρ σοφός richtig vollzogen, indem er unmittelbar auf das Zitat aus Porphyrios dasjenige aus Apollonios folgen läßt. Woher mag Eusebios nun aber den Wortlaut der Apolloniosstelle gekannt haben? Die oben zitierte Bemerkung, mit der er das Zitat einleitet: ὁ Τυανεὺς Ἀπολλώνιος γράφειν τοιάδε λέγεται zeigt, daß er es nicht mehr aus erster Hand hatte. Es ist daher so gut wie sicher, daß Porphyrios, der sich (wie alle Platoniker) so gern wiederholte, in einer anderen Schrift das Apolloniositat abermals gab und dort nicht, wie in der für ein weiteres Publikum bestimmten Schrift de abst., in freier Paraphrase und mit der für solche Schriften üblichen Verkleidung des Eigennamens, sondern wörtlich mit Angabe des Namens sowohl des Autors als des Schrifttitels, wie das seine von uns Philologen dankbar anerkannte Gewohnheit gewesen ist. Eusebios, der eifrige Leser des Porphyrios, hat dann also die eine Stelle aus einer anderen desselben Autors richtig ergänzt. Ein Zitat aus einem (gefälschten) Briefe des Apollonios ist nur durch Porphyrios erhalten (bei Stob. ecl. I p. 70 W.), die Pythagorasbiographie des Apollonios wird in der des Porphyrios zitiert.[2])

Die Beziehungen zwischen Apollonios und Porphyrios reichen aber wohl noch weiter. Den Worten des Apollonios, es würde das diesem höchsten Gotte gefälligste Opfer sein, wenn man μόνῳ χρῷτο πρὸς αὐτὸν ἀεὶ τῷ κρείττονι λόγῳ, λέγω δὲ τῷ μὴ διὰ στόματος ἰόντι καὶ παρὰ τοῦ καλλίστου τῶν ὄντων διὰ τοῦ καλλίστου τῶν ἐν ἡμῖν αἰτοίη τἀγαθά· νοῦς δέ ἐστιν οὗτος, ὀργάνου μὴ δεόμενος entsprechen bei Porph. de abst. in der Paraphrase diese: διὸ οὐδὲ λόγος τούτῳ ὁ κατὰ φωνὴν οἰκεῖος, οὐδ' ὁ ἔνδον, ὅταν πάθει ψυχῆς ᾖ μεμολυσμένος, διὰ δὲ σιγῆς καθαρᾶς καὶ τῶν παρὰ αὐτοῦ καθαρῶν ἐννοιῶν θρησκεύομεν αὐτόν. Bei Apollonios folgen auf die eben zitierten Worte diese: οὐκοῦν κατὰ ταῦτα οὐδαμῶς τῷ μεγάλῳ καὶ ἐπὶ πάντων θεῷ θυτέον, mit denen das Zitat bei Eusebios abschließt. An deren Stelle stehen in der Paraphrase des Porphyrios andere. Er fährt nämlich so fort: δεῖ ἄρα συναφθέντας καὶ ὁμοιωθέντας αὐτῷ τὴν αὐτῶν ἀναγωγὴν θυσίαν ἱερὰν προσάγειν τῷ θεῷ, τὴν αὐτὴν δὲ καὶ ὕμνον οὖσαν καὶ ἡμῶν σωτηρίαν. ἐν ἀπα-

---

1) Das hat schon J. Bernays, Theophrastos' Schrift über Frömmigkeit (Berl. 1866) 136 gesehen.

2) Die Annahme von E. Rohde, Rh. Mus. XXVI (1871) 575 (= Kl. Schr. II 125), daß Porphyrios die Zitate aus der Pythagorasbiographie des Apollonios auf indirektem Wege erhalten habe, ist bei seiner von mir nachgewiesenen Kenntnis anderer Schriften des Apollonios ebenso unwahrscheinlich wie die weitere, damit zusammenhängende Annahme, daß Iamblichos die Pythagorasbiographie des Porphyrios nicht benutzt haben soll.

θεία ἄρα τῆς ψυχῆς, τοῦ δὲ θεοῦ θεωρίᾳ ἡ θυσία αὕτη τελεῖται. Also an Stelle des negativen Schlußsatzes bei Apollonios steht bei Porphyrios ein positiver. Gern möchte man glauben, daß Apollonios nicht bei der Negation stehen geblieben wäre, sondern auch seinerseits angegeben hätte, worin denn nun das geistige Opfer, das man dem Höchsten bringen solle, bestände. Aber beweisbar ist diese Vermutung nicht, da Porphyrios nicht angibt, wo seine Paraphrase des Wortes jenes 'weisen Mannes' aufhört und seine eigene Ausführung sich an die Stelle schiebt. Wir wollen also, um den sicheren Boden nicht zu verlieren, lieber annehmen, daß die positive Fassung sein Eigentum ist. Immerhin berührt sich der Gedankenkreis, in dem sich Porphyrios hier bewegt, so nahe mit demjenigen des Apollonios, daß ich dabei noch verweile, zumal ich glaube, für Porphyrios eine Kleinigkeit gewinnen zu können.

Der Gedanke, daß wir uns Gott ähnlich machen und unsere Erhebung zu ihm als heiliges Opfer ihm darbringen sollen, ist ein sehr gewählter, und gerade ihm begegnen wir in gleichem Zusammenhange bei Hierokles in seinem Kommentar zu den χρυσᾶ ἔπη (bei Mullach, nach dem man leider immer noch zitieren muß, Fragm. phil. Gr. I 420). Dieser Neuplatoniker Hierokles ist ziemlich unwissend; wo er Erlesenes bringt, verdankt er es älteren Platonikern, vor allem natürlich dem gelehrtesten unter diesen, dem Porphyrios. An jener Stelle zitiert er hintereinander mehrere recht besondere Ansichten von Πυθαγόρειοι und mitten dazwischen steht genau derselbe Gedanke, den wir eben bei Porphyrios fanden. Daß er diesen hier ausgeschrieben hat, ist um so gewisser, als auch in der Schrift de abst. dieser Gedanke von pythagoreischen Zitaten umringt ist: Apolloniosparaphrase, Opfer für den allerhöchsten Gott, Opfer für die intelligiblen Götter, Aufforderung zur Befolgung der Lehren der παλαιοί, die dann sogleich (§ 36) als Πυθαγόρειοι bezeichnet werden. Porphyrios hat also noch in einer anderen Schrift ausführlicher darüber gehandelt, mutmaßlich also derselben, aus der, wie bemerkt, Eusebios das lange wörtliche Apolloniozitat nahm. Wegen des engen Gedankenzusammenhanges mit den vorliegenden Untersuchungen und auch deshalb, weil Porphyrios einer von denen ist, die man immer gern hört, schreibe ich die Stelle des Hierokles in Übersetzung hierher; beachtenswert ist dabei auch der enge Anschluß an die Stoa, den wir ebenso bei Apollonios fanden. „Denn, wie die Pythagoreer sagen: 'Du wirst Gott am besten ehren, wenn du deine Gedanken Gott ähnlich machst', und: 'Wer Gott ehrt als einen bedürftigen, der dünkt sich, ohne sich dessen bewußt zu sein, größer als Gott', und: 'Die Kostbarkeit der dargebrachten Gaben ist keine Ehre für Gott, wenn sie nicht mit gotterfülltem Verstande dargebracht werden. Denn Geschenke und Opferspenden von Unverständigen — Feuersnahrung; ihre Weihegaben — Aufwand für Tempelräuber.'[1]

---

[1] Der Satz δῶρα καὶ θυηπολίαι ἀφρόνων πυρὸς τροφή, καὶ ἀναθήματα ἱεροσύλοις χορηγία erinnert nicht bloß in seinem Gedanken, sondern vor allem in seiner Struktur an Herakleitos' Art, an den sich diese Pythagoreer auch Apollonios selbst sowie die unter seinem Namen schreibenden Epistolographen: s. o. S. 39, 3. 49, 1) ja gern anschlossen.

Ein auf hinlänglich gefestigter Grundlage ruhender gotterfüllter Verstand dagegen vereinigt sich mit Gott. Denn notwendigerweise geht das Gleiche zum Gleichen; infolgedessen heißt der Weise auch alleiniger Priester, alleiniger Gottesfreund, alleiniger Gotteskundiger[1]): denn der allein versteht zu ehren, der die Werte der Geehrten nicht durcheinanderwirft, und der vorzüglich sich selbst als Opfertier an den Altar bringt und zu einer göttlichen Statue seine Seele zimmert und seinen Geist als Tempel[2]) zur Aufnahme des göttlichen Lichtes zubereitet. Denn was solcher Geistesgabe Vergleichbares gäbe es wohl im Bereiche der Materie, das du zu einer dem Wesen Gottes gemäßen Statue oder zu einer Gabe bereiten könntest, die dir ermöglichte, dich mit ihm zu vereinen? eben dies aber trifft zu auf das gereinigte Vernunftwesen. 'Denn', wie dieselben Männer sagen, 'einen heimischeren Ort als eine reine Seele besitzt Gott nicht hienieden'."

---

1) Dieselben stoischen Paradoxe bei Areios Didymos Stob. ecl. II S. 67 f. W.

2) Das Wortspiel $ναὸν\ εἰς\ ὑποδοχὴν\ τοῦ\ θείου\ φωτὸς\ τὸν\ ἑαυτοῦ\ κατασκευάζων\ νοῦν$ ist unübersetzbar.

IV.
STILISTISCH-SPRACHLICHE BEMERKUNGEN ZU DER ALLMACHTSFORMEL
ΕΞ ΑΥΤΟΥ ΚΑΙ ΔΙ' ΑΥΤΟΥ ΚΑΙ ΕΙΣ ΑΥΤΟΝ ΤΑ ΠΑΝΤΑ.
(zu S. 240 ff.)

1. ΔΙ' ΑΥΤΟΝ ODER ΔΙ' ΑΥΤΟΥ.

In der stoischen Formulierung findet sich, soweit ich das Material kenne *Διά c. gen.* (ein Teil desselben bei F. Osann, Beiträge zur griech. u. röm. Lit., Darm- *oder acc* stadt 1835, 224 f., etwas vermehrt von L. Mendelssohn in seiner Ausgabe des Anfangs des Aristeasbriefes, Jurjew 1897, S. 23 zu den Worten § 16 p. 6, 5 ff. Wendl.: Ζῆνα καὶ Δία..., δι' ὃν ζωοποιοῦται τὰ πάντα καὶ γίνεται), ausschließlich διά mit dem Akkusativ (der Genetiv steht bei Aischylos in dem oben S. 157, 3 angeführten Verse). Dieser Kasus, schon bei Hesiod Erg. 3 ὃν διά (o. S. 259, 1), wird als solcher geradezu bezeugt von Aristeides a. a. O. (oben S. 22, 1. 164) § 23 Ζεὺς μὲν γὰρ ὅτι ζωῆς τε καὶ οὐσίας ἑκάστοις ἐστὶν αἴτιος κέκληται ἡμῖν, αὖθις δὲ καθὸ αἰτιώμενοί τινας ὀνομάζομεν, κατὰ ταύτην τὴν χρείαν τῆς φωνῆς ὁμώνυμον αὐτὸν ἐποιήσαμεν, τῷ τῆς αἰτίας ὀνόματι Δία προσαγορεύοντες, ἐπειδήπερ δι' αὐτὸν ἅπαντα γίνεταί τε καὶ γέγονεν (ähnlich Diodor I 12, 2 in den Theologumena, d. h. Hekataios von Teos). Das ist die Applikation der logisch-grammatischen Theorie über den Kasus, der in ältester Terminologie ἡ κατ' αἰτίαν πτῶσις heißt, auf die Physik: die Welt ist das Objekt der durch die höchste αἰτία ausgeübten Tätigkeit (vgl. Wilamowitz in seinem Lesebuch, Erläuterungen zu IX 3, S. 384, 21 über die Benennungen dieses Kasus; über die Verbindung διὰ θεόν u. dgl. handelt derselbe in den Sitzungsber. der Berl. Akad. 1909, 828, 1). In der im Texte S. 241 zitierten Stelle des Korinthierbriefes schwankt zwar die Überlieferung zwischen δι' οὗ und δι' ὅν: daß aber das von den meisten und besten Zeugen überlieferte δι' οὗ richtig ist, beweisen die folgenden Worte ἡμεῖς δι' αὐτοῦ, wo der Genetiv fest ist; δι' ὅν ist also eine gelehrte Interpolation (Gregor von Nazianz hat dieses δι' ὅν in dem oben S. 175 zitierten Liede serienweise hintereinander): Paulus (oder vielmehr sein jüdischer Gewährsmann) schrieb δι' οὗ, weil er dabei an den Gott des A. T., den Schöpfer der Welt, dachte. Der Verf. des Hebräerbr. 2, 10 (oben S. 241) stellt nebeneinander δι' ὅν καὶ δι' οὗ: das ist für den Bildungsgrad dieses Schriftstellers bezeichnend. Denn daß gerade auch in den stoischen Darlegungen vom Verhältnisse Gottes zur Welt beide Modalitäten dieser Präposition verwendet wurden, zeigt eine Stelle der Sarapispredigt des Aristeides 45 [8 Dind.], 14 πάντα γὰρ πανταχοῦ διὰ σοῦ τε καὶ διὰ σὲ ἡμῖν γίγνεται, sowie eine von J Weiß a. a. O. S. 242, 1˙ angeführte Stelle des Philon de cherubim § 125 f. (I 162 f. M.) πρὸς γὰρ τήν τινος γένεσιν πολλὰ δεῖ συνελθεῖν, τὸ ὑφ' οὗ, τὸ ἐξ οὗ, τὸ δι' οὗ, τὸ δι' ὅ. καὶ ἔστι μὲν τὸ ὑφ' οὗ τὸ αἴτιον, ἐξ οὗ δὲ ἡ ὕλη, δι' οὗ δὲ τὸ ἐργαλεῖον, δι' ὃ ἡ αἰτία. Das beweist Philon zunächt durch das Beispiel eines Haus- und Städtebaues und appliziert dann auf τὴν μεγίστην οἰκίαν ἢ πόλιν, τόνδε τὸν κόσμον· εὑρήσεις γὰρ αἴτιον μὲν αὐτοῦ τὸν θεὸν ὑφ' οὗ γέγονεν, ὕλην δὲ τὰ τέσσαρα στοιχεῖα ἐξ ὧν συνεκράθη, ὄργανον δὲ λόγον θεοῦ δι' οὗ κατεσκευάσθη, τῆς δὲ κατασκευῆς αἰτίαν τὴν ἀγαθότητα τοῦ δημιουργοῦ. Diese ganze Stelle sowie die ähnliche de prov. I 23 geht, wie ich vermute, auf den Timaioskommentar des Poseidonios zurück. Denn eine der philonischen Darlegung eng verwandte steht bei Seneca ep. 65 (einem der erlesensten seiner Briefe), wo die Applikation der *quinque causae, ut Plato dicit: id ex quo, id a quo, id in quo, id ad quod, id propter quod* auf den Timaios klar ist: § 10 *quaeris, quod sit propositum deo? bonitas. ita certe Plato ait: 'quae deo faciendi mundum fuit causa? bonus est'* usw. (Tim. 29 E). Der ganze Brief erfordert eine genaue Analyse in der angedeuteten Richtung. Wer unter den gleich zu Beginn (§ 2) zitierten *Stoici nostri* zu verstehen ist, zeigen die bald darauf folgenden Worte *omnis ars naturae imitatio est*: denn dies lehrte Poseidonios, wie Seneca in dem berühmten Briefe 90 darlegt, z. B. § 22 *narrat (Posidonius) quemadmodum rerum naturam imitatus panem coeperit facere* (der Weise). Aber ich wüßte überhaupt nicht, welchem Stoiker in jenem Briefe 65 die Umbiegung der platonischen Lehre und ihre Verknüpfung mit der aristotelischen zugeschrieben werden könnte außer Poseidonios.

2. DIE DREIZAHL DER BEGRIFFE.

BEMERKUNGEN ZU DEN PROÖMIEN DES JOHANNESEVANGELIUMS UND DES LUCRETIUS.

Nicht zum wenigsten auf der Dreizahl beruht, wie o. S. 250 gesagt wurde, die Feierlichkeit der Formel auch für unser Empfinden. Ich habe mir einiges hierher Gehörige gesammelt, das zweifellos erweiterungsfähig ist, aus dem aber soviel hervorgehen dürfte, daß die mystische Kraft der heiligen Drei, die uns Usener verstehen lehrte, sich auch auf die Formelsprache religiösen Denkens erstreckt hat.

Evang. Joh. 1, 1 ff. Ἐν ἀρχῇ ἦν ὁ λόγος, καὶ ὁ λόγος ἦν πρὸς τὸν θεόν, καὶ θεὸς ἦν ὁ λόγος. Diesen bedeutenden Auftakt hat Amelios, der Schüler Plotins, mit dem Anfange eines Werkes verglichen, in dem zum erstenmale in griechischer Prosa theologischer Prophetenton erklang, und Eusebios, der das berichtet (pr. ev. XI 19, 1) hat sich diese Zusammenstellung des Evangelisten aus Ephesos mit dem Philosophen wohl gefallen lassen. Da die ersten Worte des Herakleitos zu den meistzitierten aus griechischer Prosa gehören und da sich die Bekanntschaft mit ihnen auch bei hellenistischen Juden nachweisen ließ, so nahm ich einst (Ant. Kunstpr. 473, 1) an, daß die Konkordanz — der vierte Evangelist hat den λόγος der Beschränktheit geschichtlichen Gewordenseins enthoben und beginnt daher mit der Erklärung, der λόγος sei präexistent, und dennoch wollen die Menschen ihn nicht aufnehmen — auch Heraklits λόγος ist ἀεί, und dennoch hören die törichten

Menschen nicht auf dessen Stimme — sich aus unmittelbarem Anschlusse erkläre. Inzwischen hat Reitzenstein (Poimandr. 244 ff.) für das vierte Evangelium eine neue und weite Perspektive erschlossen, in die er den Prolog schon früher (Zwei religionsgesch. Fragen, Straßb. 1901, 73. 84 f.) hineingestellt hatte; gerade auch auf den reichen Schatz an formelhafter Sprache dieses Evangeliums hat er hingewiesen und den Nachweis erbracht, daß es „die Formelsprache der hellenistischen Mystik" ist, die wir hier vernehmen. Mithin erklärt sich die Konkordanz des Evangelienproömiums mit demjenigen des Philosophen durch das Medium hellenistischer Mystik, auf die kein griechischer Philosoph so stark gewirkt hat wie der Ephesier mit seiner geheimnisvoll-gewaltigen, zu dogmatischer Formulierung neigenden religiösen Formelsprache: darüber hat schon Diols, Herakleitos von Ephesos² (Berlin 1909) S. VII u. XIII das Richtige in Kürze gesagt.[1])

Speziell stellt Reitzenstein (S. 244) die Frage: „Steht nicht auch das große Evangelienwort

πάντα δι' αὐτοῦ ἐγένετο καὶ χωρὶς αὐτοῦ ἐγένετο οὐδὲ ἓν ὃ γέγονεν

mit dieser Formelsprache in irgendeinem Zusammenhang?" Daß diese Frage bejaht werden muß, ist mir aus folgenden Gründen nicht zweifelhaft. 1) Nur zufällig unterließ ich es, bei der Behandlung der Allmachtsformel δι' αὐτοῦ τὰ πάντα (oben S. 240 ff.) auf den Prolog des Evangeliums zu verweisen; diese Formel ist aber, wie wir sahen, ein fester Besitzstand hellenistischer Mystik gewesen. 2) δι' αὐτοῦ — χωρὶς αὐτοῦ οὐδέν. Es wurde oben (S. 157, 3. 159, 1) durch eine Fülle von Zeugnissen[2]) bewiesen, daß diese formelhafte Ausdrucksweise seit alter Zeit (Pindar) in hymnologischem Stile konstant gewesen ist. Aus diesem kam sie in den Prädikationsstil mystischer Traktate. Denn in der lateinischen Bearbeitung einer hermetischen Schrift durch Ps. Apuleius, Ascl. c. 34 (p. 74, 18 Thomas) lesen wir: *sine hoc* (sc. deo) *nec fuit aliquid nec est nec erit. omnia enim ab eo et in ipso et per ipsum.* Übersetzen wir die entscheidenden Worte ins Griechische zurück, so erhalten wir: χωρὶς αὐτοῦ οὐδὲν γέγονεν..., πάντα γὰρ δι' αὐτοῦ, also genau jenen Satz des Evangelienprologs, nur mit Umkehrung der Glieder. Das heißt also — da eine Abhängigkeit des Hermetikers von dem Evangelisten, von allem anderen abgesehen schon deshalb außer Betracht bleiben muß, weil der Hermetiker die Formel voller bietet (s. u. S. 354) —: beide reproduzieren einen gemeinsamen Besitz älterer Mystik, die sich in ihrer Formgebung an einen althellenischen Prädikationstypus anlehnte. Da nun dieser, wie bemerkt, bevor er in feierliche Prosa umgesetzt wurde, dem poetischen Stile angehörte, so brauchte Nonnos in seiner Paraphrase dieser Worte des Evangeliums nichts anderes zu tun, als den poetischen Stil wiederherzustellen (I 7 f.):

---

1) Ep. Petr. II 2, 22 liegt eine Reminiszenz an ein 'geflügeltes Wort' aus Heraklit (fr. 37) zugrunde: Wendland, Sitzungsber. d. Berl. Ak. 1898, 788 ff.

2) Ich trage hier nach: Pind. Ol. 14, 4 ff. σὺν γὰρ ὑμῖν (den Chariten) τὰ τερπνὰ καὶ τὰ γλυκέα ἄνεται πάντα βροτοῖς... οὐδὲ γὰρ θεοὶ σεμνᾶν Χαρίτων ἄτερ κοιρανέοντι χοροὺς οὔτε δαῖτας.

καὶ ἔπλετο πάντα δι' αὐτοῦ,
ἄπνοα καὶ πνείοντα· καὶ ἐργοπόνον δίχα μύθου
οὐδὲν ἔφυ, τόπερ ἔσκε,

womit sich für den zweiten Teil unmittelbar vergleicht der Vers des Kleantheshymnus 15:

οὐδέ τι γίγνεται ἔργον ἐπὶ χθονὶ σοῦ δίχα, δαῖμον,

um so mehr, als dieser stoische δαίμων eben der Λόγος ist. Dem entspricht genau, daß Ausonius in dem Gebete, mit dem er seine Ephemeris einleitet (p. 7 f. Peiper), das höchste Wesen so prädiziert (Vers 13):

quo sine nil actum, per quem facta omnia,

was wegen V. 9 (*ipse dei verbum, verbum deus*) wohl als direktes Zitat aus dem Evangelium aufzufassen ist, obwohl es inmitten von platonischen Prädikationen im Stile des Tiberianus (s. o. S. 78, 1) steht. Ja so paradox es auch klingen mag: durch diese Worte des Evangelienproömiums läßt sich das hinsichtlich seiner Komposition viel diskutierte Proömium eines Dichters beleuchten, der von den Christen als der ἄθεος κατ' ἐξοχήν gebrandmarkt worden ist:

<small>Lucretius I 1 ff.</small>

per te quoniam genus omne animantum
concipitur

sagt er zum Preise der 'dea physica'; dann zählt er, dem Hymnenstile entsprechend in einer langen Parenthese (15 Verse), die sich in dieser Schöpferkraft manifestierenden ἀρεταὶ τῆς θεοῦ auf, und gibt darauf zu jenem positiven Gliede der Prädikation das negative Korrelat:

quae quoniam rerum naturam sola[1]) *gubernas,*
nec sine te quicquam dias in luminis oras
exoritur.[2])

<small>Dyadische u. triadische Formeln in den Evangelien.</small> Die zuletzt behandelte Formel ist zweiteilig. Die Neigung zur Zwei- (und Vier-)Zahl findet sich im vierten Evangelium auch sonst, aber die Dreizahl begegnet gleich wieder im Proömium (10) ἐν τῷ κόσμῳ ἦν, καὶ ὁ κόσμος δι' αὐτοῦ ἐγένετο, καὶ ὁ κόσμος αὐτὸν οὐκ ἔγνω, und dann besonders 14, 20 (ἐν ἐκείνῃ τῇ ἡμέρᾳ γνώσεσθε ὑμεῖς ὅτι) ἐγὼ ἐν τῷ πατρί μου, καὶ ὑμεῖς ἐν ἐμοί, κἀγὼ ἐν ὑμῖν. Dieses ist eine triadische Entfaltung der dyadischen Formeln 10, 38 ἐν ἐμοὶ ὁ πατὴρ κἀγὼ ἐν τῷ πατρί, 14, 10 ἐγὼ ἐν τῷ πατρὶ καὶ ὁ πατὴρ ἐν ἐμοί, 15, 5 ὁ μένων ἐν ἐμοὶ κἀγὼ ἐν αὐτῷ, 17, 10 τὰ ἐμὰ

---

1) Auch dies Wort gehört zum sakrosankten Stile der Prädikation: s. oben S. 155, 1. 160, 1. 245, 1.

2) Die Beziehung von *nec sine te* auf *per te* haben Fr. Susemihl, De carminis Lucretiani prooemio (Ind. lect. Greifsw. 1884) und, unabhängig von diesem, Reitzenstein, Drei Vermutungen zur Gesch. d. röm. Lit. (Marburg 1894) 44 bloß durch analytische Methode erkannt; die Parenthese ist schon von Susemihl richtig abgegrenzt worden (im Gegensatze zu den Irrtümern anderer). Seitdem ist über die Sache wieder ganz Falsches vorgebracht worden (auch von Giussani und Merrill); aber jene Analyse erhält nun durch meine Beobachtung ihre tatsächliche Gewähr.

πάντα σά ἐστιν καὶ τὰ σὰ ἐμά, von denen die zwei ersten ganz analog wie 14, 20 eingeleitet sind durch ἵνα γνῶτε oder οὐ πιστεύεις ὅτι: ein Beweis des Formelhaften.[1]) Diese dyadischen Formeln sind ihrerseits eine das Reziprozitätsverhältnis hervorhebende Zerlegung der monadischen 10, 30 ἐγὼ καὶ ὁ πατὴρ ἕν ἐσμεν. Die Fassung 17, 21 ἵνα πάντες ἓν ὦσιν, καθὼς σύ, πατήρ, ἐν ἐμοὶ κἀγὼ ἐν σοί, ἵνα καὶ αὐτοὶ ἐν ἡμῖν ὦσιν und 22 f. ἵνα ὦσιν ἓν καθὼς ἡμεῖς ἕν· ἐγὼ ἐν αὐτοῖς καὶ σὺ ἐν ἐμοί, ἵνα ὦσιν τετελειωμένοι εἰς ἕν erinnert in ihrem Anfange durch πάντες ἓν und durch die Hervorhebung der Reziprozität wieder so sehr an die oben S. 246, 5 behandelte Bekenntnisformel omnia unum et unum omnia und an das heraklitische ἐκ πάντων ἓν καὶ ἐξ ἑνὸς πάντα, daß man auch hier sagen muß: der Evangelist hat eine ihm überlieferte Formel hellenistischer Mystik für den Ausdruck seiner Christologie verwertet.[2])

Der Apokalyptiker schwelgt förmlich in triadischen Formeln. Gleich zu Anfang stehen zwei hintereinander: 1, 4 (χάρις ὑμῖν καὶ εἰρήνη) ἀπὸ ὁ ὢν καὶ ὁ ἦν καὶ ὁ ἐρχόμενος (καὶ ἀπὸ τῶν ἑπτὰ πνευμάτων ἃ ἐνώπιον τοῦ θρόνου αὐτοῦ, καὶ ἀπὸ Ἰησοῦ Χριστοῦ), ὁ μάρτυς ὁ πιστός, ὁ πρωτότοκος τῶν νεκρῶν, καὶ ὁ ἄρχων τῶν βασιλέων τῆς γῆς. 1, 17 ἐγώ εἰμι ὁ πρῶτος καὶ ὁ ἔσχατος καὶ ὁ ζῶν (die beiden ersten Begriffe waren ihm so überliefert: vgl. Vers 8, er erweitert sie hier also durch einen dritten) und gleich darauf (γράψον οὖν) ἃ εἶδες καὶ ἃ εἰσὶν καὶ ἃ μέλλει γενέσθαι μετὰ ταῦτα. 22, 13 ἐγὼ τὸ ἄλφα καὶ τὸ ὦ, ὁ πρῶτος καὶ ὁ ἔσχατος, ἡ ἀρχὴ καὶ τὸ τέλος (vgl. noch 1, 9. 2, 2. 3. 5. 4, 9. 11. 8, 7. 10, 6. 17, 8).

Was wir an derartigem bei 'Johannes' lesen, ist nur Steigerung dessen, wozu schon bei den Synoptikern die Anfänge vorliegen. Aus der Quelle Q stammt das Logion Mt. 7, 7 f. — Luk. 11, 9 f. αἰτεῖτε, καὶ δοθήσεται ὑμῖν· ζητεῖτε, καὶ εὑρήσετε· κρούετε, καὶ ἀνοιγήσεται ὑμῖν. Wie vertraut derartiges semitischem Fühlen gewesen sein muß, zeigt Deut. 6, 5 ἀγαπήσεις κύριον τὸν θεόν σου ἐξ ὅλης τῆς διανοίας σου καὶ ἐξ ὅλης τῆς ψυχῆς σου καὶ ἐξ ὅλης τῆς δυνάμεώς σου, was im ev. Mt. 22, 37 in dieser Form wiederholt ist:

---

1) S. o. S. 271, 1. In den gleich (S. 352, 1) anzuführenden zwei Stellen des Römerbriefes finden wir solche Formeln eingeleitet durch εἰδότες ὅτι, οἴδαμεν ὅτι.

2) Hier einige weitere charakteristische Beispiele für feierlichen trikolischen Ausdruck im vierten Ev.: 12, 36 ὡς τὸ φῶς ἔχετε, πιστεύετε εἰς τὸ φῶς, ἵνα υἱοὶ φωτὸς γένησθε. 13, 3 εἰδὼς ὅτι πάντα ἔδωκεν αὐτῷ ὁ πατὴρ εἰς τὰς χεῖρας καὶ ὅτι ἀπὸ θεοῦ ἐξῆλθεν καὶ πρὸς τὸν θεὸν ὑπάγει. 31 f. νῦν ἐδοξάσθη ὁ υἱὸς τοῦ ἀνθρώπου καὶ ὁ θεὸς ἐδοξάσθη ἐν αὐτῷ· εἰ ὁ θεὸς ἐδοξάσθη ἐν αὐτῷ, καὶ ὁ θεὸς δοξάζει αὐτὸν ἐν αὐτῷ, καὶ εὐθὺς δοξάσει αὐτόν. 34 ἀγαπᾶτε ἀλλήλους, καθὼς ἠγάπησα ὑμᾶς, ἵνα καὶ ὑμεῖς ἀγαπᾶτε ἀλλήλους. 14, 6 ἐγώ εἰμι ἡ ὁδὸς καὶ ἡ ἀλήθεια καὶ ἡ ζωή. 21 ὁ ἔχων τὰς ἐντολάς μου καὶ τηρῶν αὐτάς, ἐκεῖνός ἐστιν ὁ ἀγαπῶν με· ὁ δὲ ἀγαπῶν με ἀγαπηθήσεται ὑπὸ τοῦ πατρός μου· κἀγὼ ἀγαπήσω αὐτόν. 15, 9 καθὼς ἠγάπησέν με ὁ πατήρ, κἀγὼ ὑμᾶς ἠγάπησα· μείνατε ἐν τῇ ἀγάπῃ τῇ ἐμῇ. 16, 8 f. ἐλέγξει τὸν κόσμον περὶ ἁμαρτίας καὶ περὶ δικαιοσύνης καὶ περὶ κρίσεως· περὶ ἁμαρτίας μέν, ὅτι.... περὶ δικαιοσύνης δέ, ὅτι.... περὶ δὲ κρίσεως, ὅτι....

352   Anhang IV.

.... ἐν ὅλῃ τῇ καρδίᾳ σου καὶ ἐν ὅλῃ τῇ ψυχῇ σου καὶ ἐν ὅλῃ τῇ διανοίᾳ σου, während es bei Mc. 12, 30 und Luk. 10, 27 vier Begriffe sind. Vgl. ferner noch die Triaden Mt. 23, 20—22 (nur er) und Luk. 10, 16 (ähnlich Mt. 10, 40). — Über die Dreiheit der Begriffe ἐν αὐτῷ γὰρ ζῶμεν καὶ κινούμεθα καὶ ἐσμέν in den Acta ist oben S. 19 ff. gehandelt worden: sie stammen zwar aus der Stoa, sind aber vielleicht erst von dem Verf. der Areopagrede zu einer sakramental klingenden Trias verbunden worden: vgl. in derselben Rede, wenige Zeilen vorher (V. 25), διδοὺς πᾶσι ζωὴν καὶ πνοὴν καὶ τὰ πάντα. Über die merkwürdige, dreiteilige Formel des sog. Ephesierbriefes 5, 14 s. oben S. 258; in demselben Briefe steht ferner 4, 5 εἷς κύριος, μία πίστις, ἓν βάπτισμα.

Paulus. Aber schon vor dem Evangelisten, dem Apokalyptiker und dem falschen Paulus der Acta und des Ephesierbriefes hat der echte neben einer Anzahl anderer Beispiele[1]) die berühmten Worte geschrieben (Kor. I 13, 13): νυνὶ δὲ μένει πίστις, ἐλπίς, ἀγάπη, τὰ τρία ταῦτα[2]), und daß diese Hervor-

---

1) Röm. 5, 4 (εἰδότες ὅτι) ἡ θλῖψις ὑπομονὴν κατεργάζεται, ἡ δὲ ὑπομονὴ δοκιμήν, ἡ δὲ δοκιμὴ ἐλπίδα. 8, 30 (οἴδαμεν ὅτι .....) οὓς δὲ προώρισεν, τούτους καὶ ἐκάλεσεν· καὶ οὓς ἐκάλεσεν, τούτους καὶ ἐδικαίωσεν· οὓς δὲ ἐδικαίωσεν, τούτους καὶ ἐδόξασεν. 11, 33 ὦ βάθος πλούτου καὶ σοφίας καὶ γνώσεως θεοῦ (über diese Stelle s. o. S. 243, 3). Kor. I 11, 3 (θέλω δὲ ὑμᾶς εἰδέναι ὅτι) παντὸς ἀνδρὸς ἡ κεφαλὴ ὁ Χριστός ἐστιν, κεφαλὴ δὲ γυναικὸς ὁ ἀνήρ, κεφαλὴ δὲ τοῦ Χριστοῦ ὁ θεός. 12 ὥσπερ γὰρ ἡ γυνὴ ἐκ τοῦ ἀνδρός, οὕτως καὶ ὁ ἀνὴρ διὰ τῆς γυναικός, τὰ δὲ πάντα ἐκ τοῦ θεοῦ. 12, 4—6 διαιρέσεις δὲ χαρισμάτων εἰσίν, τὸ δὲ αὐτὸ πνεῦμα· καὶ διαιρέσεις διακονιῶν εἰσιν, καὶ ὁ αὐτὸς κύριος· καὶ διαιρέσεις ἐνεργημάτων εἰσίν, ὁ δὲ αὐτὸς θεὸς ὁ ἐνεργῶν τὰ πάντα ἐν πᾶσιν. Thess. I 5, 23 τὸ πνεῦμα καὶ ἡ ψυχὴ καὶ τὸ σῶμα (über die letztere 'Trichotomie' hat E. v. Dobschütz, der Exeget der beiden Thess.-Briefe, Götting. 1909, 230 ff. einen sehr gelehrten Exkurs; die Untersuchungen Reitzensteins über ψυχή und πνεῦμα in den Hellenist. Mysterienrelig., Leipz. 1910 bilden dazu nun eine wichtige Ergänzung). — Eine Einwirkung der rhetorischen Figur des τρίκωλον könnte höchstens bei den drei ersten dieser Beispiele in Betracht gezogen werden, weil in ihnen die κλῖμαξ hinzukommt (mit der Stelle des Römerbriefes 8, 30 ließe sich die schon im Altertum berühmte Stelle Demosth. de cor. 179 vergleichen: οὐκ εἶπον μὲν ταῦτα, οὐκ ἔγραψα δέ· οὐδ᾽ ἔγραψα μέν, οὐκ ἐπρέσβευσα δέ· οὐδ᾽ ἐπρέσβευσα μέν, οὐκ ἔπεισα δὲ Θηβαίους, ἀλλ᾽ ἀπὸ τῆς ἀρχῆς διὰ πάντων ἄχρι τῆς τελευτῆς διεξῆλθον, die Cic. Mil. 61, vgl. Quinct. 40. Rosc. Am. 75 nachgebildet hat), aber die Stelle des 1. Korinthierbriefes 12, 4—6 ist ganz unhellenisch stilisiert (s. Anhang V), wie denn überhaupt jeder Versuch, die im Texte behandelten triadischen Ausdrucksformen an die antiken τρίκωλα anzuknüpfen, schon wegen ihrer Fundstellen als irreführend abzuweisen wäre. Über asyndetisch gruppierte Begriffs-τρίκωλα s. dagegen u. S. 357, 3.

2) Thess. I 1, 3 ἀδιαλείπτως μνημονεύοντες ὑμῶν τοῦ ἔργου τῆς πίστεως καὶ τοῦ κόπου τῆς ἀγάπης καὶ τῆς ὑπομονῆς τῆς ἐλπίδος, eine merkwürdige Stelle, denn hier ist die Trias πίστις ἀγάπη ἐλπίς mit einer anderen ἔργον κόπος ὑπομονή sozusagen zusammengeschoben, und diese zweite Trias steht in der

hebung der Trias formelhaft war, läßt sich durch folgende Erwägung zeigen. In der sog. apokryphen Literatur finden wir eine unverkennbare Vorliebe für feierliche triadische Ausdrucksweise. Wer sich der unerfreulichen Mühe, die Schriften der Alchemisten zu durchblättern, unterzogen hat, wird sich erinnern, daß sich wie ein roter Faden hindurchzieht das auf den Großmeister der Magie Ostanes zurückgeführte geheimnisvolle Wort: ἡ φύσις τῇ φύσει τέρπεται, καὶ ἡ φύσις τὴν φύσιν νικᾷ, καὶ ἡ φύσις τὴν φύσιν κρατεῖ (Hauptstelle: Collection des anciens alchimistes Grecs ed. Berthelot-Ruelle, Paris 1888, S. 57). Aus einer Schrift des Basileides wird von Hippolytos adv. haer. VII 20 p. 356 zitiert: ἦν ὅτε ἦν οὐδέν, ἀλλ' οὐδὲ τὸ οὐδὲν ἦν τι τῶν ὄντων, ἀλλὰ...[1]) ἦν ὅλως οὐδὲ ἕν. Diese Worte standen, wie der Zusammenhang bei Hippolytos zeigt, zu Beginn der eigentlichen Schrift (nach dem Proömium, durch das die apokalyptische Weisheit beglaubigt wurde); die Anlehnung an den Anfang des vierten Evangeliums (dessen V. 9 nachher zitiert wird) ist offensichtlich. Auch die hermetischen Schriften lieben die triadische Formelsprache sehr. Aus der Fülle seien folgende Beispiele herausgegriffen: Poimand. p. 29, 12 Parth. μία γὰρ ἡ φύσις τοῦ θεοῦ τὸ ἀγαθόν, καὶ ἓν γένος ἀμφοτέρων[2]), ἐξ οὗ τὰ γένη πάντα, 47, 14 σὺ γὰρ εἶ ὃ ἂν ὦ, σὺ εἶ ὃ ἂν ποιῶ, σὺ εἶ ὃ ἂν λέγω, daneben oft auch die Vierzahl (z. B. 47, 7. 85, 10. 86, 6), diese verbunden mit der Dreizahl 87, 7 τοῦ μὲν αἰῶνος ἡ ψυχὴ ὁ θεός, τοῦ δὲ κόσμου ἡ ψυχὴ ὁ αἰών, τῆς δὲ γῆς ὁ οὐρανός. καὶ ὁ μὲν θεὸς ἐν τῷ νῷ, ὁ δὲ νοῦς ἐν τῇ ψυχῇ, ἡ δὲ ψυχὴ ἐν τῇ ὕλῃ, πάντα δὲ ταῦτα διὰ τοῦ αἰῶνος. Unter den triadisch zusammengestellten Begriffen begegnen wiederholt diese: 67, 8 ὁ θεὸς καὶ πατὴρ καὶ τὸ ἀγαθόν, 68, 4 τί γάρ ἐστι

Apokal. Joh. 2, 2 οἶδα τὰ ἔργα σου καὶ τὸν κόπον καὶ τὴν ὑπομονήν σου. Dem durch die vielen, voneinander abhängigen Genetive etwas kompliziert gewordenen Ausdrucke des Paulus (die Struktur ist von E. v. Dobschütz in seinem Kommentar [s. o. S. 352, 1] S. 65 f. richtig erklärt worden) kann man noch anmerken, daß er Überliefertes verwertet. Das gilt auch von der Stelle desselben Briefes 5, 8 (ἐνδυσάμενοι θώρακα) πίστεως καὶ ἀγάπης καὶ (περικεφαλαίαν) ἐλπίδα (σωτηρίας). Hier stammt die Bildersprache der in Klammern gesetzten Ausdrücke aus jüdisch-hellenistischer Literatur (z. B. Sap. Sal. 5, 18 ff.; aus derselben Sphäre hat er Kor. I 9, 24 ff. das Bild vom Wettkämpfer: s. o. S. 129, 1), die ihrerseits an Jes. 59, 17 anknüpfte; der Verf. des sog. Ephesierbriefes 6, 14 ff. hat sie, wie das seine Art ist, unerträglich zerdehnt.

1) Die ausgelassenen Worte, die die Komposition sprengen: ψιλῶς καὶ ἀνυπονοήτως δίχα παντὸς σοφίσματος, sind sichtlich Zusatz des Hippolytos.

2) Ob ἓν γένος ἀμφοτέρων zufällig der Anfang eines Hexameters ist? An Pind. N. 6, 1 ἓν ἀνδρῶν, ἓν θεῶν γένος, ἐκ μιᾶς δὲ πνέομεν ματρὸς ἀμφότεροι wird sich jeder erinnern, und die Worte ἓν ἀνδρῶν, ἓν θεῶν γένος sind, wie ich beiläufig bemerke, da ich es in keinem Kommentar notiert finde, eine lyrische Paraphrase von Hesiod. Erg 108 ὡς ὁμόθεν γεγάασι θεοὶ θνητοί τ' ἄνθρωποι, einem Verse, den also schon Pindar in seinem Exemplare las (ob freilich der Erga, mag unentschieden bleiben: vgl. fr. 82 Rzach a. 1902).

354   Anh. III. Stilistisch-sprachliche Bemerkungen zu der Allmachtsformel.

θεὸς καὶ πατὴρ καὶ τὸ ἀγαθόν, und diese drei werden nun 76, 7 unter Hinzufügung derselben Worte vereinigt, die Paulus gebrauchte: τρία τοίνυν ταῦτα, ὁ θεὸς καὶ πατὴρ καὶ τὸ ἀγαθόν, und ähnlich 130, 3 τί γὰρ γλυκύτερον πατρὸς γνησίου; τίς οὖν ἐστιν οὗτος καὶ πῶς αὐτὸν γνωρίσομεν; ἢ τούτῳ τὴν τοῦ θεοῦ προσηγορίαν μόνῳ δίκαιον ἀνακεῖσθαι, ἢ τὴν τοῦ ποιητοῦ ἢ τὴν τοῦ πατρός, ἢ καὶ τὰς τρεῖς; θεὸν μὲν διὰ τὴν δύναμιν, ποιητὴν δὲ διὰ τὴν ἐνέργειαν, πατέρα δὲ διὰ τὸ ἀγαθόν. Es ist also deutlich, daß Paulus jenen Zusatz machte auf Grund seiner Kenntnis solcher Formelsprache. Aus der lateinischen Bearbeitung einer hermetischen Schrift durch Ps. Apuleius, Asclep. c. 34 (p. 74, 18 Thomas) wurden schon vorhin einige Worte angeführt, die sich genau mit einem Satze aus dem Prologe des vierten Evangeliums deckten; in ihrem Zusammenhange lautet die Stelle des Hermetikers so: *omnia enim deus, et ab eo omnia, et eius omnia voluntatis.... sine hoc nec fuit aliquid nec est nec erit. omnia enim ab eo et in ipso et per ipsum.* Das sind drei Triaden; übersetzen wir die letzte ins Griechische zurück: πάντα γὰρ ἀπ' (ὑπ'?)[1]) αὐτοῦ καὶ ἐν αὐτῷ καὶ δι' αὐτόν (αὐτοῦ), so erhalten wir mit unwesentlichen Varianten die Formel des Römerbriefes, von der wir ausgingen.

Die Tatsache, daß ein und derselbe Satz einer hermetischen Schrift zwei Formeln kombiniert zeigt, die bei Paulus und dem Evangelisten getrennt erscheinen[2]), ist, wie mich dünkt, eine wichtige Ergänzung unserer durch Reitzenstein angebahnten Kenntnis: der reiche religiöse Formelschatz der alten christlichen Schriften erweist sich zum nicht geringen Teile als Gemeinbesitz der hellenistischen Mysterienreligionen. Herakleitos und die Stoa haben diese eindrucksvolle Formelsprache geprägt. Platon steht, wie sich gehört, abseits von diesem in die Mystik einmündenden Strome. Aber derjenige, der den zweiten Brief auf seinen Namen fälschte (die Unechtheit ist notorisch), hat diese Formelsprache gekannt (312C):

περὶ τὸν πάντων βασιλέα πάντ' ἐστί, καὶ ἐκείνου ἕνεκα πάντα, καὶ ἐκεῖνο αἴτιον ἁπάντων τῶν καλῶν.

---

1) ἀπ' αὐτοῦ fanden wir oben S. 242, 3 an einer Stelle Plutarchs neben ὑπ' αὐτοῦ καὶ ἐξ αὐτοῦ.

2) Ich stelle den Tatbestand hier übersichtlich nebeneinander:

Paulus: ἐξ αὐτοῦ καὶ δι' αὐτοῦ καὶ εἰς αὐτὸν τὰ πάντα
+
ev. Joh. πάντα δι' αὐτοῦ ἐγένετο καὶ χωρὶς αὐτοῦ ἐγένετο οὐδὲ ἓν ὃ γέγονεν
= Asclep. *sine hoc nec fuit aliquid (nec est nec erit). omnia enim ab eo et in ipso et per ipsum.*

V.
SEMITISCHER UND HELLENISCHER SATZPARALLELISMUS.
(zu S. 256 f.)

Eine Untersuchung über das Verhältnis dieser beiden Stilformen zueinander halte ich für dringend erforderlich. Die hebräischen Originaltexte[1] kommen hierbei weniger in Betracht als ihre Übersetzungen: es handelt sich nämlich vor allem darum, durch bestimmte Stilkriterien dem lästigen Streite, ob und inwieweit Paulus die Feinheiten hellenischer Stilisierung angewendet habe, wenigstens auf diesem Gebiete ein Ende zu machen. Aber auch für die stilistische Analyse anderer Produkte (wie Augustinus' Predigten) kann, wie schon im Texte angedeutet worden ist, eine solche Untersuchung wichtig werden. Einen bemerkenswerten Anfang zu einer solchen hat J. Weiß, Beiträge zur paulinischen Rhetorik, Göttingen 1897 gemacht; leider hat diese Schrift aber nicht die Beachtung gefunden, die sie verdient, offenbar wegen des Titels. Denn wie Weiß selber in einer späteren Schrift (Die Aufgaben der nt. Wissenschaft in der Gegenwart, Göttingen 1908, 16), in der er Einzelnes aus der früheren wiederholt hat, sagt: „Diesem Gegenstande bringt unsre Theologie eine eisige Gleichgültigkeit entgegen. Schon das Wort 'Rhetorik' erregt jedem rechtschaffenen Manne, der auf das Wort 'pectus facit theologum' etwas hält, ein Grauen." Sein Weg war aber der richtige, und es wäre zu wünschen, daß er im Sinne eines am Schlusse dieses Anhanges zu formulierenden Bitte weiter beschritten werden möge. Dabei muß vor allen Dingen der semitische Satzparallelismus von dem hellenischen unterschieden werden. Wie weit wir darin noch vom Ziele entfernt sind — nicht ohne Schuld von Philologen, wie sich zeigen wird —, dafür wähle ich, da ich nicht daran denken kann, den Stoff hier zu erschöpfen, ein paar Beispiele aus dem ersten Korinthierbriefe.

Analyse paulinischer Perioden.

1, 27 f. τὰ μωρὰ τοῦ κόσμου ἐξελέξατο ὁ θεὸς ἵνα καταισχύνῃ τοὺς σοφούς
καὶ τὰ ἀσθενῆ τοῦ κόσμου ἐξελέξατο ὁ θεὸς ἵνα καταισχύνῃ τὰ ἰσχυρά
καὶ τὰ ἀγενῆ τοῦ κόσμου καὶ τὰ ἐξουθενημένα ἐξελέξατο ὁ θεός, τὰ μὴ
ὄντα, ἵνα τὰ ὄντα καταργήσῃ.

Hierüber urteilte Fr. Blaß, Gramm. d. nt. Gr.² (Götting. 1902) § 82, 5: „Kein griechischer Redner würde die Beredsamkeit dieser Stelle anders als höch-

---

[1] Über das Wesen des hebräischen Parallelismus hat schon R. Lowth in seinem einstmals berühmten, jetzt, wie es scheint, wenig mehr gelesenen Werke De sacra poesi Hebraeorum (1753), praelectio XIX richtig geurteilt; vgl. auch E. du Méril, Essai philosophique sur le principe et les formes de versification, Paris 1841.

356   Anhang V.

lichst bewundert haben", „der Parallelismus ist hier zu der abgerundeten
Dreizahl entwickelt", dazu Hinblicke auf Demosthenes und griechische Rhe-
torenzeugnisse. Dieses Urteil von Blaß wiederholt J. Weiß in seinem Komm.
zum 1. Korintherbriefe (Götting. 1910) 35: so urteile über diese Periode „ein
so ausgezeichneter Kenner antiker Rhetorik wie Blaß." Aber Blaß ist für
die Theologen nicht immer ein verläßlicher Führer gewesen, so in diesem
Falle.[1]) Denn darüber braucht man unter Philologen kein Wort zu verlieren: diese 'Periode' würde jeder griechische Redner und Rhetor 'höch-
lichst' als Monstrum bezeichnet haben, was gar nicht ausschließt, daß wir
diesen flammenden Protest des Apostels gegen die hellenische Weisheit
lieber in diesen absolut unhellenischen Stil als in die ξυρὰ ἀντίθετα eingekleidet sehen, in denen ein hellenischer Redner geschwelgt haben würde.
Das aber wird Philologen vielleicht interessieren, daß Blaß, ganz wie er es
in seiner Demosthenesausgabe tat, die indirekte Überlieferung auch hier
vor der direkten empfiehlt. Da nämlich in ein paar Zitaten in der dritten
Zeile die Worte ἐξελέξατο ὁ θεός fehlen, möchte er diesen kürzeren Text
als ursprünglich ansehen; denn, sagt er, wir entbehren die Worte „das
dritte Mal sehr gern." Also gerade das, was diesem semitischen Parallelismus im Gegensatz zum hellenischen so häufig das Gepräge gibt, die Wiederholung derselben Worte (auf die Spitze getrieben apoc. Joh. 18, 22 f.), soll
hier beseitigt werden. Ein paar Zeilen vorher (V. 25) hatte Paulus geschrieben

τὸ μωρὸν τοῦ θεοῦ σοφώτερον τῶν ἀνθρώπων ἐστίν
καὶ τὸ ἀσθενὲς τοῦ θεοῦ ἰσχυρότερον τῶν ἀνθρώπων,

wieder so unhellenisch wie nur möglich, aber ganz im Stile z. B. der Psalmen; desgleichen c. 7, 4

ἡ γυνὴ τοῦ ἰδίου σώματος οὐκ ἐξουσιάζει ἀλλὰ ὁ ἀνήρ·
ὁμοίως δὲ καὶ ὁ ἀνὴρ τοῦ ἰδίου σώματος οὐκ ἐξουσιάζει ἀλλὰ ἡ γυνή.

Die berühmten Worte c. 15, 42 f.

σπείρεται ἐν φθορᾷ, ἐγείρεται ἐν ἀφθαρσίᾳ·
σπείρεται ἐν ἀτιμίᾳ, ἐγείρεται ἐν δόξῃ·
σπείρεται ἐν ἀσθενείᾳ, ἐγείρεται ἐν δυνάμει·
σπείρεται σῶμα ψυχικόν, ἐγείρεται σῶμα πνευματικόν

pflegen als Musterbeispiel antithetischer Isokolie mit Anaphern angeführt
zu werden: man weise mir etwas Gleichartiges aus antiker Prosa nach.
In die Sphäre welcher Stilisierung die Worte gehören, zeigen sowohl diejenigen, die ihnen unmittelbar vorangehen (V. 41)

---

1) Um wie viel richtiger urteilt dagegen Wendland, Hellenist.-röm. Kultur
S. 355: „Nicht in rhetorischem Gleichmaß der Formen, sondern im freien
Parallelismus der Gedanken gestaltet er die ersten Sätze des Hohenliedes
auf die Liebe I. Cor. 13, 2 (vgl. Rom. 8, 31 ff.), wenn sich auch im folgenden
in den antithetischen Gliedern durch Klang unterstützte Wortresponsionen
einstellen." Das ist ganz im Sinne meiner obigen Ausführungen S. 261 f.

Semitischer und hellenischer Satzparallelismus. 357

ἄλλη δόξα ἡλίου
καὶ ἄλλη δόξα σελήνης
καὶ ἄλλη δόξα ἀστέρων·
ἀστὴρ γὰρ ἀστέρος διαφέρει ἐν δόξῃ,
οὕτως καὶ ἡ ἀνάστασις τῶν νεκρῶν·
σπείρεται κτλ.

als die weiterhin folgenden (V. 53 f.)

δεῖ γὰρ τὸ φθαρτὸν τοῦτο ἐνδύσασθαι ἀφθαρσίαν
καὶ τὸ θνητὸν τοῦτο ἐνδύσασθαι ἀθανασίαν.
ὅταν δὲ τὸ φθαρτὸν τοῦτο ἐνδύσηται ἀφθαρσίαν
καὶ τὸ θνητὸν τοῦτο ἐνδύσηται ἀθανασίαν,
τότε κτλ.

Anstatt also Stellen dieser Art aus hellenischen Stilformen abzuleiten, muß man das Semitische der LXX zum Vergleiche heranziehen, dann aber auch Stellen der Evangelien, die ja jedem Verdachte hellenischer Stilisierung enthoben sind. Die Besonderheit ihrer Stilisierung liegt so klar auf der Hand, daß sie keinem aufmerksamen Leser entgangen sein kann; aber m. W. hat sich noch niemand gefunden, der die Erscheinung in ihrem Zusammenhange behandelt hätte.[1]) Dieses hier meinerseits zu tun, liegt mir fern. Daß aber eine solche Betrachtungsweise auch für die schriftstellerische Eigenart der Evangelisten fruchtbar gemacht werden kann, will ich zu zeigen versuchen. Es scheint mir nämlich bemerkenswert, daß Lukas, der, wie ich sonst bewiesen habe[2]), die lexikalischen Hebraismen seiner Vorlagen gelegentlich ausmerzte, auch die stilistischen gemildert hat[3]), teils durch Aus-

Analyse evangelischer Perioden.

---

1) Dav. Hein. Müller, Die Propheten in ihrer ursprüngl. Gestalt I (Wien 1896) hat auf S. 216—19 über ein paar Evangelienreden Richtiges gesagt, aber durch seine Hineinbeziehung der — Chöre der griechischen Tragödie, deren Ursprung er aus dem Semitischen ableitet, sich schwer kompromittiert und um die Anerkennung auch des Richtigen gebracht. — Was von mir selbst (Ant. Kunstprosa 817 ff.) über diese Materie gesagt worden ist, hat keine Beachtung gefunden; aber J. Weiß macht in dem unten zitierten Werke einige für ein größeres Lesepublikum berechnete treffende Bemerkungen. Über P. Wendland s. die vorige Anm.

2) Ant. Kunstprosa 486 ff. Ich füge hier ein Beispiel hinzu (ein anderes S. 77,1): Mc. 12,14 = Mt. 22,16 διδάσκαλε, οἴδαμεν ὅτι ἀληθής εἶ. So ist das kein gutes Griechisch (zumal in Prosa nicht), aber Luk. 20,21 διδάσκαλε, οἴδαμεν ὅτι ὀρθῶς λέγεις macht es zu solchem.

3) Auch hierfür gab ich a. a. O. Beispiele, die von Harnack, Sitzungsber. Berl. Akad. 1900, 538 ff. vermehrt worden sind (vgl. auch Diels, ebenda 1901, 200). Ich füge auch dafür hier ein Beispiel hinzu. Aus der Quelle Q heißt es bei Mt. 24,38 ὡς γὰρ ἦσαν ἐν ταῖς ἡμέραις ταῖς πρὸ τοῦ κατακλυσμοῦ τρώγοντες καὶ πίνοντες, γαμοῦντες καὶ γαμίζοντες, bei Luk. 17,27 ἤσθιον ἔπινον, ἐγάμουν ἐγαμίζοντο: wie er hier das vulgäre τρώγειν durch ἐσθίειν ersetzt entsprechend den Vorschriften der Attizisten: a. a. O. 486, 4), so gibt er der Gruppierung seiner Vorlage zu 2+2 die Form eines viergliedrigen Asyndeton. Dann aber folgen bei ihm Worte, die nur er hat (V. 28): ὁμοίως καθὼς

lassung korrespondierender Worte, teils durch leise Änderung der Wortstellung, teils durch ähnliche kleine Mittel.[1]) Die von Lukas geänderter Worte (Wortstellungen, Wortwiederholungen u. dgl.) seiner Vorlagen sind in diesen durch Sperrdruck kenntlich gemacht worden.

Mt. 6, 22 f.	Luk. 11, 34
Ὁ λύχνος τοῦ σώματός ἐστιν ὁ ὀφθαλμός.	Ὁ λύχνος τοῦ σώματός ἐστιν ὁ ὀφθαλμός σου.
ἐὰν οὖν ᾖ ὁ ὀφθαλμός σου ἁπλοῦς,	ὅταν ὁ ὀφθαλμός σου ἁπλοῦς ᾖ,
ὅλον τὸ σῶμά σου φωτεινὸν ἔσται·	καὶ ὅλον τὸ σῶμά σου φωτεινόν·
ἐὰν δὲ ὁ ὀφθαλμὸς πονηρὸς ᾖ,	ἐπὰν δὲ πονηρὸς ᾖ, [ἐστιν
ὅλον τὸ σῶμά σου σκοτεινὸν ἔσται	καὶ τὸ σῶμά σου σκοτεινόν

Mt. 7, 9 f.	Luk. 11, 11
ἢ τίς ἐστιν ἐξ ὑμῶν ἄνθρωπος, ὃν αἰτήσει ὁ υἱὸς αὐτοῦ ἄρτον,	τίνα δὲ ἐξ ὑμῶν τὸν πατέρα αἰτήσει ὁ υἱὸς ἰχθύν,
μὴ λίθον ἐπιδώσει αὐτῷ;	μὴ ἀντὶ ἰχθύος ὄφιν αὐτῷ ἐπιδώσει
ἢ καὶ ἰχθὺν αἰτήσει,	ἢ καὶ αἰτήσει ᾠόν,
μὴ ὄφιν ἐπιδώσει αὐτῷ;	ἐπιδώσει αὐτῷ σκορπίον;

Auch die dritte Stelle der Bergpredigt (Mt. 7, 24 ff.), die Lukas herüber genommen hat (6, 47 ff.), ist von ihm umstilisiert worden, und zwar dies ganz radikal; sie wird weiter unten mitgeteilt werden. Ferner:

Mt. 9, 17	Luk. 5, 37 f.
οὐδὲ βάλλουσιν οἶνον νέον εἰς ἀσκοὺς παλαιούς,	καὶ οὐδεὶς βάλλει οἶνον νέον εἰς ἀσκοὺς παλαιούς,
εἰ δὲ μήγε,	εἰ δὲ μήγε,
ῥήγνυνται οἱ ἀσκοί	ῥήξει ὁ οἶνος ὁ νέος τοὺς ἀσκούς
καὶ ὁ οἶνος ἐκχεῖται	καὶ αὐτὸς ἐκχυθήσεται
καὶ οἱ ἀσκοὶ ἀπόλλυνται·	καὶ οἱ ἀσκοὶ ἀπολοῦνται·
ἀλλὰ βάλλουσιν οἶνον νέον εἰς ἀσκοὺς καινούς	ἀλλ' οἶνον νέον εἰς ἀσκοὺς καινοὺς βλητέον.
καὶ ἀμφότεροι συντηροῦνται.	

ἐγένετο ἐν ταῖς ἡμέραις Λώτ· ἤσθιον ἔπινον, ἠγόραζον ἐπώλουν, ἐφύτευον ᾠκοδόμουν, also 2 + 2 + 2 Begriffe, ein tricolon binorum commatum, dem in den Evangelien nichts auch nur von fern Vergleichbares gibt (s. vielmehr das ungeordnete Wortkonglomerat Marc. 7, 21 f.), während sich in de Briefen sowohl des Paulus als der anderen solche sorgsamen Gruppierunge teils desselben Schemas teils eines ähnlichen wiederholt finden: Röm. 1,29 f 8, 35. 38 f. 13, 13. Kor. II 6, 4 ff. Gal. 5, 20 ff. Tim. I 1, 9 f. 3, 2 f. 4, 11. 6, 1 II 3, 2 f. 10. Tit. 1, 8. 2, 2 ff. Petr. I 3, 8. 4, 3. Für das Gruppierungsprinzi fast aller dieser Stellen kann man Beispiele aus feiner griechischer und lateini scher Literatur finden in meiner Abh. über Minucius Felix (Greifsw. Proöm. 189 29 ff., wo aber über Paulus auf S. 30 f. nicht ganz richtig geurteilt wurde).

[1]) P. Wendland, Hellenist.-röm. Kultur[2] (Tübing. 1912) 285 macht, wi ich nachträglich noch bemerken kann, einige treffende Bemerkungen über de Parallelismus und sagt, daß Luk. 6, 47—49 im Gegensatze zu Matth. 7, 24— sich durch variierende syntaktische Unterordnung von Q entferne, 'weil mehr griechisch empfindet': eben diese Stelle bildet einen Teil des unte ausgeschriebenen Kontexts.

Semitischer und hellenischer Satzparallelismus. 359

Mt. 10, 13
ἐὰν μὲν ᾖ ἡ οἰκία ἀξία,
ἐλθάτω ἡ εἰρήνη ὑμῶν ἐπ' αὐτήν·
ἐὰν δὲ μὴ ᾖ ἀξία,
ἡ εἰρήνη ὑμῶν πρὸς ὑμᾶς ἐπιστραφήτω.

Luk. 10, 6
ἐὰν ἐκεῖ ᾖ υἱὸς εἰρήνης,
ἐπαναπήσεται ἐπ' αὐτὸν ἡ εἰρήνη ὑμῶν·
εἰ δὲ μήγε,
ἐφ' ὑμᾶς ἀνακάμψει.

Mt. 10, 34—36
μὴ νομίσητε ὅτι ἦλθον βαλεῖν εἰρήνην ἐπὶ τὴν γῆν·
οὐκ ἦλθον βαλεῖν εἰρήνην ἀλλὰ μάχαιραν.
ἦλθον γὰρ διχάσαι
ἄνθρωπον κατὰ τοῦ πατρὸς αὐτοῦ
καὶ θυγατέρα κατὰ τῆς μητρὸς αὐτῆς
καὶ νύμφην κατὰ τῆς πενθερᾶς αὐτῆς.[2])

Luk. 12, 51—53
δοκεῖτε ὅτι εἰρήνην παρεγενόμην δοῦναι ἐν τῇ γῇ;
οὐχί, λέγω ὑμῖν[1]), ἀλλ' ἢ διαμερισμόν.
ἔσονται γὰρ ἀπὸ τοῦ νῦν πέντε ἐν ἑνὶ οἴκῳ διαμεμερισμένοι,
τρεῖς ἐπὶ δυσὶν καὶ δύο ἐπὶ τρισὶν διαμερισθήσονται,
πατὴρ ἐπὶ υἱῷ καὶ υἱὸς ἐπὶ πατρί,
μήτηρ ἐπὶ θυγατέρα καὶ θυγάτηρ ἐπὶ τὴν μητέρα,
πενθερὰ ἐπὶ τὴν νύμφην αὐτῆς
καὶ νύμφη ἐπὶ τὴν πενθεράν.

Mt. 10, 39
ὁ εὑρὼν τὴν ψυχὴν αὐτοῦ ἀπολέσει αὐτήν
καὶ ὁ ἀπολέσας τὴν ψυχὴν αὐτοῦ ἕνεκεν ἐμοῦ εὑρήσει αὐτήν

Luk. 17, 33
ὃς ἐὰν ζητήσῃ τὴν ψυχὴν αὐτοῦ περιποιήσασθαι, ἀπολέσει αὐτήν
καὶ ὃς ἂν ἀπολέσει, ζωογονήσει αὐτήν

Mt. 25, 20—23
προσελθὼν ὁ τὰ πέντε τάλαντα προσήνεγκεν ἄλλα πέντε τάλαντα λέγων·
κύριε, πέντε τάλαντά μοι παρέδωκας.
ἴδε ἄλλα πέντε τάλαντα ἐκέρδησα.
ἔφη αὐτῷ ὁ κύριος αὐτοῦ·
εὖ, δοῦλε ἀγαθὲ καὶ πιστέ,
ἐπὶ πολλὰ ᾖς πιστός,
ἐπὶ πολλῶν σε καταστήσω·
εἴσελθε εἰς τὴν χαρὰν τοῦ κυρίου σου.

Luk. 19, 16—19
παρεγένετο δὲ ὁ πρῶτος λέγων
κύριε, ἡ μνᾶ σου δέκα προσηργάσατο μνᾶς.
καὶ εἶπεν αὐτῷ·
εὖγε, ἀγαθὲ δοῦλε,
ὅτι ἐν ἐλαχίστῳ πιστὸς ἐγένου,
ἴσθι ἐξουσίαν ἔχων ἐπάνω δέκα πόλεων.

1) So auch 13, 3. 5. Die Phrase hat unter den nt. Autoren nur Lukas.
2) Hier behält Mt. das hebraisierende αὐτοῦ-αὐτῆς aus der Prophetenstelle (Mich. 7, 6) bei, während Lukas es beseitigt, wodurch er auch den Parallelismus der Worte mildert.

360 Anhang V.

Mt. 25, 20—23	Luk. 19, 16—19
προσελθὼν καὶ ὁ τὰ δύο τάλαντα εἶπεν·	καὶ ἦλθεν ὁ δεύτερος λέγων·
κύριε, δύο τάλαντά μοι παρέδωκας·	ἡ μνᾶ σου, κύριε, ἐποίησεν πέντε μνᾶς.
ἴδε ἄλλα δύο τάλαντα ἐκέρδησα.	εἶπε δὲ καὶ τούτῳ·
ἔφη αὐτῷ ὁ κύριος αὐτοῦ·	καὶ σὺ ἐπάνω γένου πέντε πόλεων
εὖ, δοῦλε ἀγαθὲ καὶ πιστέ,	
ἐπὶ ὀλίγα ἦς πιστός,	
ἐπὶ πολλῶν σε καταστήσω·	
εἴσελθε εἰς τὴν χαρὰν τοῦ κυρίου σου.	

An der letzten Stelle hat Lukas nicht bloß die Perikope seiner Vorlage in ihrer Struktur zerstört, sondern auch in dem, was er daraus machte, die Responsion durch Wechsel des Ausdrucks und der Wortstellung gemildert (κύριε, ἡ μνᾶ σου δέκα προσηργάσατο μνᾶς ∼ ἡ μνᾶ σου, κύριε, ἐποίησεν πέντε μνᾶς. — καὶ εἶπεν αὐτῷ ∼ εἶπεν δὲ καὶ τούτῳ. — ἴσθι ἐξουσίαν ἔχων ἐπάνω δέκα πόλεων ∼ καὶ σὺ ἐπάνω γένου πέντε πόλεων). Dasselbe gilt von einer Stelle, wo wir außer Mt. auch Mc. vergleichen können:

Mc. 3, 24 f.	Mt. 12, 25 f.	Luk. 11, 17
καὶ ἐὰν βασιλεία ἐφ᾿ ἑαυτὴν μερισθῇ, οὐ δύναται σταθῆναι ἡ βασιλεία ἐκείνη· καὶ ἐὰν οἰκία ἐφ᾿ ἑαυτὴν μερισθῇ, οὐ δυνήσεται ἡ οἰκία ἐκείνη στῆναι.	πᾶσα βασιλεία μερισθεῖσα καθ᾿ ἑαυτῆς ἐρημοῦται καὶ πᾶσα πόλις ἢ οἰκία μερισθεῖσα καθ᾿ ἑαυτῆς οὐ σταθήσεται.	πᾶσα βασιλεία ἐφ᾿ ἑαυτὴν διαμερισθεῖσα ἐρημοῦται, καὶ οἶκος ἐπὶ οἶκον πίπτει.

An anderen Stellen hat er dagegen den Tenor seiner Vorlage beibehalten oder doch nur mäßig verändert: Mt. 5, 46 f. ∼ Luk. 6, 32 f. Mt. 10, 26 ∼ Luk. 12, 2. Mt. 10, 32 ∼ Luk. 12, 8. Mt. 10, 37—39 ∼ Luk. 14, 26. Mt. 11, 18 f. ∼ Luk. 7, 33 f. Mt. 12, 35 ∼ Luk. 6, 45. Mt. 24, 40 f. ∼ Luk. 17, 34 f. Dagegen sind die Fälle, wo Lukas den Wortlaut seiner Quelle in dieser Richtung steigert, sehr selten; ich habe mir nur folgende notiert:

Mt. 5, 44	Luk. 6, 27 f.
ἀγαπᾶτε τοὺς ἐχθροὺς ὑμῶν καὶ προσεύχεσθε ὑπὲρ τῶν διωκόντων ὑμᾶς	ἀγαπᾶτε τοὺς ἐχθροὺς ὑμῶν καλῶς ποιεῖτε τοῖς μισοῦσιν ὑμᾶς εὐλογεῖτε τοὺς καταρωμένους ὑμᾶς προσεύχεσθε περὶ τῶν ἐπηρεαζόντων ὑμᾶς.

Ferner Mt. 10, 13 ff. ∼ Luk. 10, 8 ff. Mt. 10, 40 ∼ Luk. 10, 16. Dieses Verhältnis entspricht genau den Beobachtungen über seine Sprache: viele Hebraismen seiner Vorlage hat er beseitigt, andere beibehalten, und hie und da hat er auch welche hineingetragen.

Vorschläge zu einer Diesen Bemerkungen sei eine Bitte hinzugefügt. Für Bibelausgaben war, wie unsere Handschriften zeigen, schon im Altertum kein Luxus zu groß;

Die Übersetzung des Hieronymus war, wie er uns selbst mitteilt, κατὰ κῶλα καὶ κόμματα abgeteilt, wovon unsere Vulgatahandschriften noch reichliche Spuren bewahrt haben. Warum unterzieht sich nicht jemand der Mühe, uns einen Text in dieser Art hergerichtet vorzulegen[1]), wie es für griechische Apokryphen des A. T. von O. F. Fritzsche versucht wurde? Es ist doch wahrlich kein Vergnügen, sich bei der Lektüre durch die „Vers"zahlen stören zu lassen, die begreiflicherweise recht halsbrecherisch sind, da es Henri Estienne beliebte, sie auf einer Reise zu Pferde zu machen. War die Kolometrie schon den Alten erwünscht, obwohl ihnen das Ohr zu Hilfe kam[2]): wie viel mehr müssen wir sie verlangen, die wir nur mit dem Auge zu lesen gewohnt sind. Man mache doch einmal einen Versuch und lese eine oder die andere Stelle bei Lachmann, Tischendorf, Buttmann[3]) und schreibe sie sich dann kolometrisch hin. Z. B. der Schluß der Bergpredigt[4]) 7, 13 ff.:

kolometrischen Ausgabe des N. T.

1) In einzelnen Ausgaben (z. B. der Nestleschen) werden einige ganz wenige Stücke, z. B. das Vaterunser, die hymnenartigen Stücke zu Anfang des Lukasevangeliums, die oben (S. 254 ff.) behandelte Stelle des Timotheosbriefes, ferner längere Zitate aus den LXX jetzt kolometrisch abgesetzt. Das gibt aber das falsche Bild, als ob gerade diese Stücke eine Sonderstellung einnehmen. Nicht anders ist es, wenn in dem großen, unter Leitung von J. Weiß erschienenen, auch Philologen sehr zu empfehlenden Werke: „Die Schriften des N. T., neu übersetzt, und für die Gegenwart erklärt" 2. Aufl., Götting. 1908) einzelne ganz wenige Stücke (wie z. B. der „Lobpreis der Liebe" Kor. I 13) kolometrisch abgesetzt werden. — Außer J. Weiß zitiert auch A. Deißmann in seinem neuen Paulusbuche gern kolometrisch.

2) Lautes Lesen war keineswegs bloß bei den Völkern des klassischen Altertums das übliche, sondern auch in Palästina. A. Tacke, Zeitschr. f. die alttest. Wiss. XXXI (1911) 311 f. hat die umstrittene Stelle Jesaja 29, 18 „an jenem Tage (an dem die das Heil herbeiführende Weltumwälzung geschieht) werden Taube die Worte der Schrift hören" durch den Hinweis auf die Sitte des Lautlesens gedeutet, auch auf die Stelle der Acta 8, 30 hingewiesen, wo es heißt, daß Philippos hörte, daß der äthiopische Großeunuch den Propheten Jesaja las (ἤκουσεν αὐτοῦ ἀναγινώσκοντος).

3) Bei Nestle, dessen Ausgabe jetzt meist benutzt wird, stehen die Zahlen wenigstens am Rande. Wir werden sie, so sinnstörend sie auch sind, nie wieder loswerden können. Die Preußische Hauptbibelgesellschaft hat i. J. 1908 durch die Reichsdruckerei eine schöne Bibel in einem Foliobande drucken lassen; gegen ihre Einführung in den Gottesdienst haben, wie ich höre, Geistliche eben aus dem Grunde Einspruch erhoben, weil sie bei fortlaufendem Satze die Verszahlen am Rande trägt (und der, doch auch problematischen, Parallelstellen entbehrt). Es gibt eine englische Bibel ohne alle Versbezeichnungen, nur als Literaturwerk gedruckt, mit dem Titel: The English Bible, edited by F. H. Scrivener for the syndics of the University Press. Cambridge 1903, in fünf Foliobänden (Mitteilung von J. Loubier, Custos an der Bibliothek des Kunstgewerbemuseums in Berlin).

4) Eine andere Stelle, die sich für diesen Versuch eignen würde, ist die gewaltige Partie Mt. 25, 31—46.

362 Anhang V.

13 Εἰσέλθατε διὰ τῆς στενῆς πύλης, ὅτι πλατεῖα ἡ πύλη καὶ εὐρύχωρος ἡ ὁδὸς ἡ ἀπάγουσα εἰς τὴν ἀπώλειαν, καὶ πολλοί εἰσιν οἱ εἰσερχόμενοι δι' αὐτῆς. 14 ὅτι στενὴ ἡ πύλη καὶ τεθλιμμένη ἡ ὁδὸς ἡ ἀπάγουσα εἰς τὴν ζωήν, καὶ ὀλίγοι εἰσὶν οἱ εὑρίσκοντες αὐτήν. 15 προσέχετε ἀπὸ τῶν ψευδοπροφητῶν, οἵτινες ἔρχονται πρὸς ὑμᾶς ἐν ἐνδύμασιν προβάτων, ἔσωθεν δέ εἰσιν λύκοι ἅρπαγες. 16 ἀπὸ τῶν καρπῶν αὐτῶν ἐπιγνώσεσθε αὐτούς. μήτι συλλέγουσιν ἀπὸ ἀκανθῶν σταφυλὰς ἢ ἀπὸ τριβόλων σῦκα; 17 οὕτως πᾶν δένδρον ἀγαθὸν καρποὺς καλοὺς ποιεῖ, τὸ δὲ σαπρὸν δένδρον καρποὺς πονηροὺς ποιεῖ. 18 οὐ δύναται δένδρον ἀγαθὸν καρποὺς πονηροὺς ἐνεγκεῖν, οὐδὲ δένδρον σαπρὸν καρποὺς καλοὺς ἐνεγκεῖν. 19 πᾶν δένδρον μὴ ποιοῦν καρπὸν καλὸν ἐκκόπτεται καὶ εἰς πῦρ βάλλεται. 20 ἄρα γε ἀπὸ τῶν καρπῶν αὐτῶν ἐπιγνώσεσθε αὐτούς. 21 οὐ πᾶς ὁ λέγων μοι κύριε κύριε εἰσελεύσεται εἰς τὴν βασιλείαν τῶν οὐρανῶν, ἀλλ' ὁ ποιῶν τὸ θέλημα τοῦ πατρός μου τοῦ ἐν οὐρανοῖς. 22 πολλοὶ ἐροῦσίν μοι ἐν ἐκείνῃ τῇ ἡμέρᾳ· κύριε κύριε, οὐ τῷ σῷ ὀνόματι ἐπροφητεύσαμεν, καὶ τῷ σῷ ὀνόματι δυνάμεις πολλὰς ἐποιήσαμεν; 23 καὶ τότε ὁμολογήσω αὐτοῖς ὅτι οὐδέποτε ἔγνων ὑμᾶς· ἀποχωρεῖτε ἀπ' ἐμοῦ οἱ ἐργαζόμενοι τὴν ἀνομίαν. 24 πᾶς οὖν ὅστις ἀκούει μου τοὺς λόγους τούτους καὶ ποιεῖ αὐτούς, ὁμοιωθήσεται ἀνδρὶ φρονίμῳ, ὅστις ᾠκοδόμησεν αὐτοῦ τὴν οἰκίαν ἐπὶ τὴν πέτραν. 25 καὶ κατέβη ἡ βροχὴ καὶ ἦλθον οἱ ποταμοὶ καὶ ἔπνευσαν οἱ ἄνεμοι καὶ προσέπεσαν τῇ οἰκίᾳ ἐκείνῃ, καὶ οὐκ ἔπεσεν· τεθεμελίωτο γὰρ ἐπὶ τὴν πέτραν. 26 καὶ πᾶς ὁ ἀκούων μου τοὺς λόγους τούτους καὶ μὴ ποιῶν αὐτοὺς ὁμοιωθήσεται ἀνδρὶ μωρῷ, ὅστις ᾠκοδόμησεν αὐτοῦ τὴν οἰκίαν ἐπὶ τὴν ἄμμον. 27 καὶ κατέβη ἡ βροχὴ καὶ ἦλθον οἱ ποταμοὶ καὶ ἔπνευσαν οἱ ἄνεμοι καὶ προσέκοψαν τῇ οἰκίᾳ ἐκείνῃ, καὶ ἔπεσεν, καὶ ἦν ἡ πτῶσις αὐτῆς μεγάλη. Diese 'continua scriptura' sieht kolometrisch so aus (Interpunktionen, außer der τελεία und vielleicht hie und da der μέση, kann man dabei sparen; „Vers"zahlen genügen, wie wir es bei den Klassikern gewohnt sind, bei jedem fünften Verse, die Grenzen der übrigen markiere ich durch |); die entsprechenden Stellen des Lukas setze ich daneben.

Mt. 7, 13 ff. (Luk. 13, 24

1 εἰσέλθατε διὰ τῆς στενῆς πύλης. | ἀγωνίζεσθε εἰσελθεῖν διὰ τῆς στενῆς θύρας,
                                    ὅτι πολλοί λέγω ὑμῖν ζητήσουσιν εἰσελθεῖν
                                    καὶ οὐκ ἰσχύσουσιν).

a ὅτι πλατεῖα ἡ πύλη
  καὶ εὐρύχωρος ἡ ὁδός
  ἡ ἀπάγουσα εἰς τὴν ἀπώλειαν
  καὶ πολλοί εἰσιν οἱ εἰσερχόμενοι δι' αὐτῆς. |

b ὅτι στενὴ ἡ πύλη
  καὶ τεθλιμμένη ἡ ὁδός
  ἡ ἀπάγουσα εἰς τὴν ζωήν
  καὶ ὀλίγοι εἰσὶν οἱ εὑρίσκοντες αὐτήν.

15 2 προσέχετε ἀπὸ τῶν ψευδοπροφητῶν
    οἵτινες ἔρχονται πρὸς ὑμᾶς ἐν ἐνδύμασιν προβάτων
    ἔσωθεν δέ εἰσιν λύκοι ἅρπαγες.

a ἀπὸ τῶν καρπῶν αὐτῶν ἐπιγνώσεσθε   (Luk. 6, 43 f.
                              αὐτούς. | οὐ γάρ ἐστιν δένδρον καλὸν ποιοῦν καρπὸν
                                                                        σαπρόν
  μήτι συλλέγουσιν ἀπὸ ἀκανθῶν στα-   οὐδὲ πάλιν δένδρον σαπρὸν ποιοῦν καρπὸν
  ἢ ἀπὸ τριβόλων σῦκα;   [φυλήν   καλόν.
  οὕτω πᾶν δένδρον ἀγαθὸν καρποὺς   ἕκαστον γὰρ δένδρον ἐκ τοῦ ἰδίου καρποῦ γι-
                          καλοὺς ποιεῖ   νώσκεται·
  τὸ δὲ σαπρὸν δένδρον καρποὺς πο-   οὐ γὰρ ἐξ ἀκανθῶν συλλέγουσι σῦκα
                                     οὐδὲ ἐκ βάτου σταφυλὴν τρυγῶσιν.)

Semitischer und hellenischer Satzparallelismus. 363

b οὐ δύναται δένδρον ἀγαθὸν καρποὺς πονηροὺς ποιεῖν
οὐδὲ δένδρον σαπρὸν καρποὺς καλοὺς ποιεῖν. |
πᾶν δένδρον μὴ ποιοῦν καρπὸν καλὸν ἐκκόπτεται
καὶ εἰς πῦρ βάλλεται.
ἄρα γε ἀπὸ τῶν καρπῶν αὐτῶν ἐπιγνώσεσθε αὐτούς. |

3 οὐ πᾶς ὁ λέγων μοι κύριε κύριε
εἰσελεύσεται εἰς τὴν βασιλείαν τῶν οὐρανῶν
ἀλλ' ὁ ποιῶν τὸ θέλημα τοῦ πατρός μου τοῦ ἐν τοῖς οὐρανοῖς. |

a πολλοὶ ἐροῦσίν μοι ἐν ἐκείνῃ τῇ ἡμέρᾳ
οὐ τῷ σῷ ὀνόματι ἐπροφητεύσαμεν
καὶ τῷ σῷ ὀνόματι δαιμόνια ἐξεβάλομεν
καὶ τῷ σῷ ὀνόματι δυνάμεις πολλὰς ἐποιήσαμεν; |

b καὶ τότε ὁμολογήσω αὐτοῖς
ὅτι οὐδέποτε ἔγνων ὑμᾶς
ἀποχωρεῖτε ἀπ' ἐμοῦ οἱ ἐργαζόμενοι τὴν ἀνομίαν. |

                                                            Luk. 6, 47—49

4a πᾶς οὖν ὅστις ἀκούει μου τοὺς λό-   a πᾶς ὁ ἐρχόμενος πρός με καὶ ἀκούων
γους τούτους καὶ ποιεῖ   μου τῶν λόγων καὶ ποιῶν
αὐτούς   αὐτούς
ὁμοιωθήσεται ἀνδρὶ φρονίμῳ   ὑποδείξω ὑμῖν τίνι ἐστὶν ὅμοιος. |
ὅστις ᾠκοδόμησεν αὐτοῦ τὴν οἰκίαν   ὅμοιός ἐστιν ἀνθρώπῳ οἰκοδομοῦντι
ἐπὶ τὴν πέτραν· | οἰκίαν.
καὶ κατέβη ἡ βροχὴ   ὃς ἔσκαψεν καὶ ἐβάθυνεν καὶ
καὶ ἦλθον οἱ ποταμοὶ   ἔθηκεν θεμέλιον ἐπὶ τὴν
καὶ ἔπνευσαν οἱ ἄνεμοι   πέτραν.
καὶ προσέπεσαν τῇ οἰκίᾳ ἐκείνῃ   πλημμύρης δὲ γενομένης προσ-
καὶ οὐκ ἔπεσεν,   ἔρηξεν ὁ ποταμὸς τῇ οἰκίᾳ
τεθεμελίωτο γὰρ ἐπὶ τὴν πέ-   ἐκείνῃ
τραν. | καὶ οὐκ ἴσχυσεν σαλεῦσαι αὐτὴν
                                                   διὰ τὸ καλῶς οἰκοδομῆσθαι
                                                   αὐτήν. |
b καὶ πᾶς ὁ ἀκούων μου τοὺς λόγους
τούτους καὶ μὴ ποιῶν αὐ-   b ὁ δὲ ἀκούσας καὶ μὴ ποιήσας
τούς   ὅμοιός ἐστιν ἀνθρώπῳ οἰκοδομή-
ὁμοιωθήσεται ἀνδρὶ μωρῷ   σαντι οἰκίαν ἐπὶ τὴν γῆν
ὅστις ᾠκοδόμησεν αὐτοῦ τὴν οἰκίαν   χωρὶς θεμελίου
ἐπὶ τὴν ἄμμον· | ᾗ προσέρηξεν ὁ ποταμός
καὶ κατέβη ἡ βροχὴ   καὶ εὐθὺς συνέπεσεν
καὶ ἦλθον οἱ ποταμοὶ   καὶ ἐγένετο τὸ ῥῆγμα τῆς οἰκίας
καὶ ἔπνευσαν οἱ ἄνεμοι   ἐκείνης μέγα.
καὶ προσέκοψαν τῇ οἰκίᾳ ἐκείνῃ
καὶ ἔπεσεν,
καὶ ἦν ἡ πτῶσις αὐτῆς μεγάλη.

Wenn sich ein Orientalist, ein neutestamentlicher Theologe und ein Philologe zusammentun würden, müßte sich eine, wie mir scheint, würdige Aufgabe ohne besondere Mühe erledigen lassen. Die Arbeit des Philologen wäre

364 Anhang V. Semitischer und hellenischer Satzparallelismus.

dabei die im Verhältnis bescheidenste, aber er würde bei ihr für sein eignes Handwerk Rückschlüsse auf die Kolometrie des Demosthenes und Cicero zu ziehen lernen. Denn eine solche nahm sich, wie er selbst bezeugt, Hieronymus zum Muster[1]), dessen biblische Kolometrie, wie ich auf Grund handschriftlicher, freilich noch nicht beendeter Untersuchungen weiß, rekonstruktionsfähig ist. Ich kann auch nachweisen, daß Hieronymus' Praxis gar nicht so original war, wie er glauben machen will, sondern daß er sich die Praxis kolometrisch geschriebener griechischer Bibeln zum Vorbilde nahm. Aber dies und anderes dieser Art gehört nicht hierher, sondern in die Prolegomena einer solchen Ausgabe, wie sie mir als realisierbare Möglichkeit vor Augen steht.

---

1) Da ich annehme, daß es manchen erwünscht sein wird, seine Worte hier zu lesen, gebe ich sie, nach meiner Weise rhythmisiert (H. hat nur mehr die festen, typischen Formen). Vorrede zu den Propheten: *nemo cum prophetas vérsibùs vidérit ésse descríptos, metro eos aestimet ápud Hebraèós ligári et aliquid simile habére de psálmis vel operibus Salomonis, sed quod in Demosthene et Tulliò solèt fíeri ut per cóla scribántur èt cómmatà qui utique prosa et non vérsibùs cónscripsérunt, nos quoque utilitate legéntiùm providéntes interpretationem novam novo scribendi génere distínxìmùs.* Zu Ezechiel: *et hunc iuxta translationem nostram qua per cola et commata manifestiorem sensum legéntibùs tríbuit.*

VI.
STELLUNG DES VERBUMS IM NEUTESTAMENTLICHEN GRIECHISCHEN.
(zu S. 257 f.)

In dem Schlußkapitel des ersten Thessalonikerbriefs, dessen Art die Interpreten (vgl. E. v. Dobschütz, Gött. 1909, 220) an die späteren liturgischen Gebete erinnert, heißt es V. 14: *Semitische und hellenische Wortstellung.*

νουθετεῖτε τοὺς ἀτάκτους
παραμυθεῖσθε τοὺς ὀλιγοψύχους
ἀντέχεσθε τῶν ἀσθενῶν
μακροθυμεῖτε πρὸς πάντας.

Das ist ganz im Stile der im Texte angeführten Stellen. Aber in V. 16 ff. treten die Imperative an die Enden der Kommata:

πάντοτε χαίρετε
ἀδιαλείπτως προσεύχεσθε
ἐν παντὶ εὐχαριστεῖτε,
  τοῦτο γὰρ θέλημα θεοῦ ἐν Χριστῷ Ἰησοῦ εἰς ὑμᾶς.
τὸ πνεῦμα μὴ σβέννυτε
προφητείας μὴ ἐξουθενεῖτε
πάντα δὲ δοκιμάζετε
τὸ καλὸν κατέχετε
ἀπὸ παντὸς εἴδους πονηροῦ ἀπέχεσθε.

Hellenisch stilisiert ist auch dies nicht, da eine deutliche Gliederung der letzten fünf Kommata fehlt. Da sich derselbe Wechsel in der Stellung des Verbums genau so in dem an alte Vorlagen anknüpfenden Gemeindegebete des ersten Clemensbriefes findet, c. 59, 4 (τοὺς ἐν θλίψει ἡμῶν σῶσον, τοὺς ταπεινοὺς ἐλέησον, τοὺς πεπτωκότας ἔγειρον, τοῖς δεομένοις ἐπιφάνηθι, τοὺς ἀσθενεῖς ἴασαι, τοὺς πλανωμένους τοῦ λαοῦ σου ἐπίστρεψον | χόρτασον τοὺς πεινῶντας, λύτρωσαι τοὺς δεσμίους ἡμῶν, ἐξανάστησον τοὺς ἀσθενοῦντας, παρακάλεσον τοὺς ὀλιγοψυχοῦντας), so wird dieser Consensus vielleicht aus altem Ritualbrauche abgeleitet werden dürfen. Die Voranstellung des Verbums ist neben dem Satzparallelismus — überaus oft vereinigt sich beides — der sicherste Semitismus des N. T. besonders in den Fällen, wo diese Stellung serienweise auftritt. Das ist mir unter den Synoptikern gerade bei Lukas besonders aufgefallen, obwohl er ja sonst mehr nach der hellenischen Seite abweicht; aber er liebt mehr als die anderen einen fortlaufenden Erzählungsstil, in dem für diese Stellung des Verbums natürlich die meiste Gelegenheit war. Z. B. 1, 57 ff.

τῇ δὲ Ἐλισαβετ ἐπλήσθη ὁ χρόνος τοῦ τεκεῖν αὐτήν
καὶ ἐγέννησεν υἱόν.
καὶ ἤκουσαν οἱ περίοικοι καὶ οἱ συγγενεῖς αὐτῆς
ὅτι ἐμεγάλυνεν κύριος τὸ ἔλεος αὐτοῦ μετ᾽ αὐτῆς
καὶ συνέχαιρον αὐτῇ.
καὶ ἐγένετο ἐν τῇ ἡμέρᾳ τῇ ὀγδόῃ
ἦλθον περιτεμεῖν τὸ παιδίον
καὶ ἐκάλουν αὐτὸ ἐπὶ τῷ ὀνόματι πατρὸς αὐτοῦ Ζαχαρίαν.
καὶ ἀποκριθεῖσα ἡ μήτηρ αὐτοῦ εἶπεν
οὐχί, ἀλλὰ κληθήσεται Ἰωάνης.
καὶ εἶπεν πρὸς αὐτήν

und so geht es noch ein langes Stück weiter, immer mit Voranstellung des Verbums (vgl. z. B. noch 2, 7. 7, 11 ff). Daß dies dem Genius der griechischen Sprache zuwider ist, fühlt jeder: weniger die serienweise Verknüpfung mit καί ist entscheidend als die konstante Voranstellung des Verbums. Der der eben zitierten Erzählung unmittelbar vorausgehende Lobgesang der Elisabet (1, 47 ff.), bei dem eine palästinensische Grundlage sicher ist[1]), zeigt diese Besonderheit der verbalen Stellung fast durchweg auch da, wo die Kola nicht durch καί verknüpft sind, z. B. V. 51 ff.:

ἐποίησεν κράτος ἐν βραχίονι αὐτοῦ,
διεσκόρπισεν ὑπερηφάνους.....,
καθεῖλεν δυνάστας ἀπὸ θρόνων καὶ ὕψωσεν ταπεινούς,

dann wechselnd nach dem vorher erwähnten Prinzip:

πεινῶντας ἐνέπλησεν ἀγαθῶν
καὶ πλουτοῦντας ἐξαπέστειλεν κενούς.

Ich glaubte diese den Kennern wenig Neues bietenden Beobachtungen nicht unterdrücken zu sollen, da in dem kürzlich erschienenen Buche von E. Kieckers, Die Stellung des Verbs im Griechischen und in den verwandten Sprachen (Straßb. 1911) 5 auf Grund einer unbegreiflichen Statistik gänzlich Irreführendes über die Sache ausgesprochen worden ist.[2]) Dagegen hat J. Wellhausen, Einl. in die drei ersten Evangelien[2] (Berl. 1911) 11 das Richtige in aller Kürze gesagt: „Das Verbum nimmt im einfachen temporellen Satz mit Vorliebe die Stelle vor dem Subjekt ein. Εἶπεν ὁ Ἰησοῦς.... Ἐγερθήσεται ἔθνος, ἔσονται σεισμοί, περίλυπός ἐστιν ἡ ψυχή μου. Das mutet semitisch an und nicht griechisch."

---

1) Das ist durch Vergleich mit jüdischen Benediktionen schlagend bewiesen worden von Fr. H. Chase in einem Anhange seiner Abhandlung The Lord's prayer in the early church (Texts and Studies I 3, Cambridge 1891) S. 147 ff.

2) Auf die methodischen und lehrreichen Untersuchungen, die N. Schneider in seiner unter W. Krolls Leitung verfaßten Diss. de verbi in lingua latina collocatione (Münster 1912) auf S. 42 ff. über die Voranstellung des Verbums im Lat. veranstaltet hat, kann ich bei der Korrektur noch gerade hinweisen.

VII.

ΛΕΞΙΣ ΕΙΡΟΜΕΝΗ.

DER MYTHOS DES PROTAGORAS BEI PLATON UND DER EUHEMERUS DES ENNIUS. — DAS ARGUMENTUM EINER FABULA PALLIATA.

1. Die serienartige Häufung von καί-Sätzen in der im vorigen Anhange angeführten Stelle des Lukas muß ebenfalls als Semitismus angesehen werden. Freilich sagt A. Deißmann, Licht vom Osten² (Tübing. 1909) 92, nachdem er mit der Erzählung eines Heilungsberichtes des Johannesevangeliums (9, 7 ff.) eine antike (Dittenberger, Syll.² 807, 15 ff.) verglichen hat, von letzterer: „Dieser Text ist womöglich noch parataktischer (würde er im N. T. stehen, so würde man sagen 'semitischer') als der entsprechende johanneische Heilungsbericht." Wenn das bedeuten soll, daß der neutestamentliche Erzählungsstil mit den καί-Sätzen nicht semitisch, sondern „volksmäßiger Erzählerstil" (S. 91) sei, so muß ich widersprechen. Deißmann selbst wird es gewiß als methodisch unzulässig bezeichnen, den Erzählungsstil der Evangelisten mit anderem Maßstabe zu messen als den Stil der alttestamentl. Stellen, die sie gelegentlich zitieren. Wenn z. B. Lukas 3,4 f. eine Stelle des Jesaja zitiert πᾶσα φάραγξ πληρωθήσεται καὶ πᾶν ὄρος .. ταπεινωθήσεται .... καὶ ἔσται ... καὶ ὄψεται ..., so wird sich nicht leugnen lassen, daß die serienweise auftretenden καί in der vorhin aus Lukas angeführten Erzählung ihren Ursprung nicht im λόγος ἰδιώτης der Hellenen, sondern im λόγος κατεσκευασμένος der Semiten hatten, die nun einmal in solcher parataktischen Aneinanderreihung durchaus nichts Kunstloses gesehen haben. Dabei soll gar nicht in Abrede gestellt werden, daß bei christlichen Schriftstellern späterer Zeit, die dem Semitischen ferner gerückt waren als diejenigen des N. T., volkstümlich Hellenisches mit Semitischem, das aus der Lektüre der neutestamentlichen Schriften stammte, zusammengeflossen ist. Um das zu erweisen, bedarf es aber einer genauen Stilanalyse zunächst einmal des λόγος ἀκατάσκευος (ἰδιώτης) der antiken Sprachen, eine Aufgabe, deren Lösung ich unlängst (Einl. in die Altertumswiss. I² 448 f.) als wünschenswert bezeichnet und durch ein paar Hinweise vorbereitet habe. Die dann gewonnenen Resultate müssen für die christliche Literatur nutzbar gemacht werden. So glaube ich mich zu erinnern — um nur ein für die vorliegende Fragestellung bezeichnendes Beispiel anzuführen —, daß unter den apokryphen Apostelgeschichten, die überhaupt ein reiches Material für alle diese Dinge bieten, die verschiedenen Rezensionen der acta Philippi und Thomae eine verschiedene Stellung zu den καί-Sätzen einnehmen, die in einer Rezension hie und da in mehr griechischer Weise durch δέ-Sätze vertreten werden.

Καί-Sätze im N.T. semitisch.

368 Anhang VII.

Altionische ἀφέλεια des Stils.

2. Denn — um auf das Hellenische zu kommen — in literarischer Prosa hat die λέξις εἰρομένη mit καί von Anfang an in derjenigen mit δέ eine Konkurrentin gehabt, der sie schließlich unterlegen ist. Ὀρεσθεὺς ὁ Δευκαλίωνος ἦλθεν εἰς Αἰτωλίαν ἐπὶ βασιλέα. καὶ κύων αὐτοῦ στέλεχος ἔτεκε. κα[ὶ] ὃς ἐκέλευσεν αὐτὸν κατορυχθῆναι. καὶ ἐξ αὐτοῦ ἔφυ ἄμπελος πολυστάφυλος διὸ καὶ τὸν αὐτοῦ παῖδα Φύτιον ἐκάλεσεν: Hekataios ὁ παλαιός war es, ὃ[ς] τάδ᾽ εἶπεν (FHG I 341), und ein anderes Fragment (58) zeigt die gleiche Weise.[1]) In dem ersteren Fragmente folgt auf die 4 καί-Sätze je einer mit δέ, γάρ, δέ. Ein Pherekydeszitat (schol. λ 289, FHG I 89) besteht aus 26 kurzen Sätzen, von denen 17 bloß mit δέ aneinander gereiht sind (darunter 11 unmittelbar hintereinander), 5 mit καί, diese aber nicht alle hintereinander; andere Beispiele aus ihm s. Ant. Kunstpr. S. 37 f. Diese Art wirkt noch bei Herodotos nach[2]), aber sie weicht bei ihm doch schon einer anderen, die sozusagen einen Übergang von der ganz primitiven λέξις εἰρομένη zur κατεστραμμένη darstellt; sie ist uns allen geläufig aus Sätzen wie I 8 οὗτος δὴ ὦν ὁ Κανδαύλης ἠράσθη τῆς ἑωυτοῦ γυναικός· ἐρασθεὶς δὲ ἐνόμιζέ ο[ἱ] εἶναι γυναῖκα πολλὸν πασέων καλλίστην. ὥστε δὲ ταῦτα νομίζων, ἦν γάρ οἱ τῶν αἰχμοφόρων Γύγης ὁ Δασκύλου ἀρεσκόμενος μάλιστα, τούτῳ τῷ Γύγῃ καὶ τὰ σπουδαιέστερα τῶν πραγμάτων ὑπερετίθετο ὁ Κανδαύλης. Ich benutze die Gelegenheit, auf eine παρῳδία dieses Stils hinzuweisen, über die, obwohl sie ein Meisterstück der μιμητικὴ τέχνη Platons ist, sich meines Wissens noch niemand geäußert hat. Daß viele seiner Leser die μίμησις erkannt haben, nehme ich als selbstverständlich an[3]); es lohnt sich aber wohl, etwas näher darauf einzugehen.

Stilanalyse des Mythos in Platons Protagoras.

Über den μῦθος, den er dem Protagoras in den Mund legt, ist von Platon (Prot. 320D — 322D), auch ohne daß die ionischen Sprachformen gewahrt werden durften, die ganze γλυκύτης καὶ ὥρα καὶ χάρις altionischen Erzählungsstils ausgegossen worden. Ἐρωτᾷ οὖν Ἑρμῆς Δία, τίνα οὖν τρόπον δοίη δίκην καὶ αἰδῶ ἀνθρώποις· πότερον ὡς αἱ τέχναι νενέμηνται, οὕτω καὶ ταύτας νείμω usw. (322 C). Hier geht die indirekte Rede in die direkte über, genau so wie in folgender Stelle des Hekataios (FHG I 28): Κῆυξ δὲ ταῦτα δεινὰ ποιεόμενος αὐτίκα ἐκέλευε τοὺς Ἡρακλείδας ἐπιγόνους ἐκχωρέειν· οὐ γὰρ ὑμῖ[ν] δυνατός εἰμι ἀρήγειν usw.; diese Worte zitiert der Verf. von περὶ ὕψους 27 und vergleicht sie passend mit Il. O 346 ff.

Ἕκτωρ δὲ Τρώεσσιν ἐκέκλετο μακρὸν ἀύσας
νηυσὶν ἐπισσεύεσθαι, ἐᾶν δ᾽ ἔναρα βροτόεντα·
ὃν δ᾽ ἂν ἐγὼν ἀπάνευθε νεῶν ἑτέρωθι νοήσω,
αὐτοῦ οἱ θάνατον μητίσομαι κτλ. — [4])

---

1) Eine feine Stilanalyse hat F. Jacoby in seinem soeben erschienenen Artikel 'Hekataios' in der R.E. VII 2748 ff. gegeben; die Korrekturen zu meinen früheren Ausführungen (Ant. Kunstpr. 36 ff.) erkenne ich als berechtigt an.

2) In den λόγοι Αἰσώπειοι fehlt solches καί nicht (grade auch καὶ ὅς wie bei Hekataios), ist aber nicht besonders charakteristisch.

3) So Diels, der das Stück in den Fragm. d. Vorsokrat.[2] III 1 S. 540 ff. abdruckt und als 'Imitation' bezeichnet.

4) Daß bei Herodotos die indirekte Erzählung sehr häufig in die direkte umspringt, ist bekannt (so gleich mit zweimaligem Wechsel, in der Kroisos-

Die eben aus Herodotos belegte Art der Anreihung durch partizipiale Wiederaufnahme des verbum finitum finden wir gleich nach dem Anfange 320D *Προμηθέα δὲ παραιτεῖται Ἐπιμηθεὺς αὐτὸς νεῖμαι, νείμαντος δέ μου, ἔφη, ἐπίσκεψαι· καὶ οὕτως*[1]) *πείσας νέμει. νέμων δέ* usw.[2]), weiterhin

erzählung I 86). Daß er aber auch die indirekte Rede so in die direkte übergehen ließe, dafür habe ich kein Beispiel zur Hand; gibt es wirklich keins, so muß ihm dergleichen schon *λίαν ἀρχαῖον* erschienen sein.

1) Auch das behagliche *οὕτως* gehört zur *παρῳδία*; es kommt noch zweimal vor: 321D *καὶ οὕτω δὴ δωρεῖται ἀνθρώπῳ* 322A *οὕτω δή* .... Dies ist aus Herodot wohlbekannt, z. B. I 94 *ἐπείτε δὲ οὐκ ἀνιέναι τὸ κακὸν ἀλλ᾽ ἔτι ἐπὶ μᾶλλον βιάζεσθαι, οὕτω δὴ τὸν βασιλέα αὐτῶν ... κληρῶσαι*, VII 150. Wir lesen es auch in unseren äsopischen Fabeln 246 *καὶ οὕτω τὰ ζῷα συλλαμβάνων κατήσθιε* (es gibt darunter vielleicht noch mehr Beispiele, ich habe nur die von Wilamowitz in sein Griech. Lesebuch aufgenommenen Fabeln darauf durchgesehen). Daß dies typisch war, zeigt Aristoph. Lys. 785 *οὕτως ἦν νεανίσκος Μελανίων τις* und besonders Wesp. 1183 *οὕτω ποτ᾽ ἦν μῦς καὶ γαλῆ*, wozu der Schol. bemerkt: *πρὸς τὴν συνήθειαν, ὅτι τὸν μῦθον προέταττον οὕτως, οἷον· ἦν οὕτω γέρων καὶ γραῦς*, worauf er den berühmten Anfang des *μῦθος* im platonischen Phaidros 237B zitiert: *ἦν οὕτω δὴ παῖς, μᾶλλον δὲ μειρακίσκος, μάλα καλός· τούτῳ δὲ ἦσαν ἐρασταὶ πάνυ πολλοί*, was so merkwürdig an den Anfang des Märchens von Amor und Psyche anklingt (Apul. met. IV 28 *erant in quadam civitate rex et regina. hi tres numero filias forma conspicuas habuere*, besonders eine, zu der dann viele Freier kommen), daß wir den Stil der alten ionischen Erzählung mit Händen greifen. — Das für die Erzählung typische *ποτέ* (z. B. in dem *λόγος Αἰσώπειος* Aristoph. Vög. 652 und sehr oft in unsrer Sammlung), das in dem protagoreischen Mythos gleich zu Anfang steht — *ἦν* (dies also vorangestellt wie in den *μῦθοι* des Phaidros und des Aristophanesscholiasten und wie *erant* bei Apuleius) *γάρ ποτε χρόνος* —, folgt in dem des Phaidros nach ein paar Worten: *καί ποτε αὐτὸν αἰτῶν ἔπειθεν*. Man muß auch beachten, daß Platon den Mythos des Phaidros so schließen läßt (241 D): *ὡς λύκοι ἄρν᾽ ἀγαπῶσ᾽, ὣς παῖδα φιλοῦσιν ἐρασταί*, also mit einem Hexameter wie einen echten *αἶνος* der Tierfabel.

2) Bald darauf wieder zweimal *ἔνεμε* und weiterhin 322C *νενέμηνται, νείμω, νετέμηνται*, wie in dem folgenden Beispiele nach *ἠπόρει* und *ἀποροῦντι* fortgefahren wird: *ἀπορίᾳ οὖν σχόμενος*. Ähnliches kann man beobachten in dem Märchen vom Ringe des Gyges Pol. II 359D — 360A (z. B. 359D *ἰδόντα δὲ καὶ θαυμάσαντα καταβῆναι, καὶ ἰδεῖν ἄλλα τε δὴ μυθολογοῦσι θαυμαστὰ καὶ κτλ.*, 360A *τούτου δὲ γενομένου ἀφανῆ αὐτὸν γενέσθαι*, einmal auch so: 360A *στρέψαι ἔξω τὴν σφενδόνην, καὶ στρέψαντα κτλ.*, dies auch gleich zu Beginn des eschatologischen Mythos X 614B *ἀνεβίω, ἀναβιοὺς δὲ ἔλεγεν ἃ ἐκεῖ ἴδοι*). Auch diese Gleichgültigkeit gegen die *ποικιλία* des Ausdrucks ist ein Zeichen alten Stils (für Homer: Lehrs., De Arist. stud. Hom.[3] 450 ff.). Denn mag im Altertum auch längst nicht so großer Wert auf die Variation der Worte gelegt worden sein wie es die heutige Stillehre verlangt (Wilamowitz zu Eurip. Her. 329), so hat

321 C ἠπόρει ὅτι χρήσαιτο. ἀποροῦντι δὲ αὐτῷ ἔρχεται Προμηθεύς. 322 B ἐζήτουν δὴ ἀθροίζεσθαι καὶ σῴζεσθαι κτίζοντες πόλεις· ὅτ᾽ οὖν¹) ἀθροισθεῖεν usw. Ferner ist auffallend der viermalige Anfang von Sätzen mit ἐπειδὴ δέ, so gleich am Anfange: ἦν γάρ ποτε χρόνος, ὅτε θεοὶ μὲν ἦσαν, θνητὰ δὲ γένη οὐκ ἦν. ἐπειδὴ δὲ καὶ τούτοις χρόνος ἦλθεν εἱμαρμένος γενέσεως, τυποῦσιν αὐτὰ θεοὶ γῆς ἔνδον ἐκ γῆς καὶ πυρὸς μείξαντες καὶ τῶν ὅσα πυρὶ καὶ γῇ κεράννυνται. ἐπειδὴ δ᾽ ἄγειν αὐτὰ πρὸς φῶς ἔμελλον usw. (ferner 321 A. 322 A.). Daß auch dies alte Art war, zeigt das schöne neue Fragment des Pherekydes von Syros (Diels, Vorsokr. II 1² S. 508) αὐτῷ ποιοῦσιν τὰ οἰκία πολλά τε καὶ μεγάλα. ἐπεὶ δὲ ταῦτα ἐξετέλεσεν πάντα καὶ χρήματα καὶ θεράποντας καὶ θεραπαίνας καὶ τἆλλα ὅσα δεῖ πάντα, ἐπεὶ δὴ πάντα ἑτοῖμα γίγνεται, τὸν γάμον ποιεῦσιν. κἀπειδὴ τρίτη ἡμέρη γίγνεται τῷ γάμῳ, τότε usw. Dabei ist noch Folgendes bemerkenswert.

Ἀρχαιολογία in der älteren Sophistik.

Platon läßt, wie erwähnt, den Protagoras seinen Mythos beginnen mit den Worten ἦν γάρ ποτε χρόνος, ὅτε θεοὶ μὲν ἦσαν, θνητὰ δὲ γένη οὐκ ἦν, darauf ἐπειδὴ δὲ ... ἐπειδὴ δέ. Genau so beginnt das berühmte große Fragment des Kritias²) bei Sext. Emp. IX 54 (Trag. fr. p. 771 N²): ἦν χρόνος, ὅτ᾽ ἦν — nun freilich mit umgekehrter Spitze: ἄτακτος ἀνθρώπων βίος, denn Götter gab es nicht, sie sind ja erst von einem Schlauberger erfunden; es folgt bei Kritias (V. 5) κἄπειτα und (V. 9) ἔπειτ᾽ ἐπειδή... Hier tun wir einen Blick in wichtige Zusammenhänge: ich kann es mir gar nicht anders erklären als so, daß den Ausführungen beider, des Kritias und seines Verwandten Platon, eine bestimmte Schrift zugrunde lag, deren Anfang sie beide zitieren, jener sie ins Gegenteil travestierend, dieser, wie es seine Gewohnheit war, ἐν παρῳδίας σχήματι μιμούμενος. Nun steht in dem Kataloge

---

die spätere Prosa Eintönigkeit doch gemieden: vgl. außer dem in meinem Komm. zur Aen. VI 423 Bemerkten auch G. Kaibel, Text und Stil der Ἀθην. πολ. des Aristot. S. 50 und kürzlich die lehrreiche Diss. von F. Eisemann, Anaximenea (Leipz. 1912) 16 f. 41.

1) Auch die Häufung von Sätzen mit οὖν gehört zur γλυκύτης dieses Stils (im ganzen 8 mal, darunter an einer Stelle so: 322 C Ζεὺς οὖν δείσας... Ἑρμῆν πέμπει.... ἐρωτᾷ οὖν Ἑρμῆς Δία, τίνα οὖν τρόπον δοίη δίκην καὶ αἰδὼ ἀνθρώποις). Es wurde dann, wie manches andere hier Besprochene, in den schlichten Stil der gerichtlichen διηγήσεις übernommen: so finden sich viele solche οὖν in der reizenden Erzählung des Euthyphron (4 CD) von seiner Klage gegen seinen Vater wegen Ermordung eines Tagelöhners.

2) Es ist schon von F. Dümmler, Proleg. zu Platons Staat (Progr. zur Rektoratsfeier, Basel 1891) 28, 1 (= Kl. Schr. I 183, 1) in diesen Zusammenhang hineinbezogen worden, mit richtiger Deutung auch des Wortes κατάστασις. Dann hat kürzlich W. Nestle in seiner Neubearbeitung des Deuschle-Crouschen Kommentars zum Protag. (1910) in der Einl. S. 15. 38 f. die Sache kurz berührt. Auf diese Bemerkungen wurde ich erst nach Abschluß meines Manuskripts aufmerksam, das ich um so mehr unverändert lassen durfte, als die Genannten das Stilistische außer Betracht gelassen haben, aus dem hier wie oft mehr zu lernen ist als aus den wenigen sachlichen Konkordanzen.

der Schriften des Protagoras bei Diog. L. IX 55 eine mit dem Titel Περὶ τῆς ἐν ἀρχῇ καταστάσεως. Dazu bemerkt Diels, Fragm. d. Vorsokr. II¹² S. 539, 7: „'über die Anfänge der menschlichen Gesellschaft' Gomperz.[1]) Ich vermute, daß der Titel sich auf die Platonische Imitation bezieht." Diese Vermutung erscheint mir wohl begründet; ich möchte aber die Bemerkung hinzufügen, daß der Titel von einem Kenner herrühren muß. Nämlich ein langes Fragment des Tragikers Moschion bei Stob. ecl. I 100 W. (fr. 6 p. 813 N²) beginnt so:

πρῶτον δ' ἄνειμι καὶ διαπτύξω λόγῳ
ἀρχὴν βροτείου καὶ κατάστασιν βίου·
ἦν γάρ ποτ' αἰὼν κεῖνος, ἦν ποθ' ἡνίκα
θηρσὶν διαίτας εἶχον ἐμφερεῖς βροτοί usw.

Hier haben wir also wieder den analogen Anfang ἦν γάρ ποτ' αἰών[2]), es fehlt im weiteren auch nicht ein ἐπεὶ δὲ ..., τότε, und diese genaue Dar-

---

[1]) Nach dem weiterhin über κατάστασις Auszuführenden würde ich lieber übersetzen 'Gesellschaftsverfassung'.
[2]) Bei Sextus, der das Kritiasfragment überliefert, steht in demselben Kapitel (περὶ θεῶν) § 14 Folgendes: θηριώδους γὰρ καὶ ἀτάκτου γεγονότος τοῦ πάλαι βίου 'ἦν χρόνος' ὥς φησιν ὁ Ὀρφεύς (247 Abel) 'ἡνίκα φῶτες ἀπ' ἀλλήλων βίον εἶχον σαρκοδακῆ, κρείττων δὲ τὸν ἥττονα φῶτ' ἐδάϊζεν'. Diese Verse stimmen mit denen des Moschion ἦν γάρ ποτ' αἰών ..., ἡνίκα θηρσὶν διαίτας εἶχον ἐμφερεῖς βροτοί ... Βοραὶ δὲ σαρκοβρῶτες ἀλληλοκτόνους Παρεῖχον αὐτοῖς δαῖτας ... Ὁ δ' ἀσθενὴς ἦν τῶν ἀμεινόνων βορά so genau überein, daß irgendeine Beziehung obwalten muß. Welcher Art diese war, dürfte nicht ganz leicht zu sagen sein, da das Alter des Orpheuszitats nicht ohne weiteres feststeht. Über die Quelle des Sextus, in der es zitiert war, kann ich nur sagen, daß der terminus ad quem durch die Euhemeroszitate § 17. 51 sowie die Erwähnung der νεώτεροι Στωϊκοί § 28 gegeben ist. Aber die Verse machen mir keinen schlechten Eindruck: σαρκοδακής ~ θυμοδακής θ 185 (an gleicher Versstelle), und κρείττων δὲ τὸν ἥττονα φῶτ' ἐδάϊζεν scheint in der Form durch Hesiod. Erg. 193 βλάψει δ' ὁ κακὸς τὸν ἀρείονα φῶτα um so sicherer beeinflußt, als dem Sinne nach beide Verse dem bei Hesiod weiterhin folgenden αἶνος (202 ff.) verwandt sind, mit dem sie schon der Gewährsmann des Sextus vergleicht. Ich halte es daher für sehr wahrscheinlich, daß die Verse aus der alten orphischen Theogonie stammen, wie schon J. A. Fabricius, der Sextuseditor, freilich ohne nähere Begründung annahm ('ex Orphei Titanographia, ni fallor', wie er sich ausdrückt); daß bei Sextus κρείττων und ἥττονα geschrieben ist, wird niemand als Gegeninstanz anführen wollen. Sind jene Verse also alt, so hat nicht nur Moschion sie paraphrasiert, sondern es würde im Zusammenhange mit meinen Darlegungen im Texte wohl zu folgern sein, daß schon die ältere Sophistik mit ihnen operiert hat: die Annahme aber einer Konkurrenz alter sophistischer Prosa mit einem theologischen Gedichte, das auch Platon oft benutzte, würde sich unserem Vorstellungskreise gut einfügen. Bei der Wichtigkeit der Sache wäre eine Nachprüfung der hier in Kürze gegebenen Positionen erwünscht.

legung wird nun V. 1f. bezeichnet als eine Untersuchung über die ἀρχή καὶ κατάστασις, d. h. prosaisch ausgedrückt, περὶ τῆς ἐν ἀρχῇ καταστάσεως. Derjenige, der der platonischen Nachbildung einer Schrift aus den Kreisen der alten Sophistik diesen Titel gab, hat also Sachkunde bewiesen.[1]) Die Möglichkeit, daß es eine Schrift dieses Inhalts von Protagoras gab, wird nicht bestritten werden können; jedenfalls gehörte sie ihm im ideellen Wortsinne: denn dies ist ja das Prinzip der platonischen μίμησις in Theorie und Praxis, seine πρόσωπα sagen zu lassen (um es κατ' Ἀριστοτέλη zu formulieren) οὐ τὰ ὄντως ὑπ' αὐτῶν λεγόμενα, ἀλλὰ τὰ κατὰ τὸ εἰκὸς ἢ τὸ δυνατόν. Übrigens kommt auf den bestimmten Namen nicht so viel an: wir können ihn durch die Periphrase οἱ περὶ Πρωταγόραν καὶ Ἱππίαν σοφισταί ersetzen. Denn Protagoras hat mit solchen kulturgeschichtlichen Untersuchungen nicht allein gestanden. Die Worte des Hippias im Hipp. maior 285B περὶ τῶν γενῶν, ὦ Σώκρατες, τῶν τε ἡρώων καὶ τῶν ἀνθρώπων καὶ τῶν κατοικίσεων, ὡς τὸ ἀρχαῖον ἐκτίσθησαν αἱ πόλεις, καὶ συλλήβδην πάσης τῆς ἀρχαιολογίας ἥδιστα ἀκροῶνται, ὥστ' ἔγωγε δι' αὐτοὺς ἠνάγκασμαι ἐκμεμαθηκέναι τε καὶ ἐκμεμελετηκέναι πάντα τὰ τοιαῦτα haben längst nicht die Beachtung gefunden[2]),

1) Da mich der Titel seit Jahren interessierte, habe ich bei meiner Lektüre auf das Vorkommen von κατάστασις in diesem Sinne geachtet. Das Wort ionischer Prägung begegnet zuerst, und dort sehr oft, im Hippokratischen Corpus von der körperlichen Konstitution, und so hat es auch Herodot II 173 ἀνθρώπου κ. und VIII 83 ἐν ἀνθρώπου φύσι καὶ καταστάσι. Es ist dann, wie so viele, vom Organismus des Individuums auf den des Staates übertragen worden, sicher von den Sophisten (daher in dieser Bedeutung 'Verfassung' sehr oft schon bei Herodot, dann bei Platon und Isokrates, während es Thukydides, der es so oft zu gebrauchen Veranlassung gehabt hätte, nur dreimal gebraucht). Von besonderem Interesse sind natürlich diejenigen Stellen, wo das Wort in Verbindung mit ἀρχή, ἀρχαῖοι u. ä. vorkommt. Daß sich diese Verbindung bei Isokrates findet (3, 26 εἰ δὲ δεῖ τι καὶ τῶν ἀρχαίων εἰπεῖν, λέγεται καὶ τοὺς θεοὺς ὑπὸ Διὸς βασιλεύεσθαι. περὶ ὧν εἰ μὲν ἀληθὴς ὁ λόγος ἐστί, δῆλον ὅτι κἀκεῖνοι ταύτην τὴν κατάστασιν προκρίνουσι usw.), ist wichtig, weil diese Stelle zu einer aristotelischen stimmt (s. u. S. 373, 4). Ferner eine interessante Stelle bei Athenaios XIV 627E ὅθεν ἔοικεν καὶ Ὅμηρος διατηρῶν τὴν ἀρχαίαν τῶν Ἑλλήνων κατάστασιν λέγειν 'φόρμιγγός θ' ἣν δαιτὶ θεοὶ ποίησαν ἑταίρην' (θ 99 + ρ 262. 271), sicher nach peripatetischer Quelle (R. Weber, De Dioscuridis περὶ τῶν παρ' Ὁμήρῳ νόμων libello, Leipz. Stud. XI 1888, 178 f.); Homerverse werden in diesem Zusammenhange auch von Thukydides, Platon und Aristoteles an den weiterhin im Texte genannten Stellen zitiert. Aus späterer Zeit: Hierokles (aus der Schrift Πῶς πατρίδι χρηστέον) bei Stob. flor. I 734, 1 H. (= Hierokles ed. v. Arnim p. 52, 8) τὴν ἐξ ἀρχῆς τῆς πολιτείας κατάστασιν.

2) Seine Behauptung, die zitierten Worte und die ihnen vorangehenden seien unglaubwürdig, wird W. Süss, De comoediae antiquae atticae usu et origine, Bonn 1906, 42 f. nicht mehr aufrecht erhalten. Die hier im Texte zitierten fassen den Begriff der πολυμαθία zusammen, den schon Herakleitos

wie sie verdienen, auch abgesehen davon, daß hier zuerst das Wort ἀρχαιολογία[1]) vorkommt, eine echt sophistische Wortprägung (ἐλεεινολογία, βραχυλογία als terminologische Bezeichnungen der alten Sophistik Plat. Phaidr. 272 A). Das Material für Hippias, jetzt von Diels bequem vorgelegt, bedarf einer Bearbeitung, in der Hippias jedoch nicht isoliert werden darf. Denn dies ist das jetzt schon greifbare Ziel: eine Geschichte der kulturgeschichtlichen Forschung über die Anfänge des menschlichen Gesellschaftslebens. Auch die Etappen, die diese Forschung durchlaufen hat, sind schon einigermaßen sichtbar. Die Reflexionen des Hesiodos machten den Anfang (das hat Aristoteles gewußt, der ihn gleich zu Beginn der Politik zitiert). An ihn knüpften die ionischen Logographen an, deren schüchterne Versuche über die Geschichte ältester staatlicher Organisationen von den Sophisten, insbesondere dem für Geschichtliches interessierten Hippias fortgesetzt, aber auch popularisiert und infolge ihrer Polymathie verflacht wurden; ihren Zusammenhang mit dem alten, speziell auch dem hesiodischen Epos tragen sie durch mythische Einkleidung zur Schau. Von dieser Bewegung ist Aischylos (Prometheus) gestreift worden (auch die mythische Geographie dieses Stücks hängt damit zusammen); die genannten jüngeren Tragiker zeigen sich stark von ihr ergriffen. In einer Schrift des hippokratischen Corpus findet sich die Theorie auf die Medizin angewandt.[2]) Hellanikos setzte die Forschung der älteren Logographen und des Hippias fort (κτίσεις, περὶ ἐθνῶν, ἐθνῶν ὀνομασίαι wie Hippias schol. Apoll. III 1179, vgl. seine Καρνεονῖκαι als Seitenstück der Ὀλυμπιονικῶν ἀναγραφή des Hippias).[3]) Ihn kannte und bekämpfte Thukydides, dessen Darlegung von den Späteren ganz richtig als ἀρχαιολογία bezeichnet wurde. Aber während er sich auf das Hellenische beschränkte (mit gelegentlichen Seitenblicken auf die βάρβαροι), lenkte der alternde Platon (Ges. III) den Blick wieder auf die allgemeine Prähistorie und machte eine Wissenschaft daraus. Auf seinen Schultern stand Aristoteles (Politik I), der aber daneben auch die älteren Untersuchungen kannte und neues Material besonders aus den ihm bekannt gewordenen alten Verfassungen) heranzog.[4])

---

als solchen gekannt (und perhorresziert) hat und der späterhin in den Schulen Examensfach geworden ist; die ihnen vorangehenden beziehen sich auf die später sog. ἐγκύκλια μαθήματα, als deren πατήρ den Späteren eben Hippias galt, und zwar im Prinzip mit Recht (Ant. Kunstpr. 671).

1) Als Titel mir in voraugusteischer Zeit nur bekannt: Ἀρχαιολογία im Kataloge der Schriften des Kleanthes bei Diog. L. VII 175 (folgt: περὶ θεῶν, περὶ γιγάντων); über Thukydides s. u.

2) Περὶ ἀρχαίης ἰητρικῆς I p. 575 L. τὴν γε ἀρχὴν ἔγωγε δοκέω καὶ τὸν ἄνθρωπον τοιαύτῃ τροφῇ κεχρῆσθαι. τὰ δὲ νῦν διαιτήματα εὑρημένα καὶ τετεχνημένα ἐν πολλῷ χρόνῳ γεγενῆσθαί μοι δοκεῖ. ὡς γὰρ ἔπασχον πολλά τε καὶ δεινὰ ὑπὸ ἰσχυρῆς τε καὶ θηριώδεος διαίτης κτλ. (Mitteilung meines Schülers O. Regenbogen).

3) Nachträglich kann ich noch grade auf F. Jacobys soeben erschienenen Hellanikos-Artikel, R. E. VIII 137 f. verweisen, wo er genau so Hellanikos mit Hippias zusammengestellt hat.

4) Platon hat den Gegenstand wissenschaftlich behandelt in den Gesetzen

374　Anhang VII.

Der βίος Ἑλλάδος des Dikaiarchos systematisierte die älteren Forschungen auf der Grundlage der inzwischen erfolgten platonisch-peripatetischen Vertiefung. Von Späteren, die eingegriffen haben, seien nur Epikuros und Poseidonios genannt, deren Nachwirkungen bei Lucretius und in Fragmenten varronischer Schriften zu erkennen sind.[1] — Vgl. hierzu 'Nachträge'.

Stil der πράξεις τῶν θεῶν bei Euhemeros-Ennius.

3. Den Nachweis, daß die großen Zitate aus Ennius' Euhemerus uns die originale Prosafassung fast unverändert erhalten haben, rechne ich zu den wichtigsten Erkenntnissen, die für die Geschichte der alten lat. Literatur in letzter Zeit gemacht worden sind.[2] Wer nun den protagoreischen Mythos und die Fragmente der ennianischen Schrift nebeneinander liest, wird, zumal wenn er sich die letztere ins Griechische zurückdenkt, den Eindruck gewinnen, daß in beiden derselbe Stil archaischer, treuherziger Simplizität und Naivität herrscht, der für die Leser nur um so größeren Reiz erhält, als er in beiden Fällen in beabsichtigtem Widerspiele zu dem Rationalismus des Inhalts steht. Wenn man die prinzipielle Verschiedenheit des Gesamtmotivs in Rechnung zieht, wird man sogar inhaltliche Anklänge finden können[3], deren Wert gerade darin liegt, daß sie längst nicht genau genug

III 680. 681: dort ist der Gedanke des Protag. 322 B κατ' ἀρχὰς ἄνθρωποι ᾤκουν σποράδην, πόλεις δὲ οὐκ ἦσαν· ἀπώλλυντο οὖν ὑπὸ τῶν θηρίων διὰ τὸ πανταχῇ αὐτῶν ἀσθενέστεροι εἶναι (weshalb sie sich in πόλεις vereinigten) so gewendet (680 C—81 A): τὸ ἀρχαῖον wohnten die Menschen διεσπαρμένοι, μετὰ δὲ ταῦτά γε εἰς τὸ κοινὸν μείζους ποιοῦντες πόλεις πλείους συνέρχονται .... περιβόλους τε αἱμασιώδεις τινὰς τειχῶν ἐρύματα τῶν θηρίων ἕνεκα ποιοῦνται. Aristoteles setzt in den Anfangskapiteln der Politik die Darlegung der platonischen Gesetze als bekannt voraus, erweitert sie aber teils aus eigener Forschung teils aus Reminiszenzen an vorplatonische. Seine Worte Α 2. 1253a 15 τοῦτο γὰρ πρὸς τὰ ἄλλα ζῷα τοῖς ἀνθρώποις ἴδιον τὸ μόνον ἀγαθοῦ καὶ κακοῦ καὶ δικαίου καὶ ἀδίκου καὶ τῶν ἄλλων αἴσθησιν ἔχειν· ἡ δὲ τούτων κοινωνία ποιεῖ οἰκίαν καὶ πόλιν ist dem Gedanken nach genau dasselbe, was mythisch eingekleidet im Protag. 322 CD steht: das war also traditionelles Gut aus den Zeiten der alten Sophistik. Dasselbe gilt von Α 2. 1252b 23—27, auf deren große Ähnlichkeit mit Isokrates 3, 26 E. Maaß, Hermes XXII (1887) 588 hingewiesen hat; an dieser Stelle des Isokrates steht, wie bemerkt (s. o. S. 372, 1), auch der Terminus κατάστασις

1) Die in dem Exzerpt aus Athenaios erhaltene Kompilation des sog. Dioskurides περὶ τοῦ τῶν ἡρώων καθ' Ὅμηρον βίου ist ein letzter Ableger dieser Literaturgattung.

2) F. Marx, Deutsche Lit.-Zeit. 1903 Sp. 2747 (Rezension von Vahlens Ennius, 2. Aufl.), F. Jacoby und F. Skutsch sind unabhängig von einander darauf gekommen. Letzterer hat Einzelheiten durch seinen Schüler F. Hache, Quaest. archaicae, Diss. Bresl. 1907 ausführen lassen.

3) Fr. X *nam cum terras circumiret (Iuppiter) ... reges principesve populorum hospitio sibi et amicitia copulabat et cum a quoque digrederetur iubebat sibi fanum creari ... sic constituta sunt templa ... XI deinde Iuppiter ... reliquit hominibus leges mores frumentaque paravit multaque alia bona fecit —* Plat. Prot. 322 A ὁ ἄνθρωπος ... θεοὺς ἐνόμισε καὶ ἐπεχείρει βωμούς τε

sind, um eine (ohnehin nicht diskutierbare) Anlehnung des Euhemeros an Platon denkbar erscheinen zu lassen. Aber die Sphäre, aus der beide Erzählungen stammen, erweist sich als die gleiche, und diese Erkenntnis erhält ihre Gewähr dadurch, daß in dem einzigen über ein paar Worte hinausgehenden wörtlichen Zitate aus dem griechischen Originale (bei Sextus Emp. IX 17) der Anfangsvers jenes — von dem Gewährsmanne des Sextus in gleichem Zusammenhange überlieferten (s. o. S. 370) — Kritiasfragments zitiert wird, über dessen Zusammenhang mit der protagoreischen Erzählung bei Platon soeben gesprochen worden ist: Εὐήμερος δὲ ... φησίν, 'ὅτ᾽ ἦν ἄτακτος ἀνθρώπων βίος', οἱ περιγενόμενοι τῶν ἄλλων ἰσχύι τε καὶ συνέσει ... ἀνέπλασαν περὶ αὐτοὺς ὑπερβάλλουσάν τινα καὶ θείαν δύναμιν, ἔνθεν καὶ τοῖς πολλοῖς ἐνομίσθησαν θεοί.[1]) Aus diesen Kongruenzen muß gefolgert werden, daß Euhemeros denjenigen Teil seines Reiseromans, in dem er die πράξεις Οὐρανοῦ καὶ Κρόνου καὶ Διός auf Grund der angeblichen ἱερὰ ἀναγραφή berichtete, in den schlichten Stil gekleidet hat, in dem οἱ ἀρχαῖοι οἱ περὶ Φερεκύδην τὸν Σύριον καὶ Ἑκαταῖον τὸν Μιλήσιον[2]) καὶ Πρωταγόραν ihre Mythen und Erzählungen verfaßt hatten: den πράξεις der Vorzeit sollte durch diesen archaischen Stil der Stempel der Echtheit aufgeprägt werden. Was konnte dem alten und dabei doch so modernen Ennius erwünschter sein, als daß er bei seiner *interpretatio* des Griechen (Cic. de deor. nat. I 119, vgl. Varro r. r. I 48, 2 *apud Ennium ... in Euhemeri libris versis*) dessen Stil unverändert beibehalten durfte? Entsprach doch die (freilich affektierte) Simplizität dieses Stils dem römischen Erzählungsstile, der sich damals soeben aus der infantia der Pontifikalchronik befreite und sich naturgemäß nicht dem Pompe der zeitgenössischen hellenistischen Historiker, sondern der Schlichtheit Herodots verwandt fühlte. Denn den Stil Catos, der unmittelbar nach Ennius' Tode Geschichte zu schreiben begann[3]), ver-

---

ἱδρύεσθαι καὶ ἀγάλματα θεῶν· ἔπειτα ... οἰκήσεις καὶ ἐσθῆτας καὶ ὑποδέσεις καὶ στρωμνὰς καὶ τὰς ἐκ γῆς τροφὰς εὕρετο, auch die νόμοι werden auf Befehl des Zeus eingeführt (322 CD).

1) Über das Kritiaszitat bei Euhemeros hat schon R. Hirzel, Der Dialog I (Leipz. 1895) 397, 1 richtig geurteilt.

2) Vgl. Jacoby, R.E. VI 967, 62: „Vorbereitet ist sie (die historisch-politische Interpretation) längst durch den Rationalismus, mit dem die Geschichtschreibung seit ihrer Entstehung die Heldensage behandelt hat, um durch methodische Abstreifung des λίαν μυθῶδες Geschichte aus ihr zu gewinnen. Insofern hat Lobeck, Aglaoph. II 1829, 987 f. mit Recht Euemeros an den Schluß einer mit dem Milesier Hekataios beginnenden Reihe gestellt." Daß die stilistische Kongruenz zu der sachlichen hinzukommt, ist eine erwünschte Bestätigung dieser Kombination.

3) Cato *senex historias scribere instituit* (Nepos Cat. 3, 3); anderes führt auf die Beendigung des Krieges mit Perseus als terminus a quo (s. Schanz § 68), also etwa auf 168, ein Jahr nach Ennius' Tode, *sub ipsam Enni mortem*, wie Suetonius (de gramm. 2) die Anfänge der römischen Philologie durch die Anwesenheit des Krates datiert. Der Euhemerus des Ennius muß also als älteste 'geschichtliche' Prosa der eigentlichen lat. Literatur bezeichnet werden.

gleicht Cicero (de or. II 51 f.) mit demjenigen der altionischen Logographen [1], der durch Herodots Kunst τὴν ἑαυτοῦ φύσιν erreicht hatte. Daher ist nicht zu verwundern, daß der Stil der Fragmente des ennianischen Euhemerus nicht nur, wie bemerkt, in seinem gesamten Tenor demjenigen des protagoreischen Mythos kongruent ist, sondern daß er auch einige Besonderheiten im einzelnen mit ihm teilt. Dem wiederholten καὶ οὕτως der platonischen Parodie entspricht genau fr. V *patri regnum reddidisse atque ita in Cretam remeasse.*[2]) Unmittelbar darauf geht es weiter: *post haec deinde,* ent-

---

[1] Cic. de or. II 51 *Graeci quoque sic initio scriptitarunt ut noster Cato, ut Pictor, ut Piso,* darauf 52 eine Bemerkung über die Pontifikalchronik, dann 53 *hanc similitudinem scribendi multi secuti sunt, qui sine ullis ornamentis monumenta solum temporum hominum locorum gestarumque rerum reliquerunt. itaque qualis apud Graecos Pherecydes* (er meint natürlich den Lerier) *Hellanicus Acusilas fuit aliique permulti, talis noster Cato et Pictor et Piso.* Seine Kenntnis der griechischen Verhältnisse entnahm Cicero derselben Quelle, der auch Dionysios Hal. de Thuc. 5 folgte, wo die berühmte vollständige Aufzählung jener von Cic. verkürzten (*aliique permulti*) Liste der ἀρχαῖοι steht: vgl. J. Wolcott, Early parallelisms in Roman historiography, Americ. Journ. of phil. XXIII (1902) 313f. Cicero zieht auch die Pontifikalchronik heran, wodurch seine Darlegung leidet, denn er muß nun durch *itaque qualis —Piso* (53) die schon vorher gesagten Worte *Graeci—Piso* (51) wieder aufnehmen. Diese Unebenheit erklärt sich, wie mir scheint, daraus, daß auch seine Quelle, sie aber kurz, von solchen Priesteraufzeichnungen sprach, die von jenen ältesten Geschichtschreibern verwertet seien: ἕνα καὶ τὸν αὐτὸν φυλάττοντες σκοπόν, ὅσαι διεσῴζοντο παρὰ τοῖς ἐπιχωρίοις μνῆμαι κατὰ ἔθνη καὶ κατὰ πόλεις, εἴ τ' ἐν ἱεροῖς εἴ τ' ἐν βεβήλοις ἀποκείμεναι γραφαί, ταύτας εἰς τὴν κοινὴν ἁπάντων γνῶσιν ἐξενεγκεῖν, οἵας παρέλαβον, μήτε προστιθέντες αὐταῖς τι μήτε ἀφαιροῦντες (Dionys. a. a. O. Den nach diesem Zeugnisse in den Tempelarchiven aufbewahrten Prosaurkunden treten die Hymnen zur Seite: s. o. S. 151, 4. 157, 1. Auch lasen wir oben S. 46, 2, daß Philostratos behauptet, die Schrift des Apollonios περὶ θυσιῶν sei ἐν ἱεροῖς von ihm gefunden worden).

[2] Vgl. etwa noch Quadrigarius p. 48 Pet. *et ita rebus praeclariter gestis Romam reverterunt.* 56 *dextrum umerum sauciat atque ita resiluit.* Sisenna 7 *Marsi propius succedunt atque ita scutis proiectis saxa ... coniciunt in hostes.* — Für die in der platonischen Parodie so sichtliche Gleichgültigkeit gegen Wiederholung derselben Worte (o. S. 369, 2) finden sich in den Fragmenten der ennianischen Übersetzung mehrere Beispiele, so III *Iovem clam abscondunt dantque eum Vestae educandum celantes Saturnum. item Neptunum clam Saturno Ops parit cumque clanculum abscondit ... ibi filiam Glaucam Saturno ostendunt, at filium Plutonem celant atque abscondunt.* Ein Substantivum wird zu Beginn des neuen Satzes aufgenommen fr. XI *sepulchrum eius est in Creta in oppido Gnosso et dicitur Vesta hanc urbem creavisse; inque sepulchro eius est inscriptum* usw. (öfters dgl. bei den Annalisten, z. B. Hemina fr. 37 *lapidem fuisse quadratum ..., in eo lapide* usw., Quadrigarius 57 *qui priore anno erat consul. ei consuli* usw. Das haben

sprechend jenem ἐπειδή, ἔπειτα; überhaupt aber läßt sich sagen, daß der
ennianischen Übersetzung die Aneinanderreihung mit solchen Zeitpartikeln
gradezu die Signatur verleiht. Nach dem charakteristischen Anfange mit
initio (ἐν ἀρχῇ) *primus in terris imperium summum Caelus habuit* geht es
weiter mit *exim, deinde, posterius, tum, post haec deinde, postquam, deinde
postquam* (z. B. fr. VI *deinde Pan eum deducit in montem qui vocatur Caeli
stela. postquam eo ascendit, contemplatus est late terras*).[1]

4. Merkwürdig ist mir seit langem erschienen[2]), daß genau dieselbe
Affektation primitiver Rede, die in der platonischen Parodie die Wiederaufnahme des Verbums zeigt (νέμει. νέμων δέ u. dgl.), sich findet in folgenden
vom auctor ad Herennium I 9, 14 eben wegen dieser primitiven Art der
Diktion zitierten und getadelten Verse: (*et ne bis aut saepius idem dicamus,
cavendum est; etiam ne quid novissime quod dicamus, hoc modo:*)

Stil der akrostichischen argumenta der Komödie.

---

dann später die Frontonianer, wie Apuleius und Minucius Felix imitiert;
es stammt gleichfalls aus dem altionischen Erzählungsstile, wie jeder Leser
Herodots weiß). Für die in der platonischen Parodie so charakteristische
Wiederaufnahme eines Verbums (νέμει. νέμων δέ u. dgl.) bieten die ennianischen Fragmente wohl nur zufällig kein Beispiel, aber vgl. Quadrigarius
fr. 10 *donec subvertit. ubi eum evertit, caput praecidit*. Sisenna 27 *Romanos
impetu suo protelant, protelatos persequuntur*. — In den narrationes, die
Plautus gar nicht selten hat, finden sich für dies alles Beispiele (lehrreich
z. B. Amph. 203 ff.); aber auf die Stilisierung gerade der Partien in der
continua oratio ist er noch nicht hinlänglich untersucht worden.

1) Lehrreich ist, was der auctor ad Herennium IV 10, 14 ff. zur Sache bemerkt. Er spricht zunächst vom *adtenuatum genus* (ἰσχνόν), *id quod ad in-
fimum et cottidianum sermonem demissum est*, und gibt dafür ein Beispiel,
das so anfängt: '*nam ut forte hic in balneas venit, coepit, postquam perfusus
est, defricari; deinde, ubi visum est, ut in alveum descenderet, ecce tibi iste
de traverso „heus", inquit, „adulescens, pueri tui modo me pulsarunt; satis
facias oportet." hic qui id aetatis ab ignoto praeter consuetudinem appellatus
esset, erubuit. iste clarius eadem et alia dicere coepit. hic „vix, tamen", inquit,
sine me considerare*' (und so noch weiter ein langes Stück). Diesen Stil
kennen wir: es ist genau der des Petronius; dem auctor konnte er aus Sisennas
Milesiae bekannt sein. Das war also der Stil der neuionischen Novelle, οἱ
περὶ Ἀριστείδην haben so geschrieben. Dieser Stil ist nur scheinbar kunst-
los, in Wahrheit ist er grade wegen seiner ἀφέλεια nicht leicht zu handhaben (der auctor nennt ihn *facetissimum*). Daher schlägt seine ἀρετή leicht
in κακία um, indem er wird zum *aridum et exangue genus orationis quod
non alienum est exile nominari*. Das Beispiel, das er dafür gibt, interessiert
uns hier: '*nam istic in balineis accessit ad hunc. postea dicit: „hic tuus
servus me pulsavit". postea dicit hic illi: „considerabo". post ille convicium
fecit et magis magisque praesente multis clamavit.*'

2) Die hier angestellte Kombination habe ich bereits Ant. Kunstpr. S. 37, 1
vorgetragen, aber ohne jede Begründung, die sich mir erst später ergab
und die ich nunmehr hier nachhole.

Athenis Megaram vesperi advenit Simo:
ubi advenit Megaram, insidias fecit virgini:
insidias postquam fecit, vim in loco adtulit.

Diese Verse hat O. Ribbeck (Com. Rom. Fragm.³ S. 132) unter die incerti incertorum gesetzt. Es läßt sich mit Bestimmtheit sagen, daß sie einem argumentum angehören: sowohl der Inhalt wie die kurzen Sätze beweisen es (z. B. *mater e Lemno advenit Athenas* arg. Phorm. 5f., *meretricem Athenis Ephesum miles avehit* arg. Mil. glor. 1, *qui virginem vitiarat* arg. Aul. 11, *vitiat virginem* arg. Eun. 10, *virgini vitium obtulit* arg. Hec. 1 usw.), in den Komödien selbst ist derartiges beispiellos. Daß in sullanischer Zeit die Palliaten schon metrische ὑποθέσεις hatten, ist nach den neuen Papyrusfunden nicht zu verwundern. So hat der „Ἥρως" Menanders eine metrische ὑπόθεσις in zwölf guten Versen[1]), und der sonderbare, von P. Jouget, Bull. de corr. Hell. XXX (1906) 103 ff. edierte Komödienprolog ist nicht viel anderes als eine versifizierte ὑπόθεσις, die mit jenem lateinischen 'argumentum' auch durch eine bis zur Travestie gesteigerte Stiltechnik verbunden ist.[2]) Ja wir dürfen noch einen Schritt weitergehen. Das Prinzip, Verse mit einem Satzschlusse zusammenfallen zu lassen, wie es in den zitierten Versen geschieht, ist charakteristisch für die akrostichistischen argumenta der plautinischen Stücke, z. B. ist in demjenigen zur Casina *(Conservam uxorem duo conservi expetunt. | Alium senex allegat, alium filius. | Senem adiuvat sors, rerum decipitur dolis. | Ita ei subicitur pro puella servolus | Nequam qui dominum mulcat atque vilicum. | Adulescens ducit civem Casinam cognitam)* dies Prinzip nur ein einzigesmal durchbrochen (ebenfalls nur einmal in neun Versen des Trinummus, keinmal in den elf des Truculentus). Also haben wir

---

1) F. Leo, Herm. XLIII (1908) 121. Daß die metrischen ὑποθέσεις zu Aristophanes' Komödien älter seien als Nauck annahm, ist von Leo, Plaut. Forsch. (1895; S. 22, 1 der 2. Aufl.) ausgesprochen und von Wilh. Michel, De fabularum graecarum argumentis metricis (Diss. Gießen 1908) näher begründet worden.

2) Ἔρως Ἀφροδίτης υἱὸς ἐπιεικὴς νέος
    νέος ἐπιεικὴς υἱὸς Ἀφροδίτης Ἔρως
    ἐλήλυθα ἀγγελῶν τοιοῦτο πρᾶγμά τι
    πρᾶγμά τι τοιοῦτον ἀγγελῶν ἐλήλυθα usw.

Michel a. a. O. S. 10 hat meinem früher gegebenen Hinweise (s. o. S. 377,2) zugestimmt und die Technik jenes 'argumentum' mit derjenigen des inzwischen gefundenen Prologs verglichen. Dessen Stilisierung läßt sich wohl nur als parodisches παίγνιον auffassen; auch das lat. 'argumentum' macht den Eindruck der Parodie, und bei ihm sehen wir auch noch, was parodiert wird: eben jener naive Erzählerton, dessen Geschichte ich skizziere. Hier läßt sich vielleicht noch weiterkommen: die schlichte, volkstümliche Erzählung, die ihrerseits die Parodie des hohen Tons nicht verschmähte, ist nun umgekehrt von kunstmäßigen Erzählern wieder parodiert worden: Horaz, Phaedrus, Petron, Apuleius, Lukian geben Beispiele, und das führt auf die *Μενίππειοι χάριτες*

zu schließen, daß *avi* den Anfang eines Akrostichons[1]) bilden, das sich dann, nach der Nomenklatur der alten Palliaten, wohl nur zu *Avicularia* ergänzen läßt.[2]) Ὄρνιθες, Ὀρνιθευτής, Ὀρνιθοκόμοι sind Komödientitel, und vielleicht darf auch daran erinnert werden, daß Bücheler in einem bekannten Aufsatze (Archiv für lat. Lexikogr. II 1885, 116 ff.) von Vögeln in eroticis gehandelt hat.

1) Über sein frühes Vorkommen in griechischer und lateinischer Poesie hat Leo, Plaut. Forsch.² S. 22 gehandelt mit Berufung vor allem auf die von Diels gegebenen Hinweise.

2) *Avicula* kommt nach dem Thes. l. l. zuerst bei Varro de l. l. VIII 79 vor, muß aber älter sein, da Varro es als Beispiel bringt *(minima in quibusdam non sunt, ut avis avicula aucella)*. Wer die Paraphrase des Gellius II 29 von Ennius' Umdichtung der äsopischen Fabel von der *cassita* liest, wird nicht zweifeln, daß das von Gellius zweimal gebrauchte *avicula*, das in den versus quadratus metrisch so gut paßt, eben von Ennius selbst gesagt worden war *(volucris pulillos* Varro in einer ganz ähnlich stilisierten Fabel seiner saturae fr. 568).

VIII.

FORMELHAFTER PARTIZIPIAL- UND RELATIVSTIL IN DEN SCHRIFTEN DES NEUEN TESTAMENTS.

(zu S. 256.)

Zweck dieser Sammlung. Dies soll zunächst bloß eine Materialsammlung sein, die nicht einmal auf absolute Vollständigkeit Anspruch macht. Ihr Wert geht aber über das rein stilistische Interesse hinaus: es wurde oben (S. 271, 1) mit Worten von J. Weiß als eine dringliche Aufgabe bezeichnet, aus den paulinischen Briefen, um es kurz so auszudrücken, das vorpaulinische Gut herauszudestillieren; wie wichtig nun zur Lösung dieser Aufgabe die Erkenntnis formelhaften Gutes ist, liegt auf der Hand. Es fällt mir natürlich nicht ein zu behaupten, daß alle hier zu zitierenden Stellen aus älterer Überlieferung stammen: innere Argumente müssen die äußeren stützen. Hier wird die Arbeit von Fachtheologen einsetzen müssen. Gelegentlich werde ich im Folgenden dergleichen bemerken; einiges derart wird auch in den Handkommentaren notiert, worauf ich bei den betr. Stellen hinweisen werde. Auch für die Vorgeschichte des Symbols und die Exegese überhaupt wird sich einiges ergeben.

1. PARTIZIPIA.

Paulus an die Römer 4,17 θεοῦ τοῦ ζωοποιοῦντος τοὺς νεκροὺς καὶ καλοῦντος τὰ μὴ ὄντα ὡς ὄντα. Dies ist eine Allmachtsformel, durch die die übliche θεὸς ὁ ποιήσας τὸν οὐρανὸν καὶ τὴν γῆν oder ὁ τὰ πάντα κτίσας καὶ καταρτίσας u. ä. spezialisiert wird (für solche allgemeinen Formeln zahlreiches Material bei Harnack im Anhang zu A. Hahn, Bibliothek d. Symbole usw., Bresl. 1897, 372). Die Stelle an Tim. I 6, 13 παραγγέλλω ἐνώπιον τοῦ θεοῦ τοῦ ζωογονοῦντος τὰ πάντα beruht wohl nicht auf der des Römerbriefs, da fortgefahren wird καὶ Χριστοῦ Ἰησοῦ τοῦ μαρτυρήσαντος ἐπὶ Ποντίου Πιλάτου τὴν καλὴν ὁμολογίαν: man wird wohl folgern dürfen, daß in dem noch nicht fixierten Wortlaute des Symbols (s. o. S. 274) bei der Prädikation Gottes eine derartige Formel in Brauch war, die Paulus und der Pauliner mit freier Variation referieren. — 5, 5 διὰ πνεύματος ἁγίου τοῦ δοθέντος ἡμῖν. — 7, 4 ἑτέρῳ τῷ ἐκ νεκρῶν ἐγερθέντι (alte Formel). — 8, 11 τὸ πνεῦμα τοῦ ἐγείραντος τὸν Ἰησοῦν ἐκ νεκρῶν (desgl.). — 8, 37 ὑπερνικῶμεν διὰ τοῦ ἀγαπήσαντος ἡμᾶς (vgl. nachher die Stellen Gal. 2, 20, Thess. II 2, 16 und Apok. Joh. 1, 5; die Ausdrucksweise erinnert an die des vierten Evang. εἷς τῶν μαθητῶν, ὃν ἠγάπα ὁ Ἰησοῦς 13, 23 u. ö.). — 9, 5 ὁ Χριστὸς τὸ κατὰ σάρκα, ὁ ὢν ἐπὶ πάντων θεὸς εὐλογητὸς εἰς τοὺς αἰῶνας, ἀμήν (alte Formel). — 10, 12 ὁ γὰρ αὐτὸ κύριος πάντων πλουτῶν εἰς πάντας τοὺς ἐπικαλουμένους αὐτόν (ohne

Artikel, also wohl nicht formelhaft). — Galater 1, 1—4 διὰ Ἰησοῦ Χριστοῦ καὶ θεοῦ πατρὸς τοῦ ἐγείραντος αὐτὸν ἐκ νεκρῶν..... χάρις ὑμῖν καὶ εἰρήνη ἀπὸ θεοῦ πατρὸς ἡμῶν καὶ κυρίου Ἰησοῦ Χριστοῦ τοῦ δόντος ἑαυτὸν ὑπὲρ τῶν ἁμαρτιῶν ἡμῶν (Benutzung formelhaften Gutes unzweifelhaft; vgl. nachher bei den Relativen die Stelle des Titusbriefs). — 2, 20 τοῦ υἱοῦ τοῦ θεοῦ τοῦ ἀγαπήσαντός με καὶ παραδόντος ἑαυτὸν ὑπὲρ ἐμοῦ (desgl.). — 4, 4 ἐξαπέστειλεν ὁ θεὸς τὸν υἱὸν αὐτοῦ, γενόμενον ἐκ γυναικός, γενόμενον ὑπὸ νόμον (ohne Artikel). — Thessaloniker I 2, 4 θεῷ τῷ δοκιμάζοντι τὰς καρδίας ἡμῶν. — 2, 12 εἰς τὸ περιπατεῖν ὑμᾶς ἀξίως τοῦ θεοῦ τοῦ καλοῦντος ὑμᾶς εἰς τὴν ἑαυτοῦ βασιλείαν καὶ δόξαν. — 4, 8 τὸν θεὸν τὸν καὶ διδόντα τὸ πνεῦμα αὐτοῦ τὸ ἅγιον εἰς ὑμᾶς. — 5, 10 διὰ τοῦ κυρίου ἡμῶν Ἰησοῦ Χριστοῦ τοῦ ἀποθανόντος περὶ ἡμῶν (übernommene Formel).

Nichtpaulinische Briefliteratur des N.T. 'Ephesier' 3, 9 τῷ θεῷ τῷ τὰ πάντα κτίσαντι (alte Formel). — 3, 20 τῷ δὲ δυναμένῳ ὑπὲρ πάντα ποιῆσαι ..., αὐτῷ ἡ δόξα usw. (v. Soden: „Die Verwandtschaft mit Röm. 16, 25—27 legt die Vermutung einer liturgischen Grundlage nahe." Die Doxologie in Röm. ist unecht: Corssen, Z. f. nt. W. X 1 ff. Wendland, Kultur² 351, 3). Thessalon. II 1, 7 f. ἐν τῇ ἀποκαλύψει τοῦ κυρίου Ἰησοῦ ... διδόντος ἐκδίκησιν τοῖς μὴ εἰδόσιν θεόν (die von manchen Exegeten mißverstandene Stelle wird von E. v. Dobschütz in seinem Komm. richtig beurteilt; der Artikel ist hier ausgelassen). — 2, 16 ὁ θεὸς ὁ πατὴρ ἡμῶν, ὁ ἀγαπήσας ἡμᾶς καὶ δοὺς παράκλησιν. — Timoth. I 2, 5 f. εἷς γὰρ θεός, εἷς καὶ μεσίτης θεοῦ καὶ ἀνθρώπων, ἄνθρωπος Χριστὸς Ἰησοῦς, ὁ δοὺς ἑαυτὸν ἀντίλυτρον ὑπὲρ πάντων (alte Formel benutzt, vgl. Stellen der echten Briefe, und für εἷς θεός Paulus an die Kor. I 8, 4 οἴδαμεν ὅτι οὐδὲν εἴδωλον ἐν κόσμῳ καὶ ὅτι οὐδεὶς θεὸς εἰ μὴ εἷς, über letztere Formel Harnack a. a. O. 371 f.). — II 1, 8—10 κατὰ δύναμιν θεοῦ τοῦ σώσαντος ἡμᾶς καὶ καλέσαντος κλήσει ἁγίᾳ, οὐ κατὰ τὰ ἔργα ἡμῶν ἀλλὰ κατὰ ἰδίαν πρόθεσιν καὶ χάριν τὴν δοθεῖσαν ἡμῖν ἐν Χριστῷ Ἰησοῦ πρὸ χρόνων αἰωνίων, φανερωθεῖσαν δὲ νῦν διὰ τῆς ἐπιφανείας τοῦ σωτῆρος ἡμῶν Χριστοῦ Ἰησοῦ, καταργήσαντος μὲν τὸν θάνατον, φωτίσαντος δὲ ζωὴν καὶ ἀφθαρσίαν διὰ τοῦ εὐαγγελίου (in dieser Partizipienserie, die an die oben S. 254 ff. besprochene ὅς-Serie des ersten — später als der zweite verfaßten — Briefes erinnert, werden liturgische Formeln variiert, auch durch μέν—δέ sowie ausgelassene Artikel hellenisiert). — 2, 8 μνημόνευε Ἰησοῦν Χριστὸν ἐγηγερμένον ἐκ νεκρῶν, ἐκ σπέρματος Δαυείδ (vgl. v. Soden; Artikel ausgelassen wie an der vorigen Stelle). — 4, 1 διαμαρτύρομαι ἐνώπιον τοῦ θεοῦ καὶ Χριστοῦ Ἰησοῦ τοῦ μέλλοντος κρίνειν ζῶντας καὶ νεκρούς (im späteren Symbol fixiert in der Form ὅθεν ἔρχεται κρῖναι ζῶντας καὶ νεκρούς als Anhängsel von καθήμενον ἐν δεξιᾷ τοῦ πατρός. Daß die partizipiale Form älter war, zeigt auch ep. Petr. I 4, 5 τῷ ἑτοίμως ἔχοντι κρῖναι ζ. κ. ν.; auch act. ap. 10, 42 παρήγγειλεν ἡμῖν κηρύξαι τῷ λαῷ καὶ διαμαρτύρασθαι ὅτι οὗτός ἐστιν ὁ ὡρισμένος ὑπὸ τοῦ θεοῦ κριτὴς ζ. κ. ν. ergibt dieselbe Folgerung). — Petrus I (die Zeit dieses Briefs ist von derjenigen des fixierten Symbols nicht mehr fern) 1, 3 εὐλογητὸς ὁ θεὸς καὶ πατὴρ τοῦ κυρίου ἡμῶν Ἰησοῦ Χριστοῦ, ὁ κατὰ τὸ πολὺ αὐτοῦ ἔλεος ἀναγεννήσας ἡμᾶς εἰς ἐλπίδα ζῶσαν δι' ἀναστάσεως Ἰησοῦ Χριστοῦ ἐκ νεκρῶν (predigtartiger Anfang; in der vorangehenden Adresse ist formelhaftes Gut verwendet: vgl. den Komm. von

E. Kühl, Gött. 1897, S. 75). — 1, 20f. Χριστοῦ προεγνωσμένου μὲν πρὸ καταβολῆς κόσμου, φανερωθέντος δὲ ἐπ' ἐσχάτου τῶν χρόνων δι' ὑμᾶς τοὺς δι' αὐτοῦ πιστοὺς εἰς θεὸν τὸν ἐγείραντα αὐτὸν ἐκ νεκρῶν καὶ δόξαν αὐτῷ δόντα (vgl. denselben S. 124. 126; im Anfang verraten μέν—δέ und der weggelassene Artikel stilistische Ambition wie die vorhin notierte Stelle Timoth. II 1, 8—10, die auch sonst so ähnlich ist, daß man Abhängigkeit vermuten darf; auch 3, 18 θανατωθεὶς μὲν σαρκί, ζωοποιηθεὶς δὲ πνεύματι sehen aus wie eine Variante — mit Verfeinerung des Stils — von Timoth. I 3, 16 ὃς ἐφανερώθη ἐν σαρκί, ἐδικαιώθη ἐν πνεύματι). — 5, 10 ὁ θεὸς πάσης χάριτος ὁ καλέσας ὑμᾶς εἰς τὴν αἰώνιον αὐτοῦ δόξαν. — Hebräer 13, 20 ὁ θεὸς τῆς εἰρήνης ὁ ἀναγαγὼν ἐκ νεκρῶν τὸν ποιμένα τῶν προβάτων (aktive Variante von dem Passus des Symbols ἀναστάντα ἐκ νεκρῶν, während act. ap. 2, 24 ὃν ὁ θεὸς ἀνέστησεν dem Wortlaute näher bleibt; anders half sich Polykarpos ep. ad Philippos 9, 2 τὸν ὑπὲρ ἡμῶν ἀναστάντα καὶ δι' ἡμᾶς ὑπὸ τοῦ θεοῦ ἀναστάντα, mit einer sachlichen Variante Ignatios ad Smyrn. 2 ἀληθῶς ἀνέστησεν ἑαυτόν).

Evangelium Johannis[1]) 1, 18 μονογενὴς θεὸς ὁ ὢν εἰς τὸν κόλπον τοῦ πατρός. — 1, 29 ὁ ἀμνὸς τοῦ θεοῦ ὁ αἴρων τὴν ἁμαρτίαν τοῦ κόσμου. — 3, 13 οὐδεὶς ἀναβέβηκεν εἰς τὸν οὐρανὸν εἰ μὴ ὁ ἐκ τοῦ οὐρανοῦ καταβάς, ὁ υἱὸς τοῦ ἀνθρώπου. — 3, 31 ὁ ἄνωθεν ἐρχόμενος ἐπάνω πάντων ἐστίν. ὁ ὢν ἐκ τῆς γῆς ἐστιν καὶ ἐκ τῆς γῆς λαλεῖ. ὁ ἐκ τοῦ οὐρανοῦ ἐρχόμενος ἐπάνω πάντων ἐστίν. — 4, 34 (ποιῶ τὸ θέλημα) τοῦ πέμψαντός με (ebenso 6, 38. 39. 44. 7, 16. 18. 33. 8, 16. 26. 29. 9, 4. 12, 45. 49. 13, 16. 15, 21. 16, 5). — 5, 37 ὁ πέμψας με πατήρ. — 6, 14 οὗτός ἐστιν ἀληθῶς ὁ προφήτης ὁ ἐρχόμενος εἰς τὸν κόσμον. — 6, 33 ὁ γὰρ ἄρτος τοῦ θεοῦ ἐστιν ὁ καταβαίνων ἐκ τοῦ οὐρανοῦ (ebenso 6, 41. 50. 51. 58) καὶ ζωὴν διδοὺς τῷ κόσμῳ. — 6, 46 ὁ ὢν παρὰ τοῦ θεοῦ (ebenso mit ἐκ 8, 47). — 6, 62 τὸν υἱὸν τοῦ ἀνθρώπου ἀναβαίνοντα ὅπου ἦν τὸ πρότερον. — 8, 54 ἔστιν ὁ πατήρ μου ὁ δοξάζων με. — 11, 27 ἐγὼ πεπίστευκα ὅτι σὺ εἶ ὁ υἱὸς τοῦ θεοῦ ὁ εἰς τὸν κόσμον ἐρχόμενος.

Apokalypse Joh. 1, 4 χάρις ὑμῖν καὶ εἰρήνη ἀπὸ ὁ ὢν καὶ ὁ ἦν καὶ ὁ ἐρχόμενος: „es liegt, sagt W. Bousset in seinem reichhaltigen, auch für Philologen sprachlich und sachlich lehrreichen Kommentar (Götting. 1906) 184, eine erhabene Feierlichkeit in den undeklinierbaren Gottesnamen"; wir werden hinzufügen dürfen, daß es sich um eine triadisch gebildete (s. darüber S. 348 ff.) hieratische Formel handelt, die erstarrt war. Dann geht es weiter in Vers 5: καὶ ἀπὸ Ἰησοῦ Χριστοῦ, ὁ μάρτυς ὁ πιστός, ὁ πρωτότοκος τῶν νεκρῶν καὶ ὁ ἄρχων τῶν βασιλέων τῆς γῆς: auch hier sind, wie Bousset nachweist, hieratische Formeln benutzt. Nun ist mir freilich bekannt, daß dieser Schriftsteller auch sonst in geradezu unerhörter Weise Grammatik und Syntax

---

[1]) Im Gegensatze zu den synoptischen Evangelien, aus denen ich mir nur ein allerdings sehr bemerkenswertes Beispiel für den Relativstil notierte: Luk. 2, 11 ἐτέχθη ὑμῖν σήμερον σωτήρ, ὅς ἐστιν Χριστὸς κύριος (alttestamentliche Zitate gehören nicht zur Sache), zeigt das vierte diese Konstruktion partienweise (z. B. cap. 6) geradezu als eine Art von Stilsignatur. Das 16 malige ὁ πέμψας με (und in den obliquen Casus) gehört zu der für diese Schrift typischen Monotonie der Phraseologie.

vergewaltigt (sichtlich mehr aus Demonstration gegen alles Hellenische als aus Unfähigkeit, da er dieselben Strukturen, die er gelegentlich barbarisiert, an anderen Stellen regulär braucht); aber die beiden angeführten Stellen, zu denen noch kommt 14, 14 εἶδον .... καθήμενον ὅμοιον υἱὸν ἀνθρώπου, ἔχων ἐπὶ τῆς κεφαλῆς αὐτοῦ στέφανον χρυσοῦν, nehmen doch, wie ich auf Grund des Materials, das ich mir gerade aus Interesse an der Barbarei sammelte (vgl. auch Bousset S. 178), sagen kann, eine Sonderstellung ein.[1] — Andere Stellen mit Partizipia aus dieser Schrift: 2, 18 ὁ υἱὸς τοῦ θεοῦ ὁ ἔχων τοὺς ὀφθαλμοὺς αὐτοῦ ὡς φλόγα πυρός. — 3, 7 ὁ ἅγιος, ὁ ἀληθινός, ὁ ἔχων τὴν κλεῖν Δαυείδ, ὁ ἀνοίγων καὶ οὐδεὶς κλείσει, καὶ κλείων καὶ οὐδεὶς ἀνοίγει. — 4, 9 τῷ καθημένῳ ἐπὶ τῷ θρόνῳ (so auch 21, 4), τῷ ζῶντι εἰς τοὺς αἰῶνας. — 15, 7 τοῦ θεοῦ τοῦ ζῶντος εἰς τοὺς αἰῶνας τῶν αἰώνων. — 16, 9 τοῦ θεοῦ τοῦ ἔχοντος τὴν ἐξουσίαν. — 19, 4 τῷ θεῷ τῷ καθημένῳ ἐπὶ τῷ θρόνῳ.

2. RELATIVA.

Paulus an die Römer 2, 6 τοῦ θεοῦ ὃς ἀποδώσει ἑκάστῳ κατὰ τὰ ἔργα αὐτοῦ (das Psalmwort 62, 13 σὺ ἀποδώσεις — αὐτοῦ, im ev. Mt. 16, 27 in dritter Person zitiert, ist hier in relativische Abhängigkeit gebracht). — 3, 25 Χριστῷ Ἰησοῦ ὃν προέθετο ὁ θεὸς ἱλαστήριον διὰ πίστεως ἐν τῷ αὐτοῦ αἵματι. — 5, 1 διὰ τοῦ κυρίου ἡμῶν Ἰησοῦ Χριστοῦ, δι' οὗ καὶ τὴν προσαγωγὴν ἐσχήκαμεν εἰς τὴν χάριν ταύτην. — 5, 11 διὰ τοῦ κυρίου ἡμῶν Ἰησοῦ Χριστοῦ, δι' οὗ τὴν καταλλαγὴν ἐλάβομεν. — 8, 31 f. εἰ ὁ θεὸς ὑπὲρ ἡμῶν, τίς καθ' ἡμῶν; ὅς γε τοῦ ἰδίου οὐκ ἐφείσατο, ἀλλὰ ὑπὲρ ἡμῶν παρέδωκεν αὐτόν. — Korinthier I 1, 8 f. τὴν ἀποκάλυψιν τοῦ κυρίου ἡμῶν Ἰησοῦ Χριστοῦ, ὃς καὶ βεβαιώσει ὑμᾶς ἕως τέλους ἀνεγκλήτους ἐν τῇ ἡμέρᾳ τοῦ κυρίου ἡμῶν („liturgisch volle Stelle" J. Weiß in seinem Komm., Götting. 1910, S. 11). — 1, 30 ἐν Χριστῷ Ἰησοῦ, ὃς ἐγενήθη σοφία ἡμῖν ἀπὸ θεοῦ. — 4, 5 ἕως ἂν ἔλθῃ ὁ κύριος, ὃς καὶ φωτίσει τὰ κρυπτὰ τοῦ σκότους | καὶ φανερώσει τὰς βουλὰς τῶν καρδιῶν („Ich kann mich dem Eindruck nicht entziehen, daß der Relativsatz ein Zitat ist. Der parallelismus membr. synonymicus, die gewählten Ausdrücke .... Etwa aus einer apokryphen Schrift wie 3, 13 ff.?" J. Weiß, S. 99). — Der zweite dieser Briefe enthält einige Stellen, die darum bemerkenswert sind, weil die formelhafte Art dieser Relativprädikationen in gewissen Konstruktionsschwierigkeiten ihren Ausdruck findet, die der oben (S. 255 f.) behandelten des ersten Timotheosbriefes (3, 16) verwandt sind: II 4, 5 f. οὐ γὰρ ἑαυτοὺς κηρύσσομεν ἀλλὰ Χριστὸν Ἰησοῦν κύριον, ἑαυτοὺς δὲ δούλους ὑμῶν διὰ Ἰησοῦν. ὅτι ὁ θεὸς ὁ εἰπών· ἐκ σκότους φῶς λάμψει, ὃς

---

[1] Vergleichbar ist die Zertrümmerung der Konstruktion auf einem Zauberpapyrus (pap. Leid. V XI 17 ff. = p. 814 ed. A. Dieterich, Jhb. f. Phil. Suppl. XVI 1888): ἐπικαλοῦμαί σε τὸν .... δεινὸν ἀόρατον μέγαν θεὸν τὸν πατάξαντα γῆν καὶ σεμνότατον κόσμον, ὁ φιλῶν ταραχὰς καὶ μισῶν εὐσταθείας usw., wofür es an einer anderen Stelle (XV 21 ff. = p. 817) korrekter heißt τὸν μισῶντα (sic) οἰκίαν εὐσταθοῦσαν. An der ersten Stelle sind die Nominative wohl aus einem anderen, festgefügten Zusammenhange herübergenommen worden.

384 Anhang VIII.

ἔλαμψεν ἐν ταῖς καρδίαις ἡμῶν πρὸς φωτισμὸν τῆς γνώσεως τῆς δόξης τοῦ θεοῦ ἐν προσώπῳ Χριστοῦ. Dies pflegt man durch 'Ellipse' von ἐστίν nach θεός oder nach λάμψει zu erklären: wohl richtig, aber hellenisch ist das so nicht, wohl aber semitisch, und semitischem Brauche entspricht ja auch, wie wir wissen, die formelhafte Prädikation mit ὅς. Merkwürdig ist, daß wir gerade in diesem Briefe, und m. W. nur in diesem, noch Beispiele solcher, hellenistischem Stile fremdartigen Syntax finden, und zwar im partizipialen Prädikationsstile, die ich aus diesem Grunde hierher gestellt habe: 1, 20f. ὅσαι γὰρ ἐπαγγελίαι θεοῦ, ἐν αὐτῷ τὸ ναί. διὸ καὶ δι' αὐτοῦ τὸ ἀμὴν τῷ θεῷ πρὸς δόξαν δι' ἡμῶν. ὁ δὲ βεβαιῶν ἡμᾶς σὺν ἡμῖν εἰς Χριστὸν καὶ χρίσας ἡμᾶς θεός, ὁ καὶ σφραγισάμενος ἡμᾶς καὶ δοὺς τὸν ἀρραβῶνα τοῦ πνεύματος ἐν ταῖς καρδίαις ἡμῶν. ἐγὼ δὲ κτλ. („der uns aber fest macht ... und uns gesalbt hat, ⟨ist⟩ Gott, welcher auch" usw.) 5, 5 στενάζομεν ..., ἵνα καταποθῇ τὸ θνητὸν ὑπὸ τῆς ζωῆς. ὁ δὲ κατεργασάμενος ἡμᾶς εἰς αὐτὸ τοῦτο θεός, ὁ δοὺς ἡμῖν τὸν ἀρραβῶνα τοῦ πνεύματος. θαρροῦντες οὖν κτλ. („der uns aber zubereitet hat eben hierzu, ⟨ist⟩ Gott, er der uns gab" usw.). Syntaktisch gemeinsam ist diesen beiden Sätzen, daß die ersten Partizipien, die dem Substantive, das sie prädizieren, sonst zu folgen pflegen, ihm vorangestellt sind, so daß nun θεός prädikativisch ist: „der das und das tat, ⟨ist⟩ Gott"; die Auslassung des Verbum subst. in solchen Sätzen ist unhellenisch, Paulus hat das, der ganzen Struktur entsprechend, semitisch empfunden. In den Partizipien, die mit geringen Variationen beiden Stellen gemeinsam sind ὁ δοὺς τὸν ἀρραβῶνα τοῦ πνεύματος ἐν ταῖς καρδίαις ἡμῶν ∼ ὁ δοὺς ἡμῖν τὸν ἀρραβῶνα τοῦ πνεύματος ist der sakramentale Stil nicht zu verkennen, der durch das an der ersten Stelle hinzugefügte σφραγισάμενος ja auch sozusagen seine σφραγίς erhält (sehr lehrreich, auch für Philologen, hat darüber kürzlich Fr. Dölger gehandelt: Sphragis. Eine altchristl. Taufbezeichnung in ihren Beziehungen zur profanen u. religiösen Kultur d. Altertums, Paderborn 1911). — Galater 6, 14 τοῦ κυρίου ἡμῶν Ἰησοῦ Χριστοῦ, δι' οὗ ἐμοὶ κόσμος ἐσταύρωται κἀγὼ κόσμῳ. — Philipper 2, 6ff. ἐν Χριστῷ Ἰησοῦ, ὃς ... οὐχ ἁρπαγμὸν ἡγήσατο τὸ εἶναι ἴσα θεῷ, ἀλλὰ ἑαυτὸν ἐκένωσεν .... καὶ .... ἐταπείνωσεν ἑαυτὸν (die Auffassung von E. Haupt in seinem Komm., wonach mit ἐταπείνωσεν ein neuer Satz beginnen soll — asyndetisch! — ist abzuweisen; richtig u. a. A. Deißmann, Paulus 113). — 3, 21 Ἰησοῦν Χριστόν, ὃς μετασχηματίσει τὸ σῶμα τῆς ταπεινώσεως ἡμῶν. — Thessaloniker I 5, 24 πιστὸς ὁ καλῶν ὑμᾶς, ὃς καὶ ποιήσει. — II 3, 3 πιστὸς δέ ἐστιν ὁ κύριος, ὃς στηρίξει ὑμᾶς καὶ φυλάξει ἀπὸ τοῦ πονηροῦ.[1])

Nichtpaulinische Briefliteratur des N.T. 'Ephesier' 2, 21f. Χριστοῦ Ἰησοῦ, ἐν ᾧ πᾶσα οἰκοδομή ...., ἐν ᾧ καὶ ὑμεῖς συνοικοδομεῖσθε. —

---

[1]) Charakteristische Beispiele aus den Reden der Acta: 2, 24 ὃν ὁ θεὸς ἀνέστησεν λύσας τὰς ὠδῖνας τοῦ θανάτου. 3, 15 ὃν ὁ θεὸς ἤγειρεν ἐκ νεκρῶν. 3, 24 Χριστὸν Ἰησοῦν, ὃν δεῖ οὐρανὸν δέξασθαι. 14, 15 θεὸς ὃς ἐποίησεν τὸν οὐρανὸν καὶ τὴν γῆν καὶ τὴν θάλασσαν καὶ πάντα τὰ ἐν αὐτοῖς (dafür 17, 24 in der Areopagrede: ὁ θεὸς ὁ ποιήσας τὸν κόσμον καὶ πάντα τὰ ἐν αὐτῷ·

Timotheos I 4, 10 θεῷ ζῶντι, ὅς ἐστιν σωτὴρ πάντων ἀνθρώπων. —
Titus 2, 13 f. Χριστοῦ Ἰησοῦ, ὅς ἔδωκεν ἑαυτὸν ὑπὲρ ἡμῶν ἵνα λυτρώσηται
ἡμᾶς (formelhaft; vgl. oben bei den Partizipia die Stelle des Galaterbriefs). —
Hebräer 12, 2 Ἰησοῦν, ὅς ... ὑπέμεινεν σταυρὸν ... ἐν δεξιᾷ τε τοῦ θρόνου τοῦ θεοῦ κεκάθικεν: das zweite, pastoral variiert 8, 1 ἀρχιερέα, ὅς ἐκάθισεν ἐν δεξιᾷ τοῦ θρόνου τῆς μεγαλωσύνης ἐν τοῖς οὐρανοῖς, eine alte Formel:
(s. o. S. 273, 1). — Petrus I 2, 21 ff. Χριστὸς ἔπαθεν ὑπὲρ ὑμῶν ..., ὅς ἁμαρτίαν οὐκ ἐποίησεν οὐδὲ εὑρέθη δόλος ἐν τῷ στόματι αὐτοῦ. ὅς λοιδορούμενος
οὐκ ἀντελοιδόρει ..., ὅς τὰς ἁμαρτίας ἡμῶν αὐτὸς ἀνήνεγκεν ..., οὗ τῷ
μώλωπι ἰάθητε (die Relativsätze schließen sich an Stellen aus Jesajas an,
wo es aber Hauptsätze sind, die der Verf. also in den Relativstil umgesetzt
hat). — 4, 11 διὰ Ἰησοῦ Χριστοῦ, ᾧ ἐστιν ἡ δόξα κτλ. (Doxologie).

Apokalypse Johannis 2, 8 ὁ πρῶτος καὶ ὁ ἔσχατος, ὅς ἐγένετο νεκρὸς
καὶ ἔζησεν. — 10, 6 ὅς ἔκτισεν τὸν οὐρανὸν καὶ τὰ ἐν αὐτῷ κτλ. (formelhaft
s. o. S. 380 die Bemerkung zu Röm. 4, 17).

3. PARTIZIPIA UND RELATIVA.

Paulus an die Römer
1, 3 ff. τοῦ υἱοῦ αὐτοῦ
  τοῦ γενομένου ἐκ σπέρματος Δαυεὶδ κατὰ σάρκα
  τοῦ ὁρισθέντος υἱοῦ θεοῦ ἐν δυνάμει κατὰ πνεῦμα ....
Ἰησοῦ Χριστοῦ τοῦ κυρίου ἡμῶν
  δι' οὗ ἐλάβομεν χάριν καὶ ἀποστολήν. —

4, 21 f. τοῖς πιστεύουσιν
  ἐπὶ τὸν ἐγείραντα Ἰησοῦν τὸν κύριον ἡμῶν ἐκ νεκρῶν
  ὅς παρεδόθη διὰ τὰ παραπτώματα ἡμῶν
  καὶ ἠγέρθη διὰ τὴν δικαίωσιν ἡμῶν. —

8, 34 Χριστὸς Ἰησοῦς
  ὁ ἀποθανών
  μᾶλλον δὲ ἐγερθείς
  ὅς ἐστιν ἐν δεξιᾷ τοῦ θεοῦ
  ὅς καὶ ἐντυγχάνει ὑπὲρ ἡμῶν. —

Kolosser
1, 12 ff. analysiert oben S. 251 ff.
2, 9 ff. Χριστὸς .....
  ὅς ἐστιν ἡ κεφαλὴ πάσης ἀρχῆς καὶ ἐξουσίας
  ἐν ᾧ καὶ περιετμήθητε ....
  συνταφέντες αὐτῷ ἐν τῷ βαπτίσματι
  ἐν ᾧ καὶ συνηγέρθητε διὰ τῆς πίστεως τῆς ἐνεργείας τοῦ θεοῦ
  τοῦ ἐγείραντος αὐτὸν ἐκ νεκρῶν (formelhafte Stelle, vgl. μυστήριον 1, 27. 2, 3). —

Thessaloniker
I 1, 10 ἀναμένειν τὸν υἱὸν αὐτοῦ ἐκ τῶν οὐρανῶν
  ὅν ἤγειρεν ἐκ τῶν νεκρῶν
  Ἰησοῦν τὸν ῥυόμενον ἡμᾶς ἐκ τῆς ὀργῆς τῆς ἐρχομένης (desgl.). —

Anhang VIII.

Nichtpaulinische Briefliteratur des N. T.

Thessaloniker

II 2, 3 ff. ὁ υἱὸς τῆς ἀπωλείας
 ὁ ἀντικείμενος καὶ ὑπεραιρόμενος . . . . . .
 καὶ τότε ἀποκαλυφθήσεται ὁ ἄνομος
  ὃν ὁ κύριος Ἰησοῦς ἀνελεῖ τῷ πνεύματι τοῦ στόματος αὐτοῦ
   καὶ καταργήσει τῇ ἐπιφανείᾳ τῆς παρουσίας αὐτοῦ
  οὗ ἐστιν ἡ παρουσία κατ' ἐνέργειαν τοῦ σατανᾶ (interessante Übertragung der Formeln auf den Antichrist). —

Timotheos

I 6, 13 ff. παραγγέλλω ἐνώπιον τοῦ θεοῦ
 τοῦ ζωογονοῦντος τὰ πάντα
 καὶ Χριστοῦ Ἰησοῦ
  τοῦ μαρτυρήσαντος ἐπὶ Ποντίου Πιλάτου τὴν καλὴν ὁμολογίαν
 τηρῆσαί σε τὴν ἐντολὴν ἄσπιλον ἀνεπίλημπτον
  μέχρι τῆς ἐπιφανείας τοῦ κυρίου ἡμῶν Ἰησοῦ Χριστοῦ
 ἣν καιροῖς ἰδίοις δείξει ὁ μακάριος καὶ μόνος δυνάστης
  ὁ βασιλεὺς τῶν βασιλευόντων
  καὶ κύριος τῶν κυριευόντων
  ὁ μόνος ἔχων ἀθανασίαν
  φῶς οἰκῶν ἀπρόσιτον
   ὃν εἶδεν οὐδεὶς ἀνθρώπων οὐδὲ ἰδεῖν δύναται
   ᾧ τιμὴ καὶ κράτος αἰώνιον. ἀμήν. (Vgl. über diese Stelle den Komm. von H. v. Soden). —

Hebräer

1, 1 ff. πολυμερῶς καὶ πολυτρόπως πάλαι ὁ θεὸς λαλήσας τοῖς πατράσιν ἐν τοῖς προφήταις
 ἐπ' ἐσχάτου τῶν ἡμερῶν τούτων ἐλάλησεν ἡμῖν ἐν υἱῷ
  ὃν ἔθηκεν κληρονόμον πάντων
  δι' οὗ καὶ ἐποίησεν τοὺς αἰῶνας
  ὃς ὢν ἀπαύγασμα τῆς δόξης
   καὶ χαρακτὴρ τῆς ὑποστάσεως αὐτοῦ·
   φέρων τε τὰ πάντα τῷ ῥήματι τῆς δυνάμεως αὐτοῦ
  καθαρισμὸν τῶν ἁμαρτιῶν ποιησάμενος
  ἐκάθισεν ἐν δεξιᾷ τῆς μεγαλωσύνης ἐν ὑψηλοῖς.

Es ist lehrreich zu betrachten, wie dieser beste Stilist unter den Schriftstellern des N. T. — gleich die beiden ersten Worte zeigen die Affektation, wie 5, 7 ἔμαθεν ἀφ' ὧν ἔπαθεν. 13, 14 οὐ γὰρ ἔχομεν ὧδε μένουσαν πόλιν, ἀλλὰ τὴν μέλλουσαν ἐπιζητοῦμεν — den traditionellen jüdischen Prädikationsstil durch Ansätze zu hellenischer Periodisierung verfeinert. Er unterbricht den vierten Relativsatz ὃς ἐκάθισεν ἐν δεξιᾷ κτλ., den er 8, 1 in dieser Form hat, hier nach dem ὅς, ordnet diesem zwei Partizipialsätze ὤν . . φέρων τε unter und diesen beiden wieder einen dritten ποιησάμενος. So umgeht er die Monotonie allzu vieler Relativsätze und die unhellenischen Partizipia mit Artikel; für letzteres vgl. auch 4, 14 ἀρχιερέα μέγαν διεληλυθότα τοὺς οὐρανούς, Ἰησοῦν τὸν υἱὸν τοῦ θεοῦ. —

Petrus
I 3,18 ff. Χριστὸς
    θανατωθεὶς μὲν σαρκί
    ζωοποιηθεὶς δὲ πνεύματι
        ἐν ᾧ καὶ τοῖς ἐν φυλακῇ πνεύμασιν πορευθεὶς ἐκήρυξεν ......
        ὃ καὶ ὑμᾶς ἀντίτυπον νῦν σώζει βάπτισμα ....
        . δι' ἀναστάσεως Ἰησοῦ Χριστοῦ
        ὅς ἐστιν ἐν δεξιᾷ θεοῦ
            πορευθεὶς εἰς οὐρανόν
            ὑποταγέντων αὐτῷ ἀγγέλων καὶ ἐξουσιῶν καὶ δυνάμεων.

Auch dieser Schriftsteller etwa der zweiten Hälfte des 2. Jh. prätendiert kunstgemäße Stilisierung. Er kennt, wie oben bemerkt, das Symbol als ein fest schon fixiertes: hat er doch als erster und einziger der neutest. Schriftsteller bereits Kenntnis auch von der κατάβασις εἰς ᾅδου: ἐν ᾧ καὶ τοῖς ἐν φυλακῇ πνεύμασιν πορευθεὶς ἐκήρυξεν. Aber wie der Verfasser des Hebräerbriefs stilisiert er das meiste hellenisch um, wie gleich die beiden κόμματα am Anfang zeigen; die unhellenischen Partizipia mit Artikel sind ganz ausgemerzt, die Relativsätze beschränkt.

Apokalypse Joh. Von dem Satze 1, 5 f. τῷ ἀγαπῶντι ἡμᾶς καὶ λύσαντι ἡμᾶς ἐκ τῶν ἁμαρτιῶν ἡμῶν ἐν τῷ αἵματι αὐτοῦ, καὶ ἐποίησεν ἡμᾶς βασιλείαν, ἱερεῖς τῷ θεῷ καὶ πατρὶ αὐτοῦ, αὐτῷ ἡ δόξα καὶ τὸ κράτος sagt Bousset in seinem Komm. S. 189: „In der Anknüpfung des Satzes καὶ ἐποίησεν — αὐτοῦ an das Vorhergehende herrscht völlige grammatische Regellosigkeit". Wir werden diese Bemerkung jetzt wohl so präzisieren dürfen, daß wir sagen: der Verf., über dessen Willkür oben S. 382 f. einiges gesagt wurde, hat den als formelhaften Relativsatz gedachten Satz ὃς καὶ ἐποίησεν — αὐτοῦ zum Hauptsatze gemacht, indem er das Pronomen einfach ausließ.

IX.

DAS LOGION EV. MATTH. 11, 25—30.

Diese im Texte des Buches wiederholt als 'Anhang IX' zitierte Darlegung ist vielmehr oben S. 277 ff. als Schlußbetrachtung gegeben worden.

25*

NACHTRÄGE UND BERICHTIGUNGEN.

Zur ersten Abhandlung (passim). P. Wendland, Die hellenistisch-römische Kultur².³ (Tübing. 1912) 128, 3 sagt nach Anführung der bekannten Stellen über das Vorkommen von Altären ἀγνώστων θεῶν (s. S. 56, 3 meines Buchs), darunter zuletzt der Stelle aus der philostratischen Apolloniosbiographie: „Der echt polytheistische Zug ist in Act. 17, 23 ἀγνώστῳ θεῷ der Tendenz zuliebe in sein gerades Gegenteil gewandelt worden (soweit schon in der 1. Aufl. 1907). Sollte der ἄγνωστος θεός der Gnostiker eingewirkt haben?" In diesen letzten Worten ist ein wesentlicher Teil der Beweisführung meiner ersten Abhandlung vorweggenommen worden. En cor Zenodoti, en iecur Cratetis.

Zu S. 5, 2. Dem Nachweise Reitzensteins, daß der Pastor Hermae von einer hermetischen Schrift beeinflußt sei, stimmt auch zu E. Grosse-Brauckmann, De compositione Pastoris Hermae, Diss. Göttingen 1910, 31 f.

Zu S. 6, 1. Über die fälschliche Annahme einer Abhängigkeit Epiktets vom N.T. Soeben lese ich bei J. Wackernagel, Über einige antike Anredeformen (Progr. Göttingen 1912) 19 f., daß in den Worten Epiktets diss. II 16, 13 κύριε ὁ θεός, πῶς μὴ ἀγωνιῶ die Anredeform κύριε ὁ θεός in der gesamten nicht jüdisch-christlichen Literatur singulär ist. Wackernagel, der sich zu der Annahme von Beziehungen Epiktets zur biblischen Religion mit vollem Rechte ablehnend verhält, rechnet mit christlicher Verfälschung der Stelle und empfiehlt eine Konjektur Reiskes, der aus demselben Grunde Anstoß genommen hatte. Aber diese Konjektur ist unrichtig, da sie die Verbindung πῶς μή mit dem Konjunktiv aufhebt, die nach dem Ausweise des Index verborum von H. Schenkl (bei μή auf S. 619 seiner Ausgabe) für Epiktet sehr charakteristisch ist. Das Einfachste ist vielmehr, ὁ θεός als Glossem eines christlichen Lesers zu betrachten, was nach dem ganzen Kontexte der Worte nahe liegt: οὐ δυνάμεθα μὴ φοβεῖσθαι, οὐ δυνάμεθα μὴ ἀγωνιᾶν. εἶτα λέγομεν 'κύριε [ὁ θεός], πῶς μὴ ἀγωνιῶ; μωρέ, χεῖρας οὐκ ἔχεις; οὐκ ἐποίησέν σοι αὐτὰς ὁ θεός; εὔχου οὖν κτλ. Für bloßes κύριε als Anrede Gottes vergleicht Wackernagel selbst I 29, 48 τίνα μαρτυρίαν δίδως τῷ θεῷ; 'ἐν δεινοῖς εἰμι, κύριε'. Auch II 7, 12 τὸν θεὸν ἐπικαλούμενοι δεόμεθα αὐτοῦ· 'κύριε, ἐλέησον' kann nicht anders aufgefaßt werden (zwar bezeichnet Schenkl θεόν als verderbt, aber aus seinem Index geht hervor, daß Epiktet an den drei Stellen, wo er ἐπικαλεῖσθαι noch hat, es nur in der Verbindung mit τὸν θεόν oder dem Namen des betreffenden Gottes braucht) und zeigt, daß die alte Kirche ihr Kyrie eleison dem hellenischen Ritual entnahm: wer sich darüber wundern sollte, den bitte ich zu lesen, was ich S. 151, 4 gesagt habe. — Übrigens findet sich κύριε ὁ θεός zwar in den LXX sehr oft, aber im N. T. (nach der Bruderschen Konkordanz) nur Apoc. Joh. 11, 17. 15, 3. 16, 7, und zwar jedesmal in alttestamentl. Zitaten. Selbst wer also in jenen Worten Epiktets sich zur Tilgung von ὁ θεός nicht entschließen kann, hat doch längst nicht das Recht, die Verbindung κύριε ὁ θεός als christliche Reminiszenz aufzufassen.

Zu S. 19. Bis zu welchem Grade sich auf Grund der Lutherschen Übersetzung der Begriff des κινεῖσθαι verflüchtigte, mag man aus dem Rezitativ in Haydns 'Schöpfung' ersehen: „Und Gott sprach: Es bringe das Wasser in der Fülle hervor webende Geschöpfe, die Leben haben."

S. 24 ff. Das Enthymem, wonach aus der Existenz der unsichtbaren Seele auf die Existenz der unsichtbaren Gottheit zu schließen sei, findet sich bei Xenophon nicht bloß im Gespräche mit Euthydemos (mem. IV 3), sondern auch in dem, diesem ja nächstverwandten Gespräche mit Aristodemos (I 4, 9). Der Gewährsmann dieser beiden merkwürdigsten Kapitel der Memorabilien ist bisher noch nicht mit Sicherheit nachgewiesen worden (vgl. die in dem Nachtrag zu S. 374 zitierte Diss. von Dickermann, dem aber gerade die erwähnte Kongruenz entgangen ist).

Zu S. 31 f. (vgl. 49 u. ö.). Die Vermutung von O. Stählin in Christschmid, Gesch. d. griech. Lit. II 1 (1911) 478, daß dieser 4. Heraklitbrief überhaupt keine jüdische Fälschung, sondern eine kynischstoische 'Diatribe' sei, halte ich für mehr als eine bloße Vermutung: niemand hätte sich durch die Scheingründe von Bernays täuschen lassen dürfen (Wilamowitz sagt mir, daß er sie von Anfang an als solche erkannt habe, und für den 7. dieser Briefe hat sie ja Wendland schon widerlegt). Indem ich daher Gelegenheit nehme, meinen Irrtum hier zu berichtigen, bemerke ich zugleich, daß die religiöse Stellung des Fälschers für die Beweiskraft meiner Darlegungen gänzlich belanglos ist.

Zu S. 37. Statt Anhang I 3 lies: Anhang I 4.

Zu S. 46, 1. Über die Datierung des Aufenthaltes des Paulus in Athen ist jetzt auch A. Harnack, Sitzungsber. d. Berl. Ak. 1912, 674 zu vergleichen.

Zu S. 49, 1. Der Brief des 'Apollonios' ist mit dem Heraklitfragmente verglichen worden schon von J. Bernays, Theophrastos' Schrift über Frömmigkeit (Berl. 1866) 191.

Zu S. 53. Über νέοι (ξένοι) θεοί spricht mit Bezug auf die Stelle der Acta auch W. Nestle, Philol. N. F. XIII (1900) 54.

Zu S. 75 f. Den Zeugnissen, daß die Gnostiker das Logion ev. Matth. 11, 25 ff. für ihre Lehre vom ἄγνωστος θεός verwertet haben, kann ich noch das folgende wichtige hinzufügen: Joh. Chrysost. hom. in acta, hom. 38 (Migne 57, 430) 'οὐδὲ τὸν πατέρα τις ἐπιγινώσκει, εἰ μὴ ὁ υἱός.' οὐ τοῦτό φησιν, ὅτι πάντες αὐτὸν ἠγνόησαν, ἀλλ' ὅτι τὴν γνῶσιν, ἣν αὐτὸς αὐτὸν οἶδεν, οὐδεὶς αὐτὸν ἐπίσταται (ὃ καὶ περὶ τοῦ υἱοῦ ἔστιν εἰπεῖν). οὐδὲ γὰρ περὶ ἀγνώστου τινὸς θεοῦ καὶ μηδενὶ γενομένου γνωρίμου ταῦτα ἔφασκεν, ὥς φησιν ὁ Μαρκίων, ἀλλὰ ... (das Argument, mit dem der Katholiker diese Interpretation zu widerlegen sucht, geht uns nichts an, da es ebenso fromm wie falsch ist).

Zu S. 78, 1 a. E. Beispiele für diese Art der Relativkonstruktion gibt auch J. Vahlen, Opusc. acad. I 166.

Zu S. 93. Der in Anm. 2 genannte frühere sodalis unseres Seminars (W. Arndt) teilt mir mit, daß er auf Grund seiner sprachlichen und stilistischen Untersuchungen mit der Möglichkeit einer Unechtheit des Epikurbriefes rechne.

Zu S. 108. Eine deutliche Bekanntschaft mit der 'Weltanschauungsformel' zeigt auch Cicero de fin. V 41 *cum dispicere coeperimus* (so richtig die meisten Hss., falsch Madvig u. a. *coepimus*: auf Grund der Klausel festgestellt von Skutsch, Glotta III 366) *et sentire quid simus et quid ab animantibus ceteris differamus, tum ea sequi inci-*

pimus ad quae nati sumus. Hier ist Antiochos als Quelle gesichert.

Zu S. 113 ff. Als Beweis für die nicht hellenische Provenienz der Altaraufschrift ἀγνώστων θεῶν hätte ich noch anführen können, daß es üblich gewesen zu sein scheint, Reden über die wahre Gottesverehrung gerade an ein exotisches Kultkuriosum anzuschließen: wie Maximos von Tyros (oben S. 31) von einem semitischen Idol, Minucius Felix (o. S. 33) von einer Serapisstatue, so nahm also Apollonios von Tyana (und ihm folgend der Areopagredner) ebenfalls von einem nichthellenischen Kultobjekte, dem Altare ἀγνώστων θεῶν, den Ausgangspunkt für seine Darlegungen über die wahre Gotteserkenntnis.

Zu S. 122 f. Über das μεταγράφειν von Versen handelt soeben auch J. Geffcken, Neue Jahrb. 1912, 600.

Zu S. 136. Für die Echtheit des Demokritfragmentes könnte, worauf mich Wendland (mündlich) hinwies, die konzise Art des Ausdrucks sprechen, die von H. Diels, Sitzungsber. d. Berl. Ak. 1901, 192 als „Figur der substantivischen Prägnanz" bezeichnet und mit heraklitischen Beispielen belegt worden ist.

Zu S. 136, 1. Für τὸ συνειδός 'das Gewissen' hat mir Wilamowitz noch eine hübsche Stelle nachgewiesen: Pap. Oxyr. III 532, 20 βουλόμενόν σε φιλανθρωπῆσαι οὐκ ἀνέμεινας ὑπὸ κακοῦ συνειδότος κατεχόμενος.

Zu S. 143 ff. Vgl. jetzt auch K. Buchholz, De Horatio hymnographo, Diss. Königsb. 1912. Von S. 160 meines Buches an konnte ich aus dieser nützlichen, unter R. Wünschs Auspizien verfaßten Arbeit einige Stellen in der Korrektur nachtragen.

Zu S. 145, 3. Vgl. Ovid met. I 21 *hanc deus et melior litem Natura diremit,* dann 33 *sic ubi dispositam quisquis fuit ille deorum | congeriem secuit.* Die Stelle ist von R. Reitzenstein, Zwei religionsgesch. Fragen (Straßb. 1901) 107 überraschend beleuchtet worden. Der *deus* war wohl der δημιουργός, der als solcher keinen Sondernamen trägt.

Zu S. 147, Z. 9 von unten. Lies: Anth. Pal. statt: Anth. lat.

Zu S. 150, 1. Über ἀρεταὶ θεοῦ auch Wendland, Kultur[2,3] S. 307.

Zu S. 157, 1. Lies: Anhang IV S. 349 f. statt: Nachträge.

Zu S. 159, 1 (vgl. S. 349 f.). Vgl. noch Anth. lat. 811, wo ein 'hymnus et laus Bacchi' überschriebenes Gedicht so schließt: *tu laetos homi-*

num mentem et convivia laeta | efficis, ac sine te gaudia cuncta silent.

Zu S. 160 (vgl. 151, 4. 156, 1. 157, 1). Über Kultlieder schreibt mir Wilamowitz: „Hymni (paeanes) in Antigonum II, Philopoemena, Flamininum: Polyb. 30, 23. Plut. Arat. 45. Diod. 29, 18. Plut. Tit. 16. haec in usu erant iam saec. IV ex., cum Alexinus Cassandro hymnum faciebat, ac vel saec. V in Lysandrum Samii. Cleochares docet pueros Delphis: Ditt. Syll.² 662, Stratoniceae Sosandrus CIG 2715, Notii Österr. Jahreshefte VIII 162, Tei Ditt. Or. 305, Pergami Pausan. III 26, 10. Aristid. or. sacr. I 30, Tithoreae Plutarchi aetate Bgk. carm. pop. 4, ephebi Athenis IG III 5, Ephesii hymni Diogen. Babyl. apud Philodem. de mus. 74 Kemke, Myconi Cereri Ditt. Syll. 615, 10. — Haec exiguo negotio corrasi. sunt diversae aetatis. sed sufficiunt ut sciamus choros duci, carmina a parte antiqua, plerumque vero recentia cantari fere ubivis, choros agi puerorum puellarumque ubicumque institutio liberorum publice administratur. nullo honore carmina haec habentur, vix meliora quae solemni occasione oblata nova fiunt.' — Diesen Beispielen hat Hiller von Gaertringen noch hinzugefügt: Hymnen aus Tenos IG XII 5, 812. 813.

Zu S. 168 ff. Über den Relativstil der Prädikation. Mit bewunderungswürdigem Scharfsinn hat A. Rosenberg, Etruskisches (in der Glotta IV, 1912, 63 ff.) einen Entzifferungsversuch der Agramer Mumienbinden unternommen. Mag auch, was in der Natur der Sache liegt und Rosenberg selbst zugibt, viel Einzelnes zweifelhaft bleiben, so scheint mir das durch eine einwandfreie Methode ermittelte Prinzip der Deutung gesichert zu sein. Es handelt sich um Litaneien, und zwar werden die einzelnen Götter in der Weise angerufen, daß auf ihren Namen Prädikationen im Relativstil folgen oder in umgekehrter Reihenfolge, z. B. (die Fragezeichen stammen von Rosenberg):

Jupiter, der du die Monate und das Jahr regierst!
Die du das Meer und tul regierst, Thaur . . .
O Gott, du Großer (?) und Mächtiger (?),
Der du herrschest (?) im Reich (?) des Meeres
Der du regierst und . . .

Dabei darf man sich vielleicht, was das Kompositionsprinzip betrifft, an die 'axamenta' der Salier erinnern, von denen Verrius Flaccus sagte (Paulus 3 M.), es seien *in deos singulos versus facti.* Da der Agramer Text 'relativ sehr jung' ist (F. Skutsch, R. E.

VI 1909, 779) und das Lehnwort *vinum* enthält, dürfte Abhängigkeit des Etruskischen vom Lateinischen wahrscheinlicher sein als das umgekehrte Verhältnis.

Zu S. 172 f. Für lateinische Gebete mit *qui* vgl. noch Plaut. Rud. 906 f. *Neptúno has agó gratiás meo patróno, Qui sálsis locís incolit pisculéntis* (also mit der seit Alters üblichen Periphrase des Kultorts: s. S. 168) und besonders das lange Schlußgebet der V. Verrine, wo alle angerufenen Gottheiten je einen Relativsatz erhalten, darunter einmal (188): *sanctissimae deae, quae illos Hennensis lacus lucosque incolitis*.

Zu S. 175. Das Wort ὑμνολογεῖν ist erst spät (neuplatonisch, dann christlich).

Zu S. 179. Z. 3 v. u. lies: werden statt: wird.

Zu S. 183 ff. Ein gutes Beispiel für die orientalische Art der Anaklese und Prädikation bietet der neue, von L. Fahz, Arch. f. Religionswiss. XV (1912) 410 ff. herausgegebene Zauberpapyrus. Die hellenischen Götter werden in der für sie üblichen Art angerufen (κλῄζω den und den, mit Attributen). Aber von V. 218 an, mit dem eine Prädikation der jüdischen Götter beginnt, ändert sich der Stil; es finden sich die von mir behandelten orientalischen Formen: „du bist" und Relativsatz (ein Partizipialsatz mit Artikel war schon V. 212 vorweggenommen: καὶ σὲ τὸν οὐράνιον κόσμον κατέχοντα Μιχαήλ):

παντοκράτωρ θεός ἐσσι, σὺ δ' ἀθανάτοισι μέγιστος
ἱκνοῦ μοι, νῦν λάμψον ἄναξ κόσμοιο Σαβαώθ,
ὃς δύσιν ἀντολίηθεν ἐπισκοπιάζεις, Ἀδωναί.

Zu S. 183, 1. Die Selbstvorstellung der Demeter in dem homerischen Hymnus 268 εἰμὶ δὲ Δημήτηρ wird niemand als Gegeninstanz anführen wollen. Diels (Vorsokr. II 1² S. 478 f.), der die orphische Paraphrase dieses Hymnus (Berl. Klassikertexte V 7 ff.) referiert, bemerkt zu diesem Verse richtig: „Die Göttin entdeckt sich." Die Nachahmung des sich mit den Worten εἴμ' Ὀδυσσεύς zu erkennen gebenden Odysseus liegt auf der Hand.

Zu S. 193, 1. Lies: Petronius 57 statt: 56.

Zu S. 201. Z. 10 lies: Verbreitung statt: Vorbereitung.

Zu S. 215, 4. Das imposante Werk von K. Th. Preuß ist soeben erschienen: „Die Nayarit-Expedition. Textaufnahmen und Beobachtungen unter mexikanischen Indianern. I. Band: Die Religion der Cora-Indianer in Texten nebst Wörterbuch. Leipzig 1912." Auch wir Philologen, soweit uns daran liegt, unsere Wissenschaft durch Vergleich mit neuem und erstaunlich reichem Materiale fremder Kulturen zu befruchten, werden aus dieser monumentalen Arbeit Gewinn zu ziehen bedacht sein. Über die von mir im Texte berührte Erscheinungsform des Parallelismus hat Preuß S. 371 f. gehandelt.

Zu S. 243, 2. Den Text des orphischen Demeterhymnus hat Diels in revidierter Fassung vorgelegt in den Vorsokr. II³ S. 177 f.

Zu S. 245, 1. Byzantinische Akklamationen mit μόνος stehen unter den von P. Maas, Byz. Zeitschr. XXI (1911) 28 ff. gesammelten.

Zu S. 254, 4. Für die Deutung des ἀνελήμφϑη vgl. auch das Bruchstück des Petrusevang. V. 19 (Apocrypha ed. Klostermann, Bonn 1908, 5) καὶ ὁ κύριος ἀνεβόησε λέγων· ‘ἡ δύναμίς μου, ἡ δύναμίς μου, κατέλειψάς με’. καὶ εἰπὼν ἀνελήφϑη.

Zu S. 257. Gebete mit vorangestellten Verben auch in der von mir S. 212 zitierten Ausgabe neubabylonischer Königsinschriften S. 79.

Zu S. 261 f. Vgl. auch die mir erst nachträglich bekannt gewordene sorgfältige Arbeit von R. Bultmann, Der Stil der paulinischen Predigt und die kynisch-stoische Diatribe, Göttingen 1910; bes S. 15 f. 75 ff.

Zu S. 269 ff. Zu Paulus an die Kor. 1 15, 3 ff. hat soeben auch Ed. Meyer, Ursprung u. Gesch. der Mormonen (Halle 1912) 283 das Wort genommen. Wenn er von einer „festen Formulierung in einem Credo" spricht, so bedarf das auf Grund meiner Darlegungen wohl einer kleinen Modifikation.

Zu S. 279 ff. Nachträglich sehe ich, daß Harnack im Exkurse seines Buches 'Sprüche und Reden Jesu, die zweite Quelle des Matthäus und Lukas' (Leipz. 1907) 189 ff. das Logion ev. Matth. 11 25—29 ausführlich behandelt hat. Daß ich mit ihm, der die patristischen Zitate viel vollständiger kannte als ich, in der Verteidigung des ἔγνω statt γιγνώσκει zusammengetroffen bin, stelle ich mit Genugtuung fest (Harnack formuliert das Ergebnis S. 195 gut so: „ein historischer Akt soll in einen zeitlosen, überhistorischen verwandelt werden", womit sich mein Ergebnis S. 302 genau deckt). Der Aufsatz von D. Fr. Strauß ist aber auch Harnack entgangen; infolgedessen legt er weniger Gewicht auf die Stelle des Sirach, die ich in den Mittelpunkt rückte: „diese Parallelen", sagt er (S. 214), „sind zu allgemein, um ins Gewicht zu fallen"; aber von dem Komposi tionsprinzip, auf das es Strauß und mir allein ankam, wird man das nicht zugestehen können, da es im Sirach und im Logion identisch ist. Um so bemerkenswerter ist, daß auch Harnack (S. 214) auf Grund eben dieser Sirachstelle wenigstens mit der Möglichkeit rechnet, daß der dritte Absatz des Logion in Q gestanden haben könne; daß diese, von H. dann preisgegebene Möglichkeit[1]) eine Tatsache ist, glaube ich erwiesen zu haben. Sonst will ich nur noch auf Folgendes hinweisen. H. schreibt S. 206: „Wir haben es mit einem isolierten Spruch zu tun, der aber aus einem bestimmten Zusammenhang herausgebrochen ist, wie das 'ταῦτα' am Anfang beweist" (von H. gesperrt), und dies ταῦτα sei eben die im zweiten Absatze genannte 'Erkenntnis Gottes'. Eben dieses, was H. mit richtiger Intuition erkannte, habe ich durch die Parallele des hermetischen Traktats erwiesen. — Ich nehme Gelegenheit, noch auf den Kommentar von E. Klostermann (in Lietzmanns Handbuch 1909) S. 238 f. hinzuweisen. Die Notiz von D. Fr. Strauß scheint auch ihm entgangen zu sein: denn auch er zieht die Kompositionsgleichheit nicht in Rechnung. Da sein Kommentar zum Matthäusevangelium auch für den Philologen lehrreich ist, würde ich mich besonders freuen, wenn er in einer neuen Auflage dem Satze 'Jesus kann Sirach gekannt haben' auf Grund meiner Darlegungen eine andere Fassung geben würde.

Zu S. 298 f. Die Bezugnahme des vierten Evangeliums auf die von mir in ihren Grundzügen rekonstruierte jüdisch-gnostische ῥῆσις möchte ich in einem Punkte noch etwas schärfer formuliert haben und glaube das bei der Wichtigkeit des Gegenstandes hier in Kürze nachtragen zu sollen. Die Worte, mit denen der Evangelist eine Rede Jesu beginnen läßt (8, 12): ἐγώ εἰμι τὸ φῶς (τοῦ κόσμου) müssen genau in dieser Form in seiner Vorlage gestanden haben. Denn 1) ergibt sich aus der S. 296 f. analysierten paulinischen Stelle Röm. 2, 19 πέποιθας σεαυτὸν εἶναι φῶς (τῶν ἐν σκότει), daß diese von Paulus in ein Referat umgesetzten Worte in ihrer Originalfassung kaum anders gelautet haben können als so: ἐγώ εἰμι τὸ φῶς 2) steht an einer von mir S. 190 zitierten Stelle des Poimandres 1, 6 wirklich: τὸ φῶς (ἐκεῖνο) ἐγώ εἰμι. Vermutlich läßt sich durch eine von mir (S. 299, 1) empfohlene semasiologische

---

[1]) Nach persönlicher Rücksprache mit ihm ermächtigt er mich zu der Mitteilung, daß er jetzt zu der Annahme einer Zugehörigkeit dieses Absatzes neige.

Geschichte des Begriffs φῶς hier noch weiter kommen. Denn daß die sichtbare Polemik der Worte des Proömiums (1, 7f.): οὗτος ('Ιωάννης) ἦλθεν εἰς μαρτυρίαν, ἵνα μαρτυρήσῃ περὶ τοῦ φωτός ... Οὐκ ἦν ἐκεῖνος τὸ φῶς, ἀλλὰ ἵνα μαρτυρήσῃ περὶ τοῦ φωτός. ἦν τὸ φῶς τὸ ἀληθινόν, ὃ φωτίζει πάντα ἄνθρωπον, ἐρχόμενον εἰς τὸν κόσμον auf Johannesjünger geht, die in ihrem Meister das φῶς erblickten, wird W. Baldensperger, Der Prolog des vierten Evang., sein polemisch-apologetischer Zweck (Freiburg 1898) 11 wohl allgemein zugegeben. Es darf mithin wohl vermutet werden, daß in einer Schrift aus diesen Kreisen dem κτίστης dieser judenchristlichen Häresie (wenn man sie so nennen kann) eine ῥῆσις in den Mund gelegt worden war, die ihn anheben ließ eben mit den Worten: ἐγώ εἰμι τὸ φῶς. Das lehnte dann der Evangelist im Proömium durch direkte Polemik und im weiteren Verlaufe seines Werkes dadurch ab, daß er mit eben diesen Worten Jesus die erwähnte ῥῆσις 8, 12 beginnen ließ. Übrigens scheint mir der Nachweis Hilgenfelds (Z. f. wiss. Theol. N. F. VIII 1900, 1 ff.), daß der vierte Evangelist schon zu einer im Werden begriffenen Gnosis Stellung nimmt, durchaus gelungen.

Zu S. 301. „Aus welchem Grunde Lukas diesen Absatz seiner Quelle wegließ, vermag ich nicht zu sagen." Als ich das im Berliner Philolog. Verein eine Woche, bevor ich diese Zeilen niederschreibe, so vortrug, fand W. Kranz eine einleuchtende Erklärung: durch die christologische Umbiegung dieses (III.) Absatzes sei das ursprüngliche, bei Sirach noch deutliche Gefüge der ganzen ῥῆσις gesprengt worden (Sirach II: σοφία, III: ἀπαίδευτοι; dagegen Q II: γνῶσις, III: κοπιῶντες καὶ πεφορτισμένοι), und Lukas habe auf Grund seines Gefühls für Stil und Komposition daher III weggelassen. Diese Erklärung trifft m. E. um so gewisser das Richtige, als die redigierende Tätigkeit des Lukas hier auch in anderer Hinsicht kenntlich ist. Während das Logion nämlich bei Matth., wie bemerkt (S. 281, 1), gänzlich situationslos ist, hat ihm Lukas (10, 21—22) erstens dadurch eine bestimmte Situation gegeben, daß er es — sicher eigenmächtig (s. Harnack, Sprüche und Reden Jesu S. 206, 1) — an einen Dialog Jesu mit den von ihrem Missionsversuche zurückgekehrten Jüngern (10, 17—20) anschließt, und zweitens dadurch, daß er Jesus sich unmittelbar nach dem Logion an die Jünger wenden läßt (10, 23—24) mit Worten, die Matth. aus derselben Quelle (Q) an anderer Stelle (13, 16—17) hat.

Zu S. 311 ff. Zu denen, die im Proömium der Acta ein dem τὸν μὲν πρῶτον λόγον korrespondierendes Glied τὸν δὲ δεύτερον λόγον postulieren, gehört auch Hilgenfeld, Z. f. wiss. Theol. N. F. VI (1898) 619 ff. Er wagt auch eine Vermutung über den Inhalt dieses vom Redaktor weggeschnittenen Gliedes: Nennung des Paulus, da Lukas sich auf πράξεις Παύλου beschränkt habe, und die Erwähnung, daß er, Lukas, des Paulus Reisebegleiter gewesen sei. Im Prinzip deckt sich dieser Rekonstruktionsversuch mit meinem, absichtlich farblos gehaltenen (S. 315): ἅ τε αὐτὸς παρὼν εἶδον ἅ τε παρ' ἄλλων ἀξιοπίστων ὄντων ἐπυθόμην. Übrigens hat derselbe Gelehrte (a. a. O. XIV [1906], 483) eine neue Erörterung des „Wir"-Problems angekündigt, in dessen Lösung er, nach dem von mir S. 328 Bemerkten zu schließen, mit der meinigen vermutlich zusammengetroffen wäre. Er ist aber bald nach jener Ankündigung gestorben.

Zu S. 332. Hinsichtlich des Schlusses der Acta vermag ich noch auf folgende, mir erwünschte Übereinstimmung hinzuweisen. In den Neuen Jahrb. VII (1901) 17 sagt A. Gercke: „Nur wenn im Vorworte ausdrücklich gesagt war, wie weit die πράξεις erzählt werden sollten, ist das jetzt so unerwartete Abbrechen erträglich." Durch meine Darlegungen ist, wie ich glaube, das von Gercke als Axiom aufgestellte Postulat als tatsächlich erwiesen worden.

Zu S. 348. W. Gerhäußer, Der Protreptikos des Poseidonios, Diss. Heidelberg 1912, in der für diese von mir wiederholt genannte Schrift des Poseidonios in vorsichtiger Beweisführung einige gesicherte Positionen gefunden worden sind, sagt über Seneca ep. 65, 16 ff. nur: S. folge vielleicht auch hier dem Poseidonios. Eine Analyse dieses wichtigen Briefes ist unbedingt erforderlich.

Zu S. 374. In die hier skizzierte Entwicklungsreihe ist auf Grund des soeben erschienenen ergebnisreichen Aufsatzes von K. Reinhardt, Hermes XLVII (1912) 492 ff. nun vor allem Demokritos einzufügen. Auf die ältere Sophistik einzugehen, hatte R. keine Veranlassung; er wird sich aber diese Ergänzung gefallen lassen, zumal das große Fragment aus dem Sisyphos des Kritias, von dem ich (S. 370) für meine Zwecke bloß den Anfang brauchte, in seinem weiteren Verlaufe so zu sagen die urkundliche Bestätigung für Reinhardts neue und schöne Deutung der von mir (S. 164) aus stilistischen Gründen herangezogenen demokritischen 'Rede der Weisen' bietet. Nämlich den λόγιοι ἄνθρωποι Demokrits, die vor ihre in Dumpfheit noch befangenen Mitmenschen treten und, die Hände gegen die Luft erhebend, zu ihnen sprechen: 'dort wohnt Zeus', und die so die Religion stiften (Reinhardt S. 511), entspricht bei Kritias (V. 11 ff.) der πυκνός τις καὶ σοφὸς γνώμην ἀνήρ, der τούσδε τοὺς λόγους λέγων τὸ θεῖον εἰσηγήσατο, ὡς ἔστι δαίμων ἀφθίτῳ θάλλων βίῳ. Und genau so wie Demokrit nach einer Stelle des Sextus IX 24 (II³ S. 30, 13 Diels) die Furcht der Menschen vor den μετέωρα wie Blitz und Donner mit der Entstehung der Religion in Zusammenhang brachte, so spekuliert auch jener σοφός des Kritias auf die Furcht der Menschen vor den ἀστραπαί und den δεινὰ κτυπήματα βροντῆς: dort, sagte er, in der Sphäre jener Naturereignisse, wohnen die Götter. Ja wir können durch diese Kritiasstelle noch eine Kleinigkeit für Demokrit hinzugewinnen. Nämlich an der soeben genannten Stelle des Sextus ist bloß von der Furcht der Menschen als Hebel der Religion die Rede; aber das kann nicht die ganze Meinung Demokrits gewesen sein: wie hätte er sonst seine 'Weisen' die schönen Worte über die Allmacht des gnädigen Zeus sprechen lassen können? Sextus hat aus seiner Quelle (Poseidonios περὶ θεῶν) nur einen Teil der demokriteischen δόξα mitgeteilt: Demokrit hatte nicht bloß von den schreckenerregenden Vorgängen der Atmosphäre gesprochen, sondern auch von den Segnungen, die aus ihr den Menschen zuteil werden, und so neben der Furcht auch die Dankbarkeit der Menschen als Quelle des Gottesglaubens genannt. Diesen Zusammenhang hat Diels geahnt, indem er (a. a. O. Z. 18) unmittelbar auf die Worte des Sextus folgende aus Philodemos (π. εὐσεβ. p. 69) folgen läßt: θέρος ἐν τῇ γῇ καὶ χειμὼν καὶ ἔαρ καὶ μεθόπωρον καὶ πάντα ταῦτα ἄνωθεν διειπετῆ γείνεται· διὸ δὴ καὶ τὸ ἐξεργαζόμενον γνόντας σέβεσθαι. οὐ φαίνεται δ' ἐμοὶ Δημόκριτος ὥσπερ ἔνιοι τὸν —. Das Weitere ist nicht mehr erhalten, aber daß Demokrits Name in diesem Zusammenhange genannt wurde, wird begreiflich durch die Verse des Kritias. Nämlich er läßt seinen σοφός die Menschen auf die Götter hinweisen nicht nur als die Urheber der atmosphärischen Schrecknisse, sondern auch der ὀνήσεις ἐκ τῆς ὕπερθε περιφορᾶς, nämlich den gestirnten Himmel und die Sonne als die Messer der Zeit, sowie auf den Segen des Regens. Wenn also Reinhardt (S. 510f.) mit jener Stelle des Sextus eine des Lucretius V 1188 ff. verglich, in der Blitz und Donner als Gründe dafür genannt werden, daß die Menschen *in caeloque deum sedes et templa locarunt*, so empfängt jetzt, wo wir Demokrits ganze Meinung kennen, dieser Vergleich genau genommen erst seine Berechtigung. Denn der Dichter spricht hier keineswegs von den Schrecknissen der Atmosphäre, keineswegs von der Furcht der Menschen als Quelle der Religion, sondern jene Verse leitet er so ein (1183—87): da den Menschen die Drehung des Himmels und die Bewegung der Sonne die Ursache des Wechsels von Tages- und Jahreszeiten zu sein schien und sie die Gründe doch nicht zu erkennen (*cognoscere*) vermochten, *ergo perfugium sibi habebant omnia divis Tradere et illorum nutu facere omnia flecti In caeloque* (es folgt der eben zitierte Vers; weiterhin wird außer Sonne und Mond auch der Regen genannt). Dies liest sich wie eine Paraphrase der zitierten Worte Philodems: der Wechsel der Jahreszeiten werde durch Vorgänge in der Atmosphäre verursacht, διὸ δὴ (*ergo*) καὶ τὸ ἐξεργαζόμενον (vgl. *efficere* 1182) σέβεσθαι (vgl. 1162 ff. *arae, sacra* usw.). — Auch der Anfang des bei Diodor I 8 erhaltenen, nach seiner eigenen Angabe (I 8, 10) stark verkürzten Exzerptes aus Demokrit: τοὺς ἐξ ἀρχῆς γεννηθέντας τῶν ἀνθρώπων φασὶν ἐν ἀτάκτῳ καὶ θηριώδει βίῳ καθεστῶτας σποράδην ἐπὶ τὰς νομὰς ἐξιέναι....., ἀθροιζομένους δὲ διὰ τὸν φόβον κτλ. ist wegen der wörtlichen Übereinstimmung mit den S. 370 f. behandelten Stellen höchst bemerkenswert. Daß bei Demokrit gerade auch das hier von dem Exzerptor verbal umschriebene (καθεστῶτας) Substantivum κατάστασις (und zwar ἀρχαίη) vorkam, zeigt das Fragm. 278 ἀνθρώποισι τῶν ἀναγκαίων δοκεῖ εἶναι παῖδας κτήσασθαι ἀπὸ φύσιος καὶ καταστάσιός τινος ἀρχαίης (von Diels, Vorsokr. II[3] S. 231, 11 mit dem Titel der protagoreischen Schrift verglichen und meinen Sammlungen für die Geschichte dieses Wortes auf S. 372, 1 hinzuzufügen), wobei wieder auch die sachliche Kongruenz mit Lucret. V 1012 ff. zu bemerken ist. — Dergleichen könnte ich noch viel anführen, aber der Raum erlaubt es bei weitem nicht, hier einer Erörterung vorzugreifen, die ich von anderer Seite erhoffe. Denn jetzt, nachdem durch R. einige gesicherten Positionen gewonnen worden sind, ergibt sich die Verpflichtung, die Geschichte der anthropologischen Forschung des Altertums zu schreiben (es gibt eine solche Geschichte noch nicht und sämtliche Ansätze dazu bedürfen nun einer Revision, darunter auch die im übrigen nützliche Dissertation von Sh. Dickerman, De argumentis quibusdam apud Xenophontem, Platonem, Aristotelem obviis e structura hominis et animalium petitis, Halle 1909). Es wird sich dann wohl herausstellen, daß Demokrit die älteren Forschungen benutzt, aber durch systematische Beseitigung alles Teleologischen rationalisiert hat und dadurch (um einen Ausdruck E. Zellers zu gebrauchen) ein 'Vorgänger Darwins' geworden ist, während die Stoa, indem sie in ihren meist langweiligen Sermonen über die πρόνοια an jenen alten τίς anknüpfte (den Demokrit bekämpfte und dessen Namen man kennen möchte), durch Poseidonios' Vermittlung (s. S. 238,1) den christlichen Exegeten der Schöpfungsgeschichte (Hippolytos, Origenes, Basileios, Ambrosius) das Material bot.

Zu S. 373, 2. Das Hippokrateszitat findet sich schon in der (im Nachtrag zu S. 374 genannten) Dissertation von Dickerman S. 74.

I. NAMEN- UND SACHREGISTER.

Acta apostolorum: literarisches γένος des Reiseberichts 34 ff. 313 ff.; Proömium 311 ff. 314 f. Schluß 331 f. (vgl. 'Nachträge'). — Acta ap. apocrypha: Erzählungstypus 36, 1. 325, vgl. 334, 3. 367
Aesopische Fabeln: Stil 368, 2. 369, 1
Alexanderroman 324
Altaraufschriften 31 f. 41, 2. 55. 1. 118 f. 324, 1. Altäre ohne Aufschrift 57, 1
Amelios, Schüler Plotins 348
Ammianus Marcellinus: Erzählungen in 1. Person 322 f.
Anakreon bei Horaz 163, 1
Apollonios von Tyana 35 ff. 45 ff. 88. 331 f. 335. 337 ff.
ἀπομνημονεύματα als Buchtitel 35, 1
Apostolisches Symbol 237 f. 263 ff.
Aretalogie: s. Reg. III
Argumenta acrosticha: Stil 377 ff.
Ariphron u. Likymnios 159, 1
Arrianus, Periplus 323 f.
Asia provincia mit 500 Städten 338
Athener: ihr χαρακτηρισμός 333 ff.
Augustus 213. 223 f. 226, vgl. 323, 2

Bibelausgaben κατὰ κῶλα καὶ κόμματα 360 ff.
Briefe an Gemeinden 342

Caesars commentarii 317. 318. 321, 4
Cassius Dio: Erzählungen in 1. Person 322
Cato: Zeit der Origines 375, 2
Chronica des A. T.: Komposition 328 f.
Chrysippos 108, 1. 156, 1. 229, 1. 242, 4
Clemens Alex.: Stil 66, 1
— Rom.: Stil 126, 3. 284, 2

Demokritos: Stil 164, 2; bei Diodor u. Lucrez: 'Nachtr.' zu S. 374.
Dionysios Areopag. 82
Dithyrambos, jüngerer 160
Druidenreligion 92

Eirenaios gegen die Gnostiker 74 f.
Empedokles: Reminiszenz in den orac. Sibyll. 200, in der 'Naassenerpredigt' 279, 1
Enkomien auf Herrscher 223 ff.
Ennius: Euhemerus 374 ff., Fabel der saturae 379, 2
Epiktetos und das N. T. 6, 1 (vgl. 'Nachtr.'). 135, 1
Epikuros als Soter 101
Epistulae ad senatum 318 ff.
ἐρωτήματα 108, 1
Erzählungstechnik 49 ff. 324, 3
Etruskisches: 'Nachtr.' zu S. 168 ff.
Euhemeros 323, 2. 375
Evangelien als 'Literatur' 307; apokryphe 325 f.

Fabullus: Name 341 f.
Ferocia, Ferocianus: Namen 342
Firmicus Maternus 233 ff.

Gataker, Th. 240, 1
Gebete: öffentliche der Hellenen und Christen 151, 4. 156, 1. 157, 1; jüdische u. christliche 182 ff. 204 ff. 206, 1; der Platoniker 78, 1. 151, 4. 155, 1. 179, 3. 229, 1. 233 ff.; Gebetformeln 144 ff.; ἀναδίπλωσις der Anrede 50, 4. 169, 1. 285, 1; Stil der altitalischen G. 156, 1; Parodie des Gebetsstils 146, 1. 148. 155, 1 a. E. 168, 2. 245, 1. Vgl. 'Hymnen', Reg. II 'Zauberliteratur'
Genetiv, lat. auf -e = -is 319, 1
Gewissen: s. Reg. III συνείδησις.
Gnostiker 65 ff. 102 f. 122, 2. 178. 182. 209. 300. Vgl Reg. III 'Gnostische Schriften'
Gott: Allmachtsformel 240 ff. 347 ff.; Vater, Mutter u. Sohn 228 ff. 237; Verehrung im Geiste 39 ff. 343 ff.; Offenbarung in der Schöpfung 24 ff.; in den Menschen u. die Menschen in ihm 18 ff; Orient und Okzident in ihrem Verhältnisse zu G. 97 f.

Norden, Agnostos Theos. 26

222 f.; Stellungnahme von Hellenen, **Juden und Christen zu seiner Erkennbarkeit** 83 ff. 97 ff. 109 f. 287 f. 291 f. 305 f.; Gotteserkenntnis: s. Reg. III γνῶσις; jüdisch-christlicher Monotheismus bekämpft von Pythagoreern u. Platonikern 39, 4; Gott der Juden bei Profanautoren 59 ff. 81; Tendenziöse Änderung von θεοί in θεός 121 ff., Fälschungen in diesem Sinne 244, 5; zauberische Kraft seines Namens 216 ff.; ὀνόματα θεοφόρα, ἀνακλητικά 161. 166; Anrede κύριε ὁ θεός 'Nachtr.' zu S. 6, 1; ἐπικλήσεις θεῶν 165, 1. 178. 179. 180, 1. 180 f. 231, 1; ἄγνωστος: s. Reg. III; bedürfnislos 13 f.; greifbar 16 ff.; namenlos 57, 1; *incertus deus* 60 f.; *sive deus sive dea* 57, 1; πᾶσι θεοῖς Weihungen 119, 3; ἕν 233. 246 ff.; Prädikationen Gottes übertragen auf Könige **223 ff.**

Hekataios 368. 375, 1
Hellanikos 373
'Hellenismus' 134. 178
Henochapokalypse: Komposition 329 f.
Herakleitos bei den Späteren, bes. Mystikern 39, 3. 49, 1 (vgl. 'Nachtr.'). 345, 1. 348 f. 351. 354
Herodotos: Stil 368. 368, 4. 369, 1
Heroen: Altaraufschrift Ἡρώων 55, 1
Hippias, Sophist 372 f.
Horatius: Abneigung gegen ὀνόματα διπλᾶ 161, 4
Hymnen: auf den Höchsten 69. 78. 78, 1. 155, 1. Apollon 202, 1, Areta 159, Athena 171, Demeter 243, 2 (vgl. 'Nachtr.'), Diana 150 f., Dionysos 148. 153. 154 f. 154, 2. 158 (bis). 160. 161, Eros 158, Helios (Sol) 174. 202, 1. Herakles 153 f., Hygieia 159, Hymenaeus 174 f., Leontopolisgott 227, Rom 160, Selene 151, 3. 172. 249, Tyche 145, 3. 160, Venus 150. 172. 172, 3. 350, Zeus 172. 173. 183, 1. 258 f., verschiedene Götter 155, 1. 174, 1; Hymnen in Prosa auf Apollon 165, Eros 260, Helios 167, 2, Kybele 167 f., Sarapis 165 (vgl. 219. 245), Zeus 164. 346, Christengott 180 f.; gnostische u. katholische Hymnen 69 f. 78 ff. 178 ff.; 'Oden Salomos' 4, 1. 7. 179, 3. 190. 198. 205. 287. 294 f.; des Greg. v. Naz. 175. 179; des Synesios 175; des Proklos 80 f. 82, 1. 171; ägyptische, babylonische, assyrische 207 ff.; Kultlieder 'Nachtr.' zu S. 160. Vgl. 'Gebete'
Hypomnemata: s. 'Memoiren'.

Jeremias: Komposition seines Buches 329
Ignatios: Echtheitsproblem seiner Briefe 265
Johannes, Apokalyptiker: Sprachbarbarei 382 f. 387
— Evangelist: Jesustypus 299 f. Vgl. Reg. II 'Evang. Joh.'
Josephus 12, 1. 19, 2
Islam 277, 2. Vgl. 'Mohammed'
Julianus, Kaiser: Wiederbelebung der alten Hymnik 167, 2

Kritias, Tragiker 370 f. (vgl. 'Nachtr.' zu S. 374)
Kriton, Leibarzt des Traianus 342
Kulturgeschichte 373 f. (vgl. 'Nachtr.')

Λαλιαί 34, 1. 38, 1
Lateinische Prosa, älteste 374 f.
Lesen, lautes 361, 2
λέξις εἰρομένη 367 ff.
Likymnios: s. 'Ariphron'.
Livius über den Judengott 60
Lucanus über den Judengott 60
Lucretius: Tendenz 100 f.; religiöse Rede 99 f. 133. 350; Imitation des Proömiums 155, 1 g. E. Vgl. Reg. II
Lukas: Arzt 327; Erzählungsstil 365 f.; Reisebericht des Evang. 327, 1; stilistische Korrekturen seiner Vorlagen 77, 1. 280, 1. 357, 2. 358 ff., vgl. 'Nachtr.' zu S. 301
Lydos, Platoniker 58 ff. 80 ff.

Magie: Prozesse κατὰ μάγων 54, 1. Vgl. Reg. II 'Zauberliteratur'
Manes: Altäre *dis Manibus* 119, 1
Manichäische Literatur 35, 1. 209, 2
Maximos von Aigai, Apolloniosbiograph 47, 2
Memoiren 34 ff. 318 ff.
Metrisches 156, 1. 170, 2. 179, 3. 193, 1. 202, 1. 258, 1. 290, 2
Mohammed 191 f. 204. Vgl. 'Islam'
Moiragenes, Apolloniosbiograph 35, 1. 51, 3. 54, 2. 307, 1
Mysterien: hellenische 100, 1. 108 f. 133. 156, 1 a. E. 258, 1. 289. 290; gnostische und hermetische 102 f. 109. 193, 1. 258, 1. 290 f.
Mystik 17. 82. 97. 99, 1. 109 ff. 192. 194. 287 f. 290 ff. 304. 305. 307. 349. 354

I. Namen- und Sachregister. 403

Numenios: Vermittler zwischen Hellenismus u. Christentum 72 f.; Verhältnis zu den Mysterien 109. Vgl. Reg. II

Opfer: Schriften περὶ θυσιῶν 343, 1
Orphik, ältere 229. 247. 290. 371, 2. Vgl. Reg. II 'Orphica'

Parallelismus membrorum: s. 'Rhythmische Prosa'
Paulus u. das hellenisierte Judentum 11, 2. 128 ff. 244, 1. 253 f.; Missionspredigt 10 ff.; Echtheitsproblem der Briefe an die Kol. u. 'Eph.' 251, 1. 253, 1. Vgl. Reg. II
Περίπλοι 313, 3. 323 f.
Petronius: Stil 377, 1. Vgl. Reg. II
Philon: platonische und homerische Stilisierung einer Stelle 86, 1. Vgl. Reg. II
Philostratos: Apolloniosbiograph 35 ff. 331 f. Vgl. Reg. II
Platon: Stellung zur Mystik 99, 1 vgl. 354; Nachwirkung des Timaios 84 f. Vgl. Reg. II
Platoniker: christliche 77 ff.; lateinische 78, 1. 99. 155, 1; Verhältnis zum Juden- u. Christentum 39, 4. 72 f. 81. Vgl. 'Amelios', 'Gebete', 'Julianus', 'Lydos', 'Numenios', 'Plutarchos', 'Porphyrios', 'Proklos', 'Tiberianus' und Reg. II 'Albinos', 'Lydos', 'Plotinos', 'Porphyrios', 'Tiberianus'
Plutarchos: platonisierend 232. Vgl. Reg. II
Porphyrios 151, 4. 236 f. 248, 3. 343 ff. Vgl. Reg. II
Poseidonios ∼ Ätnagedicht 105, 1; ∼ Anonym. π. κόσμου 26; ∼ π. ὕψους 104 f.; ∼ Cicero 25 f. 27. 90. 94. 96, 4. 99. 105, 1. 277, 2; ∼ clementinische Schriften 238, 1 a. E.; ∼ hermetische Schriften 26 f. 102. 105 ff. 238, 1. 246, 5. 277, 1; ∼ Hippolytos u. Origenes 238, 1; ∼ Lucanus 92. 117; ∼ Manilius 16. 246, 5. 287 f.; ∼ Philon 21, 1. 27. 348; ∼ Plotinos 16, 2; ∼ Seneca 90 f. 96, 4. 101, 2. 108, 1. 348 (vgl. 'Nachtr.'); ∼ Strabon 57, 1; ∼ Vergilius 109. 277, 2. — P.' εἰσαγωγή 108, 1; Protreptikos 105; P. über jüdische Religion 62
Proklos 5, 1. 80 f. 82, 1. 151, 4. 156, 1. 179, 3. Vgl. Reg. II
Proömien historischer Werke 311 ff. 315 f. 316, 1. 2; von Reden der Sophisten 335 f.
Protagoras (περὶ τῆς ἐν ἀρχῇ καταστάσεως) 371. 372 (vgl. 'Nachtr.' zu S. 374)
Ptolemaios I: Memoiren 321, 3
— III: Bericht über den syrischen Krieg 320 f.
Pythagoras 133
Pythagoreer 39, 4. 315 f. Vgl. 'Apollonios von Tyana'

Rede, religiöse: Propagandareden hellenischer u. christlicher Missionare 3 ff. 109 ff. 125. 129 f. 188 ff. 197 ff. 277 ff. 294 f. 303, der alten Philosophen 130 ff., des Horatius 134 f.; Dreizahl der Begriffe 348 ff.; Stil der alttestamentlichen 125 f., der platonischen u. stoischen 25 f. 105. 126, des Epikuros, Lucretius u. Vergilius 99 f. 133, der christl. Prosa 126 f., der Mysterien: s. 'Mysterien'
— τόποι in διαλέξεις von Wanderrednern 31 ff.
— zu Dialog oder Erzählung umgestaltet 189. 195. 297. 307, 1. 336
Reim 179. 181, 1. 258, 1. 258 ff. 259, 3; Reimzwang 255, 3; Herkunft des modernen R. 262 f.
Reiseberichte 34 ff. 313 ff.
Rhetorische Figuren: Asyndeton in Gruppen 357, 3. Vgl. 'Reim'
Rhythmische Prosa 50, 4 (Philostratos). 66, 1 (Κόρη κόσμου). 90 f. (Seneca). 93, 2 (Epikuros). 103 (Seneca). 106, 1 (Seneca). 115, 1 (Tertullianus). 118 f. (Minucius Felix). 165, 3 (Menandros rhet.). 227, 2 (Gebet an den Gott von Leontopolis). 235 (Firmicus Mat.). 238 (Novatianus). 246 (Seneca). 343 (Apollonios v. Tyana). 364, 1 (Hieronymus)
— κατὰ κῶλα καὶ κόμματα 128. 130 f. 156, 1. 180 f. 241. 252. 256 ff. 355 ff. 360 ff. 365 f. 385 ff.
— parallelismus membrorum: formaler Völkergedanke 215 (vgl. 'Nachtr.'). 260; Differenzen des semitischen u. hellenischen 260 f. 286, 1. 354 ff.

Sibyllinische Orakel: Reminiszenzen an Empedokles 200, Xenophanes 39, 4. 244, 2. Vgl. Reg. II
Sisenna: Stil der Milesiae 377, 1
Sokrates' Prozeß bei den Sophisten der Kaiserzeit 53 f.
Sophistik, ältere 370 ff.

Sophron: Stil 156, 1
Stoa: δόξαι περὶ θεοῦ 13 ff. 242; ἐπ-ανορθώσεις v. Dichtern 122 f. (vgl. 'Nachtr.'; Verhältnis zu den alten Physikern 242, 2. 245, 1, zu Judentum und Christentum 12 ff. 129, 1. 184, 1; orientalisiert 17. 96. 126. 134. 230. 234. 277, 1. Vgl. 'Chrysippos', 'Poseidonios', 'Zenon' und Reg. II 'Kleanthes'
Strauß, D. Fr. 281 f.
Synkretismus der Religionen: s. 'Theokrasie'

Taufe im Geiste 102
Τελεταί als Titel 343, 1
Tempelarchive 151, 4. 157, 1. 376, 1
Theokrasie 109 ff. 199. 228
Tiberianus, platonisierender Dichter 155, 1. 350
Trinitätsformel 228 ff.
Tyndares ὁ Λακεδαιμόνιος 342

Valerius Festus, pro cos. Asiae 337 ff.
Valerius Soranus: theosophische Poesie 229, 1
Varro: über den Judengott 61; divinae u. imagines benutzt von Vergilius 59, 3. 62, 2

Weltanschauungsformel 102 ff. (vgl. 'Nachtr.' zu S. 108)
Wettstein, J. 13, 2. 254, 2
Wortstellung: Verba vorangestellt 257 f. (vgl. 'Nachtr.'). 365 f. 369, 1
Wortwiederholung im primitiven Stil 369, 2. 376, 2. 377 f.

Xenophanes 133. Reminiszenz in den orac. Sibyll. 39, 4. 244, 2; Rekonstruktionsversuch eines Halbverses 247

Zahlensymbolik 161. 171, 1. 174, 3. 231, 1 a. E. (3×7). 246, 2. 259, 2. 348 ff.
Zenon ὁ Φοῖνιξ 126, 2

II. STELLENREGISTER (IN AUSWAHL).

1. HELLENICA.

Aetna, carmen 456 ff. ... 105, 1
Aischylos Agam. 149 K ... 183, 1. 248, 1
— — 161 ff. ... 202, 1
— — 1448 f. ... 157, 1. 164, 4
— Prom. 941 f. ... 334, 1
— fr. 70 N.² ... 247 f.   [182
Albinos, Platoniker ... 107, 2. 108, 1.
Alchemistische Schriften ... 145, 3 a. E. 248. 249. 290 f. 353
Ammianus Marc. XVII 4, 18 ff. ... 225
Anonymus π. κόσμου 6 ... 26. 250
— π. ὕψους 35, 2 ... 104 f.
— de bell. Hispaniensi ... 317
— ad Herennium I 9, 14 ... 377 f.
— — IV 12, 18 ... 312
Anthologia lat. 389 ... 174
— Pal. V 133 ... 147
— — VI 134. 218 ... 147
— — IX 229. 246 ... 147
— — IX 524 ... 161
— — XIII 1 ... 170, 2
Apollonios v. Tyana ep. 23 ... 342
— ep. 27 ... 49, 1
— ep. 49 ... 342
— ep. 52 ... 94
— ep. 58 ... 337 ff.
— ep. 72 ... 342
— π. θυσιῶν ... 39 f. 48, 1. 343 ff.

Apuleius flor. 1 ... 33
— met. IV 28 ... 369, 1
— — XI 2 ... 144. 220
— — XI 16 ... 100, 1
— — XI 25 ... 157
[Apuleius] Asclep. 2 ... 246, 5
— — 8 ... 237
— — 20 ... 144, 1. 246, 5
— — 34 ... 349. 354
— — Schluß ... 303
Ariphron PL III 596 f. ... 159
Aristeides rhet. 43, 23 ... 346
— — 43, 29 f. ... 22, 1. 164 f.
— — 45 ... 165. 245. 346
— — ἱεροὶ λόγοι ... 35
Aristophanes Thesm. 987 ff. ... 158
— Wolk. 282 f. 563 ff. ... 170
— λέξις ... 333, 1
Aristoteles Met. Α 3 983 b 7 ... 242, 2
— Pol. Α 2. 1252 b 23. 53 a 15 ... 373, 4
Arrianus Anab. II 5, 7 ... 321, 2
— — VI 11, 8 ... 321, 3
— Periplus (passim) ... 323 f.
Arvallied. 169, 1
Athenaios XIV 627 E ... 372, 1

Caesar [bell. Gall. V 13, 4] . 317, 2
— bell. civ. III 8, 2 ... 319, 1

II. Stellenregister (in Auswahl).

Caesar [bell. Hisp.]...s. 'Anonymus'
Carm. lat. epigr. 1504 C...155, 1
Cato or. I fr. 8 f. Jord....319, 1
Catullus 34...150
— 61, 61 ff....157, 3
Cicero ad Att. V 20...318 f. 323, 1
— de deor. nat. II 39...116, 1
— — II 153...94. 96
— de fin. IV 77...138, 1
— — V 41...'Nachtr.' zu S. 108
— de or. II 51 f....376, 1
— somn. Scip. (passim)...27. 105 f. 277, 2
Comicorum Rom. fr.³ p. 132 Ribb....377 ff.

Demokritos 30...164, 2 (vgl. 'Nachtr.' zu S. 374)
— 43...136 (vgl. 'Nachtr.')
— 278...'Nachtr.' zu S. 374
— 297...136, 1
Demosthenes 4, 10...334
— [11, 17]...334
— 18, 172...165, 3
Diodoros I 8...'Nachtr.' zu S. 374
— I 12, 2...347
— I 27...219
[Diogenes] ep. 36...50
Diogenes Laert. I 110...57, 1
Dion von Prusa 12, 28...18 f. 23
Dionysios Hal. de Thuc. 5...376, 1

Empedokles 119...279, 1
— 132...100, 1. 131
— 133...17, 1. 131 f.
— 141...200
— passim...130 ff. 198
Epiktetos I 6, 25...103
— II 10...103
— II 7, 12...'Nachtr.' zu S. 6, 1
— II 16, 13...'Nachtr.' zu S. 6, 1
— II 22, 25...135
Epikuros ep. ad Menoeceum...93 (vgl. 'Nachtr.')
Euripides Ion 1614...136
— Orest. 395 f....136, 1
— Troad. 884 ff....145, 3. 183, 1

Firmicus Mat., math. praef. V. VI...233 ff.

Hekataios Mil. FHG I 28. 341...368
Heliodoros Aith. III 2...170, 2
Herakleitos 1...343 f.
— 5...87 f.
— 10...242, 2
— 32...248, 1
— 50...247

Herakleitos 108...39, 3. 248, 1
    passim...132 f.
— [ep. 4]...31 f. (vgl. 'Nachtr.'). 49
Hermetische Schriften...3. 5. 6. 17. 23. 26 f. 57, 1. 59, 2. 64, 2. 65 ff. 89. 96. 102. 108, 1. 110. 181. 182, 1. 184. 190. 199, 3. 200, 1. 237. 248. 248, 4 g. E. 277, 2 (griech.-syr.-arab.). 287. 290. 292 f. 295. 297. 302 f. 349. 353 f. Vgl. 'Nachtr.' zu S. 298 f.
Hesiodos Erg. 1 ff....163. 258 f.
— 108...353, 2
— 391 f....259, 3
— 471 f....259, 3
Hierokles, Platoniker, Komm. zu den χρυσᾶ ἔπη...345 f.
— Stoiker...372, 1
Hippokrates π. ἀρχ. ἰητρικῆς I 575 L ...373, 2 (vgl. 'Nachtr.')
Homeros E 455...169, 1
Horatius c. I 2, 30 ff....173
— c. I 10...153
— c. I 12, 13 ff....173. 229, 1
— c. I 16...148, 1
— c. I 27, 5...163, 1
— c. I 35...152
— c. II 19...153
— c. III 1—6...134, 1
— c. III 3, 1...138, 1
— c. III 13...152
— c. III 21...143 ff. 161 f.
— c. IV 2, 33 ff....151, 4
— c. IV 14...152 f.
— c. IV 14, 41 ff....226, 1
— c. saec....151, 4
— a. p. 307 f....108, 1

Inschriften 56, 1. 147. 151, 4. 160, 2. 3 (vgl. 'Nachtr.'). 193, 1. 213 f. 220. 226, 1. 228. 243, 2 (vgl. 'Nachtr.')
Isokrates [I] passim...123, 1
— 3, 26...372, 1. 373, 4
Iulius Valerius res gest. Alex. I 46. III 52...324, 3

[Kallisthenes] Ἀλεξάνδρου πρᾶξ. II 29 ...324
Kleanthes hymn....159, 1. 350
Kritias trag. fr. p. 771 N.²...370 f. (vgl. 'Nachtr.')

Livius XXXIV 8, 4...319, 1
— CII fr....60
Lucanus I 444 ff....92. 117
— I 640 f....92
— III 399 ff....92. 117
— V 592 f. mit Schol....60
— IX 580...21

II. Stellenregister (in Auswahl).

Lucanus, Polemon, Scholiast bei Lydos...59, 3
Lucretius I 1 ff....150. 172 f. 350
— I 75 ff....100
— III 3 ff....150, 4
— V 1183 ff....'Nachtr.' zu S. 374
— VI 26 ff....100
Lukianos, Λούκιος ἢ ὄνος Anf....35
Lydos de mag. I 12...59, 3
— de mens. IV 53...58 ff. 80 ff.

Macrobius sat. I 20, 17...219
Manilius IV 905 ff....287 f.
Marcus πρ. ἑαυτ. IV 23...23. 240 ff.
— V 7...156, 1
— VI 42...242, 4
— VIII 52...103
— XII 28...28
Martialis I 78...339
— V 24...246
Martianus Cap. II 185...78
Maximus Tyr. 2 Hob....31
Menandros Rhet. III 445 Sp....165
Moschion trag. fr. p. 813 N.²...371

Numenios b. Euseb. pr. ev. XI 18...72 f. 191, 2

Onatas b. Stob. I 48 W....39, 4
Oppianos Hal. I 409...242, 3
— Kyn. II 456 ff....181, 1
Oraculum b. Lactant. div. inst. I 7, 1 ...231, 1
Orphica 158. 159, 1. 171. 172. 199. 228. 229, 1 a. E. 243, 2 (vgl. 'Nachtr.'). 244, 5. 245, 1. 247. 249. 371, 2
Ovidius met. I 21. 33 ... 'Nachtr.' zu S. 115, 3
— IV 11 ff....154 f.
— XIV 365 f....116

Pacuvius 313...139
Pausanias I 1, 4...55, 1
Persius 3, 66 ff....103 f.
Petronius 27, 3...324, 3
— 45, 9. 57, 4...193, 1
Phaedrus I 13, 12...138. 138, 1
Pherekydes Ler. FHG I 89...368
— Syr. Vors. II 1² S. 508...370
Philodemos de piet. p. 69...'Nachtr.' zu S. 374
— — p. 71 G....25, 1
— — p. 74...18, 1
— — p. 80...229, 1
— — p. 88...84, 1
Philostratos vit. Apoll. I 7 ff....47, 2
— — III 41...43 f. 46, 2
— — IV 13...50

Philostratos vit. IV 18 f....38
— — VI 3...42
— — VI 19...41
Pindaros O. 14, 4 ff....349, 2
— P. 2, 49 ff....169, 1
— 9, 5...151, 2
— 9, 44 f....169
— N. 6, 1...353, 1
— 7, 1 ff....157
— I. 5, 1 ff....158, 1
— fr. 76 Schr....33, 1
— 137ª...100, 1. 108
Platon Euthyphr. 4 CD...370, 1
— Ges. III 680. 681...373, 4
— Hipp. mai. 285 B...372 f.
— Phaidr. 237 B. 241 D...369
— Protag. 320 D—322 D...368 ff.
— 358 A...147
— Soph. 242 D...247
— Staat II 359 D—360 A...369, 2
— II 363 C...290
— Symp. 197 D...260
— Theait. 176 AB...107, 1
— [ep. 2. 312 C]...354
Plautus Most. 541...136, 1
— Poen. 1187 f....172, 2
— Truc. 533...138
Plotinos II 9...89, 1
— II 9, 6...85, 1
— II 9, 9...39, 4. 193, 1
— III 8, 9...248, 4
— V 3, 12...81
— VI 7, 38...233
Plutarchos de aud. poet. 12...122, 1
— de ei ap. Delph. 20...231 ff.
— de tranq. an. 20...22
Poetae lat. min. III 172 f. B. ('Pontica')...155, 1
Porphyrios de abst. II 34...343 f.
— Orakelsamml....228 f.
Proklos hymn. 7...171 f.
Propertius III 17...154

Salierlied...150, 2; vgl. 'Nachtr.' zu S. 168 ff.
Seneca ep. 65...348 (vgl. 'Nachtr.')
— ep. 82, 6...103
— ep. 90...91. 348
— ep. 95...96, 4
— nat. qu. I pr. 8 ff....90 f. 105, 1. 106, 1. 108, 1. 184, 1. 246
Servius Dan. X 272...226, 1
Sextus adv. math. VIII 108...14, 1
— IX 17...375
— IX 24...'Nachtr.' zu S. 374
— IX 54...370. 371, 2
Solon 2, 35 ff....259, 3

II. Stellenregister (in Auswahl).

Sophokles Ant. 781 ff. 1115 ff. . . . 158
— Oed. Col. 260 . . . 33, 1
Statius Ach. I 126 ff. . . . 116
— Theb. IV 501 ff. . . . 114
— schol. Theb. IV 516 . . . 114
Strabon III 164 . . . 57, 1

Tacitus Germ. 40 . . . 116, 2
Thukydides III 38, 5 mit Schol. . . . 335
— VII 55, 1 . . . 137, 1
Tiberianus PLM III 267 f. . . . 78, 1. 155, 1. 176, 1. 229, 1

Varro sat. 239 . . . 137 f.
— — 245 . . . 245, 1
— — 269 ff. . . . 313
— — 323 . . . 21, 1
— — 472 f. . . . 313
— — 568 . . . 379, 2
— Marcopolis . . . 242, 4
— Pseudulus Apollo . . . 94

Vergilius Aen. I 312 f. . . . 59, 3
— — II 4 ff. . . . 316, 3
— — IV 576 . . . 183, 1
— — VI 5 ff. . . 50, 4
— — VI 117 . . 154
— — VI 179 ff. . . . 92, 2
— — VI 721 . . . 277, 2
— — VIII 284 ff. . . . 153 f.
— — VIII 349 ff. . . . 62, 2
— — XI 785 ff. . . . 174
— Georg. II 490 ff. . . . 100 f.

Xenophanes 23 . . . 39, 4. 244, 2 vgl. 247
Xenophon mem. IV 3 . . . 24 f. (vgl. 'Nachtr.'). 28

Zauberliteratur . . . 78, 1. 96, 1. 114. 115 f. 183 f. (vgl. 'Nachtr.'). 187 f. 191, 1. 204. 214 (babyl.). 216 ff. (ägypt.). 236. 248 f. 290. 303, 1. 383, 1

2. JUDAICA.

Aristobulos (Euseb. pr. ev. XIII 12, 5 ff.) . . . 29, 1. 122, 2. 244, 5

Henochapokalypse, passim . . . 300, 3

Josephus ant. VIII 4, 2 . . . 19, 2

Philon de Cherub. I 162 M. . . . 21, 1. 348
— de prov. I 23 . . . 348
— leg. ad Gaium 21 . . . 223
Προσευχὴ Ἰωσήφ . . . 300

Salomo Oden: s. Reg. I 'Hymnen'
— Sophia . . . 27, 2. 131. 136, 1. 306, 1

Septuaginta
  Chronica passim . . . 328 f.
  Exod. 3, 9 ff. . . . 218
  Jerem. 6, 16 . . . 284
  — passim . . . 329
  Makk. II 1, 23 ff. . . . 182. 205
  Zach. 3, 9 . . . 14, 1
Sibyllina oracula I 129 ff. . . . 199 f.
— III 11 f. . . . 244
— V 4 ff. . . . 227
— fr. V Rzach . . . 244
Sirach 1 . . . 316, 1
— 6, 24 ff. . . . 283
— 24 . . . 293 f.
— 43, 29 . . . 246, 5
— 51 . . . 281 ff. (vgl. 'Nachtr.' zu S. 279 ff.)

3. CHRISTIANA.

A. Schriften des Neuen Testaments.

Evangelien
  Matthäus 6, 9 . . . 257, 4
    7, 13 ff. . . . 362 f.
    11, 25 ff. . . . 50, 4. 75, 1. 76 f. 98. 111. 279 ff. (vgl. 'Nachtr.')
    15, 14 . . . 298
    23, 4 ff. . . . 298
    23, 13 . . . 64
    26, 64 . . . 272 f.
  Marcus 7, 3 ff. . . . 288
    13, 32 . . . 304, 2
    14, 55 ff. . . . 194 ff.
    14, 62 . . . 272 f. 304, 2

Evangelien
  Marcus 15, 1 ff. . . . 195, 2
    [16, 9 ff.] . . . 270, 4. 273, 1
  Lukas 1, 1 ff. . . . 316, 1
    1, 47 ff. . . . 366
    1, 57 ff. . . . 366
    6, 39 . . . 298
    10, 21 ff. . . . 280 (vgl. 'Nachtr.' zu
    11, 52 . . . 64   S. 301)
    17, 27 f. . . . 357, 3
    19, 16 ff. . . . 360
    20, 21 . . . 357, 2
    22, 69 . . . 273

Evangelien
  Johannes 1, 1...348 f.
    1, 3...349 f.
    3, 9 ff....299 f.
    [8, 9]...136, 1
    8, 12 ff....298 f. (vgl. 'Nachtr.')
    8, 23 f....298
    8, 31 ff....298 f.
    8, 42 ff....189 f.
    10, 15...287. 305
    10, 38...305
    17...111, 1
    17, 21...350
Acta
    1, 1...311 ff. (vgl. 'Nachtr.')
    3, 12 ff....8 f.
    8, 30...361, 3
    11, 28...325
    14, 15 f....9
    16, 6 ff....314, 2
    17, 18...333
    17, 21...333 ff.
    17, 22 ff....1 ff.
    17, 28...277, 1. 352
    20, 1 ff....314, 2
Paulus
  Römer 1, 18 ff....128. 130 f.
    1, 20...28. 64
    2, 14 ff....11, 2. 122
    6, 17...271
    8, 34...273
    11, 2...289
    11, 23...289
    11, 33 ff....240 ff. 243, 3. 296, 1
    14, 11...284, 2
    [16, 25 f.]...255, 5
  Korinthier I 1, 27 f....355 f.
    I 2, 10...243, 3
    I 7, 12 ff....261 f.
    I 8, 6...241. 253, 4. 347
    I 9, 24 ff....129, 1. 352, 2
    I 13, 12...287
    I 13, 13...352 ff.
    I 15, 1 ff....269 ff. (vgl. 'Nachtr.')

Paulus
  Korinthier I 15, 3...288
    I 15, 34...64
    I 15, 41 ff....356 f.
    II 1, 20 f....384
    II 3, 6...253, 3
    II 4, 5 f....383 f.
    II 5, 5...384
  Galater 4, 8 f....287
  [Ephesier] 1, 3 ff....253, 1
    3, 16 ff....251, 1
    4, 5 f....241. 352
    5, 14...257 f. 352
    6, 14 ff....352, 2
  Philipper 2, 11...284, 2
  Kolosser 1, 9 ff....241. 251 ff.
    1, 26 f....255, 6
    2, 7...251, 1
    3, 1...272 f.
  Thessaloniker I 1, 3...352, 2
    I 4, 2...289, 1
    I 4, 15 ff....271, 1
    I 5, 8...352, 2
    I 5, 14 ff....365
    [II 3, 6]...289, 1
  [Timotheos] I 3, 16...254 ff. (vgl. 'Nachtr.' zu S. 254, 4). 272
Hebräer
    1, 1 ff....386
    1, 3...273, 1
    2, 10...241. 346
    8, 1...273, 1
    10, 12...273, 1
Petrus
    I 1, 21...255, 4
    I 3, 18 ff....387
    II 2, 22...349, 1
Johannes
    I 1, 1...17, 1
Apokalypse Joh.
    1, 4 f....382 f.
    1, 5 f....387
    2, 24...243, 3

B. Andere Schriften.

Acta apost. apocr.
  Johannis 112...224, 1
  Philippi p. 3 ff....334, 3
  Thomae 15...102 f.
Ambrosius hymn. 1, 1 ff....275, 1
Athenagoras pro Christ. 46. 112...250
Augustinus de civ. dei IV 31...242, 4
  — — VII 9...229, 1
Ausonius ephem. p. 7 f. Peip....175. 350

Clemens Alex. exc. ex Theod. 7...72, vgl. 89
  — — — 78...102 f.
  — strom. III 30 p. 525...193, 1
  — Rom. ep. I 59, 4...365
  — hom. u. recogn....4, 2. 7, 2. 76. 114. 238, 1
Didymos de trinitate III 2...231, 1

III. Ἐκλογὴ ὀνομάτων. 409

Eirenaios II praef....312 f.
— IV 6, 4...193, 1. Vgl. 'Gnostische Schriften'
Euthalios p. 513 f. Zacagni...120

Firmicus Mat. de errore rel. 18, 1... 258, 1

Gnostische Schriften ... 69 ff. (vgl. 'Nachtr.' zu S. 75 f.). 102 f. 178. 182, 1. 186, 1. 190. 193, 1. 209. 230, 2. 290, 2. 300. 301, 2. 325. 353
Gregorios von Nazianz, hymn. εἰς θεόν...78. 179

Hieronymus comm. in ep. ad Tit. 1, 12...118 ff.
— epist. ad Magnum (nr. 70 Vall.)... 119, 4
— praef. in prophet....364
— Vulgata act. 17, 27...15
— — ep. ad Tim. I 3, 16...256, 1
Hippolytos ref. haer. V 26...122, 2. Vgl. 'Gnostische Schriften'

Ignatios ad Smyrn. 1...265 f.
— ad Trall. 10...265 f.

Lactantius div. inst. I 8, 1...84, 2

Minucius Felix 2, 3...33
— — 6, 2...118 f.
— — 19, 14...84, 2

Nonnos paraphr. ev. Joh. I 7 f....349 f.
Novatianus de trin. 1...237 f.

Origenes c. Cels. VI 68...89
— — VII 8 f....188 ff. 298

Petrus Kerygma 4...7

Synesios Hymnen...78. 229, 1

Tertullianus adv. Marc. I 9...115, 1
— IV 25...76, 2
— ad nat. II 9...115, 1
Theophilos ad Antol. II 22...254, 1

III. ΕΚΛΟΓΗ ΟΝΟΜΑΤΩΝ.

1. GRAECA.

Ἄγνωστοι θεοί, -ος θεός 29 f. 42. 55 ff. 109 ff. (vgl. 'Nachtr.' zu S. 113 ff.). 115 ff. 179, 2. 285, 2. ἀγνωσία θεοῦ 64, 2. 67 f. 96. 129
ἄγραφος νόμος 11, 2
ἀκατάληπτος (θεός) 86
ἀκαταστασία 138, 1
ἀμετανόητος 135
ἄνευ (ἄτερ, δίχα, χωρίς) — σύν oder διά im Hymnenstile 157, 3. 159, 1. 175, 1. 349 f. Vgl. per te, sine te
ἀνωμαλία 138, 1
ἀνώνυμος (θεός) 57, 1
ἀπροσδεής (θεός) 13 f.
ἀρεταλογία 150, 1 (vgl. 'Nachtr.'). 154. 165, 2
ἀρρενόθηλυς (θεός) 229. 229, 1 a. E. 230, 2
ἀρχαιολογία 373
ἄτε im späteren Griech. verloren 18, 2
ἄφεσις ἁμαρτιῶν 11, 1

Βάθος πλούτου u. ä. 243, 3
βασίλειοι παῖδες 193, 1

Γάρ im Gebet 157. Vgl. nam
γέ: καταχρηστικῶς 18, 2

γνῶσις θεοῦ (γιγνώσκειν, ἐπιγιγνώσκειν θεόν) 2. 63 f. 87 ff. 95 ff. 109 ff. 134. 287 f. 291 f. 305 f.

Διά c. acc. im sakralen Stile 50, 4. 242. 259, 1. 347. Vgl. ἄνευ
δύναμις θεοῦ 150 154. 174, 1. 221

Ἔχατι im Gebete 158, 1
ἔν τινι εἶναι 23, 1
ἐν τὸ πᾶν u. ä. 246 ff.
ἐξομολογεῖσθαι = ἀγαλλιᾶσθαι 281. 284, 2
ἐξουσία 111, 1. 293, 1
ἐπειδή im primitiven Stile 370
εὐαγγέλιον 226, 1

Ζεύς (Διός, Ζῆνα) δι' ὃν ζῶμεν 22. 164, 4. 242 259, 1. 277, 1. 347
ζῆν: philosoph. Terminus 19 ff.

Θάνατος ὁ τῆς φύσεως und ὁ κατὰ βίαν 277, 2

Καινὰ (ξένα) δαιμόνια 53, 3 (vgl. 'Nachtr.'). 94
καινότερον: ἀττικῶς 333 f.

κατάστασις 371,1. 372,1 (vgl. 'Nachtr.' zu S. 374)
κηρύσσειν verb. mit μετανοεῖν 140,1
κινεῖσθαι: philosoph. Terminus 19 ff.
κύριε ὁ θεός 'Nachtr.' zu S. 6, 1

Λέγειν ἢ (καὶ) ἀκούειν: ἀττικῶς 335

Μέθη: s. νήφειν
μεταβάλλεσθαι 135 f.
μετάμελος, μεταμέλεια 137,1
μετάνοια, μετανοεῖν 11,1. 184 ff. 199, vgl. κηρύσσειν
μόνος in Gebet u. Prädikation 155,1. 160,1. 178. 184. 209. 244,5. 245. 246. 246,5. 276. Vgl. solus

Νεώτερον: ἀττικῶς: s. καινότερον
νήφειν 5,1. 132. 139,1. 199,4. 295

Ξένα δαιμόνια: s. καινὰ δ.
ξένοι apostrophiert in Proömien 336

Ὄλβιος, ὅς ... 100,1
ὁρατὰ καὶ ἀόρατα 254
ὁροθεσία: ἑλληνικῶς 8,1

οὖν im primitiven Stile 370,1
οὐσία 88
οὕτως, καὶ οὕτως im primitiven Stile 369,1

Πᾶν, πάντα u. ä. in Prädikationen Gottes 164,2. 240 ff. 242,2. 243,2. 244 f.
πανάρετος (βίβλος) Buchtitel 248,4
παραδιδόναι (παράδοσις) und παραλαμβάνειν: μυστικὰ ὀνόματα 288 f.

Σπερμολόγος: ἀττικὸν ὄνομα 333
συνειδός, τό 'Gewissen': 'Nachtr.' zu S. 136,1
σωφροσύνη fehlt in anderen Sprachen 138,1

Τοποθεσία: ἑλληνικῶς 8,1

Ὑμνολογεῖν 175 (vgl. 'Nachtr.')

Φῶς 299,1 (vgl. 'Nachtr.' zu S. 298 f.)

Ψηλαφᾶν (θεὸν) 14 ff.

2. LATINA.

Agnoscere deum 90 f.
avicula 379,2

Bonus dies 148,2

Cognoscere deum (cognitio) 90. 94
concipere verba 156,1
constantia fehlt im Griech. 138,1
crepida 59,3

Decus 173,1

Felix, qui 100,1

Incertus deus 60 ff.
inconstantia 138,1
ita, et ita im primitiven Stile 376,2

Movere u. Komposita 148,2

Nam im Gebet 153
nocte = noctis 319,1
nomen: quocumque nomine 144 ff.
noscere deum 90 f.

Paenitentia 138 f.
per te (per quem) 154. 172. 350
postea, postquam u. ä. im primitiven Stile 370 f.
propter te 153. 158,1

Sine te 157,3. 175,1. 350. Vgl. 159,1 (vgl. 'Nachtr.')
sive — sive 144 ff.
solus in Gebet u. Prädikation 155,1. 246. 246,5. 276. 350,1
symbolus 268,1

Tremere, intremere transitiv 78,1. 176,1.

VERLAG VON B. G. TEUBNER IN LEIPZIG UND BERLIN

EDUARD NORDEN
DIE ANTIKE KUNSTPROSA
VOM VI. JAHRHUNDERT V. CHR. BIS IN DIE ZEIT DER RENAISSANCE

2. Abdruck. 2 Bände. Jeder Band geh. je ℳ 14.—, geb. je ℳ 16.—

„Dies grandiose Werk wird wohl für immer die erste Etappe auf dem kaum betretenen Wege der Geschichte des Prosastils bilden.... Aber nicht nur die gewaltige Rezeptivität des Verfassers, der namentlich in den gelehrten Noten einen künftig für alle behandelten Fragen unentbehrlichen Apparat zusammengetragen hat, auch die Gewandtheit in der Auffassung der stilistischen Individualität und das frische Urteil fordern meistens hohe Anerkennung." (Zeitschrift für das deutsche Altertum.)

BEITRÄGE ZUR GESCHICHTE DER GRIECHISCHEN PHILOSOPHIE
Geheftet ℳ 2.40.

EINLEITUNG IN DIE ALTERTUMSWISSENSCHAFT
Herausgegeben von
A. GERCKE und E. NORDEN
3 Bände.

I. Band. Zweite Auflage. Geh. ℳ 13.—, in Leinwand geb. ℳ 15.—
Inhalt: Methodik. Griechische und römische Literatur. Sprache. Metrik.
II. Band. Zweite Auflage. Geh. ℳ 9.—, in Leinwand geb. ℳ 10.50.
Inhalt: Griech. und röm. Privatleben. Griech. Kunst. Griech. und röm. Religion. Geschichte der Philosophie. Exakte Wissenschaften und Medizin.
III. Band. Geh. ℳ 9.—, in Leinwand geb. . . . . ℳ 10.50.
Inhalt: Griech. und röm. Geschichte. Griech. und röm. Staatsaltertümer.

Ermäßigter Preis für das Gesamtwerk bei gleichzeitigem Bezug aller drei Bände: Geh. M. 26.— (statt M. 31.—), geb. M. 30.— (statt M. 36.—)

===== Jedem Band ist ein Generalregister beigegeben. =====

„...Wer die einzelnen Abschnitte des Werkes auf Form und Inhalt prüft, wird mit Freude sehen, daß fast alle Darstellungen ihren Zweck in ausgezeichneter Weise erfüllen, und mit Bewunderung die riesige Fülle des Stoffes auf kleinem Raume betrachten. Mancher wird die heutige Generation beneiden, der ein solches Hilfsmittel bei ihren Studien geboten wird." (Deutsche Literaturzeitung.)

„...Man beneidet den jungen Studenten, der, von solcher Hand geführt, einen ersten Einblick erhält in diese ebenso geisterfüllte als rätselvolle Welt." (Berliner philologische Wochenschrift.)

Verlag von B. G. Teubner in Leipzig und Berlin

Kleine Schriften von Hermann Usener. Herausgeg. v. K. Fuhr, F. Koepp, W. Kroll, L. Radermacher, P. Sonnenburg, A. Wilhelm und R. Wünsch. In 4 Bänden.
I. Band: Arbeiten zur griechische Philosophie und Rhetorik. Grammatische und textkritische Beiträge. Herausgegeben von Professor Dr. K. Fuhr. Geh. ℳ 12.—, in Leinwand geb. ℳ 14.—
II. Band: Latina. Herausgegeben von Professor Dr. P. Sonnenburg. [Unter der Presse.]
III. Band: Literargeschichtliches; Epigraphisches; Chronologisches; Rezensionen. Herausgegeben von Dr. L. Radermacher, Dr. A. Wilhelm, Dr. F. Koepp und Dr. W. Kroll. [Unter der Presse.]
IV. Band: Religion. Herausg. v. Prof. Dr. R. Wünsch. [Unt. d. Presse.]

Vorträge und Aufsätze. Von H. Usener. Geh. ℳ 5.—, geb. ℳ 6.—

Der heilige Theodosios. Von H. Usener. Schriften des Theodoros und Kyrillos. Geh. ℳ 4.—

Mutter Erde. Ein Versuch über Volksreligion. Von A. Dieterich. Geh. ℳ 3.20, geb. ℳ 3.80.

Eine Mithrasliturgie. Erläutert von A. Dieterich. 2. Auflage, besorgt von R. Wünsch. Geh. ℳ 6.—, geb. ℳ 7.—

Kleine Schriften. Von A. Dieterich. Herausgegeben von R. Wünsch. Geh. ℳ 12.—, geb. ℳ 14.—

Abhandlungen zur römischen Religion. Von A. v. Domaszewski. Mit 26 Abbildungen und 1 Tafel. Geh. ℳ 6.—, geb. ℳ 7.—

Die hellenistischen Mysterienreligionen, ihre Grundgedanken u. Wirkungen. Von R. Reitzenstein. Geh. ℳ 4.—, geb. ℳ 4.80.

Das Märchen von Amor und Psyche bei Apuleius. Von R. Reitzenstein. Geh. ℳ 2.60, in Leinwand geb. ℳ 3.60.

Die Mysterien des Mithra. Ein Beitrag zur Religionsgeschichte der römischen Kaiserzeit. Von F. Cumont. Deutsch von G. Gehrich. Mit 9 Abbildungen und 1 Karte. 2. Auflage. Geh. ℳ 5.—, geb. ℳ 5.60.

Die orientalischen Religionen im römischen Heidentum. Von F. Cumont. Deutsch von G. Gehrich. Geh. ℳ 5.—, geb. ℳ 6.—

Das Frühlingsfest der Insel Malta. Ein Beitrag zur Geschichte der antiken Religion von R. Wünsch. Geh. ℳ 2.—, geb. ℳ 2.60.

Kosmas und Damian. Texte und Einleitung. Von L. Deubner. Geh. ℳ 8.—, geb. ℳ 9.—

Griechische Feste von religiöser Bedeutung mit Ausschluß der attischen. Von M. P. Nilsson. Geh. ℳ 12.—, geb. ℳ 15.—

Opferbräuche der Griechen. Von P. Stengel. Mit Abbildungen. Geh. ℳ 6.—, geb. ℳ 7.—

Priester und Tempel im hellenistischen Ägypten. Von W. Otto. 2 Bände. Geh. je ℳ 14.—, geb. je ℳ 17.—

Der Trug des Nektanebos. Wandlungen eines Novellenstoffes. Von O. Weinreich. Geh. ℳ 4.—, geb. ℳ 4.80.

Mythenbildung und Erkenntnis. Von G. F. Lipps. Eine Abhandlung über die Grundlagen der Philosophie. Geb. ℳ 5.—

Wissenschaft und Religion in der Philosophie unserer Zeit. Von E. Boutroux. Deutsch von E. Weber. Geb. ℳ 6.—